D0461621

299458

WITHDRAWN scent
Prince George, B.C.

FEB 2 8 2020

UNBC Library
UNIVERSITY OF NORTHERN
BRITISH COLUMBIA
LIBRARY
Prince George, BC

REGARD SUR LE
CANADA
DE LA
CONFÉDÉRATION
À AUJOURD'HUI

REGARD SUR LE CANADA
DE LA CONFÉDÉRATION À AUJOURD'HUI

DIANE EATON
GARFIELD NEWMAN

CONSULTANTE À L'ÉDITION FRANÇAISE
SUZANNE ARSENEAULT
ÉCOLE SECONDAIRE PUBLIQUE DE LA SALLE
OTTAWA, ONTARIO

Les Éditions de la Chenelière inc.
MONTRÉAL

Regard sur le Canada – De la Confédération à aujourd'hui

Traduction de: Canada – A Nation Unfolding
de Diane Eaton et Garfield Newman
© 1994 McGraw-Hill Ryerson Limited

©1995 Les Éditions de la Chenelière inc.

Coordination: Patrick Saint-Hilaire
Traduction: Marie-Claude Désorcy
Révision linguistique: Louise Hurtubise
Correction d'épreuves: Roseline Desforges
Infographisme: Rive-Sud Typo Service inc.
Couverture et maquette intérieure:
Brant Cowie/ArtPlus Limited

Données de catalogage avant publication (Canada)

Eaton, Diane F

    Regard sur le Canada: de la Confédération à aujourd'hui

    Traduction de: Canada.
    Comprend un index.

    ISBN 2-89310-323-5

    1. Canada – Histoire – 20e siècle. I. Newman, Garfield.
II. Titre.

FC170.E2514 1995	971.06	C95-940824-X
F1033.E2514 1995		

Les Éditions de la Chenelière inc.
215, rue Jean-Talon Est
Montréal (Québec) H2R 1S9
Téléphone: (514) 273-1066
Télécopieur: (514) 276-0324
Service à la clientèle: (514) 273-8055

Tous droits réservés.

Toute reproduction, en tout ou en partie, sous quelque forme et par quelque procédé que ce soit, est interdite sans l'autorisation écrite préalable de l'Éditeur.

ISBN 2-89310-323-5

Dépôt légal: 3e trimestre 1995
Bibliothèque nationale du Québec
Bibliothèque nationale du Canada

 Imprimé et relié au Canada sur papier recyclé
par Métropole Litho inc.

  2 3 4 5   99 98 97

L'Éditeur a fait tout ce qui était en son pouvoir pour retrouver les copyrights. On peut lui signaler tout renseignement menant à la correction d'erreurs ou d'omissions.

TABLE DES MATIÈRES

LE CANADA DU XXᴇ SIÈCLE

I l y a près d'un siècle, le premier ministre du Canada, Wilfrid Laurier, proclama fièrement que le XIXᵉ siècle ayant appartenu aux États-Unis, le XXᵉ siècle appartiendrait au Canada. C'était là une affirmation bien audacieuse de la part du dirigeant d'un pays jeune. Maintenant que le XXᵉ siècle tire à sa fin, que reste-t-il des paroles de Laurier? Ce siècle a-t-il vraiment été le nôtre? Laurier jugerait-il que sa prédiction s'est vérifiée ou serait-il déçu?

Nous nous posons beaucoup de questions sur notre pays, car nous cherchons à comprendre qui nous sommes, d'où nous venons et où nous allons. Nos réponses varient selon l'endroit où nous vivons, notre bagage culturel et notre expérience personnelle. En lisant ce livre qui porte sur notre histoire, réfléchis à ce qui distingue le Canada des autres pays. Pour te mettre sur la bonne voie, nous te présentons dans les pages qui suivent quelques sujets importants: les relations canado-américaines, les relations entre les francophones et les anglophones, le rôle du Canada sur le plan international, l'héritage multiculturel du Canada et la culture autochtone dans la société canadienne d'aujourd'hui. Plus loin, nous traiterons aussi de l'économie, du gouvernement et du système judiciaire du Canada. L'étude de ces sujets et des autres thèmes que nous aborderons te permettra d'apprécier le passé et le présent du Canada et t'aidera à définir l'identité canadienne.

Les nombreuses réalisations du Canada et le respect qu'il a gagné à l'échelle internationale donnent raison à Laurier. Au tournant du siècle, le Canada était une colonie de l'Empire britannique. Aujourd'hui totalement indépendant, le Canada s'est illustré par ses missions de paix à l'étranger, dans les domaines de la science et de la technologie, de la production agro-alimentaire et, surtout, en tant que pays où il fait bon vivre. En effet, le Rapport mondial sur le développement humain publié en 1992 par l'Organisation des Nations Unies plaçait le Canada au premier rang mondial pour la qualité de vie. Les Nations Unies avaient examiné une longue liste de critères, dont la santé et l'espérance de vie, l'éducation, la situation des femmes, le revenu et l'emploi ainsi que l'environnement. Partout dans le monde, le Canada a une réputation de générosité et de bienveillance.

Étant donné la grandeur de notre pays et la diversité de sa population, il est difficile de définir clairement l'identité canadienne. Pourtant, nous formons une nation distincte avec un héritage particulier. En lisant ce livre, tu découvriras les gens, les lieux et les événements qui ont forgé notre pays et qui en ont fait notre patrie. Mais avant d'explorer le passé, il faut bien comprendre les thèmes qui sont à la base de notre étude du Canada du XXᵉ siècle.

QUI SOMMES-NOUS?
Trois peuples fondateurs

Il n'y a pas si longtemps encore, la plupart des Canadiens disaient que les Français et les Britanniques étaient les «deux peuples fondateurs» du Canada. Or, les peuples autochtones d'Amérique du Nord avaient établi des civilisations complexes bien avant l'arrivée des Européens. L'arrivée des Français et des Anglais a marqué la rencontre de deux «anciens mondes»: l'Europe et l'Amérique du Nord autochtone. Le Canada contemporain est une mosaïque des cultures autochtone, française et britannique, mais aussi des nombreuses cultures qui se sont ajoutées par la suite. Regarde autour de toi. Quels éléments des différentes cultures détectes-tu?

La société multiculturelle qui s'est formée au Canada n'a pas toujours été harmonieuse. Bien que nous soyons pour la plupart des immigrants ou des descendants d'immigrants, certains groupes ont été victimes de discrimination. Les ouvriers chinois qui travaillaient à la construction des chemins de fer au XIXᵉ siècle, les citoyens japonais pendant la Seconde Guerre mondiale et les Noirs de Halifax ont tous eu à souffrir du racisme au Canada. Malheureusement, il subsiste encore aujourd'hui des tensions raciales. Le gouvernement canadien a entrepris de les éliminer en créant la Charte canadienne des droits et libertés, un document qui enchâsse les droits fondamentaux des Canadiens dans la Constitution.

La Charte concourt aussi à protéger les droits des femmes et des groupes minoritaires, telles les personnes handicapées et la communauté homosexuelle. Les Canadiens sont de plus en plus sensibilisés à la nécessité de protéger les droits de tous les citoyens, quels que soient leur race, leur religion, leur âge et leur richesse. Cette conscience sociale est au nombre des facteurs qui font du Canada l'un des pays les plus généreux du monde, quoique nous ayons encore beaucoup de travail à accomplir pour donner à tous les Canadiens la sécurité et l'égalité.

QU'EST-CE QUE LE CANADA?
La géographie du Canada

La géographie du Canada est aussi diversifiée que sa population. Imagine que tu survoles le Canada dans un petit avion. Procure-toi une carte du Canada et repère notre point de départ: Tuktoyaktuk, dans les Territoires du Nord-Ouest. Ici, en plein Arctique, les hivers sont longs et les étés sont magnifiques mais courts. À cause du pergélisol, la végétation se limite à des arbustes, à des mousses et à des lichens qui produisent de jolies fleurs en été. La découverte de pétrole et de gaz naturel a favorisé le développement du Nord. Les Territoires du Nord-Ouest ont ainsi brisé leur isolement et connu une nouvelle prospérité.

De Tuktoyaktuk, nous volons vers le sud et nous passons au-dessus du Yukon, théâtre de la Ruée vers l'or de 1898, et au-dessus des spectaculaires chaînes de montagnes de la Colombie-Britannique. L'intérieur de la Colombie-Britannique est l'un des plus beaux paysages du monde. Ses montagnes vertigineuses aux sommets enneigés, ses immenses forêts et la fertile vallée de l'Okanagan ne sont que quelques-unes des nombreuses attractions de la province. La métropole de la Colombie-Britannique est Vancouver, une grande ville cosmopolite située à l'embouchure du fleuve Fraser.

Poursuivant notre route vers l'est, nous observons un changement soudain. Non loin de la limite entre la Colombie-Britannique et l'Alberta, les montagnes Rocheuses cèdent la place aux Prairies qui s'étendent à perte de vue. Les provinces des Prairies, l'Alberta, la Saskatchewan et le Manitoba, sont surtout connues pour leurs immenses champs de blé parsemés de silos. Mais une étude plus poussée nous révèle l'existence d'autres ressources. L'économie des Prairies repose sur le pétrole et le blé, bien sûr, mais aussi sur l'élevage en Alberta, la potasse en Saskatchewan et la production d'énergie hydro-électrique au Manitoba.

Toujours plus loin vers l'est, nous survolons le nord de l'Ontario. Le paysage change à nouveau. Nous laissons les Prairies derrière nous et nous apercevons les forêts et les milliers de lacs qui émaillent le Bouclier canadien. Riche en minéraux comme le plomb, l'or, le cuivre, le zinc et l'uranium, le Bouclier canadien couvre plus de la moitié du territoire canadien. Formant un U gigantesque, il s'étend des Territoires du Nord-Ouest jusqu'à la partie est du lac Ontario, puis il remonte jusque dans le nord du Québec et au Labrador. Les riches gisements de minéraux, les vastes forêts et la beauté austère du Bouclier canadien ont fait de l'exploitation minière et forestière ainsi que du tourisme les piliers de l'économie du nord du Manitoba, de l'Ontario et du Québec.

Le sud de l'Ontario et du Québec est aussi différent du nord que la Colombie-Britannique l'est de la Saskatchewan. Cette région au climat tempéré possède des sols fertiles. Plusieurs des fermes et des villages du sud de l'Ontario datent du milieu du XIXᵉ siècle. Les fermes et les villages du Québec, au bord du fleuve Saint-Laurent et dans l'Estrie, sont encore plus anciens; certains remontent au milieu du XVIIᵉ siècle. Le sud de l'Ontario et du Québec a longtemps été considéré comme le centre industriel du Canada, mais la situation est en train de changer. Malgré l'étendue du Canada, environ un tiers de la population vit dans la région appelée Golden Horseshoe, qui couvre le sud de l'Ontario de Niagara Falls à Oshawa et qui comprend les agglomérations de Kitchener-Waterloo et de London. Dans les 1000 kilomètres qui séparent Windsor de Montréal, on trouve 10 des 25 plus grandes villes du Canada. Plusieurs de ces villes sont d'importants centres industriels où sont fabriqués une multitude de produits, de l'acier aux textiles.

La dernière partie de notre voyage nous amène dans les provinces de l'Atlantique: le Nouveau-Brunswick, la Nouvelle-Écosse, l'Île-du-Prince-Édouard et Terre-Neuve. D'un bout à l'autre du Canada, nous avons survolé trois océans: l'Arctique, le Pacifique et l'Atlantique. De ces trois océans, c'est l'Atlantique qui a le plus influencé l'histoire et la culture de l'est du Canada. Les quatre provinces de l'Atlantique ont deux points en commun: la mer et la pêche. Chacune a aussi d'autres importantes sources de revenus: l'exploitation forestière au Nouveau-Brunswick, l'exploitation minière en Nouvelle-Écosse, la production de lait et de pommes de terre à l'Île-du-Prince-Édouard et l'extraction de pétrole en mer à Terre-Neuve.

Les relations canado-américaines

Bien que le Canada ait fait siennes des cultures venues de toutes les parties du monde, peu de pays ont eu autant d'influence sur lui que les États-Unis. Nous n'avons pas toujours apprécié l'influence américaine; de fait, au cours de la majeure partie de notre histoire, le nationalisme canadien a pris le visage de l'anti-américanisme. Aujourd'hui encore, les Canadiens semblent admirer les réalisations des Américains, mais ils se gardent bien de les copier.

En dépit de la proximité des États-Unis, les Canadiens ont souvent contesté les idéaux américains. Lorsque 13 colonies américaines se soulevèrent contre l'Angleterre et formèrent les États-Unis d'Amérique, les colons restés fidèles à la couronne et aux traditions britanniques s'enfuirent vers le nord et s'établirent en Nouvelle-Écosse et dans ce qui est devenu le sud de l'Ontario. Ces colons, appelés Loyalistes, adhéraient fermement aux valeurs britanniques. Tant et si bien que, pendant la majeure partie du XIXᵉ siècle, ils tentèrent de recréer la société britannique au Canada. Le gouvernement d'inspiration américaine ne réussit à s'implanter au Canada ni lors de la guerre de 1812 ni lors des rébellions de 1837-1838. Ce n'est qu'à compter de 1945 que le Canada a relâché les liens qui l'unissaient à la Grande-Bretagne et qu'il s'est rapproché des États-Unis.

La présence américaine ne peut sûrement pas passer inaperçue. Les États-Unis sont devenus notre principal partenaire commercial, notre principal allié militaire et notre principale influence culturelle. Par conséquent, notre étude du Canada du XXᵉ siècle comprendra un examen attentif des relations canado-américaines. À mesure que tu étudieras les questions et les événements reliés aux relations canado-américaines, réfléchis au genre de pays où tu souhaites vivre. Quels éléments de la culture américaine devrions-nous adopter? Devrions-nous former des liens encore plus étroits avec les États-Unis ou, au contraire, nous en éloigner?

La culture et la société canadiennes

Pour nous définir comme société, nous devons tenir compte d'un élément important, la culture. La culture comprend tout ce qui différencie un groupe d'un autre: son système politique et économique, l'éducation, la technologie, la religion, la langue, les arts, l'habillement, l'alimentation, les valeurs et les comportements. La culture canadienne est née au XXe siècle, dans la foulée des changements que la radio, le cinéma et la télévision ont apportés à l'industrie du spectacle. En même temps que la technologie progressait de façon radicale, l'immigration enrichissait grandement la culture canadienne. D'inspiration européenne au XIXe siècle, la culture canadienne est devenue un kaléidoscope fait d'apports très divers.

Malgré la richesse et la vitalité de notre culture nationale, il nous arrive souvent de remettre notre identité en question. Beaucoup de Canadiens cherchent à définir précisément leur culture en se posant des questions comme celles-ci: La culture canadienne est-elle simplement un amalgame de cultures transplantées? Qu'est-ce qui donne à la culture canadienne son caractère distinctif? Peux-tu détecter quelque chose de spécifiquement canadien dans la musique et dans les émissions de télévision produites ici?

Le Canada dans le monde

Pour comprendre pleinement l'évolution du Canada au XXe siècle, il faut suivre son émergence sur la scène mondiale. Le Canada a bien évolué depuis l'époque où il était une colonie, au début du siècle, et il s'est valu le respect du monde entier. Les Canadiens se sont illustrés au combat pendant les deux guerres mondiales et ils ont fait des percées remarquables dans les domaines de la science et de la technologie, du sport et du spectacle. Les inventions canadiennes, du Pablum au bras télécommandé des navettes spatiales, ont marqué le monde où nous vivons. Des millions de gens ont été électrisés par les performances d'athlètes canadiens tels la rameuse Silken Laumann, la biathlète Myriam Bédard et le hockeyeur étoile Mario Lemieux. Le Canada a mérité le respect et l'admiration du monde entier.

Or, les événements que nous décrirons dans ce livre ne sont pas tous glorieux pour le Canada. Nous nous proposons de jeter un regard honnête sur l'histoire du Canada depuis la Confédération. Bien que nous ayons des raisons d'être fiers de notre passé, nous devons reconnaître que notre histoire n'est pas sans tache. Les injustices commises envers les autochtones, les politiques d'immigration racistes et le sort fait aux démunis pendant la Crise font autant partie de notre histoire que les actes héroïques de nos soldats et les triomphes de nos scientifiques. Le Canada a relevé les défis du XXe siècle et il est devenu l'un des pays où il est le plus agréable de vivre.

Étudier le passé pour préparer l'avenir

Il est faux de dire que l'histoire se répète. Néanmoins, il est essentiel de comprendre l'histoire pour éviter de répéter les erreurs du passé. L'histoire est l'étude du changement et de ses causes. En examinant le passé, nous pouvons apprendre beaucoup sur ce que nous sommes et sur ce qui nous attend. L'étude de l'histoire canadienne nous permet de déceler ce que le Canada a de particulier. Rappelle-toi en lisant ce livre que la véritable utilité de l'histoire n'est pas de révéler le passé mais bien de nous guider vers l'avenir.

UN MOMENT DE RÉFLEXION

C'est à ton tour maintenant de réfléchir sur le Canada et sur l'identité canadienne. Les questions et les activités suivantes t'invitent à exprimer tes opinions sur quelques-unes des questions soulevées dans le prologue.

1. Un hymne national n'est pas un chant ordinaire. C'est une déclaration qui exprime les valeurs et le caractère profond d'un pays et de son peuple. Étudie les paroles de l'hymne national du Canada et de celui des États-Unis. Qu'est-ce qu'elles expriment à propos des deux pays? Lequel des deux hymnes préfères-tu? Justifie ta réponse.

2. Relis les mots de Wilfrid Laurier au début du prologue. Écris une réponse à Laurier. Le XXe siècle a-t-il été le siècle du Canada? Appuie ta réponse sur les connaissances générales que tu possèdes en histoire canadienne. Garde ta réponse dans ta reliure. Il serait intéressant que tu la compares à celle que tu donneras après avoir étudié l'histoire du Canada au XXe siècle.

3. Sur une carte muette du Canada, indique:
   a) le nom de chaque province;
   b) sa capitale;
   c) le nom de son premier ministre ou de sa première ministre et du parti actuellement au pouvoir;
   d) sa principale source de revenu.

4. Le Canada possède un riche héritage multiculturel. Trouve, dans ta communauté, des exemples de la diversité culturelle qui caractérise le Canada. Quels défis se posent à une nation multiculturelle qui tient à être juste pour tous?

5. Définis, en une page, ce que c'est que d'être Canadien ou Canadienne. Exprime honnêtement tes opinions. Tu peux répondre à une ou plusieurs des questions suivantes. Pourquoi cette fierté d'être Canadien ou Canadienne? À quels problèmes le Canada doit-il s'attaquer? Es-tu d'accord ou non avec la conclusion des Nations Unies? pourquoi? Le Canada devrait-il ressembler aux États-Unis ou s'en différencier?

Malgré la fierté que nous inspire le Canada, l'édification de ce pays ne s'est pas faite sans souffrance. Lis les paroles de la chanson suivante et dresse la liste des problèmes qu'elle évoque. Quelles leçons pouvons-nous tirer du passé pour préparer l'avenir?

Histoire du Canada à l'indienne

COUPLET 1
Un immense pays à perte d'horizon
Des lacs, des rivières, des plaines à profusion.
Un pays si joli qu'à force de raison
J'ai fini par trouver les mots de ma chanson.

REFRAIN 1
Un pays, une rivière, un monde à créer
Une fleur, un soleil, et vive la liberté.

COUPLET 2
Avec les Indiens, et toutes les belles fourrures
La pêche, le castor, la grande aventure
Pas d'taxes, pas députés, pas de législature
Il aurait bien fallu, que tout cela dure.
...Au refrain 1

COUPLET 3
Puis vinrent les Français, les chansons, les soldats
Les tissus à carreaux, les curés, l'embarras,
Les clochers, les bals, les soirs de gala
Les fourrures, les bijoux, et puis et cætera...
...Au refrain 1

COUPLET 4
Et puis un beau jour arrivèrent les Anglais
La gigue irlandaise, les quadrilles, les plumets
La jupe écossaise, la boisson puis les balais
Tout cela, allait faire un pays plus complet.
...Au refrain 2

REFRAIN 2
Un pays, une rivière, un monde à créer
Messieurs les Anglais, tirez les premiers.

COUPLET 5
Avec un pareil mélange de bonne volonté
Not'pays se construisait un avenir inespéré:
Un gros pot d'binnes, du sirop d'érable sucré
Pis des danses de folklore, qui nous viennent
  de l'étranger.
...Au refrain 1

COUPLET 6
C'est pourquoi nous avons pour héritage
Un ensemble de traditions qui nous laissent sages
Et nous ferons revivre pour continuer
Notre histoire et le folklore qui nous est resté.
...Au refrain 1

Scénario et musique: Bernard Assiniwi
Paroles et arrangement: André Fournier

Tiré de *À l'indienne*
publié par les éditions Leméac et Radio-Canada

PREMIÈRE PARTIE

LE GOUVERNEMENT ET LA LOI

PARTOUT AU CANADA, les jeunes étudient le gouvernement et le système judiciaire canadiens. La plupart des gens estiment que les étudiants canadiens doivent apprendre les droits et les devoirs des citoyens pour se préparer à participer activement à la vie politique. L'une des principales caractéristiques du Canada est son régime démocratique, qui vise à satisfaire les besoins et les exigences de la population. Pour que la démocratie canadienne fonctionne efficacement, les Canadiens doivent être informés des questions importantes et voter lors des élections et des référendums. En participant au processus politique, les Canadiens ont la possibilité de défendre leurs intérêts et de surveiller les actions des politiciens. Il est important aussi que les Canadiens connaissent leurs droits et qu'ils comprennent leur système judiciaire. Ignorer la loi peut avoir des conséquences fâcheuses: si tu ne connais pas tes droits, tu risques de recevoir un traitement injuste.

Les trois chapitres de cette partie présentent un aperçu du gouvernement et du système judiciaire du Canada. Les renseignements qu'ils contiennent t'aideront à participer activement au processus de prise de décisions établi dans ton pays. Dans le chapitre premier, nous définissons le concept de gouvernement et nous expliquons pourquoi un gouvernement efficace est nécessaire au bon fonctionnement de la société. Dans le chapitre 2, nous exposons en détail le fonctionnement du gouvernement canadien et nous traitons de quelques questions d'ordre politique. Le chapitre 3, enfin, constitue une introduction au système judiciaire canadien; nous nous attarderons en particulier au traitement que réserve la justice canadienne aux jeunes.

CHAPITRE 1

COMMENT LE CANADA EST-IL GOUVERNÉ?

GLOSSAIRE

Parlement   Le principal corps législatif au Canada.
Union Jack   Drapeau de la Grande-Bretagne.
Roturier   Personne qui n'est pas née noble.
Législature   Assemblée qui a le pouvoir d'adopter, d'amender et d'abroger des lois pour un pays ou une partie d'un pays, comme un État ou une province.
Amendement   Modification apportée à une proposition, à un projet de loi ou à une constitution.
Autonomie   Droit de se gouverner soi-même, en particulier pour une communauté politique qui fait partie d'un grand corps politique, tel le Commonwealth britannique.
Rapatriement   Action de rapporter dans le pays où elle s'applique une législation qui se trouvait dans un gouvernement colonial.
Formule d'amendement   Procédure de modification de la Constitution canadienne.

DANS CE CHAPITRE, TU ÉTUDIERAS LES SUJETS SUIVANTS:

- le rôle du gouvernement dans la société;
- les différents régimes politiques;
- le double régime canadien, monarchique et constitutionnel;
- la Constitution canadienne et son renouvellement;
- le fonctionnement du système fédéral canadien.

es sacs à ordures s'entassent dans les ruelles pendant une grève des employés municipaux. Les Terre-Neuviens demandent à la marine canadienne de chasser les bateaux de pêche étrangers des eaux canadiennes. Les citadins de la Colombie-Britannique débattent une proposition relative à l'ajout de fluor à l'eau potable. Une femme fait circuler une pétition dans son quartier pour protester contre les longues attentes précédant les opérations à cœur ouvert dans la province. Où que tu regardes, tu vois des citoyens et des gouvernements qui interagissent. Tu ne peux rien faire, même les choses les plus simples comme regarder la télévision, aller à l'école, jouer à un jeu électronique, acheter un disque compact, monter dans un autobus ou trouver un emploi, sans avoir affaire au **gouvernement**.

Qu'est-ce que le gouvernement et pourquoi nous en faut-il un? Idéalement, les gouvernements édictent et font respecter les règles qui permettent aux gens de vivre ensemble dans la paix et la sécurité. Les gouvernements peuvent garantir les droits et les libertés des citoyens. Ils peuvent aussi protéger les personnes et les biens contre les criminels et les envahisseurs étrangers. Les gouvernements peuvent fournir toutes sortes de biens et de services publics importants: l'électricité, l'eau, les autoroutes, les écoles, les logements sociaux, les autobus, les soins de santé et bien d'autres choses encore. Ils peuvent régir l'économie du pays et établir des relations commerciales avec les autres pays du monde. Toutes ces activités sont difficiles ou impossibles à réaliser par les individus eux-mêmes. C'est pourquoi les gouvernements donnent à des groupes la responsabilité d'accomplir les actions collectives importantes.

En retour de ces avantages, les citoyens acceptent que certaines limites soient imposées à leurs actions. Par exemple, les Canadiens doivent payer des taxes et des amendes, que cela leur plaise ou non. Dans certaines circonstances, les Canadiens peuvent être mis en prison ou forcés de faire la guerre et même, en cas d'urgence nationale, perdre leurs droits de citoyens. Les gens renoncent à une part de leur autonomie personnelle en échange des services que le gouvernement leur rend.

LE CANADA EST UNE DÉMOCRATIE

Quel genre de gouvernement y a-t-il au Canada? C'est une **démocratie**. Le mot «démocratie» vient de deux mots grecs: *dêmos*, qui veut dire peu-ple, et *kratos*, qui signifie pouvoir. Une démocratie est donc un régime (un système de gouvernement) où le pouvoir politique appartient aux citoyens.

Dans l'Antiquité, la cité d'Athènes était une démocratie. Athènes avait une faible population, d'autant plus que les esclaves, les femmes et les hommes d'origine étrangère n'étaient pas considérés comme des citoyens. Il ne restait que 40 000 hommes qui avaient le droit de vote. Ces citoyens pouvaient donc se rassembler et voter sur les questions importantes de l'heure. La majorité l'emportait, mais la plupart des citoyens avaient le droit de prendre la parole. Le régime d'Athènes était une démocratie directe.

LE RÉGIME PARLEMENTAIRE ET LA DÉMOCRATIE REPRÉSENTATIVE AU CANADA

Contrairement à l'Athènes de l'Antiquité, les pays démocratiques modernes comptent pour la plupart des millions d'habitants. Il est impossible que tous les citoyens votent directement sur chaque question d'intérêt public. Par conséquent, ils élisent librement des personnes qui les représenteront au sein d'un gouvernement. Les démocraties modernes sont parfois appelées démocraties représentatives, car la volonté du peuple s'exprime par l'intermédiaire de ses représentants au gouvernement.

Le Canada est une démocratie représentative et il est gouverné par un corps appelé *Parlement*. Au Canada, en 1993, 19,9 millions de personnes avaient le droit de vote. Lors des élections, 13,8 millions de personnes ont élu leurs représentants ou députés au Parlement; il y a donc une députée ou un député par 60 000 personnes environ. Les députés sont portés au pouvoir par les électeurs des circonscriptions, c'est-à-dire des divisions du territoire. La possession du pouvoir au Parlement repose directement sur les choix personnels de millions d'électeurs canadiens. Si les députés ne satisfont pas la majeure

Chaque jour, notre vie est influencée par les actions des gouvernements. Malgré leurs efforts d'efficacité, les gouvernements sont souvent vigoureusement critiqués.

LES RÉGIMES POLITIQUES

Plusieurs régimes politiques ont existé dans l'histoire. La monarchie, la dictature, l'oligarchie, l'aristocratie et la démocratie sont cinq des plus répandus. Lis les explications suivantes et nomme le régime que tu juges le meilleur.

Monarchie
Le pouvoir se transmet de génération en génération dans la famille royale.
Avantage: La monarchie favorise le maintien des traditions.
Inconvénient: Le peuple intervient très peu dans le gouvernement, et rien ne le protège contre les gouvernants injustes.

Dictature
Le pouvoir appartient à une seule personne, qui bénéficie généralement du soutien de l'armée.
Avantage: Le dictateur ou la dictatrice peut prendre des décisions sans s'inquiéter de sa réélection.
Inconvénient: Rien ne garantit que les besoins du peuple seront satisfaits.

Oligarchie
Le pouvoir appartient à quelques individus influents.
Avantage: Les intérêts des membres du groupe au pouvoir peuvent s'équilibrer.
Inconvénient: Rien ne garantit que les besoins du peuple seront satisfaits.

Aristocratie
Le pouvoir appartient à l'élite ou à la classe supérieure.
Avantage: Le pouvoir appartient souvent à des gens instruits et influents.
Inconvénient: Aucun mécanisme ne garantit que les besoins de toutes les classes sociales seront satisfaits.

Démocratie
Le pouvoir appartient à des représentants élus par la majorité.
Avantage: Tous les citoyens ont leur mot à dire à propos des décisions du gouvernement, et ils ont le choix de réélire ou non leurs représentants.
Inconvénient: Le processus de prise de décisions est peu efficace lorsque les représentants élus essaient de plaire à tous les citoyens afin de demeurer au pouvoir.

LE DROIT DE VOTE AU CANADA

Le droit de vote assure la représentation de tous les citoyens au gouvernement. Aujourd'hui, presque tous les hommes et toutes les femmes ont le droit de vote au Canada, mais cela n'a pas toujours été ainsi. Au début du XXe siècle, presque tous les hommes pouvaient voter, mais non les femmes, les Asiatiques et les autochtones; les personnes ayant une déficience intellectuelle ont dû attendre jusqu'en 1988 pour obtenir le droit de vote.

Aujourd'hui, le processus politique fait peu de place aux jeunes. On les traite comme si, à cause de leur âge, leur opinion ne comptait pas. Le gouvernement devrait-il songer à fixer l'âge de voter à 16 ans plutôt qu'à 18? D'aucuns pensent en effet que les étudiants se renseignent sur le processus politique à l'école et qu'ils sont mieux informés que bien des électeurs des questions qui concernent les Canadiens. Peux-tu donner des arguments pour et contre le vote des jeunes de 16 ans? Si les jeunes de 16 ans pouvaient voter, à quelles questions accorderaient-ils le plus d'importance?

Historique du droit de vote au Canada

1874 — Institution du vote secret.

1885 — Institution du suffrage censitaire; pour avoir le droit de voter, les citoyens doivent posséder des biens dépassant: 300 $ dans les grandes villes, 200 $ dans les petites villes et 150 $ dans les campagnes.

1918 — Les femmes obtiennent le droit de vote aux élections fédérales.

1940 — Les femmes du Québec obtiennent le droit de vote aux élections provinciales.

1948 — Élimination du suffrage censitaire. Les personnes d'origine asiatique obtiennent le droit de vote.

1950 — La plupart des Inuit obtiennent le droit de vote.

1960 — Les autochtones vivant dans des réserves obtiennent le droit de vote.

1970 — L'âge de voter passe de 21 ans à 18 ans au fédéral.

1988 — Les personnes ayant une déficience intellectuelle obtiennent le droit de vote.

Les Canadiennes réclamaient le droit de vote dans des manifestations tenues à l'extérieur du pays. Ces femmes participaient à un rassemblement de suffragettes organisé à Washington, aux États-Unis, au début du siècle.

partie des électeurs de leurs circonscriptions, ils ne sont pas réélus aux prochaines élections. Comme l'a dit sur un ton humoristique le sénateur canadien Eugene Forsey, les gouvernements des démocraties sont élus par les passagers pour diriger le vaisseau de la nation. On exige d'eux qu'ils tiennent le cap et qu'ils mènent le navire à bon port. Et ils doivent s'attendre à être jetés par-dessus bord s'ils échouent dans un de ces devoirs.

LE CANADA EST UNE FÉDÉRATION

L e Canada est une fédération, car les pouvoirs sont répartis entre deux ordres de gouvernement: le gouvernement fédéral (central), à Ottawa, et les gouvernements provinciaux (régionaux), dans les capitales des provinces. Plusieurs autres pays, tels les États-Unis, l'Allemagne et l'Australie, ont, comme le Canada, un système politique fédéral. À l'opposé, la Grande-Bretagne a un système unitaire: le pouvoir appartient à un gouvernement central unique.

LE CANADA EST UNE MONARCHIE

L e Canada peut aussi être considéré comme une monarchie, c'est-à-dire un État gouverné par un roi ou une reine. Généralement, la couronne est héréditaire et le roi ou la reine demeure au pouvoir jusqu'à sa mort. On trouve dans l'histoire des exemples de monarques tout-puissants ou absolus. À eux seuls, ces monarques édictaient toutes les lois et les faisaient respecter. Selon qu'ils étaient bons ou mauvais, le peuple prospérait ou souffrait.

L'Europe compte encore quelques vieilles monarchies, dont la Grande-Bretagne, la Suède, le Danemark, la Belgique et les Pays-Bas. Mais ces gouvernements ont changé au fil des siècles et ils sont devenus des monarchies constitutionnelles. Juridiquement, les monarques de l'Eu-

rope moderne sont encore les chefs de l'État, mais leurs pouvoirs sont limités par un ensemble de lois appelé **constitution**.

Le Canada est une monarchie constitutionnelle

Le Canada est une **monarchie constitutionnelle**. Le gouvernement canadien a toujours été dirigé par des monarques britanniques, et la reine Elizabeth II porte encore le titre de reine du Canada. La ou le gouverneur général représente la Reine au Canada et agit en son nom, sauf si elle séjourne au pays. Au fil du temps, cependant, le pouvoir et l'importance de la monarchie ont diminué au Canada. À l'heure actuelle, les pouvoirs de la Reine sont essentiellement symboliques et protocolaires; la Reine a seulement le droit de mettre en garde, de conseiller et d'être consultée. Son portrait apparaît encore sur les timbres et sur l'argent canadiens, mais les Canadiens chantent le «Ô Canada» au lieu du «God Save the Queen» et l'unifolié a remplacé l'*Union Jack* britannique. La monarchie n'est plus aujourd'hui que le symbole de l'héritage britannique au Canada.

Bien que son rôle soit devenu essentiellement protocolaire, la reine Elizabeth II demeure le chef de l'État canadien. Prépare une liste d'arguments pour et contre le maintien de la monarchie constitutionnelle au Canada.

UNE COMPARAISON DES SYSTÈMES POLITIQUES

Canada

Régime: Monarchie constitutionnelle – gouvernée par un monarque (roi ou reine) dont les pouvoirs sont limités par la Constitution.

Chef d'État: Le roi ou la reine est le chef d'État symbolique, mais le pouvoir réel appartient au premier ministre ou à la première ministre et au Cabinet.

Système politique: Fédéral – le gouvernement fédéral s'occupe des questions nationales et les gouvernements provinciaux voient aux besoins des différentes provinces.

Pouvoir exécutif: Le pouvoir exécutif appartient au Cabinet, dont les membres doivent être choisis parmi les députés élus. Il s'agit là d'un gouvernement responsable, car l'exécutif répond directement à l'électorat.

Chambre haute: Les membres du Sénat, les sénateurs, sont nommés par la ou le gouverneur général, sur la recommandation du premier ministre ou de la première ministre. Le Sénat a pour rôle de réexaminer les projets de loi adoptés par la Chambre des communes.

États-Unis

Régime: République – le pouvoir appartient au peuple par l'intermédiaire de son représentant élu (la présidente ou le président).

Chef d'État: La présidente ou le président est le chef du gouvernement et la ou le commandant en chef des forces armées.

Système politique: Fédéral – le gouvernement fédéral, à Washington, s'occupe des questions nationales et les gouvernements des États voient aux intérêts des différents États.

Pouvoir exécutif: Les membres de l'exécutif non élus sont choisis par la présidence en fonction de leur compétence.

Chambre haute: Le Sénat est élu et responsable devant les électeurs. Chaque État, quelle que soit sa taille, est représenté par deux sénateurs.

Grande-Bretagne

Régime: Monarchie constitutionnelle – gouvernée par un monarque (roi ou reine) dont les pouvoirs sont limités par la Constitution.

Chef d'État: La direction active de l'État est assurée par la première ministre ou le premier ministre et le Cabinet. Le monarque est le chef d'État symbolique et, à ce titre, il ouvre le Parlement et s'acquitte de fonctions protocolaires.

Système politique: Unitaire – un seul ordre de gouvernement voit aux besoins du pays et des régions.

Pouvoir exécutif: Les membres du Cabinet sont choisis parmi les députés élus.

Chambre haute: La Chambre des lords est semblable au Sénat canadien. Ses membres sont nommés par la Reine et ils ont pour rôle de réexaminer les projets de loi adoptés par la Chambre des communes.

LE PARLEMENT CANADIEN ET L'HÉRITAGE BRITANNIQUE

Le système parlementaire canadien est le fruit d'une tradition britannique séculaire. Notre monarque actuel, la reine Elizabeth II, appartient à une très ancienne famille, la maison de Windsor, qui comptait parmi ses membres des rois aussi célèbres que Henri VIII. Le Parlement canadien a ses racines en Angleterre, où la Chambre haute est appelée Chambre des lords. Autrefois, cette chambre était formée de nobles et d'ecclésiastiques de haut rang. La Chambre des communes, quant à elle, était composée de *roturiers* qui représentaient les villes et les comtés d'Angleterre.

Dans les débuts du Parlement britannique, les rois ou les reines n'étaient pas obligés de tenir compte des opinions de la Chambre des lords et de la Chambre des communes. En 1215, cependant, frustrés par l'inflexibilité du roi Jean, les nobles se révoltèrent. Ils forcèrent le roi à écouter leurs demandes et à signer la *Magna Carta*. Ce document restreignait les pouvoirs du monarque en l'obligeant à coopérer avec le Parlement.

Dans les années 1640, le roi Charles Ier passa outre aux désirs du Parlement et une guerre civile éclata. Le roi fut capturé et décapité, et l'Angleterre forma une république de 1649 à 1660. Au moment où la monarchie fut restaurée, le Parlement avait accru ses pouvoirs.

Les pouvoirs de la monarchie britannique continuèrent de diminuer.

Aujourd'hui, la Reine ne joue plus qu'un rôle symbolique, au Canada comme en Grande-Bretagne. Le Parlement canadien jouit de pouvoirs acquis au prix de siècles de lutte. En 1982, la Loi sur le Canada a donné aux Canadiens le droit d'amender leur propre constitution. Le Canada avait coupé les derniers liens qui l'unissaient au Parlement britannique.

En 1215, la noblesse en colère força le roi Jean d'Angleterre à signer la *Magna Carta*. Ce document imposait des limites aux pouvoirs de la monarchie. Aujourd'hui, près de huit siècles plus tard, la monarchie britannique subsiste, mais ses fonctions sont essentiellement protocolaires.

LE RENOUVELLEMENT DE LA CONSTITUTION CANADIENNE

Le pouvoir politique réel appartient entièrement au Parlement et aux *législatures* provinciales. Les pouvoirs spécifiquement dévolus au gouvernement fédéral et aux gouvernements provinciaux sont définis dans la Constitution canadienne. Une constitution est un ensemble de règles qui établit les systèmes politique et juridique d'un pays. C'est un document qui expose les lois, les coutumes et les principes selon lesquels un pays est gouverné. Par conséquent, la Constitution représente la loi suprême d'un pays. Les gouvernements doivent exercer le pouvoir conformément à ses dispositions et les tribunaux doivent placer les lois constitutionnelles au-dessus de toutes les autres lois du pays.

Lorsque le Canada était une colonie britannique, il était assujetti à la Constitution de la Grande-Bretagne. La Constitution britannique est en grande partie non écrite. Aucun document ne décrit comment le gouvernement britannique fonctionne. La Constitution britannique est la somme des règles, des coutumes et des pratiques non écrites qui se sont élaborées au fil des siècles. La Constitution des États-Unis, en revanche, est écrite; c'est un document unique qui a été rédigé par les fondateurs de la nation, en 1789.

L'élaboration de la Constitution canadienne: l'AANB de 1867

Les fondateurs du Dominion du Canada s'inspirèrent des traditions britannique et américaine. La constitution qu'ils élaborèrent était en partie écrite et en partie non écrite. En 1864, les délégués de quelques colonies britanniques d'Amérique du Nord se rassemblèrent à Charlottetown, puis à Québec, pour discuter de la Confédération, c'est-à-dire de la fondation d'une nouvelle nation en Amérique du Nord britannique. Trois ans plus tard, l'**Acte de l'Amérique du Nord britannique** (AANB) était enfin prêt. L'AANB unissait le Haut-Canada (l'Ontario), le Bas-Canada (le Québec), le Nouveau-Brunswick et la Nouvelle-Écosse en une fédération appelée Dominion du Canada. (Peu de temps après, quelques autres colonies britanniques se joignirent à la Confédération.) L'AANB donnait au Canada ses premières règles constitutionnelles et établissait le partage des pouvoirs entre le gouvernement fédéral et les gouvernements provinciaux. Le Parlement britannique adopta l'AANB en 1867.

La Constitution non écrite

L'AANB proclamait que la Constitution canadienne devait être «analogue en principe à celle du Royaume-Uni». Cela signifiait que le nouveau gouvernement du Canada serait à l'image du gouvernement britannique: représentatif et parlementaire. (L'AANB, cependant, fournissait peu de détails à ce sujet.) Comme la Grande-Bretagne, le Canada allait être une monarchie constitutionnelle; la reine Victoria et ses descendants allaient être les chefs d'État légitimes. Comme le Parlement britannique, celui du Canada allait être divisé en deux chambres. Au Canada comme en Grande-Bretagne, l'une des chambres porterait le nom de **Chambre des**

Le 24 mai 1868, des centaines de Canadiens se rassemblèrent sur la Colline parlementaire pour célébrer l'anniversaire de naissance de la reine Victoria. Malgré un incendie survenu au début du XXᵉ siècle, les édifices du Parlement n'ont pas beaucoup changé depuis l'époque de cette gravure.

LA SOUVERAINETÉ CANADIENNE

La souveraineté est la capacité d'un pays de voir à ses propres affaires, indépendamment des autres États. Bien que, au sens strict, le terme souveraineté désigne l'autonomie juridique, il s'emploie depuis quelques années à propos des questions territoriales, culturelles et économiques. Le Dominion du Canada a été créé en 1867. Le Canada était alors un État autonome, mais il n'a acquis son indépendance qu'en 1931 et il n'a rapatrié sa Constitution de la Grande-Bretagne qu'en 1982, soit 115 ans après la Confédération. Autrement dit, le Canada régissait lui-même sa politique intérieure, mais les questions relatives à la politique étrangère et à l'amendement de la Constitution demeuraient en partie sous contrôle britannique. Aujourd'hui, la souveraineté reste une question importante dans un Canada soucieux de sauvegarder sa culture et son environnement et de mener sa politique étrangère de manière indépendante.

LE COMMERCE EXTÉRIEUR

Tous les pays ont des échanges économiques (des relations commerciales) avec d'autres pays. Quand le Canada négocie des accords commerciaux avec d'autres pays, il doit tenir compte des répercussions de ses décisions sur son économie, son environnement, ses institutions culturelles et ses programmes sociaux, telle l'assurance-maladie.

L'ARCTIQUE

Le Canada doit défendre sa souveraineté dans le passage du Nord-Ouest depuis de nombreuses années. Les États-Unis, en effet, prétendent qu'ils ont le droit d'y naviguer. De même, l'ancienne Union soviétique a déjà secrètement envoyé des sous-marins nucléaires dans les eaux de l'Arctique canadien. Les sous-marins atomiques et les pétroliers présentent des risques graves pour l'environnement et pour la défense des côtes canadiennes. Par conséquent, le Canada doit trouver des moyens de protéger sa souveraineté dans l'Arctique.

LA POLITIQUE ÉTRANGÈRE

Généralement, les gouvernements régissent leurs relations internationales d'après un plan d'action appelé «politique étrangère». La politique étrangère traduit les grands objectifs d'un pays. En 1985, par exemple, le gouvernement du Canada a publié la liste de ses objectifs en matière de politique étrangère; on y trouvait notamment l'unité, la souveraineté et l'indépendance, la justice et la démocratie, la paix et la sécurité, la prospérité économique et l'intégrité de l'environnement.

communes. Ses membres allaient être élus et détenir la majeure partie des pouvoirs au Parlement. En Grande-Bretagne, la seconde chambre était appelée Chambre des lords; ses membres, dont la fonction était héréditaire, appartenaient à l'aristocratie. Or, il n'existait pas d'aristocratie au Canada. Les Pères de la Confédération créèrent donc un Sénat composé de «gens fortunés» qui, à l'origine, étaient nommés à vie.

L'AANB: la constitution écrite et le fédéralisme

En dépit de ses ressemblances avec la Constitution britannique, l'AANB était à certains égards plus proche de la Constitution américaine. Comme la Constitution américaine, en effet, l'AANB était en partie une constitution écrite, un document unique rédigé en un temps et en un lieu précis. Et, comme la Constitution américaine, il créait un système politique fédéral et il énumérait les pouvoirs des deux ordres de gouvernement.

Pourquoi les Pères de la Confédération ont-ils choisi un système fédéral pour le Canada? Premièrement, l'Amérique du Nord britannique était un territoire immense où de petites colonies indépendantes étaient disséminées. Chaque colonie britannique avait son identité propre: son histoire, sa culture, sa géographie et ses ressources naturelles. Quelques-unes craignaient de perdre leur indépendance; elles voulaient garder la main haute sur les questions locales et régionales. Deuxièmement, le nouveau Dominion du Canada avait des racines tant britanniques que françaises. Les francophones de l'Amérique du Nord britannique tenaient à ce que leur langue et leur culture soient expressément protégées dans un pays majoritairement anglophone.

Étant donné la taille et la diversité du pays, les Pères de la Confédération choisirent un système fédéral où les pouvoirs seraient répartis entre un gouvernement central et des gouvernements régionaux. Ils déterminèrent que le gouvernement central, à Ottawa, régirait les questions d'intérêt général, comme le commerce intérieur, le commerce extérieur et la défense nationale. Ils décidèrent que les gouvernements provinciaux s'occuperaient des

affaires locales et régionales, telles que l'éducation et les droits de propriété. Le Québec, par exemple, reçut des pouvoirs spéciaux qui lui permettaient de sauvegarder sa langue, ses écoles et son code civil, lequel était fondé sur le droit français.

LE RAPATRIEMENT DE LA CONSTITUTION CANADIENNE

L'AANB était une loi britannique adoptée par le Parlement britannique. Par conséquent, seul le Parlement britannique pouvait y apporter des *amendements*. De même, la Grande-Bretagne continuait de régir les questions comme la propriété des terres de la Couronne (publiques), les relations commerciales et les relations avec l'étranger. Le plus haut tribunal du Canada était un tribunal britannique, le Comité judiciaire du Conseil privé.

Peu à peu, cependant, le Canada se dirigeait vers l'*autonomie*, l'indépendance complète. En 1931, le Parlement britannique adopta le **Statut de Westminster**, qui reconnaissait juridiquement l'indépendance du Canada et sa responsabilité en matière d'affaires étrangères. Dès lors, le Canada n'avait plus que quelques pas à franchir pour atteindre son autonomie pleine et entière. En 1947, la citoyenneté canadienne devint distincte de la citoyenneté britannique; puis, en 1949, la Cour suprême du Canada remplaça le Comité judiciaire du Conseil privé en tant que plus haut tribunal du Canada. La même année, le Parlement canadien reçut le pouvoir d'amender l'AANB, pourvu que les amendements ne modifient ni les pouvoirs provinciaux ni les garanties constitutionnelles en matière d'éducation et de droits linguistiques.

Le Canada obtint aussi du gouvernement britannique le droit de rapatrier l'AANB, c'est-à-dire de la faire «réadopter» par le Parlement canadien. Or, les Canadiens ne s'entendaient pas sur la marche à suivre; ils butaient en particulier sur la *formule d'amendement*. Après 10 rondes de négociations stériles tenues entre 1927 et 1980, le gouvernement fédéral et toutes les provinces, sauf le Québec, trouvèrent en 1981 une formule d'amendement acceptable. La plupart des amendements pourraient être effectués s'ils recevaient l'approbation du gouvernement fédéral et d'au moins sept provinces représentant au moins 50 % de la population canadienne. D'importants ajouts à la Constitution furent aussi projetés, dont une nouvelle Charte des droits. Mais le Québec refusa la nouvelle entente constitutionnelle, notamment parce que la formule d'amendement ne lui accordait pas le droit de veto (de refus) sur les nouveaux amendements proposés. Le Québec, en effet, estimait qu'il avait besoin du droit de veto pour protéger sa langue et sa culture.

La Loi de 1982 sur le Canada

En dépit de l'opposition du Québec, la Constitution canadienne fut rapatriée en vertu d'une loi votée en 1982 par le Parlement britannique, la Loi sur le Canada. La Loi sur le Canada englobait l'AANB (désormais appelé Loi constitutionnelle de 1867) ainsi que d'autres lois importantes, tel le Statut de Westminster de 1931. La Loi sur le Canada comprenait aussi des ajouts rassemblés sous le titre de Loi constitutionnelle de 1982. Ces ajouts étaient, entre autres, la nouvelle formule d'amendement, la Charte canadienne des droits et libertés et la clause dérogatoire, qui permettait aux provinces et au Parlement d'adopter des lois qui pourraient entrer en conflit avec certains articles de la nouvelle Charte.

La Charte canadienne des droits et libertés

L'ajout le plus important à la Loi sur le Canada fut probablement la **Charte canadienne des droits et libertés**. La Charte a pour objectif de protéger les citoyens contre les abus de l'État et de protéger les minorités contre les majorités parlementaires. La Charte touche plusieurs sujets, dont les libertés fondamentales, les droits démocratiques, la liberté de circulation, les garanties juridiques, les droits à l'égalité et les droits linguistiques.

Avant l'avènement de la Charte canadienne des droits et libertés, les droits des Canadiens étaient reconnus par la Déclaration canadienne des droits de 1960 et par différentes déclarations provinciales. Or, ces lois avaient été créées par le Parlement canadien et par des législatures provinciales, et elles auraient pu être modifiées ou abrogées par des votes législatifs. Mais il est impossible de retirer des droits et des libertés garantis par la Constitution, sauf par un amendement constitutionnel. En dernière instance, ce sont les tribunaux canadiens qui déterminent si les autres lois du Canada sont conformes à la Charte des droits et libertés. L'article 52 de la Loi sur le Canada stipule: «La Constitution du Canada est la loi suprême du Canada; elle rend inopérantes les dispositions incompatibles de toute autre règle de droit.» Autrement dit, la Charte a préséance sur toutes les lois adoptées par n'importe quel gouvernement au Canada. À la fin des années 1980, la Cour suprême du Canada avait jugé plus de 20 causes reliées à la Charte et plusieurs de ses jugements firent jurisprudence.

La Charte canadienne des droits et libertés garantit à tous les Canadiens le droit à la liberté d'expression et à la liberté d'association. Pourquoi la société canadienne considère-t-elle ces droits comme fondamentaux?

LA CHARTE CANADIENNE
DES DROITS ET LIBERTÉS

GARANTIE DES DROITS ET LIBERTÉS

1. La Charte canadienne des droits et libertés garantit les droits et libertés qui y sont énoncés. Ils ne peuvent être restreints que par une règle de droit, dans des limites qui soient raisonnables et dont la justification puisse se démontrer dans le cadre d'une société libre et démocratique.

LIBERTÉS FONDAMENTALES

2. Chacun a les libertés fondamentales suivantes:
   a) liberté de conscience et de religion;
   b) liberté de pensée, de croyance, d'opinion et d'expression, y compris la liberté de la presse et des autres moyens de communication;
   c) liberté de réunion pacifique;
   d) liberté d'association.

DROITS DÉMOCRATIQUES

3. Tout citoyen canadien a le droit de vote et est éligible aux élections législatives fédérales ou provinciales.

GARANTIES JURIDIQUES

7. Chacun a droit à la vie, à la liberté et à la sécurité de sa personne; il ne peut être porté atteinte à ce droit qu'en conformité avec les principes de justice fondamentale.
8. Chacun a droit à la protection contre les fouilles, les perquisitions ou les saisies abusives.
9. Chacun a droit à la protection contre la détention ou l'emprisonnement arbitraires.
10. Chacun a le droit, en cas d'arrestation ou de détention:
    a) d'être informé dans les plus brefs délais des motifs de son arrestation ou de sa détention;
    b) d'avoir recours sans délai à l'assistance d'un avocat et d'être informé de ce droit;
    c) de faire contrôler, par habeas corpus, la légalité de sa détention et d'obtenir, le cas échéant, sa libération.

DROITS À L'ÉGALITÉ

15. (1) La loi ne fait acception de personne et s'applique également à tous, et tous ont droit à la même protection et au même bénéfice de la loi, indépendamment de toute discrimination, notamment des discriminations fondées sur la race, l'origine nationale ou ethnique, la couleur, la religion, le sexe, l'âge ou les déficiences mentales ou physiques.

LANGUES OFFICIELLES DU CANADA

16. (1) Le français et l'anglais sont les langues officielles du Canada; ils ont un statut et des droits et privilèges égaux quant à leur usage dans les institutions du Parlement et du gouvernement du Canada.

DISPOSITIONS GÉNÉRALES

...

28. Indépendamment des autres dispositions de la présente charte, les droits et libertés qui y sont mentionnés sont garantis également aux personnes des deux sexes.

LA DISCRIMINATION ET LA CHARTE DES DROITS ET LIBERTÉS

La nouvelle Constitution que le Canada a adoptée en 1982 contenait, pour la première fois dans l'histoire du pays, une charte des droits et libertés. La Charte garantissait les droits fondamentaux de tous les Canadiens en les enchâssant dans la Constitution. À la suite de la promulgation de la Charte, beaucoup de gens ont porté devant les tribunaux des causes de discrimination fondée sur le sexe, la religion et le mode de vie. Voici quatre causes, trois fictives et une authentique. Quelle décision aurais-tu prise dans chaque cas si tu avais été juge?

1. M. Singh a choisi de recevoir le baptême sikh à l'âge de 16 ans. Il prenait alors l'engagement de se conformer aux exigences de sa religion, et notamment aux cinq «K», soit porter: les cheveux longs (keshas); un peigne (khanga), symbole de la propreté de l'esprit et du corps; un bracelet d'acier (kara), symbole de la pureté des actions; un sous-vêtement spécial (kachh), symbole de la pureté de caractère; l'épée (kirpan), symbole de la puissance primitive. M. Singh est victime d'un accident de travail et il doit suivre des traitements en piscine dans un centre de réadaptation pour travailleurs accidentés. Il apporte son épée au centre, il la laisse au vestiaire et il la reprend en sortant de la piscine. Les autres malades n'apprécient pas que M. Singh porte une arme et, après bien des discussions, les responsables de son dossier lui demandent de venir au centre sans son épée. M. Singh se plaint auprès de la Commission des droits de la personne, alléguant qu'il est victime de discrimination fondée sur la religion. Quelle serait ta décision si tu siégeais à la Commission des droits de la personne? Justifie ta réponse.

2. Klaus Triebsche, un célibataire de 22 ans, trouve un appartement à louer dans les petites annonces d'un journal et il en fait la visite. L'agent de location lui demande quelle est son occupation; il répond qu'il est étudiant à l'université. L'agent lui indique que le propriétaire ne loue pas d'appartement aux étudiants célibataires, parce qu'ils ont souvent de la difficulté à payer leur loyer et parce qu'ils organisent des soirées bruyantes qui dérangent les autres locataires. M. Triebsche dit qu'il est victime de discrimination fondée sur l'âge et l'état matrimonial.

   a. Penses-tu que les propriétaires devraient avoir le droit de louer à qui ils veulent? Dans toutes les circonstances? Justifie ta réponse.

   b. Penses-tu que M. Triebsche est victime de discrimination? Justifie ta réponse.

3. Une aveugle loge une plainte auprès de la Commission des droits de la personne parce que le propriétaire d'un café lui a refusé d'entrer dans son établissement avec son chien-guide. Cette femme devrait-elle avoir le droit d'entrer dans le café accompagnée de son chien-guide? Justifie ta réponse.

4. Une femme mariée demande un petit prêt à une société de crédit afin d'acheter un meuble. Son mari a des dettes substantielles envers la société, et sa cote de solvabilité

n'est pas très bonne. Pour cette raison, la société refuse le prêt à la femme, bien que sa cote à elle soit très bonne. Cette femme est-elle victime de discrimination? Si oui, de quel type de discrimination? Justifie ta réponse.

Lis la cause authentique qui suit et dis quelle décision tu rendrais.

Blainey and Ontario Hockey Association et al. (1986), 54 O.R. (2nd) 513

Justine Blainey, une jeune fille de 12 ans, était une extraordinaire athlète qui, d'après son entraîneur, avait la capacité de jouer de façon régulière dans une équipe de hockey peewee. Tous les autres membres de l'équipe étaient des garçons. Justine était bien acceptée par ses coéquipiers et elle avait participé à quatre matches hors concours. Elle avait hâte de jouer de manière régulière mais, pour ce faire, elle devait devenir membre de l'Ontario Hockey Association (OHA). Or, le règlement 250 de l'OHA stipulait que l'association était ouverte à «toute personne de sexe masculin» qui répondait à certaines conditions. Par conséquent, l'OHA refusa la demande d'adhésion de Justine Blainey.

Mme Blainey logea une plainte auprès de la Commission ontarienne des droits de la personne, disant que sa fille était victime de discrimination fondée sur le sexe. L'article 1 du Code des droits de la personne de l'Ontario se lisait comme suit:

1. *Toute personne a droit à un traitement égal en matière de services, de biens ou d'installations, sans discrimination fondée sur la race, l'ascendance, le lieu d'origine, la couleur, l'origine ethnique, la citoyenneté, la croyance, le sexe, l'orientation sexuelle, l'âge, l'état matrimonial, l'état familial ou un handicap.*

Par ailleurs, l'article 19 (2) du Code précisait:

19 (2) *Ne constitue pas une atteinte au droit, reconnu à l'article 1, à un traitement égal en matière de services et d'installations sans discrimination fondée sur le sexe le fait de restreindre l'adhésion à une organisation athlétique ou la participation à une activité athlétique à des personnes du même sexe.*

Justine affirma que l'article 19 (2) était contraire à l'article 15 de la Charte et que, par conséquent, le Code des droits de la personne de l'Ontario ne devait pas permettre à l'OHA de faire de la discrimination.

a. Indépendamment des considérations juridiques, crois-tu que Justine aurait dû avoir le droit de jouer dans l'équipe de manière régulière? Justifie ta réponse.

b. Étudie tous les articles pertinents des différentes lois et dis si, selon toi, l'article 19 (2) était inconstitutionnel. Justifie ta réponse de façon détaillée.

Source: Tiré de *Applying the Law* de Michael Liepner et Bryant Griffith, avec la permission de McGraw-Hill Ryerson Limited.

Les Accords du lac Meech et de Charlottetown

Quand la reine Elizabeth II a signé la Loi sur le Canada, le 17 avril 1982, le Canada a franchi la dernière étape vers son autonomie. Il devenait un pays pleinement indépendant. Mais le rapatriement de la Constitution n'avait pas résolu tous les problèmes. Dans les années 1980 et 1990, d'épineux conflits constitutionnels entre anglophones et francophones menaçaient de briser le Canada. En 1987, au cours du mandat du premier ministre Brian Mulroney, une nouvelle entente constitutionnelle appelée Accord du lac Meech fut rédigée. L'un des objectifs de l'Accord était de ramener le Québec dans la Constitution de 1982, qu'il avait refusé de signer. L'Accord déclarait que le Québec était une «société distincte»; de plus, il donnait aux provinces le droit de nommer les juges de la Cour suprême et d'opposer leur veto à des changements constitutionnels dans certains domaines. Les trois principaux partis politiques et les 10 premiers ministres provinciaux étaient en faveur de l'Accord du lac Meech. Mais, pour avoir force de loi, l'entente devait être ratifiée par les 10 législatures provinciales dans un délai de trois ans. À la fin du délai, l'Accord n'avait pas été ratifié par les 10 provinces et, en 1990, il tombait.

Le Québec, en colère, jugea que ses demandes avaient encore une fois été rejetées. Le premier ministre du Québec, Robert Bourassa, annonça que son gouvernement avait l'intention de tenir un référendum (une consultation populaire) sur l'indépendance. Le pays semblait sur le point de se disloquer. Peu de temps après, une deuxième ronde de pourparlers constitutionnels s'amorça. L'objectif était d'essayer à nouveau de satisfaire les besoins du Québec et de le garder au sein de la Confédération. Différents groupes de pression, dont les femmes, les autochtones et les organismes voués à la défense de la justice sociale et économique, exigeaient aussi que les changements constitutionnels tiennent compte de leurs intérêts.

En septembre 1992, les membres du gouvernement de l'ancien premier ministre Brian Mulroney réunis aux Communes applaudirent leur chef après son discours sur les changements constitutionnels proposés. Selon toi, pourquoi l'unité des partis joue-t-elle un rôle important dans la politique canadienne?

LA VALEUR DE LA CITOYENNETÉ CANADIENNE

L'entrée au Canada est régie par un ensemble de règles et de pratiques complexes contenues dans la Loi sur l'immigration et dans les règlements qui l'accompagnent. En 1988, le gouvernement a apporté à cette loi d'importants amendements concernant les réfugiés.

Les gens qui arrivent au Canada doivent passer par les centres d'immigration et démontrer qu'ils ont le droit d'entrer au Canada. La Loi sur l'immigration distingue deux catégories d'arrivants: ceux qui ont le droit d'entrer au Canada et ceux qui peuvent avoir la permission d'y entrer. Les citoyens canadiens et les résidents permanents ont le droit d'entrer au Canada, tandis que les visiteurs et les immigrants doivent demander la permission d'entrer au Canada.

LES CITOYENS CANADIENS

Le Parlement du Canada a légiféré quant aux critères présidant à l'obtention de la citoyenneté canadienne. La Loi sur la citoyenneté stipule que les citoyens canadiens sont les personnes nées au Canada, les personnes nées à l'extérieur du Canada d'une citoyenne ou d'un citoyen canadien et les personnes qui ont obtenu la citoyenneté conformément à la Loi et qui ont prononcé le serment de citoyenneté.

Les critères qui président à l'obtention de la citoyenneté canadienne sont les suivants:

- avoir au moins 18 ans;
- avoir été légalement admise ou admis au Canada à titre de résidente ou résident permanent;
- avoir eu son domicile au Canada pendant au moins trois des quatre dernières années;
- avoir une connaissance suffisante de l'anglais ou du français;
- avoir une connaissance suffisante du Canada ainsi que des responsabilités et des privilèges rattachés à la citoyenneté canadienne;
- ne pas faire l'objet d'une ordonnance de déportation;
- ne pas faire l'objet d'une probation, d'une libération conditionnelle ou d'une peine d'emprisonnement;
- ne pas passer en jugement pour un acte criminel grave;
- ne pas avoir été reconnue ou reconnu coupable d'un acte criminel au cours des trois dernières années.

La citoyenneté doit aussi être accordée aux enfants de moins de 21 ans d'une citoyenne ou d'un citoyen canadien. La Loi sur la citoyenneté indique clairement que tous les citoyens ont des droits et des devoirs égaux, quelle que soit la manière dont leur citoyenneté a été acquise.

À TOI DE JUGER

Toi et un ou une de tes camarades venez d'être nommés au comité gouvernemental qui entend les demandeurs de statut de réfugié. L'un de vous deux est l'arbitre de l'immigration, et l'autre est membre du conseil d'enquête. Tous les demandeurs du statut de réfugié doivent convaincre un des deux membres du comité qu'il est dangereux de retourner dans leur pays, pour des raisons politiques, religieuses ou autres.

Un seul vote favorable donne à la demanderesse ou au demandeur accès au statut d'immigrante ou d'immigrant admis, qui est accordé à ceux qui franchissent les inspections de sécurité et d'hygiène.

Cas 1

- *Un demandeur du statut de réfugié affirme qu'il appartient à une ethnie qui est en conflit avec une ethnie voisine dans son pays natal.*
- *Il existe de la documentation indiquant que les deux ethnies se livrent continuellement une lutte violente depuis plusieurs années.*
- *Le demandeur et sa famille ont habité dans un village agricole situé près de la frontière séparant les deux ethnies.*
- *Il y a quatre ans, le village du demandeur a été attaqué par une faction militante du gouvernement.*
- *À la suite de l'attaque, le village a été détruit et le demandeur et sa famille se sont enfuis de la région.*
- *Le demandeur et sa famille ont vécu dans deux camps de réfugiés pendant de courtes périodes.*
- *Quelques années plus tard, le demandeur a été arrêté par les forces ennemies, puis interrogé et battu.*
- *Après sa libération, le demandeur a fui son pays et est venu au Canada.*

Cas 2

- *La demanderesse du statut de réfugiée affirme qu'elle a été emprisonnée pendant trois jours en 1987 et qu'elle a reçu 30 coups de fouet pour avoir appuyé un groupe monarchiste. (Son pays d'origine est entré en révolution il y a environ 10 ans, et le monarque a été renversé.)*
- *Des membres de l'armée ont dit à la demandeuse qu'elle risquait l'exécution si elle restait liée au groupe monarchiste.*
- *Il y a environ quatre ans, la mère de la demanderesse a été condamnée à trois ans d'emprisonnement parce qu'elle avait célébré l'anniversaire de l'ancien monarque et projeté un film qui critiquait le nouveau régime.*
- *D'autres membres de sa famille ont été persécutés à divers degrés à cause de leurs opinions monarchistes.*

Source: Tiré de *Understanding the Law* de Steven Talos, Michael Liepner et Gregory Dickinson, avec la permission de McGraw-Hill Ryerson Limited.

LES MODIFICATIONS DE LA CONSTITUTION CANADIENNE

Beaucoup de Canadiens considéraient la Loi de 1982 sur le Canada comme une remarquable réalisation, tandis que d'autres s'y opposaient. Le Québec refusa de signer la Constitution si on n'y apportait pas des amendements importants. Depuis 1982, on a tenté deux fois de modifier la Constitution. L'Accord du lac Meech, en 1987, tentait de satisfaire les exigences du Québec, mais il a échoué. En 1992, l'Accord de Charlottetown essayait de pondérer les demandes du Québec et celles d'autres groupes, dont les femmes et les autochtones. Le tableau suivant fait un parallèle entre quelques-uns des grands changements proposés en 1987 et en 1992. Est-ce que tu aurais appuyé l'une ou l'autre de ces ententes?

Sujets	Accord du lac Meech, 1987	Accord de Charlottetown, 1992
Clause de la société distincte	Garantissait au Québec le droit de protéger et de promouvoir sa société distincte.	Une nouvelle clause, appelée la Clause Canada, et la Charte des droits et libertés reconnaissaient au Québec la responsabilité de protéger sa société distincte.
Clause Canada	Aucune.	Énumérait les valeurs et les caractéristiques qui définissent les Canadiens, y compris l'égalité des hommes et des femmes et le bien-être de tous les Canadiens.
Réforme du Sénat	Le gouvernement fédéral aurait continué de nommer les sénateurs, mais à partir de listes de candidats fournies par les provinces.	La réforme du Sénat devenait une priorité et allait dans le sens d'un Sénat élu qui aurait assuré une meilleure représentation régionale.
Droits des autochtones	Aucune mention.	Les groupes autochtones auraient obtenu leur autonomie dans un délai de 10 ans.

Après une série de débats publics et de commissions, le gouvernement fédéral proposa une entente constitutionnelle inédite, l'Accord de Charlottetown. L'Accord prévoyait des changements majeurs à la Constitution canadienne, dont l'autonomie des groupes autochtones, la réforme du Sénat et un nouveau partage des pouvoirs entre le fédéral et les provinces. Il contenait aussi un énoncé des principes de la nation canadienne, y compris la reconnaissance du Québec en tant que société distincte. L'Accord fut soumis à la population canadienne lors d'un référendum national tenu en octobre 1992. Mais l'opinion publique tourna le dos à la nouvelle entente constitutionnelle au cours des dernières semaines de la campagne. L'Accord de Charlottetown fut rejeté. Aujourd'hui, la question constitutionnelle demeure dans l'impasse. Les Canadiens tentent encore de renouveler leur Constitution en tenant compte des besoins d'aujourd'hui... et de demain.

L'ancien ministre des Affaires constitutionnelles, Joe Clark, serre la main du chef de l'Assemblée des premières nations, Ovide Mercredi, lors d'une conférence constitutionnelle tenue à Toronto en février 1992. La Constitution canadienne devrait-elle accorder aux autochtones un statut spécial?

CONFIANCE ACCORDÉE AUX INSTITUTIONS PAR LES ADOLESCENTS ET LES ADULTES

«Quel degré de confiance accordez-vous aux personnes responsables des institutions suivantes?»

Les chiffres représentent les pourcentages de gens ayant un «fort degré de confiance» ou un «certain degré de confiance» dans les institutions nommées.

	Police	Écoles	Télévision	Tribunaux	Organismes religieux	Gouvernement fédéral
Résultats nationaux						
1992	69	67	61	59	39	27
1984	77	69	—	67	62	40
Adultes						
1990	70	55	55	43	36	13
1985	74	56	43	48	50	29

Source: Adapté de Reginald W. Bibby et Donald C. Posterski, *Teen Trends: A Nation in Motion,* Stoddart, 1992, p. 174

LES GENS, LES LIEUX ET LES ÉVÉNEMENTS

Dans tes notes, explique clairement l'importance historique de chacun des éléments suivants.

Gouvernement	Démocratie
Constitution	Monarchie constitutionnelle
Acte de l'Amérique du Nord britannique (AANB)	Chambre des communes
	Charte canadienne des droits et libertés
Statut de Westminster	

RÉSUME TES CONNAISSANCES

1. Décris brièvement au moins quatre influences directes du gouvernement sur ta vie.
2. En quoi l'Acte de l'Amérique du Nord britannique traduit-il les liens étroits qui unissent le Canada et la Grande-Bretagne?
3. De quels facteurs les rédacteurs de l'Acte de l'Amérique du Nord britannique ont-ils dû tenir compte? Lesquels de ces facteurs ont encore de l'importance aujourd'hui?

APPLIQUE TES CONNAISSANCES

1. Quelles sont les trois principales raisons pour lesquelles une société a besoin d'un gouvernement?
2. Définis l'expression «démocratie représentative» et explique pourquoi ce régime convient mieux au Canada que la démocratie directe.
3. Si tu ne vivais pas dans une démocratie, quel autre régime préférerais-tu? Explique ton choix.
4. Le fédéralisme est-il le système de gouvernement qui convient le mieux au Canada? Justifie ta réponse.
5. Pourquoi l'Acte de l'Amérique du Nord britannique donnait-il la majeure partie des pouvoirs au gouvernement fédéral? Est-ce qu'un gouvernement central fort représente encore aujourd'hui le meilleur moyen de satisfaire les besoins des Canadiens? Étant donné la réalité actuelle, faudrait-il donner plus de pouvoirs aux provinces?

AUGMENTE TES CONNAISSANCES

1. La plupart des philosophes qui s'intéressent à la politique cherchent une forme idéale de gouvernement. Fais une recherche sur Utopie et, à ton tour, imagine un monde idéal. Décris le climat, la géographie et le régime politique de ton Utopie. Rédige aussi une charte des droits et libertés qui définit les droits de tous les citoyens de ton monde nouveau. Enfin, crée une représentation graphique de ton Utopie, au moyen d'une carte, d'un dessin ou d'un collage.

2. Représente sur une ligne du temps les changements apportés à la Constitution canadienne de 1867 à aujourd'hui. Illustre ta ligne du temps et ajoutes-y de brèves annotations. Expose-la dans ta classe.

3. Fais un peu de politique-fiction. Imagine que nous sommes en 2065 et que la démocratie a été renversée au Canada. Elle a été remplacée par l'anarchie (l'absence de gouvernement), la dictature ou l'oligarchie. Décris les changements que le nouveau régime a entraînés au Canada. Explique le fonctionnement du gouvernement, les nouvelles lois ainsi que les droits et libertés dont jouissent les Canadiens dans le nouveau système.

2 LE GOUVERNEMENT CANADIEN À L'ŒUVRE

GLOSSAIRE

Assurance-maladie Programme gouvernemental de soins de santé.

Parti politique Organisation composée de personnes qui ont les mêmes opinions politiques et qui tendent à prendre des positions semblables sur les grandes questions politiques. Le principal objectif d'un parti politique est de prendre le pouvoir en faisant élire ses membres au gouvernement.

Fonctionnaire Employé ou employée de l'administration d'un gouvernement fédéral ou provincial.

Circonscription Division du territoire d'un pays ou d'une province représentée par une députée ou un député.

Recensement Dénombrement officiel de la population d'un pays.

Ticket modérateur Dans le domaine de la santé, projet visant à laisser une partie des frais à la charge du malade.

Ambassadeur ou ambassadrice Diplomate le plus haut gradé qui représente un gouvernement ou un pays à l'étranger.

Caucus Réunion à huis clos des parlementaires d'un même parti politique.

DANS CE CHAPITRE, TU ÉTUDIERAS LES SUJETS SUIVANTS:

- les nombreuses influences du gouvernement sur les Canadiens;
- les rôles et les pouvoirs des trois paliers de gouvernement;
- le rôle de la première ministre ou du premier ministre, du Cabinet et de l'Opposition;
- le processus électoral au Canada;
- le processus législatif au Canada;
- les différents partis politiques du Canada;
- l'influence que les individus peuvent avoir sur les gouvernements.

ring! Il est 8 h! Une nouvelle journée commence. Tu allumes la lumière et tu te rappelles soudainement que l'on vient de passer à l'heure d'été. Tu as oublié d'avancer ton réveille-matin d'une heure et tu es en retard. Tu n'as pas le temps de prendre une douche, alors tu te débarbouilles le visage, tu te brosses les dents et les cheveux en vitesse, tu sautes dans tes vêtements et tu files vers la cuisine. Tu avales tes céréales et tu attrapes ton blouson. Tu manques de trébucher sur le chien couché devant la porte, mais tu entends le tintement de sa plaque d'identité juste à temps. Ouf! En route vers l'école!

Réfléchis quelques instants à cette scène banale et essaie de trouver combien de lois influencent ton existence. L'heure qu'indique ton réveille-matin est celle d'un fuseau horaire officiel; elle change deux fois par année: tu l'avances au printemps et tu la recules à l'automne. L'eau est fournie par le gouvernement; sa qualité et les traitements qu'elle subit sont régis par des lois. La composition, l'emballage et l'étiquetage de ton dentifrice doivent être conformes à des normes gouvernementales. La marque de fabrique de ton jean est protégée par la loi. Tes chaussures, si elles sont importées, sont assujetties aux lois sur le commerce international. La vente du lait et du blé de ton bol de céréales est réglementée par des commissions sur la mise en marché.

Conformément à la loi, aussi, ta boîte de céréales porte des inscriptions bilingues. Même ton chien doit être enregistré auprès des autorités locales.

LES TROIS PALIERS DE GOUVERNEMENT

Qui a la responsabilité de faire les lois au Canada? Depuis la Confédération, ce sont le gouvernement fédéral et les gouvernements provinciaux. En vertu de l'Acte de l'Amérique du Nord britannique (AANB), le gouvernement fédéral a le droit d'adopter des lois qui s'appliquent dans tout le Canada et qui portent sur toutes sortes de domaines, dont la défense, la taxation et les affaires autochtones. De plus, le gouvernement fédéral est chargé de «faire des lois pour la paix, l'ordre et la bonne administration du Canada». Autrement dit, tous les pouvoirs qui ne sont pas expressément confiés aux provinces sont de juridiction fédérale.

Les provinces ont la responsabilité de fournir des services reliés à la propriété, aux droits civils, au transport et au gouvernement local. Elles administrent les hôpitaux, les soins de santé, l'assistance sociale et le système judiciaire. Elles possèdent aussi d'importants pouvoirs en matière de relations de travail et de protection des consommateurs. Elles possèdent et gèrent leurs ressources naturelles. Cependant, le gouvernement fédéral et les gouvernements provinciaux ont des pouvoirs communs en matière d'immigration et d'agriculture.

LE PARTAGE DES POUVOIRS ENTRE LES GOUVERNEMENTS FÉDÉRAL, PROVINCIAL ET MUNICIPAL

Pouvoirs fédéraux

- Défense
- Commerce intérieur et extérieur
- Citoyenneté
- Taxation
- Monnaie
- Affaires autochtones
- Service postal
- Brevets et droits d'auteurs
- Mariage et divorce
- Navigation et transport maritime
- Pêcheries
- Droit pénal et pénitenciers fédéraux

Pouvoirs provinciaux

- Éducation
- Hôpitaux et organismes de charité
- Permis (de conduire, de pêche, etc.)
- Propriété privée et droit civil
- Taxation directe (impôt sur le revenu, taxe de vente, etc.)
- Gestion des ressources naturelles (forêts, énergie électrique, etc.)
- Travaux publics locaux (routes, canaux, etc.)
- Tribunaux et administration de la justice
- Gouvernement local (municipal)

Pouvoirs municipaux

- Égouts et approvisionnement en eau
- Transport en commun
- Prévention des incendies, police et service d'ambulances
- Permis et inspection (construction résidentielle)
- Éclairage urbain, trottoirs et voies de circulation locales
- Services de santé publique

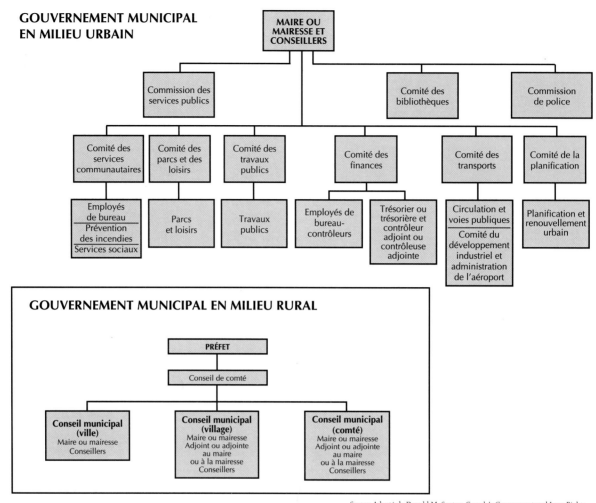

GOUVERNEMENT MUNICIPAL
EN MILIEU URBAIN

MAIRE OU
MAIRESSE ET
CONSEILLERS

Commission des
services publics

Comité des
bibliothèques

Commission
de police

Comité des
services
communautaires

Comité des
parcs et des
loisirs

Comité des
travaux
publics

Comité des
finances

Comité des
transports

Comité de la
planification

Employés
de bureau
Prévention
des incendies
Services sociaux

Parcs
et loisirs

Travaux
publics

Employés de
bureau-
contrôleurs

Trésorier ou
trésorière et
contrôleur
adjoint ou
contrôleuse
adjointe

Circulation et
voies publiques
Comité du
développement
industriel et
administration
de l'aéroport

Planification et
renouvellement
urbain

GOUVERNEMENT MUNICIPAL EN MILIEU RURAL

PRÉFET

Conseil de comté

Conseil municipal
(ville)
Maire ou mairesse
Conseillers

Conseil municipal
(village)
Maire ou mairesse
Adjoint ou adjointe
au maire
ou à la mairesse
Conseillers

Conseil municipal
(comté)
Maire ou mairesse
Adjoint ou adjointe
au maire
ou à la mairesse
Conseillers

Source: Adapté de Donald M. Santor, Canada's Government and Law: Rights
and Responsibilities, Prentice-Hall, 1992.

Le Canada est l'un des rares pays à posséder trois paliers de gouvernement, le troisième étant le gouvernement local ou municipal. L'AANB n'a pas donné de pouvoirs distincts aux gouvernements locaux. Ce sont les provinces qui définissent et limitent les responsabilités des gouvernements locaux. De même, les provinces ont le dernier mot sur tous les arrêtés ou règlements municipaux adoptés par les gouvernements locaux.

La structure des gouvernements locaux varie d'une province à l'autre, mais l'unité fondamentale du gouvernement local est la municipalité. Une municipalité peut être un petit village ou une grande ville. Selon leur taille et les lois de la province où elles sont situées, les municipalités ont des responsabilités variables. Il existe aussi au Canada différentes unités de gouvernement local au-dessus de la municipalité, dont les districts, les comtés et les gouvernements régionaux. Les grandes villes comme la municipalité régionale d'Ottawa-Carleton, Toronto, Vancouver, Montréal et Winnipeg forment des communautés urbaines avec les municipalités environnantes et elles sont dirigées par des gouvernements métropolitains. Le gouvernement métropolitain de Vancouver, par exemple, est appelé Greater Vancouver Regional District (GVRD) et celui de Toronto porte le nom de Metropolitan Toronto (Metro).

Au début du XXᵉ siècle, Toronto était déjà un centre industriel florissant. Aujourd'hui, Toronto est devenue une grande métropole. Quelle est l'influence de la croissance des grandes villes canadiennes comme Toronto, Montréal, Calgary et Vancouver sur le rôle des gouvernements municipaux?

LE GOUVERNEMENT FÉDÉRAL ET LES GOUVERNEMENTS PROVINCIAUX

Le partage des pouvoirs établi à l'origine par l'AANB permettait aux provinces d'adopter des lois conformes à leurs besoins propres, d'une part, et au gouvernement fédéral de régir les questions d'intérêt national, d'autre part. Mais le Canada n'est plus ce qu'il était au XIXᵉ siècle. C'est un pays fortement industrialisé, où les gratte-ciel et les centres commerciaux ont remplacé les fermes et les chantiers forestiers. C'est aussi un membre d'une communauté mondiale en mutation. De nos jours, les gouvernements du Canada s'occupent de domaines comme l'*assurance-maladie*, l'assurance-chômage, la circulation routière, la protection de l'environnement, le bilinguisme et l'avortement. Tous les paliers de gouvernement sont beaucoup plus présents qu'ils ne l'étaient autrefois dans la vie des Canadiens.

À mesure que le Canada s'urbanisait, le partage des pouvoirs gouvernementaux s'est modifié. Les pouvoirs provinciaux se sont accrus en même temps que la demande de services de juridiction provinciale, tels l'éducation, le transport, le bien-être social et les soins de santé. Le gouvernement fédéral et les gouvernements provinciaux ont aujourd'hui une responsabilité conjointe dans plusieurs domaines. Ainsi, l'assurance-maladie est financée par le gouvernement fédéral et les gouvernements provinciaux, et elle est administrée à l'échelon provincial. Comme les pouvoirs provinciaux, les pouvoirs des gouvernements locaux ont augmenté. Dans les années 1790, les seuls pouvoirs des premiers gouvernements locaux du Canada portaient sur la hauteur des clôtures et sur les animaux errants. De nos jours, les gouvernements locaux ont des pouvoirs étendus et ils fournissent d'importants services communautaires.

LE GOUVERNEMENT DU CANADA

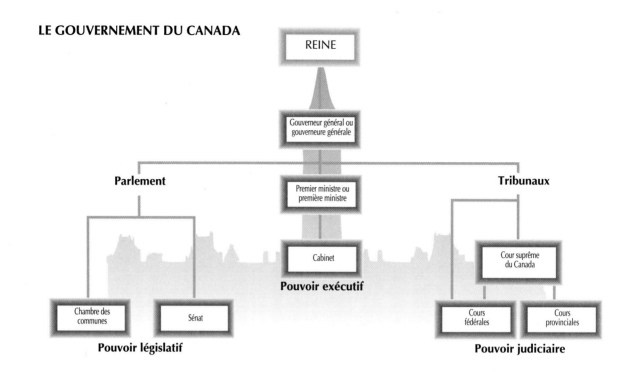

L'exécutif, le législatif et le judiciaire diagram: REINE → Gouverneur général ou gouverneure générale → Premier ministre ou première ministre → Cabinet (Pouvoir exécutif). Parlement: Chambre des communes, Sénat (Pouvoir législatif). Tribunaux: Cour suprême du Canada, Cours fédérales, Cours provinciales (Pouvoir judiciaire).

L'EXÉCUTIF, LE LÉGISLATIF ET LE JUDICIAIRE

Au Canada, le gouvernement se divise en trois sphères: le pouvoir exécutif, le pouvoir législatif et le pouvoir judiciaire. La fonction du **pouvoir exécutif** est d'appliquer les lois. Le pouvoir exécutif prend sensiblement la même forme au provincial qu'au fédéral. L'exécutif fédéral est composé de la reine du Canada (représentée par la gouverneure générale ou le gouverneur général), du premier ministre ou de la première ministre, du Cabinet fédéral et de la fonction publique fédérale. L'exécutif provincial est formé de la reine du Canada (représentée par la ou le lieutenant-gouverneur), de la première ministre ou du premier ministre provin-

cial, du Cabinet provincial et de la fonction publique provinciale.

Le pouvoir exécutif réel appartient à la première ministre ou au premier ministre du Canada, aux premiers ministres des provinces et à leurs Cabinets. Au gouvernement fédéral comme au gouvernement provincial, la première ministre ou le premier ministre est le chef du *parti politique* au pouvoir et il doit répondre devant son parti de ses décisions politiques. Il nomme au **Cabinet** des membres influents de son parti qui siègent à la législature. Ensemble, la première ministre ou le premier ministre et son Cabinet décident des grandes politiques du gouvernement. La plupart des membres du Cabinet dirigent un ministère comme le ministère de l'Agriculture, de la Justice, de l'Environnement ou de l'Emploi et de l'Immigration. Les membres du Cabinet sont aidés et conseillés par les *fonctionnaires*

Mary Collins, l'ancienne ministre fédérale de la Diversification économique de l'Ouest, s'adresse à des gens d'affaires canadiens.

(les employés permanents de l'exécutif) de leurs ministères. L'équipe du Cabinet, dirigée par la première ministre ou le premier ministre, est si puissante que les mots «Cabinet» et «gouvernement» ont souvent valeur de synonymes.

Le **pouvoir législatif** a pour fonction de créer, d'amender et d'abroger les lois. Il a pratiquement la même forme au fédéral qu'au provincial. Le Parlement est le corps législatif du gouvernement fédéral. Il est composé de la Reine (du gouverneur général ou de la gouverneure générale), de la Chambre des communes et du Sénat. Les membres de la Chambre des communes sont élus, mais les sénateurs sont nommés. À l'échelon provincial, le corps législatif est formé de la Reine (la ou le lieutenant-gouverneur) et d'une législature élue. Les dix législatures provinciales ont la même structure et le même fonctionnement que la Chambre des communes. Cependant, il n'existe pas de corps législatif provincial correspondant au Sénat fédéral.

À l'échelon local, les corps exécutifs et législatifs varient d'un endroit à l'autre. Le gouvernement municipal peut être dirigé par une présidente ou un président, un maire ou une mairesse ou encore un préfet. Les membres des conseils locaux sont des conseillers, des contrôleurs ou des échevins. Leurs pouvoirs et leurs responsabilités varient aussi

d'un endroit à l'autre. Le tableau de la page 32 montre la forme que prend typiquement un gouvernement municipal.

Le **pouvoir judiciaire** (la justice) a pour fonction d'interpréter et de faire respecter les lois canadiennes. À la tête du système judiciaire se trouve la Cour suprême du Canada, le tribunal de dernière instance. Ses décisions sont toujours irrévocables. La Cour suprême joue un rôle important dans l'interprétation de la Constitution et particulièrement de la Charte canadienne des droits et libertés. Toutes les provinces ont aussi leurs propres tribunaux. Les cours provinciales jugent les causes civiles et pénales. Deux provinces, la Nouvelle-Écosse et le Québec, ont aussi des cours municipales qui entendent les causes reliées à des règlements municipaux.

LE PARLEMENT CANADIEN

Chaque année, le Parlement canadien se réunit à Ottawa. Pendant les sessions parlementaires, les députés créent de nouvelles lois et ils abrogent ou amendent des lois existantes. Dernièrement, par exemple, le Parlement a adopté une loi qui interdit la possession d'armes automatiques. Cette loi vise à protéger le public contre les armes dangereuses conçues expressément pour tuer ou blesser des gens. Récemment aussi, le Parlement a amendé la Loi sur les jeunes contrevenants afin de faire passer à cinq ans la peine d'emprisonnement maximale dont sont passibles les jeunes reconnus coupables de meurtre. Il arrive au Parlement d'abroger de vieilles lois sur la taxation. La taxe sur les produits et services (TPS) que tu dois maintenant payer a remplacé la taxe que les manufacturiers payaient sur les produits qu'ils fabriquaient. Les lois adoptées par le Parlement (par le Sénat et par la Chambre des communes) ont des répercussions dans notre vie de tous les jours.

Le Sénat

Les sénateurs sont nommés sur la recommandation de la première ministre ou du premier ministre. Ils conservent leur poste jusqu'à l'âge de 75 ans. Les

LA NÉCESSITÉ D'UNE RÉFORME DU SÉNAT

Lorsque le Canada a été créé, en 1867, l'Acte de l'Amérique du Nord britannique a institué une Chambre haute (le Sénat) et une Chambre basse (la Chambre des communes). À cette époque, beaucoup de gens, y compris le premier ministre John A. Macdonald, doutaient de la démocratie. Pour éviter que le Parlement, poussé par l'opinion publique, n'adopte de mauvaises lois, les Pères de la Confédération décidèrent que les sénateurs seraient nommés et qu'ils auraient le droit de réexaminer et de rejeter les projets de loi. Comme les sénateurs conservent leur poste jusqu'à l'âge de 75 ans, ils subissent moins de pression que les députés élus.

Pour faire partie du Sénat, il faut:

- avoir au moins 30 ans;
- être citoyenne ou citoyen canadien;
- posséder des biens-fonds d'une valeur minimale de 4000 $;
- avoir son domicile dans la province que l'on représente.

Beaucoup de Canadiens estiment aujourd'hui que les sénateurs devraient être élus. On discute depuis des années de la réforme du Sénat, mais rien n'a encore été fait à ce sujet. Une des formules de réforme les plus populaires est celle du «Sénat triple E», c'est-à-dire d'un Sénat:

- *élu*: les sénateurs seraient élus directement par les Canadiens;
- *égal*: il y aurait un nombre égal de sénateurs de chaque province;
- *efficace*: le Sénat aurait le pouvoir d'adopter ou de rejeter des projets de loi.

Crois-tu que nous devrions laisser le Sénat tel qu'il est, le réformer ou carrément l'abolir? Quels sont les avantages et les inconvénients du Sénat triple E? As-tu d'autres suggestions à faire pour la réforme du Sénat?

ADRIAN RAESIDE
The Times-Colonist, Victoria, 3 février 1984.

Étudie la caricature, puis explique le problème évoqué et le point de vue du caricaturiste. Es-tu d'accord avec lui?

nominations au Sénat sont souvent perçues comme des actes de **patronage**, des récompenses pour services rendus au parti politique au pouvoir. Par exemple, le premier ministre Pierre Elliott Trudeau a déclenché une tempête de protestations partout au Canada lorsqu'il nomma des partisans libéraux au Sénat juste avant de quitter son poste, en 1984.

Tous les projets de loi adoptés par la Chambre des communes doivent être approuvés par le Sénat. Le **Sénat** a été créé pour «procéder avec objectivité à un second examen» des **projets de loi** adoptés par la Chambre des communes. Le Sénat nommé devait mettre un frein à ce que sir John A. Macdonald appelait «les législations précipitées ou inconsidérées» de la Chambre des communes, protéger les minorités et promouvoir les intérêts régionaux. Le Sénat a le pouvoir de réexaminer, d'amender, de retarder et, en théorie, de défaire les projets de loi adoptés par la Chambre des communes. Toutefois, le véritable pouvoir de légiférer appartient à la Chambre des Communes.

La Chambre des communes

Tous les députés sont élus au scrutin général dans une *circonscription*. Chaque province est représentée par un nombre de députés correspondant à la proportion de la population canadienne habitant dans la province. Tous les 10 ans, le Canada tient un *recensement* national, et le nombre de sièges accordés à chaque province au Parlement est modifié conformément aux variations de la population canadienne.

Le très honorable Roméo Leblanc représente la Reine au Canada. En tant que chef de l'État canadien, le gouverneur général accueille les dignitaires étrangers et joue un rôle protocolaire.

La loi fixe à cinq ans la durée maximale du mandat d'un gouvernement mais la première ministre ou le premier ministre peut déclencher une élection à n'importe quel moment au cours de la période de cinq ans. La plupart des élections se tiennent après qu'un gouvernement a passé environ quatre ans au pouvoir. La première ministre ou le premier ministre attend généralement que l'opinion publique lui soit favorable, puis il demande à la gouverneure générale ou au gouverneur général de dissoudre le Parlement (d'y mettre fin). La date des élections est alors fixée, et la campagne électorale s'amorce.

Le vote de censure

Dans certaines circonstances, le gouvernement peut être forcé d'abandonner le pouvoir. Si une majorité de députés vote contre un budget ou contre une autre importante mesure présentée au Parlement par le gouvernement, la première ministre ou le premier ministre et le Cabinet doivent démissionner ou proclamer la tenue d'une élection. Le vote des députés est alors appelé vote de censure. En 1979, par exemple, le ministre des Finances du premier ministre Joe Clark présenta un budget à la Chambre des communes. Beaucoup de députés étaient contre ce budget et la Chambre tint un vote de censure. Le gouvernement progressiste-conservateur de Clark fut défait et il démissionna. Une règle non écrite veut qu'un gouvernement reste au pouvoir tant qu'il a l'appui d'une majorité à la Chambre des communes. C'est là un principe important de la responsabilité gouvernementale.

L'élection d'un député ou d'une députée au Parlement

Dès qu'une élection est déclenchée, la directrice générale ou le directeur général des élections met la machine électorale en marche. Les scrutateurs établissent la liste de toutes les personnes qui ont le droit de voter dans les circonscriptions. Au cours de la septième semaine précédant l'élection, une armée de recenseurs (il y en avait 87 000 à l'élection de 1988) vont frapper à toutes les portes du pays pour enregistrer les noms des électeurs. La plupart des citoyens canadiens qui sont âgés d'au moins 18 ans et qui habitent dans une circonscription ont le droit de voter. Les scrutateurs enregistrent aussi les noms des candidats. Presque tous les citoyens qui ont le droit de vote ont la possibilité de poser leur candidature. Il n'est pas nécessaire que les candidats soient nommés par un parti politique ou même qu'ils habitent dans la circonscription qu'ils veulent représenter. Il est très difficile, cependant, d'être élu au Parlement sans l'appui d'un parti politique.

Les partis politiques au Canada

Au cours des dernières décennies, trois grands partis politiques fédéraux ont occupé la scène fédérale: le Parti progressiste-conservateur, le Parti libéral et

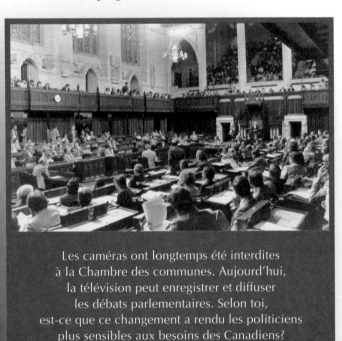

Les caméras ont longtemps été interdites à la Chambre des communes. Aujourd'hui, la télévision peut enregistrer et diffuser les débats parlementaires. Selon toi, est-ce que ce changement a rendu les politiciens plus sensibles aux besoins des Canadiens?

Quand le gouvernement institua la taxe sur les produits et services (TPS), des milliers de Canadiens ont protesté. Crois-tu que les manifestations sont pour le public un moyen efficace d'exprimer ses opinions au gouvernement?

le Nouveau Parti démocratique (NPD). Mais la situation a changé lors des élections fédérales de 1993. Cette année-là, en effet, le Parti progressiste-conservateur et le NPD furent pratiquement éliminés. Ils furent remplacés au Parlement par deux nouveaux partis: le Bloc québécois et le Reform Party.

Chaque parti a un programme, c'est-à-dire un ensemble d'idées et de politiques, avec lequel il compte s'attirer l'appui des électeurs. Le programme énonce les positions du parti sur des questions comme la politique étrangère, les soins de santé, le chômage et l'environnement. Rares sont les électeurs qui adhèrent à tous les points du programme d'un parti politique, mais ils estiment généralement qu'un parti représente mieux leurs intérêts et leurs opinions que les autres, et ils lui donnent leur appui.

Les partis politiques canadiens représentent une gamme d'opinions très variées. Le Parti libéral et le Parti progressiste-conservateur, par exemple, sont des partis du centre, c'est-à-dire modérés. Le Parti libéral est parfois considéré comme un parti de

PLAN DE LA CHAMBRE DES COMMUNES

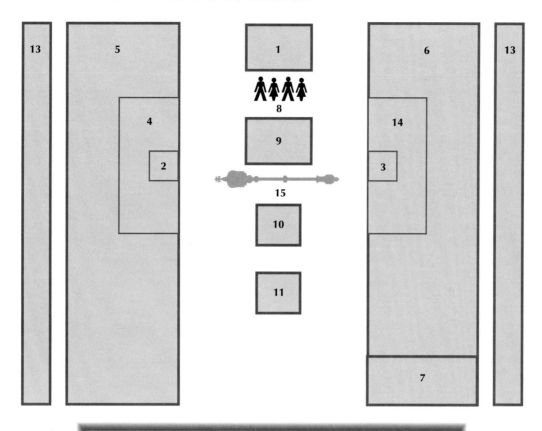

1 Président ou présidente de la Chambre	9 Bureau du greffier ou de la greffière
2 Première ministre ou premier ministre	10 Sergent d'armes
3 Chef de l'Opposition	11 Sténographe parlementaire
4 Cabinet	12 Tribune des journalistes
5 Députés du parti au pouvoir	13 Tribune des visiteurs
6 Députés de l'Opposition officielle	14 Cabinet fantôme
7 Députés des autres partis	(Opposition)
8 Pages	15 Masse

Président ou présidente de la Chambre des communes
- Coordonne toutes les activités de la Chambre des communes.
- Annonce les résultats des votes tenus en Chambre.
- Dirige la période de questions.
- Rappelle à l'ordre les députés indisciplinés.

Première ministre ou premier ministre
- Forme le Cabinet.
- Demande à la gouverneure générale ou au gouverneur général de nommer les sénateurs et les juges.
- Discute avec les premiers ministres provinciaux des questions d'intérêt national.
- Représente le Canada à l'étranger.

Ministres
- Conseillent le premier ministre ou la première ministre.
- Participent à l'élaboration et à la défense des politiques gouvernementales.
- Dirigent leurs ministères.

Chef de l'Opposition
- Chef du parti qui, après le parti au pouvoir, obtient le plus de sièges à la Chambre des communes.
- A pour rôle de critiquer et d'essayer d'améliorer les législations du gouvernement.

Cabinet fantôme
- Députés de l'Opposition nommés pour critiquer les ministres et les politiques du gouvernement.
- Participe à l'élaboration des politiques du parti d'opposition.

centre-gauche car, traditionnellement, il favorise les programmes
sociaux comme l'assurance-maladie
et l'étatisation d'industries clés, tel
le transport. Le Parti progressiste-
conservateur, en revanche, est considéré comme un parti de centre-droite,
car il penche traditionnellement pour
la libre entreprise; autrement dit, il
tend à limiter le rôle du gouvernement et à laisser le commerce et
l'industrie à des intérêts privés. Les
deux partis, cependant, ont démontré une remarquable souplesse.
Ainsi, les libéraux ont préconisé le
libre-échange avec les États-Unis
jusqu'à ce que les progressistes-
conservateurs du premier ministre
Brian Mulroney n'en fassent une de
leurs politiques, en 1985. Les
libéraux changèrent alors leur fusil
d'épaule et s'opposèrent au libre-
échange pendant la campagne électorale de 1988.

En 1987, les libéraux de Frank McKenna remportèrent tous les sièges de la législature du Nouveau-Brunswick. Penses-tu que la démocratie est bien servie quand tous les élus appartiennent au même parti?

Au Canada, les élections sont précédées
d'une campagne électorale qui dure
plusieurs semaines, une période éprouvante
pour les candidats. On voit ici l'ancien
premier ministre Brian Mulroney faisant
campagne avant les élections de 1988.

Il arrive que de nouveaux partis apparaissent sur
la scène politique pour faire valoir des idées
absentes des programmes des principaux partis. Le
NPD, par exemple, était à l'origine un parti socialiste (de gauche); fondé en 1933, il portait le nom
de Co-operative Commonwealth Federation (CCF).
Il était formé d'agriculteurs et d'ouvriers qui se sentaient exclus des deux grands partis. Le CCF avait
des idées innovatrices en matière de programmes
sociaux et il réclamait par exemple l'institution de
l'assurance-chômage et de l'assurance-maladie. Au
début, beaucoup de gens trouvaient les idées du
CCF farfelues mais, graduellement, les libéraux et
les progressistes-conservateurs en adoptèrent
plusieurs. Dans les années 1940 et 1950, le CCF
perdit du terrain. En 1961, il élargit et modéra son
programme afin d'attirer les électeurs du centre. Il
prit le nom de Nouveau Parti démocratique.

Plus récemment, deux nouveaux partis se sont
accaparé une part du pouvoir politique. Après
l'élection de 1988, le Reform Party (que son intérêt
pour la cause de l'Ouest avait déjà rendu populaire
en Alberta) augmenta le nombre de ses partisans.
Dirigé par Preston Manning, le Reform Party obtint
52 sièges (dont 51 dans les quatre provinces de

L'ENTRÉE DES FEMMES EN POLITIQUE

Le 25 juin 1993, Kim Campbell devint la première femme à occuper le poste de première ministre du Canada. Voici quelques autres premières pour les femmes en politique canadienne.

Droit de vote aux élections fédérales — 1917 pour les femmes ayant des parents proches dans l'armée; 1918 pour toutes les femmes.

Première femme élue à la Chambre des communes — Agnes MacPhail, 1921.

Première femme nommée au Sénat — Cairine Wilson, libérale, 1930.

Première femme présidente du Sénat — Muriel Ferguson, 1972.

Première femme nommée au Cabinet fédéral — Ellen Fairclough, secrétaire d'État, 1957.

Première femme élue mairesse — Charlotte Whitton, Ottawa, 1951.

Première femme membre d'un cabinet provincial — Mary Ellen Smith, Colombie-Britannique, 1921.

Première femme chef d'un parti provincial — Alexa McDonough, Nouvelle-Écosse, NPD, novembre 1980.

Première femme à devenir première ministre d'une province — Rita Johnston, Colombie-Britannique, avril 1991 (choisie par le parti).

Première femme à être élue première ministre d'une province — Catherine Callbeck, Île-du-Prince-Édouard, 29 mars 1993.

Première femme à se présenter à la direction d'un parti national — Rosemary Brown, NPD, 1975.

Première femme à devenir chef d'un parti national — Audrey McLaughlin, NPD, décembre 1989.

Lors de l'accession au pouvoir de Kim Campbell, la politicologue Sylvia Bashevkin s'exprima en ces termes: «Des milliers (de petites filles) à travers le Canada peuvent se dire avec réalisme: "J'aimerais devenir première ministre du Canada."»

Source: Adapté d'un texte de la Presse canadienne

Ces quatre femmes furent parmi les premières à réclamer l'égalité des Canadiennes en politique. Fais une recherche sur les réalisations de chacune.

LES PROGRAMMES DES PARTIS AUX ÉLECTIONS DE 1993

	PARTI PROGRESSISTE-CONSERVATEUR	**PARTI LIBÉRAL**
RÉDUCTION DU DÉFICIT	La chef du Parti progressiste-conservateur, Kim Campbell, promet d'effacer en cinq ans le déficit budgétaire annuel du gouvernement fédéral.	Les libéraux promettent de faire passer graduellement le déficit de 5,2 % du produit intérieur brut à 3 %. Ils s'engagent aussi à éliminer la TPS.
CRÉATION D'EMPLOIS	Les conservateurs affirment que les deux meilleurs moyens de créer des emplois sont d'augmenter le commerce et d'abaisser l'inflation. Ils ne lanceront pas de nouveaux programmes de création d'emplois, car cela hausserait le déficit et minerait la confiance des gens d'affaires. De plus, les conservateurs ont resserré les critères d'admissibilité à l'assurance-chômage.	Les libéraux affirment qu'ils prendront les moyens suivants pour créer des emplois: ils diminueront les dépenses et consacreront les 100 millions de dollars ainsi épargnés en quatre ans à la création d'un capital de risque pour le développement de la haute technologie; ils encourageront les banques à prêter davantage aux petites entreprises; ils investiront cinq millions de dollars pour améliorer les routes et autres services publics, et ils partageront les coûts des travaux également entre le gouvernement fédéral, les gouvernements provinciaux et les gouvernements municipaux.
PROGRAMMES SOCIAUX	Campbell parle d'éliminer du programme d'assurance-maladie les services médicaux non essentiels, sans préciser lesquels. Les conservateurs ajoutent que certains programmes sociaux devront disparaître.	Le chef libéral Jean Chrétien s'engage à maintenir l'assurance-maladie dans sa forme actuelle et dit qu'il s'opposera à l'institution d'un ticket modérateur. Le Parti déclare qu'il fait une priorité de l'augmentation du nombre de places dans les garderies subventionnées.
LUTTE CONTRE LA CRIMINALITÉ	Les conservateurs ont récemment apporté des amendements à la Loi sur les jeunes contrevenants, de sorte que les jeunes accusés de meurtre sont désormais jugés devant les mêmes tribunaux que les adultes. Campbell réclame des peines plus dures pour les jeunes contrevenants violents. Le gouvernement vient d'adopter des lois pour lutter contre le crime: l'une protège les femmes contre les hommes qui les suivent et les menacent, et l'autre prévoit une peine de cinq ans d'emprisonnement pour la possession de matériel pornographique exploitant des enfants.	Chrétien propose de resserrer les lois sur la possession d'armes à feu, d'augmenter le financement des centres d'hébergement pour femmes victimes de violence, de porter à cinq ans la peine d'emprisonnement minimale pour les personnes reconnues coupables de prostitution d'enfants et de surveiller plus étroitement les criminels dangereux en libération conditionnelle. Les libéraux promettent aussi de faire passer de 5 à 10 ans la peine d'emprisonnement maximale dont sont passibles les jeunes reconnus coupables de meurtre au premier degré.
RÉFORME POLITIQUE	Campbell déclare qu'elle empêchera les anciens députés de toucher leur pension avant l'âge de 55 ans, qu'elle permettra plus de votes libres à la Chambre des communes et qu'elle obligera les lobbyistes à dévoiler plus de renseignements sur leurs activités.	Les libéraux promettent plus de votes libres en Chambre et disent qu'ils réglementeront plus sévèrement les activités des lobbyistes; ils les obligeront notamment à déclarer le travail qu'ils font pour les partis politiques, qu'il soit rémunéré ou bénévole.

NOUVEAU PARTI DÉMOCRATIQUE	REFORM PARTY	BLOC QUÉBÉCOIS
La chef du NPD, Audrey McLaughlin, prétend que le moyen de réduire le déficit est de s'assurer que les gens travaillent et paient des impôts. Le Parti dit qu'il éliminera la TPS, qu'il portera à 14 % au moins l'impôt des sociétés et qu'il augmentera les impôts des personnes gagnant plus de 100 000 $.	Le chef du Reform Party, Preston Manning, axe sa campagne sur l'élimination du déficit, qu'il promet de réaliser en trois ans. Il abolira toutes les subventions directes aux entreprises; il réduira l'aide étrangère et il privilégiera les personnes à faible revenu dans le Régime de pensions du Canada.	Le Bloc veut réduire les dépenses fédérales d'environ cinq milliards de dollars par année et transférer un autre cinq milliards de dollars de programmes existants à des programmes de création d'emplois. Le Bloc soutient qu'il pourrait couper au moins six milliards de dollars des dépenses gouvernementales sans toucher aux programmes sociaux.
McLaughlin affirme que les promesses de son parti, y compris l'élimination de la TPS et la création de nouvelles places en garderie, ouvriront 300 000 emplois en cinq ans. Le NPD s'engage à abolir l'accord de libre-échange canado-américain qui, selon lui, a fait perdre des emplois au Canada.	La Parti maintient que les déficits et les impôts élevés sont les véritables causes du chômage. Selon Manning, l'élimination de ces fardeaux créera de l'emploi dans le secteur privé. Le Parti ne dépensera pas l'argent des contribuables pour créer de l'emploi.	Le chef du Bloc, Lucien Bouchard, dit qu'il continuera à exiger du fédéral qu'il augmente ses subventions aux programmes de création d'emplois dans la province. Le Bloc veut aussi que le Québec administre lui-même le programme d'assurance-chômage.
Comme les libéraux, les néo-démocrates promettent de conserver l'assurance-maladie dans sa forme actuelle. Le NPD promet aussi de faire passer de 300 000 à 600 000 le nombre de places en garderie et de créer ainsi 47 000 emplois.	Manning déclare que son parti laissera les provinces administrer l'assurance-maladie à leur gré et imposer si elles le veulent un ticket modérateur. Le Reform Party diminuera d'environ cinq milliards de dollars en trois ans le budget de l'assurance-chômage. Il est contre l'augmentation du financement des garderies.	Le Bloc s'oppose à l'institution d'un ticket modérateur dans le domaine des soins de santé, et il est en faveur de l'universalité. Cependant, il dit que les provinces devraient avoir juridiction complète sur les programmes sociaux. Le Parti veut qu'Ottawa cède l'éducation, la main-d'œuvre et la formation aux provinces mais continue de financer ces activités.
Le NPD dit qu'il s'attaquera à ce qu'il considère comme les racines du crime, soit la pauvreté, le chômage et les mauvais traitements faits aux enfants. Il recommande de publier les noms des criminels sexuels en libération conditionnelle. Il promet d'instituer un conseil pour la prévention du crime qui travaillera de concert avec les provinces et les municipalités.	Manning dit qu'il est temps de penser aux droits des victimes plutôt qu'à ceux des criminels. Il projette de ne plus accorder automatiquement la libération conditionnelle aux récidivistes, de déporter les non-citoyens (autres que les réfugiés) qui sont reconnus coupables d'actes criminels et de juger devant les mêmes tribunaux que les adultes les récidivistes de 14 et 15 ans accusés de délits graves.	Aucune politique annoncée.
McLaughlin est la première chef de parti à réclamer une révision impartiale des pensions des députés. Le NPD affirme qu'il adoptera une législation visant à protéger les fonctionnaires qui dénoncent le gaspillage dans leur ministère. Le Parti préconise l'abolition du Sénat.	Le Parti suggère d'augmenter le nombre de votes libres à la Chambre, de tenir plus de référendums sur les grandes questions nationales et de destituer les députés impopulaires. Le Parti juge que les députés ne devraient toucher leur pension qu'à compter de l'âge de 60 ans. Manning est depuis longtemps en faveur d'un Sénat triple E (élu, égal et efficace).	L'objectif premier du Bloc est la souveraineté du Québec. D'ici à ce qu'elle soit réalisée, il préconise l'abolition du Sénat. *Source:* Adapté de *Maclean's Magazine*, Maclean Hunter Ltd., 13 septembre 1993, p. 20-21.

Quand la ou le chef d'un parti politique démissionne, des délégués de tous les coins du Canada se rassemblent pour élire un nouveau chef. Lors du congrès d'investiture tenu en 1993 par les progressistes-conservateurs, Kim Campbell a triomphé de son plus proche rival, Jean Charest.

l'Ouest) lors des élections fédérales de 1993. En 1991, par ailleurs, le député progressiste-conservateur Lucien Bouchard et six autres députés du Québec fondèrent le Bloc québécois. Voués à la souveraineté du Québec, ces députés démissionnèrent de leurs anciens partis et siégèrent à la Chambre des communes sous la bannière du Bloc québécois. Le Bloc remporta 54 sièges (tous du Québec) aux élections de 1993 et il forma l'Opposition officielle. La montée des partis régionaux a marqué un tournant dans la politique canadienne.

En campagne électorale

Une fois nommés, les candidats partent en campagne électorale. Les quartiers généraux des partis bourdonnent d'activité; les employés rémunérés et les militants mettent tout en œuvre pour faire élire leurs candidats. Les candidats et leurs conseillers consultent des spécialistes en communications, des maisons de sondage, des publicitaires et des firmes de relations publiques. Ils formulent soigneusement leurs messages pour s'attirer la faveur des électeurs. Ils s'efforcent d'élaborer des politiques où chaque électeur

trouvera son compte.

Les militants publient des communiqués, distribuent des dépliants, des macarons et des autocollants et téléphonent aux personnes inscrites sur la liste électorale. D'un océan à l'autre, les quartiers généraux des partis dépensent des millions de dollars pour diffuser des messages à la radio, à la télévision et dans les journaux. Les militants frappent aux portes et essaient de convaincre les gens de voter pour leur candidat ou candidate.

La plupart des gens s'informent sur les candidats par l'entremise des médias et particulièrement de la télévision. C'est pourquoi les candidats s'efforcent de faire tourner la couverture télévisuelle à leur avantage. Comme la télédiffusion des messages commandités et gratuits est sévèrement réglementée, les stratèges des partis construisent l'horaire des candidats de manière que leurs déclarations soient diffusées aux bulletins de nouvelles du soir. Ils placent les candidats dans des endroits soigneusement choisis afin que les médias prennent d'eux des images flatteuses. Les candidats apprennent à livrer des messages concis qui tiennent dans les 15 ou 30 secondes que durent les reportages. Leur victoire ou leur défaite repose dans certains cas sur l'image qu'ils projettent à la télévision.

LE GOUVERNEMENT À L'ŒUVRE

À minuit, le soir des élections, presque tous les résultats sont connus. Les députés nouvellement élus commencent à planifier leur travail et les candidats défaits se préparent à reprendre une vie normale. Dans la plupart des élections, un parti remporte plus de la moitié des sièges au Parlement et forme le gouvernement. Il forme alors un **gouvernement majoritaire** et son chef devient premier ministre ou première ministre. Par conséquent, en votant pour un député ou une députée, les électeurs votent aussi pour un parti politique et pour un premier ministre ou une première ministre. Le parti qui se classe en second pour le nombre de députés élus forme l'Opposition officielle et son chef devient chef de l'Opposition.

Mais il arrive que les résultats soient si serrés qu'aucun parti n'obtient la majorité des sièges. En 1979, les progressistes-conservateurs remportèrent 136 sièges, mais les trois partis d'opposition en prirent 146 (114 pour le Parti libéral, 26 pour le NPD et 6 pour le Crédit social). Les progressistes-conservateurs formèrent donc un **gouvernement minoritaire**. Pour rester au pouvoir, un gouvernement minoritaire doit se plier plus qu'un gouvernement majoritaire aux exigences de l'Opposition. Autrement, l'Opposition peut tenir un vote de censure et provoquer une élection.

Le premier ministre ou la première ministre

Les chefs des partis nationaux sont choisis lors de congrès d'investiture tenus avant une campagne électorale. Pendant la campagne, les chefs deviennent les symboles et les principaux porte-parole de leur parti. Ils essaient de démontrer qu'ils possèdent les qualités d'un chef de gouvernement: solide éducation, charisme, expérience politique, aisance dans les deux langues officielles, connaissance approfondie du monde des affaires et éloquence.

Le premier ministre ou la première ministre du Canada détient des pouvoirs étendus. Aidé par ses collaborateurs, le chef du gouvernement fait les principales nominations; c'est lui qui choisit les ministres, les sénateurs, les juges de la Cour suprême, les *ambassadeurs* et les hauts fonctionnaires. En tant que chef du Cabinet, il joue un rôle clé dans l'élaboration des politiques gouvernementales. Avec les ministres, il décide des projets de loi qui seront présentés au Parlement. De plus, il élabore la politique étrangère du Canada et il négocie les accords internationaux. Enfin, la première ministre ou le premier ministre représente le Canada à l'étranger et il concourt à créer l'image que les autres pays ont du Canada et de sa population.

Le Cabinet

La principale fonction du Cabinet est de formuler des politiques sur des sujets aussi importants que les pluies acides et la pollution, le chômage des jeunes, la réforme des pénitenciers, les pêches et les subventions agricoles. Les décisions du Cabinet sont influencées par le programme du parti au pouvoir, par les groupes de pression, par la presse et par les exigences des électeurs dans les circonscriptions. Cependant, le Cabinet prend ses décisions à huis clos, c'est-à-dire en privé. Du reste, les ministres doivent jurer solennellement de garder le secret sur toutes les questions qui sont traitées, débattues et tranchées au Cabinet.

Ethel Blondin fut la première femme autochtone à siéger à la Chambre des communes. Libérale, elle fut élue en 1988 dans la circonscription de Western Arctic. Crois-tu que son élection aidera les femmes autochtones à faire valoir leurs droits?

Toutes les politiques doivent être approuvées par l'ensemble du Cabinet avant d'être mises en application. Il arrive quelquefois que les membres du Cabinet soient en complet désaccord pendant leurs réunions. Mais une fois qu'ils ont pris une décision, ils doivent tous la défendre devant le public, conformément au principe de la solidarité ministérielle. Quand une ou un ministre ne se sent plus capable d'appuyer publiquement une décision du Cabinet, il doit démissionner de son poste.

COMMENT SE FONT LES LOIS?

A RÔLE DU CABINET
- Une ou un ministre présente une proposition au Cabinet.
- Le Cabinet accepte ou rejette la proposition.
- Le ministère de la Justice rédige un projet de loi.

B RÔLE DE LA CHAMBRE DES COMMUNES

Première lecture: La ou le ministre présente le titre du projet de loi à la Chambre et demande la permission d'imprimer le projet de loi.

Deuxième lecture: La Chambre débat le principe du projet de loi. Tous les députés ont le droit de prendre la parole une fois seulement. Le principe du projet de loi est approuvé.

Étape des comités

- Comité permanent: Un comité permanent examine le projet de loi article par article.

- Comité plénier: Le comité plénier étudie les recommandations du comité permanent, débat le projet de loi et apporte des amendements.

Troisième lecture: La troisième lecture est une formalité; le projet de loi est mis aux voix.

C RÔLE DU SÉNAT

Première lecture
Deuxième lecture
Étape des comités
Troisième lecture
} Même procédure qu'à la Chambre des communes. Si le projet de loi est amendé, il est renvoyé à la Chambre des communes.

D RÔLE DE LA COURONNE

La gouverneure générale ou le gouverneur général (au nom du monarque) signe le projet de loi, qui devient alors une loi.

COMITÉS PERMANENTS DU PARLEMENT EN 1991

- Affaires autochtones
- Agriculture
- Culture et communications
- Consommation et affaires commerciales
- Énergie, mines et ressources
- Environnement
- Affaires extérieures et commerce extérieur
- Finances
- Forêts et pêches
- Santé et bien-être social, situation de la femme
- Droits de la personne
- Industrie, science et technologie
- Justice
- Travail, emploi et immigration
- Administration
- Multiculturalisme et citoyenneté
- Défense nationale et anciens combattants
- Langues officielles
- Transports
- Comptes publics
- Privilèges et élections

Source: Adapté de Donald M. Santor, *Canada's Government and Law: Rights and Responsibilities*, Prentice-Hall, 1992.

Les députés libéraux applaudissent leur chef Jean Chrétien pendant la période de questions. À la suite de la victoire libérale de 1993, Chrétien passa de chef de l'Opposition au poste de premier ministre.

Les simples députés

Pendant les séances de la Chambre des communes, les membres du Cabinet siègent dans la première rangée, à la droite de la présidente ou du président de la Chambre. Derrière eux se trouvent les **simples députés**, c'est-à-dire les députés du parti au pouvoir qui ne font pas partie du Cabinet. Les simples députés n'ont pas autant d'influence que les ministres, mais ils assistent au *caucus*, la réunion hebdomadaire de tous les parlementaires d'un parti (première ministre ou premier ministre, ministres, sénateurs et simples députés). Cette réunion se tient à huis clos (sans que le public soit admis) afin que les députés aient la possibilité de s'exprimer en toute liberté. Au caucus, les simples députés ont l'occasion d'intervenir dans les décisions politiques.

Beaucoup de politiques approuvées au Cabinet sont transformées en projets de loi et présentées au Parlement. Bien entendu, le parti au pouvoir fait des pieds et des mains pour que la Chambre adopte ses projets de loi; dans le cas contraire, en effet, le gouvernement doit démissionner. La discipline de parti est très rigoureuse au Canada. Une députée ou un député appelé whip s'assure que ses collègues soient présents en Chambre quand un projet de loi important est mis aux voix. Le whip vérifie en outre si tous ont voté dans le sens du parti.

L'Opposition

En face des sièges du gouvernement à la Chambre des communes se trouvent les sièges de l'**Opposition**, c'est-à-dire de tous les députés qui n'appartiennent pas au parti au pouvoir. Les partis d'opposition ont pour rôle de s'assurer que le parti au pouvoir agit de manière responsable. Ils examinent et critiquent les politiques du gouvernement et ils proposent des amendements aux projets de loi. Pendant les sessions parlementaires, la Chambre des communes siège tous les après-midis. Durant la période de questions quotidienne, l'Opposition met la première ministre ou le premier ministre et les ministres sur la sellette à propos de toutes sortes de sujets. La radio, la télévision et les journaux rendent compte des débats de la Chambre, et particulièrement des échanges de vues qui marquent la période de questions.

L'adoption d'un projet de loi

La principale fonction du Parlement canadien est d'adopter de nouvelles lois. La plupart des projets de loi sont présentés à la Chambre, bien qu'ils puissent aussi être présentés au Sénat. Un projet de loi ne devient une loi qu'après avoir été approuvé par le Parlement dans son ensemble. Tous les projets de loi font l'objet de trois lectures et ils sont débattus à chacune d'elles. À la première lecture, le projet de loi est présenté à la Chambre des communes. À la deuxième lecture, la Chambre pèse les avantages et les inconvénients du projet de loi. Elle l'étudie attentivement et, quelquefois, le modifie. À la troisième lecture, la Chambre vote pour ou contre le projet de loi. Si le projet de loi est accepté, il est envoyé au Sénat. Là aussi, le projet de loi fait l'objet de trois lectures. Une fois que le projet de loi a reçu l'approbation de la Chambre des communes et du Sénat, il est signé par la gouverneure générale ou le gouverneur général et devient une loi.

QUE PEUX-TU FAIRE POUR INFLUENCER TON GOUVERNEMENT?

Quelle est ta position à propos de la réforme du Sénat, de la violence des jeunes, de la pollution des Grands Lacs, des programmes de distribution d'aiguilles aux toxicomanes, du «droit de mourir», des armes que devraient porter les policiers, des droits des homosexuels, de l'avortement? Tu n'as pas besoin d'attendre le jour de tes 18 ans pour exprimer tes opinions au gouvernement. Le député ou la députée qui te représente a un bureau dans ta circonscription. La plupart des députés essaient de passer du temps à leur bureau pour rencontrer les gens de leur circonscription. Ils tiennent compte des lettres et des appels téléphoniques qu'ils reçoivent; après tout, ce sont les gens de leur circonscription qui les portent et les maintiennent au pouvoir. Ta députée ou ton député provincial a aussi un bureau dans ta circonscription pour écouter les citoyens, y compris toi. Il en va de même des membres de ton gouvernement local. Tu as le droit de faire connaître tes opinions à ceux qui te représentent et tu peux pour ce faire leur téléphoner, leur écrire ou leur parler en personne. Tu

peux aussi t'inscrire à un parti politique et faire valoir ton point de vue lors des réunions.

Pour avoir ton mot à dire en politique, tu peux faire partie d'un groupe de pression. Il existe des groupes de pression pour défendre toutes sortes de causes, dont l'éducation, le travail des jeunes, la lutte contre le SIDA, l'élimination de la pauvreté et de la violence familiale, le recyclage et l'égalité raciale. Tu peux te joindre aux groupes Les Amis de la terre, Les étudiants contre l'alcool au volant ou à des dizaines d'autres groupes. Les groupes de pression essaient de sensibiliser la population canadienne et les politiciens canadiens à leur cause. Les politiciens répondent aux besoins de leur communauté, mais il revient aux individus de se faire entendre.

Tu peux aussi participer à des campagnes d'envois postaux et à des manifestations pacifiques. Ces actions forcent le gouvernement à écouter l'opinion du public et à en tenir compte. Il y a quelque temps, des adolescents de la Colombie-Britannique ont manifesté contre la coupe de bois dans les montagnes de leur région après qu'un conseil municipal eut accepté d'émettre un permis d'abattage. Des étudiants du Québec, auxquels se sont joints des étudiants de l'Ontario, ont organisé une manifestation pour protester contre la réforme des programmes sociaux du ministre Axworthy. Un groupe d'étudiants du secondaire a mis sur pied un programme de recyclage dans les parcs municipaux afin de démontrer au conseil local leur préoccupation concernant la qualité de leur milieu. Une adolescente canadienne a attiré l'attention du public en lançant une campagne contre la violence à la télévision. Elle espère convaincre le gouvernement fédéral d'interdire la violence dans les émissions diffusées aux heures de grande écoute.

Toi aussi, tu peux faire avancer les causes qui te tiennent à cœur. Informe-toi: lis les journaux, regarde les informations télévisées, adhère à un groupe de pression ou à un parti politique, assiste aux réunions publiques et discute avec tes proches. Tu seras alors prêt à te lancer dans l'action. Le succès d'une démocratie repose sur la participation active de ses citoyens à la vie publique.

Les Canadiens n'ont pas besoin d'attendre les élections pour exprimer leurs opinions au gouvernement. En participant à des manifestations pacifiques, comme cette marche sur la Colline parlementaire, les Canadiens captent l'attention du gouvernement. Connais-tu d'autres moyens d'amener un gouvernement à écouter tes revendications?

LES GENS, LES LIEUX ET LES ÉVÉNEMENTS

Dans tes notes, explique clairement l'importance historique des éléments suivants:

Pouvoir exécutif

Cabinet

Pouvoir législatif

Pouvoir judiciaire

Patronage

Sénat

Projets de loi

Gouvernement majoritaire

Gouvernement minoritaire

Simples députés

Opposition

RÉSUME TES CONNAISSANCES

1. Pourquoi le rôle des gouvernements municipaux a-t-il beaucoup changé depuis les débuts de l'histoire canadienne?

2. Nomme les trois pouvoirs du gouvernement et explique la fonction de chacun.

3. En classe, jouez une séance du Parlement. La classe peut se diviser en tenant compte des rôles suivants: la première ministre ou le premier ministre, le Cabinet, les simples députés, l'Opposition et le Sénat. Choisissez trois sujets à débattre.

4. Qu'est-ce que la solidarité ministérielle? Est-ce que la solidarité ministérielle est un facteur d'efficacité pour les gouvernements?

5. Pourquoi y a-t-il au Canada une tendance vers la réforme du Sénat? Quel était le rôle du Sénat à l'origine? Quels arguments donnent les nombreux Canadiens qui veulent réformer le Sénat?

APPLIQUE TES CONNAISSANCES

1. Aux élections fédérales, les Canadiens votent non seulement pour la députée ou le député de leur circonscription mais aussi pour la première ministre ou le premier ministre et pour le parti qu'il dirige. Si tu avais le droit de vote, qu'est-ce que tu considérerais en premier lieu: les candidats de ta circonscription, les chefs des partis fédéraux ou les politiques des partis? Explique ta réponse.

2. La première ministre ou le premier ministre doit tenir compte de plusieurs facteurs quant au choix des membres de son Cabinet. Énumère, par ordre d'importance, trois de ces facteurs et justifie ton classement. Est-il important que les ministres aient de l'expérience dans les domaines qui leur sont confiés?

3. Comment la discipline du parti peut-elle forcer les députés à approuver un projet de loi contraire à leur opinion personnelle? Crois-tu que les députés devraient être expulsés de leur parti s'ils s'opposent à une de ses politiques?

4. Explique le rôle de l'Opposition au Parlement. Penses-tu que son rôle facilite le processus de législation et de gouvernement? Si tu étais membre de l'Opposition, comment réagirais-tu face à: a) un projet de loi dont tu approuves le principe? b) un projet de loi dont tu désapprouves le principe? c) à une rumeur d'erreur ou de corruption de la part du gouvernement?

5. Penses-tu que les médias devraient avoir le droit d'assister à la période de questions à la Chambre des communes? Avant de répondre, songe à la liberté de la presse et au droit des Canadiens à l'information d'une part, ainsi qu'à la publicité gratuite que les médias donnent aux députés d'autre part.

6. Comment un projet de loi devient-il une loi? Pourquoi un projet de loi doit-il faire l'objet de trois lectures avant d'être adopté?

7. En t'aidant des journaux, fais une recherche sur un des sujets dont s'occupe en ce moment le gouvernement fédéral. À l'aide d'un tableau comparatif, présente les opinions des grands partis sur ce sujet.

AUGMENTE TES CONNAISSANCES

1. Fais une recherche sur ton gouvernement local. Essaie de trouver: a) les titres que portent le chef de l'exécutif et les membres de la législature locale; b) qui représente la zone où tu habites; c) le nom du maire ou de la mairesse; d) quelques-unes des questions dont s'occupe ton gouvernement local. Présente tes résultats à tes camarades sous forme graphique.

2. À la bibliothèque, dépouille les articles de journaux portant sur la réforme du Sénat. Ensuite, rédige une proposition de réforme du Sénat. Tiens compte des intérêts régionaux, des questions autochtones et de la représentation des femmes. Pose-toi aussi les questions suivantes. Comment les sénateurs devraient-ils être choisis? Combien de sénateurs devraient représenter chaque province? Faudrait-il utiliser le principe de la représentation au prorata de la population des provinces? Quels pouvoirs le Sénat devrait-il avoir?

3. Dresse la liste de tous les moyens dont disposent les individus pour influencer le gouvernement. Ensuite, choisis un sujet sur lequel tu as une opinion tranchée et exprime cette opinion dans une lettre. Pense à qui tu devrais envoyer ta lettre: au journal local, à un politicien ou une politicienne, à une société ou à un individu.

3 LE SYSTÈME JUDICIAIRE CANADIEN

GLOSSAIRE

Habeas corpus Acte délivré par la juridiction compétente pour notifier que la prévenue ou le prévenu doit comparaître devant la juge ou le juge ou devant la cour, afin qu'il soit statué sur la validité de son arrestation.

Agent ou agente de probation Personne qui étudie le cas d'une accusée ou d'un accusé avant le prononcé de la sentence et pendant la mise en liberté conditionnelle.

Réadaptation Ensemble des mesures prises pour aider les criminels à reprendre une vie utile et honnête.

Ordonnance Sentence prononcée par le Tribunal de la jeunesse.

Mesures de rechange Mesures appliquées au lieu d'un procès conventionnel dans le cas de jeunes contrevenants ayant commis un premier délit mineur.

Grief Sujet de plainte contre une personne.

DANS CE CHAPITRE, TU ÉTUDIERAS LES SUJETS SUIVANTS:

- la différence entre le droit civil et le droit criminel;
- le rôle de la police;
- le rôle des tribunaux;
- les jeunes face au droit criminel;
- la Loi sur les jeunes contrevenants.

euillette un journal et tu trouveras sûrement une demi-douzaine de reportages sur le contenu, l'élaboration et la transgression des lois. Les lois imprègnent la vie quotidienne au Canada. Elles définissent nos responsabilités et nous donnent des moyens de résoudre pacifiquement nos désaccords. Elles protègent les droits des individus et des minorités. Elles favorisent notre sécurité et notre tranquillité d'esprit. Par-dessus tout, elles traduisent les valeurs les plus profondes et les croyances les plus chères de notre société. Mais la société canadienne change et les lois canadiennes changent aussi. Un avocat a déjà dit: «Les lois devraient être comme des vêtements. Elles devraient être ajustées aux personnes à qui elles sont destinées.»

Au Canada, les deux principaux ensembles de lois sont le **droit criminel** et le **droit civil**. Le droit criminel s'applique aux actions qui sont considérées comme des crimes contre la collectivité dans son ensemble. Quand des crimes sont commis, c'est le gouvernement, et non les citoyens, qui intervient. Ainsi, les victimes d'une agression ne sont pas habilitées à rechercher et à punir leurs assaillants; c'est le gouvernement qui s'occupe de trouver les coupables et de les traduire en justice.

Le droit civil traite des biens et des droits des citoyens. Il régit les rapports de toutes sortes entre les individus ou les groupes; il porte notamment sur les contrats écrits et verbaux, la séparation et le divorce, les testaments, les relations entre employeurs et employés, l'achat et la vente de marchandises, la location d'un appartement et l'achat d'une maison. En droit civil, ce sont des individus ou des groupes, et non le gouvernement, qui intentent des poursuites. Les blessures subies lors d'un accident de la circulation, les conditions d'un divorce, le traitement fait à une employée ou un employé par son employeuse ou son employeur peuvent faire l'objet de causes civiles. Le droit civil canadien permet aux citoyens de résoudre leurs désaccords de manière équitable et disciplinée.

LE DROIT CRIMINEL

Le Code criminel du Canada indique les actes qui sont considérés comme des crimes et précise la peine maximale qui sanctionne chaque acte criminel. Comme le Code criminel est une loi fédérale, il s'applique dans tout le Canada. Le Parlement procède constamment à la mise à jour des dispositions périmées du Code criminel et à l'adoption de lois portant sur des crimes inconnus autrefois, comme le piratage de logiciels ou l'enregistrement de conversations tenues à l'aide d'un téléphone cellulaire. La Loi sur les jeunes contrevenants, la Loi

LE DROIT PUBLIC ET LE DROIT PRIVÉ

Au Canada, le droit se divise en deux grandes branches: le droit public et le droit privé.

Le droit public

Le droit public porte sur les relations entre les citoyens et le gouvernement ou entre les différents paliers de gouvernement. Le droit public comprend le droit criminel, le droit administratif et le droit constitutionnel.

Droit criminel: Le droit criminel porte sur les actes qui compromettent l'ordre, la sécurité et la paix de la société. C'est avec le droit criminel que les gens sont le plus susceptibles d'avoir affaire, en tant que victimes, inculpés, témoins ou jurés.

Droit administratif: Le droit administratif traite des rapports entre les individus et les organismes gouvernementaux, dans les domaines de l'immigration et de l'indemnisation des travailleurs par exemple.

Droit constitutionnel: Le droit constitutionnel porte sur le partage des pouvoirs entre les différents paliers de gouvernement, un sujet épineux au Canada. Ainsi, les tribunaux doivent souvent se prononcer sur le palier de gouvernement qui a juridiction sur tel ou tel domaine.

Droit privé

Le droit privé porte sur les relations entre les individus. Le droit privé est généralement de juridiction provinciale et, par conséquent, son administration varie d'une province à l'autre. Le but premier du droit privé est d'obliger l'auteure ou l'auteur d'un tort à dédommager sa victime.

Droit des contrats: Le droit des contrats régit les conventions liant deux parties.

Droit de la responsabilité civile délictuelle: Le droit de la responsabilité civile délictuelle porte sur les torts causés par une personne à une autre. La personne qui allègue qu'un tort lui a été fait peut poursuivre le responsable en dommages.

Droit de la famille: Le droit de la famille porte sur les relations entre les membres d'une famille. Il comprend les lois sur le mariage et le divorce ainsi que les lois reliées à la garde et à l'entretien des enfants.

CHARTE CANADIENNE DES DROITS ET LIBERTÉS
GARANTIES JURIDIQUES

7. Chacun a droit à la vie, à la liberté et à la sécurité de sa personne; il ne peut être porté atteinte à ce droit qu'en conformité avec les principes de justice fondamentale.

8. Chacun a droit à la protection contre les fouilles, les perquisitions ou les saisies abusives.

9. Chacun a droit à la protection contre la détention ou l'emprisonnement arbitraires.

10. Chacun a le droit, en cas d'arrestation ou de détention:
    a) d'être informé dans les plus brefs délais des motifs de son arrestation ou de sa détention;
    b) d'avoir recours sans délai à l'assistance d'un avocat et d'être informé de ce droit;
    c) de faire contrôler, par habeas corpus, la légalité de sa détention et d'obtenir, le cas échéant, sa libération.

11. Tout inculpé a le droit:
    a) d'être informé sans délai anormal de l'infraction précise qu'on lui reproche;
    b) d'être jugé dans un délai raisonnable;
    c) de ne pas être contraint de témoigner contre lui-même dans toute poursuite intentée contre lui pour l'infraction qu'on lui reproche;
    d) d'être présumé innocent tant qu'il n'est pas déclaré coupable, conformément à la loi, par un tribunal indépendant et impartial à l'issue d'un procès public et équitable;
    e) de ne pas être privé sans juste cause d'une mise en liberté assortie d'un cautionnement raisonnable;
    f) ...de bénéficier d'un procès avec jury lorsque la peine maximale prévue pour l'infraction dont il est accusé est un emprisonnement de cinq ans ou une peine plus grave;
    ...
    h) d'une part de ne pas être jugé de nouveau pour une infraction dont il a été définitivement acquitté, d'autre part de ne pas être jugé ni puni de nouveau pour une infraction dont il a été définitivement déclaré coupable et puni;
    i) de bénéficier de la peine la moins sévère, lorsque la peine qui sanctionne l'infraction dont il est déclaré coupable est modifiée entre le moment de la perpétration de l'infraction et celui de la sentence.

12. Chacun a droit à la protection contre tous traitements ou peines cruels et inusités.

13. Chacun a droit à ce qu'aucun témoignage incriminant qu'il donne ne soit utilisé pour l'incriminer dans d'autres procédures, sauf lors de poursuites pour parjure ou pour témoignages contradictoires.

Les agents de police, qu'ils soient membres de la Gendarmerie royale du Canada (GRC) ou d'un corps de police provincial ou municipal, concourent à assurer la paix et l'ordre dans la société canadienne. As-tu déjà eu personnellement affaire avec la police?

sur les stupéfiants et la Loi sur les secrets officiels sont trois des principaux ajouts récemment apportés au Code criminel canadien.

Les infractions au Code criminel

Les transgressions du Code criminel se divisent en deux catégories: les **infractions punissables sur déclaration sommaire de culpabilité** (ou infractions sommaires) et les **actes criminels**. Les infractions sommaires, comme faire des appels obscènes, déclencher de fausses alarmes et troubler l'ordre

public, sont généralement des délits mineurs sanctionnés par une peine maximale de six mois d'emprisonnement. Les actes criminels, cependant, comme l'incendie criminel, l'introduction par effraction, la conduite dangereuse causant la mort, le faux et la possession d'armes dangereuses, sont des délits graves. Ils entraînent des peines maximales de plus de cinq ans d'emprisonnement. Pour les crimes les plus graves, tel le meurtre, la peine maximale est l'emprisonnement à perpétuité.

LE RÔLE DE LA POLICE

Qu'est-ce qui arrive quand un crime est commis au Canada? La justice criminelle (la police, les tribunaux et le système carcéral) entre en action. Les lois criminelles, qui n'étaient jusqu'alors que des mots sur des pages, se concrétisent. Le Canada possède un corps de police national, la Gendarmerie royale du Canada (GRC), qui fait respecter les lois fédérales et qui assure la protection des biens fédéraux. L'Ontario et le Québec se sont dotés de corps de police provinciaux: la Police provinciale de l'Ontario et la Sûreté du Québec. Par ailleurs, environ 750 municipalités du Canada ont leur propre corps de police. Certains corps de police municipaux, tel celui du Toronto métropolitain, comptent de très nombreux agents; d'autres, tels ceux des petites localités rurales, ne sont formés que d'un seul agent ou agente. Dans les provinces et les municipalités qui n'ont pas leur propre corps de police, c'est la GRC qui fournit les services de police.

Les agents de police passent une grande partie de leur temps à diriger la circulation, à maintenir l'ordre dans les grands rassemblements, à rédiger des rapports sur les accidents, à rechercher des personnes disparues, à témoigner en cour et à calmer des querelles familiales. Il leur arrive aussi d'enquêter sur des crimes et d'arrêter des criminels. Pour faire leurs enquêtes, les agents de police doivent avoir le pouvoir de détenir, de questionner et de fouiller des gens, d'effectuer des perquisitions et de saisir des preuves. La loi essaie de trouver le juste équilibre entre les pouvoirs des policiers et les droits des individus. La Charte canadienne des

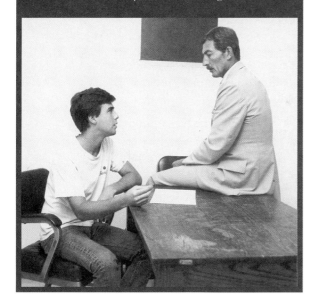

Lorsque la police arrête une personne soupçonnée d'un crime, elle la détient pour l'interroger. Connais-tu les droits que tu peux faire valoir si jamais on te détient pour un interrogatoire?

droits et libertés donne aux Canadiens des garanties juridiques précises. Plusieurs de ces garanties limitent les actions de la police, des tribunaux et du système carcéral.

Les interrogatoires de police

Les policiers peuvent interroger toute personne, y compris une ou un témoin oculaire et une personne suspectée, qui est susceptible de posséder des renseignements importants pour une enquête criminelle. Or, ces renseignements doivent leur être fournis librement et en toute connaissance de cause. Sauf en de rares circonstances, les Canadiens ne peuvent pas être forcés de répondre contre leur gré à des questions de la police.

L'arrestation et la perquisition

Généralement, les agents de police ne font pas d'arrestations pour les délits mineurs. Ils rédigent plutôt une citation à comparaître qui

expose la nature du délit et fixe la date de comparution devant le tribunal. Les infractions au Code de la route sont souvent traitées de cette manière. Les agents de police peuvent aussi fournir à une ou un juge ou juge de paix les renseignements pertinents à l'infraction. Le ou la juge peut alors émettre une citation à comparaître qui ordonne à la personne inculpée de se présenter en cour à une certaine date.

En revanche, les agents de police font des arrestations dans les cas de crimes graves. Ils doivent cependant avoir des motifs raisonnables pour arrêter une ou un suspect. Un doute ou une intuition ne suffisent pas. Une agente ou un agent de police qui procède à une arrestation doit indiquer à la personne suspectée la nature de l'infraction et n'utiliser que la force nécessaire. Les suspects en état d'arrestation sont amenés au poste de police; là, les policiers peuvent prendre leurs empreintes digitales, les photographier et les fouiller. Suivant le crime qui a été commis, des lois fédérales et provinciales permettent aux agents de police de perquisitionner la voiture et le domicile des suspects.

Ces deux policiers arrêtent un suspect. Quel degré de force les policiers devraient-ils avoir le droit d'utiliser lors des arrestations?

DE L'ARRESTATION AU PROCÈS:
LA PROCÉDURE CRIMINELLE AU CANADA

Arrestation: Les accusés doivent comparaître devant une ou un juge provincial ou une ou un juge de paix dans les 24 heures suivant leur arrestation, sinon ils doivent être libérés. Si les accusés ne sont pas libérés, ils ont droit à une enquête sur le cautionnement.

Enquête sur le cautionnement: Selon la nature du crime commis, les circonstances de l'inculpation et le dossier des accusés, un ou une juge décide d'accorder ou non la liberté sous caution. Si les accusés sont libérés sous caution, on leur ordonne de se présenter en cour à une date ultérieure.

Comparution devant un ou une juge de la Cour provinciale: Lors de la comparution, on lit l'inculpation à la personne accusée, qui enregistre alors un plaidoyer de culpabilité ou de non-culpabilité. Si elle plaide coupable, elle reçoit une sentence. Si elle plaide non coupable, la cause fait l'objet d'un procès devant juge ou devant juge et jury. L'accusée ou l'accusé ne peut choisir de subir un procès avec juge et jury que s'il a commis un délit mineur.

Enquête préliminaire: L'enquête préliminaire vise à déterminer si on dispose de preuves suffisantes pour citer l'accusée ou l'accusé à procès. Si une ou un juge conclut que les preuves sont insuffisantes, l'accusée ou l'accusé est relâché. Mais si les preuves sont suffisantes, il doit subir un procès.

Procès: Le procès comprend les étapes suivantes:

1. L'acte d'accusation est lu.
2. L'accusée ou l'accusé enregistre un plaidoyer de culpabilité ou de non-culpabilité.
3. L'avocate ou l'avocat de la Couronne présente les preuves contre l'accusée ou l'accusé.*
4. L'avocate ou l'avocat de la défense présente les preuves en faveur de l'accusée ou de l'accusé.*
5. La Couronne et la défense prononcent leurs plaidoiries.
6. La ou le juge ou le jury rend son verdict. Si l'accusée ou l'accusé est déclaré coupable, il reçoit une sentence. S'il est déclaré non coupable, la Couronne peut porter la décision en appel. Tous les appels de la Couronne ou de la défense doivent être logés dans les 30 jours suivant la conclusion du procès.

* La Couronne et la défense ont toutes deux l'occasion de contre-interroger les témoins. Si la défense estime que les arguments de la Couronne sont faibles, elle peut demander l'acquittement.

LES POUVOIRS DE LA POLICE

Devant l'augmentation du nombre de crimes violents, beaucoup d'agents de police demandent que leurs pouvoirs soient accrus. Quelques corps de police canadiens se sont déjà munis d'armes semi-automatiques et d'autres veulent leur emboîter le pas. Certains agents, par ailleurs, disent avoir trop de règlements à respecter. Ils jugent qu'ils n'ont pas la latitude nécessaire pour faire leur travail: attraper les criminels. Ils veulent avoir plus de liberté pour mener leurs enquêtes. Certains agents réclament même le droit d'enfreindre la loi si cela leur permet de mener à bien une enquête. Un commissaire de la GRC a affirmé que les agents secrets en particulier devraient avoir la possibilité d'enfreindre la loi de temps en temps et, notamment, de voyager avec de faux papiers, de s'enregistrer sous de faux noms dans les hôtels et de dépasser les limites de vitesse.

Or, beaucoup de Canadiens s'interrogent sur l'usage que la police fait de ses pouvoirs. Dans une cause célèbre, un Micmac nommé Donald Marshall fut accusé de meurtre en Nouvelle-Écosse. La police de la Nouvelle-Écosse avait dissimulé les preuves qui incriminaient un autre homme. Marshall passa donc 12 ans en prison pour un crime qu'il n'avait pas commis. Par ailleurs, un jour que des policiers de Calgary recherchaient le meurtrier d'un chauffeur de taxi, ils arrêtèrent les cinq membres d'une famille à la pointe du revolver. C'était la quatrième fois en cinq mois que la police de Calgary faisait erreur sur la personne.

Encore récemment, Guy Paul Morin, un Ontarien, a finalement été acquitté de meurtre à la suite de 10 ans de démêlés judiciaires pendant lesquels il a été emprisonné 18 mois. Un dédommagement sera négocié. Pendant ce temps, ses avocats prétendent que la police et la Couronne ont commis une série d'inconduites qui les ont amenés à condamner un innocent.

Face à de tels incidents d'une part et à l'augmentation de la criminalité au Canada d'autre part, les gens se posent de plus en plus de questions sur les pouvoirs de la police. Écris une brève réponse personnelle à chacune des questions suivantes:

1. Comment la société devrait-elle contrôler les agissements de la police?
2. Est-ce que les agents de police «servent et protègent» tous les Canadiens?
3. De quels pouvoirs la police a-t-elle besoin pour faire son travail?
4. Que peut-on faire pour favoriser les bonnes relations entre les corps de police et les communautés qu'ils servent?

Ces 6000 policiers et leurs partisans manifestaient pour réclamer une augmentation des pouvoirs de la police.

LES TRIBUNAUX CANADIENS

Cour suprême du Canada
- Tribunal de dernière instance pour toutes les causes civiles et criminelles.
- Tranche les questions constitutionnelles telles que le partage des pouvoirs entre le gouvernement fédéral et les gouvernements provinciaux.

Cour suprême ou Cour supérieure de la province

Division de première instance	**Division d'appel**
• Entend toutes les causes civiles où le montant en litige dépasse 7500 $. • Entend les causes relatives aux actes criminels graves comme le meurtre, le viol et la trahison.	• Entend les appels de la division de première instance et des cours inférieures en matière civile et criminelle.

Cours de district et de comté
- Entendent les causes civiles où le montant en litige est inférieur à 7500 $ ainsi que les appels des cours provinciales.
- Une ou un juge, avec ou sans jury, entend les causes découlant des infractions de moindre importance, tel le vol.

Cours provinciales et cours de magistrat
- Une ou un juge, avec ou sans jury, entend les causes relatives aux infractions sommaires telles que les voies de fait simples, le trouble à l'ordre public et le larcin.

Tribunal de la famille	**Tribunal de la jeunesse**
• Généralement une section d'une cour provinciale ou d'une cour de magistrat. • Entend les causes relatives aux questions familiales telles que la garde des enfants, les pensions alimentaires et l'adoption.	• Généralement une section d'une cour provinciale ou d'une cour de magistrat. • Entend les causes relatives aux infractions commises par les jeunes de 12 à 17 ans qui ont été inculpés en vertu de la Loi sur les jeunes contrevenants.

LE RÔLE DES TRIBUNAUX

Une fois qu'une personne suspecte a été arrêtée et inculpée, elle est traduite devant un tribunal. Les tribunaux sont de juridiction fédérale et provinciale. Le gouvernement fédéral est responsable de la Cour suprême du Canada et de la Cour fédérale du Canada. Les provinces, elles, s'occupent de tous les autres tribunaux du pays. Chaque province a créé ses propres tribunaux. En général, les cours provinciales de première instance entendent les causes de moindre importance et les cours provinciales de juridiction intermédiaire s'occupent des affaires graves. Les cours suprêmes ou supérieures des provinces entendent les appels des cours provinciales inférieures et la Cour suprême du Canada entend les appels des cours provinciales et de la Cour fédérale.

La procédure utilisée dans une affaire criminelle dépend de l'infraction qui a été commise. Les causes découlant d'infractions sommaires sont toujours entendues par une ou un juge d'une cour provinciale. Les actes criminels peuvent être jugés de différentes manières, suivant leur nature et le choix des accusés. Certains procès se déroulent devant juge seul et d'autres, devant juge et jury. La Charte canadienne des droits et libertés garantit aux personnes inculpées des crimes les plus graves, dont le meurtre, le droit à un procès avec jury.

La présomption d'innocence

Les tribunaux ont deux grandes questions à trancher. La personne accusée est-elle coupable? Si elle est coupable, quelle doit être sa sentence (sa punition)? On trouve dans le *common law* britannique et à l'article 11d) de la Charte canadienne des droits et libertés un principe juridique fondamental: la présomption d'innocence. Ce principe veut que tous les inculpés soient présumés innocents tant qu'ils ne sont pas déclarés coupables. En 1935, un célèbre juge britannique donna au principe de la présomption d'innocence une explication souvent citée: «La Couronne doit prouver la culpabilité du prisonnier. Il n'incombe pas au prisonnier de fournir la preuve de son innocence. Il lui suffit de soulever un doute quant à sa culpabilité: il n'est pas contraint de convaincre le jury de son innocence.» Le principe de la présomption d'innocence implique qu'il vaut mieux acquitter quelques criminels que de punir injustement une personne innocente.

Étudie la caricature, puis explique le problème évoqué et le point de vue du caricaturiste. Es-tu d'accord avec lui?

Bertha Wilson fut la première femme à être nommée à la Cour suprême du Canada. Compte tenu du rôle de la Cour suprême, explique pourquoi beaucoup de femmes considérèrent la nomination de Mme Wilson comme un progrès important.

Le procès criminel

Un procès criminel est précédé d'une enquête préliminaire. La personne accusée se présente en cour pour plaider coupable ou non coupable. Si elle plaide coupable, la ou le juge fixe sa sentence. Si elle plaide non coupable, elle subit un procès. Au Canada, les procès suivent le système du débat contradictoire. La Couronne et la défense se livrent à un combat verbal. L'avocate ou l'avocat de la Couronne présente les arguments du gouvernement contre l'accusée ou l'accusé. L'avocate ou l'avocat de la défense représente la personne accusée. La ou le juge laisse la Couronne et la défense présenter leurs preuves à leur gré, tant que les procédures restent conformes aux principes de la justice. Le rôle du ou de la juge est de s'assurer que l'accusé ou l'accusée a un procès équitable.

Dans les procès avec **jury**, 12 personnes sont choisies au hasard parmi une centaine de citoyens de la collectivité (souvent à partir des listes électorales). La Couronne et la défense doivent toutes deux accepter chaque juré.

Une fois que le jury est constitué, le procès commence. Premièrement, la Couronne présente ses arguments contre l'accusée ou l'accusé. L'avocate ou l'avocat de la Couronne cite des témoins qui doivent dire au tribunal ce qu'ils savent ou ce qu'ils ont vu. Quand l'avocate ou l'avocat de la Couronne a fini d'interroger une ou un témoin, l'avocate ou l'avocat de la défense peut contre-interroger la ou le témoin pour tenter de démontrer que sa déposition est erronée, inexacte ou douteuse. La Couronne peut aussi présenter au tribunal des preuves matérielles telles que des armes, des vêtements, des enregistrements, des photos et des états financiers. Généralement, on demande aux témoins de la Couronne d'identifier ces objets. Par exemple, une agente ou un agent de police peut déclarer qu'il a trouvé un sac de cocaïne dans la voiture de la personne accusée, ou un ou une médecin légiste peut témoigner à propos de traces de sang trouvées sur une chemise.

Ensuite, la défense cite ses témoins. Elle n'a pas à prouver l'innocence; il lui suffit de démontrer que la Couronne n'a pas prouvé la culpabilité hors de tout doute raisonnable. Chaque témoin de la défense peut être contre-interrogé par la Couronne. Quand toutes les preuves ont été présentées, les avocats de la Couronne et de la défense prononcent leurs plaidoiries, c'est-à-dire qu'ils résument leurs arguments respectifs. Dans les procès avec jury, les jurés sortent ensuite de la salle et tiennent une réunion à huis clos pour discuter des preuves et formuler un verdict. La décision du jury doit être unanime.

LES FONCTIONS DE LA SENTENCE

Dissuasion: La sentence vise à décourager la récidive et à montrer aux criminels potentiels le blâme qui se rattache au crime.

Punition: La sentence correspond à ce que le public considère comme un châtiment mérité. Elle doit traduire le degré de condamnation sociale rattaché aux actions du criminel ou de la criminelle. La punition doit être appropriée au crime.

Protection du public: Le public a le droit d'être protégé contre les actes criminels. L'incarcération des criminels favorise la sécurité du public.

Réadaptation: La sentence vise souvent la réadaptation des criminels, leur retour «dans le droit chemin». Comme la plupart des détenus sont libérés un jour, il est important que la justice pénale les aide à devenir de meilleurs citoyens. Pour préparer les détenus à se réinsérer dans la société, on leur offre notamment une formation scolaire et professionnelle ainsi que l'aide de psychologues.

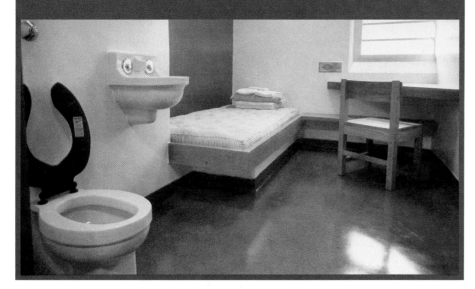

Au Canada, les détenues et détenus sont logés dans des cellules sommairement meublées comme celle-ci. Crois-tu que la perspective de vivre en prison exerce un effet de dissuasion sur les criminelles et criminels potentiels?

La sentence

Si l'accusée ou l'accusé est déclaré coupable, le ou la juge prononce sa sentence. Les juges tiennent compte de toutes sortes de facteurs pour fixer une sentence. Ils se posent les questions suivantes: Quelle est la gravité du crime? Quelles souffrances le crime a-t-il causées à la victime? L'accusée ou l'accusé a-t-il commis d'autres crimes? Est-ce qu'il représente un danger pour la société? Les réponses à ces questions sont déjà contenues dans le rapport présentenciel qu'a rédigé une *agente ou un agent de probation*. Depuis quelque temps, par ailleurs, on demande aux victimes d'actes criminels d'exposer dans un document appelé **déclaration de la victime** les souffrances et les torts que le crime leur a causés. La défense et la Couronne peuvent aussi fournir des renseignements supplémentaires pour convaincre la ou le juge d'être sévère ou clément.

La ou le juge réfléchit à tous les renseignements dont il dispose, puis il fixe une sentence. Suivant le crime commis, différents choix sont possibles. Si le délit n'est pas grave et que l'accusée ou l'accusé a peu de chances de récidiver, la ou le juge peut imposer une sentence avec sursis. Dans ce cas, il ne purgera pas sa peine, mais sera mis en probation ou liberté surveillée. Il devra respecter la loi et rencontrer régulièrement une agente ou un agent de probation, sous peine d'une sentence supplémentaire. La ou le juge peut décider d'imposer une amende (un montant que l'accusée ou l'accusé devra payer pour sa punition). Il peut aussi l'obliger à dédommager la victime pour les torts que le crime lui a causés. Enfin, l'accusée ou l'accusé peut être condamné à une peine d'emprisonnement. Si la peine d'emprisonnement est discontinue, il devra passer les nuits ou les week-ends en prison. Si la peine est de moins de deux ans, il sera envoyé dans une prison provinciale; et si la peine est de plus de deux ans, l'accusée ou l'accusé devra la purger dans une prison fédérale. Une prisonnière ou un prisonnier peut demander une libération conditionnelle après avoir purgé les deux tiers de sa peine. Une commission des libérations conditionnelles étudie alors le cas et décide de libérer ou non la personne détenue.

LES JEUNES FACE AU DROIT CRIMINEL

Un article intitulé «Balade risquée dans les rues de Vancouver» se lisait comme suit: «L'histoire n'est que trop bien connue des résidants de Vancouver. Juste après minuit, devant les boutiques fermées de la chic rue Robson, un jeune homme est étendu par terre, mort. Un autre est gravement blessé et un troisième sera inculpé de meurtre... Encore une fois, une bagarre entre jeunes a eu des conséquences catastrophiques.»

LA CRIMINALITÉ CHEZ LES JEUNES

Un week-end ordinaire de la fin de l'été 1992, quatre jeunes âgés entre 9 et 12 ans armés d'une carabine de calibre .22 ont cambriolé une pizzeria de Toronto. Dans un autre coin de la ville, un adolescent de 17 ans armé d'une carabine chargée a volé la bicyclette d'un jeune de 13 ans. «Dans tout Toronto, a dit un agent de police, la moyenne d'âge des auteurs de crimes violents ne cesse de diminuer.» L'augmentation de la criminalité chez les adolescents fait l'objet d'une publicité considérable. Un rapport de Statistique Canada publié à la fin de 1991 révélait que, depuis 1987, le nombre total d'accusations avait augmenté d'environ 40 % pour les adultes mais de 70 % pour les jeunes. Sur les 60 000 causes impliquant des jeunes en 1990-91, environ 15 % découlaient de crimes violents, une augmentation de 33 % par rapport à 1987. Les crimes les plus fréquemment imputés aux jeunes étaient, dans l'ordre, les voies de fait, la possession ou l'usage d'armes et le vol. Fait révélateur, les adolescents ont plus de chances que les personnes des autres groupes d'âge d'être victimes de crimes violents. Au Canada, environ une victime de violence sur quatre est une adolescente ou un adolescent.

Certains observateurs ont remarqué que les crimes commis par les jeunes présentent un caractère particulier: ce sont des actes aveugles, empreints d'une méchanceté gratuite et commis bien souvent avec une arme. Mais quelles sont donc les causes de la situation?

D'après les experts cités dans une étude réalisée par le Toronto Star, il y a dans notre société un inquiétant relâchement des valeurs morales. «Beaucoup de jeunes semblent n'avoir aucune idée claire du bien et du mal, écrivait l'auteur. Et nous sommes les seuls à blâmer pour cette situation.» Dave Crowe, un agent de probation de Toronto qui a travaillé auprès des jeunes contrevenants pendant 25 ans, affirme: «L'effritement des institutions traditionnelles a creusé un vide éthique. Les jeunes recherchent des règles équitables mais nous ne leur en donnons pas.» Catherine Challin, une psychologue de la faculté des sciences du comportement de l'Université de Toronto, commente: «Chacun ne pense qu'à soi; c'est le culte du Moi. Toute une génération trouve dans le comportement de ses enfants les conséquences de son égoïsme.» Le sergent Frank Craddock, de la police de Toronto, a arrêté un jour un jeune de 18 ans qui avait volé 8 personnes à la pointe du revolver. L'adolescent lui a demandé: «Est-ce que je vais aller en prison?» Craddock dit: «Ils ne semblent pas se rendre compte de la gravité de leurs actes.» Ce détective d'expérience maintient que les bandes de jeunes dont on entend tellement parler sont des groupes qui se sont formés de manière spontanée, qui sont mal organisés, et que la police a tôt fait de repérer:

Ce ne sont que des bandes de gars à qui les armes à feu et l'argent donnent l'impression du pouvoir. Ce sont de petits machos, des gamins qui veulent être des durs. Mais ils ne sont pas très brillants et ils sont incapables de la fermer, alors ils se font prendre assez rapidement. Celui qui démontre le plus de force obtient le respect des autres et devient leur chef. C'est aussi simple que ça.

La plupart des adolescents ne commettent pas de crimes. Mais ceux qui en commettent semblent, dans bien des cas, avoir jeté par-dessus bord toutes les normes qui guident les relations humaines. Pour eux, la relativité de toute chose devient un concept vide de sens, ennuyeux, absurde. Nos désirs sont insatiables. Ceux des jeunes aussi.

Source: Reproduit avec la permission de Stoddart Publishing Co. Limited, Don Mills, Ontario.

À Burlington, en Ontario, cet adolescent a fait usage d'une arme à feu et blessé trois étudiants. Des crimes aussi violents que celui-ci ont amené certaines personnes à réclamer des modifications à la Loi sur les jeunes contrevenants. Crois-tu que la criminalité diminuerait chez les jeunes Canadiens si les sentences étaient plus sévères?

La criminalité chez les jeunes fait souvent les manchettes. On entend parler d'une jeune fille de 12 ans attaquée dans un quartier tranquille par une bande de filles qui voulaient s'emparer de son blouson à la mode. On lit que des jeunes ont volé une voiture pour faire une petite balade et qu'ils ont été impliqués dans une collision multiple sur l'autoroute. On apprend que la criminalité reliée à la drogue monte en flèche parmi les «enfants de la rue».

Comment devrait-on traiter les jeunes qui enfreignent la loi? Comment pourrait-on prévenir et éliminer la criminalité chez les jeunes? À partir de quel âge les contrevenants devraient-ils être considérés comme des adultes pleinement responsables? En privé comme en public, les Canadiens discutent de la criminalité chez les jeunes et essaient de déterminer comment il faut traiter les jeunes contrevenants.

Le changement des attitudes

Au début du XIXᵉ siècle, les jeunes contrevenants étaient traités comme les contrevenants adultes. Ils étaient enfermés avec les criminels adultes dans des prisons locales sordides ou dans d'austères pénitenciers comme celui de Kingston, en Ontario. Parmi les jeunes incarcérés en 1888 à la prison de Dorchester, au Nouveau-Brunswick, se trouvaient Herbert Smith, 12 ans, qui purgeait une peine de cinq ans pour introduction par effraction; Edward Chambers, 11 ans, qui avait écopé d'une peine de deux ans pour cambriolage; et Robert Welsh, 14 ans, condamné à 7 ans d'emprisonnement pour homicide. À cette époque, les détenus étaient astreints au silence, aux travaux forcés et à des règlements draconiens. Les plus petits écarts de conduite étaient promptement punis, souvent par de lourds châtiments corporels.

À la fin du siècle, les réformateurs de la société soutenaient que les jeunes contrevenants ne devaient pas être traités comme des criminels adultes. Ils se proposaient de soustraire les jeunes à la pauvreté, aux mauvais traitements et au crime et de leur éviter la rigueur des prisons pour adultes. Le mot d'ordre de ces réformateurs, que l'on surnommait parfois les «sauveurs des enfants», était: «Il est plus judicieux et moins coûteux de sauver les enfants que de les punir.»

Les attitudes changeaient face aux jeunes contrevenants et la loi fut modifiée en conséquence. La **loi de 1908 sur les jeunes délinquants** exigeait que l'on traite les jeunes contrevenants non pas comme des criminels mais comme des enfants mal dirigés, qui manquent de discernement et qui ont besoin d'aide, d'encouragement, de secours et d'assistance. La Loi sur les jeunes délinquants a marqué un tournant dans l'histoire du droit canadien. Désormais, la justice reconnaissait aux jeunes des besoins particuliers et admettait qu'ils avaient besoin d'aide et de conseils plutôt que de punitions.

La société a continué de changer et, dans les années 1960, la loi de 1908 était devenue désuète.

Les adolescents qui consomment des drogues ou de l'alcool ont souvent des démêlés avec la justice. Que peut-on faire pour écarter les adolescents des dangers des drogues et de l'alcool?

L'APPLICATION DE LA LOI

Au Canada, il peut arriver que plusieurs lois s'appliquent simultanément. Dans la cause suivante, la cour devait tenir compte des droits reconnus au jeune contrevenant par deux lois: la Loi sur les jeunes contrevenants et la Charte canadienne des droits et libertés. Le directeur d'école, lui, a défendu sa position en invoquant la Loi sur l'éducation. Quelle décision aurais-tu rendue si tu avais été juge dans cette cause?

R. c. JMG

(1986), Dominion Law Reports (4e) 277

L'accusé était un élève de 14 ans qui était en septième année dans une école de Thunder Bay, en Ontario. Un matin, le directeur de l'école apprit de la bouche d'un enseignant qu'un élève avait vu l'accusé dissimuler des drogues dans ses chaussettes. Se demandant quelle attitude adopter, le directeur téléphona au directeur d'une autre école et à un agent de police pour leur demander conseil. Le directeur se rendit dans la classe de l'accusé et lui demanda de le suivre dans son bureau. Là, en présence du directeur adjoint et d'un enseignant, le directeur indiqua à l'étudiant qu'il le soupçonnait de transporter des drogues sur lui. Il lui demanda de retirer ses chaussures et ses chaussettes. Avant de s'exécuter, l'élève eut le temps d'avaler une cigarette roulée qu'il avait tirée du revers de son pantalon. Le directeur prit ensuite dans la chaussette droite de l'accusé un morceau de papier d'aluminium qui contenait trois mégots de cigarettes de marijuana. Le directeur rappela l'agent de police, qui arrêta l'accusé et l'accusa de possession de stupéfiants. L'agent de police, comme la Charte l'exige, informa l'accusé de ses droits.

L'élève fut déclaré coupable en vertu de la Loi sur les jeunes contrevenants et reçut une amende de 25 $. Il en appela de la décision, alléguant qu'il y avait eu violation de ses droits constitutionnels, et spécialement des articles 8 et 10b) de la Charte. Ces articles se lisent comme suit:

«8. Chacun a droit à la protection contre les fouilles, les perquisitions ou les saisies abusives.

10. Chacun a le droit, en cas d'arrestation ou de détention: (…)

b) d'avoir recours sans délai à l'assistance d'un avocat et d'être informé de ce droit (…)»

Le directeur, quant à lui, soutint qu'il avait le devoir d'agir comme il l'avait fait, comme le prescrit l'article 236 de la Loi sur l'éducation. Cet article oblige les directeurs d'école à maintenir l'ordre et la discipline appropriés dans leur établissement.

1. Avec une ou un camarade, prépare un plaidoyer pour la condamnation de l'accusé.
2. Avec une ou un camarade, prépare un plaidoyer pour l'acquittement de l'accusé.
3. Selon toi, quelle décision le tribunal d'appel devrait-il prendre? Justifie ta réponse.

Source: Tiré de M. Leipner et B. Griffith, *Applying the Law*, 1990, avec la permission de McGraw-Hill Ryerson Limited.

Les citoyens, les parents, la police, les avocats et les travailleurs sociaux réclamaient une loi adaptée à la réalité moderne, une loi qui tienne compte des besoins particuliers des jeunes contrevenants d'une part mais qui, d'autre part, protège la société et décourage les activités criminelles.

LA LOI SUR LES JEUNES CONTREVENANTS

En avril 1984, le Parlement canadien a adopté la **Loi sur les jeunes contrevenants**. Cette loi créait un système national de prise en charge des jeunes contrevenants. Elle s'appliquait à tous les jeunes de 12 à 18 ans qui commettaient des infractions au Code criminel. Comme la Loi sur les jeunes délinquants, elle reconnaissait que les jeunes font quelquefois des erreurs, qu'ils ne doivent pas être punis de la même façon que les adultes et qu'ils ont besoin d'aide pour reprendre le droit chemin. La Loi sur les jeunes contrevenants restait axée sur le traitement et la *réadaptation* et non pas sur la punition.

Mais la Loi sur les jeunes contrevenants essayait aussi de trouver le juste équilibre entre les besoins des jeunes et le droit des autres Canadiens à la sécurité dans leurs foyers et dans les rues. Par conséquent, elle accordait plus d'importance que la loi précédente à la surveillance, à la discipline et à la punition. Elle faisait porter aux jeunes contrevenants une plus grande part de responsabilité pour leurs actes.

Les droits des jeunes contrevenants

La Loi sur les jeunes contrevenants était la première loi canadienne à définir clairement les droits des jeunes et à leur donner les mêmes garanties juridiques qu'aux adultes. En outre, elle accordait aux jeunes des droits particuliers, comme le recours aux services gratuits d'une avocate ou d'un avocat s'ils étaient incapables d'en payer un eux-mêmes.

Parmi les droits que la Loi sur les jeunes contrevenants reconnaît aux jeunes, le plus important est peut-être l'anonymat. La Loi garantit ainsi aux

Au Moyen Âge, l'accusée ou l'accusé était présumé coupable et il devait prouver son innocence. L'homme que l'on voit dans ces illustrations a été jugé sans jury et transporté jusqu'au gibet à travers les rues. L'humiliation publique faisait partie du processus judiciaire au Moyen Âge.

jeunes contrevenants que leur vie ne sera pas entachée par un casier judiciaire. Le public et les médias ont la permission d'assister au procès des jeunes contrevenants, mais les médias n'ont pas le droit de révéler l'identité d'une ou d'un jeune qui est inculpé ou reconnu coupable d'un crime, ni de nommer les victimes ou les témoins mineurs dans un procès. La Loi fait cependant une exception (à la suite d'un amendement apporté en 1986) pour une ou un jeune potentiellement dangereux. Dans ce cas, les médias peuvent le nommer afin de protéger la communauté et d'aider la police à l'arrêter. Les casiers judiciaires des jeunes contrevenants doivent demeurer confidentiels. Les dossiers de police, y compris les empreintes digitales et les photos, doivent être détruits à la fin d'une période déterminée de bonne conduite.

LES ORDONNANCES DU TRIBUNAL DE LA JEUNESSE

Au Tribunal de la jeunesse, les sentences sont appelées ordonnances. Quand les jeunes sont déclarés coupables d'un délit, les juges peuvent leur imposer une des ordonnances suivantes.

Libération inconditionnelle: Si la ou le juge estime qu'il en va du meilleur intérêt de la jeune ou du jeune et que la ou le jeune n'est pas dangereux pour la société, il peut lui accorder une libération inconditionnelle. Aucune condamnation n'est alors prononcée contre la jeune contrevenante ou le jeune contrevenant, bien que l'infraction lui reste imputée.

Amende: La ou le juge peut ordonner à la jeune ou au jeune de payer une amende de 1000 $ ou moins.

Indemnisation: La ou le juge peut ordonner d'indemniser la victime du crime pour les dommages faits à ses biens, pour sa perte de revenus ou pour ses préjudices personnels.

Restitution: La ou le juge peut ordonner de dédommager la victime, soit en argent soit en lui fournissant un service.

Travaux communautaires: La ou le juge peut ordonner à la jeune ou au jeune, comme faisant partie de sa punition, d'effectuer des travaux communautaires, de nettoyer un parc par exemple.

Traitement médical ou psychologique: Si des examens révèlent que la jeune contrevenante ou le jeune contrevenant a besoin d'un traitement médical ou psychologique, la ou le juge peut ordonner sa détention dans un établissement approprié. Pour ce faire, la cour doit obtenir le consentement de la jeune contrevenante ou du jeune contrevenant et de ses parents.

Probation: La ou le juge peut placer les jeunes contrevenants en probation pour une période de deux ans ou moins.

Mise sous garde: La ou le juge peut ordonner que la ou le jeune soit mis sous garde pendant une période de trois ans ou moins. Si la ou le juge ordonne une garde en milieu ouvert, la ou le jeune passe une période déterminée dans un foyer nourricier ou un camp spécialisé. S'il ordonne une garde en milieu fermé, la ou le jeune doit passer un certain temps dans un établissement pour les jeunes, tel un centre d'éducation surveillée.

Les juges des Tribunaux de la famille, telle Rosalie Abella, entendent les causes reliées au divorce et à la garde des enfants. Certains avocats choisissent de pratiquer exclusivement le droit de la famille. Quels avantages y a-t-il à former des avocats spécialisés?

L'application de la Loi sur les jeunes contrevenants

Tous les jeunes contrevenants sont jugés au Tribunal de la jeunesse, un tribunal créé à la suite de l'adoption de la Loi sur les jeunes contrevenants. Toutes les causes sont entendues par un ou une juge. Si une ou un jeune est déclaré coupable à l'issue de son procès, le ou la juge prononce une sentence (appelée *ordonnance* au Tribunal de la jeunesse). Les ordonnances peuvent prendre plusieurs formes, dont celle d'une sentence prévue pour les adultes. Les jeunes qui plaident coupables peuvent demander qu'on leur impose des ***mesures de rechange***. Ces mesures, destinées principalement aux contrevenants reconnus coupables d'un premier délit ou d'un délit mineur, obligent les jeunes à effectuer des travaux communautaires ou à dédommager

leurs victimes. Par exemple, ils peuvent aider à l'entraînement d'une équipe sportive de leur communauté ou encore travailler bénévolement dans le magasin qu'ils ont dévalisé.

En général, les jeunes ne peuvent être jugés comme des adultes qu'à compter de l'âge de 18 ans. Toutefois, les jeunes contrevenants inculpés d'un crime grave comme le viol, le vol à main armée ou le meurtre peuvent être jugés devant un tribunal pour adultes. Là, la procédure et les sentences sont les mêmes que pour les adultes. Ainsi, les jeunes inculpés de meurtre au premier degré qui sont déférés au tribunal pour adultes sont passibles d'une peine d'emprisonnement à perpétuité.

Le débat sur la Loi sur les jeunes contrevenants

La Loi sur les jeunes contrevenants est controversée depuis son adoption. D'un côté, on trouve ceux qui estiment que l'aide doit passer avant la répression. Ces gens croient que les jeunes contrevenants ne devraient pas être passibles de punitions rigoureuses. À long terme, selon eux, la société a avantage à aider les jeunes à renoncer au crime et à devenir des citoyens honnêtes. Beaucoup de ces gens déplorent l'insuffisance des programmes de traitement et des ressources communautaires et pensent qu'il faut dépenser plus d'argent pour aider les jeunes à prendre un nouveau départ que pour punir leurs erreurs passées.

D'un autre côté, on trouve des Canadiens qui reprochent à la justice criminelle de traiter les jeunes contrevenants avec trop de clémence. Ces gens veulent que l'on fasse respecter la loi sévèrement et qu'on impose des sentences rigoureuses pour décourager les contrevenants potentiels. Beaucoup de gens croient aussi que les jeunes devraient être protégés par la Loi sur les jeunes contrevenants jusqu'à l'âge de 16 ou même de 14 ans seulement; à leur avis, la destruction des dossiers criminels et le maintien de l'anonymat comportent des risques pour la société. Ils souhaitent que la Loi insiste davantage sur la responsabilité des jeunes contrevenants, qu'elle soit appliquée avec plus de rigueur et que les peines soient plus lourdes.

LES JEUNES ET LES CONTRATS

Au Canada, le droit civil concerne tout le monde. À mesure que tu vieilliras, tu gagneras en indépendance et tu seras de plus en plus touché par le droit civil. Emprunter de l'argent pour acheter une chaîne stéréo, obtenir un permis de conduire, contracter un prêt étudiant ou signer un bail sont autant d'activités banales assujetties au droit civil. Si tu t'informes sur le droit civil, tu comprendras mieux tes droits et tes obligations juridiques.

Les contrats occupent une place considérable dans la vie quotidienne et le droit civil leur accorde beaucoup d'importance. Un contrat est une entente qui lie deux personnes ou plus. Beaucoup de gens pensent que seuls les adultes sont liés par les contrats. Or, ce n'est pas nécessairement le cas. Dans les deux causes suivantes deux adolescents mineurs (de moins de 18 ans) étaient impliqués. Les deux contrats étaient-ils valides?

Jane Gilligan distribuait des journaux quand elle était étudiante au secondaire. Elle comptait parmi ses clients un homme âgé qui vivait seul, M. Cheng. Jane était toujours polie et amicale envers M. Cheng et celui-ci se prit aussi d'amitié pour elle. Il découvrit un jour que Jane n'avait pas les moyens d'étudier à l'université. Alors, au cours de la dernière année de secondaire de Jane, M. Cheng lui promit par lettre de lui verser 5000 $ par année pour payer ses frais de scolarité et ses dépenses pendant qu'elle fréquenterait l'université. Jane fit donc une demande d'inscription à l'université et elle fut acceptée. Deux mois plus tard, M. Cheng aperçut Jane qui fumait une cigarette et, comme il s'était toujours opposé à l'usage du tabac, il fit volte-face et refusa de tenir sa promesse.

Est-ce que M. Cheng est obligé de verser 5000 $ par année à Jane pendant ses études universitaires? Justifie ta réponse.

Toronto Marlboros c. Tonelli
(1979), 23 Ontario Reports (2d) 193

Tonelli, un joueur de hockey exceptionnellement doué, signa à l'âge de 17 ans un contrat avec les Marlboros de Toronto. Les Marlboros s'engageaient à fournir le gîte et le couvert à Tonelli, à acquitter ses frais de scolarité, à payer ses dépenses de voyage et à lui verser une petite allocation hebdomadaire. Les Marlboros convenaient aussi de fournir à Tonelli un entraînement, une formation et une occasion de démontrer ses talents de joueur de hockey. Tonelli, pour sa part, acceptait de jouer exclusivement pour les Marlboros pendant une période de trois ans et de leur céder 20 % des revenus qu'il gagnerait pendant ses trois premières années d'engagement dans une équipe professionnelle, si cette équipe n'avait pas d'entente avec les Marlboros au sujet du recrutement des joueurs juniors. Quand Tonelli atteignit l'âge de 18 ans, il refusa d'honorer le contrat qu'il avait avec les Marlboros, soutenant qu'il était mineur au moment de la signature. Tonelli signa un contrat avec une équipe de hockey professionnel, les Aeros de Houston de la WHA. Les Marlboros réclamèrent à Tonelli 20 % de ses revenus des trois premières années.

Deux juges de la Cour d'appel de l'Ontario conclurent que l'entente entre Tonelli et les Marlboros ne constituait pas un contrat de services établi pour le bénéfice de l'enfant. Un juge fit dissidence, soutenant que les Marlboros s'étaient engagés à donner à Tonelli l'entraînement et l'expérience nécessaires à la pratique du hockey professionnel et que, par conséquent, l'entente constituait un contrat de services établi pour le bénéfice de l'enfant. La requête des Marlboros fut rejetée.

Est-ce que tu es d'accord avec les juges majoritaires ou avec le juge dissident? Justifie ta réponse.

Source: Tiré de Zuber, Zuber et Jennings, *Canadian Law*, 1991, avec la permission de McGraw-Hill Ryerson Limited.

Il est peu probable que le Parlement remanie en profondeur la Loi sur les jeunes contrevenants ou qu'il en modifie les principes fondamentaux. Mais le Parlement a tout de même apporté un certain nombre d'amendements à la Loi et la plupart augmentaient sa sévérité face aux crimes graves. En 1992, par exemple, la peine d'emprisonnement maximale pour les jeunes contrevenants reconnus coupables de meurtre a été portée à cinq ans.

LE DROIT CIVIL

En vertu de la Constitution canadienne, la plupart des affaires civiles sont de juridiction provinciale. Les lois civiles varient d'une province à l'autre. Le Québec, par exemple, est la seule province à utiliser un code civil inspiré du Code civil français. Le droit civil régit les relations entre les individus dans la société et fournit des moyens de régler tous les litiges.

Une action civile débute quand une personne reproche à une autre personne de lui avoir causé un tort. Le *grief* peut porter sur la propriété d'un bien, une entente financière ou un préjudice personnel. Une personne peut en poursuivre une autre pour violation du droit de propriété, diffamation, vente de produits défectueux ou mise à pied injustifiée.

Une poursuite civile

Au civil, ce sont les citoyens qui entament des procédures. La personne qui intente les poursuites est appelée plaignante ou plaignant et la personne qui est poursuivie s'appelle défendeur ou défenderesse. Généralement, les plaignants cherchent à obtenir un dédommagement (une somme d'argent) de la part des défendeurs.

Il y a peu de temps encore, les femmes qui devaient purger une peine dans un pénitencier fédéral étaient envoyées à la prison de Kingston pour les femmes. Aujourd'hui, le pénitencier de Kingston a été remplacé par de petits établissements régionaux.
Quelles raisons ont poussé le gouvernement à prendre une telle décision?

LA DÉMOCRATIE EN ACTION:
LES CITOYENS ET LA LOI

Les lois sont faites pour protéger les gens. Or, les gouvernements légifèrent après avoir discerné les besoins de la société. Par conséquent, les citoyens d'une démocratie ont une influence déterminante sur la création des lois qui gouvernent leur vie quotidienne. Pour atteindre leurs objectifs, les groupes de pression tentent d'amener le gouvernement à adopter de nouvelles lois ou à amender des lois existantes. N'importe quel groupe de gens qui désire exprimer ses opinions et faire changer les lois peut se constituer en groupe de pression. Les groupes de pression écrivent aux politiciens, organisent des manifestations et communiquent avec les médias. Ils parviennent ainsi à faire valoir leurs points de vue et à influencer le gouvernement.

En 1993, par exemple, le gouvernement progressiste-conservateur présenta un projet de loi visant à protéger les gens contre le harcèlement et les menaces. Beaucoup de Canadiennes, en effet, sont continuellement harcelées par leurs anciens conjoints et elles ont peur de sortir seules. Une étude réalisée entre 1974 et 1990 sur 551 femmes tuées par leurs conjoints en Ontario a révélé qu'un grand nombre d'entre elles avaient été harcelées ou suivies avant d'être tuées. Les groupes de femmes et les groupes de soutien pour femmes maltraitées ont travaillé fort pour attirer l'attention du gouvernement sur le problème du harcèlement. Ils firent tant et si bien que le ministre de la Justice de l'époque, Pierre Blais, présenta un projet de loi visant à faire du harcèlement avec menaces, un acte criminel.

Le harcèlement prend plusieurs formes: suivre une personne de manière persistante, passer beaucoup de temps à épier le domicile ou le lieu de travail d'une personne, faire des appels téléphoniques importuns, entrer en communication avec les collègues ou les voisins d'une personne et entrer en communication avec le conjoint actuel d'une personne ou le menacer. Si le harcèlement devenait un acte criminel, il pourrait être sanctionné par une peine maximale de cinq ans d'emprisonnement et, dans les cas les moins graves, d'une peine de six mois d'emprisonnement ou d'une amende de 2000 $.

Connais-tu un autre domaine où il faut une loi pour protéger la population canadienne? À quel groupe de pression pourrais-tu te joindre pour faire valoir tes revendications auprès du gouvernement?

Si l'objet du litige ne dépasse pas une certaine somme, la plaignante ou le plaignant peut porter sa cause devant la Cour des petites créances. La somme maximale varie d'une province à l'autre; c'est en Ontario qu'elle est la plus élevée, elle se chiffre à 3000 $.

À la **Cour des petites créances**, la procédure est simple et les frais sont minimes; les plaignants et les défendeurs ne sont pas représentés par des avocats et ils plaident leur cause seuls. Les jugements de la Cour des petites créances ne visent pas à punir les défendeurs mais à redresser les torts faits aux plaignants.

LES FEMMES ET L'ÉVOLUTION DU DROIT CIVIL

Le droit civil a changé au cours des années et il s'est adapté aux besoins et aux valeurs de la société canadienne. Au XIXᵉ siècle, par exemple, le droit civil ne considérait pas les femmes comme les égales de leur mari mais bien comme leur propriété. Dans les années 1850, les maris avaient la main haute sur les salaires que les femmes gagnaient et sur les biens qu'elles achetaient. Les épouses n'avaient pas le droit de signer de contrat ou d'intenter des poursuites en dommages. Si une femme était victime de diffamation, par exemple, seul son mari pouvait intenter des poursuites. Une épouse ne pouvait même pas poursuivre son mari pour mauvais traitements. Mais les femmes du XIXᵉ siècle livrèrent une chaude lutte pour obtenir le droit d'intenter des poursuites, de signer des contrats et de posséder des biens. Elles conquirent peu à peu leur égalité juridique.

Mais le combat n'était pas gagné, loin de là. Au début du XXᵉ siècle, les motifs de divorce étaient très peu nombreux et les femmes avaient encore de la difficulté à dissoudre un mariage malheureux. En fait, une femme abandonnée ne pouvait demander le divorce si elle ne retrouvait pas son mari. La Loi sur le divorce fut modifiée en 1968: elle augmentait le nombre de motifs de divorce et permettait aux époux de demander le divorce après trois ans de séparation. La Loi fut amendée à nouveau en 1985 pour permettre le divorce à l'amiable après une période d'attente d'un an. À la fin des années 1970 et dans les années 1980, le gouvernement de l'Ontario apporta au droit de la famille une série de réformes qui reconnaissait diverses contributions de la femme au mariage. Les femmes commençaient à être traitées comme des partenaires égales dans le mariage. En vertu de la Loi sur le droit de la famille, adoptée en Ontario en 1986, tous les biens acquis pendant le mariage doivent être divisés également entre les conjoints au moment d'une séparation.

D'autres changements sont à venir. Un nombre croissant de gens réclament une réforme des lois sur la garde des enfants et le paiement des pensions alimentaires après le divorce. Comme les droits juridiques des femmes mariées, de nombreux aspects du droit canadien changent pour suivre l'évolution de la société. C'est en modifiant les lois désuètes et en créant de nouvelles lois que l'on «ajuste les lois aux personnes à qui elles sont destinées».

LES GENS, LES LIEUX ET LES ÉVÉNEMENTS

Dans tes notes, explique clairement l'importance historique des éléments suivants:

Droit criminel	Droit civil
Infractions punissables sur déclaration sommaire de culpabilité	Actes criminels
	Déclaration de la victime
	Loi sur les jeunes contrevenants
Jury	Cour des petites créances
Loi de 1908 sur les jeunes délinquants	
Mesures de rechange	

RÉSUME TES CONNAISSANCES

1. Explique clairement les différences entre le droit criminel et le droit civil.
2. Énumère les étapes d'un procès criminel, de l'arrestation au prononcé de la sentence.
3. Explique brièvement la procédure d'un procès criminel, y compris la façon de former un jury.
4. De quels facteurs les juges doivent-ils tenir compte dans leurs sentences? Quels sont les effets de ces considérations sur les sentences prononcées?
5. Qu'est-ce qui distingue la Cour des petites créances des autres tribunaux?
6. Résume les principaux changements dans l'attitude des Canadiens face aux jeunes contrevenants.
7. Qu'est-ce qui a changé dans les attitudes des Canadiens face aux jeunes contrevenants à la suite de la loi de 1908 sur les jeunes délinquants?

APPLIQUE TES CONNAISSANCES

1. Les nouvelles lois que les gouvernements adoptent doivent protéger la société tout en respectant les droits fondamentaux des citoyens. Selon toi, est-ce que les lois canadiennes satisfont à ces deux critères? Connais-tu des lois qui devraient être abrogées ou renforcées?
2. Depuis quelques années, les pouvoirs de la police font l'objet d'une controverse animée au Canada. La police devrait-elle avoir plus de latitude? Est-ce que la

police parviendrait à mieux «protéger et servir» la société si elle pouvait utiliser librement des armes puissantes? Justifie tes réponses.

3. Le principe de la présomption d'innocence suppose qu'il vaut mieux acquitter un coupable que de punir injustement un innocent. Es-tu d'accord avec ce principe? Explique ta réponse.

4. À quoi les prisons devraient-elles servir: à punir les criminels ou à les réadapter? Si tu juges que les prisons devraient avoir la réadaptation pour objectif, explique comment il faut traiter les récidivistes.

5. Comment l'accession des femmes à l'égalité s'est-elle traduite dans le droit civil canadien?

6. Est-ce que la Loi sur les jeunes contrevenants fait le juste équilibre entre les besoins des jeunes contrevenants et la responsabilité qu'ils doivent porter pour leurs actes criminels? Justifie ta réponse.

7. Est-ce que les mesures de rechange sont une façon appropriée de traiter les jeunes contrevenants? Les récidivistes devraient-ils y être admissibles? Justifie ta réponse.

AUGMENTE TES CONNAISSANCES

1. Pendant une période de deux semaines, découpe les articles de journaux qui portent sur la police. Place-les dans un album. Résume chaque article en 40 mots et explique, en 40 mots aussi, s'il est favorable ou non à la police. Indique si chaque article démontre qu'il faut augmenter ou restreindre les pouvoirs et les activités de la police.

2. Regarde une émission de télévision canadienne qui comprend un procès. Prends des notes sur la façon dont on y représente les procédures. Ensuite, rédige un bref rapport sur l'exactitude des faits relatés dans l'émission. Fais des commentaires sur le rôle du ou de la juge, du jury, de l'avocate ou de l'avocat de la Couronne, de l'avocate ou de l'avocat de la défense ainsi que sur le déroulement du procès. Si tu le désires, tu peux aussi regarder une émission américaine et comparer en un court rapport le système américain au système canadien.

3. Fais une recherche sur la disposition d'une salle de tribunal typique, puis fabriques-en un modèle à l'échelle. Indique les places qu'occupent les gens de justice, le jury, les témoins, l'accusée ou l'accusé et le public.

4. Fais une recherche sur la nomination et sur le rôle des commissions de libération conditionnelle. Organise ensuite un débat sur l'usage de la libération conditionnelle au Canada.

RÉCAPITULATION

1. Les Canadiens sont bien placés pour constater que les gouvernements et les systèmes juridiques sont en constante évolution. Prouve-le toi-même en faisant référence:

   • au Sénat;
   • à la Loi sur les jeunes contrevenants;
   • au droit civil;
   • à la Constitution.

2. Dans un régime démocratique, en général, les citoyens sont également représentés et le gouvernement est sensible aux besoins de la population. Nomme trois caractéristiques de notre gouvernement qui, selon toi, favorisent son équité et son efficacité.

3. Le droit canadien tente de trouver le juste équilibre entre les besoins de l'individu et ceux de la société. Selon toi, est-ce que cet équilibre est atteint par:
   • la Loi sur les jeunes contrevenants?
   • la présomption d'innocence?
   • les mesures de rechange?

DÉVELOPPE TES HABILETÉS COGNITIVES

Que tu te prépares au marché du travail ou à des études post-secondaires, il est important que tu possèdes une pensée productive. Si tu as une pensée productive, tu pourras donner aux faits des interprétations nouvelles, présenter l'information de manière créatrice et tirer des conclusions originales. La pensée divergente et la pensée critique sont deux importantes composantes de la pensée productive.

Pour développer la pensée divergente, il existe une technique appelée production intensive d'idées (PII), qui consiste à faire un remue-méninges pour formuler le plus grand nombre d'idées possible. Fais une PII avec un ou deux de tes camarades. Dresse la liste de toutes les réponses possibles à la question suivante: «Tu as laissé sortir ton chat un soir et il n'est pas rentré. Que lui est-il arrivé?» Rappelle-toi que toutes les idées sont valables et méritent d'être notées. Ne juge pas les idées formulées. Le but de l'exercice est de t'amener à penser sans contraintes.

Pour développer la deuxième composante de la pensée productive, la pensée critique, il existe une technique appelée AICI, pour «avantages, inconvénients et conséquences intéressantes». Fais la liste de tous les avantages et de tous les inconvénients d'une idée; note aussi toutes les choses intéressantes qui pourraient se produire si l'idée se concrétisait. Avec tes camarades, applique la technique AICI à l'énoncé suivant: «Tous les étudiants devraient être obligés de suivre un cours de cuisine.» Divise une feuille en trois parties et note toutes les réponses sous les titres «Avantages», «Inconvénients» et «Conséquences intéressantes».

Maintenant que tu t'es amusé, essaie d'appliquer les stratégies PII et AICI à l'étude du gouvernement et du droit. Fais les exercices de la page suivante.

· C A R R I È R E S ·
LA CRÉATION D'UNE ENTREPRISE

Bien des gens rêvent de posséder un jour leur propre entreprise. Mais comme il peut être coûteux d'acheter une entreprise rentable, certaines personnes décident d'en créer une de toutes pièces. Ces entrepreneurs sont des innovateurs qui inventent un produit, qui élaborent une stratégie révolutionnaire de mise en marché ou qui cernent un nouveau besoin chez les consommateurs.

Au début du siècle, un jeune fabricant d'automobiles nommé Henry Ford se dit qu'il pourrait vendre beaucoup de voitures si leur prix était abordable et si les travailleurs gagnaient de bons salaires. Ford inventa la ligne de montage et devint l'un des plus grands fabricants d'automobiles du monde. Récemment, une petite entreprise d'aménagement paysager de Toronto a trouvé un moyen original d'augmenter son chiffre d'affaires pendant la saison creuse: elle offrit aux gens d'installer leurs décorations de Noël contre rétribution. Henry Ford et ces paysagistes animés par l'esprit d'entreprise ont réussi grâce à leur pensée créatrice.

Si tu souhaites devenir entrepreneur ou entrepreneure un jour, tes habiletés cognitives seront tes atouts les plus précieux. Ta pensée divergente, ta pensée critique et ta pensée créatrice te permettront de déceler les marchés potentiels, d'éviter les décisions irrationnelles et de trouver des stratégies de mise en marché inédites et efficaces.

UTILISE TES HABILETÉS COGNITIVES

1. Au moyen de la technique AICI, étudie l'idée d'un Sénat élu et égal.

2. Au moyen de la technique AICI, étudie l'idée de faire passer l'âge de voter de 18 à 16 ans.

3. Étudie le scénario suivant au moyen de la technique PII. Cent trente jeunes, tous âgés de moins de 19 ans, sont échoués sur une île déserte. La nourriture est abondante et le gîte est adéquat, mais les jeunes ont peu d'espoir d'être retrouvés un jour. L'une des premières tâches qui s'impose à eux est de déterminer comment ils prendront leurs décisions et par quelles lois ils régiront leurs actions. Quelle forme de gouvernement conviendrait à ce groupe?

DEUXIÈME PARTIE

LES ORIGINES:
DE LA CONFÉDÉRATION À 1911

L A SECONDE MOITIÉ DU XIXE SIÈCLE a vu non seulement la naissance de la nation canadienne mais aussi sa transformation. Formé de quatre colonies en 1867, le Canada en comptait neuf en 1911 et il s'étendait de l'Atlantique au Pacifique. À l'aube du XXe siècle, l'agriculture cédait le pas à l'industrialisation et à l'urbanisation. Attirés par ce nouveau pays riche en ressources naturelles, les immigrants venaient de partout et jetaient les bases du multiculturalisme. La croissance et le changement ne se faisaient pas sans heurts, mais l'époque était à l'optimisme pour beaucoup de Canadiens.

Les chapitres de cette partie traitent de la fin de l'époque des pionniers et de l'entrée du Canada sur la scène internationale. Le chapitre 4 fournit un aperçu de la période comprise entre 1867 et 1911. Nous y examinons les changements qui ont transformé le Canada et nous allons à la rencontre de ceux qui ont contribué à cette transition, qu'ils soient artistes, écrivains, chercheurs d'or ou ouvriers des chemins de

fer. Le chapitre 5 porte sur les relations entre francophones et anglophones. Nous y étudions les difficultés rencontrées par deux premiers ministres, John A. Macdonald et Wilfrid Laurier, qui tentèrent de bâtir un pays fort tout en tenant compte des différences entre les Canadiens d'expression française et les Canadiens d'expression anglaise. Au chapitre 6, enfin, nous faisons un survol des relations canado-américaines de la Confédération à la fin de l'ère Laurier.

4 LA NAISSANCE D'UNE NATION

GLOSSAIRE

Province du Canada Province formée en 1841 par l'union du Haut-Canada et du Bas-Canada, lesquels devinrent plus tard les districts de Canada-Ouest et de Canada-Est. En 1867, ces districts formèrent l'Ontario et le Québec.

Maritimes Colonies (et, à compter de 1867, provinces) de la côte est, soit le Nouveau-Brunswick, la Nouvelle-Écosse et l'Île-du-Prince-Édouard.

Gouvernement provisoire Gouvernement temporaire, généralement formé pour la durée d'une crise.

Tarif douanier Droits prélevés sur les marchandises importées. Les tarifs douaniers haussent le prix de vente des marchandises fabriquées à l'étranger et protègent ainsi les manufacturiers d'un pays contre la concurrence étrangère.

Impôt de capitation Impôt ou taxe levée par individu.

Mosaïque culturelle Société multiculturelle où les immigrants et leurs descendants sont encouragés à sauvegarder leur héritage culturel. Le terme est souvent employé par opposition à «melting-pot», un terme d'origine américaine qui désigne une société où les immigrants sont incités à renoncer à leurs particularités culturelles en faveur de la culture de leur pays d'adoption.

Prohibition Interdiction frappant certaines marchandises ou certaines activités, la consommation d'alcool en particulier.

DANS CE CHAPITRE, TU ÉTUDIERAS LES SUJETS SUIVANTS:

- le rôle de John A. Macdonald;
- la construction d'un chemin de fer national;
- le traitement fait aux autochtones et aux autres groupes minoritaires au début de la Confédération;
- les politiques canadiennes en matière d'immigration sous Wilfrid Laurier;
- la prospérité et la pauvreté pendant les 50 premières années de la Confédération;
- l'émergence du mouvement féministe au Canada.

En 1864, 25 hommes portant hauts-de-forme et redingotes se regroupèrent sur le porche du Parlement de l'Île-du-Prince-Édouard. Ils étaient les délégués de la *Province du Canada* et des *Maritimes* à la Conférence de Charlottetown et un photographe s'apprêtait à immortaliser cet événement historique. **John A. Macdonald** s'assit nonchalamment sur la première marche. Le chapeau posé sur les genoux, il se tourna résolument vers l'objectif. Autour de lui, quelques hommes regardaient au loin. L'un d'eux leva son chapeau pour s'abriter du soleil de la fin d'été. Ils avaient l'air si détendus qu'on aurait pu croire à une réunion sans grande importance.

Mais la Conférence de Charlottetown de 1864 a marqué un tournant dans l'histoire du Canada. Les hommes qui y assistaient furent surnommés les Pères de la Confédération. D'une poignée de colonies britanniques perdues dans le sud-est de l'Amérique du Nord britannique ils allaient faire un pays: le Canada.

D'UNE MER
À L'AUTRE

Il semble approprié que John A. Macdonald figure au centre de la photo. Lui et les autres délégués de la Province du Canada tentaient de convaincre les Maritimes d'entrer dans la **Confédération**, l'union des colonies britanniques d'Amérique du Nord disséminées entre l'Atlantique et le Pacifique. L'ampleur des propositions des Canadiens souleva l'enthousiasme des délégués. Ils se réunirent à nouveau à Québec un mois plus tard. Là, ils passèrent de longues journées à jeter les bases de l'union et d'agréables soirées à danser dans des bals. À la fin d'octobre 1864, les délégués avaient rédigé 72 propositions appelées Résolutions de Québec.

Le Canada en 1867

N.-B.
Québec
N.-É.
Ontario

LES DÉBUTS DE LA
CONFÉDÉRATION

La Province du Canada finit par approuver les Résolutions de Québec, mais les Maritimes résistaient. Fortement attachées à leurs coutumes locales et régionales, ces colonies autonomes ne voyaient pas pourquoi elles devraient renoncer à leur indépendance en faveur d'un gouvernement central éloigné. Sur la côte ouest, la colonie de la Colombie-Britannique hésitait aussi à entrer dans le nouveau dominion. Seule la promesse de la prospérité qu'apporterait le commerce interprovincial l'attira finalement dans la Confédération.

En 1864, des politiciens venus de toutes les colonies britanniques de l'Amérique du Nord se réunirent à Charlottetown, à l'Île-du-Prince-Édouard, pour discuter de la Confédération. Ce groupe, photographié sur le porche du Parlement, comprenait John A. Macdonald (assis, au centre), qui est devenu plus tard le 1er premier ministre du Canada.

Les colonies de l'Atlantique

Le Nouveau-Brunswick et la Nouvelle-Écosse acceptèrent d'entrer dans la Confédération à la condition que le nouveau gouvernement fédéral acquitte leurs dettes provinciales et construise un chemin de fer entre Québec et Halifax. Mais l'idée de la Confédération continua de diviser la population des deux colonies. Certaines personnes craignaient que l'entrée dans l'union ne force les colonies à consacrer un surcroît d'argent aux dépenses du nouveau gouvernement national. D'autres n'étaient pas convaincues de l'utilité du chemin de fer promis. Si le chemin de fer était construit sur la côte nord du Nouveau-Brunswick, pensaient-elles, les villes du sud comme Saint-Jean n'en bénéficieraient pas. En dépit de cette opposition, il y avait au Nouveau-Brunswick et en Nouvelle-Écosse un nombre suffisant de partisans de la Confédération.

L'**Acte de l'Amérique du Nord britannique** précisait les modalités de la Confédération. À sa signature, le 29 mars 1867, le dominion du Canada était formé de quatre provinces: le Nouveau-Brunswick, la Nouvelle-Écosse, l'Ontario et le Québec. La nouvelle capitale du dominion était la petite ville d'Ottawa. Les conservateurs remportèrent la première élection fédérale, tenue en 1867, et John A. Macdonald prit son siège à la Chambre des communes en tant que premier ministre du Canada.

Le nouveau pays cherchait encore à obtenir l'adhésion de l'Île-du-Prince-Édouard et de Terre-Neuve. Les habitants de l'Île-du-Prince-Édouard s'étaient aperçus qu'ils n'avaient pas les moyens de rester indépendants. Leur gouvernement colonial avait beaucoup trop dépensé pour construire un

Ce portrait de John A. Macdonald date de l'époque de la Confédération.

chemin de fer et il était gravement endetté. Le Canada fit une proposition généreuse à l'Île-du-Prince-Édouard: si elle entrait dans la Confédération, le gouvernement fédéral paierait ses dettes et lui fournirait des services de transport maritime et ferroviaire. L'Île-du-Prince-Édouard accepta mais sans grand enthousiasme. Rares furent les insulaires à applaudir lorsque, le 1er juillet 1873, le drapeau du dominion fut hissé au mât du Parlement. Terre-Neuve, quant à elle, avait encore moins de liens que l'Île-du-Prince-Édouard avec le continent. Elle demeura indépendante pendant presque 80 ans encore et ne se joignit à la Confédération qu'en 1949.

La Colombie-Britannique

La Colombie-Britannique adhéra à la Confédération en 1871, à contrecœur elle aussi. La plupart de ses habitants non autochtones étaient britanniques ou américains. Ils connaissaient très peu de choses sur le Canada et ne s'en souciaient guère. Mais la colonie, prise entre les montagnes Rocheuses et l'océan Pacifique, «à l'ouest de l'Ouest», était isolée, peu peuplée et pratiquement ruinée.

La Colombie-Britannique savait que, pour prospérer, elle devrait se joindre soit aux États-Unis, soit au Canada. Les Américains venaient d'acheter l'Alaska à la Russie pour 7,2 millions de dollars et ils avaient des visées sur le nord de la côte du Pacifique. Mais le gouvernement canadien offrit à la Colombie-Britannique de construire un chemin de fer qui relierait la côte du Pacifique aux provinces de l'Est. C'était une offre que la Colombie-Britannique ne pouvait pas refuser.

Les Prairies

De l'Ontario à la Colombie-Britannique s'étendait un vaste territoire alors appelé **Terre de Rupert**, que le roi Charles II d'Angleterre avait concédé à la Compagnie de la Baie d'Hudson en 1670. Moins de deux ans après la Confédération, Macdonald envoya des délégués en Angleterre pour qu'ils tentent de racheter la Terre de Rupert. La Compagnie de la Baie d'Hudson n'était pas disposée à vendre, mais le gouvernement britannique l'y obligea, car il sentait que les Américains étaient impatients de coloniser la Terre de Rupert. Macdonald était d'accord avec le gouvernement britannique. «Si nous n'y allons pas, fit-il remarquer, les Yankees iront.» Six mois plus tard, les délégués canadiens revinrent au pays mission accomplie. Le Canada avait accepté de verser à la Compagnie de la Baie d'Hudson 1,5 million de dollars, soit environ un cent par trois hectares.

Les terres autochtones et la colonisation de l'Ouest

Quand le gouvernement Macdonald prit possession de la Terre de Rupert, qui portait désormais le nom de Territoires du Nord-Ouest, il eut affaire aux quelque 26 000 autochtones disséminés dans les Prairies. Pour coloniser l'Ouest, il fallait déplacer les premiers occupants du territoire. De 1871 à 1877, le gouvernement négocia des traités avec les Cris, les Ojibwés et les Pieds-noirs. Ces traités arrachèrent aux autochtones la majeure partie des terres fertiles situées dans le sud des Prairies. En retour de la cession de leurs territoires de chasse traditionnels, les autochtones reçurent une somme forfaitaire de 12 $ par personne et une prestation annuelle de 5 $ par homme, femme et enfant. En outre, ils furent placés dans des réserves isolées où ils étaient censés apprendre l'agriculture.

Pourquoi les autochtones acceptèrent-ils des traités qui les dépossédaient de leur mode de vie traditionnel? La réponse à cette question réside dans les changements profonds que connurent les Prairies au milieu du XIXᵉ siècle. Les autochtones de la région tiraient leur subsistance des grands troupeaux de bisons qui parcouraient les prairies du centre de l'Amérique du Nord. Or, ces troupeaux déclinaient. Dans les années 1870, ils avaient pratiquement disparu, décimés par les chasseurs qui profitaient de la demande de peaux de bisons et qui s'armaient des nouveaux fusils à répétition. Les chefs autochtones sentaient bien que leur économie traditionnelle chancelait et qu'ils devaient trouver un moyen d'assurer la survie de leurs peuples. Ceux qui avaient commencé par refuser les traités furent à la longue contraints par la faim de céder leurs terres au gouvernement.

L'entrée houleuse du Manitoba dans la Confédération

À l'époque de la Confédération, quelques milliers de Métis (des gens issus d'ancêtres autochtones et canadiens-français), de fermiers blancs et de trappeurs vivaient dans la colonie de la Rivière-Rouge (aujourd'hui devenue Winnipeg). Personne ne les avait avertis que le gouvernement Macdonald avait acheté le territoire qu'ils habitaient. Les Métis décidèrent de résister à l'annexion, du moins jusqu'à ce que le gouvernement ne discute avec eux des conditions de leur entrée dans le Canada. Ils exigeaient de devenir propriétaires des terres qu'ils cultivaient, de garder leurs écoles catholiques, de

Le Canada en 1873

Territoires du Nord-Ouest

Colombie-Britannique

Manitoba

Québec

Ontario

Î.-P.-É.

N.-B.

N.-É.

continuer à parler français et de former un gouvernement provincial.

Louis Riel à leur tête, les Métis s'emparèrent d'Upper Fort Garry en novembre 1869 et y établirent un *gouvernement provisoire*. Au début, Macdonald ignora les Métis mais, en politicien habile, il sentait bien qu'une rébellion se préparait. Le 15 juillet 1870, son gouvernement adopta le Manitoba Act, qui satisfaisait à presque toutes les revendications des Métis. Le Manitoba entra dans la Confédération.

La nouvelle province couvrait un territoire si minuscule qu'on l'appelait la «province timbre-poste». Sa surface représentait seulement 1 % des Territoires du Nord-Ouest. (Ce n'est qu'en 1912 que le territoire entourant la baie d'Hudson fut divisé entre le Manitoba, l'Ontario et le Québec.) Un territoire immense restait donc aux mains du Canada. Comme le craignaient les Métis, le gouvernement canadien voulait que l'Ouest soit colonisé par des étrangers. Au tournant du siècle, des vagues d'immigrants venus de l'Est déferlèrent sur les Prairies. Les petits établissements de Regina, Saskatoon, Calgary et Edmonton grandirent et devinrent des villes. En 1905, l'Ouest canadien était assez peuplé pour que la Saskatchewan et l'Alberta entrent à leur tour dans la Confédération. Le Canada s'étendait désormais d'un océan à l'autre.

Le chemin de fer transcontinental

Macdonald croyait que le chemin de fer serait le ciment du nouveau pays. Après l'entrée de la Colombie-Britannique dans la Confédération, il était prêt à entreprendre la construction du chemin de fer promis. Ce serait la plus longue voie ferrée jamais construite. Elle traverserait des milliers de kilomètres de régions inexplorées où se trouvaient quelques-uns des terrains les plus difficiles du monde. Les coûts seraient sûrement astronomiques. Un juge dit tout haut ce que beaucoup de Canadiens pensaient, quand il déclara que le projet de Macdonald était beaucoup trop ambitieux: «Il parle de construire une voie ferrée de l'Atlantique au Pacifique… demain il parlera d'en construire une jusqu'à la lune.»

La construction du premier chemin de fer transcontinental du Canada commença presque tout de suite après l'élection fédérale de 1872. Le contrat fut d'abord accordé à sir Hugh Allan, qui dirigeait le Canadien Pacifique (CP). Peu de temps après la signature, Allan et Macdonald furent accusés de collusion et ce dernier fut contraint de démissionner. À l'élection de 1873, les Canadiens écrasèrent les conservateurs et élurent leur premier gouvernement libéral, sous la direction d'Alexander Mackenzie.

Le scandale avait entaché la réputation de Macdonald mais n'avait pas mis fin à sa carrière politique, loin de là. Les libéraux de Mackenzie eurent le malheur d'arriver au pouvoir juste au moment où commençait au pays une longue crise économique. La situation empirant, les Canadiens accusèrent les libéraux d'inaction. Il ne manquait qu'un programme à Macdonald pour regagner l'appui des Canadiens. Ce programme, qui fut appelé *National Policy* («politique nationale»), il l'élabora autour de trois projets: l'imposition d'un *tarif douanier* sur les marchandises fabriquées aux États-Unis, la construction du chemin de fer et l'immigration dans l'Ouest.

La politique nationale de Macdonald séduisit les Canadiens et, en 1878, les conservateurs furent reportés au pouvoir. Macdonald s'attacha immédiatement à faire construire le chemin de fer transcontinental. Une nouvelle société dirigée par George Stephen et Donald Smith s'engagea à terminer les travaux en 1891.

Après des débuts lents, le CP engagea un jeune directeur général d'origine hollandaise, **William Cornelius Van Horne**. Van Horne était chargé de maintenir la construction à une cadence d'enfer. Au printemps de 1882, il avait constitué des stocks de matériaux en prévision de la construction du tronçon des Prairies. Bientôt, des centaines d'ouvriers peinaient sous le soleil brûlant de l'été. L'automne venu, ils avaient posé 800 kilomètres de rails à travers les Prairies.

L'année suivante, Van Horne s'attaqua au segment quasi impraticable situé au nord du lac Supérieur. Les ouvriers devaient se frayer un chemin à la dynamite à travers les roches les plus dures du monde. Les marécages étaient si dangereux qu'ils engloutirent en un endroit trois locomotives et plusieurs kilomètres de rails. En dépit de ces difficultés, les travaux avançaient. Dès que la construction du tronçon du lac Supérieur fut entamée, Van Horne conçut sa stratégie pour l'Ouest. Il fit passer la voie ferrée plus au sud que prévu, près de la frontière des États-Unis, pour contrer la concurrence des lignes américaines.

La construction du chemin de fer dans les montagnes fut très périlleuse. Les ouvriers, attachés à des cordes, descendaient au bas des falaises pour placer les charges de dynamite. Plusieurs périrent dans des explosions. Les voies étaient étroites et quelques hommes firent des chutes mortelles. Quand il pleuvait, des avalanches de boue descendaient des montagnes; et quand le temps était sec, des incendies de forêt faisaient rage. Le CP avait de la difficulté à recruter des ouvriers pour un travail aussi exténuant et aussi dangereux; il fit venir de Chine près de 9000 ouvriers. Ces hommes travaillaient dur pour des salaires inférieurs à ceux des ouvriers canadiens; logés dans des campements à part des autres, ils toléraient des conditions de vie consternantes. Des centaines d'entre eux trouvèrent la mort dans des éboulis, des explosions et des effondrements, et des centaines d'autres moururent de maladies dues à l'insalubrité des campements. Beaucoup moururent

Les ouvriers chinois qu'on fit venir au Canada pour construire le chemin de fer gardaient leurs coutumes et leurs vêtements traditionnels. Note les vêtements et la coiffure de ces ouvriers. Selon toi, pourquoi les ouvriers chinois choisissaient-ils de ne pas s'assimiler?

de faim à force de se priver pour envoyer leurs maigres revenus à leurs familles.

Au printemps de 1885, il ne restait plus que quelques vides à combler dans la voie ferrée. Le CP, cependant, avait dépensé inconsidérément et se trouvait au bord de la faillite. Ses directeurs supplièrent le gouvernement de leur accorder un dernier prêt. Au même moment, une rébellion (menée encore par Louis Riel) éclatait dans le district de la Saskatchewan des Territoires du Nord-Ouest. Les soldats que le gouvernement envoya de l'Est pour mater les rebelles firent le voyage en train en un temps record de sept jours. Le nouveau chemin de fer n'avait pas tardé à être utile au gouvernement Macdonald. Le CP obtint son dernier prêt. Le premier chemin de fer transcontinental du Canada fut achevé peu après et Donald Smith posa le dernier rail près de Revelstoke, en Colombie-Britannique, le 7 novembre 1885.

Les débuts de la colonisation de l'Ouest

À la fin de 1885, le rêve de Macdonald paraissait se réaliser: l'Est s'industrialisait, le chemin de fer

Le Canada en 1912

District de Franklin

Territoires du Nord-Ouest

Yukon

District de Mackenzie

District de Keewatin

Colombie-Britannique

Alberta

Manitoba

Saskat-chewan

Ontario

Québec

Î.-P.-É.

N.-B.

N.-É.

transcontinental était terminé, les Métis étaient calmés et la plupart des autochtones des Prairies vivaient dans des réserves. L'Ouest était désormais ouvert aux colons.

Les conservateurs avaient adopté la **Loi sur les terres du dominion** en 1872 pour faciliter l'établissement des colons. Pour 10 $ seulement, un homme adulte pouvait acheter un quart de parcelle (64 hectares) dans la prairie. En déboursant 10 $ de plus, l'homme se prévalait d'une option sur un quart de parcelle adjacent. Il lui suffisait de défricher, de construire une maison et de vivre sur sa terre au moins six mois par année pendant une période de trois ans.

La Loi sur les terres du dominion déclencha une ruée vers l'Ouest et une frénésie de spéculation. En 1901, des milliers d'immigrants avaient fait le long voyage vers l'Ouest et plus de 85 000 Américains s'étaient installés dans les Prairies. Mais les immigrants ne choisissaient pas tous de demeurer dans l'Ouest. Après quelques années, beaucoup d'entre eux partaient s'établir en ville ou dans une ferme aux États-Unis. Trente ans après la Confédération, la population des Prairies stagnait à 250 000 habitants.

Il est vrai que les colons avaient de quoi se décourager. Les hivers étaient longs et terriblement froids. Les étés étaient chauds et affreusement secs. Les maisons des colons étaient des huttes de terre dure qui se dressaient parmi les hautes herbes, isolées dans l'immensité de la prairie, à au moins un jour de marche du village le plus proche. Les arbres étaient rares et le bois, précieux. Les hommes et les femmes des Prairies s'échinaient à cultiver une terre inhospitalière. Beaucoup renoncèrent, vaincus par la sécheresse, la grêle, le froid, les sauterelles, la rouille du blé, la faillite ou le désespoir.

L'immigration au début du siècle

John A. Macdonald mourut avant que l'Ouest canadien ne fût complètement colonisé par les immigrants. Le libéral **Wilfrid Laurier** devint premier ministre en 1896 et entreprit de concrétiser le rêve

Examine attentivement cette photo d'une maison de ferme de la Saskatchewan. Fais la liste des difficultés que rencontraient les colons dans les Prairies.

de Macdonald. Le ministre de l'Intérieur de Laurier, le jeune et ambitieux **Clifford Sifton**, prit en matière d'immigration des mesures énergiques appelées «politique des portes ouvertes».

Or, les portes du Canada n'étaient pas ouvertes à tout le monde. Sifton, en effet, comptait attirer des groupes bien précis. Premièrement, il ne voulait pas d'ouvriers des villes mais seulement des fermiers capables de supporter les rigueurs des Prairies. Deuxièmement, il n'admettait que les immigrants provenant des États-Unis, de la Grande-Bretagne ainsi que de l'Europe du Nord, de l'Est et du centre.

Sifton ciblait les pays qu'il jugeait «désirables» et les inondait de prospectus et d'affiches promettant des terres gratuites dans une contrée où tout était encore possible. Les immigrants affluèrent par milliers d'Allemagne, des États-Unis, de la Suède, de la Grande-Bretagne, de l'Ukraine, des Pays-Bas, de l'Islande, de la Norvège, de la Russie et de bien d'autres pays. La population du Canada grossit de deux millions d'habitants dans les 10 premières années du XXe siècle.

La politique des portes ouvertes ne faisait pas l'affaire de tous les Canadiens et le gouvernement Laurier dut en subir le contrecoup: l'opinion publique se mobilisait contre les immigrants non anglophones. Beaucoup de Canadiens d'expression anglaise ne voulaient admettre au pays que des colons de souche britannique afin de sauvegarder les liens du Canada avec l'Angleterre. Un grand nombre de Canadiens francophones, par ailleurs, craignaient de perdre leur langue et leurs écoles catholiques si les langues et les cultures se multipliaient dans l'Ouest.

LA SOUVERAINETÉ CANADIENNE: L'ÉDIFICATION D'UN PAYS

Au cours des 45 années qui se sont écoulées entre la Confédération et la fin de l'ère Laurier, le Canada a fait d'importants progrès vers son indépendance. Formé d'une poignée de colonies britanniques, le Canada s'est étendu d'un océan à l'autre, le long d'un nouveau chemin de fer transcontinental. Explique comment chacun des événements présentés ci-dessous a favorisé l'indépendance du Canada. Tu trouveras de plus amples détails sur chaque événement en lisant ce chapitre et en faisant des recherches supplémentaires.

LA CONFÉDÉRATION

- En 1867, la Nouvelle-Écosse et le Nouveau-Brunswick se joignirent au Canada-Est (aujourd'hui le Québec) et au Canada-Ouest (aujourd'hui l'Ontario) pour former le dominion du Canada. En 1905, le Manitoba, la Colombie-Britannique, l'Île-du-Prince-Édouard, l'Alberta et la Saskatchewan avaient adhéré à la Confédération.
- Bien que demeurant une colonie britannique, le dominion du Canada obtint les pouvoirs nécessaires pour régir ses affaires internes de façon autonome.

LA CONSTRUCTION DU CHEMIN DE FER TRANSCONTINENTAL

- Pour cimenter un pays qui s'étendait de l'Atlantique au Pacifique, le gouvernement du Canada s'attaqua à l'ambitieuse tâche de construire un chemin de fer transcontinental.
- Le chemin de fer transcontinental fut terminé en 1885; il favorisa le commerce et les déplacements entre les extrémités du pays et constitua un facteur déterminant de la colonisation de l'Ouest.

LE CONFLIT À PROPOS DE LA FRONTIÈRE DE L'ALASKA

- À la suite de la Ruée vers l'or du Klondike, le Canada et les États-Unis entrèrent en conflit à propos de la péninsule de l'Alaska. La région, en effet, représentait l'accès le plus rapide et le plus facile vers les champs aurifères du Yukon.
- Les Britanniques prirent la part des Américains plutôt que celle des Canadiens lors des négociations portant sur la péninsule de l'Alaska. La région fut cédée aux États-Unis et cet échec incita les Canadiens à prendre en main leurs relations internationales.

Frank Oliver, un farouche opposant de la politique de Sifton, devint ministre de l'Intérieur en 1905. Cinq ans plus tard, il modifia la Loi sur l'immigration de manière à endiguer la vague d'immigrants non anglophones au Canada. Oliver comparait sa loi à la politique des portes ouvertes de Sifton et proclamait fièrement que sa méthode était «restrictive, exclusive et sélective». Il disait sans ménagements qu'il ne s'agissait pas d'une loi pour promouvoir l'immigration. Ainsi, l'article 37 de la loi de 1910 stipulait que les immigrants devaient posséder une somme d'argent minimale et que cette somme pouvait varier selon la race. Les agents d'immigration pouvaient invoquer cet article pour refouler les individus jugés les moins désirables, particulièrement les Asiatiques, les Noirs américains, les Juifs, les Indiens et les Européens du Sud.

Le gouvernement Laurier prit des mesures particulières pour restreindre l'immigration chinoise et japonaise. En 1904, les droits d'entrée imposés aux immigrants chinois (le seul groupe déjà sujet à un *impôt de capitation*) passèrent à 500 $, une somme astronomique à l'époque. Des émeutes anti-asiatiques survenues en Colombie-Britannique poussèrent le gouvernement à limiter l'immigration japonaise. À l'occasion d'une réunion de l'Asiatic Exclusion League, à Vancouver, 30 000 personnes s'attroupèrent et envahirent le quartier japonais, se livrant au vandalisme et au pillage. Prévenus de l'approche des vandales, les immigrants japonais se regroupèrent pour se protéger.

Laurier présenta ses excuses au Japon (un important allié militaire de la Grande-Bretagne), mais il négocia un accord officieux visant à réduire l'immigration japonaise à 400 personnes par année. Ce n'est qu'en 1950 que les Canadiens d'origine asiatique obtinrent le droit de voter aux élections fédérales et d'occuper certains postes, notamment dans l'enseignement et dans la fonction publique.

En dépit des politiques d'Oliver, les immigrants non anglophones continuèrent d'affluer de nombreux pays jusqu'au début de la guerre, en 1914. Les années Laurier marquèrent la véritable émergence de la *mosaïque culturelle* canadienne. Beaucoup de nouveaux arrivants s'établirent dans les centres industriels et la plupart des grandes villes canadiennes eurent leurs quartiers italien, polonais ou chinois. Un grand nombre d'immigrants s'installèrent dans les Prairies et la carte de l'Ouest canadien est parsemée de noms venus des «vieux pays», comme Strasbourg, Esterhazy, Verigin et Stettler.

LES ANNÉES LAURIER: UNE ÈRE DE PROSPÉRITÉ

Le gouvernement libéral de Wilfrid Laurier resta au pouvoir de 1896 à 1911, 15 années pendant lesquelles le Canada connut une croissance économique rapide. Le Canada laissait derrière lui presque 30 ans de crise et de désespoir et se tournait vers un avenir prometteur. En 1910, la majeure partie des Prairies avait été colonisée et les fermiers prospéraient. Partout dans le monde, les usines produisaient à plein régime, employaient des milliers d'ouvriers et achetaient le blé, les minéraux et le bois du Canada.

La période de 1896 à 1911 fut marquée par la prospérité, l'enthousiasme et la confiance. L'élégant Wilfrid Laurier, premier francophone à diriger le Canada, paraissait le chef idéal pour un jeune pays en plein essor. Il s'exprimait aisément en français comme en anglais et il avait une connaissance approfondie des deux cultures.

Cet instantané de Wilfrid Laurier a été pris pendant la campagne électorale de 1911.

Quand Laurier accéda au pouvoir, à l'âge de 44 ans, l'édification du pays, commencée avec la Confédération, n'était pas terminée. Les rivalités entre francophones et anglophones ainsi que des hostilités régionales divisaient encore le Canada. Mais avec son intelligence, son éloquence, ses dons de modérateur, son *fair play* et son sens politique, Laurier avait ce qu'il fallait pour unifier enfin les groupes et les régions. Pendant les premières années de son mandat au moins, Laurier semblait fait pour amener le nouveau pays vers son épanouissement.

La Ruée vers l'or

La plus grande ruée vers l'or de l'histoire commença l'année même de l'accession des libéraux de Laurier au pouvoir. L'or découvert dans le Nord semblait symboliser le brillant avenir du Canada. En août 1896, George Washington Carmack et deux Amérindiens, Skookum Jim et Tagish Charlie, trouvèrent de l'or dans une petite baie située près du fleuve Klondike, au Yukon. La **Ruée vers l'or** commençait. Presque du jour au lendemain, 40 000 personnes se précipitèrent dans le Nord pour faire fortune ou pour travailler dans les villes qui poussaient comme des champignons près des champs aurifères.

La ville de Dawson était au cœur du pays de l'or, au confluent des fleuves Yukon et Klondike. En 1897, on ne trouvait à Dawson qu'un saloon et une scierie. Un an plus tard, on y comptait une douzaine de saloons, de salles de danse et de théâtres. Bientôt, il y eut à Dawson 20 000 habitants, deux banques, cinq églises, deux journaux et un service de télégraphe.

Si la Ruée vers l'or a contribué à l'essor économique du Canada, les autochtones de la Colombie-Britannique et du Yukon n'y ont pas trouvé leur compte. Rares furent les mineurs du Yukon à se préoccuper des droits des Amérindiens. Les chercheurs d'or tiraient sur les chiens et les chevaux, abîmaient les pièges des autochtones et pratiquaient abondamment la pêche et la chasse. Alarmés, les chefs autochtones négocièrent un traité qui leur donnait des droits fonciers sur le territoire couvrant le nord-est de la Colombie-Britannique et le sud-est du Yukon.

La culture du blé dans les Prairies

Dans les Prairies, les fermiers s'enrichissaient avec une autre sorte d'or, le blé. La demande de blé était insatiable en Europe et aux États-Unis et le «grenier» de l'Ouest canadien y pourvoyait. Dans les 20 premières années du siècle, les exportations de blé canadien quadruplèrent et le prix du blé en fit autant. Le blé de l'Ouest devint le principal produit d'exportation du Canada.

La réussite des producteurs de blé canadiens reposait sur de nouvelles techniques agricoles. Les fermes se mécanisaient. Les nouvelles charrues d'acier trempé retournaient aisément le sol de la prairie. Les tracteurs à essence remplaçaient peu à peu les chevaux et les fermiers pouvaient cultiver des terres de plus en plus vastes. Au printemps, les herses et les semoirs améliorés facilitaient les semailles et, à l'automne, les batteuses perfectionnées permettaient aux fermiers de récolter avant la première neige.

Les scientifiques mirent au point des variétés de grains résistantes et productives qui, comme Red Fife, Red Calcutta, Garnet, Reward et, par-dessus tout, Marquis, mûrissaient avant la fin du court été canadien. On estime que, grâce au blé Marquis, les revenus des fermiers canadiens augmentaient de

Le puissant chef cri Poundmaker fut arrêté à la suite de la rébellion du Nord-Ouest, en 1885, même s'il avait tenté d'empêcher ses guerriers de poursuivre les soldats en retraite.

LE COÛT DE LA VIE EN 1900 ET AUJOURD'HUI

À feuilleter un journal de 1900, les lecteurs contemporains trouveraient sans doute qu'il y avait de bonnes aubaines à faire au début du siècle.

Or, pour comparer le niveau de vie de 1900 et celui des années 1990, il faut tenir compte non seulement des prix mais aussi des salaires. Nous t'invitons donc à répondre aux questions suivantes.

Costume
pour dame
15,00 $

1. Combien déboursait une consommatrice ou un consommateur de 1900 qui achetait tous les articles représentés sur la page?

2. Consulte un journal ou un catalogue et calcule le montant dépensé par une consommatrice ou un consommateur d'aujourd'hui pour des articles équivalents.

Cuisinière au
charbon
42,75 $

3. L'indice des prix à la consommation est une mesure du prix moyen des biens et des services achetés par un ménage typique. Pour calculer l'indice des prix à la consommation, divise le montant dépensé aujourd'hui pour les articles par le montant dépensé en 1900 et mul-

Chaussures
pour dame
2,00 $

tiplie par 100. Tu obtiendras le taux d'inflation de 1900 à aujourd'hui. Quel est ce taux?

Bicyclette
25,00 $

4. En 1900, le salaire hebdomadaire moyen des travailleurs canadiens était de 7,78 $ pour les hommes et de 3,65 $ pour les femmes. Pendant combien de semaines fallait-il travailler en 1900 pour se procurer les articles représentés: a) si l'on était un homme? b) si l'on était une femme?

Table
en chêne massif
11,50 $

5. En 1993, le salaire hebdomadaire moyen des travailleurs canadiens était de 557,89 $.
Pendant combien de semaines faut-il travailler pour acheter aujourd'hui les articles représentés?

Pantalon
pour homme
1,25 $

6. Pour trouver la différence entre les salaires réels de 1900 et ceux d'aujourd'hui, il faut tenir compte du taux d'inflation. Divise le salaire hebdomadaire de 1993 par l'indice des prix à la consommation que tu as calculé tout à l'heure. Quelle est la différence entre le pouvoir d'achat des travailleurs d'aujourd'hui et celui des travailleurs du début du siècle?

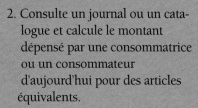

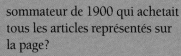

100 millions de dollars par année en 1918. La croissance de la production de blé fut appelée le «miracle canadien».

Avec les revenus de leurs ventes de blé, les fermiers achetaient de la nourriture, des vêtements et des machines agricoles. Les villes grandissaient pour satisfaire à la demande de marchandises et les fermiers côtoyaient les citadins lors des foires et des spectacles de cirque. À la ferme, de confortables maisons à charpente de bois remplaçaient les huttes de terre. Les fermiers construisaient des vérandas à leurs maisons, peignaient leurs étables de couleurs vives et jouaient du piano dans leurs salons. Pour beaucoup, la vie n'avait jamais été aussi bonne.

Mais les autochtones ne participaient pas à cette prospérité nouvelle. Depuis qu'ils avaient été placés dans des réserves, dans les années 1870, leurs conditions de vie n'avaient pas cessé de se dégrader. La disparition des troupeaux de bisons et les sévères restrictions imposées aux Amérindiens par la **Loi sur les Indiens** de 1876 créaient une situation désespérée dans de nombreuses réserves. La *Loi sur les Indiens* englobait plusieurs lois antérieures. Les

Amérindiens étaient déjà assujettis à un nombre exceptionnel de règlements et la Loi sur les Indiens ne laissait aucun aspect de la vie autochtone à l'abri de l'ingérence gouvernementale. La Loi prohibait les cérémonies traditionnelles comme le potlatch, imposait un régime électoral aux autochtones et leur interdisait d'acheter de l'alcool et de jouer au billard.

La vie était pénible dans les réserves. Les pénuries de nourriture poussèrent les Amérindiens à des actions désespérées; pour se nourrir, certains abattirent le bétail qui devait les aider à s'établir comme fermiers. En 1883, trois chefs cris tentèrent de sensibiliser John A. Macdonald au sort de leur peuple. Le passage suivant est tiré de la lettre qu'ils lui écrivirent:

> *Si l'on ne s'occupe pas de notre cas maintenant, nous concluons que le traité signé avec nous il y a six ans était une formalité vide de sens et que l'homme blanc nous a condamnés à l'annihilation progressive. Mais la devise de l'Indien est: «Si nous devons avoir une mort violente, que cette mort vienne vite.»*

La prospérité et l'optimisme animaient les villes canadiennes au début du siècle et Halifax, en Nouvelle-Écosse, ne faisait pas exception. Sur cette photo prise au début du siècle, trouve des marques de l'essor que prenait le Canada.

LE TITANIC, SYMBOLE DE SON ÉPOQUE

Lors de sa construction, en 1911, le *Titanic* souleva l'émerveillement des foules. Le *Titanic* et ses «sister-ships», l'*Olympic* et le *Britannic*, étaient les plus gros et les plus luxueux paquebots du monde. Les dimensions de ces navires de 50 000 tonnes dépassaient de 50 % celles de tous les autres bâtiments jamais construits. Le *Titanic* pouvait transporter 2389 passagers et 860 membres d'équipage, soit 3249 personnes en tout.

Le *Titanic* était un véritable palace flottant. Les ponts de première classe comprenaient une salle à manger, une salle de lecture, un gymnase, un terrain de squash, un bain turc, une piscine, un salon de coiffure et une bibliothèque. Les cabines, décorées dans les styles italien, hollandais ou Renaissance, étaient, disait-on, plus luxueuses que les chambres des plus grands hôtels d'Europe.

LA CATASTROPHE

Le *Titanic* avait une réputation de faste mais aussi de sécurité. On prétendait qu'il était insubmersible. Mais ses constructeurs et ses propriétaires eurent tôt fait de déchanter. Lors de son voyage inaugural, le 14 avril 1912, le *Titanic* heurta un iceberg au large de Terre-Neuve et sombra. Sur les 2227 personnes qui étaient à bord, seulement 705 survécurent. Le naufrage du *Titanic* était la pire catastrophe maritime de l'histoire de même que la plus controversée, parce qu'elle aurait peut-être pu être évitée. L'équipage, en effet, avait été averti à plusieurs reprises de la présence d'icebergs.

Les survivants auraient-ils été plus nombreux si l'équipage avait écouté les mises en garde? Y avait-il suffisamment de canots de sauvetage à bord? Pourquoi n'a-t-on pas rempli tous les canots de sauvetage avant de les mettre à la mer? Ces questions et bien d'autres demeurent toujours sans réponse.

LA FIN D'UNE ÉPOQUE

À bien des égards, le *Titanic* et son triste sort ont une valeur symbolique. Le début du XXe siècle était une époque de prospérité et d'optimisme. Emballés par les avancées scientifiques et technologiques des 50 années précédentes, beaucoup de gens croyaient que les capacités humaines étaient sans limites et le progrès, inévitable. Sur cette lancée, on affirmait que le *Titanic* était insubmersible et que la Première Guerre mondiale serait la dernière guerre. Mais dans les deux cas, les événements donnèrent tort aux optimistes. Le *Titanic* symbolisait le faste et l'enthousiasme d'une époque, tandis que son sort préfigurait la fin du rêve.

Peinture de Ken Marshall tirée de *The Discovery of the Titanic* de Robert Ballard, publié par Penguin/Madison Press Books.

À l'aube du XXe siècle, pendant que certains brûlaient d'enthousiasme, les peuples autochtones du Canada continuaient de lutter pour leur survie économique et culturelle.

L'expansion de l'économie des Maritimes

Comme dans les Prairies, la prospérité régnait dans les Maritimes. L'économie de ces provinces avait toujours reposé sur la construction navale ainsi que sur les exportations de poisson et de bois d'œuvre. Au début du siècle, le développement du centre du Canada et l'ouverture d'un nouveau marché dans l'Ouest se répercutaient sur l'économie de l'Est. Les entrepreneurs commencèrent à exploiter les ressources houillères et minérales pour satisfaire à la forte demande du centre. Avec le charbon et le fer du Cap-Breton, les provinces maritimes fabriquaient toutes sortes de produits d'acier qui accaparèrent une large part du marché de l'Ouest. En 1910, l'économie des Maritimes comprenait les pâtes et papiers, le poisson, le bois d'œuvre, le sucre raffiné, le charbon, ainsi que les produits de fer et d'acier. Les trois provinces de l'Est participaient à la prospérité générale du pays au début du siècle.

La croissance des villes

Les profits engendrés par les exportations de blé soulevaient l'économie canadienne tout entière. Dans les villes, les progrès scientifiques transformaient l'industrie. Le moteur à vapeur, l'électricité et l'énergie hydro-électrique, de même qu'une panoplie de nouvelles inventions comme le réfrigérateur, l'automobile, le téléphone et la machine à écrire, entrete-naient le développement industriel. Le fracas des machines lourdes retentissait à des kilomètres à la ronde. Les jeunes délaissaient la terre pour s'établir en ville. Les hommes trouvaient des emplois dans les usines, les scieries ou les chantiers ferroviaires. Les femmes travaillaient dans les usines et les bureaux et elles s'engageaient comme domestiques chez des industriels nouvellement enrichis.

Le Canada avait été un pays rural au XIXe siècle: quatre personnes sur cinq vivaient alors à la campagne. En 1920, cependant, la moitié des Canadiens vivaient dans des villes. Le Canada se muait en un pays moderne et industrialisé. De 1891 à 1911, les populations de Montréal et de Toronto doublèrent. En 1921, Winnipeg était cinq fois plus grande qu'en 1891, et Vancouver, huit fois.

Ces nouveaux immigrants étudient pour obtenir la citoyenneté canadienne.

Les villes se mirent à l'embellissement. D'un océan à l'autre, les municipalités se dotaient de nouveaux réverbères, de grands boulevards verdoyants et de parcs élégants. On installait des conduites d'eau et de gaz et on construisait des stations d'épuration des eaux usées. Les fils téléphoniques et électriques se tendaient d'un coin de rue à l'autre.

Les moyens de transport se multipliaient. On construisit deux voies ferrées supplémentaires dans l'Ouest: le Canadian Northern et le Grand Tronc. Les jeunes et les moins jeunes se mettaient à la bicyclette. Les très riches s'achetaient des engins appelés automobiles pour montrer qu'ils ne vivaient plus à l'époque de la voiture tirée par des chevaux. Des tramways électriques sillonnaient les centres des villes et amenaient les premiers banlieusards à leur travail. Les bateaux de pêche prenaient la mer, mus par des moteurs à essence pétaradants. Grâce à la technologie, le Canada bourdonnait d'activité.

Partout, les gens avaient sous les yeux le spectacle satisfaisant d'une nouvelle commodité. Du téléphone à l'éclairage électrique en passant par les nouvelles moissonneuses, une kyrielle d'inventions transformaient la vie des Canadiens. Les gens se mettaient à croire au progrès scientifique et à espérer une vie toujours meilleure. La phrase de Laurier, le XXe siècle appartient au Canada, exprime bien l'optimisme de l'époque. Devant un auditoire britannique, deux Canadiens déclarèrent fièrement:

Le destin réserve un avenir doré au jeune dominion. Les vastes forêts, les pêches côtières et intérieures, les inépuisables gisements de charbon, l'or, l'argent, le fer, le cuivre, le nickel, entre autres minéraux, et par-dessus tout les formidables possibilités des champs de blé sont pour le Canada autant de promesses d'une prospérité commerciale sans égale au monde.

L'envers de la prospérité

Tous ne partageaient pas l'optimisme de l'ère industrielle. La prospérité, en effet, masquait la pauvreté, la maladie et la rigueur des conditions de travail.

Tandis que les industriels et les financiers faisaient des affaires d'or, des milliers de travailleurs qui, par leur labeur, avaient fait naître la richesse, croupissaient dans des conditions horrifiantes.

Beaucoup de familles n'avaient pas les moyens de vivre dans des logements convenables et elles s'entassaient dans des immeubles décrépis. Le révérend Charles Gordon, qui écrivait des romans populaires sous le pseudonyme de Ralph Connor, décrivit le quartier nord de Winnipeg comme «un lugubre chaos… une étendue sans fin de grisaille et de ruines pourrissantes». L'air pollué, l'eau insalubre, le lait contaminé et les toilettes extérieures apportaient la maladie et la mort dans les villes. Dans les familles pauvres, un bébé sur quatre mourait avant son premier anniversaire. Pour bien des Canadiens, l'âge d'or fut une époque sombre.

Beaucoup d'immigrants non anglophones travaillaient dans les usines des villes et dans les chantiers miniers, forestiers et ferroviaires de l'Ouest et du Nord. Démunis et apeurés, ignorants des coutumes et de la langue de la majorité, ces nouveaux venus formaient une main-d'œuvre bon marché. Les employeurs croyaient que ces immigrants accepteraient sans se plaindre de trimer pour des salaires de misère dans des lieux exigus, sales et dangereux. Les salaires étaient si bas que de nombreuses familles ne pouvaient subsister avec un seul revenu; les femmes et les enfants devaient travailler à l'extérieur du foyer. Dans beaucoup de villes, les femmes et les enfants représentaient jusqu'au tiers de la main-d'œuvre. Forcés d'accepter n'importe quel emploi, ils faisaient souvent le même travail que les hommes, pour la moitié du salaire.

Les employeurs faisaient tout en leur pouvoir pour écarter les syndicalistes, si bien que la plupart des travailleurs n'étaient pas syndiqués. Mais les salaires étaient si bas et les conditions de travail si mauvaises que des grèves frappaient presque toutes les industries, des mines de charbon du Cap-Breton et de l'île de Vancouver aux usines de textile du Québec et aux standards de Bell Telephone. Les employeurs faisaient souvent appel à des briseurs de grève et à la milice pour forcer les travailleurs à se remettre à l'ouvrage. Commencés pendant les années Laurier, les conflits de travail

LE COMBAT DE NELLIE McCLUNG

Le début du XXᵉ siècle était une époque de changements profonds au Canada. L'industrialisation rapide, la croissance des villes et les nombreuses inventions qui transformaient le mode de vie étaient autant de motifs d'optimisme. Malheureusement, beaucoup de Canadiennes étaient incapables de participer pleinement à la vie de la société, faute de posséder l'égalité politique et juridique. Avant 1917, en effet, les femmes, les «personnes de race mongole ou chinoise», les «idiots», les «aliénés» et les criminels n'avaient pas le droit de vote.

Les femmes étaient dépourvues non seulement de droits politiques mais aussi de sécurité économique. Elles gagnaient moins cher que les hommes et le salaire des femmes mariées revenait aux maris. Les hommes avaient aussi pleine autorité sur leurs enfants et ils avaient le droit de maltraiter physiquement leur épouse.

Pendant l'ère Laurier, plusieurs femmes se battaient pour leurs droits. Elles militaient principalement pour obtenir le droit de vote, car ce droit leur aurait donné la possibilité d'influencer les décisions politiques. En tête du mouvement pour le suffrage féminin figurait Nellie McClung. En 1912, un an après avoir commencé sa campagne à Winnipeg, McClung participa à la fondation de la Political Equality League.

L'attitude du gouvernement du Manitoba n'était pas le moindre des obstacles que McClung eut à surmonter. Le premier ministre Rodmond Roblin fit un jour le commentaire suivant: «Je ne veux pas me faire parler de politique par une hyène en jupon. Je veux une créature douce et gentille qui m'apporte mes pantoufles.» Roblin fit aussi la réponse suivante à une délégation de femmes qui, dirigée par McClung, lui réclamait le droit de voter au Manitoba:

Sachez que le gouvernement Roblin estime que le suffrage des femmes est illogique et absurde pour autant que le Manitoba soit concerné. L'égalité politique des femmes sèmerait la zizanie dans les ménages… détruirait les foyers et jetterait les enfants dans les bras de servantes… La majorité des femmes sont émotives et agissent sous l'impulsion d'enthousiasmes malavisés; elles seraient une menace plutôt qu'un atout si elles avaient le droit de vote.

McClung saisit l'occasion pour se moquer des arguments contre le suffrage des femmes. Le lendemain de la déclaration de Roblin, la Political Equality League tint une parodie de séance parlementaire au cours de laquelle McClung se fit railleuse:

Le problème, c'est que si les hommes commencent à voter, ils voteront trop. La politique trouble les hommes, et dans le sillage d'hommes troublés viennent des lois bâclées, des meubles brisés, des vœux rompus et des divorces… Si les hommes prenaient l'habitude de voter, qui sait ce qui pourrait arriver? Il est déjà assez difficile de les garder à la maison! L'histoire est remplie d'hommes à qui la politique n'a pas réussi: Néron, Hérode, le roi Jean…

En profitant de toutes les occasions de parler en public, Nellie McClung parvint à rallier un nombre considérable de partisans du vote féminin. Les Manitobaines gagnèrent enfin leur bataille le 27 janvier 1916, avec l'adoption de l'Enfranchisement of Women Act, la loi qui leur donnait le droit de vote. Dans les années qui suivirent, le travail de Nellie McClung et des autres suffragettes porta ses fruits; toutes les Canadiennes finirent par obtenir leurs pleins droits politiques.

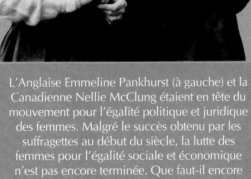

L'Anglaise Emmeline Pankhurst (à gauche) et la Canadienne Nellie McClung étaient en tête du mouvement pour l'égalité politique et juridique des femmes. Malgré le succès obtenu par les suffragettes au début du siècle, la lutte des femmes pour l'égalité sociale et économique n'est pas encore terminée. Que faut-il encore changer dans notre société pour assurer la pleine égalité des hommes et des femmes?

s'amplifièrent au cours des décennies suivantes, à mesure que le mouvement syndicaliste faisait des adeptes au pays.

Le mouvement réformateur

La pauvreté croissante préoccupait beaucoup de Canadiens. Certains conseils municipaux et certains gouvernements provinciaux essayaient bien d'améliorer les conditions de vie et de travail, mais les sommes qu'ils consacraient à la réforme sociale étaient insuffisantes. Laurier adhérait au principe du laisser-faire et le gouvernement fédéral faisait peu de choses pour remédier aux problèmes urbains qu'étaient l'exploitation des travailleurs, la pauvreté, le crime et la maladie. Les organismes de charité privés étaient seuls à porter secours aux pauvres et aux malades.

Les journaux commencèrent à publier des reportages sensationnalistes sur les horreurs des villes. Ils soulevèrent l'opinion publique et les réformateurs de la société entrèrent en action. En 1911, J.S. Woodsworth, un travailleur social du quartier nord de Winnipeg, publia *My Neighbour*, un ouvrage touchant qui visait à sensibiliser les Canadiens au sort des pauvres. Herbert Ames, qui avait écrit un essai sur les quartiers pauvres de Montréal, fut nommé directeur du service d'hygiène de la ville et implanta les mesures sanitaires qui s'imposaient. En Ontario, J.J. Kelso fonda des sociétés de secours à l'enfance pour venir en aide aux enfants de la rue.

Des groupes à caractère religieux comme la Women's Christian Temperance Union (WCTU), la Young Men's Christian Association (YMCA) et l'Armée du Salut prirent une part importante dans la réforme. Beaucoup de protestants adeptes du mouvement Gospel enseignaient qu'il incombait à chacun d'améliorer le sort des moins fortunés. Les femmes jouaient un rôle prédominant dans les mouvements de réforme chrétiens. Elles réclamaient une hausse des salaires et une amélioration des normes de sécurité dans les lieux de travail. Elles revendiquaient la *prohibition* du travail des enfants, de la prostitution et de l'alcool. Elles exigeaient des modifications aux règlements relatifs à l'éducation et à l'hygiène.

Le mouvement féministe

De nombreuses réformatrices se préoccupaient de la situation des femmes. Des groupes de femmes se formèrent et firent les manchettes. Beaucoup de Canadiennes en vue participèrent au **mouvement féministe**. Lady Ishbel Aberdeen, la femme du gouverneur général, fonda le National Council of Women à Toronto en 1893. Nellie McClung milita pour le droit de vote des femmes, la prohibition et la réforme sociale. Au Québec, Marie Gérin-Lajoie incita les femmes à se battre pour avoir droit à l'instruction et à l'égalité juridique. Le Dr Emily Stowe, qui fut obligée d'étudier la médecine à l'extérieur du Canada, et sa fille, le Dr Augusta Stowe-Gullen, firent pression pour que les femmes aient accès à l'éducation supérieure et aux professions libérales.

La vie des femmes de toutes les classes sociales changeait rapidement au début du siècle. Les femmes entraient en nombre croissant sur le marché du travail. En 1901, les femmes représentaient 13 % de la main-d'œuvre canadienne. La plupart d'entre elles étaient servantes ou ouvrières dans les usines. Pendant les 10 premières années du XXe siècle, les femmes accédèrent aux emplois du secteur tertiaire; elles devenaient institutrices, vendeuses, employées de bureau ou standardistes. Pourtant, elles étaient encore payées moins cher que les hommes pour les mêmes emplois.

L'art et la littérature

En dépit des problèmes sociaux et économiques, les artistes canadiens étaient animés d'un nouveau patriotisme. Ils voulaient peindre des scènes d'ici, mais beaucoup d'entre eux voyaient d'un mauvais œil les changements apportés par l'industrialisation. À quelques exceptions près, les artistes délaissaient les villes et exaltaient les paysages canadiens. Horatio Walker, Homer Watson, Marc-Aurèle Suzor Côté et Ozias Leduc peignaient des scènes paisibles de la campagne ontarienne et québécoise. James Wilson Morrice et son ami Maurice Cullen employaient les techniques des impressionnistes français (des coups de pinceau légers et des couleurs lumineuses) pour représenter les rives du fleuve Saint-Laurent, en hiver surtout. Morrice fut le premier peintre canadien à gagner une réputation internationale. Cullen libéra la peinture paysagiste canadienne de la tradition victorienne et il conquit l'estime des jeunes artistes qui formèrent plus tard le célèbre groupe des Sept.

Les écrivains aussi se proposaient de décrire le Canada et de définir son identité. L'Ouest s'ouvrait et des dizaines de nouvelles et de romans racontaient l'histoire des colons, des trappeurs, des prospecteurs, des Métis, de la Police montée et des hors-la-loi.

Parmi les écrivains les plus connus de l'époque figuraient des poètes comme Charles G.D. Roberts, Isabella Valancy Crawford, Archibald Lampman, Pauline Johnson, Émile Nelligan, Albert Lozeau, Bliss Carman, Duncan Campbell Scott et Louis-Honoré Fréchette. La nature canadienne leur inspira quelques-uns de leurs plus beaux poèmes. Dans «La forêt canadienne», Fréchette évoque la douceur et la lumière des automnes canadiens:

> *C'est l'automne. Le vent balance*
> *Les ramilles, et par moments*
> *Interrompt le profond silence*
> *Qui plane sur les bois dormants.*
> *Des flaques de lumière douce,*
> *Tombant des feuillages touffus,*
> *Dorent les lichens et la mousse*
> *Qui croissent au pied des grands fûts.*

Maurice Cullen avait fait des études à Paris. Avec des tableaux comme *Logging in Winter, Beaupré*, il fit entrer l'impressionnisme dans la peinture paysagiste canadienne.

Maurice Cullen, *Logging in Winter, Beaupré*, 1896. Art Gallery of Hamilton.

Pendant que de nombreux jeunes artistes se précipitaient à Paris,
Homer Watson s'inspirait de la riche culture rurale qui fleurissait
dans son village natal de Doon, devenu aujourd'hui une banlieue de Kitchener, en Ontario.
Des tableaux comme *The Stone Road* portèrent Watson
au premier plan des peintres canadiens.

Homer Watson, *The Stone Road*, 1881. Musée des beaux-arts du Canada.

La fin de l'ère Laurier

Au début de son mandat, Wilfrid Laurier avait réussi à faire des compromis acceptables. Mais avec le temps, le pays se transformait et les politiques de Laurier perdaient de leur efficacité. Le Canada s'était urbanisé et industrialisé. Ses habitants, particulièrement dans l'Ouest, avaient des origines diverses et les tensions ethniques s'aggravaient. L'ère industrielle avait apporté la prospérité aux uns mais la pauvreté et les conflits de travail aux autres. Le gouvernement fédéral devait céder aux pressions et réaliser de profondes réformes sociales et politiques.

Lorsque se manifestèrent les signes avant-coureurs de la Première Guerre mondiale, les hostilités entre francophones et anglophones, qui avaient couvé jusque-là, se ravivèrent. Le Canada, en effet, se demandait quelle aide il apporterait à la Grande-Bretagne dans le conflit à venir. Laurier ne parvint pas à résoudre les antagonismes qui divisaient le pays. Néanmoins, pendant les 15 années de son mandat, le Canada était devenu un pays moderne, affirmé et industrialisé.

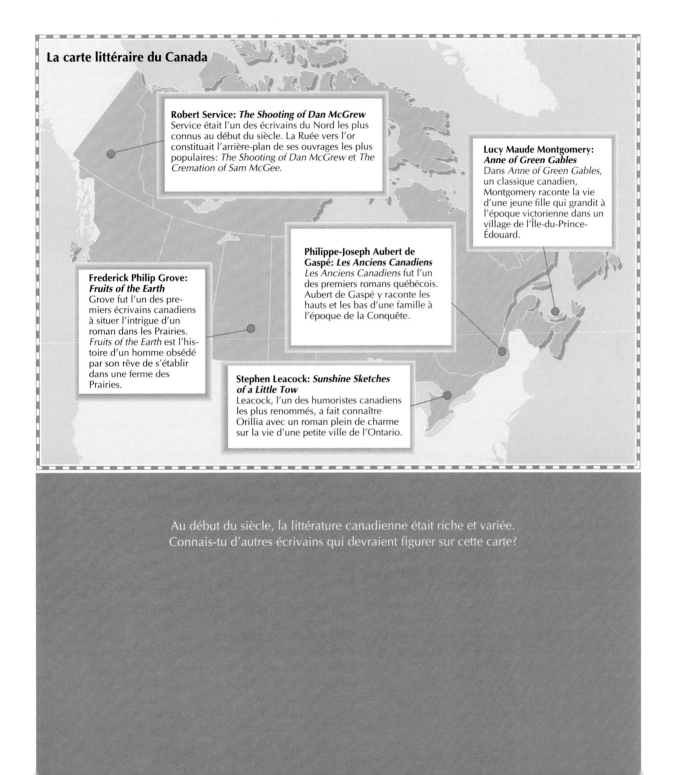

La carte littéraire du Canada

Robert Service: *The Shooting of Dan McGrew*
Service était l'un des écrivains du Nord les plus connus au début du siècle. La Ruée vers l'or constituait l'arrière-plan de ses ouvrages les plus populaires: *The Shooting of Dan McGrew* et *The Cremation of Sam McGee*.

Lucy Maude Montgomery: *Anne of Green Gables*
Dans *Anne of Green Gables*, un classique canadien, Montgomery raconte la vie d'une jeune fille qui grandit à l'époque victorienne dans un village de l'Île-du-Prince-Édouard.

Philippe-Joseph Aubert de Gaspé: *Les Anciens Canadiens*
Les Anciens Canadiens fut l'un des premiers romans québécois. Aubert de Gaspé y raconte les hauts et les bas d'une famille à l'époque de la Conquête.

Frederick Philip Grove: *Fruits of the Earth*
Grove fut l'un des premiers écrivains canadiens à situer l'intrigue d'un roman dans les Prairies. *Fruits of the Earth* est l'histoire d'un homme obsédé par son rêve de s'établir dans une ferme des Prairies.

Stephen Leacock: *Sunshine Sketches of a Little Tow*
Leacock, l'un des humoristes canadiens les plus renommés, a fait connaître Orillia avec un roman plein de charme sur la vie d'une petite ville de l'Ontario.

Au début du siècle, la littérature canadienne était riche et variée. Connais-tu d'autres écrivains qui devraient figurer sur cette carte?

LES GENS, LES LIEUX ET LES ÉVÉNEMENTS

Dans tes notes, explique clairement l'importance historique des éléments suivants.

John A. Macdonald	Confédération
Acte de l'Amérique du Nord britannique	Terre de Rupert
	Loi sur les terres du dominion
William Cornelius Van Horne	
Wilfrid Laurier	Clifford Sifton
Frank Oliver	Ruée vers l'or
Loi sur les Indiens	Mouvement féministe

RÉSUME TES CONNAISSANCES

1. Sur une ligne du temps, inscris la date d'entrée de chaque province dans la Confédération. Indique aussi les circonstances de l'adhésion de chaque province.

2. Quel fut le rôle des ouvriers chinois dans la construction du chemin de fer transcontinental?

3. Donne trois exemples montrant le racisme de la politique d'immigration sous Laurier.

4. Quelles conditions la Loi sur les terres du dominion posait-elle à l'achat d'un quart de parcelle (64 hectares)?

5. Décris la vie des premiers colons des Prairies. Parle du climat, des maisons et des difficultés de l'existence.

6. Qu'est-ce que le gouvernement a imposé aux autochtones des Prairies avant d'ouvrir l'Ouest à la colonisation blanche? Pourquoi les autochtones ont-ils accepté les conditions du gouvernement?

7. Énumère les changements qui se produisaient dans les villes au début du siècle. Décris les conditions de vie et de travail des ouvriers et des pauvres. Au moyen d'exemples précis, montre que l'époque en était une de prospérité et de pauvreté à la fois.

8. Qu'est-ce qui a changé dans la vie des femmes pendant l'ère Laurier?

9. Qu'est-ce que des groupes comme la Women's Christian Temperance Union, la Young Men's Christian Association et l'Armée du salut et des individus comme J.J. Kelso ont fait pour remédier aux problèmes sociaux pendant l'ère Laurier? Donne des exemples précis.

APPLIQUE TES CONNAISSANCES

1. Certains historiens dépeignent John A. Macdonald comme un grand patriote, tandis que d'autres le décrivent comme un politicien qui cherchait surtout à plaire à l'Ontario et au Québec. Expose ton opinion personnelle sur Macdonald en faisant référence à la Confédération, à la construction du chemin de fer transcontinental et à la politique nationale.

2. En dépit des efforts déployés par le gouvernement pour attirer les colons, l'Ouest connut sous Macdonald un très faible accroissement démographique. Quels facteurs expliquent le succès obtenu par les libéraux de Laurier dans ce domaine?

3. Commente l'énoncé suivant: «La prospérité que connut le Canada au début du siècle fut, dans une certaine mesure, atteinte aux dépens des autochtones.» Encore aujourd'hui, le gouvernement fédéral négocie avec les autochtones. Devrait-il tenir compte des actions du gouvernement Macdonald? Si oui, pourquoi?

4. Au début du siècle, le mouvement féministe militait en même temps pour l'égalité politique et économique des femmes et pour la sauvegarde des valeurs familiales traditionnelles. Cherche, dans le chapitre, des preuves à l'appui de cet énoncé.

5. Pourquoi la Ruée vers l'or et le *Titanic* étaient-ils des symboles du début du XXᵉ siècle?

6. «L'ère Laurier est une époque de prospérité et d'optimisme.» Quels groupes de Canadiens auraient réfuté cette affirmation? Pourquoi?

AUGMENTE TES CONNAISSANCES

1. Fais une recherche sur ta région au début du siècle. Quels changements a-t-elle connus depuis lors? Présente tes résultats sous forme d'exposition montrant ta région hier et aujourd'hui. Étudie la population, l'industrie, l'architecture, la composition ethnique et d'autres facteurs importants.

2. Avec trois de tes camarades, renégocie les traités signés entre le gouvernement du Canada et les autochtones de l'Ouest. Deux élèves pourraient incarner les délégués du gouvernement et deux autres pourraient personnifier les chefs autochtones. Fais quelques recherches avant de t'asseoir pour négocier. Les deux parties devraient se donner une stratégie et des objectifs clairs avant de se présenter à la séance de négociation.

3. Choisis un des écrivains ou une des œuvres qui figurent sur la carte littéraire du Canada, à la page 97. Fais une recherche sur l'écrivain ou sur l'œuvre et présente tes résultats à la classe. Donne une courte biographie de l'auteur et explique pourquoi il est représentatif de son époque.

5

LES RELATIONS ENTRE FRANCOPHONES ET ANGLOPHONES

GLOSSAIRE

Hégémonie   Suprématie d'un peuple dans les fédérations.
Système seigneurial   Système français de propriété terrienne implanté en Nouvelle-France.
Protestant   Appartenant à une des Églises chrétiennes (anglicane, baptiste, luthérienne, méthodiste, presbytérienne, réformée, etc.) qui se sont séparées de l'Église catholique romaine pendant la Réforme (XVIᵉ siècle) ou après.
Nationaliste   Personne qui défend vigoureusement les intérêts de sa propre nation.
Conscription   Enrôlement obligatoire dans l'armée canadienne lors des deux guerres mondiales.

DANS CE CHAPITRE, TU ÉTUDIERAS LES SUJETS SUIVANTS:

- la société canadienne-française traditionnelle;
- l'influence de l'industrialisation sur la culture canadienne-française;
- les divisions entre les francophones et les anglophones au Québec;
- les racines du nationalisme et de l'indépendantisme québécois;
- les tentatives de compromis de Laurier pour unifier le Canada.

En 1534, Jacques Cartier fit sa première expédition sur le fleuve Saint-Laurent. Il y retourna en 1535 et en 1541, puis il conclut que les ressources de la région ne valaient pas la peine d'être exploitées. Les Français ne s'établirent sur les rives du Saint-Laurent que 70 ans plus tard, lorsque Samuel de Champlain remonta le fleuve jusqu'au cap Diamant. À l'automne glacial de 1608, Champlain et sa petite troupe abattirent des arbres pour construire leur habitation. C'était le début du premier établissement permanent en Nouvelle-France. Cette fois, les Français allaient laisser une marque profonde dans le sol de l'Amérique du Nord.

La guerre de Sept Ans, qui opposa la France à la Grande-Bretagne de 1756 à 1763, finit par se répercuter en Amérique du Nord. La Grande-Bretagne contesta à la France la possession de la Nouvelle-France. Lorsque la ville de Québec tomba aux mains des Britanniques, en septembre 1759, l'*hégémonie* française en Amérique du Nord touchait à sa fin. Après la capitulation de Montréal, au printemps suivant, la France céda la Nouvelle-France à l'Angleterre. Le premier gouverneur britannique de la Nouvelle-France supposa que toutes les racines françaises de la colonie avaient été coupées et que la Nouvelle-France s'accommoderait bientôt de la domination britannique.

LE CANADA FRANÇAIS AVANT LA CONFÉDÉRATION

En 1850, les deux districts de la Province du Canada, le Canada-Est (le Québec) et le Canada-Ouest (l'Ontario) avaient le même gouvernement parlementaire d'inspiration britannique. Mais le Canada-Est restait farouchement fidèle à la France. Son système de propriété terrienne demeurait fondé sur le *système seigneurial* français et ses lois dérivaient du Code civil français. La vie s'articulait autour de la famille, de la paroisse et de l'Église catholique romaine. Deux siècles d'histoire avaient fait du Canada-Est une société unie autour de ses coutumes, de ses traditions, de ses souvenirs et de sa langue.

Le Canada français dans les années 1850

Des débuts de la colonie au milieu du XIXe siècle, le mode de vie a peu changé au Canada français. Les premiers habitants s'étaient établis côte à côte sur d'étroites bandes de terre perpendiculaires au fleuve. Ils avaient défriché l'espace nécessaire pour un champ, un pâturage, une grange, une étable et une maison de ferme, gardant quelques érables pour faire du sirop.

Peu à peu, les enfants et les petits-enfants des premiers colons français avaient poursuivi le défrichage. En 1850, ils avaient atteint l'intérieur des terres, blottissant leurs villages le long de chemins rudimentaires. Les jeunes s'installaient au bord des chemins, à proximité des parents et des voisins. Ils construisaient encore des maisons de ferme dans le style français. Pour des raisons économiques et patriotiques les gens portaient des vêtements faits d'étoffes tissées à la main, même s'il existait depuis quelque temps des tissus de fabrication industrielle.

Au milieu du XIXe siècle, les hommes suivaient les traditions ancestrales: ils fumaient des pipes d'argile et se nouaient les cheveux en queue de cheval. Beaucoup de fermiers canadiens-français vendaient du blé, des produits laitiers et de la viande à des exportateurs. Mais de nombreux autres pratiquaient comme leurs ancêtres l'agriculture de subsistance, c'est-à-dire qu'ils produisaient seulement ce qu'il fallait à leurs familles.

Tous les membres des grandes familles d'habitants travaillaient fort du lundi au samedi. Le dimanche était jour de repos. Les gens assistaient à la messe et se réunissaient sur le perron de l'église pour bavarder avec leurs amis et leurs voisins. Après, ils organisaient des soirées où, jusque tard dans la nuit, ils s'amusaient ferme à chanter, danser, jouer aux cartes et écouter des contes. Lors des grands événements comme les mariages, les baptêmes et les fêtes religieuses, les réjouissances pouvaient durer quatre ou cinq jours.

LE CANADA FRANÇAIS APRÈS LA CONFÉDÉRATION

À la fin du XIXe siècle, le rythme du changement s'accéléra au Québec. En 1913, Louis Hémon publia un hymne à la vie rurale, le roman ***Maria Chapdelaine***. Mais le mode de vie qu'il célébrait était en voie de disparaître. La moitié seulement des

Le réalisateur Gilles Carle a adapté au cinéma le populaire roman québécois *Maria Chapdelaine*. Pourquoi les romans du début du siècle intéressent-ils encore les Canadiens?

Cornelius Krieghoff, *La ferme de l'habitant*, 1856. Musée des beaux-arts du Canada.

KRIEGHOFF, LE PEINTRE DE LA VIE CANADIENNE-FRANÇAISE

Dans son imposante production, le peintre **Cornelius Krieghoff** a chanté le mode de vie des Québécois du XIXᵉ siècle. D'origine néerlandaise, Krieghoff était un homme sociable et jovial qui appréciait les plaisirs simples. La société monolithique du Québec rural lui convenait à merveille. Ses tableaux foisonnent de détails pittoresques sur la vie quotidienne des habitants.

Dans *La ferme de l'habitant*, un traîneau tiré par un cheval est arrêté devant une maison de ferme. Le cheval fatigué a la tête plongée dans un seau d'avoine. Un gros chien lève le nez et remue sa longue queue soyeuse pour accueillir la famille. Une femme est sortie dans le froid de l'après-midi d'hiver pour écouter le récit d'un enfant. Un jeune garçon agite un fouet et un homme portant une tuque rouge clair se penche pour prendre un panier dans le traîneau. Au loin, un voyageur chemine sur la route enneigée, un bâton de marcheur à la main. Derrière lui se dresse une grange dont le toit en pente raide reçoit les derniers rayons d'un pâle soleil d'hiver.

La ferme et ses habitants étaient les sujets favoris de Krieghoff et il ne s'est jamais lassé de les peindre.

Canadiens français vivaient encore à la campagne; les autres avaient été forcés de quitter leur village natal pour aller gagner leur vie en ville.

Dès 1850, la majeure partie des terres fertiles de la vallée du Saint-Laurent avait été défrichée. Les habitants, en effet, avaient des familles nombreuses et ils léguaient leur ferme à leur fils aîné. Jusque-là, les cadets avaient eu la possibilité de déboiser des parcelles voisines de la terre paternelle. Mais, après 1850, les seules terres vierges qui restaient étaient situées dans l'arrière-pays, dans le Bouclier canadien. C'était une magnifique région, riche en lacs et en forêts de bouleaux et de pins blancs, mais impropre à l'agriculture. Ceux qui s'y essayaient devaient pour subsister travailler aussi dans les camps de bûcherons.

L'émigration vers les États-Unis

Dans les années 1830, les Canadiens français se rendaient parfois au Vermont ou au Maine pour travailler dans les champs ou dans les camps de bûcherons, mais la plupart revenaient chez eux. Après 1860, cependant, beaucoup s'établirent définitivement aux États-Unis. La Nouvelle-Angleterre comptait de nombreuses usines de textile et de chaussures où les hommes, les femmes et les enfants pouvaient s'engager. De 1870 à 1900, des milliers de Canadiens français émigrèrent vers les États-Unis. En 1901, les Canadiens français étaient si nombreux en Nouvelle-Angleterre qu'ils avaient établi leurs paroisses, leurs écoles et leurs églises dans quelques villes.

Devant cet exode, beaucoup de Canadiens français s'inquiétaient pour la survie de leur langue et de leur culture au Québec. Le curé de Saint-Jérôme craignait que l'émigration ne devienne «la tombe de la race française». Un géographe du XXe siècle a comparé l'émigration à une hémorragie qui vidait le Québec de son sang, c'est-à-dire de son peuple. L'exode des Canadiens français ne s'arrêta qu'au moment où le gouvernement des États-Unis interdit l'immigration, pendant la Crise des années 1930.

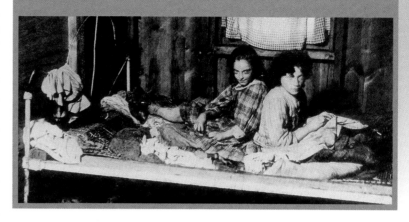

Pendant l'ère Laurier, l'urbanisation et l'industrialisation rapides engendrèrent des conditions de vie déplorables pour ceux qui n'avaient pas la chance de profiter de la prospérité.

L'exode rural

Les Canadiens français qui quittaient la campagne ne se dirigeaient pas tous vers les États-Unis. Beaucoup s'établissaient dans les villes du Québec, à Montréal en particulier. Dans les années 1850 et 1860, Montréal a connu une forte expansion industrielle. Autrefois plaque tournante de l'import-export, elle devint un grand centre manufacturier. Ses principales industries étaient la minoterie, le raffinage du sucre, la transformation du bois, la sidérurgie et la fabrication de chaussures. À l'époque de la Confédération, Montréal était la métropole du Canada. Elle connut un second essor industriel dans les années 1880 et des usines produisant de la viande salée, du tabac et des textiles apparurent le long du canal Lachine et du fleuve Saint-Laurent.

Les usines du Québec avaient besoin de bras et beaucoup de Canadiens français quittèrent leur village pour accepter des emplois mal payés d'ouvriers non spécialisés. Presque la moitié s'établirent à Montréal. De 1851 à 1891, la population de Montréal est passée de 57 715 à 219 616 habitants, ce qui représentait un taux d'accroissement démographique de 280 %! Les nouveaux arrivants s'entassaient dans des quartiers pauvres, à proximité des usines.

Les ouvriers vivaient dans des maisons en rangée construites à la hâte par des spéculateurs qui se préoccupaient peu de l'urbanisme, des règles de la construction et de l'hygiène. Les maisons étaient mal éclairées et mal aérées. Beaucoup n'avaient que des toilettes extérieures. Au début, on vendait l'eau de porte en porte. Quand on installa l'eau courante, en 1850, les conduites d'eau ne contenaient pas de filtres et des épidémies de typhoïde firent rage. La plupart des rues de Montréal n'étaient pas asphaltées: elles étaient poussiéreuses en été et boueuses au printemps. Les porcs, les poulets, les chèvres et les vaches se nourrissaient dans les arrière-cours et erraient dans les rues en dépit des règlements interdisant d'élever des animaux en ville. L'enlèvement des carcasses d'animaux était un souci constant pour les services d'hygiène de la ville. Étant donné la pauvreté, l'insalubrité et la maladie, le taux de mortalité, et particulièrement le taux de mortalité infantile, était élevé dans les quartiers ouvriers.

Ces quartiers étaient une nouveauté à Montréal. Avant l'industrialisation, les travailleurs et les marchands avaient vécu côte à côte, près du port. Mais dans les années 1860, les financiers et les industriels riches commencèrent à s'établir sur les versants du mont Royal, dans de magnifiques maisons de pierre entourées de grands jardins. Le quartier était si luxueux qu'il fut bientôt surnommé «Mille carré doré».

Les Montréalais aisés étaient pour la plupart d'expression anglaise, puisque les Britanniques dominaient le monde des affaires dans les villes. Beaucoup étaient des citadins venus d'Écosse et d'Angleterre. Ils étaient habitués à la vie urbaine et connaissaient bien le commerce et l'industrie. Ils devinrent capitalistes et entrepreneurs, marchands et industriels. De fait, il vint tellement d'immigrants britanniques à Montréal que, pendant près de 35 ans, les anglophones formaient la majorité dans la ville. Au milieu du XIXᵉ siècle, Montréal était, sur les plans politique et culturel, une ville britannique.

Mais les Canadiens français s'engagèrent dans les usines, l'immigration britannique diminua et la tendance s'inversa. Après 1865, les francophones étaient à nouveau majoritaires à Montréal. Ils formaient la classe ouvrière employée dans les ateliers et les usines *des Anglais*. Toutefois, certains Canadiens français profitèrent du boom industriel de la fin du XIXᵉ siècle et devinrent millionnaires.

Jean-Baptiste Rolland était l'un d'eux. Fils d'un fermier sans le sou qui s'était établi à Montréal en 1832, Rolland apprit la typographie et l'imprimerie. Dix ans plus tard, il commença à vendre des livres et du papier dans les villages du Québec. Il diversifia ses activités et se lança dans l'édition, la reliure, l'immobilier, la construction et la fabrication de papier. À sa mort, en 1888, il laissa une fortune considérable à ses quatre fils.

Mais Rolland était une exception. Rares étaient les Canadiens français qui pénétraient dans les hautes sphères de la vie commerciale et sociale. Montréal était une ville divisée. Ses divisions sociales et économiques étaient si manifestes qu'on la qualifiait quelquefois de «ville de richesse et de mort».

La tension monta entre la communauté francophone et la communauté anglophone. Aux antagonismes entre paysans et citadins et entre riches et pauvres s'ajoutèrent les anciens conflits à caractère culturel et religieux. L'industrialisation du Québec et la domination de la classe supérieure anglaise alarmaient beaucoup de Canadiens français. Ils avaient péniblement sauvegardé leur culture pendant deux siècles, mais ils craignaient que les valeurs rurales et catholiques sur lesquelles elle reposait ne survivent pas dans un monde différent.

Le Québec, patrie de la culture française

Le dominion du Canada a été créé, entre autres raisons, pour apaiser le conflit entre les deux «nations» qui composaient la Province du Canada. Le Québec était censé devenir la patrie de la culture française et de l'Église catholique romaine. La nouvelle Constitution devait garantir la protection de la culture canadienne-française au Québec et faire du Québec un État dans l'État. L'Ontario allait être britannique et *protestante* et accorder une certaine protection à sa minorité française et catholique. En consacrant à la fois l'individualité et la coopération des communautés francophones et anglophones, la Confédération devait leur apporter la paix.

Les Canadiens français voulaient être certains que la Confédération leur serait bénéfique. Un journal canadien-français de l'époque écrivit: «Si le

LES SCULPTEURS DE SAINT-JEAN-PORT-JOLI

C'est au Québec que s'établirent d'abord les Européens venus en Amérique du Nord, ce qui explique certaines traditions séculaires. Le pittoresque village de Saint-Jean-Port-Joli, au bord du fleuve Saint-Laurent, conserve les traditions culturelles qu'il a héritées. Le village, en effet, est renommé pour ses sculpteurs, ses modélistes et ses tisserands. Du reste, c'est à Saint-Jean-Port-Joli qu'on trouve la plus forte concentration de sculpteurs sur bois en Amérique du Nord.

La longue tradition de la sculpture sur bois se révèle avec éclat dans l'église de Saint-Jean-Port-Joli, qui fut construite en 1779. Là se trouvent de délicates sculptures réalisées de 1740 à aujourd'hui. La pièce la plus ancienne, antérieure à l'église, est le tabernacle, sculpté en 1740 et ultérieurement recouvert de feuilles d'or. En 1937, deux des meilleurs sculpteurs de Saint-Jean-Port-Joli, Médard et Jean-Julien Bourgault, terminèrent l'un des ouvrages les plus célèbres de l'église, la chaire ornée de statues de saints.

C'est aux trois frères Bourgault, Médard, André et Jean-Julien, que revient le mérite d'avoir ravivé et perpétué la tradition de la sculpture sur bois à Saint-Jean-Port-Joli. Non seulement ces trois hommes firent-ils de leur village un important centre de sculpture, mais ils fondèrent la première école de sculpture sur bois au Québec.

Comme la société québécoise, l'art des sculpteurs sur bois de Saint-Jean-Port-Joli s'est profondément transformé. Dans les années 1930, les sculpteurs délaissèrent les thèmes religieux et se mirent à représenter le mode de vie traditionnel du Québec. Les scènes paysannes demeurent populaires, mais la génération actuelle de sculpteurs s'inspire de personnages jeunes qu'elle représente de manière personnelle.

Les trois photos qui figurent sur cette page représentent autant de phases de la sculpture à Saint-Jean-Port-Joli. La première montre une pièce moderne, intitulée *Près de l'étang*, de Pier Cloutier. La deuxième fait voir une scène paysanne typique, sculptée par André Bourgault. La troisième, enfin, révèle l'influence de la religion sur la société canadienne-française traditionnelle.

projet semble sauvegarder les intérêts particuliers du Bas-Canada, sa religion et sa nationalité, nous lui donnerons notre appui; sinon, nous le combattrons de toutes nos forces.» Le gouvernement fédéral proposa au Québec des garanties constitutionnelles visant à protéger sa culture française. Il lui promit une liberté d'action en matière linguistique, juridique et religieuse et cette promesse fut incluse dans l'Acte de l'Amérique du Nord britannique. De plus, le français devint une des langues officielles du Parlement et des tribunaux fédéraux.

Mais beaucoup de Canadiens français craignaient que le gouvernement fédéral ne tienne pas ses promesses et cède à la majorité anglophone et protestante. Au cours des 60 ans qui suivirent la Confédération, francophones et anglophones s'affrontèrent à maintes reprises à propos des droits de la minorité francophone. Les Canadiens français se demandaient souvent s'ils étaient traités équitablement dans la Confédération ou s'ils étaient exploités par la majorité anglophone.

AFFRONTEMENT DANS L'OUEST

Avec la Confédération, le Québec devenait le bastion de la langue et de la culture françaises au Canada. Néanmoins, il existait des minorités de culture française à l'extérieur du Québec, dont les Acadiens dans les Maritimes, les Franco-Ontariens et les Métis dans les Prairies. Les événements qui se produisirent à la colonie de la Rivière-Rouge, alors comprise dans les Territoires du Nord-Ouest, allaient ébranler la paix fragile établie entre francophones et anglophones.

La création du Manitoba

En 1869, le chef métis **Louis Riel**, en tête des colons de Rivière-Rouge, institua un gouvernement provisoire à Upper Fort Gary. Les Métis exigeaient que l'on reconnaisse leur gouvernement provisoire, car il n'existait aucun gouvernement officiel à l'époque. Le Canada s'apprêtait à acheter les Territoires du Nord-Ouest à la Compagnie de la Baie d'Hudson. Riel et ses partisans entendaient négocier les conditions de l'adhésion du territoire au Canada. Ils voulaient avoir leur propre gouvernement provincial et obtenir des garanties en matière de langue et de religion. Les Métis réussirent à obtenir ce qu'ils voulaient du gouvernement Macdonald. Le Manitoba Act, adopté en 1870, créait un gouvernement provincial au Manitoba, faisait du français une des langues officielles de la nouvelle province et donnait aux francophones des écoles catholiques et françaises séparées.

Avant la crise, les Canadiens français connaissaient peu de choses sur les Métis francophones et sur le vaste territoire qu'ils habitaient dans l'Ouest. Un Canadien français fit remarquer que la plupart des Québécois imaginaient les Territoires du Nord-Ouest comme un pays sauvage, situé au bout du monde, d'où l'on ne revient qu'avec le prestige du grand voyageur. Mais une fois que les Canadiens français connurent leurs cousins catholiques du Manitoba, ils se réjouirent de les avoir comme alliés dans la Confédération.

Le conflit renaît au centre

La confrontation qui avait lieu au Manitoba rouvrit de vieilles blessures au centre du Canada. Pendant la crise, les hommes de Riel accusèrent de trahison un fauteur de troubles protestant nommé Thomas Scott et l'exécutèrent. Les protestants de l'Ontario s'offensèrent et exigèrent que les «meurtriers» soient traduits en justice. Plus tard, des soldats volontaires anglophones de l'Ontario furent envoyés à Rivière-Rouge. L'un d'eux causa la mort d'un francophone catholique nommé Elzéar Goulet. C'était au tour du Québec de s'indigner. Les hostilités de Rivière-Rouge firent renaître l'amertume entre les francophones et les anglophones du centre du Canada. Au cœur de la tourmente, Louis Riel s'exila aux États-Unis, où il passa les 15 années suivantes.

La rébellion du Nord-Ouest

En 1885, l'Ouest s'agitait à nouveau. Un grand nombre de Métis avaient quitté la colonie de la Rivière-Rouge. Quand le chemin de fer atteignit l'est des Prairies, il amena au Manitoba une foule de colons. Beaucoup d'entre eux étaient des anglophones

LA CULTURE
ET LA SOCIÉTÉ MÉTISSES

Les Métis incarnaient le premier mélange de cultures au Canada. Nés d'unions entre des autochtones et des Blancs, ils ont tiré de leur double héritage une culture distinctive.

La culture métisse contemporaine révèle ses origines européennes et autochtones. Habiles dans le travail du cuir, comme leurs ancêtres autochtones, et dans le travail du verre, comme leurs ancêtres européens, les Métis fabriquent des mocassins, des manteaux, des ceintures et des mitaines magnifiquement ornés de perles de verre. La couverture pour chien montrée ci-contre est un ouvrage typique de l'art métis. Les motifs perlés et les couleurs vives créent un effet de gaieté des plus heureux.

La danse, un divertissement populaire chez les Métis, allie les pas complexes des danses amérindiennes traditionnelles à des éléments des gigues écossaises. L'instrument de musique le plus populaire est le violon, hérité des Écossais. Fabriqués à la main en bois d'érable ou de bouleau, les violons des Métis étaient, disait-on, accordés au cri du canard et au bramement de l'orignal en rut.

On dit souvent que l'ingéniosité des Métis a contribué à la colonisation de l'Ouest. En adaptant les charrettes utilisées au Québec aux besoins des Prairies, les Métis devinrent les principaux transporteurs de marchandises à la fin du XIXe siècle. L'image des Métis et de leurs charrettes était si marquante que les autochtones des Prairies inventèrent pour l'évoquer un symbole universel. Traduit littéralement, ce symbole veut dire que le Métis était mi-charrette, mi-humain.

Source: Couverture pour chien, art des Athapascans, région subarctique. Fibre, perles, métal et cuir. 45,0 cm x 42,0 cm. Collection du musée McCord d'histoire canadienne, Montréal.

Des commerçants métis de la Saskatchewan se reposent à côté de leurs charrettes.
Ces véhicules servaient au transport des personnes et des marchandises.

protestants de l'Ontario qui n'avaient aucun penchant pour la langue française et l'Église catholique. Les Métis ne pouvaient plus vivre comme avant et ils se mirent en quête d'un lieu où ils pourraient pratiquer la chasse et l'agriculture en paix.

Les Métis partirent donc pour les plaines de l'Ouest. Une fois de plus, cependant, la vague des colons les rejoignit. Craignant de perdre leurs terres et leur mode de vie, les fermiers métis et blancs demandèrent l'aide du gouvernement canadien. Dans de longues missives où ils font part de leurs inquiétudes et de leur désarroi, les missionnaires, les agents de police et les commerçants disaient aux bureaucrates d'Ottawa qu'une rébellion se préparait dans l'Ouest. Le gouvernement Macdonald ne fit à peu près rien. Finalement, les Métis

À son procès, Louis Riel se défendit avec passion et éloquence, bien que certains le croyaient fou.
Il fut pendu pour trahison le 16 novembre 1885.

appelèrent Louis Riel à la rescousse. Revenu au Canada, Riel dirigea une rébellion armée dans les plaines de l'ouest de la Saskatchewan. Cette fois, cependant, il fut défait.

Riel fut capturé, jugé pour trahison et condamné à mort. Le jury, cependant, recommanda la clémence, car Riel avait déjà souffert de troubles mentaux et il n'était peut-être pas sain d'esprit au moment du soulèvement. Son sort reposait entre les mains de Macdonald. Le premier ministre, toutefois, soupesait non seulement le sort de Riel mais aussi les réactions que sa décision provoquerait en Ontario et au Québec. Son ministre de l'Intérieur lui présenta les faits comme suit: «S'il n'est pas pendu — si les preuves de sa folie sont claires — l'Ontario se mettra en colère; et si sa peine est commuée en internement dans un asile d'aliénés, le Québec réclamera sans cesse sa libération.» Macdonald opta pour la sévérité. Il déclara: «Riel sera pendu, bien que le Québec entier plaide en sa faveur.» Louis Riel mourut sur l'échafaud à Regina, le 16 novembre 1885.

L'héritage de Louis Riel

Pour beaucoup d'Ontariens, Riel était un rebelle, un traître et un assassin. Par contre, pour beaucoup de Québécois, Riel était un défenseur courageux mais malavisé de la minorité française et catholique. À sa mort, une tempête de protestations s'éleva au Québec. À Montréal, le jeune **Wilfrid Laurier** prit la parole devant des manifestants: «Si j'étais né sur les rives de la Saskatchewan, dit-il, j'aurais moi-même pris un mousquet.»

À la suite de l'exécution de Riel, les Canadiens français en vinrent à penser que la majorité anglaise était capable de dominer le gouvernement fédéral. Le politicien québécois Honoré Mercier voyait dans la mort de Riel «une déclaration de guerre à l'influence du Canada français sur la Confédération, une violation du droit et de la justice». Il invita les Québécois à former un front «national».

Mais la Confédération tenait bon et les trois Canadiens français qui siégeaient au Cabinet de Macdonald restèrent dans le gouvernement. Onze ans plus tard, Wilfrid Laurier était prêt à repartir en neuf. Quand il devint premier ministre, il convia les francophones et les anglophones à se rappeler l'esprit de la Confédération et à vivre dans la paix et l'harmonie.

Laurier et l'art du compromis

Les années Laurier furent marquées par l'urbanisation et l'industrialisation du Canada. Pendant cette période, les Canadiens furent souvent divisés quant à l'intérêt de la nation. Laurier dut concilier des intérêts divergents et des groupes opposés. La tâche n'était pas facile. Le premier ministre devait persuader des factions rivales de se rassembler dans un esprit de tolérance et d'équité.

Laurier fit du compromis (une solution qui satisfait toutes les parties) un art politique. Il rencontra son premier défi lorsque les francophones et les anglophones du Manitoba s'opposèrent à propos du financement des écoles catholiques. Dans un discours, Laurier cita la fable d'Ésope où il est question de la compétition entre le soleil et le vent. Dans la fable, le soleil réussit à réchauffer un voyageur et à lui faire retirer son manteau, surmontant ainsi la fureur des vents du nord.

Laurier, en effet, misait énormément sur la persuasion. Il préférait la discussion à l'action directe pour résoudre les conflits. Tout au long de sa carrière politique, il tenta de concilier les protestants du Canada anglais et les catholiques du Québec et du Manitoba.

Le Manitoba Schools Act

Les talents de médiateur de Laurier furent mis à l'épreuve pour la première fois au Manitoba. La rancœur soulevée par l'exécution de Riel n'était pas encore apaisée lorsque de nouveaux affrontements éclatèrent dans l'Ouest. À l'entrée du Manitoba dans la Confédération, le gouvernement avait promis le bilinguisme officiel et des écoles catholiques séparées aux francophones catholiques. Mais, en 1890, le Manitoba adopta le **Manitoba Schools Act**, qui mettait fin au financement des écoles catholiques dans la province et qui faisait de l'anglais la seule langue de l'éducation. Les gains qu'avaient réalisés Riel et ses partisans pour les Métis du Manitoba étaient perdus. Les catholiques du Manitoba demandèrent l'aide du gouvernement fédéral qui, lors de la création du Manitoba, avait promis d'agir si les droits de la minorité francophone et catholique de la province étaient menacés. Mais le gouvernement Macdonald aurait-il la volonté politique d'appliquer la loi?

Macdonald décida d'attendre et, à sa mort, en 1891, le problème n'était toujours pas résolu. Cinq ans plus tard, Wilfrid Laurier prit le pouvoir et la question des écoles du Manitoba demeurait entière. Laurier était québécois et catholique. Ses sympathies les plus profondes allaient aux francophones catholiques du Manitoba mais, devant la menace d'un conflit explosif entre francophones et anglophones, il hésita.

Laurier cherchait à satisfaire les deux groupes. Il finit par trouver un compromis (le compromis Laurier-Greenway): le Manitoba ne financerait pas les écoles catholiques séparées, mais le système public fournirait aux élèves une demi-heure d'éducation religieuse à la fin de chaque journée d'école à la condition qu'il y ait un minimum de 40 élèves catholiques dans le cas des centres urbains et 25 élèves catholiques pour les écoles rurales. De plus, le Manitoba devrait engager un instituteur francophone partout où il y aurait au moins 10 élèves francophones. Le compromis fut accepté mais il ne contentait personne pleinement. Les catholiques, d'une part, obtenaient moins que ce qu'ils avaient

Quand Honoré Mercier était chef de l'opposition libérale au Québec, il affirmait souvent que le Québec serait mieux s'il faisait partie des États-Unis plutôt que du Canada. Que lui répondrais-tu aujourd'hui?

demandé et le gouvernement manitobain et les protestants, d'autre part, recevaient moins que ce qu'ils avaient espéré. La solution de Laurier ne tint pas longtemps. En 1916, le gouvernement du Manitoba abolit toutes les mesures que Laurier lui avait arrachées et l'anglais devint la seule langue utilisée dans les écoles du Manitoba.

Le précédent était créé. Au moment où la Saskatchewan et l'Alberta se préparaient à entrer dans la Confédération, une nouvelle querelle naquit à propos de l'éducation catholique et des droits des francophones. Les minorités francophones de ces provinces obtinrent peu de protection. L'histoire de l'Ouest semblait se faire au détriment des droits de la minorité francophone.

LA MONTÉE DU NATIONALISME AU QUÉBEC

Les événements des Prairies soulevèrent le mécontentement des Canadiens français, qui se sentaient traités comme des étrangers dans l'ouest de leur propre pays. L'amertume persista bien après la fin de la crise politique. Beaucoup de Canadiens français en vinrent à croire qu'ils ne pouvaient vivre à l'aise qu'au Québec. Le politicien québécois **Henri Bourassa** incarnait les espoirs et les craintes des francophones du Québec. Il parla du sentiment d'isolement qui gagnait les Québécois. Aux yeux des Québécois, dit-il, le Canada n'était pas pour tous les Canadiens. «Les gens du Québec, ajouta-t-il, ne peuvent que conclure que le Québec est leur seul pays, car ils n'ont pas de liberté ailleurs.»

Bourassa, petit-fils de Louis-Joseph Papineau, l'un des instigateurs de la rébellion qui avait eu lieu au Bas-Canada en 1837, lutta, comme son grand-père, pour les droits de la minorité canadienne-française. Attachés à *la survivance*, la sauvegarde de la société canadienne-française, Bourassa et de nombreux autres Québécois se consacrèrent de plus en plus énergiquement à protéger et à promouvoir l'héritage français au Québec.

Le nationalisme au Canada français et anglais

Les francophones et les anglophones étaient fiers de leur pays, mais leurs conceptions du Canada étaient bien différentes. La plupart des Canadiens français étaient animés d'un grand patriotisme, mais ce sentiment était nourri par le Québec et la langue française. **George-Étienne Cartier**, l'un des Pères de la Confédération, écrivit en 1834 un chant intitulé «Ô Canada! Mon pays! Mes amours!», où il exalte la patrie canadienne-française traversée par le fleuve Saint-Laurent:

> *L'étranger voit d'un œil d'envie*
> *Du Saint-Laurent le majestueux cours;*
> *À son aspect, le Canadien s'écrie:*
> *«Ô Canada! Mon pays, mes amours.»*

La guerre des Boers

Beaucoup de Canadiens anglophones étaient, eux aussi, profondément patriotes, mais ils considéraient le Canada comme une colonie britannique autonome. Leur amour pour le Canada prenait la forme d'une loyauté envers la reine Victoria et l'Empire britannique. Ils communiaient au rêve impérialiste britannique et souhaitaient que l'Union Jack flotte dans toutes les colonies britanniques du monde.

À l'automne de 1899, les impérialistes canadiens incitaient la population à prêter main-forte aux Britanniques qui combattaient dans deux petites républiques d'Afrique du Sud, le Transvaal et l'État libre d'Orange. Les Boers (les colons néerlandais) qui vivaient là s'opposaient aux uitlanders (des immigrants britanniques pour la plupart). Le conflit portait sur l'émigration des uitlanders vers les champs aurifères nouvellement découverts et sur leurs droits civils sous la domination des Boers. La tension montait entre les Boers et les Britanniques. La **guerre des Boers** éclata le 11 octobre 1899. La Grande-Bretagne demanda au Canada d'envoyer des troupes en Afrique du Sud pour l'aider à vaincre les Boers qui étaient dirigés par le président du Transvaal.

La question divisa les francophones et les anglophones du Canada. Beaucoup de Canadiens anglais, en Ontario particulièrement, étaient fiers d'appartenir à l'Empire britannique. Ils estimaient que le Canada devait participer activement aux affaires impériales de la Grande-Bretagne. Les Canadiens français, à l'instar de Bourassa et du groupe nationaliste qu'il venait de former, la Ligue nationaliste canadienne, s'opposaient à la participation du Canada. Ils reçurent l'appui de regroupements d'agriculteurs qui, eux aussi, jugeaient que le Canada n'avait pas à se battre aux côtés des Anglais sur un continent aussi lointain. Les Canadiens, à leur avis, n'avaient pas à ajouter les déboires de l'Empire britannique à l'étranger à la longue liste de leurs problèmes internes. Les Canadiens qui s'opposaient à l'envoi de troupes en Afrique du Sud craignaient par ailleurs que cette action ne crée un précédent et que le Canada ne soit ensuite obligé de prendre part à tous les conflits impliquant la Grande-Bretagne.

Laurier était déterminé à trouver un moyen terme acceptable tant pour les francophones que pour les anglophones. Faute de quoi, pensait-il, le pays serait divisé en deux camps, ce qui constituerait «la pire calamité» pour le Canada. Convaincu que la majorité anglophone ne serait pas satisfaite sans au moins un appui symbolique du Canada, Laurier décida d'envoyer un contingent de 1000 volontaires en Afrique du Sud et de laisser à la Grande-Bretagne le soin de leur entretien à compter de leur arrivée au Cap.

En tout, environ 7000 infirmières et soldats canadiens participèrent à la guerre des Boers. Les Canadiens avaient accepté à contrecœur le compromis de Laurier et la plupart en étaient mécontents. Bourassa surnomma Laurier «Waffley Wilfy», lui reprochant de n'avoir pas pris de position ferme quant au rôle du Canada dans l'Empire britannique. Certains Canadiens anglais, pour leur part, donnèrent à Laurier le sobriquet de «Sir Won'tfrid» parce qu'il avait refusé d'offrir plus qu'un soutien symbolique à la Grande-Bretagne.

Le projet de loi sur la marine

Les tensions entre francophones et anglophones se ravivèrent encore une fois quelques années plus tard. La Grande-Bretagne et l'Allemagne se préparaient à la guerre. La Grande-Bretagne savait que la puissance navale était le nerf de la guerre, mais la flotte allemande était l'une des meilleures du monde. Les espions britanniques avaient découvert que l'Allemagne était en train d'ajouter à sa flotte quatre cuirassés, de grands navires de guerre lourdement armés. La population des Îles britanniques réclamait, à cor et à cri, des navires de guerre supplémentaires et la Grande-Bretagne se tourna vers le Canada.

Une fois de plus, Laurier proposa un compromis, sous la forme cette fois d'un **projet de loi sur la marine**. Plutôt que de contribuer aux dépenses de la marine britannique, le Canada se formerait lui-même une petite marine que la Grande-Bretagne pourrait utiliser avec le consentement du Parlement du Canada. Les Canadiens favorables à la Grande-Bretagne attendaient encore une occasion de démontrer l'unité et la force de l'Empire britannique. Ils se moquèrent de la proposition de Laurier, qu'ils considéraient comme un nouvel exemple

Henri Bourassa, le fondateur du journal *Le Devoir*, devint le porte-parole du Canada français lors des débats entourant la participation du Canada aux guerres impériales comme la guerre des Boers. Bourassa avait-il raison de mettre les Canadiens français en garde contre les dangers de l'impérialisme britannique?

Le 2ᵉ bataillon canadien des fusiliers à cheval s'embarqua en 1902, à la fin de la guerre des Boers. Considérant le lien qui unissait le Canada à l'Empire britannique, crois-tu que les Canadiens ont bien fait de participer à cette guerre?

d'appui symbolique. Ils ridiculisèrent les cinq croiseurs et les six destroyers proposés et accusèrent Laurier d'intervenir trop peu et trop tard.

Les *nationalistes* canadiens français, quant à eux, s'indignèrent que le Canada soit disposé à aider la Grande-Bretagne. Ils pensaient encore que le reste de l'Empire devait s'occuper seul de ses problèmes. Bourassa déclara: «Le Canada d'abord», et c'est en partie pour contrer le projet de marine de Laurier qu'il fonda le quotidien *Le Devoir* en 1910. Bourassa et ses partisans jugeaient que le Canada serait automatiquement attiré dans toutes les batailles que la Grande-Bretagne allait livrer dans le monde. Ils soutenaient que la *conscription* (l'enrôlement obligatoire en temps de guerre) ne tarderait pas à suivre.

Lors d'une élection partielle tenue juste avant l'élection générale de 1911, les nationalistes canadiens-français se costumèrent en agents de recrutement et cognèrent à toutes les portes du Québec pour inciter les gens à voter contre les libéraux. Beaucoup de Canadiens français croyaient que c'était toujours au tour du Québec de faire des concessions. Les Canadiens anglais, disaient-ils, n'en avaient fait qu'à leur tête depuis la Confédération.

Laurier s'était donné pour mission d'apaiser les tensions entre les Canadiens par la raison et le *fairplay*. Mais il fut critiqué tant par les Canadiens français que par les Canadiens anglais. Dans un discours qu'il prononça pendant la campagne électorale de 1911, il déclara: «Je suis étiqueté comme un traître aux Français au Québec et comme un traître aux Anglais en Ontario.... Le Québec m'accuse d'être impérialiste et l'Ontario, d'être anti-impérialiste. Je ne suis ni l'un ni l'autre. Je suis un Canadien.» Le 21 septembre 1911, le gouvernement Laurier fut défait. L'ère Laurier se terminait.

LES GENS, LES LIEUX ET LES ÉVÉNEMENTS

Dans tes notes, explique clairement l'importance historique des éléments suivants.

Maria Chapdelaine	Cornelius Krieghoff
Les Anglais	Louis Riel
Wilfrid Laurier	Manitoba Schools Act
Henri Bourassa	*La Survivance*
George-Étienne Cartier	Guerre des Boers
Projet de loi sur la marine	

RÉSUME TES CONNAISSANCES

1. Qu'est-ce qui a changé dans la vie des Canadiens français à la fin du XIXe siècle?

2. Comment la Confédération était-elle censée assurer la sauvegarde de la culture canadienne-française?

3. Le patriotisme des Canadiens français était-il différent du patriotisme des Canadiens anglais? Si oui, en quoi?

4. Pourquoi les Canadiens français s'opposaient-ils à la participation du Canada à la guerre des Boers? Quel compromis Laurier proposa-t-il?

5. Pourquoi la Loi sur le service naval ne contentait-elle ni les Canadiens français ni les Canadiens impérialistes?

APPLIQUE TES CONNAISSANCES

1. L'industrialisation du Québec a non seulement modifié le mode de vie traditionnel des Canadiens français, mais elle a aussi aggravé les tensions entre les francophones et les anglophones. Trouve, dans le chapitre, des preuves à l'appui de cette affirmation.

2. La Confédération garantissait des droits aux francophones du Québec, mais non à ceux qui vivaient hors du Québec, tels les Métis, les Franco-Ontariens et les Acadiens. Prouve cette affirmation en faisant référence à des faits comme les rébellions de Riel et le Manitoba Schools Act.

3. Parmi les faits présentés dans le chapitre, lesquels montrent que le mouvement indépendantiste québécois a ses racines dans le mouvement nationaliste de la fin du XIXe siècle?

AUGMENTE TES CONNAISSANCES

1. Simule un débat sur les questions reliées à la Confédération entre les Canadiens français, d'une part, et John A. Macdonald et d'autres politiciens canadiens-anglais, d'autre part. Fais des recherches pour te préparer à la discussion. Les élèves qui incarnent les participants au débat devraient présenter leurs exigences dans un bref document et indiquer les compromis qu'ils sont prêts à faire pour obtenir l'adhésion du Québec à la Confédération.

2. Consulte des journaux et des revues contemporains et trouve quelles sont les principales revendications des Québécois d'aujourd'hui. Vous pourriez ensuite travailler en groupes de trois ou quatre et présenter sous forme de tableaux : a) les revendications des Québécois au cours des 100 dernières années; b) les revendications des Québécois aujourd'hui; c) l'attitude du Canada anglais au cours des 100 dernières années; d) l'attitude du Canada anglais aujourd'hui.

6 LES RELATIONS CANADO-AMÉRICAINES

GLOSSAIRE

Populacier Propre à la populace, au bas peuple, vulgaire.

Guerre de Sécession Conflit armé qui a eu lieu aux États-Unis de 1861 à 1865 entre l'Union des États du Nord et la Confédération des États du Sud. La guerre fut gagnée par le Nord et elle a fait plus de 600 000 morts.

Confédération Aux États-Unis, union de 11 États du Sud qui a duré de 1861 à 1865.

Annexion Adjonction d'un pays ou d'un territoire à un autre pays.

Expansionnisme Politique d'un pays qui cherche à étendre son influence à d'autres pays, par des moyens militaires ou économiques.

Traité de Réciprocité Traité signé en 1854 par le Canada et les États-Unis pour instituer le libre-échange d'un grand nombre de marchandises.

Nationalisme Attitude qui consiste à promouvoir les intérêts de son propre pays, même aux dépens des autres pays.

Continentalisme Attitude favorable à l'établissement de liens économiques et politiques étroits entre le Canada et les États-Unis.

Impérialisme Politique d'un empire ou d'un pays qui cherche à étendre son autorité ou sa domination par des moyens politiques, économiques ou militaires.

DANS CE CHAPITRE, TU ÉTUDIERAS LES SUJETS SUIVANTS:

* l'effet d'accélération qu'a eu la guerre de Sécession sur la Confédération canadienne;
* les raisons pour lesquelles les Canadiens craignaient l'expansionnisme américain;
* les nombreux problèmes qui se posaient au Canada dans les années qui ont suivi la Confédération;
* le débat entre les continentalistes, les impérialistes et les nationalistes;
* les raisons pour lesquelles le gouvernement Laurier fut incapable de faire accepter l'idée du libre-échange aux Canadiens.

Le Canada est né le 1er juillet 1867. À Ottawa, la plus grande fête jamais organisée dans la ville commença par des défilés, des discours et des pique-niques. **John A. Macdonald** et les autres Pères de la **Confédération** avaient réussi à créer un pays, mais quel genre de pays? Quels en seraient les éléments d'unification après la fête? Est-ce qu'il serait à la hauteur des espérances de ses fondateurs?

Le dominion du Canada faisait face à de nombreux problèmes. Il était divisé par des différences régionales et culturelles. Même son identité politique était vague. Le Canada était encore en partie un pays indépendant et en partie une colonie britannique. Son drapeau était l'Union Jack et son monarque était la reine Victoria d'Angleterre. Le Canada avait adopté le système judiciaire et gouvernemental de la Grande-Bretagne et tous ses habitants étaient considérés comme des sujets britanniques. Du reste, la création du Canada était autant une idée britannique qu'une idée canadienne. En effet, cherchant à alléger le fardeau financier que lui imposait l'entretien de ses colonies d'outre-Atlantique, la Grande-Bretagne avait incité ses colonies d'Amérique du Nord à devenir autonomes.

En revanche, les colonies qui formèrent les États-Unis avaient déjà pris l'initiative de rejeter la tutelle britannique. Elles avaient proclamé leur autonomie dans la Déclaration d'indépendance et renversé la domination britannique lors de la **Révolution américaine** de 1776. Ayant conquis leur liberté, les Américains rompirent tous les liens qui les rattachaient à la Grande-Bretagne et formèrent une république indépendante.

DES RELATIONS TENDUES

Les Canadiens ne savaient peut-être pas exactement ce qu'ils étaient, mais ils savaient ce qu'ils

IL SEMBLE QUE NOUS, LES CANADIENS, AYONS PERDU TOUTE IDÉE DE JUSTICE, D'HONNEUR ET D'INTÉGRITÉ. *THE MAIL*, 26 SEPTEMBRE.

J.W. Bengough était l'un des meilleurs caricaturistes politiques de la fin du XIX⁽e⁾ siècle. À quel scandale faisait-il allusion dans cette caricature?

ne voulaient pas être: des Américains. Le Canada, comme les États-Unis, avait choisi de devenir une fédération, mais là s'arrêtait la ressemblance entre les deux pays. Plutôt que d'instituer, à la façon des États-Unis, un Congrès formé d'une Chambre des représentants et d'un Sénat élus, le Canada suivit les traces de la Grande-Bretagne et se dota d'une Chambre des communes élue et d'une Chambre haute non élue. Le Canada n'avait pas d'aristocrates qui auraient pu hériter un siège à la Chambre haute, mais il comptait une petite classe riche et privilégiée dont les membres pouvaient être nommés au Sénat. Conformément à l'Acte de l'Amérique du Nord britannique (AANB), il fallait posséder au moins 4000 $ (une grosse somme en 1867) pour être admissible au Sénat. Les sénateurs avaient pour rôle de freiner les membres élus de la Chambre des communes et, comme le disait Macdonald, d'empêcher l'adoption de législations précipitées ou malavisées.

Beaucoup de Canadiens considéraient la démocratie américaine comme un régime *populacier*. Les États-Unis, en effet, avaient un président élu au lieu d'un monarque et le pouvoir ultime appartenait aux électeurs. Certains Canadiens s'indignaient que le vote des gens pauvres et ignorants compte autant que celui de l'élite fortunée et instruite. Selon ces Canadiens, un tel système ne pouvait faire autrement que d'engendrer la rudesse, la vulgarité, le désordre, l'instabilité et la violence dans la société. Certains prétendaient même qu'un pays qui avait commencé par une révolte sanglante contre le roi d'Angleterre était condamné à l'anarchie. L'éditeur de la revue *University Magazine* écrivit: «Les États-Unis sont nés avec un acte d'anarchie et leur conduite depuis lors est animée du même esprit.»

Beaucoup de Canadiens estimaient que la monarchie constitutionnelle de type britannique reposait sur l'ordre et le respect de l'autorité. Ils croyaient que la fidélité au gouvernement et au monarque britanniques empêcherait les idées américaines de pénétrer en Amérique du Nord britannique.

La Confédération et la guerre de Sécession

À l'époque de la Confédération, la *guerre de Sécession*, l'une des guerres les plus meurtrières

La guerre de Sécession fut l'une des premières guerres dont il existe des photos. Celle-ci a été prise sur le champ de bataille de Gettysburg. Quelle influence pouvait avoir ce genre de photo sur les attitudes des gens face à la guerre? Quel effet ces photos pouvaient-elles avoir sur les Canadiens?

guerre de Sécession comportait un risque certain pour le Canada: il était possible que les nordistes attaquent le Canada en représailles pour l'appui de la Grande-Bretagne aux sudistes. La Grande-Bretagne, par exemple, avait laissé les sudistes construire l'*Alabama*, un prétendu navire marchand, dans un chantier de Liverpool. En réalité, l'*Alabama* était un puissant navire de guerre. Pendant deux ans, il combattit avec férocité sur la côte nord-est des États-Unis. La presse américaine prétendit plus tard que l'*Alabama* avait prolongé la guerre de deux ans, au prix de quatre milliards de dollars et d'innombrables vies humaines. Les dommages causés par l'*Alabama* rendaient les nordistes furieux. Ils menacèrent d'envahir le territoire de la Grande-Bretagne en Amérique du Nord une fois qu'ils auraient défait leurs ennemis du Sud.

La menace de l'*annexion* aux États-Unis fit déferler une vague d'appréhension sur les colonies

jamais livrées en Amérique du Nord, offrait aux Canadiens un spectacle peu rassurant. Les États-Unis étaient formés d'États séparés chapeautés par un gouvernement fédéral. Mais, de par la Constitution américaine, les États étaient forts et le gouvernement fédéral, faible. Onze États du Sud, insatisfaits de l'Union pour toutes sortes de raisons, exigèrent des droits pour les États et levèrent leurs propres armées. Le gouvernement américain ne parvint pas à les arrêter. Les États du Sud quittèrent l'Union pour former la *Confédération* et le pays se divisa. Les États du Nord se mirent sur le pied de guerre pour garder les États du Sud dans l'Union.

Pour Macdonald, le lugubre spectacle de la guerre de Sécession prouvait amplement que la seule façon d'empêcher la désintégration d'une fédération était de donner le pouvoir suprême au gouvernement central. Macdonald était persuadé que le gouvernement canadien devait tenir fermement les rênes du pouvoir. L'AANB devait donner d'immenses pouvoirs constitutionnels au gouvernement fédéral pour lui permettre de maintenir «la paix, l'ordre et le bon gouvernement».

Certains Canadiens se réjouirent de voir la guerre civile terrasser la république américaine. Or, la

La construction du navire confédéré *Alabama* dans un chantier naval britannique indigna le gouvernement des États-Unis, qui entendait riposter en attaquant le Canada. En quoi les menaces américaines ont-elles hâté la Confédération?

117

britanniques d'Amérique du Nord. La force du nombre semblait offrir une certaine sécurité; c'est du moins ce que la Grande-Bretagne faisait valoir à ses colonies. Quelques-unes décidèrent donc de s'abriter sous le manteau de la Confédération pour échapper à l'invasion américaine. Un Québécois exprima l'avis de nombreux coloniaux inquiets en disant: «Si nous ne nous hâtons pas et n'entrons pas toutes voiles dehors dans la Confédération, les courants nous mèneront rapidement vers l'annexion.» Un autre Québécois déclara plus simplement: «Séparés les uns des autres, nous sommes certains d'êtres envahis et écrasés l'un après l'autre.»

La menace de l'expansionnisme américain

Les colonies britanniques d'Amérique du Nord avaient de bonnes raisons de s'alarmer. Les États-Unis n'avaient jamais caché leur penchant pour l'*expansionnisme*; leur but avait toujours été de s'étendre dans toute l'Amérique du Nord. Les expansionnistes américains disaient que la «**destinée manifeste**» de leur pays était de former une nation continentale comprenant le Canada et le Mexique. Les États-Unis avaient déjà acquis des portions considérables du continent nord-américain. Comme le disait un nationaliste canadien de l'époque, G.T. Denison, les Américains «voulaient la Floride et ils l'ont prise; ils ont annexé la Louisiane et l'Alaska; ils ont conquis la Californie et le Mexique; et ils ont volé le Texas.» Denison avança que les Américains avaient déjà «dérobé» au Canada la moitié de l'État du Maine et qu'ils avaient essayé de conquérir l'Amérique du Nord britannique d'une douzaine de façons. Denison affirma: «Les Yankees sont nos plus grands, sinon nos seuls ennemis… Nous ne devrions jamais leur faire confiance.» Les Canadiens n'étaient pas tous aussi hostiles que Denison aux États-Unis, mais beaucoup se méfiaient de leur expansionnisme.

Dans les années qui suivirent la Confédération, les États-Unis semblèrent changer de stratégie pour s'emparer du territoire canadien; ils prirent la voie de la politique et de la diplomatie plutôt que de la force armée. Mais les Canadiens se souvenaient de la guerre de 1812 et ils n'écartaient pas la possibilité d'une autre invasion américaine. Même après quatre années d'une guerre horrible qui avait fait un demi-million de morts, la force militaire des États-Unis continuait d'augmenter. Le Canada savait qu'il serait impuissant face aux États-Unis et qu'il ne pouvait pas non plus compter sur l'aide de la Grande-Bretagne. Celle-ci, en effet, n'avait ni la puissance militaire ni la volonté politique de combattre les États-Unis. La menace d'une annexion aux États-Unis, réelle et imaginaire, continua de hanter le Canada pendant des décennies après la Confédération.

D'accords en désaccords

Divers litiges ont empoisonné les relations canado-américaines pendant de nombreuses années. En 1866, les Américains refusèrent de prolonger le *Traité de réciprocité* qu'ils avaient signé avec le Canada 12 ans auparavant. Ils commencèrent à imposer des droits de douane sur les matières premières canadiennes. Beaucoup de Canadiens virent là un stratagème pour affaiblir l'économie canadienne et forcer l'annexion du Canada aux États-Unis. Les accords concernant la pêche sur les côtes de l'Atlantique et du Pacifique soulevèrent beaucoup de mécontentement. Un politicien canadien protesta: «Le Canada a les coquilles et les États-Unis ont les huîtres.» Les navires de guerre américains arraisonnaient les bateaux de pêche canadiens dans le détroit de Béring. Aux dires des Américains, l'opération visait à sauver les troupeaux de phoques. Or, les pêcheurs américains chassaient le phoque en toute quiétude. Mais l'une des pires vexations économiques vint à la fin du siècle, avec une loi du président américain McKinley, qui imposait une nouvelle taxe sur le blé canadien et qui compromettait l'important commerce des céréales avec les États-Unis. Les agriculteurs de l'Ouest étaient furieux. En 1890, Macdonald se rendit dans l'Ouest et constata que les fermiers n'avaient qu'un sujet à la bouche: les pratiques commerciales douteuses des Américains.

UN HOMME ET SON INVENTION

À l'aube du XXᵉ siècle, le monde connaissait une vague de changements technologiques. Les nouvelles inventions comme le téléphone, l'automobile et la radio se répandaient au Canada comme aux États-Unis. Beaucoup d'inventeurs canadiens passaient d'innombrables heures dans leur atelier, espérant que leurs idées leur apporteraient gloire et fortune.

Parmi les Canadiens qui firent d'importantes contributions au monde de la technologie figure Elijah J. McCoy, natif de Colchester, en Ontario. McCoy révolutionna l'utilisation et l'entretien des machines en inventant un dispositif de lubrification. La demande de ce dispositif était telle que ceux qui en possédaient un se vantaient d'avoir «the real McCoy». L'expression est restée dans la langue anglaise pour désigner un objet authentique. Encore de nos jours, le dispositif de McCoy est largement utilisé dans l'industrie.

LES PROBLÈMES D'UN JEUNE PAYS

En plus de ses problèmes extérieurs, le Canada avait des soucis à l'intérieur de ses frontières et, à la fin des années 1880, plusieurs prédisaient son écroulement. L'exécution de Louis Riel et les conflits liés aux droits des francophones avaient divisé les Canadiens en deux camps: les francophones d'un côté et les anglophones de l'autre. Le politicien nationaliste Honoré Mercier devint premier ministre du Québec, porté par une vague indépendantiste. Une crise économique persistante menait les fermiers et les travailleurs au bord du désespoir. Les fermiers de l'Ouest rencontraient déboire sur déboire: sécheresse, mauvaises récoltes et faibles prix mondiaux. Ils se plaignaient amèrement des tarifs douaniers et des prix du transport, qui semblaient favoriser les manufacturiers du centre. Les travailleurs devaient se contenter de salaires de misère et de conditions de travail consternantes.

Par conséquent, des milliers de jeunes Canadiens tentaient leur chance aux États-Unis. Le recensement de 1890 indiqua que 1,5 million de Canadiens (soit près du tiers de la population canadienne) vivaient aux États-Unis. Devant tant de problèmes, Wilfrid Laurier exprima ses craintes face à l'unité du Canada: «Nous en sommes à une période de l'histoire de notre pays où la dissolution prématurée semble imminente.» Il ne restait plus, semble-t-il, qu'à déterminer quels fragments du Canada tomberaient entre les mains des États-Unis.

LE NATIONALISME CANADIEN ET LA POLITIQUE NATIONALE

L'hostilité américaine d'une part et les problèmes intérieurs d'autre part assombrissaient l'avenir du Canada. En 1890, la population demanda au premier ministre Macdonald comment il comptait sauver la jeune nation. Macdonald avait une réponse toute prête: la **politique nationale** qu'il suivait depuis l'élection de 1878. Cette politique comportait trois volets: le protectionnisme (l'imposition de droits de douane élevés sur les importations américaines), l'achèvement du chemin de fer transcontinental et la promotion de l'immigration vers l'Ouest.

Mais quel était le lien entre les droits de douane, le chemin de fer et l'immigration? En empêchant les produits américains bon marché d'entrer au Canada, le protectionnisme favorisait les nouvelles industries du centre du pays. Macdonald se disait qu'une fois l'Ouest colonisé, les immigrants devenus prospères achèteraient les produits canadiens et fourniraient du blé et des matières premières à l'Est. Macdonald calculait que le commerce entre l'Est et l'Ouest donnerait un élan à l'économie canadienne. Tous les Canadiens s'enrichiraient et les tensions entre les classes sociales et entre les régions s'apaiseraient. Par-dessus tout, le Canada échapperait à la menace de la domination économique américaine. Ce serait le «Canada aux Canadiens».

La politique nationale: pour le meilleur ou pour le pire?

Le mot «nationale» dans l'expression «politique nationale» n'était pas un choix fortuit. Macdonald croyait qu'une union économique avec les États-Unis serait suivie de près par une union politique. Pour lui, la politique nationale était un moyen de protéger l'indépendance du Canada en Amérique du Nord.

Quels furent les résultats de la politique nationale de Macdonald? Les historiens ne s'enten-

dent pas à ce sujet. Le protectionnisme bénéficia à certains groupes et à certaines régions; le ministre des Finances de Macdonald fut même bousculé par des gens qui réclamaient une protection tarifaire. Il lança: «Quiconque a déjà élevé un cochon ou attrapé un éperlan exige une protection pour son industrie.» Le protectionnisme favorisa quelques industries canadiennes, et particulièrement celles de l'Ontario et du Québec. Or, les droits de douane haussaient considérablement le prix des marchandises américaines. En 1879, des droits de douane atteignant 30 % étaient ajoutés au prix d'une multitude de produits, dont le sucre raffiné, les étoffes de laine et de coton, les clous, les moteurs et les machines agricoles.

Les régions n'étaient pas toutes aussi prospères que le centre du Canada. Dans les Maritimes et dans l'Ouest, le protectionnisme faisait mal. Les pêcheurs, les constructeurs de navires et les fermiers se plaignaient de payer trop cher pour leur équipement au travail et pour leurs vêtements et leur nourriture à la maison. Les producteurs de céréales de l'Ouest étaient les plus ulcérés. Le transport ferroviaire de leur blé coûtait cher, de même que les instruments aratoires américains qui étaient souvent de meilleure qualité que les instruments canadiens.

Certains historiens estiment que les nouvelles industries du centre du Canada avaient besoin d'être protégées contre la concurrence américaine. Selon

À la fin du XIXᵉ siècle, la vie dans les fermes des Prairies était misérable ou, au mieux, difficile. Qu'aurais-tu fait pour attirer des colons dans l'Ouest et pour les convaincre d'y demeurer?

eux, le protectionnisme, le chemin de fer et la colonisation de l'Ouest ont contribué à renforcer l'économie canadienne. D'autres doutent des bienfaits de la politique nationale. Était-elle véritablement nationale? N'a-t-elle pas aidé certaines classes et certaines régions aux dépens des autres? Le Canada a-t-il survécu grâce à la politique nationale ou malgré la politique nationale?

LE CONTINENTALISME ET L'IMPÉRIALISME

Il y a un siècle, tous ne croyaient pas, avec Macdonald, que le *nationalisme* représentait la solution aux problèmes du Canada. Même si la politique nationale avait cours depuis 1878, le Canada était encore au bord de la catastrophe dans la dernière décennie du XIXe siècle. Certains Canadiens croyaient que le *continentalisme* panserait les blessures du jeune pays, tandis que d'autres jugeaient que l'*impérialisme* était le seul remède. Le débat faisait rage entre les nationalistes, les continentalistes et les impérialistes.

Le continentalisme canadien

Le **continentalisme** est la croyance selon laquelle la géographie économique de l'Amérique du Nord est naturellement orientée dans l'axe nord-sud. Les continentalistes de la fin du XIXe siècle soulignaient que les fleuves coulaient dans cet axe et que les plaines s'étendaient de part et d'autre de la frontière canado-américaine. Par conséquent, disaient-ils, le Canada et les États-Unis devaient pratiquer le libre-échange. Ils soutenaient que le commerce est-ouest allait à l'encontre de l'ordre naturel et qu'il entraverait le développement économique du Canada. Ils concluaient que le Canada et les États-Unis auraient tous deux avantage à renforcer leur coopération économique.

Certains continentalistes affirmaient aussi que le protectionnisme canadien avait engendré les conflits régionaux et sociaux qui menaçaient de détruire le pays. Le protectionnisme avait monté les Maritimes et l'Ouest contre le Centre, les manufacturiers con-

Cette affiche imprimée lors de la campagne électorale de 1891 vante les vertus de la politique nationale. Pourquoi montre-t-elle un fermier heureux, un ouvrier, une ferme prospère des Prairies et une locomotive moderne devant une usine?

tre les fermiers et les travailleurs, et les riches contre les pauvres. Seule l'abolition des barrières commerciales pourrait sauver le jeune pays en péril, économiquement et politiquement. L'institution d'un marché commun susciterait un commerce sain entre le Canada et les États-Unis. Il apporterait la paix au Canada en apaisant les hostilités entre les régions et entre les classes sociales.

Or, les continentalistes ne se souciaient pas tous de la survie du Canada. Certains d'entre eux voyaient d'un bon œil une union politique avec les États-Unis. L'historien et journaliste **Goldwin Smith** était un ardent continentaliste. Il affirmait que les Canadiens et les Américains avaient beaucoup de choses en commun: les traditions, la langue, les coutumes et les valeurs politiques. Les deux pays, disait-il, devaient former en Amérique du Nord une seule et même nation de langue anglaise. Smith avançait que la méfiance traditionnelle des Canadiens envers les Américains était irrationnelle. Les Américains, selon lui, n'ambitionnaient nullement d'étendre leur territoire et les Canadiens n'avaient rien à craindre d'une union politique avec eux. Certains Canadiens convenaient avec Smith que les Américains n'étaient plus des ennemis. Lors des fêtes entourant le centenaire du Nouveau-Brunswick, en 1887, la bannière étoilée claquait au vent à côté de l'Union Jack. Le lieutenant-gouverneur proclama: «Il n'existe plus de sentiment d'hostilité entre nous et nos cousins américains.»

L'impérialisme canadien

Pour les impérialistes canadiens, cependant, rien ne pouvait être pire qu'un rapprochement avec les États-Unis. Le Canada devait garder la place qu'il avait toujours eue, au sein de l'Empire britannique. La salut du Canada, selon eux, se trouvait dans l'association économique et militaire avec la Grande-Bretagne. Ils fondèrent l'**Imperial Federation League** pour contrer les projets d'alliance économique avec les États-Unis, qu'ils assimilaient à un suicide politique. Ils en appelaient à la loyauté et au sens du devoir des Canadiens envers l'Empire britannique, et particulièrement envers la reine Victoria, qui régnait sur le quart du globe. Pour le 60e anniversaire du couronnement de la reine Victoria, le poète ontarien William Wilfred Campbell écrivit une ode à la souveraine:

> *Et nous, tes loyaux sujets au loin*
> *…Par-delà l'écume rugissante*
> *Ô bonne reine, dans ton grand âge*
> *Nos cœurs volent vers notre patrie, vers toi!*

Dans les premières décennies du XXe siècle, l'impérialisme avait des assises solides au Canada, particulièrement en Ontario et dans les Maritimes depuis longtemps colonisées. En 1910, les écoliers ontariens mémorisaient des discours, des poèmes et des chants à la gloire de l'Empire britannique. Wilfrid Laurier était un politicien habile. Il savait que l'impérialisme canadien gagnait du terrain et il se sentait obligé d'appuyer les opérations militaires de la Grande-Bretagne en Afrique et en Europe. Laurier forgea les liens impériaux étroits qui unirent le Canada à la Grande-Bretagne jusque tard au XXe siècle.

L'AMÉLIORATION DES RELATIONS CANADO-AMÉRICAINES

Sous Laurier, le Canada a commencé à prospérer. Les usines se multipliaient en Ontario et au Québec et les exportations de blé de l'Ouest nourrissaient l'essor économique. La morosité et l'incertitude cédaient le pas à la sécurité et à la confiance. Les relations entre le Canada et les États-Unis s'améliorèrent. Plusieurs conflits mineurs qui avaient envenimé les rapports entre les deux pays furent résolus.

La frontière de l'Alaska

Or, tout n'était pas au beau fixe. La méfiance envers les États-Unis persista pendant encore des années, entretenue notamment par le **conflit à propos de la frontière de l'Alaska**, État que les États-Unis avaient acheté de la Russie en 1867. Le Canada et les États-Unis revendiquaient tous deux une bande de terre d'un millier de kilomètres qui s'étendait tout le long de la côte du Yukon et de la Colombie-Britannique. Pendant la Ruée vers l'or, les marchands canadiens et américains se faisaient concurrence auprès des mineurs. Les Américains prétendaient qu'ils possédaient le territoire, y compris les bras de mer et le canal Lynn. Le Canada et les États-Unis revendiquaient Skagway afin de percevoir des droits de douane. Si les Américains avaient gain de cause, le Canada perdait son accès maritime au Yukon et, par le fait même, ses possibilités de commerce dans la région.

Lors du 60e anniversaire du couronnement de la reine Victoria, les liens entre le Canada et la Grande-Bretagne étaient très étroit et Ottawa fut le théâtre d'un imposant défilé. En 1992, la reine Elizabeth II célébra le 40e anniversaire de son couronnement et le Canada souligna modestement l'événement. Qu'est-ce que cela t'indique à propos des relations actuelles du Canada avec la Grande-Bretagne?

Ce timbre, émis le 7 décembre 1898, montre à quel point certains Canadiens étaient fiers d'appartenir au vaste Empire britannique. À en juger par ce timbre, quelle importance les Canadiens donnaient-ils à leur rôle dans l'Empire?

En 1903, on chargea une commission internationale formée de trois Américains, deux Canadiens et un Britannique de trancher la question. Le Canada avait épaulé la Grande-Bretagne pendant la guerre des Boers et Laurier était certain d'avoir l'appui du Foreign Office, qui s'occupait encore des affaires étrangères du Canada. Mais le président américain, Theodore Roosevelt, était renommé pour sa diplomatie combative, dite «du gros bâton». Il fit pression sur la Grande-Bretagne afin qu'elle prenne le parti des États-Unis. La Grande-Bretagne tenait beaucoup à se faire bien voir des États-Unis et le représentant britannique se rangea du côté des Américains. La bande de terre fut attribuée aux États-Unis.

Beaucoup de Canadiens en voulaient autant aux États-Unis qu'à la Grande-Bretagne. Un journal écrivit que la Grande-Bretagne avait amené le Canada «à l'abattoir comme un agneau»; dans un théâtre de Vancouver, le public hua le «God Save the King». L'incident confirma aux Canadiens que les Américains ne reculaient devant rien et que la Grande-Bretagne plaçait ses intérêts diplomatiques avant ceux du Canada. Un grand nombre de Canadiens résolurent de prendre leur destinée en main.

Le libre-échange et l'élection de 1911

En 1911, les relations canado-américaines étaient généralement paisibles, en dépit de revers comme l'affaire de la frontière de l'Alaska. Laurier prit donc le risque d'accepter un traité de **libre-échange** proposé par les États-Unis. Cette entente commerciale d'envergure abolissait les droits de douane sur les matières premières canadiennes (comme les produits agricoles, le poisson et le bois), mais les conservait sur les produits manufacturés américains. Laurier fit dans l'Ouest une tournée pendant laquelle le bien-fondé de sa décision sembla se confirmer. Les fermiers de l'Ouest éprouvaient un profond ressentiment envers les grandes entreprises du Centre, dont les banques, les chemins de fer, les silos à grain, les usines et les minoteries. Or, le libre-échange était censé leur faciliter l'accès au marché américain et, par le fait même, les disposer favorablement à l'égard du Parti libéral en vue des prochaines élections.

Laurier était convaincu que l'Ouest allait applaudir l'accord de libre-échange et que le reste du pays allait l'accepter de bon gré. Les conservateurs en pensaient autant et ils étaient désespérés. Le chef conservateur, Robert Borden, songea à démissionner. Les Canadiens avaient connu les bienfaits du libre-échange des matières premières pendant la durée du Traité de réciprocité, de 1854 à 1866. N'importe quel gouvernement canadien, qu'il soit libéral ou conservateur, se serait réjoui du retour du libre-échange des produits naturels, mais c'était la première fois que les Américains offraient de renouveler le traité. La victoire semblait acquise à Laurier et aux libéraux.

Mais les conservateurs ne lâchèrent pas prise. Ils ripostèrent en prédisant que le libre-échange toucherait bientôt les produits manufacturés. Sans mesures de protection, disaient-ils, les industries canadiennes fermeraient pour toujours et toute la population se retrouverait sans travail. Le *Toronto News*, un journal conservateur, tapissa ses fenêtres de bannières portant des slogans contre le libre-échange: «*Oui à la protection, au progrès et à la prospérité, non à la réciprocité, à la régression et à la ruine. Oui aux emplois stables, aux salaires élevés et à la bonne nourriture, non au chômage, aux salaires de famine et aux soupes populaires.*»

Les conservateurs étaient dirigés par un groupe d'industriels, de banquiers et d'hommes d'affaires mécontents du centre du Canada, parmi lesquels se trouvait un ancien ministre de Laurier, Clifford Sifton. Le parti comptait aussi parmi ses membres des hommes d'affaires comme J.C. Eaton, président de T. Eaton Co., R.J. Christie de Christie and Co., une société qui fabriquait de la farine et des biscuits, et William Van Horne, du CP. Ce dernier craignait que les nouvelles relations commerciales nord-sud ne ruinent le chemin de fer est-ouest. Il sortit de sa retraite, dit-il, seulement pour faire échec à l'accord de libre-échange.

Mais le libre-échange avait de nombreux partisans, particulièrement parmi les fermiers et les ouvriers, car le protectionnisme avait fait monter le prix des produits de première nécessité. Les libre-échangistes contre-attaquèrent. Ils affirmèrent que les industries canadiennes avaient besoin de l'immense marché américain pour survivre et prospérer. Ils avancèrent aussi que l'accord commercial ferait baisser le prix des marchandises que les gens ordinaires achetaient. Le *Toronto Daily Star*, le journal libéral, installa à son tour une bannière à sa devanture: «*Un vote pour la réciprocité est un vote pour abolir les taxes sur votre nourriture.*» Dans la vitrine du journal étaient exposés des aliments achetés à Toronto et à Buffalo, accompagnés des étiquettes de prix. Le journal voulait ainsi convaincre les passants que le libre-échange engendrerait une baisse du prix des produits de consommation canadiens.

Aux arguments économiques qui alimentaient le débat à l'origine s'ajoutèrent des appels enflammés au patriotisme et à la survie nationale. Les nationalistes canadiens affirmèrent que, tôt ou tard, l'accord commercial donnerait lieu à l'assimilation politique du Canada par les États-Unis.

Les continentalistes canadiens s'en mêlèrent. Selon eux, la seule façon de rescaper le pays était de voter pour Laurier et pour le libre-échange. Ils croyaient que l'accord commercial améliorerait les perspectives économiques du Canada sans compromettre son indépendance politique. Quand son économie sera forte, disaient-ils, la nation canadienne sera mieux équipée pour résister aux Américains.

Or, des politiciens américains firent des commentaires qui amenèrent de l'eau au moulin des adversaires du libre-échange. Un membre du Congrès, Champ Clark, lança qu'il était pour le libre-échange parce qu'il espérait «voir un jour le drapeau américain flotter au-dessus de chaque pied carré des possessions britanniques en Amérique du Nord, jusqu'au Pôle Nord». Le sénateur McCumber proclama: «L'annexion du Canada est la conclusion logique du libre-échange.» C'en était assez pour persuader bien des Canadiens inquiets que l'objectif véritable des États-Unis, malgré leur apparente bonne volonté, était d'attirer le Canada dans une union économique, puis de l'annexer.

Au milieu de ce tourbillon d'émotions, Laurier essayait de rappeler aux Canadiens que l'accord de libre-échange avait une portée très limitée et qu'il conservait de fortes protections sur la plupart des produits manufacturés. Son pouvoir de persuasion n'opéra pas partout. Les libéraux l'emportèrent sur les conservateurs en Alberta, en Saskatchewan et dans les Maritimes. Ils firent une importante percée au Québec, mais ils furent écrasés en Ontario. Les conservateurs de Robert Borden prirent le pouvoir en 1911.

Au début du XXᵉ siècle, semble-t-il, le Canada n'était pas prêt pour une libéralisation du commerce avec les États-Unis. Or, beaucoup des questions soulevées en 1911 à propos des relations commerciales canado-américaines se posent encore aujourd'hui. Le Canada a-t-il une économie forte et indépendante? A-t-il besoin de tarifs douaniers pour protéger son économie contre l'influence ou la domination américaine? Le protectionnisme favorise-t-il certaines régions au détriment des autres? Est-ce que le commerce canado-américain favorise ou compromet les chances de survie du Canada?

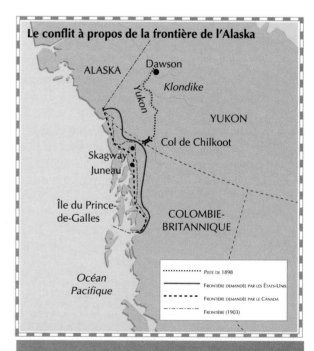

Le conflit à propos de la frontière de l'Alaska

ALASKA

Dawson

Klondike

Yukon

YUKON

Col de Chilkoot

Skagway
Juneau

Île du Prince-de-Galles

COLOMBIE-BRITANNIQUE

Océan Pacifique

⋯⋯⋯ PISTE DE 1898

——— FRONTIÈRE DEMANDÉE PAR LES ÉTATS-UNIS

– – – FRONTIÈRE DEMANDÉE PAR LE CANADA

–·–·– FRONTIÈRE (1903)

Le conflit à propos de la frontière de l'Alaska sapa la confiance de beaucoup de Canadiens envers les États-Unis et la Grande-Bretagne.

REGINALD FESSENDEN, L'INVENTEUR OUBLIÉ

La fin du XIXe siècle était une époque de changement en Amérique du Nord. Les inventeurs canadiens et américains mettaient au point des produits qui révolutionnaient le mode de vie. Les noms d'Alexander Graham Bell, de Thomas Edison et de Guglielmo Marconi sont restés célèbres dans l'histoire de la technologie. Mais qui se souvient de Reginald Fessenden? Bien qu'il ait inventé plus de 500 produits et contribué à la création de la radio, du sonar et de la télévision, Fessenden demeure un personnage obscur de l'histoire canadienne.

Reginald Fessenden est né à East Bolton, au Québec, le 6 octobre 1866. Il fit ses études au Trinity College, à Port Hope, en Ontario, et à l'université Bishop, au Québec. Passionné de mathématiques et de sciences, Fessenden était doté d'une stupéfiante inventivité. Il a dit un jour: «Un inventeur est quelqu'un qui peut trouver les moyens de satisfaire la demande cinq ans avant les spécialistes.»

La persévérance était l'une des plus grandes qualités de Fessenden. À l'âge de 20 ans, lassé de l'enseignement, il partit pour New York, où il fit de nombreuses tentatives pour travailler auprès de Thomas Edison, l'inventeur le plus renommé de l'époque. Fessenden fut finalement engagé par Edison. Impressionné par le talent de son employé, Edison le promut au poste de chimiste en chef au bout de trois mois seulement. Après la faillite d'Edison, Fessenden travailla pour Westinghouse, le service de météorologie des États-Unis, et deux universités américaines.

Fessenden s'est surtout illustré dans le domaine de la télégraphie et de la transmission sans fil de la voix humaine. Cependant, il ne se limita pas à ce domaine. Ainsi, il inventa une lampe que les réparateurs pouvaient faire monter et descendre à l'intérieur des cheminées d'usines. Après le naufrage du *Titanic*, Fessenden élabora un système de détection des icebergs par impulsions électriques. Pendant la Première Guerre mondiale, il créa l'ancêtre du sonar actuel, une radio qui reliait les sous-marins à la côte.

Inventeur prolifique, Fessenden était respecté par ses collègues. Pourtant, il était méconnu dans son propre pays. L'université McGill lui refusa la direction du département de génie électrique qu'elle venait d'ouvrir et confia le poste à un Américain. Puis en 1909, Fessenden et un groupe d'hommes d'affaires de Montréal fondèrent la Fessenden Wireless Telegraph Company of Canada afin que les communications transatlantiques restent entre les mains de Canadiens. Or, le gouvernement Laurier accorda les droits exclusifs de télégraphie sans fil à la Marconi Wireless Telegraph Company of Canada.

Fessenden jouissait de l'estime de ses collègues et d'une enviable réputation d'inventeur. Néanmoins, les Canadiens d'aujourd'hui méconnaissent ses réalisations. Fessenden demeure un de nos héros obscurs.

Travailleur infatigable, Reginald Fessenden consacrait d'innombrables heures à la mise au point de ses inventions.

LES GENS, LES LIEUX ET LES ÉVÉNEMENTS

Dans tes notes, explique clairement l'importance historique des éléments suivants.

John A. Macdonald	Confédération
Révolution américaine	*Alabama*
Guerre de Sécession	Politique nationale
Destinée manifeste	Goldwin Smith
Continentalisme	Conflit à propos de la
Imperial Federation League	frontière de l'Alaska
Libre-échange	

RÉSUME TES CONNAISSANCES

1. De 1867 à 1911, qu'est-ce qui distinguait le Canada des États-Unis?

2. Quelle menace la guerre de Sécession faisait-elle peser sur le Canada?

3. Quels événements antérieurs à la guerre de Sécession faisaient craindre l'expansionnisme américain aux Canadiens? Cette crainte était-elle justifiée?

4. En plus des menaces expansionnistes des États-Unis, d'autres événements causèrent une détérioration des relations canado-américaines. Nomme et décris trois de ces événements.

5. Les problèmes du Canada venaient non seulement de ses voisins du sud mais aussi de l'intérieur de ses frontières. Nomme et décris trois de ces problèmes. Place-les en ordre d'importance et justifie ton classement.

6. La politique nationale de John A. Macdonald donnait à l'Est et à l'Ouest des rôles distincts. Quels étaient ces rôles? Selon Macdonald, comment le chemin de fer allait-il permettre à chaque région de remplir son rôle?

7. Explique brièvement le point de vue des continentalistes, des impérialistes et des nationalistes. Fais ressortir les différences entre leurs visions du Canada.

8. Dresse la liste des arguments invoqués par les partisans et les adversaires de l'accord de libre-échange. Quel camp avait les meilleurs arguments? Justifie ta réponse.

APPLIQUE TES CONNAISSANCES

1. «De 1867 à 1911, les États-Unis jouèrent un rôle déterminant dans l'histoire du Canada. En réaction à l'intimidation américaine, le Canada se forma et s'étendit d'un océan à l'autre.» Commente cette affirmation en te basant sur le contenu du chapitre.

2. Pendant des décennies, les Américains ont supposé que les Canadiens étaient semblables à eux. De 1867 à 1911, qu'est-ce qui a prouvé que les Canadiens étaient différents des Américains? Est-ce que les Canadiens sont restés différents des Américains? Explique ta réponse.

3. Au cours des décennies qui suivirent immédiatement la Confédération, plusieurs conflits amenèrent certaines régions du Canada à songer à la séparation. L'unité du Canada est encore une question brûlante d'actualité. Est-ce que les Canadiens ont mal résolu les problèmes qui frappaient le pays il y a un siècle ou est-ce que de nouveaux problèmes ont remplacé les anciens? Avant de répondre, réfléchis à ce que tu as appris dans le chapitre. Songe aussi aux problèmes contemporains du Canada. Si tu as besoin d'aide, consulte tes parents ou le ou la bibliothécaire de ton école.

AUGMENTE TES CONNAISSANCES

1. Imagine que tu vis au début du siècle et que tu es éditorialiste. Écris un éditorial dans lequel tu prendras une position continentaliste, impérialiste ou nationaliste.

2. Avec deux ou trois de tes camarades, prépare une exposition sur les relations canado-américaines de 1867 à 1911. Présente des tableaux, des photos, des dessins et des cartes accompagnés de légendes succinctes.

3. Fais des recherches en vue d'écrire et d'enregistrer, sur bande magnétique ou magnétoscopique, une entrevue avec John A. Macdonald ou avec Wilfrid Laurier. Interroge le politicien choisi à propos des relations canado-américaines d'hier à aujourd'hui. Il serait intéressant que tu poses les mêmes questions à une politicienne ou un politicien contemporain.

RÉCAPITULATION

1. Le Canada s'est formé de 1867 à 1911. Indique les changements qui se sont produits pendant cette période dans les domaines suivants:

   • la géographie;
   • l'industrialisation;
   • l'urbanisation;
   • la culture;
   • l'économie;
   • la politique.

2. Certains groupes de Canadiens n'ont pas participé à la prospérité qui a marqué la période de 1867 à 1911. À l'aide d'un tableau, expose clairement la position qu'occupaient les groupes suivants dans la société canadienne de 1867 à 1911:

   • les femmes;
   • les autochtones;
   • les francophones;
   • les immigrants non européens;
   • les Métis.

3. Au début du siècle, le Canada faisait des progrès vers l'autonomie, mais il restait étroitement lié à la Grande-Bretagne. Trouve des preuves à l'appui de cette affirmation dans les chapitres de la deuxième partie.

4. De 1867 à 1911, les disparités régionales sont devenues de plus en plus manifestes. À l'aide d'un tableau comparatif, présente les questions et les événements qui donnaient aux régions suivantes leurs particularités:

   • la Colombie-Britannique;
   • l'Ouest;
   • le Nord;
   • l'Ontario;
   • le Québec;
   • les Maritimes.

APPRENDS À DISCERNER LA PARTIALITÉ

La capacité d'analyse est l'une des nombreuses habiletés que tu développeras en étudiant l'histoire. Cette capacité te permet de découvrir ce qui est partial ou biaisé dans les écrits et les propos des autres. La partialité est une attitude tendancieuse ou empreinte de préjugés qui peut voiler la vérité. Les gens peuvent avoir des points de vue différents sur une question, mais ils ne devraient pas se laisser guider par des préjugés.

Les citoyens bien informés ont intérêt à savoir reconnaître la partialité. Cette habileté leur permet de faire la distinction entre les opinions personnelles et les faits, et d'adopter face aux médias une attitude critique. Nos opinions sont influencées par l'endroit où nous vivons, par nos antécédents culturels, par nos convictions religieuses et par notre situation socio-économique. Il est parfaitement compréhensible, par exemple, que les Canadiens français et les Canadiens anglais réagissent différemment au fait que le gouvernement fédéral hésite à accorder des droits constitutionnels particuliers au Québec. Par conséquent, tous les livres, y compris celui-ci, peuvent contenir des partis pris et il est important que tu puisses les percevoir et y réagir. Savoir déceler la partialité dans les textes t'aidera à comprendre non seulement le passé mais aussi la pensée et l'époque des auteurs.

Pour discerner la partialité et y réagir, pose-toi les questions suivantes:

1. Qui est l'auteure ou l'auteur et quels sont ses antécédents?

2. Quelle était l'intention de l'auteure ou de l'auteur quand il a écrit le texte? Est-ce que son intention a influencé son point de vue?

3. À qui le texte est-il destiné? Est-ce que cela a pu influencer l'auteure ou l'auteur?

4. L'époque où vivait l'auteure ou l'auteur a-t-elle pu influencer sa vision des événements traités? Comment?

· C A R R I È R E ·

LE JOURNALISME

Le journalisme est l'une des carrières où l'impartialité est un atout. Les journalistes doivent non seulement recueillir des renseignements dignes d'être publiés et les transmettre au public de manière intéressante, mais aussi veiller à les présenter objectivement. Cela ne veut pas dire que les journalistes sont totalement impartiaux. Beaucoup de journalistes renommés doivent leur réputation aux points de vue qu'ils expriment. Mais pour demeurer crédibles, les journalistes doivent s'assurer que leurs opinions reposent sur des preuves solides et des données exhaustives. Au cours de leurs recherches, les journalistes sont sans cesse confrontés à des opinions tendancieuses. Pour donner de l'actualité un compte rendu cohérent et précis, ils doivent être capables de reconnaître les partis pris de leurs sources et d'en tenir compte dans leurs reportages. Ceux qui ne tiennent pas compte des partis pris de leurs sources et qui n'appuient pas leurs opinions sur des preuves solides ont peu de chances de devenir des reporters de premier plan.

La carrière de journaliste au début du siècle

1. Avec deux ou trois de tes camarades, utilise les connaissances et les habiletés cognitives que tu as acquises en étudiant la deuxième partie et produis un journal du début du siècle. Présente des articles sur les questions importantes de l'époque. Choisis avec soin la ville où tu éditeras ton journal et assure-toi que tes reportages expriment les préoccupations de la région. Compare ton journal à ceux des autres équipes et vois comment celles-ci ont traité des questions semblables.

2. Sur bande magnétique ou magnétoscopique, produis un documentaire qui traite de quelques questions marquantes de la période de 1867 à 1911. Interroge des représentants de groupes de pression venus de différentes régions. Auparavant, fais la liste des groupes de pression dont tu donneras l'opinion. Voici des exemples de questions à traiter:
   • la Confédération;
   • la politique nationale;
   • le règlement 17 en Ontario;
   • l'exécution de Louis Riel;
   • la question des écoles du Manitoba;
   • la politique d'immigration;
   • la guerre des Boers;
   • le libre-échange.

3. Feuillette des journaux contemporains et choisis 10 articles traitant de sujets abordés dans la deuxième partie, comme les relations entre les francophones et les anglophones, les relations canado-américaines, la question autochtone, les questions régionales et les relations internationales. Résume chaque article en 40 mots, indique s'il contient un parti pris et, si oui, explique-le.

5. Le texte contient-il des marques de subjectivité, comme «Je crois que» et «À mon avis»?

6. Les affirmations de l'auteure ou de l'auteur sont-elles fondées sur des données factuelles ou sur des suppositions?

7. Est-ce que les autres sources portant sur le même sujet confirment ou démentent l'opinion présentée?

8. Est-ce que l'auteure ou l'auteur appuie ses arguments sur un nombre suffisant de faits?

Une fois que tu auras attentivement étudié le texte, que tu l'auras comparé à d'autres sources et que tu l'auras situé par rapport à l'auteure ou l'auteur et au public, tu comprendras mieux pourquoi les différents groupes voient les mêmes événements de façon divergente et tu pourras déceler les opinions partiales.

LA DERNIÈRE DES GUERRES: LE CANADA ET LA PREMIÈRE GUERRE MONDIALE

LE XXE SIÈCLE a commencé dans une atmosphère de prospérité et d'optimisme. Puis en 1914, la guerre a éclaté en Europe et tout a changé. Étroitement uni à la Grande-Bretagne, le Canada ne tarda pas à se battre à ses côtés. La participation à la Première Guerre mondiale a profondément marqué le Canada. À la fin du conflit, malgré de lourdes pertes, le Canada était devenu un pays fier, respecté autant par ses alliés que par ses ennemis.

La troisième partie porte sur les conséquences de la guerre, au Canada comme à l'étranger. Au chapitre 7, nous exposons les causes profondes de la Première Guerre mondiale et nous montrons comment le Canada a répondu à l'appel aux armes. Au chapitre 8, nous traitons des conséquences de la guerre au pays et notamment du rôle des femmes dans l'effort de guerre et du débat sur la conscription qui a séparé le Canada français et le Canada anglais. Au chapitre 9, enfin, nous retraçons les derniers

épisodes de la guerre et nous étudions le rôle qu'a joué le Canada dans la résolution du conflit et dans la création de la Société des Nations. Nous soulignons dans les trois chapitres les sacrifices que consentit la population canadienne dans la guerre qui était censée mettre fin à toutes les guerres. L'étude de la troisième partie t'aidera à comprendre les facteurs qui ont uni et divisé la population canadienne pendant les années de guerre. Tu découvriras comment le Canada a progressé vers la maturité.

7 LA GUERRE SUR LE FRONT DE L'OUEST

GLOSSAIRE

Shrapnel Obus qui projetait des balles en explosant.

Alliance Accord ou traité de coopération conclu entre deux pays ou plus.

Militarisme Politique d'un pays qui augmente continuellement sa puissance militaire ou qui menace ses ennemis d'attaques armées.

Tourelle Abri cylindrique blindé recouvrant un canon.

Impérialisme Politique d'un empire ou d'un pays qui cherche à étendre son autorité ou sa domination par des moyens politiques, économiques ou militaires.

Nationalisme Attitude qui consiste à promouvoir les intérêts de son propre pays, même aux dépens des autres pays.

No man's land Zone non occupée comprise entre des tranchées ennemies.

Fusil Ross Fusil de fabrication canadienne utilisé par les soldats canadiens au début de la Première Guerre mondiale.

Pied des tranchées Maladie des pieds dont étaient atteints beaucoup de soldats pendant la Première Guerre mondiale. Elle est causée par l'exposition prolongée au froid et à l'humidité, et elle se traduit par une douleur aiguë, de l'enflure et, dans les cas extrêmes, la gangrène.

Parapet Mur défensif de terre ou de pierre construit devant une tranchée.

Monter à l'assaut Sortir des tranchées pour traverser le no man's land et attaquer les tranchées ennemies.

Tir de barrage Tir d'artillerie qu'une armée effectue pour ralentir l'ennemi ou pour couvrir ses propres soldats.

DANS CE CHAPITRE, TU ÉTUDIERAS LES SUJETS SUIVANTS:

- les événements qui ont mené à la Première Guerre mondiale;
- la réponse du Canada à l'appel aux armes;
- les nouvelles armes utilisées pendant la Première Guerre mondiale;
- le rôle déterminant que jouèrent les soldats canadiens à la bataille d'Ypres et à la bataille de la Somme;
- les horreurs de la guerre de tranchées.

 **obert Borden** prit le pouvoir le 21 septembre 1911. Le Canada connaissait alors une vague de prospérité et d'optimisme. Borden et des milliers d'autres personnes comptaient bien concrétiser le rêve de Laurier et faire du xxᵉ siècle le siècle du Canada. Mais l'enthousiasme ne dura pas: les nuages qui s'accumulaient sur l'Europe assombrissaient l'avenir du premier ministre et celui de son pays. Le destin de Borden était de diriger le Canada pendant la Première Guerre mondiale.

La majeure partie de la population canadienne savait que rien n'allait plus entre la Grande-Bretagne et l'Allemagne. Les gens entendaient dire que l'Europe cédait sous la tension et que la guerre se préparait. Pourtant, peu de gens étaient préparés aux événements quasi impensables qui, pendant l'été de 1914, déclenchèrent en Europe une guerre dévastatrice.

La Grande-Bretagne déclara la guerre à l'Allemagne le 4 août 1914. La nouvelle parvint à Ottawa le soir même. En tant que membre de l'Empire britannique, le Canada entrait automatiquement en guerre contre l'Allemagne; il ne restait plus au gouvernement canadien qu'à déterminer le degré de sa participation. Des Canadiens en liesse sortirent dans les rues, agitant leurs mouchoirs et leurs chapeaux.

Les stratèges militaires prédisaient une défaite rapide et humiliante de l'Allemagne. Presque tout le monde pensait que la guerre serait courte et que les soldats seraient rentrés chez eux pour Noël. Il y aurait des morts et des blessés graves, bien sûr, mais la plupart des soldats auraient une glorieuse aventure à raconter à leurs petits-enfants. Des jeunes hommes enthousiastes attendaient pendant des heures sous le soleil brûlant leur tour de signer leur engagement. Certains d'entre eux craignaient que la guerre ne se termine avant leur arrivée au front. Les soldats canadiens revinrent à Noël, mais en 1918, après quatre années d'atrocités et de sang. Plus de 60 000 Canadiens moururent à la guerre et 175 000 autres en revinrent blessés.

Sous Laurier, la technologie avait été un facteur de croissance économique et de richesse. Pendant la Première Guerre mondiale, cependant, la technologie servit à créer des armes meurtrières. Étant donné la terrible efficacité des armes modernes, le nombre de victimes tombées sur les champs de bataille d'Europe défia l'imagination. L'artillerie lourde lançait des centaines de kilogrammes d'explosifs sur les troupes, déchirant le sol sous leurs pieds. Les mitrailleuses abattaient des dizaines de soldats en une fraction de seconde. Les canons à tir rapide projetaient des *shrapnels* qui éclataient en une pluie de balles. Des nuages de gaz toxiques couvraient le champ de bataille et infligeaient une mort lente et horrible à des milliers d'hommes en même temps. Plus tard, les chars d'assaut, les avions et les sous-marins s'ajoutèrent à l'arsenal de la terreur. Seuls quelques techniciens militaires avaient mesuré avec exactitude la puissance destructrice des armes de guerre du XXᵉ siècle.

Les morts et les blessés ne représentaient qu'une partie du prix que le Canada a payé pour la «Grande Guerre», une guerre différente de toutes celles que le pays avait connues. Les Canadiens durent tout donner, même leur vie, pour l'effort de guerre.

Pendant la guerre, le Canada a souffert sur tous les fronts, en Europe comme à l'intérieur de ses frontières. Toutefois, il a fait de grands pas vers la maturité. Entré en guerre à titre de membre de l'Empire britannique en 1914, le Canada était devenu une nation pleine et entière en 1918.

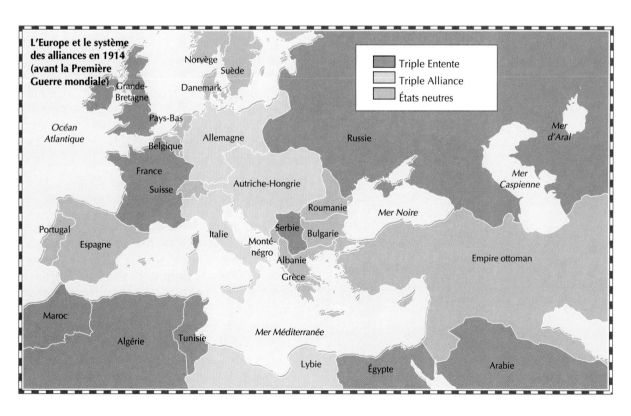

L'Europe et le système des alliances en 1914 (avant la Première Guerre mondiale)

Triple Entente
Triple Alliance
États neutres

LES CAUSES DE LA PREMIÈRE GUERRE MONDIALE

Au cours des dernières décennies du XIXᵉ siècle, plusieurs conflits opposèrent les pays d'Europe. La France avait été humiliée par l'Allemagne en 1871. Par la suite, les deux pays se lancèrent dans une course aux armements et commencèrent à stocker les canons, les explosifs et les autres pièces d'artillerie. En 1914, les puissances européennes étaient réparties en deux camps: la France, la Russie et la Grande-Bretagne d'un côté, et l'Allemagne, l'Autriche-Hongrie et l'Italie de l'autre.

Le système des alliances

La Grande-Bretagne et ses alliés (les «Alliés») formaient la **Triple Entente**. L'Allemagne et ses alliés (les «Puissances centrales») constituaient la **Triple Alliance**. Ce système d'*alliances*, ou de traités entre gouvernements, était censé maintenir la paix en Europe et calmer les ardeurs guerrières des pays. En effet, une déclaration de guerre contre une nation

Avec leurs dimensions et leur puissance colossales, les cuirassés modifièrent radicalement l'art de la guerre navale. Pourquoi les empires avaient-ils besoin de marines puissantes au début du siècle?

alliée équivalait à une déclaration de guerre contre l'alliance entière. Mais c'était là un système dangereux. Si une guerre éclatait quelque part dans la «poudrière de l'Europe», elle se répandait à coup sûr sur tout le continent.

Le militarisme

Le *militarisme* est la politique d'un pays qui augmente continuellement sa puissance militaire et qui menace ses ennemis d'attaques armées. La Grande-Bretagne et l'Allemagne adoptèrent cette politique. Elles dépensèrent des millions de dollars pour équiper leur armée et leur marine avec les armes les plus modernes. Au début du siècle, l'Allemagne avait la plus puissante armée d'Europe, mais la Grande-Bretagne régnait sur les océans et déployait de grands efforts pour conserver cet avantage. En 1906, les chantiers navals britanniques commencèrent à construire un nouveau genre de navires, les *dreadnoughts*, ou **cuirassés**. C'étaient de grands vaisseaux rapides dont la force de frappe était concentrée dans 10 canons géants enfermés dans des *tourelles*. Les cuirassés britanniques dépassaient en vitesse et en puissance tous les bateaux de la marine allemande.

En 1908, l'Allemagne commença à renforcer sa flotte. La Grande-Bretagne riposta et construisit quatre cuirassés de plus. En 1914, la marine allemande était formée de 17 navires de guerre et de 7 cuirassés, tandis que la marine britannique comptait 29 cuirassés prêts à la bataille.

L'impérialisme

L'escalade à laquelle se livraient la Grande-Bretagne et l'Allemagne reposait principalement sur des motifs économiques. Au début du siècle, les pays d'Europe se disputaient la possession de colonies lointaines. Les colonies, en effet, revêtaient une importance économique capitale, car les métropoles y prenaient leurs matières premières et y vendaient leurs produits manufacturés. La reine Victoria d'Angleterre régnait sur le plus vaste empire: l'Union Jack flottait au Canada, en Nouvelle-Zélande, en Australie, en Birmanie, en Malaisie, en

Inde, dans les Antilles, en Afrique du Sud, en Afrique et dans les îles du Pacifique. Grâce à sa marine, la Grande-Bretagne conservait ses colonies existantes et en conquérait de nouvelles.

L'*impérialisme* est la politique d'un empire ou d'un pays qui cherche à étendre son autorité ou sa domination par des moyens politiques, économiques ou militaires. Par la colonisation, les pays se constituaient des empires qui couvraient des pans entiers du globe. La France occupait l'Afrique du Nord et l'Extrême-Orient. La Russie possédait un immense territoire en Europe du Nord et en Asie. Les États-Unis prirent possession des îles Hawaï et des Philippines, dans le Pacifique. L'Allemagne, pour sa part, n'était une puissance européenne que depuis peu et elle n'avait pas beaucoup de colonies. Si elle voulait avoir son rôle à jouer sur l'échiquier mondial, elle devait se créer un empire elle aussi.

Pour combler son appétit de matières premières et de nouveaux marchés, l'Allemagne regardait du côté des Balkans et du Moyen-Orient. Elle construisit un chemin de fer pour relier sa capitale, Berlin, à Bagdad, et elle projetait des lignes en Égypte et ailleurs en Afrique. La Grande-Bretagne se sentait menacée par l'agressivité de l'Allemagne et elle s'opposait de toutes ses forces aux projets de sa rivale. La Russie, quant à elle, craignait que le chemin de fer allemand dans les Balkans ne lui coupe l'accès à la Méditerranée. Les querelles liées à l'accès aux ressources et aux marchés éloignés montèrent les pays d'Europe les uns contre les autres.

Le nationalisme

L'impérialisme se teintait souvent de nationalisme. Le *nationalisme*, l'attitude de profonde loyauté envers son propre pays, montait en Europe. Chacune des grandes puissances européennes voulait avoir la plus grande armée et la plus grande marine. Le nationalisme radical nourrissait aussi la course aux colonies d'outre-mer. Chaque fois qu'un pays d'Europe s'emparait d'un nouveau territoire, il montait dans l'échelle de la domination économique. De plus, la possession d'un empire

Quand la guerre fut déclarée, en 1914, des foules de volontaires enthousiastes firent la queue dans les villes et les villages du Canada pour signer leur engagement. Pourquoi ne restait-il presque plus de volontaires en 1917?

outre-mer était un symbole de fierté nationale. Pour ajouter à leur gloire, les puissances européennes cherchaient toujours à s'étendre sur leur continent et au-delà.

LES ÉVÉNEMENTS QUI DÉCLENCHÈRENT LA PREMIÈRE GUERRE MONDIALE

Sur l'échiquier des empires, les petits pays étaient des pions à la merci de leurs puissants voisins. L'Empire austro-hongrois était constitué de nombreuses ethnies, dont les Autrichiens, les Hongrois et les Slaves. L'Autriche et la Hongrie avaient accepté en 1867 de former deux royaumes distincts sous la même couronne. L'Autriche-Hongrie annexa la Bosnie et l'Herzégovine en 1908. Dans ces deux provinces, de nombreux Slaves rejetaient leurs maîtres austro-hongrois. Ils voulaient se joindre au nouvel État de la Serbie, ce avec quoi la Serbie était d'accord. La Serbie encourageait ses nationalistes et l'un d'entre eux, Gavrilo Princip, tira les coups de feu qui déclenchèrent la Première Guerre mondiale.

Assassinat à Sarajevo

Le matin du 28 juin 1914, l'archiduc d'Autriche, François-Ferdinand, devait être officiellement accueilli à Sarajevo, la capitale de la province de la Bosnie. François-Ferdinand monta dans une voiture décapotable à côté de son épouse Sophia. Le cortège s'ébranla. Le couple princier saluait de la main les curieux massés le long du trajet. Sept terroristes serbes appartenant à un groupe appelé la Main noire prirent position dans la foule. Leur cible: l'héritier du trône de l'Empire austro-hongrois, l'archiduc François-Ferdinand.

La voiture des visiteurs s'approcha d'un terroriste serbe de 19 ans, Gavrilo Princip. Celui-ci s'avança, pointa un pistolet vers l'archiduc et tira deux fois. Plus tard, ce jour-là, un message codé de la Main noire parvint dans la capitale serbe: «Excellente vente des deux chevaux.» L'archiduc François-Ferdinand et son épouse Sophia étaient morts.

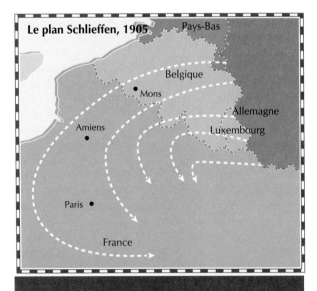

D'après le plan Schlieffen, conçu en 1905, l'Allemagne devait envahir la France en passant par la Belgique, qui était neutre. La réussite du plan reposait sur sa vitesse d'exécution. Pourquoi ce plan était-il risqué?

La guerre se propage en Europe de l'Ouest

Les deux coups tirés dans un coin éloigné de l'Europe amorcèrent une réaction en chaîne. L'Autriche accusa la Serbie de l'assassinat de l'archiduc et déclara la guerre au petit royaume slave. La Russie mobilisa son armée pour défendre la Serbie. L'Allemagne déclara la guerre à la Russie. La France déclara la guerre à l'Allemagne. L'Allemagne déclara la guerre à la France et y entra en passant par la Belgique, un pays que la Grande-Bretagne avait promis de protéger dans un traité à moitié oublié qu'elle avait signé presque un siècle auparavant. La Grande-Bretagne déclara la guerre à l'Allemagne. Le Canada n'était pas pleinement indépendant et faisait partie de l'Empire britannique; dès lors que la Grande-Bretagne était en guerre, le Canada l'était aussi. La Première Guerre mondiale était commencée.

La première cible de l'Allemagne fut la France. Le général allemand Alfred von Schlieffen avait planifié une invasion de la France neuf ans auparavant et il savait que l'Allemagne devrait affronter la France et la Russie. L'armée russe était nombreuse mais mal entraînée, mal équipée et disséminée sur un territoire immense. Elle aurait été longue à mobiliser. Schlieffen comptait vaincre la France pendant que la Russie s'efforçait de rassembler son armée. Ensuite, se disait le général, l'Allemagne pourrait tourner toute sa puissance contre la Russie.

La France avait lourdement fortifié sa frontière avec l'Allemagne. Schlieffen savait qu'il serait trop difficile d'attaquer cette frontière de plein fouet. Conformément à un plan établi de longue date, il envoya une petite armée de l'autre côté de la frontière franco-allemande pour attirer les troupes françaises. L'armée allemande recula et entraîna l'armée française à sa suite dans les montagnes de la Lorraine. Pendant ce temps, des troupes allemandes nombreuses déferlèrent en France en passant par la Belgique neutre. Une fois rendues en sol français, elles se déployèrent vers l'ouest et avancèrent vers Paris, prenant l'armée française dans un piège gigantesque.

Schlieffen n'ignorait pas que l'invasion de la Belgique attirerait d'autres pays dans la guerre, et particulièrement la Grande-Bretagne, mais il croyait que le risque en valait la peine s'il apportait une victoire rapide sur la France. Or, le plan échoua. Les troupes françaises se rallièrent et arrêtèrent l'armée allemande sur la Marne. Les Allemands avaient eu le temps de s'emparer de la riche région industrielle de la France et d'avancer jusqu'aux portes de Paris, mais ils n'avaient pas remporté de victoire décisive. L'Allemagne avait perdu son pari et la guerre n'allait pas être de courte durée.

Après la bataille de la Marne, à l'approche de l'hiver, les armées s'enlisèrent. Bientôt, deux réseaux de tranchées se creusèrent dans le sol européen, de la Manche jusqu'en Belgique, et de la France jusqu'en Suisse. Les ennemis sortaient des tranchées pour des face-à-face dans les flaques de boue et les enchevêtrements de barbelés qui formaient le *no man's land*. En décembre 1914, les Allemands étaient aux prises avec les forces alliées dans toutes les tranchées du front occidental. Le conflit était dans l'impasse. C'était le début d'un nouveau genre de guerre, la **guerre de tranchées**.

LE CANADA SE PRÉPARE À LA GUERRE

De l'autre côté de l'Atlantique, le Canada entier se préparait à la guerre. En tant que membre de l'Empire britannique, le Canada n'avait pas le choix: il devait prêter main-forte à la Grande-Bretagne et déclarer la guerre à l'Allemagne. Cependant, le Canada avait la possibilité de décider dans quelle mesure il épaulerait la mère patrie. Dans

Le *no man's land*, l'espace compris entre les tranchées ennemies, était le cauchemar de tous les soldats. Quel fut l'effet des nouvelles armes sur les conditions de vie des soldats au front?

137

LA VIE AU FRONT:
LE POINT DE VUE D'UN SOLDAT

Il est difficile d'imaginer l'horreur des conditions rencontrées par les soldats qui combattaient sur le front de l'Ouest pendant la Première Guerre mondiale. Les photos et les peintures, malgré leur réalisme, ne peuvent pas exprimer les pensées et les sentiments des individus qui subirent d'innombrables bombardements dans la boue des tranchées. Heureusement, un grand nombre de lettres de soldats ont été conservées. Bien que censurées par l'armée, ces lettres regorgent de renseignements précieux sur la vie des soldats.

Les lettres suivantes ont été écrites par Roy Macfie à sa famille. Macfie venait d'une ferme située près de Parry Sound, en Ontario. Membre de la première brigade du premier bataillon canadien d'infanterie, Macfie a participé à presque toutes les batailles que les Canadiens ont livrées, y compris Ypres, la Somme, Vimy et Passchendaele.

De Roy à Muriel — Camblain l'Abbé, France
14 avril 1917

Une autre courte lettre ce soir [.] Je sais que tu en as assez de ces petites notes, mais je ne peux rien y faire pour l'instant. Vous êtes les seuls à qui j'ai le temps d'écrire. Vous avez probablement lu tout un baratin dans les journaux à l'heure qu'il est et vous savez pourquoi nous sommes si occupés. Nous profitons de toutes les occasions de dormir et le temps est encore abominable. Il a plu ou neigé chaque jour depuis le début du mois, je crois, et nous avons fait dans la boue ici la même chose que vous faites dans la neige chez nous [.] La boue a jauni et durci mes vêtements de la tête aux pieds [.]

Arthur a eu beaucoup de chance de s'en tirer comme il l'a fait, mais c'est curieux qu'il ne m'écrive pas une ligne pour me dire où il est. John, lui, ne m'écrit jamais. Et moi, je ne lui écris jamais non plus, parce que je ne sais pas où il est [.] Je ne sais pas ce qui est arrivé aux autres gars, il y a longtemps que je les ai vus. Henry Payette a été blessé en même temps qu'Arthur..

Non, nous n'avons même pas eu l'occasion de dormir dans une grange. Nous serions bien contents que ça nous arrive, je vous le dis. Nous avons une tranchée-abri recouverte d'une vieille toile percée. La seule façon de rester au sec la nuit est de dormir tout habillé, mais ça ne semble pas nous faire de mal. Si les chevaux étaient aussi en forme que nous, je serais content, mais ils s'épuisent tout de suite et nous avons beaucoup de mal à faire avancer les choses. [...]

Je n'ai plus aucun de mes vieux amis avec moi. Le sergent Murphy est devenu le lieutenant Murphy. Je me retrouve tout seul jusqu'à la fin de la guerre et je ne me sens pas aussi bien que je l'étais quand toute la bande était là. C'est ici qu'un bon copain ou deux compte, je vous le dis [.] Bon, je ferais mieux de m'arrêter, sinon tu vas penser que je deviens mélancolique. Je vais m'en tirer; ne t'en fais pas. S'ils ne m'ont pas tué jusqu'ici, ce n'est sûrement pas maintenant qu'ils m'auront. Bonne nuit Molly [.]

De Roy à Muriel — France
8 janvier 1918

[...] Alors j'ai une sœur qui travaille dans une usine de munitions, pas vrai? C'est bien (d'une certaine façon), mais je souhaiterais que le monde entier cesse de fabriquer des munitions. Avoir su que tu avais contribué à faire le tapage que nous avons essuyé à la dernière place où nous avons été, j'aurais eu quelques mots à te dire en revenant chez nous. [...]

De Roy à Muriel — Buxton
15 février 1918

[...] Depuis plus de deux semaines, je m'attends que chaque jour soit le dernier que je passe ici. Pourtant, je suis encore collé ici. Mon nom n'est pas sur la liste ce soir, alors c'est un jour de plus. [...]

Alors le censeur a pris des libertés avec une de mes lettres? Je suppose que je devrai faire attention, sinon je vais avoir des problèmes. Je ne me rappelle pas ce qui a pu l'offenser, alors je suppose que tu ne sauras jamais ce qui en était.

Bon, je dois te laisser, je ne peux plus écrire de lettres. Je suppose que je rentrerai bientôt à la maison. Il y a des chances que nous ayons une permission au printemps, mais n'y crois pas tant que tu ne me verras pas.

Source: Tiré de *Letters Home*, par John Macfie, © 1990.

Sam Hughes fit construire le camp Valcartier pour entraîner les recrues avant leur départ pour l'Europe.

les premiers jours de la guerre, l'appui du Canada fut plus qu'enthousiaste, il fut délirant. Lorsqu'on demanda des volontaires prêts à se battre en Europe, tous les bureaux de recrutement du pays furent envahis par des hommes impatients de s'enrôler. En septembre 1914, plus de 30 000 hommes s'étaient engagés.

Contrairement à ce que beaucoup pensaient, le Canada était bien préparé à la guerre. Les dépenses militaires étaient six fois plus élevées qu'au début du siècle. À compter de 1909, la plupart des provinces avaient rendu le service militaire obligatoire pour les étudiants du secondaire. Il existait des plans de défense des ponts, des canaux et des ports. Il existait même un plan visant la formation d'un corps expéditionnaire de 25 000 volontaires.

Sam Hughes, le ministre de la Milice, était un personnage controversé. Il se méfiait des soldats professionnels et de leurs plans. Il croyait les soldats amateurs plus futés et plus habiles. Il écarta les plans de mobilisation de l'armée et ordonna la construction d'un immense camp d'entraînement à Valcartier, près de la ville de Québec. Dans la plaine sablonneuse, une troupe de travailleurs construisit des routes, des cantines, des latrines, des terrains d'exercice et le plus grand champ de tir du monde. Trente jours plus tard, le village de tentes était prêt. Il comprenait une centrale électrique, un système d'approvisionnement en eau chlorée et une liaison ferroviaire avec Québec.

Au début de septembre, plus de 30 000 soldats et 8000 chevaux étaient arrivés au **camp de Valcartier**. Les volontaires reçurent leur matériel et l'entraînement commença. Mais le matériel était mal conçu et de mauvaise qualité. Un jour, un lot de

bottes arriva, mais il comprenait seulement des bottes pour le pied droit. Hughes tenait à ce que les soldats utilisent le *fusil Ross*, qui était une excellente arme de précision, mais inutile dans les tranchées. Ce fusil était long et lourd et la poussière l'enrayait. Utilisé à répétition, le mécanisme de tir surchauffait et se coinçait.

Mais Hughes avait choisi le fusil Ross et il n'acceptait pas qu'on le critique. Sur le champ de bataille, les soldats se munirent en cachette de fusils Lee-Enfield qu'ils prenaient à des soldats britanniques morts ou qu'ils volaient dans des entrepôts britanniques même si, ce faisant, ils risquaient la cour martiale. Après une enquête du British War Office, les soldats canadiens furent officiellement

Les gares des villes canadiennes étaient le théâtre d'adieux touchants lors du départ des jeunes recrues.

équipés de fusils Lee-Enfield en 1916. Le fusil Ross n'était qu'un des nombreux éléments de l'équipement canadien qui ne résistèrent pas au test de la guerre.

L'entraînement était rudimentaire et la discipline, relâchée. Beaucoup de recrues n'avaient que deux heures d'exercice de tir par jour, ce qui était nettement insuffisant pour les préparer à la bataille. Un jour, Hughes fit une inspection à l'improviste. Il trouva seulement 21 officiers dans le camp. Les 1479 autres étaient partis à la pêche ou à la ville.

L'hiver approchait et le camp de Valcartier n'était pas conçu pour résister au froid. Hughes voulait mettre fin à l'entraînement et envoyer les hommes au front. Le premier ministre Borden, comme la majeure partie de la population canadienne, était impressionné par le travail de Hughes. Il permit le départ des 32 000 volontaires. Le 23 septembre, les soldats étaient prêts à partir pour l'Angleterre. Mais l'embarquement des hommes, des chevaux et du matériel sur les 30 navires se fit dans un désordre indescriptible. Quand le convoi put enfin prendre la mer, Hughes distribua des feuillets portant l'inscription «Soldats, vous faites l'émerveillement du monde entier». De nombreux soldats froissèrent les feuillets et les jetèrent par terre.

Les soldats canadiens passèrent l'hiver de 1914 sous la tente dans la plaine venteuse de Salisbury, dans le sud de l'Angleterre. L'hiver fut exceptionnellement pluvieux et la plaine se transforma en une mer de boue. Chaque matin, les soldats étendaient leurs couvertures sous la pluie pour les laver de la boue séchée. Ils étaient trempés, gelés et affamés. Les rations étaient maigres. Avec un peu de chance, les soldats recevaient du gruau et du thé pour déjeuner; pour souper, ils se contentaient de restes de gruau et d'un peu de ragoût. Cependant, quelques aspects de leur vie s'améliorèrent. On se débarrassa de certains éléments de l'équipement canadien et on les remplaça par du matériel britannique plus solide. Un soldat canadien écrivit: «Nous avons reçu de nouvelles bottes, de magnifiques bottes noires, énormes et lourdes. Ce qui est merveilleux, c'est qu'elles sont imperméables. Elles sont très grosses et elles ressemblent à des bacs, mais au moins nous avons les pieds secs.»

Les soldats canadiens étaient commandés par un général britannique, sir Edwin Alderson, car à cette étape de la guerre les officiers canadiens n'étaient pas encore prêts à diriger une division complète. Alderson se débarrassa des pires recrues de Hughes. Le véritable entraînement commença alors. Les soldats canadiens marchèrent, tirèrent, creusèrent des tranchées et s'exercèrent au maniement de la baïonnette sous la pluie froide de l'Angleterre. Ils ne découvrirent la réalité de la bataille que dans les tranchées de France. En février 1915, la division canadienne était prête pour le **front de l'Ouest**. Elle prit position près de la petite ville d'Ypres, en Belgique. Là, les Canadiens furent initiés aux horreurs de la guerre de tranchées.

Cette photo montrant des soldats canadiens dans les tranchées nous fournit un aperçu des conditions de vie sur le front de l'Ouest. Peux-tu imaginer l'aspect de cette tranchée après une pluie abondante?

DANS LES TRANCHÉES

Le système de défense des armées était un labyrinthe de tranchées qui zigzaguaient entre les trous d'obus, les champs de mines et les barrières de barbelés. Les tranchées les plus rapprochées des canons ennemis formaient la ligne de tir. Les mitrailleuses étaient placées de façon à balayer les

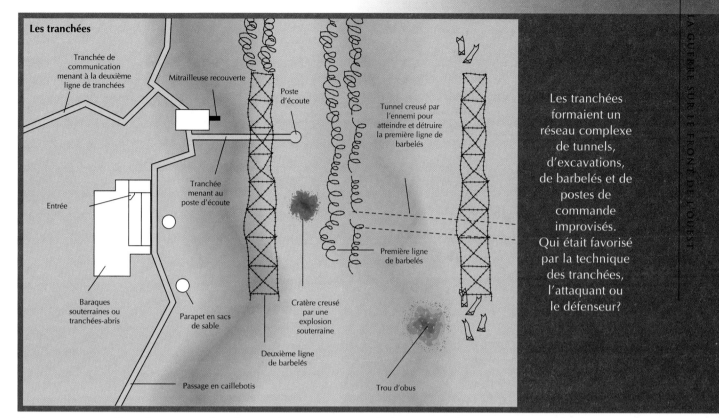

Les tranchées

Tranchée de communication menant à la deuxième ligne de tranchées

Mitrailleuse recouverte

Poste d'écoute

Entrée

Tranchée menant au poste d'écoute

Tunnel creusé par l'ennemi pour atteindre et détruire la première ligne de barbelés

Première ligne de barbelés

Baraques souterraines ou tranchées-abris

Parapet en sacs de sable

Cratère creusé par une explosion souterraine

Deuxième ligne de barbelés

Passage en caillebotis

Trou d'obus

Les tranchées formaient un réseau complexe de tunnels, d'excavations, de barbelés et de postes de commande improvisés. Qui était favorisé par la technique des tranchées, l'attaquant ou le défenseur?

lignes ennemies. Trois lignes ou plus de tranchées de soutien, à l'arrière, servaient de postes de commande et de ravitaillement. Elles étaient perpendiculaires aux tranchées de communication. Ici et là, de petites tranchées appelées sapes menaient à des postes d'observation ou à des nids de mitrailleuses dans le *no man's land*. On trouvait aussi des culs-de-sac destinés à confondre l'ennemi s'il s'emparait des tranchées.

Les soldats demeuraient généralement six jours dans les tranchées de la ligne de tir. Ensuite, ils passaient six autres jours dans les tranchées de l'arrière, d'où ils apportaient des munitions et des rations jusqu'à l'avant. Enfin, les hommes avaient droit à 12 jours de repos dans des baraques recouvertes de papier goudronné, des granges ou des villages abandonnés, à l'arrière du champ de bataille.

Quand les soldats étaient de service, ils mangeaient, combattaient et dormaient dans les tranchées. Sur la ligne de tir, ils passaient leurs journées à faire le guet et à réparer les parois affaissées. Les tranchées de première ligne avaient deux

mètres de largeur sur deux mètres de profondeur et l'eau affleurait au fond. Quand il pleuvait, les hommes s'enfonçaient dans la boue jusqu'aux genoux. Un soldat des Royal Canadian Dragoons décrivit comme suit son premier passage dans une tranchée de communication: «La tranchée avait environ trois pieds de profond et elle serpentait à travers un marécage. À chaque pas qu'on faisait dans la boue, on posait le pied sur un des corps qui jonchaient le fond de la tranchée. Les parois étaient soutenues en partie par des sacs de sable et en partie par des cadavres, certains rigides et d'autres en état de décomposition avancée.»

Les tranchées étaient infestées de vermine. Un officier britannique écrivit ce qui suit à propos des rats: «Il y en a des millions! On en trouve d'énormes, presque aussi gros que des chats. Plusieurs de nos hommes ont été réveillés par des rats qui se blottissaient à côté d'eux sous la couverture.» Les soldats passaient souvent des semaines sans se laver ni changer de vêtements et la plupart d'entre eux étaient couverts de poux. D'autres

LA PARTICIPATION DES AUTOCHTONES À LA PREMIÈRE GUERRE MONDIALE

Les autochtones du Canada ont participé à tous les aspects de la Première Guerre mondiale: ils ont combattu sur terre et dans les airs et ils ont servi dans les unités affectées aux chemins de fer et aux forêts.

Au début, le ministre de la Milice, Sam Hugues, ne voulait pas accepter les recrues autochtones. «Les soldats britanniques seront fiers de s'associer à d'autres sujets de Sa Majesté, disait-il, mais les Allemands refuseront peut-être de leur accorder les privilèges rattachés à la guerre civilisée.» Néanmoins, beaucoup d'Amérindiens s'étaient déjà enrôlés et se préparaient à servir activement outre-mer. En 1915, le besoin de recrues augmentait et Hughes changea d'idée. À la fin de la guerre, plus de 3500 autochtones venant de toutes les provinces du Canada s'étaient engagés.

Le soldat David Kisek, de la bande de Shoal Lake, en Ontario, reçut la Médaille de conduite distinguée pour sa bravoure. La citation qui accompagnait la médaille se lisait comme suit:

Il a démontré un courage et une intelligence remarquables lors de l'attaque des positions ennemies à Tilloy le 1ᵉʳ octobre 1918. Pendant que sa compagnie était retenue par un tir nourri, il prit l'initiative de courir à découvert et, portant son fusil Lewis à hauteur de la hanche, il tira quatre fois dans les mitrailleuses ennemies. Son tir fut si efficace qu'un détachement de la compagnie, à droite, parvint à avancer et à capturer 4 mitrailleuses et environ 70 prisonniers. [...]

Deux autres Amérindiens, Henry Norwest et Francis Pegahmagabow, se distinguèrent durant la Première Guerre mondiale. On a dit de Norwest, un Cri de l'Alberta, qu'il était l'un des meilleurs tireurs sur le front de l'Ouest. Au moment de sa mort, le 18 août 1918, l'armée lui reconnaissait officiellement 115 tirs réussis. Pegahmagabow, un Ojibwé de la bande de Parry Island, en Ontario, était aussi un excellent tireur et sa bravoure lui valut trois fois la Médaille militaire: à Mount Sorrel en 1916, à Passchendaele en 1917 et à Amiens en 1918. Pegahmagabow, Norwest et Kisek étaient trois des nombreux soldats autochtones qui firent d'inestimables contributions à l'effort de guerre du Canada.

Le soldat David Kisek.

contractaient le *pied des tranchées* à force de patauger dans la boue. Leurs pieds doublaient ou triplaient de volume et s'engourdissaient. «On pouvait y enfoncer une baïonnette, écrivit l'un d'eux, et ne rien sentir.» Mais, quand l'enflure se résorbait, la douleur était intolérable. Si la gangrène s'installait, il fallait amputer. L'humidité et la saleté étaient telles que même les petites plaies s'infectaient.

Ces conditions misérables ne représentaient qu'une partie de l'horreur de la guerre de tranchées. Au front, le jour était dangereux. Les tranchées de la ligne de tir ne se trouvaient souvent qu'à 25 ou 100 mètres des lignes ennemies et les soldats se déplaçaient la tête baissée. Une tête qui dépassait de la tranchée était une cible facile pour les tireurs d'élite allemands. En cinq mois «tranquilles», un bataillon canadien perdit un quart de ses hommes: près de 200 soldats furent tués ou blessés.

La nuit était plus redoutable que le jour. Les hommes devaient sortir des tranchées pour patrouiller le *no man's land* et réparer les *parapets* et les barbelés. La nuit était aussi le moment des attaques surprises. Les combattants rampaient dans le *no man's land* et se frayaient un chemin à travers les barbelés à l'aide de cisailles. Armés de grenades et de baïonnettes, ils s'abattaient ensuite sur l'ennemi.

L'aube était la pire heure de la journée, car c'était à ce moment qu'on *montait à l'assaut* des tranchées ennemies. Les attaquants étaient criblés de balles et d'obus ou se prenaient dans les barbelés. Rares étaient ceux qui se rendaient jusqu'aux lignes ennemies. Les blessés qui gisaient dans le *no man's land* n'étaient pas secourus. Leurs compagnons, impuissants, pouvaient entendre leurs cris d'agonie pendant des jours..

Certains soldats ne pouvaient pas supporter les misères et les dangers de la guerre de tranchées. Souffrant de dépression nerveuse, de choc et d'épuisement, ils devenaient inaptes au combat et étaient envoyés dans des asiles au Canada et en Angleterre. Beaucoup d'entre eux ne se rétablirent jamais. Certains soldats souhaitaient être blessés assez gravement pour être renvoyés en Angleterre. À un moment ou à un autre, presque tous les soldats se sont demandé ce qu'ils faisaient au front. Une chanson populaire dans les tranchées, sur l'air de

Auld Lang Syne, donnait à la question une réponse empreinte d'humour noir:

Nous sommes ici parce que nous sommes ici parce que
Nous sommes ici parce que nous sommes ici
Nous sommes ici parce que nous sommes ici parce que...

LA BATAILLE D'YPRES

La division canadienne atteignit le front de l'Ouest en février 1915. Deux mois plus tard, les Allemands commencèrent à utiliser une arme terrible: le **gaz moutarde**, ou ypérite. Ypres fut le théâtre de la première attaque au gaz de l'histoire. Les soldats canadiens venaient de se joindre aux troupes franco-algériennes dans les tranchées. Défendre la dernière parcelle de territoire belge sous le commandement allié était considéré comme un honneur.

Les tranchées alliées étaient entourées de tranchées allemandes sur trois côtés. Les Allemands transportèrent en cachette 5730 obus de gaz moutarde jusqu'à la ligne de feu. Le 22 avril, au début de la soirée, ils lâchèrent le gaz. Le haut commandement allié avait été averti de la possibilité d'une attaque au gaz, mais il n'avait aucunement préparé les soldats à cette éventualité. À la vue d'un étrange nuage vert, les soldats franco-algériens prirent panique et s'enfuirent. Les Allemands fondirent dans le vide laissé par les soldats apeurés.

Bientôt, un nuage de gaz d'environ trois mètres de haut approcha des positions canadiennes. Partout sur le champ de bataille, les soldats hurlaient et suffoquaient. On disait que le fait de se cacher la bouche avec un mouchoir imbibé d'urine offrait une certaine protection contre le gaz. Les soldats canadiens résistèrent pendant trois jours aux tirs d'artillerie et aux attaques au gaz, puis ils furent relevés par des renforts britanniques. Un soldat britannique décrivit comme suit ce qu'il vit en arrivant au front: «Il y avait de 200 à 300 hommes étendus dans un fossé. Certains se tenaient la gorge. Leurs boutons de laiton étaient devenus verts. Leur corps était enflé. Quelques-uns étaient encore vivants. Certains se tordaient sur le sol, la langue sortie.»

LES TERRE-NEUVIENS
À LA BATAILLE DE LA SOMME

Les Terre-Neuviens se rappellent avec un mélange de tristesse et de fierté le matin du 1er juillet 1916. Ce matin-là, le régiment de Terre-Neuve fut envoyé dans le *no man's land*, face au tir meurtrier des mitrailleurs allemands. À la fin de la journée, 710 des 800 Terre-Neuviens qui avaient participé à la **bataille de la Somme** étaient morts ou blessés. Près de 57 000 autres soldats tombèrent pendant la bataille que plusieurs ont décrite comme le pire désastre militaire de l'histoire de l'armée britannique.

Avant de lancer l'attaque, les Britanniques tentèrent d'abattre les mitrailleurs allemands et de détruire les barbelés au moyen d'un tir de barrage. Malheureusement, ils n'atteignirent ni l'un ni l'autre de ces objectifs. Quand la première vague de soldats anglais, gallois et écossais fut envoyée dans le *no man's land*, il faisait plein jour. Les mitrailleurs allemands ne mirent que quelques minutes à décimer la première vague au complet.

Apprenant l'échec de la première vague d'attaquants, le général Douglas Haig ordonna à la seconde vague, formée par le régiment de Terre-Neuve, de monter à l'assaut. Les soldats, portant de 30 à 75 kg de matériel, reçurent l'ordre de traverser le *no man's land*. Le bombardement préalable à l'offensive n'avait pas détruit les barbelés et cet insuccès leur fut fatal. Avançant sous un feu nourri de mitrailleuses, les Terre-Neuviens durent s'engouffrer dans l'unique brèche percée dans les barbelés. Les mitrailleurs allemands les abattirent un à un. En 22 minutes, tout était fini; le régiment de Terre-Neuve était anéanti. Un témoin a dit que les Terre-Neuviens avaient offert «un splendide exemple de discipline et de bravoure» et que leur intervention avait échoué «parce que les morts ne peuvent plus avancer».

Les courageux soldats qui sont morts à la bataille de la Somme ce jour-là n'ont pas été oubliés. Pour perpétuer le souvenir de leur bravoure, les femmes de Terre-Neuve ont fait une collecte et elles ont acheté, après la guerre, le terrain où leurs maris, leurs pères, leurs fils et leurs frères étaient tombés. Encore aujourd'hui, le sol porte les cicatrices laissées par les obus et les tranchées de la Première Guerre mondiale. Il con-

serve le souvenir des Terre-Neuviens qui ont trouvé la mort pendant l'un des désastres les plus sanglants de la guerre.

Quand les Canadiens se retirèrent du champ de bataille, quatre jours plus tard, plus de la moitié des hommes étaient morts. Malgré les 6037 tués et blessés, les soldats canadiens avaient tenu bon. Partout, on acclamait leur courage. Cette première grande bataille n'était pourtant que le prélude à des jours pires encore.

LA BATAILLE DE LA SOMME

En 1916, l'armée allemande s'acharnait sur l'armée française à Verdun. Le commandant en chef des Britanniques, **Douglas Haig**, décida de prendre l'offensive et de percer les lignes allemandes. Ce fut la **bataille de la Somme**. Haig mit du temps à s'adapter aux exigences de la guerre de tranchées. Sur les rives de la Somme, d'innombrables soldats alliés moururent dans une série de batailles mal planifiées et mal exécutées.

Avant l'attaque alliée, les Britanniques et les Français bombardèrent les lignes allemandes pendant cinq jours, lâchant sur elles 1,5 million de cartouches. Haig espérait anéantir le front allemand et percer les barbelés. Mais les Allemands s'abritèrent dans des tranchées protégées par des murs de béton et par des rouleaux de barbelés de neuf mètres de diamètre. Les pertes allemandes furent beaucoup moins lourdes que Haig ne l'avait espéré et les barbelés allemands restèrent en place. En outre, les obus avaient creusé des cratères si larges que les unités de cavalerie et d'infanterie alliées ne pouvaient plus charger la ligne allemande. De plus, les cratères faisaient des cachettes idéales pour les mitrailleuses allemandes.

Lorsque cessèrent les bombardements alliés, les Allemands savaient qu'une attaque se préparait. Cent mitrailleuses allemandes s'apprêtaient à projeter une pluie de balles sur les attaquants alliés. La première bataille de la campagne de la Somme s'engagea le 1er juillet 1916, sous un ciel sans nuage. Un officier britannique rampa hors des tranchées et fit signe à ses troupes d'avancer. Les hommes rencontrèrent ce jour-là le plus féroce *tir de barrage* qu'ils avaient jamais vu. Un soldat allemand décrivit le combat du point de vue d'un mitrailleur: «Quand nous avons commencé à tirer, nous n'avions qu'à charger et recharger. Ils tombaient par centaines. Nous n'avions pas à viser, nous n'avions qu'à leur tirer dedans.»

Les atrocités de cette première journée sur la Somme ne découragèrent pas les Alliés. Haig tenait absolument à aller de l'avant, en dépit de pertes alarmantes. Au cours des trois mois qui suivirent, les Allemands tuèrent ou blessèrent plus de 600 000 soldats français et britanniques. Les Canadiens furent épargnés jusqu'au jour de l'attaque de Flers-Courcelette, le 15 septembre 1916. Deux bataillons canadiens, composés en grande partie de Québécois, s'emparèrent de la ville de Courcelette et la tinrent malgré des attaques allemandes sauvages. Un colonel canadien-français écrivit dans son journal: «Si l'enfer ressemble à ce que j'ai vu à Courcelette, je ne le souhaite pas à mon pire ennemi.»

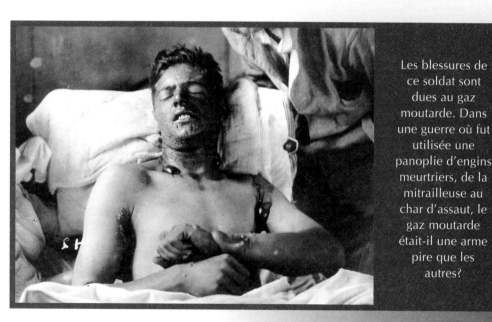

Les blessures de ce soldat sont dues au gaz moutarde. Dans une guerre où fut utilisée une panoplie d'engins meurtriers, de la mitrailleuse au char d'assaut, le gaz moutarde était-il une arme pire que les autres?

Les troupes canadiennes livrèrent bataille sur bataille pendant la campagne de la Somme, à Flers-Courcelette, à la raffinerie de sucre, à la crête de Pozières, à Fabeck Graben et dans la tranchée Regina. Elles atteignirent la plupart de leurs objectifs mais perdirent près de 24 000 hommes. Au bout de 141 jours, des pluies hivernales intenses forcèrent Haig à mettre fin aux combats. Des deux côtés, les armées étaient épuisées. Au total, 1,25 million d'hommes avaient été tués ou blessés pendant les cinq mois que dura la bataille de la Somme. Pourtant, l'armée britannique avait avancé de 12 km à peine. À la fin de 1916, l'humeur des Canadiens, au front comme au pays, était passée de l'espoir au désespoir. La guerre, semblait-il, n'aurait jamais de fin.

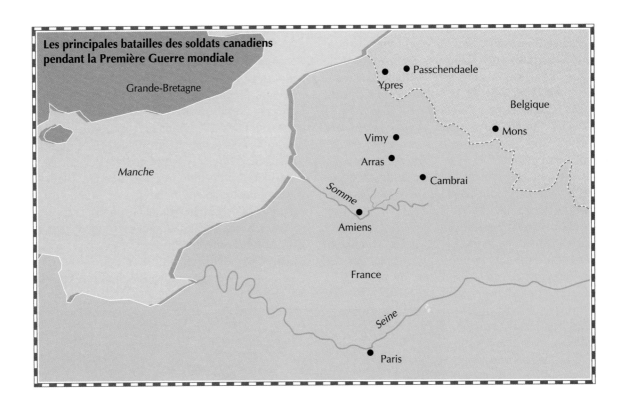

Les principales batailles des soldats canadiens pendant la Première Guerre mondiale

Grande-Bretagne

Manche

Passchendaele

Ypres

Belgique

Vimy

Mons

Arras

Cambrai

Somme

Amiens

France

Seine

Paris

LES GENS, LES LIEUX ET LES ÉVÉNEMENTS

Dans tes notes, explique clairement l'importance historique des éléments suivants.

Robert Borden	Triple Entente
Triple Alliance	Cuirassés
Guerre de tranchées	Sam Hughes
Camp de Valcartier	Front de l'Ouest
Gaz moutarde	Douglas Haig
Bataille de la Somme	

RÉSUME TES CONNAISSANCES

1. Comment la population canadienne a-t-elle réagi à la déclaration de guerre? Les gens réagiraient-ils de la même façon aujourd'hui si le Canada participait à un conflit majeur?

2. Quelle était la raison d'être des alliances de l'avant-guerre? Quelle fut la conséquence imprévue de l'émergence d'alliances opposées?

3. Pourquoi y a-t-il eu une course aux armements en Europe au début du XXᵉ siècle? Si une course aux armements avait lieu dans le futur, est-ce qu'elle donnerait lieu à un conflit majeur?

4. Pourquoi de nombreux pays européens jugeaient-ils important d'acquérir de vastes empires?

5. Pourquoi l'archiduc François-Ferdinand d'Autriche a-t-il été assassiné? Comment cet assassinat a-t-il mené au déclenchement de la Première Guerre mondiale?

6. Quel était le plan d'Alfred von Schlieffen? Pourquoi l'Allemagne a-t-elle fait de la France son premier objectif? Pourquoi les Allemands ont-ils pris le risque d'envahir un pays neutre?

7. Pourquoi la nuit était-elle particulièrement dangereuse dans les tranchées? Qu'est-ce qui se produisait souvent à l'aube?

8. Décris les événements qui se sont déroulés à Ypres et explique pourquoi les Canadiens se sont illustrés à cette bataille.

APPLIQUE TES CONNAISSANCES

1. La Première Guerre mondiale a eu quatre causes principales: les alliances, l'impérialisme, le nationalisme et le militarisme. En tenant compte de chacune de ces causes, explique en au moins 150 mots pourquoi, à ton avis, la Première Guerre mondiale était évitable ou inévitable.

2. L'assassinat de l'archiduc François-Ferdinand fut-il le catalyseur d'une tragique réaction en chaîne ou le prétexte commode d'une guerre que beaucoup désiraient? Explique ta réponse.

3. Réfléchis aux nouvelles armes utilisées pendant la Première Guerre mondiale. Choisis trois de ces armes et explique en quoi chacune a modifié la façon de faire la guerre.

4. Réfléchis au personnage de Douglas Haig. Pourquoi cet officier britannique était-il controversé? Aurait-il dû être promu au rang de maréchal après la bataille de la Somme? Justifie ta réponse.

AUGMENTE TES CONNAISSANCES

1. Imagine que tu es un soldat qui combat pendant la Première Guerre mondiale. À partir des renseignements contenus dans le chapitre, et particulièrement dans l'encadré intitulé «La vie au front: le point de vue d'un soldat», écris une série de lettres à un membre de ta famille, à une amie ou à un ami. Fais des recherches supplémentaires si tu en as le temps.

   Première lettre, mars 1915: Explique ce que tu as vécu depuis que tu as quitté le camp de Valcartier pour le front de l'Ouest, en février 1915.

   Deuxième lettre, avril 1915: Exprime les sentiments que tu éprouves face aux événements d'Ypres.

   Troisième lettre, juillet 1916: Décris la vie dans les tranchées. Parle de la routine quotidienne et des conditions de vie.

2. Enregistre un pot-pourri de chansons sur le thème de la guerre. Ces chansons peuvent avoir été écrites à n'importe quelle période et appartenir à n'importe quel style de musique. Explique en au moins 50 mots pourquoi tu as choisi d'inclure chaque chanson dans ton pot-pourri.

3. Avec une ou un de tes camarades, prépare une exposition sur l'un des sujets suivants. Accompagne chaque élément d'explications écrites.

   Les nouvelles armes de guerre   La vie dans les tranchées
   Le camp de Valcartier

4. Fais des recherches sur la construction du réseau de tranchées pendant la Première Guerre mondiale. À l'aide d'un matériau de ton choix (le sable, le papier mâché, l'argile, la pâte à modeler, etc.), fabrique un modèle du système de tranchées. Identifie les éléments importants de ton modèle.

5. Fais des recherches sur l'un des personnages énumérés ci-dessous, puis réalise une entrevue imaginaire avec lui. Tu peux l'interroger devant la classe ou enregistrer ton entretien sur bande magnétique ou magnétoscopique. Pose des questions qui obligeront le personnage à expliquer ou à défendre ses actions.

   Sam Hughes   Douglas Haig   Robert Borden   Alfred von Schlieffen

8 LE CANADA PENDANT LA GUERRE

GLOSSAIRE

Pacifiste Personne qui croit que la violence et la guerre sont mauvaises et que les conflits doivent être résolus par la négociation.

Milice Groupe de réservistes qui sont régulièrement appelés à s'entraîner mais qui ne servent qu'en temps d'urgence.

Entreprise privée Ensemble des commerces et des industries qui appartiennent à des individus.

Suffragette Femme qui réclamait le droit de vote.

DANS CE CHAPITRE, TU ÉTUDIERAS LES SUJETS SUIVANTS:

- la contribution des Canadiens à l'effort de guerre;
- le traitement fait aux Canadiens d'origines allemande et autrichienne pendant la guerre;
- l'essor de l'industrie des munitions pendant la guerre;
- le rôle capital que les femmes ont joué pendant la guerre;
- les sacrifices que la guerre a imposés et les bienfaits qu'elle a apportés;
- la crise de la conscription et la division qu'elle a engendrée.

u début de la guerre, les Canadiens n'étaient pas au courant des horreurs que vivaient leurs parents et leurs voisins dans les tranchées. Un censeur du gouvernement éliminait tous les reportages jugés nuisibles à l'effort de guerre. La presse canadienne était disposée à prouver son patriotisme et à coopérer pleinement avec le censeur. Par conséquent, l'information relative à la guerre était soigneusement filtrée. Des affiches de propagande apparurent à tous les carrefours du pays et le gouvernement commandait à des artistes des tableaux à la gloire de la «Grande Guerre».

Avant 1914, une bonne partie de la population canadienne s'opposait en principe à la guerre. Mais une fois la guerre déclarée, beaucoup de *pacifistes* devinrent de farouches partisans du conflit armé. Les rares pacifistes qui continuèrent de s'exprimer publiquement, tel le révérend J.S. Woodsworth, perdirent leur emploi. Des groupements religieux pacifistes qui avaient été les bienvenus au Canada avant la guerre, comme les Doukhobors, les Mennonites et les Hutterites, étaient désormais traités avec méfiance et hostilité. Beaucoup de gens croyaient que le Canada avait le devoir moral de vaincre les Allemands. Certains pensaient même que les pacifistes étaient aussi dangereux que les ennemis de l'autre côté de l'Atlantique.

SUR LE PIED DE GUERRE

En 1914, toute la population canadienne se mobilisa. Des centaines de groupes religieux, d'organisations féminines et d'organismes de charité se lancèrent dans l'action. D'un océan à l'autre, des corps de *milice* recrutèrent et équipèrent des milliers de soldats à l'aide de fonds privés. Le **Canadian Patriotic Fund** lança une collecte pour aider les familles qui tentaient de joindre les deux bouts avec la solde de 1,10 $ par jour d'un simple soldat. En trois mois, l'organisme avait recueilli six millions de dollars. La commission des hôpitaux militaires ouvrit au Canada des hôpitaux et des cliniques pour les soldats malades et blessés. Un autre organisme fonda un hôpital de la Croix-Rouge à Londres, en Angleterre. Les groupes de femmes fournissaient bénévolement de la nourriture, des vêtements, des médicaments et des ambulances aux soldats qui revenaient du front.

En Angleterre et au Canada, la Young Men's Christian Association (YMCA) et d'autres groupes mirent sur pied des clubs et des cantines pour les soldats en permission. Partout, les Canadiens patriotes participaient à l'effort de guerre.

La guerre engendra une pénurie de nourriture et de combustible. Les familles modifièrent de plein gré leurs habitudes alimentaires afin qu'on puisse envoyer du beurre, de la viande, du sucre et de la farine aux soldats. Les femmes et les enfants s'occupaient des récoltes. Près de 12 000 jeunes hommes devinrent «**soldats de la terre**» et se mirent à l'ouvrage dans les fermes du pays. Même les jeunes enfants faisaient leur part; ils se passaient de leurs mets préférés et achetaient les «timbres d'épargne» à 25 ¢ pour aider le gouverne-

ment. Quand ils avaient collé pour 4 $ de timbres dans leurs carnets, ils recevaient du gouvernement un timbre qui valait 5 $ environ après la guerre. On organisait des marches d'écoliers et des spectacles de variétés pour amasser de l'argent et envoyer aux soldats des bonbons, des cigarettes, du savon et du matériel. Pendant la pénurie de combustible, les enfants ramassaient des morceaux de charbon le long des voies ferrées pour chauffer les maisons. Presque tout le monde mit l'épaule à la roue et renonça à une part de son confort.

Les «étrangers ennemis»

Mais le patriotisme canadien avait son revers. Certaines personnes en vinrent à détester tout ce qui était allemand. Elles firent pression auprès du gouvernement pour qu'il congédie les fonctionnaires d'origines allemande et autrichienne. Elles firent cesser les cours d'allemand dans les écoles et les universités canadiennes et s'objectèrent à l'exécution des œuvres de Beethoven et des autres compositeurs allemands. Elles réussirent même à faire appeler Kitchener, en l'honneur du secrétaire britannique de la guerre, la ville de Berlin, en Ontario.

Pendant la guerre, environ 500 000 immigrants allemands et autrichiens vivaient au Canada. Beaucoup de gens craignaient que ces immigrants ne soient encore loyaux à leur pays d'origine et ne travaillent en secret pour l'ennemi. Ces «**étrangers ennemis**», comme on les appelait parfois, étaient souvent traités avec une hostilité non dissimulée. On les congédia, on ferma leurs églises et leurs clubs et on vandalisa leurs maisons et leurs commerces. Des manifestations hostiles à l'Allemagne eurent lieu dans plusieurs

GIVE TO THE
CANADIAN PATRIOTIC FUND

WELCOME HOME

HOW CAN YOU CHEER FOR THE BOYS WHEN THEY COME BACK
IF YOU HAVE DONE NOTHING TOWARDS HELPING THEIR FAMILIES WHILE THEY HAVE BEEN AWAY?

Selon toi, ces affiches incitaient-elles à contribuer au fonds patriotique canadien?

villes canadiennes. À Calgary, une bande de soldats et de civils se répandit dans le vaste quartier allemand, brisa des fenêtres et pilla les magasins, pendant que les familles apeurées se barricadaient dans les maisons.

En avril 1915, le ressentiment à l'égard des «étrangers ennemis» était si fort que le gouvernement fédéral fut forcé d'intervenir. Il ordonna l'arrestation de plus de 8000 personnes (pour la plupart des immigrants inoffensifs) et leur internement dans quatre camps. Au milieu de l'année 1916, cependant, on avait besoin de bras dans les fermes et les usines et on libéra la plupart des immigrants pour qu'ils puissent contribuer à l'effort de guerre.

LA CONTRIBUTION DU CANADA À L'EFFORT DE GUERRE

Les principales contributions du Canada à l'effort de guerre furent, en plus de milliers de soldats, la production de denrées alimentaires et la fabrication de munitions. Quand la guerre éclata, la Russie cessa brusquement d'exporter du blé en Europe. Peu de temps après, l'armée allemande déferla en France et une grande partie des riches terres agricoles du pays tomba aux mains des Allemands. Les Alliés avaient désespérément besoin de nourriture pour les soldats et les civils. Ils avaient besoin de tout ce que les agriculteurs canadiens pouvaient produire.

Les denrées alimentaires

En 1915, heureusement, les producteurs de blé de l'Ouest firent la plus grosse récolte de leur histoire. Le prix du blé monta en flèche et des milliers de gens qui n'avaient jamais pratiqué l'agriculture se précipitèrent dans les Prairies pour acheter ou louer des terres. De 1914 à 1918, la surface consacrée à la culture du blé s'agrandit de 16 millions d'hectares. Cette surface empiétait sur les fermes établies dans les réserves amérindiennes par W.M. Graham. On ne consulta pas les Amérindiens avant d'utiliser leurs fonds et leurs terres.

Pendant les années de guerre, les fermiers canadiens fournirent des millions de tonnes de nourriture à la Grande-Bretagne et à la France. Les denrées alimentaires, dont la viande et les produits laitiers, furent parmi les principales contributions du Canada à l'effort de guerre. En 1917, les rendements diminuèrent de moitié; néanmoins, le prix du blé avait tellement augmenté que les fermiers réalisèrent encore plus de profits qu'en 1915. Or, la culture intensive épuisait le sol des Prairies. Un désastre se préparait: une quinzaine d'années plus tard, le vent et la sécheresse allaient transformer le sol des Prairies en un désert de poussière.

L'industrie des munitions

La fabrication de munitions fut une autre importante contribution du Canada à l'effort de guerre. En 1917, les expéditions canadiennes d'obus et d'explosifs se chiffraient en millions de dollars. Plus de 250 000 personnes travaillaient dans les 600 usines de munitions. Au début de la guerre, pourtant, il n'existait qu'une seule petite usine gouvernementale de munitions au Canada; elle était située près de la ville de Québec et elle produisait seulement 75 obus par jour. Il ne fut pas facile de trouver les machines et la main-d'œuvre nécessaires à la production de munitions. L'activité, en effet, nécessitait des instruments de précision et des travailleurs hautement spécialisés. Un obus défectueux pouvait faire exploser un canon et tuer le soldat qui l'utilisait. En 1914, il existait peu d'instruments de précision et très peu de travailleurs spécialisés au Canada.

La Grande-Bretagne avait un urgent besoin de munitions et elle était prête à payer le prix pour s'en procurer. Les industriels canadiens s'aperçurent rapidement qu'ils pouvaient s'enrichir dans ce secteur. Le ministre de la Milice, Sam Hughes, aida un groupe de ses amis à former le Comité des obus. Le rôle de ce comité était de présenter des soumissions à la Grande-Bretagne pour la fabrication d'obus et de trouver des manufacturiers canadiens pour remplir les commandes. Le comité de Hughes récolta 170 millions de dollars en contrats avec les Britanniques et les manufacturiers canadiens qui avaient de l'expérience dans le travail des métaux, tels les fabricants de matelas, de machines agricoles, de rails et de poutres d'acier, se convertirent à la fabrication de munitions.

Mais le comité était submergé par les problèmes. En 1915, on découvrit que les amis de Hughes réalisaient d'énormes bénéfices en négociant des contrats malhonnêtes. Les livraisons, en retard pour la plupart, représentaient seulement 5,5 millions des 170 millions de dollars que valaient les contrats britanniques. Le nouveau ministre des Munitions de la Grande-Bretagne, David Lloyd George, dit au premier ministre Borden que le Canada ne recevrait plus de commandes britanniques tant que son industrie des munitions ne serait pas complètement remaniée.

Borden accepta de démanteler le Comité des obus et institua la **Commission impériale des munitions**, qui dépendait directement du gouvernement britannique. Un riche exportateur de viande, Joseph Flavelle, fut choisi pour diriger la nouvelle commission. Il constitua une équipe d'hommes d'affaires expérimentés qui avaient fait fortune pendant le boom économique des années Laurier.

Flavelle et son équipe firent le grand ménage dans l'industrie canadienne des munitions. Ils obligèrent des entrepreneurs cupides à abaisser les prix exorbitants qu'ils demandaient. Certains de ces entrepreneurs fabriquaient des produits de piètre qualité; quelques-uns allaient même jusqu'à contrefaire les timbres de l'inspection et à remplir avec de la peinture les perforations du revêtement des obus. Flavelle et la Commission impériale firent en sorte que les munitions canadiennes soient conformes aux normes. Un jour, la Commission rejeta 10 000 obus fabriqués par un entrepreneur de la Colombie-Britannique parce que le vernis contenait trop de plomb.

En 1917, l'industrie canadienne des munitions établissait des records de quantité et de variété. Quand les États-Unis entrèrent en guerre et eurent besoin de toutes sortes de nouvelles armes, l'industrie canadienne des munitions prospéra. En 1918, le Canada fabriquait des avions, des moteurs d'avion, des canons, des cargos, des produits chimiques et une foule d'autres armes. Les 1500 usines réparties dans 90 villes canadiennes employaient plus de 300 000 personnes.

Le scandale

Quand la Première Guerre mondiale éclata, l'économie canadienne se retrouva sens dessus dessous, car beaucoup d'industries durent se convertir soudainement à la production d'armements. Le gouvernement voulait laisser l'*entreprise privée* gérer l'économie de guerre, mais de nombreux hommes d'affaires furent impliqués dans des scandales qui firent les manchettes. Les amis de Hughes, au Comité des obus, ne furent pas les seuls à être incriminés. D'autres furent accusés d'entreposer de la nourriture et du combustible en vue de faire monter les prix. Le gouvernement fédéral saisit environ 400 000 tonnes de blé après que des spéculateurs eurent tenté d'en trafiquer le prix pour empocher de gros bénéfices. D'autres profiteurs furent aussi accusés de réaliser des bénéfices excessifs dans la vente de médicaments, de pansements et d'instruments d'optique.

Comme des milliers de jeunes hommes étaient partis à la guerre, les femmes se mirent à travailler dans les usines, et particulièrement dans les usines de munitions comme celle-ci. Était-il juste de demander aux femmes de céder leurs emplois aux soldats qui revenaient au pays après la guerre?

LES AFFICHES, LE PATRIOTISME ET LA PROPAGANDE GOUVERNEMENTALE

Pendant la Première Guerre mondiale, le gouvernement fédéral tentait par tous les moyens d'amener la population à contribuer à l'effort de guerre. Il incitait tout le monde, au pays comme sur le front de l'Ouest, à faire sa part pour la victoire. À cette époque où la télévision n'existait pas et où la radio n'était pas encore très répandue, les affiches et les annonces dans les journaux étaient parmi les moyens les plus efficaces de rejoindre la population.

La plupart des affiches produites par le gouvernement pendant la Première Guerre mondiale visaient l'un des quatre objectifs suivants: 1) inciter les jeunes hommes à s'enrôler; 2) convaincre les gens d'acheter des obligations de la Victoire pour financer la guerre; 3) encourager les gens à économiser la nourriture; 4) inciter les gens à contribuer au Fonds patriotique canadien, le fonds qui aidait les familles des soldats envoyés outre-mer.

Étudie attentivement chacune des affiches reproduites sur cette page, puis réponds aux questions suivantes:

1. Quel est l'objectif de chaque affiche?

2. Comment les Allemands sont-ils dépeints sur les affiches? En quoi ce portrait aidait-il le gouvernement à atteindre ses objectifs? Quels sont les dangers d'une telle propagande?

3. Qu'est-ce qui distingue les affiches de recrutement destinées aux Canadiens anglais de celles destinées aux Canadiens français? Selon toi, pourquoi le gouvernement employait-il des tactiques différentes pour les deux groupes?

4. L'une des affiches montre que les hommes ne devraient pas être au pays à jouer au hockey alors que d'autres se battent en Europe. Est-ce là faire appel à l'émotion? Comment?

Beaucoup de Canadiens avaient fait de grands sacrifices pour la guerre. Ils s'étaient serré la ceinture et ils avaient grelotté de froid pendant la pénurie de nourriture et de combustible. Ils furent dégoûtés de voir des industriels s'enrichir malhonnêtement avec les contrats de guerre. Dans tout le pays, des voix s'élevèrent pour demander au gouvernement de mater les «pirates de la nourriture et les tripoteurs de prix» et d'instituer la «conscription des richesses». Certaines personnes voulaient même que le gouvernement nationalise les banques et les industries jusqu'à la fin de la guerre.

Mais Borden avait promis en 1914 de ne pas intervenir dans les affaires et il n'était pas disposé à changer de politique. En 1916, son gouvernement nomma un contrôleur du combustible et un contrôleur des denrées alimentaires; le premier avait le pouvoir d'emprisonner ceux qui stockaient le charbon et le second avait pour rôle de surveiller la hausse du prix des aliments. Plutôt que de faire baisser le prix de la nourriture, conformément à ce que les gens attendaient de lui, le contrôleur des denrées alimentaires demanda à la population de manger moins et de changer d'habitudes. On ne fit donc aucune tentative sérieuse pour éliminer la corruption dans l'entreprise privée pendant la Première Guerre mondiale.

Au début de la guerre, un petit nombre de femmes joignirent les rangs de formations quasi militaires qui leur dispensèrent des cours de tir. Fallait-il préparer les femmes au combat ou les cantonner dans d'autres formes de travail patriotique?

LES FEMMES PENDANT LA GUERRE

La guerre a radicalement modifié la vie des femmes. Inquiètes, les femmes voyaient partir leurs maris, leurs frères et leurs fils au combat et elles restaient seules pour assumer les responsabilités familiales. Beaucoup d'entre elles perdirent un être cher à la bataille. La guerre a demandé de grands sacrifices aux femmes, mais elle a aussi favorisé leur émancipation.

Les femmes ont joué un rôle capital dans l'essor industriel du Canada. Elles travaillaient dans les usines depuis 1880, mais elles n'avaient jamais eu accès aux emplois de l'industrie lourde. À la fin de 1915, cependant, il restait si peu d'hommes au pays que les industries canadiennes avaient un urgent besoin de main-d'œuvre. Environ 30 000 femmes se mirent à travailler dans les ateliers, les fonderies, les usines de munitions, les avionneries et les chantiers navals. Elles trouvèrent aussi des emplois dans les transports, la police, la fonction publique, les banques, les compagnies d'assurances et les fermes.

Beaucoup de Canadiennes traversèrent l'Atlantique comme les hommes. En tout, 2400 infirmières canadiennes s'occupèrent des soldats alliés dans les hôpitaux militaires. Certaines trouvèrent la mort et d'autres furent décorées pour leur bravoure. Des Canadiennes devinrent conductrices d'ambulance, ouvrirent des clubs et des cantines pour les soldats en permission et entrèrent dans les forces armées.

Au Canada comme à l'étranger, les femmes prirent leur juste part du fardeau, mais il n'était pas simple pour elles de travailler pendant la guerre. Au début, les syndicats s'opposaient à l'embauche des femmes. Les ouvrières d'usine faisaient le même travail que les hommes, mais elles étaient payées deux fois moins qu'eux. Les conditions de travail étaient quelquefois malsaines, voire dangereuses. Dans les usines de munitions, par exemple, les émanations acides des explosifs endommageaient les poumons et jaunissaient la peau. Le risque d'explosion était toujours présent. Les employeurs ne firent pas beaucoup d'efforts pour faciliter la transition du foyer au milieu de travail. Rares étaient ceux qui pensaient à offrir des services de garde ou à installer des toilettes pour les femmes. Le message lancé aux femmes était clair: dès que les hommes seront revenus d'Europe, vous retournerez à la maison et vous redeviendrez des épouses, des mères et des domestiques.

Pendant la Première Guerre mondiale, les femmes eurent accès à des occupations traditionnellement réservées aux hommes. Quel a été l'effet de la guerre sur l'avancement des femmes dans la société canadienne?

LA RÉFORME SOCIALE ET LE SUFFRAGE FÉMININ

Malgré tout, les femmes s'affirmaient de plus en plus dans la vie publique. Elles prenaient leur place dans des domaines comme le travail social, le journalisme, l'enseignement et la santé publique. Elles accédaient lentement à la médecine et au droit et elles continuaient de militer pour les réformes politiques et sociales. Dans les villes, elles réclamaient une amélioration des conditions de travail, du logement et de l'hygiène. Le Halifax Local Council of Women créa un centre d'emploi pour femmes afin de fournir aux travailleuses une formation professionnelle solide et des possibilités d'avancement.

Dans les Prairies, les femmes réclamaient le droit à la propriété foncière. Des réformatrices comme Emily Murphy persuadèrent les législateurs albertains d'adopter le Married Women's Relief Act, une loi qui accordait aux veuves une partie de la succession de leurs maris. D'autres femmes de l'Ouest tentèrent de faire modifier les lois qui empêchaient les femmes célibataires et certaines épouses d'obtenir les droits de propriété gratuits prévus par le Homestead Act.

En Colombie-Britannique, des réformatrices voulaient changer le sort des travailleuses assujetties à des conditions de travail misérables. Helena Rose Gutteridge participa à la création de syndicats pour les ouvrières des buanderies et des ateliers de cou-

ture. C'est en partie grâce à Gutteridge que le gouvernement adopta en 1918 une loi qui réduisait les heures de travail des femmes. Les réformatrices des autres provinces exigeaient aussi des mesures de protection pour les travailleuses et, en 1920, les Maritimes, l'Ontario, le Québec et les provinces des Prairies avaient adopté des lois en ce sens.

En 1914, cependant, les femmes n'avaient pas encore le droit de vote. Les *suffragettes* continuaient de militer pour le suffrage féminin aux élections provinciales et fédérales. Elles firent leur première percée au Manitoba, le 26 janvier 1916. Grâce à un groupe de femmes journalistes, dont faisaient partie Nellie McClung, Cora Hind et Francis Beynon, les Manitobaines obtinrent le droit de voter aux élections provinciales. Quelques mois plus tard, la Saskatchewan, l'Alberta, la Colombie-Britannique et l'Ontario emboîtèrent le pas au Manitoba. En 1925, les femmes du Nouveau-Brunswick, de la Nouvelle-Écosse et de l'Île-du-Prince-Édouard avaient le droit de vote à leur tour. Seul le Québec résistait opiniâtrement; ce n'est qu'en avril 1940 que les Québécoises purent participer aux élections dans leur province.

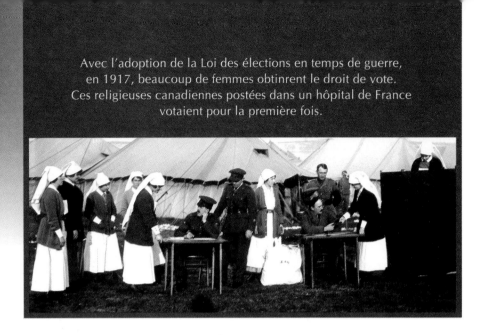

Avec l'adoption de la Loi des élections en temps de guerre, en 1917, beaucoup de femmes obtinrent le droit de vote. Ces religieuses canadiennes postées dans un hôpital de France votaient pour la première fois.

Pendant la guerre, le gouvernement Borden décida que le temps était venu de donner le droit de vote à certaines femmes aux élections fédérales. La **Loi des élections en temps de guerre**, adoptée en 1917, permit aux infirmières de l'armée et aux femmes ayant un mari, un frère ou un fils dans l'armée de voter aux élections fédérales à venir. Pendant la campagne électorale, Borden promit d'accorder le droit de vote à toutes les femmes s'il était élu. Il tint promesse; à la fin de la guerre, les femmes de plus de 21 ans obtinrent le droit de voter aux élections fédérales. Mais cette victoire tant attendue était assombrie par le fait que la plupart des autochtones ainsi que les personnes d'origine asiatique restaient encore privés du droit de vote.

LE FINANCEMENT DE LA GUERRE

Vers la fin de la guerre, le coût de la défense monta en flèche. En 1918, la participation du Canada au conflit coûtait la somme fabuleuse de un million de dollars par jour. Le gouvernement Borden chercha de nouveaux moyens de financement. En temps de paix, les dépenses du gouvernement canadien avaient toujours été très modestes. Quand les temps étaient durs et que les revenus du gouvernement baissaient, le gouvernement réduisait simplement ses dépenses. Or, cette politique ne convenait plus en temps de guerre; quel qu'en fût le prix, le gouvernement devait continuer de fournir de la nourriture et des munitions aux soldats. Au début, les gens croyaient que la guerre serait courte et que l'Allemagne en ferait les frais. Mais la guerre s'éternisait et le gouvernement dépensait des sommes considérables. En 1914, les dépenses militaires se chiffraient à environ 72 millions de dollars. Quatre ans plus tard, elles s'élevaient à 439 millions de dollars.

Comment trouver autant d'argent? La création de nouvelles taxes était une solution. Le gouvernement Borden se résolut donc à instaurer deux nouveaux impôts sur le revenu, à titre temporaire. L'impôt sur le revenu des sociétés fut institué en 1916 et l'impôt sur le revenu des particuliers en 1917. Mais ces deux impôts ne rapportèrent qu'environ 50 millions de dollars et le gouvernement dut chercher de l'argent ailleurs. Il contracta des prêts qu'il comptait faire rembourser par les générations futures. Le ministre des Finances, Thomas White, expliqua que les générations futures devaient payer une partie du prix de la Première Guerre mondiale parce que le Canada faisait la guerre «pour la liberté humaine et pour leur bien».

Pour la première fois dans l'histoire, Ottawa émit des obligations appelées **obligations de la Victoire** (mieux connues sous le nom de «bons de la Victoire») qui rapportaient un intérêt de 5 %. Cette initiative remporta un succès inespéré. Le gouvernement récolta plus de 100 millions de dollars avec la

LE PRIX DE LA GUERRE

Quand la guerre se termina, le 11 novembre 1918, une grande partie de l'Europe était en ruines. Près de 15 millions de soldats et de civils avaient été tués et des millions d'autres avaient été blessés. Le conflit avait coûté 280 137 000 $ aux belligérants. La part du Canada, quoique de beaucoup inférieure à celle des grandes puissances européennes, était considérable, d'autant plus que le Canada avait une population relativement faible de 7,5 millions d'habitants.

Les tableaux suivants montrent le prix que le Canada a payé pour la guerre aux points de vue humain et financier. Rappelle-toi en étudiant ces tableaux que la plupart des experts militaires estimaient au début de la guerre qu'un pays de la taille du Canada devait pouvoir envoyer 50 000 hommes au combat. D'après les chiffres présentés dans les tableaux, dirais-tu que la population canadienne a fourni un effort extrême? Le Canada a-t-il essayé d'en faire trop?

LE COÛT HUMAIN

Volontaires	477 048
Conscrits	142 588
Total des enrôlés	**619 636**
Morts au combat	34 925
Disparus	4 430
Morts des suites de blessures	12 260
Morts en mer	133
Morts des suites de maladies	7 796
Total des morts	**59 544**
Blessés au combat	126 594
Gazés	11 572
Blessés	34 784
Total des blessés	**172 950**

LE COÛT FINANCIER

Dépenses (en millions de dollars)

Année	Budget de la défense	Budget des anciens combattants	Budget national
1911	10	—	463
1914	72	1	750
1915	173	1	974
1916	311	3	1410
1917	344	8	1871
1918	439	30	2638
1919	347	75	2978

vente des obligations, soit deux fois plus que prévu en 1915. En 1917, le gouvernement fit une émission spéciale d'obligations de la Victoire. Cette fois, il comptait en vendre pour 150 millions de dollars. Il en vendit pour 500 millions de dollars. L'émission d'obligations et les impôts sur le revenu, qui avaient été institués à titre de mesure d'urgence temporaires, devinrent des sources de revenu permanentes pour le gouvernement canadien.

LE CONFLIT LINGUISTIQUE ET LA CRISE DE LA CONSCRIPTION

Le conflit entre les francophones et les anglophones prenait aussi des allures de problème permanent. Le Canada était entré en guerre uni, mais il fut presque aussitôt déchiré par la pire querelle entre francophones et anglophones depuis l'exécution de Louis Riel. En 1913, le ministre de l'Éducation de l'Ontario adopta le règlement 17 qui limitait l'usage du français dans les écoles, même dans les régions où la population francophone était nombreuse. L'un des partisans du règlement 17 affirma que la directive représentait un pas vers l'usage exclusif de l'anglais au Canada. Howard Ferguson, qui devint plus tard premier ministre de l'Ontario, déclara que «l'expérience des États-Unis, où le système scolaire national reconnaît une seule langue, prouve le bien-fondé du système». Les francophones de l'Ontario et du Québec, indignés, considéraient le **règlement 17** comme une violation des droits linguistiques garantis par la Confédération.

Au début de la guerre, le nationaliste québécois Henri Bourassa espérait que l'Ontario abroge le règlement 17 pour favoriser l'unité nationale. Or, la guerre semblait exacerber l'intolérance de certains anglophones: en 1916, les provinces des Prairies rejetèrent les compromis qui avaient fait place au français dans les écoles. Le gouvernement fédéral refusa de se mêler du conflit provoqué par le règlement 17. Le ton monta dans les deux camps et Henri Bourassa, furieux, déclara que la guerre véritable ne se livrait pas en Europe mais en Ontario, où

la majorité anglophone sabrait dans les droits de la minorité francophone. Beaucoup de Canadiens français convenaient avec lui que les pires ennemis du Québec ne se trouvaient pas de l'autre côté de l'Atlantique mais bien de l'autre côté de la rivière des Outaouais. Pleins d'amertume envers le Canada anglais, les Québécois montraient peu d'enthousiasme pour la guerre.

Le déclin des enrôlements volontaires

Après le règlement 17, la crise de la conscription acheva de diviser le pays. En 1914, les volontaires se faisaient rares. Borden avait déclaré que la conscription ne serait jamais nécessaire au Canada mais, en 1916, le nombre de volontaires avait chuté. De juillet 1916 à octobre 1917, seulement 2810 hommes s'enrôlèrent dans l'infanterie canadienne.

Il y avait de bonnes raisons à cela. Déjà, un sixième des hommes de 15 à 45 ans avaient joint les rangs de l'infanterie. Des milliers de volontaires s'étaient engagés dans d'autres services, comme l'artillerie, les forêts, les chemins de fer, le génie, le corps médical et le Corps royal d'aviation. Toutes proportions gardées, le Canada avait donné plus de soldats que la Grande-Bretagne et la France. Beaucoup de gens estimaient que le Canada avait envoyé suffisamment de soldats en Europe. L'envoi d'effectifs supplémentaires, pensaient-ils, empêcherait le Canada de fournir des denrées alimentaires et du matériel.

Cependant, Borden revint d'une visite en Angleterre persuadé que le Canada devait continuer d'envoyer des soldats. Il avait passé beaucoup de temps dans des hôpitaux militaires et s'était arrêté pour bavarder avec des blessés. Il apprit ainsi que plusieurs d'entre eux seraient renvoyés dans les tranchées si on ne leur trouvait pas de remplaçants. Le sort des soldats l'émut profondément. Dans son message du Nouvel An de 1916, Borden promit 500 000 soldats, en dépit du fait que la population du Canada ne s'élevait qu'à 7,5 millions de personnes environ.

Où Borden allait-il trouver les recrues? Les engagements volontaires étaient moins nombreux au Québec et dans les Maritimes qu'ailleurs au pays. Le Canada anglais reprochait au Québec de ne pas faire sa part. Beaucoup de Canadiens anglais jugeaient qu'il fallait chercher au Québec les nouvelles recrues aptes au combat.

Plusieurs conditions expliquaient la tiédeur du Québec. Là comme dans les Maritimes, beaucoup de gens se mariaient jeunes et les hommes mariés étaient peu enclins à s'enrôler. De plus, le Québec était une province agricole et on avait besoin d'hommes dans les fermes. De fait, en Ontario, dans les Maritimes et au Québec, le recrutement était plus difficile à la campagne que dans les villes.

Certains historiens accusent Sam Hughes d'avoir fait du Québec le parent pauvre de l'armée canadienne. Contrairement à la plupart des autres provinces, le Québec n'avait pas sa propre unité de combat dans le premier contingent. Les volontaires francophones étaient répartis dans des unités anglophones. Les Canadiens français se sentaient traités comme des inférieurs. Le gouvernement tenta de remédier à la situation en créant le 22ᵉ bataillon canadien-français dans le second contingent. Ce bataillon se distingua à la guerre et récolta plus de 150 décorations.

La Loi du service militaire

Beaucoup de Canadiens anglais n'imaginaient même pas que l'adhésion à la cause des Alliés ne pût être que totale. Ils prônèrent la **conscription**. Si les hommes aptes au combat ne s'engageaient pas de plein gré, disaient-ils, il fallait alors les forcer. Borden savait que la conscription soulèverait un tollé général au Québec. Puisque les Québécois refusaient de s'enrôler volontairement, qu'allaient-ils faire si on les y obligeait? Néanmoins, Borden était convaincu qu'il fallait augmenter le nombre de soldats.

Le 18 mai 1917, Borden se leva à la Chambre des communes pour annoncer ses intentions. «Tous les citoyens sont responsables de la défense de leur pays, dit-il, et j'estime que la bataille pour la liberté et l'autonomie du Canada se livre dans les plaines de France et de Belgique.» Un mois plus tard, la Chambre des communes fut saisie d'un projet de loi qui rendait le **service militaire obligatoire** pour tous les hommes de 20 à 45 ans.

Près de la moitié de la population s'opposait au projet de loi. Les fermiers refusaient de laisser partir les fils et les ouvriers qui leur restaient. Les syndicalistes songèrent à organiser une grève générale en signe de protestation. La réaction du Canada français fut la plus véhémente de toutes; le lendemain de la présentation du projet de loi, des émeutes éclatèrent à Montréal. Les gens se calmèrent, mais ils restèrent farouchement opposés à la conscription.

Henri Bourassa se prononça contre le service militaire. Le chef libéral, Wilfrid Laurier, joignit sa voix à celle de Bourassa. «Si cette Loi du service militaire est adoptée, déclara-t-il, nous ferons face à un clivage qui risque de déchirer notre pays jusque dans ses racines.» La **Loi du service militaire** fut sanctionnée à la fin d'août 1917, après un été de débats. Borden forma un **gouvernement d'union** (une coalition de conservateurs et de libéraux de l'extérieur du Québec) et fit de la conscription le thème central de sa campagne électorale en 1917.

Ce fut la plus passionnée des campagnes électorales de l'histoire du Canada. Comme Laurier l'avait prédit, la question de la conscription déchira le pays. Le 6 décembre 1917, 11 jours seulement avant les élections, la guerre parvint jusqu'aux côtes canadiennes. Un navire français chargé d'explosifs prit feu et explosa dans le port de Halifax. La déflagration dévasta la ville, tua environ 2000 personnes et fit des milliers de blessés. La **tragédie de Halifax** semblait symboliser les forces tragiques que la guerre en Europe avait déchaînées au Canada. Le gouvernement d'union remporta les élections, mais Borden se trouvait désormais à la tête d'un pays profondément divisé.

LA CRISE DE LA CONSCRIPTION EN 1917		
Mois	**Enrôlements**	**Pertes**
Janvier	9 194	4 396
Février	6 809	1 250
Mars	6 640	6 161
Avril	5 530	13 477
Mai	6 407	13 457
Juin	6 348	7 931
Juillet	3 882	7 906
Août	3 117	13 232
Septembre	3 588	10 990
Octobre	4 884	5 929
Novembre	4 019	30 741
Décembre	3 921	7 476

La Loi du service militaire fut appliquée après les élections. Quand le premier groupe de 404 395 conscrits fut appelé, 380 510 hommes demandèrent une exemption. Un grand nombre de ceux qui n'avaient pas obtenu d'exemption disparurent tout simplement et, en fin de compte, 20 000 hommes seulement se présentèrent à l'entraînement. Pendant le congé de Pâques de 1918, la police militaire de la ville de Québec arrêta un jeune homme qui ne portait pas de papiers d'exemption. Aussitôt, un attroupement se forma et les manifestants attaquèrent un bureau d'enregistrement de l'armée. Ils jetèrent les dossiers par les fenêtres puis ils pillèrent des commerces appartenant à des Canadiens anglais. Comme la police locale n'intervenait pas, Ottawa envoya 700 soldats ontariens pour rétablir l'ordre. Le lundi de Pâques, une foule en colère encercla des soldats sur une place de la ville et se mit à leur lancer des briques et des boules de neige. Les soldats ouvrirent le feu. L'émeute fit quatre morts et de nombreux blessés. Finalement, 24 000 conscrits seulement se battirent en Europe. Certaines personnes se demandèrent si la conscription avait valu le prix de la discorde nationale.

Les soldats qui revinrent chez eux trouvèrent un Canada profondément divisé. L'amertume allait persister bien après la guerre. Pourtant, le Canada sortit de la guerre plus confiant et plus indépendant qu'auparavant. Il y avait eu de la corruption et des scandales, mais beaucoup de Canadiens avaient donné le meilleur d'eux-mêmes pour l'effort de guerre. Les progrès spectaculaires que le Canada avait faits dans les domaines de l'agriculture et de l'industrie étaient une source de fierté nationale. Les femmes avaient avancé sur la voie de l'égalité. Elles avaient largement contribué à l'effort de guerre dans leurs foyers et elles avaient rempli de nouveaux rôles sur le marché du travail. Elles avaient été à l'origine de réformes sociales et elles conquéraient peu à peu le droit de vote.

La question de la conscription fit de la campagne électorale de 1917 l'une des plus agitées de l'histoire du Canada. Ces soldats canadiens votent sur le front de l'Ouest. Crois-tu que des hommes comme ceux-ci ont voté pour ou contre le gouvernement de Borden, qui était favorable à la conscription?

CATASTROPHE À HALIFAX: L'EXPLOSION DE 1917

Le matin du 6 décembre 1917 était un matin comme les autres dans la ville portuaire de Halifax, en Nouvelle-Écosse. Les soldats de la garnison avaient pris leur poste, les ouvriers s'étaient mis au travail, les gens d'affaires se rendaient au bureau et les enfants prenaient le chemin de l'école.

La guerre avait apporté la prospérité à Halifax, car la ville était devenue le port d'attache de la Marine royale au Canada. De ses quais les navires chargés de matériel de guerre partaient pour l'Europe, protégés contre les sous-marins allemands par des convois. En tant que grand port de guerre, Halifax recevait des cargos du monde entier, et notamment le navire norvégien *Imo* et le navire français *Mont Blanc*.

Le *Mont Blanc* était chargé de 2400 tonnes d'explosifs. Pendant ses manœuvres d'approche, il croisa l'*Imo* en partance pour l'Europe. La suite des événements n'est pas claire, mais on sait que les deux navires se heurtèrent.

Les témoins de la collision comprirent tout de suite le danger que représentait l'incendie d'un bateau rempli de munitions. Vincent Coleman, le contrôleur de la gare de Richmond, s'empressa d'envoyer le message suivant à la gare de Truro: «Navire de munitions en feu se dirige vers le quai numéro 6. Adieu.» Ce fut le dernier message que Coleman expédia. À 8 h 55, le *Mont Blanc* explosa. La déflagration fut entendue à plus de 300 km de distance et elle détruisit une grande partie de la ville. Elle fit 2000 morts, 9000 blessés et des milliers de sans-abri.

Voici un extrait du compte rendu d'un témoin:

La plupart des blessures semblaient avoir été causées par des éclats de verre. Les blessures au visage et aux yeux en particulier dépassaient en fréquence et en gravité tout ce qu'on avait vu jusqu'alors. [...] Pendant que je m'occupais d'une pauvre femme couverte de coupures, une infirmière m'entraîna à l'autre bout de la salle, où l'on avait couché deux cas urgents sur le même matelas. [...] L'une des deux femmes était étendue, paisible et immobile, morte déjà. [...] Elle ne portait pratiquement pas de marques et elle était probablement morte des suites d'un choc ou d'une blessure interne. L'autre, sa sœur ou une étrangère, avait perdu un œil. [...] Son visage était affreusement déchiré. Elle était aveugle et défigurée pour le reste de ses jours, pourtant elle avait un bon pouls, elle était pleine de vitalité et ses chances de survie étaient bonnes. [...] Pour celui qui a observé les effets destructeurs que l'explosion a eus sur le verre dans Halifax et Dartmouth, le nombre des blessés n'est pas étonnant; en effet, les éclats de verre ont dû voler par millions, projetés comme autant de grêlons à une vitesse terrifiante.

La tragédie de Halifax apporta les atrocités de la guerre aux portes du Canada. C'était un échantillon de l'horreur meurtrière qui décimait l'Europe depuis trois ans et qui continuerait ses ravages pendant encore une année entière.

LES GENS, LES LIEUX ET LES ÉVÉNEMENTS

Dans tes notes, explique clairement l'importance historique des éléments suivants.

Fonds patriotique canadien
Étrangers ennemis
Loi des élections en
  temps de guerre (1917)
Règlement 17
Loi du service militaire
Tragédie de Halifax

Soldats de la terre
Commission impériale
  des munitions
Obligations de la Victoire
Conscription
Gouvernement d'union

RÉSUME TES CONNAISSANCES

1. Quelles furent les principales contributions du Canada à l'effort de guerre, en plus de l'envoi de milliers de soldats? Quelles difficultés la production de grandes quantités de munitions posait-elle à la population canadienne?

2. Explique les divers rôles que les femmes ont remplis pendant les années de guerre. Quelles réformes sociales et politiques les femmes ont-elles amenées pendant la guerre?

3. Trace une ligne du temps montrant les dates auxquelles les femmes de chaque province ont obtenu le droit de vote aux élections fédérales et provinciales.

4. Quels groupes étaient encore privés du droit de vote après la Première Guerre mondiale?

5. Que signifiait l'expression «conscription des richesses»? Pourquoi une grande partie de la population canadienne réclamait-elle la conscription des richesses?

6. Comment le gouvernement Borden a-t-il financé l'effort de guerre?

7. Donne au moins trois des raisons pour lesquelles les Québécois étaient moins empressés de s'enrôler que les hommes des autres provinces.

APPLIQUE TES CONNAISSANCES

1. Considérant que le Canada était en guerre contre l'Allemagne et ses alliés, les gens étaient-ils justifiés de mettre en doute la loyauté des immigrants d'origines allemande et autrichienne? Explique ta réponse.

2. Est-il moral pour les individus et les industries de s'enrichir avec la guerre? Justifie ta réponse.

3. En dépit de la pénurie de main-d'œuvre qui a sévi pendant la guerre, les Canadiennes n'ont pas eu un accès facile au marché du travail. Pourquoi les hommes étaient-ils réfractaires à l'entrée des femmes sur le marché du travail? Qu'est-ce qui prouve que les femmes n'étaient considérées que comme des auxiliaires temporaires?

4. Est-ce que le gouvernement Borden a adopté la Loi des élections en temps de guerre pour des raisons justes et équitables ou pour d'autres motifs?

5. À l'aide d'un tableau en deux colonnes, présente les arguments pour et contre la conscription pendant la Première Guerre mondiale. Ensuite, cote l'importance de chaque argument sur une échelle de 1 à 10. Fais le total des cotes de chaque colonne. Si tu avais vécu en 1917, est-ce que tu aurais été une partisane ou un partisan du gouvernement unioniste de Borden ou, comme Laurier, une ou un adversaire de la conscription?

AUGMENTE TES CONNAISSANCES

1. Au chapitre 7, nous t'avons demandé de te mettre dans la peau d'une soldate ou d'un soldat et d'écrire une série de lettres à ta famille. Imagine maintenant que tu es une mère, une fiancée, un père, un frère ou une sœur et écris à une soldate ou à un soldat en Europe. Dans ta lettre, parle des répercussions de la guerre sur la vie quotidienne au Canada.

2. Avec une ou un camarade, prépare une exposition présentant les activités reliées à la guerre au Canada. Choisis un thème en particulier, comme «Les femmes et la guerre», «Nourrir les soldats» ou «La propagande gouvernementale et l'effort de guerre».

3. Étudie attentivement les affiches reproduites dans le chapitre. Crée toi-même une affiche sur l'un des sujets suivants:
   - le recrutement;
   - la contribution au Fonds patriotique canadien;
   - la vente d'obligations de la Victoire;
   - la diminution de la consommation de nourriture dans les foyers.

4. Écris un éditorial dans lequel tu te prononceras pour ou contre la conscription. Explique clairement qui tu es et justifie ton opinion.

9 DE LA GUERRE À LA PAIX

GLOSSAIRE

Reconnaissance   Examen du territoire ennemi visant à renseigner sur la force et la position de l'opposant.

Saillie   Partie qui avance, dépasse le plan, l'alignement – bosse.

Maquette   Modèle à l'échelle d'un objet.

Mortier   Canon court qui tire des obus en hauteur.

Armistice   Accord conclu pour mettre fin aux combats.

Automate   Machine relativement autonome; robot.

DANS CE CHAPITRE, TU ÉTUDIERAS LES SUJETS SUIVANTS:

- les exploits d'un héros canadien, Billy Bishop;
- la guerre dans les airs et sur la mer;
- le torpillage du *Lusitania* et l'entrée en guerre des États-Unis;
- la bataille de Vimy et son effet sur la guerre et sur la fierté nationale du Canada;
- les horreurs de la bataille de Passchendaele;
- le rôle du Canada en tant que pays indépendant lors de la signature du traité de Versailles et de la création de la Société des Nations.

A u cours de l'été 1915, la cavalerie canadienne s'entraînait dans la boue du sud de l'Angleterre avant d'aller combattre de l'autre côté de la Manche. La nuit, les Canadiens voyaient dans le ciel la lueur des explosions qui incendiaient la France; le jour, seule une mer de boue sans fin s'offrait à leur regard.

Au début de juillet, un jeune officier de cavalerie canadien, **Billy Bishop**, faisait son tour d'inspection en enfonçant jusqu'aux genoux dans la boue du terrain de manœuvres. Soudain, un petit avion surgit des nuages et se posa un bref instant dans un champ «comme s'il dédaignait de frotter ses ailes à un paysage aussi sordide». Aux dires mêmes du légendaire Billy Bishop, le plus illustre des pilotes canadiens, ce fut la boue qui l'incita à entrer dans l'aviation.

LA GUERRE DANS LES AIRS

Les pilotes n'avaient pas à endurer la boue et la crasse des tranchées. Ils avaient droit à des lits propres, à une bonne nourriture, à du brandy et à du champagne. Ils ne mouraient pas dans l'indifférence générale, comme les fantassins et les cavaliers tués par des ennemis sans visage lors d'attaques au gaz ou de tirs de barrage. Non, ils se battaient en duel, haut dans le firmament. Leurs noms étaient connus et leurs exploits étaient individuellement consignés.

Les as de l'aviation allemande et alliée étaient les chevaliers des temps modernes sur le front de l'Ouest. Les prouesses de Bishop et d'autres pilotes canadiens, comme Billy Barker, Raymond Collishaw, «Wop» May et Ray Brown, étaient source de consolation et de fierté. Les journaux du monde entier citaient leurs noms et toute une génération de Canadiens racontait leur histoire.

Or, la tâche des pilotes était peut-être la plus périlleuse de toutes. La plupart des pilotes mouraient dans les trois semaines suivant leur entrée dans un escadron. En deux semaines exactement, les escadrons allemands commandés par **Manfred von Richthofen**, le célèbre «Baron rouge», abattirent 13 avions alliés. Un mois après l'arrivée de Bishop en France, tellement de pilotes avaient

En dépit du danger associé aux batailles aériennes, l'aviation attirait beaucoup les soldats qui avaient connu les horreurs des tranchées. Est-ce qu'une photo comme celle-ci t'aurait donné le goût d'entrer dans l'aviation?

péri que Bishop était devenu l'un des vétérans de l'escadron. Bishop participa au cours de sa carrière à plus de 170 batailles aériennes et abattit le nombre record de 72 appareils ennemis. Billy Bishop fut l'un des rares pilotes à profiter de sa célébrité.

Les avions, nouvelles armes de guerre

Au début, les avions servaient à examiner le territoire ennemi. Le 19 août 1914, les Allemands et les Alliés firent leurs premiers vols de *reconnaissance* au-delà des lignes ennemies. Les deux avions se croisèrent à quelques mètres l'un de l'autre; les pilotes se regardèrent tout bonnement et poursuivirent leur route sans incident. Aucun des deux avions ne transportait d'armes. Mais les Alliés saisirent l'importance des vols de reconnaissance en septembre 1914, quand des pilotes français et britanniques découvrirent que l'armée allemande s'était étendue. Forts de ce renseignement, les Alliés purent arrêter

Le plus célèbre as de l'aviation du Canada pendant la Première Guerre mondiale était Billy Bishop, d'Owen Sound, en Ontario. Grâce à son adresse et à sa chance, il fut l'un des rares pilotes à survivre à la guerre.

l'avance des Allemands à la bataille de la Marne. Dès lors, les avions devinrent un élément primordial de la stratégie.

Les pilotes commencèrent à transporter des pistolets, des fusils, des mitrailleuses légères et même des briques pour attaquer les appareils ennemis. Bientôt, des armes plus perfectionnées furent inventées pour la guerre aérienne. Les Allemands équipèrent leurs avions Fokker d'un dispositif qui synchronisait le tir des mitrailleuses et la rotation des hélices. Les Alliés eurent tôt fait de copier le dispositif.

Le Nieuport était un avion populaire pendant la Première Guerre mondiale. Pour survoler le territoire ennemi, est-ce que tu te serais senti en sécurité à bord d'un tel avion?

LA GUERRE EN MER

Le Canada se battit aussi en mer aux côtés de la Grande-Bretagne. En effet, le Canada fabriqua

Les Allemands croyaient que le luxueux paquebot *Lusitania* transportait des armes et ils le coulèrent près de l'Irlande. L'événement provoqua l'entrée en guerre des États-Unis. En temps de guerre, devrait-on pouvoir tirer sur les vaisseaux transportant des civils et des armes? Ceux qui utilisent des navires civils pour transporter des armes devraient-ils être tenus responsables des catastrophes maritimes?

plus de 500 vedettes et plus de 60 navires d'acier anti-sous-marins. La marine canadienne se transforma. En 1914, elle était composée de 2 navires et de 350 membres d'équipage. En 1918, elle comptait 112 vaisseaux de guerre et 5500 officiers et marins commandés par un officier de la Marine royale britannique.

Les sous-marins allemands

Au début de la Première Guerre mondiale, la Grande-Bretagne avait encore la plus grande marine du monde et elle régnait toujours sur les océans. Mais les nouveaux vaisseaux allemands étaient gros et efficaces et, contrairement à la plupart des bateaux britanniques, ils avaient des coques d'acier. Les Allemands se sentaient capables de vaincre la Grande-Bretagne en mer. Ils possédaient aussi des armes de guerre révolutionnaires, de redoutables sous-marins dont les 12 torpilles pouvaient être lancées sans avertissement. À la fin de 1914, les **sous-marins allemands** avaient coulé 200 navires de ravitaillement britanniques.

Les Allemands savaient que la domination des mers était la clé de la victoire sur la Grande-Bretagne. Pays insulaire, la Grande-Bretagne ne pouvait pas se passer des marchandises que lui apportaient les navires marchands. L'Allemagne comptait affamer et soumettre la Grande-Bretagne en la privant de matériel de guerre, de troupes, de matières premières, de produits manufacturés et de denrées alimentaires. Les sous-marins allemands pourchassaient les navires marchands britanniques sans relâche.

Les sous-marins allemands menaçaient même les paquebots civils. Le gouvernement allemand annonça du reste que ces navires seraient coulés à vue. Néanmoins, le 2 mai 1915, à New York, le magnifique paquebot britannique *Lusitania* embarqua des passagers et appareilla pour Liverpool, en Angleterre. Cinq jours plus tard, alors que le paquebot approchait de l'Irlande, son équipage apprit que des sous-marins allemands patrouillaient près des côtes.

Le commandant du sous-marin allemand U-20, Walter Schweiger, vit dans son périscope le *Lusitania* qui changeait de cap. À 14 h 15, il lança deux torpilles en direction du paquebot. Dix-huit minutes après, le *Lusitania* gisait au fond de l'océan. Ses 1198 passagers avaient trouvé la mort dans les flots.

Au nombre des victimes figuraient 128 citoyens américains, pour la plupart des femmes et des enfants. Les Américains étaient indignés. Les États-Unis étaient neutres et, jusqu'au jour de l'attaque, beaucoup de citoyens américains avaient été ouvertement favorables à l'Allemagne. Apparemment, le *Lusitania* ne transportait qu'une petite quantité de balles, mais l'Allemagne expliqua qu'elle l'avait coulé parce qu'il était armé et chargé d'explosifs. Les Américains changèrent radicalement d'opinion et se mirent à détester tout ce qui était allemand. Le torpillage du *Lusitania* fut à l'origine de la déclaration de guerre des États-Unis à l'Allemagne en 1917.

La bataille du Jutland

Les deux camps savaient à quel point il était important de dominer les mers et ils hésitaient à mettre leurs flottes en péril dans des batailles navales en règle. De fait, les deux flottes ne livrèrent qu'une seule bataille d'envergure: elle eut lieu au large du **Jutland**, la grande péninsule du Danemark, le 31 mai 1916. Les pertes furent lourdes pour la Grande-Bretagne. Six mille marins

britanniques (deux fois plus nombreux que les marins allemands) périrent dans les eaux glaciales de la mer du Nord. Mais la flotte britannique était encore assez imposante pour défendre les Îles britanniques contre les Allemands. La marine allemande retourna au port et ne prit plus jamais la mer. Dès lors, les Allemands s'attachèrent à construire toujours plus de sous-marins.

Le blocus naval

La Grande-Bretagne riposta au blocus naval en empêchant à son tour le ravitaillement de l'Allemagne par voie maritime. Elle y parvint tant et si bien que, pendant l'hiver 1916-1917, l'Allemagne était pratiquement à bout de ressources. Le peu qui restait de viande et de produits laitiers était envoyé aux soldats allemands, au front. Il ne restait aux hommes âgés, aux femmes et aux enfants que des navets cultivés pour nourrir les animaux. Cet hiver-là fut appelé «l'hiver des navets».

Les perspectives de l'Allemagne étaient si sombres en février 1917 que l'empereur Guillaume II cherchait par tous les moyens à accélérer la victoire. Les Allemands pouvaient encore gagner la guerre

Les sous-marins allemands comme celui-ci menaçaient les cargos alliés, qu'il fallut faire escorter par des convois.

s'ils empêchaient complètement le ravitaillement des pays alliés. Les sous-marins reçurent l'ordre d'attaquer tous les bateaux naviguant en eaux britanniques, quelle que soit leur nationalité. La politique était appelée «guerre sous-marine à outrance». À la fin de 1917, les sous-marins allemands avaient détruit six milliards de tonnes de marchandises destinées à la Grande-Bretagne.

Les États-Unis en guerre contre l'Allemagne

Paradoxalement, le succès des sous-marins fut un des facteurs de la défaite allemande. Le président des États-Unis, Woodrow Wilson, était si ulcéré par la politique de guerre sous-marine à outrance qu'il rompit les relations diplomatiques avec l'Allemagne. Puis, les navires américains *City of Memphis* et *Illinois* furent torpillés. Le 6 avril 1917, le Congrès américain déclara la guerre à l'Allemagne, un geste qui marqua un tournant dans l'histoire de la guerre. Juste au moment où les belligérants avaient presque

épuisé leurs ressources, l'entrée des États-Unis dans la guerre fit pencher la balance en faveur des Alliés.

Les Américains, cependant, n'étaient pas encore prêts à combattre. L'armée américaine comptait moins de 200 000 soldats et la majeure partie de ses armes étaient désuètes. Il fallait des mois de préparation aux États-Unis. Les Allemands se lancèrent dans une course contre la montre. Ils espéraient remporter une victoire décisive avant que les Américains ne soient parés au combat. L'Allemagne, soudainement, tenait une bonne occasion de gagner rapidement: sa guerre contre la Russie sur le front oriental achevait et la Russie était disposée à faire la paix avec elle.

La Russie en paix avec l'Allemagne

Le même jour où, en mars 1917, les sous-marins torpillèrent deux vaisseaux américains, un gouvernement révolutionnaire renversa la monarchie russe. Mais le nouveau gouvernement russe fut presque aussitôt renversé à son tour par Vladimir

En préparation de l'attaque de la crête de Vimy, les Canadiens construisirent une voie ferrée légère qui servit d'épine dorsale au «barrage roulant».

Lénine et ses révolutionnaires communistes. Quelques jours seulement après avoir pris le pouvoir, Lénine annonça que la Russie voulait négocier les conditions de la paix avec l'Allemagne. Le pays était épuisé par la guerre, son peuple mourait de faim et le nouveau gouvernement avait la ferme intention d'édifier un État communiste. La Russie était prête à accepter la défaite. Les Russes vaincus, l'Allemagne pouvait diriger toute son attention, et toute sa puissance de tir, sur le front de l'Ouest.

LE FRONT DE L'OUEST EN 1917 ET 1918

L'année 1917 fut déterminante. La capitulation de la Russie et l'entrée en guerre des États-Unis modifièrent l'équilibre des forces sur le front de l'Ouest. Tout le monde croyait que la fin des hostilités approchait. Mais personne ne pouvait prédire qui, de l'Allemagne ou des Alliés, triompherait. En 1917, la victoire était encore incertaine. Deux interminables années de combats étaient encore à venir.

La bataille de Vimy

Dans les tranchées du front de l'Ouest, les troupes canadiennes étaient reconnues pour leur endurance, leur efficacité et leur courage. La bataille de Vimy, un tournant décisif de la guerre, fut le plus beau fleuron de la couronne canadienne à la Première Guerre mondiale.

La crête de Vimy était un longue *saillie* de 60 m de haut qui surmontait la plaine de Douai, en France. Elle donnait aux Allemands une vue imprenable sur l'armée britannique. De plus, elle protégeait une région minière et industrielle où les Allemands s'approvisionnaient. La crête de Vimy revêtait une grande importance stratégique et elle était lourdement fortifiée. Les Allemands avaient creusé un labyrinthe de tranchées et de casemates. Certains de ces abris souterrains étaient assez vastes pour protéger des bataillons entiers contre les tirs alliés. Les Allemands avaient posé leurs mitrailleuses sur d'épaisses fondations de béton et les avaient entourées de barbelés denses. Les troupes françaises

Les Canadiens d'origine africaine jouèrent un rôle important lors de la Première Guerre mondiale. Les hommes photographiés ici faisaient partie du bataillon de construction n° 2.

et britanniques avaient bien tenté à quelques reprises de capturer la crête, mais l'artillerie allemande les avait arrêtées et refoulées. L'armée allemande était certaine que personne ne pourrait la déloger de la crête de Vimy.

La prise de la crête de Vimy incomba aux Corps canadien commandé par le général britannique Julian Byng. Celui-ci avait sous ses ordres le major général **Arthur Currie**, qui était à la tête de la 1re division canadienne. Currie dit un jour: «Une bonne préparation nous mènera à la victoire. Ne négligez rien.» Contrairement aux attaques antérieures des Alliés à la crête de Vimy, l'offensive canadienne ne laissa rien au hasard. Chaque étape de l'assaut fut répétée jusque dans les moindres détails.

À l'aide de photos aériennes prises par le Corps royal d'aviation et de renseignements obtenus par des espions qui avaient traversé les lignes ennemies, les Canadiens repérèrent l'emplacement exact de chaque tranchée, de chaque mitrailleuse et de chaque batterie. Ils construisirent une *maquette* à l'échelle de la crête de Vimy et indiquèrent les positions clés au moyen de drapeaux et de ruban adhésif de couleur. Les troupes canadiennes répétèrent chacun des mouvements prévus. Dans les airs, les pilotes canadiens repoussaient les avions de reconnaissance allemands.

Currie et Byng estimaient tous deux que la stratégie employée sur les rives de la Somme avait échoué. Les troupes allemandes avaient su à quoi s'attendre quand le tir d'artillerie avait cessé, juste avant l'assaut. Les Alliés avaient perdu l'avantage de la surprise. La stratégie, à Vimy, consistait à former un **barrage roulant**, c'est-à-dire à déployer un rideau de projectiles juste devant les troupes allemandes. Le plan réussit grâce à la rigueur de ses concepteurs et au courage et à la discipline des soldats canadiens. À midi, les Canadiens étaient au sommet de la crête de Vimy, observant la retraite de milliers de soldats allemands.

La victoire de Vimy a coûté très cher au Canada. Plus de 3500 hommes périrent. Mais les Alliés avaient ouvert une brèche dans les lignes allemandes et ils s'étaient emparés d'une importante position stratégique. Les Canadiens, en particulier, avaient montré au monde entier qu'ils étaient capables de planifier et d'exécuter une attaque victorieuse. Currie fut promu au rang de commandant du Corps canadien en juin 1917. Il n'était plus nécessaire que des officiers britanniques commandent les soldats canadiens. Pour la première fois, le Corps canadien était sous les ordres d'officiers canadiens.

La bataille de Passchendaele

Malheureusement, Vimy ne fut pas la dernière bataille de la guerre. Sourd à tous les conseils, le général britannique Douglas Haig était déterminé à passer au travers du front allemand. Il

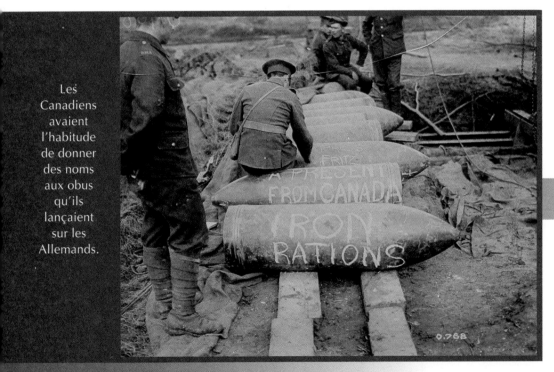

Les Canadiens avaient l'habitude de donner des noms aux obus qu'ils lançaient sur les Allemands.

La couche de boue était si profonde à Passchendaele que les troupes canadiennes durent installer des caillebotis sur le champ de bataille pour pouvoir avancer.

lança une attaque désastreuse en Belgique en 1917 et, au début d'octobre, le Corps canadien reçut l'ordre de se préparer à la prise de Passchendaele.

Le Canada avait déjà défendu ce front à la bataille d'Ypres. Quatre millions d'obus avaient détruit les barrages et les systèmes de drainage. Le champ de bataille s'était transformé en marécage. De la position surélevée qu'ils occupaient, les Allemands avaient les forces alliées à leur merci. Currie estima que la prise de Passchendaele allait demander le sacrifice de 16 000 Canadiens. Il ne pouvait pas croire que l'objectif valait autant de morts, mais Haig tenait obstinément à l'offensive.

Les Canadiens effectuèrent une série d'attaques à compter de la fin d'octobre. Ils rampaient dans la boue sous une grêle d'obus allemands. Finalement, ils atteignirent les abords du village de Passchendaele en ruines et tinrent bon pendant cinq jours. À l'arrivée des renforts, les Canadiens étaient décimés; un cinquième seulement des attaquants avaient eu la vie sauve. Quand les combats cessèrent, le 15 novembre, les Britanniques n'avaient avancé que de 6 km et les pertes canadiennes se chiffraient à 15 654 hommes. Malgré tout, les soldats canadiens s'étaient admirablement comportés. Neuf d'entre eux reçurent la Croix de Victoria, le plus grand honneur militaire du Commonwealth britannique.

Les dernières batailles

Au printemps de 1918, l'Allemagne décida de frapper un grand coup avant que les Américains n'arrivent au front. Le 21 mars, les forces allemandes entreprirent une attaque massive sur le front de l'Ouest. Au moyen de nouvelles tactiques fondées sur la mobilité et l'effet de surprise, l'armée allemande écrasa les défenses alliées et prit la direction de Paris.

L'offensive allemande réussit presque. L'armée allemande s'empara des positions avancées des Alliés, interrompit leur ravitaillement et coupa leurs lignes de communication. Avec ses avions, ses camions et ses mitrailleuses mobiles, elle avança jusqu'à 70 km de Paris. Les troupes alliées, épuisées, reculaient sous l'assaut, mais le front allié ne s'effondra pas. La dernière tentative désespérée de l'Allemagne avait échoué.

Les deux camps avaient essuyé de lourdes pertes, mais les Allemands avaient souffert plus que les Alliés. Leur ravitaillement avait été coupé par le blocus naval des Britanniques et leur moral, tant au pays qu'au front, était au plus bas. L'Allemagne était pratiquement incapable de remplacer les milliers de soldats qu'elle avait perdus. En outre, les Américains arrivaient en grand nombre pour renforcer les rangs alliés. L'armée alliée était désormais la plus forte. Le sort avait tourné: il était temps pour les Alliés de monter une dernière offensive.

Les cent jours du Canada

Utilisant toutes les nouvelles techniques de la guerre de mouvement, les troupes alliées avancèrent pour reconquérir le territoire français et belge que l'Allemagne avait pris dans les premiers mois de la guerre. Le Corps canadien jouissait d'une enviable réputation et il fournissait les

L'ART DE GUERRE CANADIEN

William Roberts, *The First German Gas Attack at Ypres*, Musée des beaux-arts du Canada

Beaucoup d'artistes canadiens exprimèrent dans leurs peintures et leurs sculptures les grandeurs et les misères de la Première Guerre mondiale. Le *Canadian War Memorial Fund*, institué en novembre 1916, offrait aux artistes le rang et la solde d'un officier pour qu'ils peignent des scènes de guerre. Plusieurs artistes, dont des membres du célèbre groupe des Sept, risquèrent leur vie pour témoigner de la guerre. Leurs œuvres comprennent quelques-uns des tableaux les plus saisissants de l'art canadien et forment une collection aujourd'hui évaluée à plus de 500 millions de dollars.

Contrairement à certains de leurs prédécesseurs, qui glorifiaient la guerre, les peintres de guerre canadiens travaillaient d'après des croquis exécutés sur le terrain. Ils ne s'intéressaient pas uniquement aux batailles. Ils peignaient aussi des personnages aux prises avec les conséquences de la guerre: des soldats qui se battaient ou se reposaient, des femmes qui labouraient au pays et des membres de l'*Impérial War Cabinet* qui échafaudaient des stratégies. Leurs tableaux, d'une vérité troublante, montraient les horreurs de la guerre et le sort des hommes et des femmes qui devaient les subir.

Les deux tableaux reproduits ici représentent les effets de la guerre sur deux groupes différents. Le premier est intitulé The *First German Gas Attack at Ypres*. Son auteur, William Roberts, y exprime l'angoisse des soldats canadiens surpris par une attaque au gaz moutarde. Le second, de George Clausen, est intitulé *Returning to the Reconquered Land*. On y voit des femmes, des enfants et des vieillards retournant dans les ruines de ce qui fut leur village. L'écriteau, à gauche, porte l'inscription «Ici était Ablains Nazaire».

George Clausen, *Returning to the Reconquered Land*, Musée canadien de la guerre.

Selon toi, pourquoi le premier ministre Borden trouvait-il important de visiter les troupes canadiennes outre-mer?

troupes d'assaut. Il forma la pointe de flèche qui perça les défenses allemandes. La période comprise entre le 8 août et le 11 novembre 1918 fut appelée les **cent jours du Canada**. Les Canadiens avancèrent de 130 km et capturèrent 31 537 prisonniers, 623 canons, 2842 mitrailleuses et 336 *mortiers*.

L'armée allemande était sur le point de s'écrouler. L'empereur Guillaume II fut forcé d'abdiquer et de s'exiler aux Pays-Bas et un gouvernement républicain prit le pouvoir en Allemagne. Les armées alliées approchaient des frontières de l'Allemagne et le nouveau gouvernement demanda un *armistice*. Les Allemands, exténués, étaient disposés à discuter des conditions de leur reddition. Le jour même où l'armistice mit fin à la Première Guerre mondiale, les troupes canadiennes pénétrèrent dans la ville de Mons, en Belgique. Cette ville, qui avait été le théâtre de la première bataille entre les Britanniques et les Allemands, en 1914, représentait ce jour-là la fin du voyage des Canadiens. Les hommes pouvaient rentrer chez eux.

LA MATURITÉ

En 1914, enthousiaste et naïf, le Canada avait répondu «Toujours prêt» à l'appel aux armes. La Grande-Bretagne était en guerre, alors le Canada l'était aussi, qu'il le veuille ou non. En tant que membre de l'Empire britannique, le Canada avait le devoir de prêter main-forte à la Grande-Bretagne, même s'il avait été totalement étranger aux prémisses de la guerre.

En 1918, cependant, le Canada avait voix au chapitre. Il n'était plus un partenaire secondaire de l'Empire britannique mais un pays à part entière. L'homme qui avait été Premier ministre du Canada pendant la guerre, Robert Borden, y avait vu. Un officier britannique dit un jour: «Quand Borden a quelque chose en tête, il a l'habitude de se débattre.» Borden se mit en tête d'obtenir l'autonomie du Canada et il fit pression sur la Grande-Bretagne jusqu'à ce qu'elle la lui accorde.

Pendant la guerre, les soldats canadiens étaient commandés par des officiers britanniques. Le Canada n'avait pas la possibilité de choisir les

173

LE TRAITÉ DE VERSAILLES

Quand la Première Guerre mondiale prit fin, le 11 novembre 1918, l'Allemagne était non seulement vaincue mais aussi complètement écrasée. Elle avait épuisé toutes ses ressources pour tenter de remporter une victoire décisive avant que les Américains n'entrent en scène. Ayant échoué dans cette tentative, elle était totalement démunie devant les vainqueurs. Le traité de Versailles, signé en 1919, traduisit le déséquilibre des pouvoirs qui existait à la fin de la Première Guerre mondiale.

Voici les principales dispositions du traité de Versailles. Tout en les lisant, réfléchis aux quatre causes fondamentales de la Première Guerre mondiale: les alliances, le militarisme, l'impérialisme et le nationalisme. Considérant les événements qui entourèrent le déclenchement de la guerre, juges-tu que le traité était juste? Quelles clauses étaient justifiées? Lesquelles étaient vindicatives et inéquitables?

- L'Allemagne et ses alliés furent obligés d'accepter toute la responsabilité de la guerre.

- Tous les investissements d'outre-mer de l'Allemagne furent confisqués et attribués à des puissances alliées.

- L'Allemagne dut renoncer à ériger des fortifications militaires le long de sa frontière avec la France.

- L'Allemagne fut obligée de céder à la France les mines de charbon du bassin de la Sarre.

- L'Allemagne fut obligée de restituer les territoires conquis en France et au Danemark.

- L'Allemagne fut obligée de reconnaître l'indépendance de l'Autriche et de la Tchécoslovaquie. Il lui fut interdit de former quelque alliance que ce soit.

- L'Allemagne fut obligée de réduire sa puissance militaire. Il lui fut interdit de se réarmer et de posséder une marine et une aviation.

- L'Allemagne fut obligée de verser de lourdes réparations à la France, à la Grande-Bretagne, à la Russie et à d'autres pays qui avaient souffert de la guerre.

---

commandants de son armée. L'amirauté britannique prit même le commandement des vaisseaux canadiens sans demander la permission du Canada. La Grande-Bretagne ne tenait pas le gouvernement canadien au courant de sa politique de guerre, et Borden devait se contenter de l'information fournie par les journaux et des rumeurs lancées par les observateurs officieux. Il se plaignait du manque de consultation entre Londres et Ottawa et il exigeait que le Canada eût son mot à dire. Mais la Grande-Bretagne faisait la sourde oreille. Furieux, Borden écrivit à un de ses amis: «Ils ne peuvent s'attendre que nous envoyions 400 000 ou 500 000 hommes au front et que nous nous contentions de l'autorité et de la considération qu'on accorde à des *automates.*»

Le matin du 9 décembre 1916, Borden obtint enfin satisfaction. Le nouveau premier ministre de la Grande-Bretagne, David Lloyd George, résolut de demander aux premiers ministres des dominions de se joindre à l'**Imperial War Cabinet** nouvellement formé. Lloyd George invita le Canada et les autres dominions à «discuter des meilleurs moyens de coopérer dans le domaine de la guerre». Après tout, confia Lloyd George à son secrétaire, «ils ne se battent pas pour nous mais avec nous».

Borden ne pouvait pas se contenter d'une vague promesse. Il voulait un engagement écrit de la part de la Grande-Bretagne et il l'obtint avec la résolution IX du cabinet de guerre. La résolution IX fut attribuée au général Jan Smuts d'Afrique du Sud, mais ce fut en fait Robert Borden qui la rédigea. Elle stipulait que le Canada et les autres dominions obtenaient «une reconnaissance complète [...] comme nations autonomes». Les détails devaient être précisés après la guerre mais, en principe, la Grande-Bretagne reconnaissait le Canada comme un partenaire à part entière dans l'Empire britannique.

La conférence de paix de Paris

À la fin de la guerre, Lloyd George convoqua Borden à Paris, où les dirigeants alliés se rassem-blaient pour discuter du sort des vaincus et remo-deler l'Europe. Lloyd George supposait que Borden serait ravi de se joindre aux quatre autres délégués de l'Empire britannique à la conférence de paix. Or, Borden refusa purement et simplement. Il tenait absolument à ce que le Canada ait un siège à lui. Le Canada avait payé, de son sang, son autonomie et Borden entendait bien l'obtenir.

Le traité de Versailles et le nouveau visage de l'Europe

En dépit d'une forte résistance, de celle des États-Unis en particulier, le Canada obtint deux sièges à la conférence de paix de Paris. Les délégués canadiens n'avaient pas le droit de voter et les traités de paix furent signés par les grandes puissances. Le Canada,

En 1917, on pouvait apercevoir beaucoup de soldats handicapés dans les rues des villes canadiennes. Ce tableau de Stanley F. Turner, intitulé *A War Record*, représente un carrefour situé près du principal hôpital militaire de Toronto.

175

LA SOUVERAINETÉ DU CANADA, FRUIT DE LA GUERRE

Lorsque la Grande-Bretagne déclara la guerre à l'Allemagne, en août 1914, il était entendu que le Canada entrait en guerre aussi. Puisque le Canada était une colonie, bien qu'autonome, de la Grande-Bretagne, sa politique étrangère relevait encore des Britanniques. Il ne restait plus au Canada qu'à déterminer le degré de sa participation à la guerre. À la fin du conflit, cependant, les Canadiens s'étaient tellement distingués au champ de bataille comme ailleurs qu'ils ressentaient le besoin de s'affirmer en tant que peuple souverain. La prise de la crête de Vimy, en 1917, poussa le brigadier général Alex Ross à s'exclamer:

À zéro heure, la terre dénudée parut prendre vie. Les hommes surgissaient des abris, des trous d'obus et des tranchées pour se lancer dans l'action, affronter les tirs d'artillerie et approcher de la crête. Toutes les divisions du Corps avancèrent ensemble. Le Canada tout entier défilait, de l'Atlantique au Pacifique. J'ai pensé à ce moment, et je pense encore aujourd'hui, que j'assistais au cours de ces quelques minutes à la naissance d'une nation.

Quand la guerre se termina enfin, en 1918, le Canada s'était taillé une place aux pourparlers de paix. La Grande-Bretagne, la France et les États-Unis dominèrent les débats, mais le Canada fut en mesure d'envoyer une délégation indépendante dirigée par Robert Borden. Le Canada ne serait plus jamais traîné dans une guerre sans le consentement de son Parlement. La Première Guerre mondiale a coûté d'innombrables vies humaines au Canada, mais elle lui a aussi apporté la souveraineté.

cependant, avait remporté une victoire symbolique. Il signa en tant que pays indépendant le **traité de Versailles**, qui s'appliquait à l'Allemagne, et les quatre traités qui concernaient les autres pays vaincus. «Le pays, dit Borden, endosse une nouvelle dignité.» La participation à la conférence de paix garantissait aussi au Canada un siège (et un droit de vote) à la Société des Nations nouvellement formée. En 1918, le Canada avait atteint la maturité, aux yeux de sa population comme aux yeux du monde entier.

La **Société des Nations** était une création du traité de Versailles. Son rôle était de maintenir la paix et de punir les pays belliqueux. Le traité de Versailles visait à garantir que la Première Guerre mondiale serait véritablement la «dernière des guerres» et que l'Europe jouirait d'une paix durable.

Une Europe refaçonnée émergea des cendres de la Première Guerre mondiale. Les vieux empires russe, allemand et autrichien disparurent. La Grande-Bretagne, la France et les États-Unis, les «trois grands», redessinèrent la carte de l'Europe. Ils terrassèrent l'Allemagne et la dépouillèrent de ses richesses et de la majeure partie de sa puissance militaire. Ils prirent aussi les moyens de l'humilier. Le traité de Versailles forçait l'Allemagne à accepter tout le blâme de la guerre.

La responsabilité de la guerre et les réparations

L'article 231 du traité de Versailles fut peut-être la pilule la plus difficile à avaler pour l'Allemagne. Cet article, en effet, contraignait l'Allemagne à se reconnaître responsable de la Première Guerre mondiale, même si beaucoup d'Allemands croyaient qu'ils s'étaient battus pour se défendre contre la Grande-Bretagne et la France. L'Allemagne fut obligée de faire réparation pour les dommages qu'elle avait causés pendant la guerre. Le versement des dommages de guerre corrompra l'atmosphère de l'Europe pendant des années.

Le traité de paix ne précisait pas le montant des dommages de guerre, mais la France et la Grande-Bretagne étaient déterminées à faire payer l'Allemagne pour la dévastation qu'elle avait causée. Le traité, d'une grande rigueur, mécontenta les Allemands et créa en Europe une paix précaire.

Que réservait l'avenir à la nouvelle Europe? Le jour de l'armistice, Borden écrivit ce qui suit dans son journal: «Le monde a dérivé de son vieil ancrage et personne ne peut prédire les résultats avec certitude.» En 1918, personne ne se rendait compte que le traité de Versailles était le germe de la Deuxième Guerre mondiale. Vingt ans plus tard, la récolte empoisonnera le monde entier.

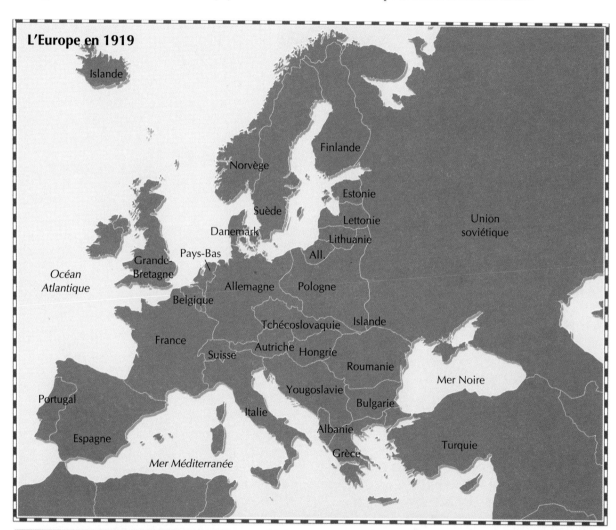

L'Europe en 1919

Compare cette carte à celle de la page 133, qui représente l'Europe en 1914. Quels sont les principaux changements apportés par le traité de Versailles? Quels pays semblent perdre le plus? Considérant les changements territoriaux, dirais-tu que le traité était juste?

LES GENS, LES LIEUX ET LES ÉVÉNEMENTS

Dans tes notes, explique clairement l'importance historique des éléments suivants.

Billy Bishop
Sous-marins allemands
Jutland
Barrage roulant
Imperial War Cabinet
Société des Nations

Manfred von Richthofen
Lusitania
Arthur Currie
Cent jours du Canada
Traité de Versailles

RÉSUME TES CONNAISSANCES

1. Qu'est-ce qui attirait les soldats dans l'aviation pendant la Première Guerre mondiale? Quels dangers guettaient les pilotes?

2. Décris l'évolution de la fonction et de la forme des avions pendant la Première Guerre mondiale.

3. Quelles transformations la marine canadienne a-t-elle subies au cours de la Première Guerre mondiale?

4. Explique les événements qui ont poussé les États-Unis à entrer en guerre.

5. Décris les mesures que les Canadiens ont prises pour se préparer à l'attaque de la crête de Vimy.

6. Décris les conditions rencontrées par les soldats à Passchendaele.

APPLIQUE TES CONNAISSANCES

1. Pendant quatre ans, les soldats ont été confinés dans les tranchées parce que ni les Alliés ni les Allemands ne remportaient de victoire décisive. Quels événements ont fini par faire pencher la balance en faveur des Alliés? Quelle fut l'importance de l'entrée en guerre des États-Unis? Justifie tes réponses.

2. Beaucoup considèrent la prise de la crête de Vimy comme le plus grand exploit militaire du Canada. Explique l'importance de cette bataille en quelques paragraphes en répondant aux questions suivantes. Quelles étaient les différences entre Arthur Currie et Douglas Haig, aux points de vue de la planification et de la manière de diriger en particulier? Quelles nouvelles stratégies les Canadiens employèrent-ils? Selon toi, comment les soldats se sont-ils sentis après la victoire de Vimy?

3. «Pendant la Première Guerre mondiale, les principales victoires du Canada furent non pas militaires mais diplomatiques.» Explique cette affirmation, dis si tu l'approuves ou non et justifie ton opinion.

AUGMENTE TES CONNAISSANCES

1. Au chapitre 7, nous t'avons demandé d'écrire des lettres dont la dernière était datée de juillet 1916. Continue la série mais, cette fois, décris les événements suivants:

   Première lettre, avril 1917: Explique ce qui est arrivé à la crête de Vimy et exprime tes réactions.

   Deuxième lettre, octobre 1917: Décris l'expérience que tu as vécue à la bataille de Passchendaele.

   Troisième lettre, 11 novembre 1918: Exprime ce que tu ressens face à la signature de l'armistice et à la fin de la guerre.

2. Avec une ou un camarade, prépare une exposition sur l'évolution des avions de combat pendant la Première Guerre mondiale. Décris les changements au moyen de légendes brèves mais informatives.

3. À l'aide des statistiques présentées dans l'encadré du chapitre 8 intitulé «Le prix de la guerre», prépare une série de diagrammes montrant:

   a) le nombre de soldats sous forme de pourcentage de la population totale des principaux pays en guerre;

   b) le pourcentage de soldats canadiens tués ou blessés à la guerre;

   c) le taux d'enrôlement de 1914 à 1918, comparativement au taux de pertes pour la même période;

   d) le coût financier de la guerre pour les principaux belligérants.

   Si tu le désires, présente à la classe tes diagrammes et les conclusions que tu en as tirées.

4. À partir de l'encadré intitulé «Le traité de Versailles», récris le traité de manière à le rendre juste à tes yeux. Compare ton traité révisé à celui qu'a écrit une ou un de tes camarades et vois si vous recommandez les mêmes changements. Êtes-vous capables de négocier une entente qui comprenne des éléments de vos deux traités? Présentez votre traité révisé à vos camarades et invitez-les à le commenter.

5. Choisis l'une des batailles ou l'un des événements marquants de la Première Guerre mondiale et mets-les en rapport avec un tableau peint pendant le conflit. Consulte l'encadré intitulé «L'art de guerre canadien» pour trouver des idées.

RÉCAPITULATION

1. Depuis 1918, les historiens s'interrogent sur les répercussions que la Première Guerre mondiale a eues au Canada. Personne ne conteste que la guerre a complètement transformé le Canada, mais certains se demandent si ce fut pour le mieux. À l'aide d'un tableau, présente les conséquences favorables et défavorables de la Première Guerre mondiale pour le Canada. Ensuite, rédige un bref commentaire où tu donneras ton opinion personnelle sur le sujet.

2. On a dit que le monde est entré dans le XXe siècle pendant la Première Guerre mondiale. Quels changements survenus de 1914 à 1918 confirment cette opinion? Étant donné la nature des changements qui se sont produits pendant les années de guerre, l'«entrée dans le XXe siècle» a-t-elle été une bonne ou une mauvaise chose? Justifie ta réponse.

3. Réfléchis au traitement des soldats canadiens pendant la Première Guerre mondiale. Crois-tu qu'on aurait pu rendre leur sort plus supportable? Si oui, comment? Si tu crois que la chose était impossible, explique pourquoi.

LES HABILETÉS DE RECHERCHE

Pour réussir en histoire, tu dois être capable de faire des recherches. Cette habileté te sera très utile, tant dans tes études que dans ta carrière future. Pour comprendre un sujet à fond, tu dois fouiller le passé et consulter un éventail de sources, qu'il s'agisse de livres, de revues, de disques optiques compacts, de microfiches ou de banques de données. Une fois que tu auras commencé à percer les mystères du passé, tu connaîtras les charmes et les difficultés de l'histoire. Et quand tu auras acquis de bonnes habiletés de recherche, tu seras en mesure d'explorer le passé de manière autonome.

COMMENT EFFECTUER UNE RECHERCHE EFFICACE

1. Choisis un sujet vaste que tu pourras resserrer à mesure que ta recherche avancera.

2. Familiarise-toi avec le sujet en consultant des manuels et des encyclopédies.

3. Une fois que tu connaîtras les grandes lignes du sujet et que tu auras la certitude qu'il t'intéresse, dresse la liste des sources que tu pourras utiliser. Assure-toi de:

   a) consulter le fichier des livres à la bibliothèque;
   b) consulter le fichier des périodiques;
   c) songer à faire une entrevue, si possible;
   d) dépouiller les journaux de l'époque choisie, à l'aide de disques optiques compacts s'il y a lieu;
   e) consulter les bibliographies présentées dans les livres qui portent sur ton sujet;
   f) demander à tes enseignants, tes parents et tes camarades s'ils connaissent d'autres sources sur le sujet choisi.

4. Quand viendra le moment d'utiliser les documents répertoriés, consulte d'abord les plus brefs et les plus généraux. N'utilise les documents longs et détaillés qu'à titre de références; ne les lis au complet qu'à condition d'avoir beaucoup de temps devant toi.

5. Consulte la table des matières et l'index des livres pour repérer rapidement les passages pertinents.

6. Prends tes notes de recherche sur des fiches, sous forme schématique. Inscris seulement un point important sur chaque fiche; note la source et la page où tu l'as trouvé. Emploie des abréviations pour économiser du temps et de l'espace.

7. Classe tes fiches en catégories générales.

· C A R R I È R E ·

LE DROIT

La capacité de dénicher et d'utiliser des données pertinentes est utile dans de nombreuses professions. Les avocats, par exemple, doivent se documenter rigoureusement pour chaque cause qu'ils défendent. Les plaidoyers qu'ils prononcent en cour doivent reposer sur des preuves solides, autrement ils ne convaincront ni le juge ni le jury. Faute d'une recherche et d'une préparation scrupuleuses, les avocats risquent de perdre leur cause.

Les avocats doivent savoir où et comment chercher. Ils utilisent pour ce faire les mêmes habiletés que les historiens. En droit comme en histoire, il faut dépouiller des sources diverses pour trouver les renseignements qui éclaireront le sujet à l'étude. De même, en droit comme en histoire, les renseignements trouvés servent à étayer une position.

L'étude de l'histoire est utile pour tout le monde, mais particulièrement pour les gens qui font une carrière en droit. En effet, l'étude de l'histoire développe la capacité de faire des recherches, une aptitude essentielle aux avocats. De plus, l'étude de l'histoire du Canada permet aux avocats de bien comprendre l'évolution du droit canadien.

Fais des recherches historiques pour te préparer aux exercices suivants.

1. La compétence du général Haig pendant la Première Guerre mondiale fait l'objet d'une vive controverse. Intente un procès pour incompétence au général Haig. Joue le rôle de l'avocate ou de l'avocat de la couronne ou de la défense et rédige le plaidoyer que tu prononceras en cour.

2. Pendant la Première Guerre mondiale, le syndrome commotionnel dû à l'éclatement des obus n'était pas reconnu comme un trouble psychologique. Les soldats qui ne pouvaient pas retourner au combat, à cause de ce trouble, étaient souvent jugés en cour martiale et, parfois, exécutés pour désertion. Plusieurs Canadiens connurent ce sort. Recrée l'un des procès militaires qui ont mené à l'exécution de Canadiens pour désertion pendant la Première Guerre mondiale. Prépare un plaidoyer dans lequel tu recommanderas ou condamneras l'adjonction du syndrome commotionnel à la liste des motifs de réforme.

3. Rédige une critique ou une défense du traité de Versailles. Tiens compte des causes et des événements marquants de la guerre dans l'élaboration de ton point de vue.

LA RÉDACTION DE RAPPORTS

Quand ta recherche sera terminée, tu pourras en présenter les résultats sous différentes formes: exposé oral, dissertation, rapport, etc. Contrairement à la dissertation, le rapport ne s'articule pas autour d'un argument central mais résume les données recueillies; il comprend généralement une introduction au sujet, au début, et une évaluation des données, à la fin. De plus, il se divise en un certain nombre de parties. Rédige un rapport de 400 à 750 mots sur l'un des sujets qui apparaissent ci-dessous. Consulte au moins trois sources en plus de ton manuel et, à la fin de ton rapport, fais un commentaire personnel.

1. Les nouvelles armes de guerre
2. Le Canada pendant la guerre
3. Les héros canadiens de la Première Guerre mondiale
4. La vie sur le front de l'Ouest

QUATRIÈME PARTIE

DU BOOM AU KRACH:

LE CANADA DE 1920 À 1940

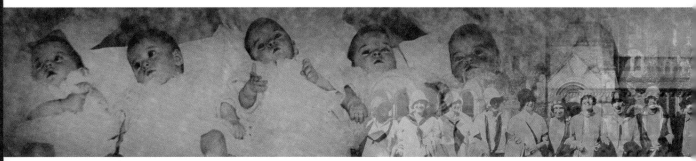

AU COURS DES 20 ANNÉES qui ont séparé les deux guerres mondiales, le Canada a connu tour à tour une prospérité sans précédent et une écrasante pauvreté. Les fluctuations de l'économie forcèrent le gouvernement canadien à intervenir énergiquement dans la société. La naissance de partis politiques comme le Co-operative Commonwealth Federation et le Crédit social mit fin au bipartisme traditionnel. À bien des égards, les deux décennies de l'entre-deux-guerres modelèrent le Canada. Les femmes prirent part de plus en plus activement à la vie publique, le Canada chemina à grands pas vers l'indépendance complète et l'apparition de la radio et du cinéma révolutionna le monde du spectacle.

Le chapitre 10 porte sur les principaux événements qui ont marqué la vie politique et économique du Canada de 1920 à 1940. Nous y expliquons les efforts que déploya le premier ministre Mackenzie King pour obtenir l'autonomie du Canada et nous décrivons les moyens politiques tentés pour remédier à la crise des années 1930. De plus,

nous analysons les problèmes qui entraînèrent l'effondrement du marché boursier, en 1929, et la longue crise économique qui s'ensuivit. Au chapitre 11, nous donnons un aperçu de la vie au Canada dans l'entre-deux-guerres. Comment les gens ordinaires ont-ils passé au travers de la sécheresse et du marasme économique des années 1930? Est-ce que toute la population a profité de la prospérité des années 1920? Quels étaient les loisirs des Canadiens dans les années 1920 et 1930? Tu trouveras les réponses à ces questions et à bien d'autres au chapitre 11.

10 LA PROSPÉRITÉ ET LA CRISE

GLOSSAIRE

Mendicité État d'une personne qui quête de l'argent.

Crise économique Période de ralentissement économique qui dura de 1929 à 1939 environ.

Fonctionnaire Employé ou employée de l'administration d'un gouvernement fédéral ou provincial.

Politique étrangère Plan d'action d'un pays en matière de relations internationales.

Conseil privé Au Royaume-Uni, comité qui conseille le gouvernement sur les affaires de l'État.

Bourse Lieu où l'on achète et vend les obligations et les actions.

Secteur secondaire Ensemble des industries qui fabriquent des produits à partir des matières premières.

Spéculateur Personne qui profite des changements (fluctuations) naturels du marché pour réaliser un bénéfice.

Action Titre cessible et négociable représentant une fraction du capital social (dans une société anonyme ou en commandite par actions).

Sécheresse Longue période sans précipitations.

Malnutrition Déséquilibre alimentaire dû à un apport insuffisant ou inadéquat.

Laisser-faire Politique qui consiste à restreindre le plus possible l'intervention du gouvernement dans le commerce, les affaires et l'industrie.

DANS CE CHAPITRE, TU ÉTUDIERAS LES SUJETS SUIVANTS:

- les raisons pour lesquelles Mackenzie King resta au pouvoir pendant plus de 22 ans;
- le cheminement du Canada vers l'indépendance;
- la vague de prospérité qui déferla sur plusieurs régions du Canada dans les années 1920;
- les causes et les effets de la crise économique des années 1930;
- les solutions à la crise économique proposées par les divers partis politiques;
- les mesures prises par les gouvernements et par les individus pour remédier à la crise.

En 1918, les atrocités de la Première Guerre mondiale se terminèrent enfin. Quelque temps plus tard, les «années folles» battaient leur plein. L'on se souvient des années 1920 comme de l'époque de la richesse, du luxe, des jupes courtes, des manteaux de raton laveur, du jazz, du charleston, des gangsters américains, de la contrebande d'alcool et des automobiles rutilantes. Mais l'exubérance se calma brutalement en 1929. La belle vie était finie. Les années 1930 furent des années de misère et de faim. Pour beaucoup de Canadiens, ce fut une décennie de soupes populaires, de *mendicité*, d'errance, de sécheresse et de dénuement. Deux générations de Canadiens furent profondément marquées par la pauvreté et le désespoir de ces années. La *crise économique* ne prit fin qu'avec le déclenchement d'une autre guerre sanglante en 1939.

La revue *Mayfair*, bible de la mode et du goût pour les riches, traduisait l'extravagance et le luxe des années 1920.

L'ÈRE DE MACKENZIE KING

Le chef du Parti libéral fédéral, Wilfrid Laurier, mourut peu de temps après la fin de la Première Guerre mondiale. Le jeune Mackenzie King prit la tête du parti en 1919. King était fier d'avoir pour grand-père William Lyon Mackenzie, l'ardent réformateur qui fomenta la rébellion de 1837 au Haut-Canada. Mais William Lyon Mackenzie King était différent de son aïeul. Prudent et modéré, il s'illustra comme *fonctionnaire* et comme modérateur de conflits de travail. À l'instar de Laurier, il fit de l'unité du Canada sa priorité et il eut recours au compromis pour la maintenir.

Mackenzie King détient le record canadien de longévité au poste de premier ministre. Élu pour la première fois en 1921, il remporta ensuite les élections de 1925, 1926, 1935, 1940 et 1945. Il ne resta à l'écart du pouvoir que pendant l'été de 1926 et de 1930 à 1935. Durant presque 30 ans, il fut au centre de la vie politique canadienne.

LA CONQUÊTE DE L'AUTONOMIE

Après la guerre, le Canada et son nouveau premier ministre en avaient assez des conflits de l'Europe. Au début des années 1920, Mackenzie King était bien déterminé à garder le Canada en dehors des guerres qui pourraient avoir lieu de l'autre côté de l'Atlantique. Il voulait que le Canada s'affranchisse de la tutelle britannique et ait sa propre *politique étrangère*. En 1923, le premier ministre King assista à la Conférence impériale qui réunissait tous les pays membres de l'Empire britannique. La Grande-Bretagne essayait de persuader les délégués de continuer à appuyer unanimement sa politique étrangère, mais King lui rappela que le Canada était un pays autonome. Il déclara que les décisions du Canada sur toutes les questions importantes,

Dans le style de l'époque, Mackenzie King prononce un discours depuis la banquette arrière de sa voiture, pendant la campagne électorale de 1926.

intérieures ou étrangères, devaient être prises par la population du Canada.

Le secrétaire aux affaires étrangères de la Grande-Bretagne était très mécontent de l'insistance du premier ministre canadien, mais il dut quand même s'y plier. King obtint l'autonomie du Canada en matière de politique étrangère et de politique intérieure. Les conditions de l'autonomie furent précisées lors de la Conférence impériale de 1926. Il fut alors déclaré que tous les pays membres étaient souverains, égaux entre eux et librement associés au Commonwealth britannique. Cette déclaration marqua la fin de l'impérialisme britannique à l'ancienne. L'Empire britannique devenait un «Commonwealth de nations» formé de pays égaux liés par des intérêts communs et par leur loyauté au monarque britannique.

En 1931, le Parlement britannique adopta le **Statut de Westminster**, qui donnait au Canada (ainsi qu'à d'autres pays du Commonwealth britannique) pleine autorité sur ses relations étrangères. Le Canada était presque indépendant. Il restait cependant quelques liens politiques directs entre les gouvernements canadien et britannique. Ainsi, le Parlement britannique devait amender officiellement la Constitution canadienne (l'AANB) et le Comité judiciaire britannique du *Conseil privé* demeurait la plus haute cour du Canada. Le Canada et la Grande-Bretagne gardaient des attaches politiques et culturelles étroites. Néanmoins, le Canada avait franchi une étape décisive sur sa route vers la souveraineté.

L'APRÈS-GUERRE

Les deux décennies qui suivirent la Première Guerre mondiale furent marquées par les hauts et les bas de l'économie. Tout de suite après la guerre, les prix et le coût de la vie montèrent en flèche au Canada. Simultanément, les usines de munitions fermèrent sans que de nouvelles usines n'ouvrent pour les remplacer. Les emplois étaient rares. Puis des milliers de soldats revinrent au pays et se mirent à chercher du travail: le chômage empira. Les femmes durent céder leurs emplois aux anciens combattants. Malgré cela, il n'y avait pas encore assez de travail pour eux.

En 1917, le gouvernement de Robert Borden avait promis aux soldats qu'ils pourraient se réinstaller complètement après avoir versé leur sang pour la patrie. Les anciens combattants attendaient que le gouvernement tienne sa promesse. Les anciens combattants handicapés, ainsi que les personnes à charge de soldats morts au combat, reçurent de petites pensions du gouvernement. On construisit quelques hôpitaux pour les anciens combattants et on leur offrit des terres agricoles. Mais la prime de 2000 $ en argent comptant qu'ils exigeaient leur fut refusée. Beaucoup d'anciens combattants étaient outragés et désespérés.

Les ouvriers de guerre en voulaient eux aussi au gouvernement et à l'industrie. Pendant la guerre, le gouvernement Borden avait aboli le droit de grève et le premier ministre avait mollement recommandé aux employeurs de négocier avec leur personnel et de leur verser des salaires décents. La plupart des employeurs n'avaient tenu aucun compte des directives du gouvernement. Amers, les travailleurs qui s'étaient surpassés pour contribuer à l'effort de guerre se révoltaient contre leur situation.

Les revendications ouvrières ne cessèrent pas en même temps que la guerre. La hausse des prix des aliments et des vêtements affaiblissait le pouvoir d'achat. Des travailleurs de divers secteurs, dont les policiers, les employés municipaux, les bûcherons de la côte Ouest, ainsi que les ouvriers des industries de la viande et de la couture de Toronto et de Montréal, se syndiquèrent pour obtenir des augmentations de salaire. La plupart des propriétaires d'usine et des conseils municipaux n'avaient jamais eu affaire à des syndicats et ils étaient fermement opposés à leur implantation. Mais dans l'agitation ouvrière de l'après-guerre rien ne pouvait arrêter le mouvement syndical. En 1919, il y eut plus de 420 grèves au Canada et beaucoup de travailleurs non syndiqués manifestèrent pour exprimer leur solidarité.

La grève générale de Winnipeg

Les conflits entre patrons et ouvriers aboutirent à la **grève générale de Winnipeg**, en mai 1919. Les métallurgistes, appuyés par plus de 30 000 tra-

En juin 1919, le chaos régnait à Winnipeg. Crois-tu que la police a agi de manière appropriée ou qu'elle a utilisé une force excessive?

vailleurs, paralysèrent la ville pendant six semaines. Dans la foulée de la grève de Winnipeg, des dizaines de grèves se déclenchèrent de l'île de Vancouver à la Nouvelle-Écosse. Beaucoup de politiciens et d'employeurs prirent panique devant l'ampleur du mouvement, qu'ils assimilaient au «péril rouge» (communiste). Les travailleurs russes avaient renversé le tsar en 1917 et certains Canadiens pensaient qu'une révolution communiste semblable se préparait ici.

La grève générale de Winnipeg atteignit son point culminant le 21 juin 1919, jour qui fut appelé le «samedi sanglant». Des manifestants s'étaient rassemblés dans la rue principale de la ville pour protester contre l'arrestation de 10 militants ouvriers et contre le retour au travail des chauffeurs de tramway. Quelques manifestants immobilisèrent un tramway près de l'hôtel de ville et y mirent le feu. Le maire de Winnipeg demanda l'aide de la Police montée du Nord-Ouest. Les policiers à cheval chargèrent la foule tandis que les manifestants leur lançaient des briques et des bouteilles. La police ouvrit le feu. Bilan de la journée: deux morts, des douzaines de blessés et des centaines d'arrestations.

La grève générale était réprimée et le mouvement ouvrier était en lambeaux. Peu de temps après le samedi sanglant, les employeurs canadiens lancèrent, avec l'aide de l'armée et de la police, une vigoureuse campagne antisyndicale. Les syndicalistes furent congédiés et les grévistes furent remplacés par une armée de briseurs de grève. Pendant les années 1920, le nombre de travailleurs syndiqués chuta. Néanmoins, la grève générale de Winnipeg avait marqué le début d'un temps nouveau pour la classe ouvrière. Au cours des années qui suivirent, des syndicalistes furent élus à tous les paliers de gouvernement. Lors des élections provinciales de 1920, au Manitoba, la population porta au pouvoir 11 représentants syndicaux, dont 3 personnes qui avaient purgé des peines d'emprisonnement à la suite de la grève générale.

À Winnipeg, pendant la grève générale, quelques personnes, telles ces deux femmes, s'acquittèrent bénévolement de certaines activités. Toi, est-ce que tu aurais appuyé les grévistes ou tenté de limiter les effets de la grève?

Puis lors du scrutin fédéral de 1921, un autre militant qui avait participé à la grève générale, J.S. Woodsworth, fut élu député.

L'EXUBÉRANCE

Les gens se souviennent des années 1920 comme des années folles, comme d'une époque ininterrompue de prospérité et d'optimisme. Pourtant, une récession frappa le Canada au début de la décennie. De 1921 à 1923, beaucoup de petites entreprises fermèrent leurs portes et des milliers de gens se retrouvèrent sans travail. La faillite guettait quelques banques canadiennes et elle emporta l'une d'elles, la Home Bank, avec ses 71 succursales. En Europe, la guerre avait dévasté les régions productrices de céréales et le blé canadien était en grande demande. Par conséquent, le prix du blé fit un bond en 1919. Puis en 1921, les producteurs de céréales d'Europe se remirent à l'ouvrage. De plus, l'Australie et l'Argentine produisaient des récoltes records de blé. L'offre de blé augmenta et le prix diminua. De 1918 à 1921, le prix du blé canadien passa de 2,45 $ à 0,80 $ le boisseau. Cette baisse du prix fit mal à beaucoup d'agriculteurs.

Au milieu des années 1920, une aisance précaire s'installa. L'économie mondiale se redressait et les produits canadiens étaient en demande. Le Canada recommença à exporter du blé et les prix remontèrent. La valeur des exportations de blé grimpa de 45,5 millions de dollars en 1911 à 352,1 millions de dollars en 1928. Le Canada retrouva des acheteurs pour son bois d'œuvre, son papier journal et ses métaux. Les investissements étrangers affluèrent. Parmi les commerces, les usines, les mines, les fonderies et les centrales hydro-électriques qui ouvraient, beaucoup appartenaient à des Américains, mais les Canadiens s'en souciaient peu, trop heureux qu'ils étaient de voir revenir la prospérité. De nouvelles industries apparurent. Les turbines des centrales hydro-électriques tournaient à plein régime et la production d'électricité quadrupla de 1921 à 1930. Les États-Unis avaient besoin de grandes quantités de papier journal, car la presse américaine était en plein essor et imprimait des journaux deux fois plus grands qu'en 1920. On construisit des usines de pâte à papier en Colombie-Britannique, au Québec, au Nouveau-Brunswick, en Nouvelle-Écosse, au Manitoba et en Ontario pour satisfaire à la nouvelle demande.

Les ressources minérales canadiennes étaient en grande demande et, justement, le Bouclier canadien regorgeait de minéraux. De petits avions appelés avions de brousse survolaient le territoire, transportant des prospecteurs, des géologues et des promoteurs en quête de nouvelles richesses. Des mines ouvrirent dans le Nord et le Canada vendit pour des millions de dollars d'or, de cuivre, de zinc, de fer et de

Venu de la Nouvelle-Orléans, le jazz prit les années vingt d'assaut. Les amateurs accouraient dans les boîtes de nuit d'Amérique du Nord et d'Europe pour entendre les nouvelles sonorités que les musiciens de jazz tiraient de leurs contrebasses, de leurs pianos, de leurs batteries et de leurs instruments à vent. Des formations comme le Elks Jazz Band, photographié ici, firent connaître le jazz aux citadins canadiens dans les années 1920.

DEUX ARTISTES DES ANNÉES 1920 ET 1930

Emily Carr

Née en 1871 à Victoria, en Colombie-Britannique, Emily Carr devint l'une des peintres les plus célèbres du Canada. Après avoir étudié les beaux-arts à San Francisco, elle voyagea en Angleterre et en France. Ensuite, elle retourna à Victoria où son style s'affirma. À la fin des années 1920, les tableaux de Carr connaissaient une grande popularité. Influencée par le groupe des Sept, Carr peignait la nature de l'archipel de la Reine-Charlotte et le mode de vie de ses habitants autochtones.

Source: Emily Carr, *Big Raven*, 1931. Toile, 87,3 X 114,4 cm. Vancouver Art Gallery, Emily Carr Trust.

Paraskeva Clark

Comme Emily Carr, Paraskeva Clark était une peintre canadienne renommée. Mais là s'arrête la ressemblance entre les deux artistes. Clark est née en 1898 à Saint-Pétersbourg, en Russie, et elle a émigré au Canada avec son mari canadien en 1931. Son style, influencé par le cubisme, se nourrissait à des sources russes et se démarquait nettement de la manière du groupe des Sept. Clark peignait des scènes de la vie torontoise dans les années 1930 et 1940 et elle exprimait la détresse sociale des années de crise.

Source: Paraskeva Clark, *Petroushka*, 1937. Musée des beaux-arts du Canada. Reproduit avec la permission de la succession Paraskeva Clark.

nickel. Des villes minières comme Sudbury, Kirkland Lake, Flin Flon et Trail commencèrent à prospérer. Les ressources naturelles étaient le principal facteur de croissance économique au Canada, mais l'industrie manufacturière avait aussi le vent dans les voiles. Elle fabriquait du matériel ferroviaire, des automobiles, des machines agricoles, du ciment, des articles de cuir et de caoutchouc ainsi que des produits électriques et pétrochimiques.

Les Canadiens ne demandaient pas mieux que de vivre à l'aise. Après des années de sacrifices, ils pouvaient enfin se permettre d'être insouciants et de jouir de la vie. L'argent était vite gagné et vite dépensé. Les gens se mirent à acheter des voitures, des radios, des téléphones et des appareils électriques, à crédit bien souvent. Ils allaient dans des boîtes de nuit écouter du jazz américain et danser le charleston. Ils se ruaient dans les cinémas pour se pâmer devant les vedettes du muet. Beaucoup jouaient à la *Bourse* par goût du risque et certains récoltèrent des millions. «Insouciance et exubérance» était la devise des années folles.

LES EXCLUS

La richesse, cependant, n'était pas répartie également au Canada. Même dans le centre du pays et dans les villes, qui étaient généralement prospères, on trouvait des pauvres. Les classes moyenne et supérieure cueillaient les fruits de la croissance économique, mais, comme l'a souligné un historien, les années 1920 n'étaient pas «folles» pour les ouvriers, loin de là. Premièrement, la hausse des prix entraînait une baisse du niveau de vie. Deuxièmement, la récession provoquait du chômage. Même après le retour de la prospérité, les emplois étaient difficiles à trouver et souvent mal payés. Les femmes et les nouveaux immigrants, surtout, gagnaient de petits salaires et travaillaient souvent dans des conditions déplorables.

Les agriculteurs canadiens

La fortune était capricieuse aussi dans les Prairies, où le prix du blé faisait le bonheur ou le malheur des producteurs. De 1920 à 1924, les revenus des producteurs de blé diminuèrent de 40 %. Puis après 1924, le prix du blé et la demande mondiale augmentèrent de manière constante. En 1927, les revenus des agriculteurs de l'Alberta totalisaient 170 millions de dollars, un chiffre qui resta inégalé jusqu'à la fin de la Deuxième Guerre mondiale. Certains agriculteurs s'emportèrent et se construisirent de grandes maisons. Ils achetèrent des machines modernes pour cultiver les champs qu'ils ne cessaient d'agrandir. Les voitures et les camions se substituèrent aux chevaux dans les cours de ferme et un nombre croissant de tracteurs et de batteuses arpentèrent la prairie.

Or, pour acheter des terres et des machines, beaucoup d'agriculteurs s'endettèrent lourdement. Par la suite, bien des familles regrettèrent amèrement d'avoir souscrit au slogan «Achetez maintenant, payez plus tard». Même dans les bonnes années du milieu de la décennie, de nombreux fermiers canadiens menaient une vie morne et incertaine. Chaque semaine, des gens quittaient leur ferme pour aller chercher du travail en ville. Eux aussi voulaient avoir la belle vie dont ils avaient tellement entendu parler, mais qu'ils n'avaient jamais connue.

Les Maritimes

La majeure partie de la population des Maritimes avait goûté à la prospérité pendant la Première Guerre mondiale. Mais dès la fin des hostilités, les soldats et les marins disparurent des rues de Halifax et les 1000 civils qui avaient travaillé pour les forces armées perdirent leur emploi. En même temps, la demande du charbon de Nouvelle-Écosse fléchit. L'industrie houillère souffrit beaucoup de la récession du début des années 1920 et de la conversion au pétrole et à l'électricité. Les mineurs passaient des mois ou des années sans travailler. Certains ne redescendirent jamais dans les mines de charbon. L'industrie de l'acier fut elle aussi mise à rude épreuve. De 1922 à 1925, une série de grèves et de lock-out perturba l'industrie minière et sidérurgique du Cap-Breton. Le gouvernement envoya tellement de miliciens pour contenir les éruptions de violence qu'à un moment donné la moitié de l'armée canadienne était postée au Cap-Breton.

Entre 1920 et 1926, le *secteur secondaire* passa tout près de s'effondrer et près de 42 % des emplois manufacturiers disparurent dans les Maritimes. Au début des années 1920, les États-Unis haussèrent les droits de douane sur le poisson et les produits agricoles. Les habitants des Maritimes, qui vivaient de la pêche et de l'agriculture, subirent le contre-coup de cette augmentation. De plus, les décisions que prit le gouvernement à propos des droits de douane et des prix du transport ferroviaire portèrent un coup fatal à l'économie déjà fragile des Maritimes. De 1917 à 1923, par exemple, le prix du transport ferroviaire subit des majorations variant entre 140 et 216 %. Ces hausses firent augmenter les prix payés dans le centre du Canada pour les produits des Maritimes et donnèrent aux producteurs du centre un avantage certain. Les nouvelles politiques favorisèrent l'enrichissement de cette région, mais au détriment des Maritimes. Devant tant de difficultés, beaucoup de gens durent quitter les Maritimes pour s'établir ailleurs au Canada.

LE DÉBUT DE LA CRISE

À la fin des années 1920, le climat général était à la confiance et à l'optimisme. Pourtant, le bon temps achevait. Le 24 octobre 1929, une dévaluation soudaine des cours du *Winnipeg Grain Exchange* entraîna la ruine de milliers de spéculateurs. Cinq jours plus tard, la Bourse de New York s'effondra. Trop de gens avaient acheté des actions avec de l'argent emprunté. Tant que la tendance était à la hausse, les spéculateurs pouvaient vendre leurs actions, rembourser leurs dettes et réaliser un béné-fice quand même. Mais les prix déclinèrent et les *spéculateurs* ne purent plus couvrir leurs dettes en vendant leurs *actions*. Ils se mirent à vendre fréné-tiquement. «Vendez, vendez, vendez», s'écriaient les milliers de spéculateurs qui accouraient pour se débarrasser de leurs actions avant que les prix ne descendent encore. Mais les acheteurs se faisaient rares et les prix continuèrent de chuter. Du jour au lendemain, des millions d'actions perdirent toute valeur. C'était le prélude de la **crise économique**, la pire débâcle économique dans l'histoire du Canada.

Sans assurance-chômage ni aide sociale, les gens, comme ce forgeron sans emploi et sa famille, eurent énormément de difficulté à passer au travers des années 1930.

LES CAUSES DE LA CRISE

Le Canada ne fut pas le seul pays à souffrir de la crise. Le désastre économique, en effet, touchait le monde entier et frappa des pays aussi éloignés que l'Allemagne, la Norvège, le Chili et le Japon. Un événement aussi catastrophique et aussi complexe avait évidemment des causes multiples. Certains économistes pensent que le krach de la Bourse américaine, en octobre 1929, n'a fait qu'aggraver une situation économique déjà précaire. Les dernières études économiques sur la crise concluent que le krach boursier a insécurisé les consommateurs et les gens d'affaires américains, créant ce qu'un économiste a appelé «une incertitude face aux revenus futurs».

Les consommateurs américains, craignant pour leur pouvoir d'achat futur, cessèrent d'acheter des biens durables coûteux comme des voitures, des cuisinières et des machines à laver. Aux États-Unis, les ventes de voitures décrûrent abruptement en novembre et décembre 1929. Comme la demande diminuait, les manufacturiers américains ralentirent leur production et congédièrent des travailleurs. Ensuite, les politiques monétaires malavisées du gouvernement américain et la faillite d'une série de banques américaines transformèrent l'incertitude en pessimisme. Les dépenses à la consommation et les investissements baissèrent encore. Par conséquent, la crise s'aggrava aux États-Unis au début des années 1930.

Le marasme économique des grands pays comme les États-Unis et la Grande-Bretagne se propagea et empira les problèmes d'autres pays. Le Canada fut touché d'une manière particulièrement dure, car 33 % de son revenu national brut provenait de l'exportation. Les États-Unis avaient pris la place de la Grande-Bretagne en tant que principal acheteur d'exportations canadiennes. Par conséquent, l'économie canadienne périclita dans la foulée de l'économie américaine.

La déflation, la diminution mondiale des prix d'un éventail de produits, consécutive à la baisse de la demande et à la surproduction, fut l'un des facteurs clés de la crise. Ainsi, l'offre de blé sur le marché mondial était supérieure à la demande et le prix du blé canadien tomba.

De 1929 à 1933, le prix des produits agricoles diminua de moitié. Le prix des produits manufacturés ne chuta pas aussi rapidement, mais les problèmes d'une grande industrie se répercutaient sur toutes les autres. Ainsi, un tiers de la population canadienne vivait de l'agriculture. Quand les revenus agricoles baissèrent, les familles d'agriculteurs partout au pays cessèrent d'acheter des tracteurs, des voitures, des appareils ménagers, des vêtements, des livres et de l'assurance-vie.

Pendant la crise, le chômage était très élevé et beaucoup de gens, telle cette famille de Montréal, furent évincés de leur logement. Qu'est-ce que le gouvernement aurait dû faire pour aider ceux qui perdaient leur logis pendant la crise?

LES STATISTIQUES DE LA CRISE

Les statistiques de la crise traduisent les difficultés qu'éprouva la population canadienne. Examine ces statistiques pour te faire une idée du piètre état de l'économie canadienne dans les années 1930.

Activités

1. À partir des statistiques du tableau 1, construis des histogrammes montrant la situation de chaque province en 1928-1929 et en 1933. Ensuite, calcule le pourcentage de diminution du revenu par habitant dans chaque province.

2. Étudie attentivement les statistiques du tableau 1. Selon toi, pourquoi est-ce dans l'Ouest que la baisse des revenus fut la plus marquée? Les Maritimes subirent la moins pire des baisses de revenus. Est-ce que cela signifie que les Maritimes étaient plus à l'aise que le reste du Canada dans les années 1930? Justifie ta réponse.

3. Reporte les statistiques des tableaux 2 et 3 sur des graphiques. Étudie tes graphiques et réponds aux questions suivantes.

   a) En quelle année le chômage atteignit-il son point culminant?

   b) Le produit national brut (PNB) représente la valeur totale en dollars des produits et des services produits par un pays en un an. Quelle relation discernes-tu entre les tendances du PNB et le taux de chômage? Pourquoi ces deux phénomènes sont-ils reliés?

Tableau 1

DIMINUTION DU REVENU PAR HABITANT DANS LES PROVINCES DE 1928-1929 À 1933

	Moyenne de 1928-1929 (dollars par habitant)	Moyenne de 1933 (dollars par habitant)
Saskatchewan	478	135
Alberta	548	212
Manitoba	466	240
Colombie-Britannique	594	314
Île-du-Prince-Édouard	278	154
Ontario	549	310
Québec	391	220
Nouveau-Brunswick	292	180
Nouvelle-Écosse	322	207
Canada	471	247

Source: Rapport Rowell-Sirois, volume I: Canada: 1867-1939, 150.

Tableau 2

TAUX DE CHÔMAGE ESTIMÉ DE 1926 À 1939 1926–1939

Années	Pourcentage
1926	4,7
1927	2,9
1928	2,6
1929	4,2
1930	12,9
1931	17,4
1932	26,0
1933	26,6
1934	20,6
1935	19,1
1936	16,7
1937	12,5
1938	15,1
1939	14,1

Source: National Bureau of Economic Research, *The Measurement and Behavior of Unemployment*, Princeton, 1957, 455.

Tableau 3

PRODUIT NATIONAL BRUT DE 1926 À 1939

Années	PNB (milliards de dollars)
1926	5,1
1927	5,6
1928	6,1
1929	6,1
1930	5,7
1931	4,7
1932	3,8
1933	3,5
1934	4,0
1935	4,3
1936	4,6
1937	5,2
1938	5,3
1939	5,6

Source: Statistique Canada, 13-531, 13-201.

Comme la demande diminuait, certaines entreprises craignaient d'être incapables d'écouler tous leurs produits et ralentirent leur production. La production manufacturière diminua d'un tiers entre 1929 et 1932.

Le ralentissement industriel rendit craintifs les banquiers qui hésitèrent à faire crédit aux entreprises. Les affaires diminuèrent encore plus. Les industries, aux prises avec une production amputée, un crédit limité et des dettes considérables, durent congédier des travailleurs ou sabrer dans les salaires. Le pouvoir d'achat des travailleurs décrût et la demande de produits s'enfonça. L'économie était en chute libre.

Au même moment, pour protéger leur économie, les pays commencèrent à imposer des droits de douane élevés sur les produits fabriqués à l'étranger. Cette politique porte le nom de protectionnisme. Le protectionnisme équivalait à une guerre économique mondiale. Chaque pays tentait de sauver ses propres industries en contrant la concurrence des industries étrangères. Par conséquent, les marchés d'exportation fermèrent. L'un après l'autre, les pays interdirent leurs portes aux produits étrangers. Le protectionnisme étouffait le commerce international.

Le Canada était un pays exportateur. En effet, il vendait à l'étranger 80 % de ses produits agricoles, forestiers et miniers. La diminution de la demande étrangère de blé, de papier et de minéraux canadiens entraîna la faillite de grandes industries canadiennes et des entreprises qui s'étaient développées parallèlement. Ainsi, le déclin des exportations de blé vers l'Europe mit en difficulté les sociétés ferroviaires qui transportaient le blé. Celles-ci éliminèrent des emplois et cessèrent d'acheter des wagons et des rails. Du même coup, les fabricants de wagons et de rails, au Cap-Breton et en Ontario, ralentirent la production et congédièrent des travailleurs. L'effondrement des marchés internationaux et le protectionnisme généralisé firent très mal au Canada.

LES PREMIÈRES RÉACTIONS À LA CRISE

Très peu de gens s'attendaient que le krach boursier serait suivi d'une crise économique. Mackenzie King affirma aux Canadiens que les affaires n'avaient jamais été meilleures et que la foi en l'avenir du Canada n'avait jamais été plus justifiée. Le premier ministre n'était pas seul à penser que les difficultés seraient temporaires. Il était normal qu'une croissance rapide de l'économie fût suivie par une tendance à la récession puis par un retour de la prospérité. Tout cela faisait partie d'un cycle économique. L'historien canadien J.L. Granatstein a dit à ce sujet: «King était aveugle mais tout le monde l'était aussi. Personne n'imaginait une fin à la prospérité; personne n'avait prévu l'effondrement du commerce international; personne ne se rendait compte que le Canada, en tant

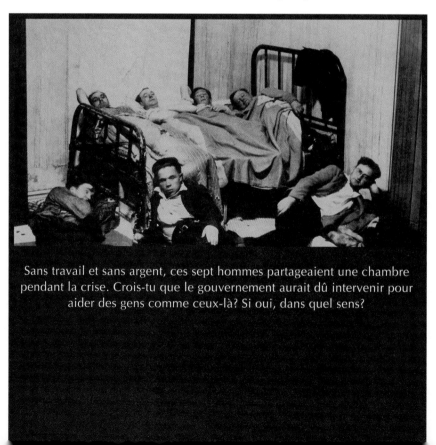

Sans travail et sans argent, ces sept hommes partageaient une chambre pendant la crise. Crois-tu que le gouvernement aurait dû intervenir pour aider des gens comme ceux-là? Si oui, dans quel sens?

qu'exportateur de matières premières, souffrirait autant ou plus que les autres pays du krach économique.»

Mais la récession s'aggravait et la pauvreté se répandait dans tout le pays. Les provinces, en manque de liquidités, demandaient des subventions au fédéral pour aider la masse des sans-emploi. Or, le premier ministre King estimait que le chômage était une responsabilité provinciale et que les gouvernements provinciaux n'avaient qu'à lever leurs propres impôts pour aider les chômeurs. Il se refusait particulièrement à donner de l'argent aux cinq gouvernements provinciaux conservateurs. En avril 1930, il fit la déclaration suivante au Parlement: «Je ne donnerai pas un cent à un gouvernement conservateur.» L'opposition conservatrice, en chœur, s'écria: «Honte! Honte!» À cette exclamation, King répliqua: «De quoi doit-on avoir honte? [...] Je ne leur donnerai pas une pièce de cinq cents.» On se rappela des propos de King comme du «discours des cinq cents».

Ce soir-là, King écrivit dans son journal qu'il était peut-être allé trop loin et que ses paroles l'avaient fait paraître «indifférent à la situation des chômeurs». Il n'avait pas tort. Le chef de l'Opposition, R.B. Bennett, tabla sur les remarques de King et sur le mécontentement général face à la récession. Il accusa King de baisser les bras devant la crise. Bennett capta l'attention des Canadiens. Aux élections de 1930, les conservateurs défirent les libéraux de King.

R.B. Bennett devint premier ministre. Le soir des élections, King se consola en pensant à son succès futur. «Il semble bien que nous aurons Bennett pendant un temps, écrivit-il dans son journal, et que le Parti libéral reviendra ensuite au pouvoir pour longtemps. Je crois que tout est pour le mieux.» Mackenzie King avait vu juste: cinq ans plus tard, les libéraux reprirent le pouvoir et le gardèrent pendant de longues années.

R.B. Bennett avait fait fortune par ses propres moyens et il croyait que les gouvernements ne devaient pas intervenir dans l'économie. Selon toi, pourquoi a-t-il changé d'avis avant les élections de 1935?

Il incomba à Bennett de gouverner le Canada pendant les pires années de la crise, soit de 1930 à 1935. Or, Bennett ne saisissait pas toute la gravité des problèmes économiques du pays. Il dit aux Canadiens d'être patients et d'attendre que l'économie se redresse d'elle-même. Mais il n'y avait pas de reprise en vue. La récession frappa l'agriculture et l'industrie manufacturière simultanément. C'en était trop. Le Canada était plongé dans une dépression profonde, une longue période de marasme économique.

Désastre dans les Prairies

Les Prairies furent la région la plus durement touchée. Le prix du blé atteignit un minimum record. Un boisseau de blé du Nord n° 1 qui rapportait 1,63 $ à son producteur en 1928 ne valait plus que 0,35 $ en 1932. Le sol avait été surexploité et la couche superficielle s'érodait. Il y eut plusieurs années de *sécheresse* dans le sud de l'Alberta et de la Saskatchewan, et le sol se transforma en une fine poussière. Des vents violents faisaient tourbillonner le sol, l'entassaient dans les angles des clôtures et l'insinuaient jusque derrière les portes et les fenêtres. Les Prairies se muaient en désert. Les sauterelles et les vers gris détruisirent les rares plants qui avaient résisté aux assauts de la nature. Dans certaines fermes, il ne restait pas une seule tige de blé debout.

En 1928, les fermiers de la Saskatchewan avaient un revenu net moyen de 1614 $. Les familles pouvaient se permettre d'acheter du sucre, du café, des vêtements, des manuels scolaires et de l'essence, et même de faire quelques économies. En 1933, le revenu net moyen était passé à 66 $. «Nous étions tous pauvres, se rappela un fermier de Camrose, en Alberta. J'avais des voisins qui se nourrissaient de lait écrémé et de pommes de terre. Les familles se faisaient une à une confisquer le téléphone, si bien qu'à la fin nous étions les seuls à avoir le téléphone.»

Pour une famille qui vivait à 20 km du village et à 2 km au moins du voisin le plus proche, l'absence de téléphone était plus qu'un désagrément, c'était un facteur d'isolement, voire de danger.

BENNETT FACE À LA CRISE

L'époque de la crise fut très éprouvante pour beaucoup d'autres Canadiens. Les mines, les scieries et les usines de papier fermèrent. La construction et l'industrie manufacturière ralentirent. Partout au pays, les gens perdaient leur emploi. En 1933, près du tiers de la main-d'œuvre canadienne était sans travail. Des légions de jeunes hommes devinrent vagabonds. Ils montaient à bord des wagons de marchandises pour parcourir le pays à la recherche d'emplois qui n'existaient pas. En dehors d'un très modeste régime de pensions de vieillesse, il n'y avait pas de programmes sociaux: ni assurance-chômage, ni assurance-maladie, ni aide sociale, pour les démunis. En 1933, 800 000 Canadiens, des hommes, des femmes et des enfants, furent forcés de demander secours à des œuvres de bienfaisance ou aux gouvernements. Le gouvernement Bennett consentait des subventions et des prêts aux provinces pour qu'elles puissent aider les fermiers et les chômeurs. Mais les 255 millions de dollars qu'il versa de 1930 à 1935 étaient loin de suffire à soulager la détresse des Canadiens.

L'humiliation

Pour beaucoup de bons travailleurs, demander l'aide du gouvernement pour se nourrir, se vêtir, se loger et se chauffer était une démarche humiliante. Certains hommes éclataient en sanglots quand ils se voyaient contraints d'entrer dans un bureau du gouvernement pour obtenir des coupons de **secours**

Dans les années 1930, des bourrasques comme celle-ci emportèrent le sol des Prairies. La sécheresse et la crise firent de ces années une période de désespoir dans l'Ouest.

direct. Un fonctionnaire de l'aide sociale fit le commentaire suivant: «Dans les années trente, les Canadiens avaient leur fierté. Demander assistance était une disgrâce. Les hommes disaient que, dans l'histoire de leur famille (et ils parlaient habituellement d'ancêtres loyalistes ou pionniers de l'Ouest), personne n'avait jamais été obligé de demander de l'aide.»

Les gouvernements persistaient à croire que personne n'avait droit à une aide gratuite. «Les individus ne peuvent [...] s'en remettre toujours à l'État pour passer au travers de toutes les difficultés qu'ils rencontrent», déclara le ministre responsable des secours. Les prestations d'aide étaient volontairement maintenues en dessous des salaires les plus bas pour dissuader les gens d'en demander. En 1932, il fallait au moins 7 $ par semaine pour nourrir une famille de cinq personnes en Ontario. À Toronto, la prestation alimentaire hebdomadaire était de 6,93 $, une somme généreuse si on la comparait à celles versées ailleurs au pays. En effet, la prestation était de 3,25 $ au Québec et d'environ 0,06 $ par jour par personne à Terre-Neuve. Terre-Neuve, qui était encore à cette époque un dominion indépendant, était lourdement endettée et ne pouvait plus rien emprunter. Pour résoudre ses problèmes financiers, elle renonça à l'autonomie et accepta d'être gouvernée par une commission britannique. Mais la plupart des provinces canadiennes étaient aussi à court d'argent et, partout, les secours étaient insuffisants. Comme les Terre-Neuviens, beaucoup de familles canadiennes étaient au bord de la disette. La *malnutrition* et la maladie étaient fréquentes, surtout chez les enfants.

Beaucoup de Canadiens désespérés écrivirent à Bennett pour lui faire part de leurs problèmes. En 1933, un jeune homme du Nouveau-Brunswick écrivit ce qui suit au premier ministre:

J'ai 26 ans, je suis marié et j'ai un enfant. Les trois derniers mois, j'ai gagné tout juste ce qu'il fallait pour payer mon loyer et j'ai dû quitter mon foyer. [...] Je suis prêt à faire n'importe quel travail pour le temps qu'il faudra. J'espère sincèrement que vous pourrez m'offrir un emploi afin que je puisse retourner avec ma femme et mon enfant.

Je dors et je mange où je peux et, la semaine dernière, je me suis gelé à force de chercher un emploi avec les quelques vêtements que j'ai sur le dos. Je n'ai pas de sous-vêtements et je ne veux pas demander de secours parce que je pense que quelque chose pourrait se présenter et qu'il y a des gens plus pauvres que moi qui en ont besoin. [...]

En 1935, une jeune mère de l'Alberta reçut 5 $ du premier ministre après lui avoir écrit la lettre suivante:

S'il vous plaît, n'allez pas penser que je suis folle de vous écrire cette lettre, mais j'ai trois jeunes enfants et ils ont tous besoin de chaussures et de sous-vêtements, mais surtout de chaussures, parce que deux d'entre eux vont à l'école et qu'il fait froid. Mon mari n'a rien récolté depuis huit ans, juste ce qu'il faut pour les semences et un peu de nourriture et je ne sais pas quoi faire. Je déteste demander de l'aide. Je n'en ai jamais demandé avant et nous essayons de nous en passer autant que possible. J'aimerais recevoir 3 $ si cela vous était possible ou même seulement de vieux vêtements, mais si vous ne voulez pas, s'il vous plaît n'en parlez pas à la radio parce que tout le monde ici me connaît et m'apprécie, alors je vous supplie

de ne pas donner mon nom. Je n'ai jamais demandé d'aide ou de vêtements à mes voisins parce que je les connais trop bien.

Les mieux nantis

R.B. Bennett était personnellement un homme charitable. Il voyait à ce que chaque lettre ait sa réponse. Beaucoup de ceux qui lui écrivirent trouvèrent dans une enveloppe, avec sa réponse, un billet de 5 $ tiré de sa poche. Mais Bennett avait fait fortune par ses propres moyens. Il avait commencé par s'enrichir dans les affaires et le droit, à Calgary. Puis en 1926, il avait acquis la E.B. Eddy Paper Company et sa fortune avait encore grossi. Pendant son mandat de premier ministre, Bennett ne gagna jamais moins que 150 000 $ par année, à une

Cette photo traduit la frustration des nombreux Canadiens qui cherchaient désespérément mais inutilement du travail.

NE TIREZ PAS SUR LE PROFESSEUR

En dépit du marasme économique et de la sécheresse qui ravageait les récoltes, les Canadiens de l'Ouest passèrent au travers des années 1930 grâce à leur ingéniosité et à leur solidarité. Max Braithwaite, l'un des humoristes canadiens les plus renommés, fit de la vie dans les Prairies une description tantôt sombre, tantôt hilarante, mais toujours honnête. Ainsi, il raconta l'histoire d'un jeune professeur qui accepte un poste mal payé d'instituteur dans une école isolée de la Saskatchewan.

Dans les extraits suivants, le jeune professeur raconte sa première journée dans les Prairies et la première soirée dansante à laquelle il a assisté. Lis ces extraits en essayant de t'imaginer comment tu aurais réagi dans des circonstances semblables. Ensuite, ajoute un ou deux paragraphes de ton cru à chacun des extraits.

Une maison dans la prairie

Je dormis mal pendant ma première nuit à Willowgreen. La maison de McDougall était petite et froide. Les murs et le plafond n'étaient pas isolés et la maison était chauffée, comme beaucoup d'autres dans les Prairies, par le fourneau de la cuisine et par le poêle ventru du salon. McDougall n'entretenait aucun des deux feux toute la nuit. C'était tout simplement impossible. Il n'avait pas de charbon et il ne pouvait pas rester debout toute la nuit à mettre des bûches dans le poêle.

Et puis, à quoi aurait servi un feu la nuit? McDougall et sa femme se tenaient mutuellement au chaud. Les enfants dormaient vêtus de leurs longs sous-vêtements de flanelle et ils se réchauffaient en se blottissant les uns contre les autres. Rien n'était prévu pour un instituteur en visite. Pourquoi en aurait-il été autrement? Il était un corps étranger dans cette société.

Le matin, à mon réveil, il faisait nuit noire. J'entendis quelqu'un entrechoquer les plaques du fourneau dans la cuisine. Puis j'entendis la porte de la cuisine s'ouvrir et des pieds marteler le sol. Je sus qu'il était temps de me lever.

Je sortis mes pieds de sous les couvertures et je les posai par terre. Je les ramenai aussitôt dans le lit. Le plancher était comme un bloc de glace. En tâtonnant, je trouvai mes chaussettes, je les enfilai et je fis une autre tentative pour me lever. J'y parvins cette fois.

Je trouvai mon pantalon, sortis une allumette de ma poche et allumai la lampe à l'huile. Dans la pâle lumière jaune, j'aperçus le givre qui tapissait le mur. En vitesse, je passai mon sous-vêtement et mon pantalon et je pris la grosse cruche blanche pour verser de l'eau. Rien ne s'en écoula. La surface était recouverte d'un quart de pouce de glace. Ce fut la première fois, mais non la dernière, que je fis ma toilette avec de l'eau glacée.

La soirée dansante

Dans ma vie, j'ai assisté à des soirées dansantes tenues dans des salons huppés, des quartiers d'officiers et des salles de bal vingt fois plus grandes que l'école de Willowgreen. J'ai dansé la valse, la rumba et le cha-cha-cha au son d'orchestres grands et petits dont les membres étaient renommés dans le monde entier. Mais la soirée dansante dont je me souviens le mieux est celle qui eut lieu à l'école de Willowgreen, avec Orville Jackson au violon et grand-mère Wilson à l'orgue.

J'eus vent de la soirée le vendredi, après l'école, lorsque, plutôt que de se traîner dans l'allée en jetant ici et là des coups de torchon, Charlie McDougall et quelques aides se mirent à pousser énergiquement les pupitres contre les murs avant et arrière.

– Qu'est-ce que ça signifie? demandai-je.

– Bal ce soir.

– Ici?

– Ouais.

– Qui vient?

> – À peu près tout le monde du district, j'imagine.
>
> – Personne ne m'en a parlé.
>
> Charlie se contenta de hausser les épaules, puis il lança:
>
> – Ah! j'y pense. Papa m'a dit de vous dire qu'ils auront besoin de votre lit pour les bébés.
>
> Et c'est ainsi qu'ils vinrent, les vieux et les jeunes, chacun avec son paquet, plusieurs avec leurs bébés. Certains habitaient à douze milles de l'école et avaient fait un voyage de trois heures sur une piste enneigée et sinueuse. Au fond de leurs traîneaux, ils avaient placé des pierres chaudes enveloppées dans du papier journal pour se chauffer les pieds. Quelques traîneaux étaient à moitié remplis de paille pour que les enfants se mettent à l'abri du vent, comme des souris dans une botte de foin.
>
> Pourquoi vinrent-ils? Le bal était un temps d'arrêt dans la morne durée des mois d'hiver. Ils mouraient d'envie de jouer au rami et au cribbage et d'entendre la voix des autres. Ils se rassasièrent de chaleur humaine, de bébés, de grand-mères, de vieilles tantes célibataires, de fils devenus adultes qui n'ont nulle part où aller, entassés dans quelques pièces remplies de courants d'air comme des renards dans un terrier, gavés de la vue, du son et de l'odeur de leurs proches. Ils tenaient une occasion de s'évader pendant quelques heures, de voir des visages différents, de glaner quelques commérages. D'entendre parler de la vache qui était sur le point de mettre bas dans l'étable de Mark Brownlee, des vicissitudes du destin, de la pénurie de fourrage, de l'inutilité du cinq cents de Bennett, une prime de cinq cents sur chaque boisseau de blé versée grâce aux bons offices d'un premier ministre que l'ampleur de la dépression avait réduit, comme tout le monde, à la confusion et à l'ineptie.
>
> Max Braithwaite, *Why Shoot the Teacher?*, Toronto, McClelland and Stewart, 1979, p. 12-13, 51-52, 54-55.

époque où les ouvriers d'usine syndiqués les mieux payés gagnaient 1000 $. Le premier ministre avait tout d'un millionnaire: il portait des hauts-de-forme, des gants fins, des vestes et des pantalons impeccablement repassés et d'éclatantes chaussures de cuir vernis. Il croyait que les gens devaient se tirer d'affaire tout seuls et il refusait de consacrer l'argent du gouvernement aux secours. Pour lui, le chômage n'était pas un problème grave. Il dit à un groupe d'étudiants que la pauvreté était l'un des plus grands atouts qu'une personne pût posséder à ses débuts dans le combat de la vie.

C'était aussi l'avis de bien des privilégiés que la crise n'avait pas touchés. Les deux tiers des travailleurs avaient encore un emploi. «Avec le pain à 0,05 $, la viande hachée à 0,10 $ la livre et les bonnes maisons de brique à 4000 $, dit un historien canadien, une famille dont les revenus s'élevaient à 20 $ ou 30 $ par semaine se débrouillait fort bien.» John David Eaton, l'héritier de la fortune de T. Eaton, parla plus tard de la crise comme d'une époque dorée. «Vous pouviez inviter votre petite amie à un souper dansant dans un hôtel pour 10 $, se rappelait-il. Je suis content d'avoir grandi à cette époque. C'était un bon temps pour tout le monde.» Beaucoup de gens qui avaient un travail et de l'argent méprisaient les pauvres et les chômeurs.

Le premier ministre Bennett consentit à dépenser un peu pour les secours et les travaux publics. Le budget de ces activités avait décuplé depuis 1920. Néanmoins, c'était peu par rapport aux besoins. Bennett fit aussi la promesse électorale d'élever les droits de douane sur certains produits. La mesure favorisa les manufacturiers de l'Ontario et du Québec, mais elle n'eut aucun effet dans les régions rurales les plus éprouvées et dans les Prairies.

Les camps de travail

Pendant la crise, une masse d'hommes célibataires et sans abri écumaient le pays en quête d'un emploi. Beaucoup de gens croyaient que ces errants compromettaient l'ordre et la sécurité. Pour les écarter des villes et des villages, le gouvernement fédéral de Bennett construisit au fond des bois des camps de travail dont le maigre budget était administré par le ministère de la Défense nationale. Les hommes étaient logés, nourris et vêtus à la façon des soldats et ils recevaient 0,20 $ par jour. En retour, ils construisaient des ponts et des routes, coupaient des arbres et creusaient des fossés. Mais beaucoup de jeunes hommes se rebellèrent contre cette occupation sans avenir. Comment pouvaient-ils espérer avoir un jour une famille ou un foyer avec un salaire quotidien de 0,20 $?

Pendant l'été de 1935, ces travailleurs organisèrent une **marche sur Ottawa** pour réclamer un meilleur salaire. Des milliers de jeunes hommes quittèrent les camps, montèrent dans des wagons de marchandises et firent route vers l'est. Mais les protestataires furent arrêtés en Saskatchewan. Bennett n'avait aucune sympathie pour eux et il ordonna à la Police montée de les refouler. La marche sur Ottawa dégénéra en émeutes sanglantes à Regina. L'intervention de la police monta beaucoup de Canadiens contre le gouvernement Bennett.

LA MONTÉE DES NOUVEAUX PARTIS

Les deux grands partis politiques ne semblaient pas avoir d'autre réponse à donner aux Canadiens que «Attendez». Les libéraux et les conservateurs favorisaient la politique du *laisser-faire*, et ni les uns ni les autres ne voulaient intervenir de manière énergique dans le système économique. Pendant ce temps, des dizaines de milliers de Canadiens se désespéraient. En signe de dépit, ils donnaient à leurs expédients le nom du premier ministre. Ainsi, les gens qui n'avaient pas d'argent pour acheter de l'essence enlevaient le moteur de leur automobile et attachaient des chevaux au pare-chocs. Ils appelaient leur véhicule de fortune «**bagnole à Bennett**». On trouvait aussi des couvertures à Bennett (des journaux), des fermes à Bennett (des fermes abandonnées des Prairies), du café à Bennett (une boisson faite de blé grillé) et des Bennettvilles (des refuges où campaient les sans-abri).

Le pays voulait des réponses que les deux partis traditionnels semblaient incapables de lui donner. Dégoûtés du «système», beaucoup de gens se détournèrent des grands partis. De nouveaux partis émergèrent alors, particulièrement dans les régions qui avaient le plus souffert.

Le Parti communiste du Canada, dirigé par Tim Buck, comptait peu de membres mais il était actif. Il s'affairait à organiser des manifestations et à mobiliser les travailleurs comme les chômeurs. Il voulait amorcer une révolution qui transformerait complètement le système économique du Canada. Une grande partie de la population redoutait le «péril rouge» et le gouvernement réprima sévèrement le communisme. Il mit le parti hors la loi et

Ces baraques chichement meublées servaient de foyer aux jeunes hommes qui travaillaient dans les camps. Étudie la photo et essaie de trouver quels genres de divertissements ces hommes avaient.

En juin 1935, 1800 chômeurs environ se hissèrent dans les trains pour aller à Ottawa protester contre l'inaction du gouvernement. On les voit ici à la fin de leur voyage, à Regina.

emprisonna Buck de 1932 à 1934. Pourtant, il n'existait aucun danger réel de révolution violente. Au Québec, l'Union nationale de Maurice Duplessis prit le pouvoir. À l'origine, ce parti était un mouvement de protestation qui proposait des réformes sociales, mais dès que Duplessis fut élu, en 1936, il ne fut plus question de changements. Par ailleurs, l'ancien ministre du Commerce dans le gouvernement Bennett, Harry S. Stevens, fonda le Reconstruction Party. Il dénonça la corruption de grandes sociétés canadiennes, qui survivaient à la crise en écrasant les petites entreprises. Stevens rompit avec le Parti conservateur pour devenir protecteur de la petite entreprise. Il priva les conservateurs de centaines de milliers de votes lors des élections de 1935.

Les nouveaux partis les plus importants apparurent dans l'Ouest. Pendant l'été de 1932, des fermiers, des travailleurs et des membres d'autres groupes se rassemblèrent pour former un parti socialiste d'envergure nationale, le **Co-operative Commonwealth Federation (CCF)**. Ils se réunirent à Regina un an plus tard pour rédiger un programme politique, le manifeste de Regina, qui définissait l'objectif du CCF: remplacer le système de libre entreprise par un nouvel ordre social. Entre autres points, le manifeste de Regina proposait la nationalisation des banques, des entreprises de transport et d'autres grandes sociétés; l'aide aux fermiers; un système public de soins médicaux; un régime d'assurance-chômage et de pensions de vieillesse; une politique étrangère axée sur la paix et la coopération. Le premier chef du CCF fut le député travailliste de North Winnipeg, J.S. Woodsworth. (Le Parti travailliste avait été créé pour faire opposition aux deux partis traditionnels à la fin du XIXᵉ siècle.)

Le deuxième parti à voir le jour dans l'Ouest fut le **Crédit social**. Son fondateur, William Aberhart, était un directeur d'école de Calgary. Le dimanche après-midi, Aberhart faisait à la radio des sermons qu'écoutaient un quart de million d'auditeurs albertains. Au début, Aberhart ne prêchait que le christianisme sur les ondes, puis il lut un livre sur le Crédit social et il se mit à prôner la doctrine du parti. Selon le Crédit social, il y avait beaucoup de produits à vendre au Canada, mais les gens n'avaient pas assez d'argent ou de crédit pour les acheter. C'était «la pauvreté au milieu de la richesse».

Aberhart proposa que le gouvernement de l'Alberta distribue des «dividendes sociaux» (de 25 $ par mois) à chaque personne afin que la population ait de quoi consommer. «D'où vient tout l'argent? demanda-t-il à ses auditeurs. Nous n'utilisons pas d'argent. Alors, d'où vient tout le crédit? Mais de la pointe d'une plume.» Bien que critiqué par la plupart des économistes, le message d'Aberhart était attrayant pour les gens que la pauvreté et l'endettement effrayaient. Aberhart fut porté au pouvoir en 1935. Son parti ne versa jamais de dividendes sociaux. Aberhart forma en Alberta un gouvernement fort semblable au gouvernement fédéral conservateur. Les créditistes gouvernèrent à plusieurs reprises en Alberta de 1935 à 1971 et, en Colombie-Britannique, ils furent presque continuellement au pouvoir de 1952 à 1992.

LE «NEW DEAL» DE BENNETT ET LES ÉLECTIONS DE 1935

L e premier ministre Bennett se rendit compte que ses chances de réélection s'amenuisaient. Il remit en question la politique économique du laisser-faire. Le 3 janvier 1935, il prononça à la radio un discours qui fut diffusé d'un océan à l'autre et qui ébranla beaucoup de Canadiens. Il prit même des membres du Cabinet par surprise. «Je suis pour la réforme, déclara-t-il, et, à mes yeux, réforme signifie intervention gouvernementale, réglementation et surveillance

gouvernementales et fin du laisser-faire.» Dans une série de discours radiophoniques, Bennett promit une kyrielle de réformes: assurance-chômage, assurance-maladie, assurance contre les accidents du travail, normes en matière de salaire minimum, d'heures de travail et de conditions de travail, commissions de mise en marché pour les produits agricoles, programme de crédit pour les agriculteurs et commission chargée de contrer l'alignement des prix.

Comme ces promesses s'inspiraient du *New Deal* économique du président des États-Unis, Franklin Roosevelt, elles furent appelées «le ***New Deal*** de ***Bennett***». Plusieurs furent adoptées par le Parlement, mais ensuite invalidées par les tribunaux, qui jugèrent que les programmes sociaux étaient de juridiction provinciale. Le gouvernement Bennett avait montré qu'il était disposé à agir dans le domaine de l'économie, mais ses réformes de dernière minute ne sauvèrent pas le parti. Aux élections de 1935, plus de 300 000 partisans conservateurs étaient prêts à changer de camp.

Comme l'argent était rare, les gens trouvaient pour joindre les deux bouts des moyens aussi ingénieux que les «bagnoles à Bennett», des automobiles sans moteur tirées par des chevaux ou des bœufs.

Les libéraux de Mackenzie King avaient formé une opposition tranquille au gouvernement de Bennett et ils ne firent pas beaucoup de promesses électorales pendant la campagne de 1935. King lança le slogan «King ou le chaos», mais il offrit peu de solutions nouvelles à la crise. Malgré leurs difficultés, cependant, la plupart des Canadiens se méfiaient des mesures radicales: le Parti libéral emporta 173 sièges; le CCF, 7; le Crédit social, 17 et le *Reconstruction Party*, 1 avec H.H. Stevens. Une poignée d'autres candidats, dont Agnes Macphail, qui se présentait pour le parti United Farmers of Ontario-Labour, furent aussi élus, ne laissant que 40 sièges aux conservateurs. Ainsi commença un règne libéral ininterrompu de 22 ans, pendant lequel Louis Saint-Laurent succéda à Mackenzie King.

LE RETOUR DE MACKENZIE KING

Mackenzie King dirigea le Canada au cours des dernières années de la crise économique. Sa réélection marqua le retour à la politique économique du laisser-faire. «Plus qu'un changement de la structure économique, déclara King, c'est un changement de mentalité qu'il nous faut.» King abaissa les droits de douane et signa un nouvel accord commercial avec les États-Unis. Or, son principal objectif était de sabrer dans les dépenses gouvernementales et d'équilibrer le budget fédéral. Il ferma les camps de travail par mesure d'économie. Il refusa d'augmenter l'aide fédérale aux provinces, même si certaines d'entre elles étaient désespérément à court d'argent.

Mais King avait étudié l'économie et il réfléchissait aux idées nouvelles. L'une de ces idées était que les gouvernements devaient dépenser pour favoriser la reprise de l'économie. Son budget de 1938, par exemple, montrait une tendance à l'accroissement des dépenses gouvernementales. King favorisa aussi la création d'un régime fédéral d'assurance-chômage et il chargea une commission royale d'étudier les relations fédérales-provinciales. En fait, le premier ministre libéral attendait simplement la fin de la crise.

La crise économique ne se termina au Canada qu'avec le début d'une autre guerre sanglante, en 1939. Mais le climat était au renouveau et les gens commençaient à opter pour une intervention du gouvernement dans l'économie ainsi que pour l'institution de grands programmes sociaux. Après la Deuxième Guerre mondiale, d'ailleurs, le gouvernement commencera à intervenir énergiquement dans la vie économique canadienne.

J.S. Woodsworth était pasteur, réformateur social et syndicaliste. Il fut au nombre des militants arrêtés lors de la grève générale de Winnipeg, en mai 1919. Ses idéaux socialistes nourrirent le programme du CCF dans l'Ouest.

LA SOUVERAINETÉ CANADIENNE: MACKENZIE KING ET L'AUTONOMIE

Au cours de son long mandat, le premier ministre William Lyon Mackenzie King lutta pour obtenir l'indépendance complète du Canada. À plusieurs reprises, il adopta une attitude ferme face à la Grande-Bretagne. Voici le résumé de deux événements importants qui marquèrent l'accession du Canada à la souveraineté pendant l'entre-deux-guerres.

L'AFFAIRE CHANAK

En 1922, les Turcs menaçaient les troupes britanniques postées à Chanak, aux Dardanelles. Le gouvernement britannique demanda l'aide militaire de ses colonies. Contrairement à ce qui s'était passé huit ans plus tôt, lors du déclenchement de la Première Guerre mondiale, le Canada n'entra pas automatiquement dans le conflit. Le premier ministre King tenait à ce que le Parlement canadien détermine la position que prendrait le Canada. Le temps que la Chambre des communes débatte la question, la menace turque s'était évanouie. King n'en avait pas moins montré ses couleurs: le Parlement déciderait du rôle que jouerait le Canada dans les affaires internationales.

L'AFFAIRE KING-BYNG

Aux élections de 1925, King et les libéraux remportèrent moins de sièges que les conservateurs, mais ils se cramponnèrent au pouvoir en formant une coalition avec le Parti progressiste. En 1926, des fonctionnaires du ministère des Douanes furent accusés de corruption et King perdit l'appui des progressistes. Il fut obligé de demander au gouverneur général, Lord Byng, de déclencher des élections. Byng, qui avait été nommé par le gouvernement britannique, refusa. Il choisit de donner aux conservateurs d'Arthur Meighen l'occasion de former le gouvernement. Peu de temps après, les conservateurs perdirent à leur tour l'appui des progressistes et furent forcés de demander la tenue d'élections. Cette fois, Byng consentit. King était furieux qu'un Britannique décide du déclenchement des élections. Néanmoins, il reconquit sa majorité. Le Canada avait fait un pas de plus vers l'indépendance.

LES GENS, LES LIEUX ET LES ÉVÉNEMENTS

Dans tes notes, explique clairement l'importance historique des éléments suivants.

Statut de Westminster — Grève générale de Winnipeg
Crise économique — Secours direct
Marche sur Ottawa — Bagnole à Bennett
Co-operative Commonwealth — Crédit social
    Federation (CCF) — *New Deal* de Bennett

RÉSUME TES CONNAISSANCES

1. Quel était l'objectif principal de Mackenzie King en matière de politique étrangère?

2. Décris les problèmes qui menèrent à la grève générale de Winnipeg.

3. À l'aide d'un tableau, présente la situation économique du Canada de 1919 à 1921, de 1921 à 1929 et de 1929 à 1939.

4. Pourquoi les années vingt étaient-elles appelées les années folles?

5. Nomme et explique trois causes de la crise économique.

6. Que faisait le gouvernement libéral de Mackenzie King pour remédier à la crise avant les élections de 1930?

7. Quelle catastrophe a frappé les Prairies dans les années 1930 et aggravé les problèmes des agriculteurs de l'Ouest?

8. Quelle attitude R.B. Bennett avait-il face à la pauvreté: a) en tant que chef du gouvernement fédéral? b) personnellement?

APPLIQUE TES CONNAISSANCES

1. Mackenzie King était extrêmement populaire auprès des électeurs canadiens. Quels étaient les facteurs de son succès? Est-ce que tu aurais voté pour lui? Justifie ta réponse.

2. Compte tenu de l'ampleur de la grève générale de Winnipeg, crois-tu que les dirigeants ont bien agi? Quels conseils aurais-tu donné au maire de Winnipeg?

3. Est-ce que les années vingt ont été des «années folles» dans les Prairies et dans les Maritimes? Qu'aurait pu faire le gouvernement fédéral pour favoriser la prospérité économique de toutes les régions du Canada?

4. Quelle a été l'influence du krach de la Bourse américaine, en 1929, sur le déclenchement de la crise économique au Canada?

5. Pourquoi le «discours des cinq cents» de Mackenzie King fut-il si controversé? Est-ce qu'un tel discours aurait influencé ton choix si tu avais voté aux élections de 1930? Justifie ta réponse.

6. Pourquoi les gens trouvaient-ils pénible de demander le secours direct? Crois-tu que le gouvernement aurait dû être plus généreux? Défends ton point de vue.

7. Compte tenu de la gravité de la crise économique, crois-tu que le gouvernement aurait dû faire plus pour créer de l'emploi? Les camps de travail étaient-ils un moyen juste et humain d'occuper les jeunes hommes pendant la crise?

8. Au cours des années 1930, plusieurs partis politiques sont apparus et chacun proposait une solution à la crise économique. Selon toi, lequel des partis mentionnés dans le chapitre avait les politiques les plus judicieuses? Lequel de ces partis a le moins de valeur à tes yeux? Justifie tes réponses.

AUGMENTE TES CONNAISSANCES

1. Écris un éditorial sur la grève générale de Winnipeg et défends le point de vue des grévistes, celui des politiciens ou celui des propriétaires d'usine. Avant de commencer à écrire, demande-toi si ton opinion sur les événements aurait pu être influencée par ta position dans la société. Compare ton éditorial à celui d'une ou d'un de tes camarades qui a adopté un point de vue différent. Discute avec cette personne des différences entre vos éditoriaux.

2. Choisis une région du Canada et fabrique deux collages comparant sa situation dans les années 1920 à sa situation dans les années 1930. Chacun de tes collages doit traiter de la vie quotidienne. Assure-toi de dépeindre la vie urbaine et la vie rurale ainsi que les différentes cultures qui existaient dans la région choisie.

3. Fais des recherches sur l'évolution des exportations canadiennes du début des années 1920 à la fin des années 1930. Présente tes résultats sous forme de diagrammes assez grands pour être exposés en classe. Compare les exportations de blé, de pâtes et de papiers et de minéraux. Accompagne tes diagrammes de brefs commentaires.

4. Fais des recherches sur la vie dans les camps de travail. Imagine que tu travailles dans l'un de ces camps. Écris à une ou un de tes amis une lettre dans laquelle tu parleras de tes expériences et de tes espoirs.

5. Choisis l'un des partis politiques qui présentaient des candidats aux élections de 1935 (Parti libéral, Parti conservateur, Parti communiste, CCF, Crédit social et Reconstruction Party). Fabrique une affiche attrayante qui vante quelques-unes des politiques du parti.

11 LA VIE DANS L'ENTRE-DEUX-GUERRES

GLOSSAIRE

Bouclier canadien   Masse rocheuse ancienne, autrefois appelée Plateau laurentien; d'origine glaciaire, elle s'étend autour de la baie d'Hudson et couvre près de la moitié du Canada.

Commission royale   Groupe de personnes nommées par la Couronne pour étudier une question, en rendre compte et faire des recommandations au nom du gouvernement fédéral ou d'un gouvernement provincial.

Ère du jazz   Terme désignant les années vingt; le jazz, inventé par des musiciens noirs du sud des États-Unis, était alors très populaire.

Contrebande   Commerce de marchandises prohibées.

Division des Affaires indiennes   Organisme fédéral responsable des questions autochtones.

Danse du soleil   Danse rituelle des autochtones des Prairies.

Potlatch   Chez certaines tribus amérindiennes de la côte Nord-Ouest, fête au cours de laquelle l'hôte offre des cadeaux à ses invités et détruit ses biens pour montrer sa richesse.

Internat   Pensionnat pour élèves autochtones, financé par le gouvernement et dirigé par des missionnaires.

Précurseur   Qui annonce, prépare la venue.

Activisme   Doctrine qui préconise l'action (en politique).

DANS CE CHAPITRE, TU ÉTUDIERAS LES SUJETS SUIVANTS:

- les nouveautés technologiques des années 1920;
- l'américanisation du Canada et les efforts déployés par le gouvernement canadien pour protéger la culture canadienne;
- la lutte des femmes pour l'égalité dans la société canadienne;
- la détermination avec laquelle les peuples autochtones du Canada ont défendu leur culture.

L a Première Guerre mondiale a apporté beaucoup de souffrances aux Canadiens, mais elle leur a aussi donné confiance en eux. Mondialement acclamés pour leur bravoure militaire, déterminés à obtenir leur autonomie politique, les Canadiens des années 1920 étaient fiers d'eux-mêmes et de leur pays. Les artistes et les écrivains voulaient chanter le Canada. Les célèbres peintres du **groupe des Sept**, qui cherchaient à créer une esthétique nouvelle et typiquement canadienne, étaient à leur apogée. Dans leurs ateliers de Toronto, les A.Y. Jackson, Lawren Harris et Arthur Lismer couvraient leurs toiles de formes vigoureuses et d'épaisses couches de couleurs vives. Ils inventèrent un style audacieux pour exalter le paysage canadien.

La plupart des membres du groupe des Sept préféraient la nature sauvage du Nord aux scènes de la vie urbaine. Certains d'entre eux allèrent chercher l'inspiration jusqu'au Québec et en Nouvelle-Écosse. D'autres peignirent les Prairies, les Rocheuses et l'Arctique. Mais les paysages austères du *Bouclier canadien*, et particulièrement du parc Algonquin, d'Algoma et de la baie Georgienne, en Ontario, furent leurs premiers et leurs plus célèbres sujets.

Tom Thomson se noya pendant une expédition en canot qu'il fit au parc Algonquin en 1917. Ses premières œuvres, dont celle-ci, intitulée *Afternoon, Algonquin Park*, donnèrent une impulsion nouvelle à la peinture canadienne.

Tom Thomson, *Afternoon, Algonquin Park* 1914. McMichael Canadian Art Collection.

LES NOUVELLES INVENTIONS ET LA PREMIÈRE DÉCENNIE DES TEMPS MODERNES

C'est aussi pendant les années vingt que les régions du Canada furent reliées par les moyens de communication. Certains ont dit de ces années qu'elles constituèrent la première décennie des temps modernes. L'automobile, l'avion, le téléphone, le cinéma, la radio et bien d'autres nouveautés firent leur entrée dans la vie quotidienne. Au cours des années 1920 et 1930, la diffusion des technologies et des inventions contribua à unifier un pays immense et faiblement peuplé. Les barrières de temps et d'espace qui avaient séparé les Canadiens commencèrent à tomber et les régions rurales sortirent de leur isolement.

L'automobile

Symbole de richesse avant la guerre, l'automobile devint accessible à la classe moyenne dans les années 1920. En effet, l'Américain **Henry Ford** avait lancé la construction d'automobiles en série. Avec des pièces standardisées, les ouvriers de ses chaînes de montage fabriquaient des voitures que les gens ordinaires avaient les moyens d'acheter. En 1924, le fameux modèle T de Ford coûtait un peu moins de 400 $ au Canada. À la fin des années 1920, les automobiles et les camions disputaient le droit de passage aux voitures tirées par des chevaux sur les routes canadiennes. En 1930, plus d'un million d'automobiles étaient immatriculées au Canada.

L'automobile était la clé d'une liberté nouvelle. Les familles d'agriculteurs pouvaient aller en ville plus souvent. Les amis et les parents pouvaient se rendre visite plus facilement.

Pendant les années 1920, presque tout le monde achetait une automobile. À l'abri dans leurs voitures fermées, les gens découvraient le plaisir de conduire sur des routes bien pavées.

Les commis voyageurs, qui vendaient leurs produits de porte en porte, pouvaient arpenter des territoires beaucoup plus vastes. Les jeunes pouvaient fréquenter les boîtes de nuit à l'américaine situées à l'extérieur des villes et danser sur des airs à la mode, loin de la surveillance des parents. Les citadins pouvaient échapper à la chaleur de l'été dans des centres de villégiature. À la fin des années 1920, il existait 130 000 km de routes pavées au Canada. Les motels et les hôtels poussèrent le long des routes pour accueillir la première génération d'automobilistes en vacances.

Cependant, les automobiles des années vingt n'avaient rien de fiable. Les phares, les pédales d'embrayage et les freins étaient fragiles; personne n'aurait osé prendre la route sans un câble de remorquage. Les automobilistes ne pouvaient jamais prévoir le moment où ils se retrouveraient en rase campagne, debout à côté d'une voiture en panne ou embourbée jusqu'aux essieux. C'était toute une histoire que d'entreprendre un long voyage. Un Torontois, qui passait ses vacances au bord de la baie Georgienne, décrivit le voyage comme «une aventure renouvelée d'année en année». Comme les stations-service étaient rares, les automobilistes devaient transporter des bidons d'essence. Les moteurs calaient dans les pentes et les passagers devaient descendre et pousser les voitures jusqu'à ce qu'elles redémarrent. «Et les pneus… disait notre Torontois. Je ne me rappelle pas combien de chambres à air j'ai dû rapiécer dans ce temps-là!» Il n'était pas exceptionnel qu'un trajet de 200 km fût ponctué de 10 crevaisons. À la fin des années 1930, cependant, le modèle T noir et trapu fut remplacé par des voitures colorées et élégantes, à l'intérieur spacieux et confortable. La boîte de vitesse automatique révolutionna la façon de conduire. L'ère de l'automobile était commencée.

L'avion

Pendant les années 1920 et 1930, les gens voyageaient en automobile, en train et en bateau, très rarement en avion. Jusqu'en 1927, il n'y eut au Canada qu'une seule ligne aérienne pour le transport des passagers. Puis quelques liaisons interur-baines s'ajoutèrent et les Canadiens s'habituèrent lentement à apercevoir la silhouette d'un avion dans le ciel. Beaucoup d'anciens pilotes de la Première Guerre mondiale, qui s'ennuyaient dans le civil, se remirent à voler. Ils atterrissaient dans les champs des fermiers et, pour 2 $, ils offraient une balade dans les airs aux amateurs de sensations fortes. À l'occasion des foires, ils galvanisaient les spectateurs avec leurs tonneaux et leurs loopings. Les plus casse-cou allaient même jusqu'à se pendre par les mains aux ailes de leur appareil.

L'armée de l'air canadienne fut créée en 1920 et nommée **Aviation royale du Canada (ARC)** en avril 1924. Les pilotes de l'ARC s'acquittaient souvent de missions civiles comme la surveillance des feux de forêt, de la pêche commerciale et des contrebandiers.

Les petits avions de brousse devinrent les chevaux de somme du Nord. Ces appareils fragiles ouvrirent l'immensité du Bouclier canadien, où l'on ne trouvait ni routes ni chemins de fer, à l'exploration minière. Les instruments de navigation étaient rudimentaires; les pilotes de brousse volaient «au pif», généralement dans d'anciens avions militaires remis en état avec les moyens du bord. En 1929, 29 sociétés aériennes transportaient des marchandises et des passagers dans le Nord.

Le ministère des Postes commença en 1927 à expédier le courrier par avion dans les régions éloignées. Le temps était quelquefois si mauvais que les pilotes devaient attacher les sacs de courrier à des parachutes et les lancer par le hublot aux gens qui attendaient sur la terre ferme. Les pilotes canadiens risquaient parfois leur vie pour rejoindre des coins isolés par mauvais temps, mais ils forgèrent un lien important entre les régions éloignées et le reste du pays. Il fallut attendre jusqu'en 1937 pour que le gouvernement fédéral fonde une société nationale d'aviation, la Trans-Canada Air Lines.

La radio

La radio fut une autre des grandes inventions des années folles. Pour la première fois dans l'histoire, la voix humaine se propageait par la voie des ondes jusque dans les maisons, où elle était captée par des appareils primitifs appelés «postes à galène». En 1901, l'inventeur canadien Reginald Fessenden avait réalisé la première transmission sans fil de la voix humaine. Son message humoristique, «Est-ce qu'il neige chez vous, M. Thiessen?», parvint en crépitant à un assistant situé à 1600 km de distance. Cependant, on attribue généralement l'invention de la radio au physicien italien **Guglielmo Marconi**. Celui-ci installa la première station de radio commerciale, la station XWA, à Montréal. La station diffusa sa première émission en 1919; au programme: informations, bulletin météorologique et musique enregistrée. La station existe encore: c'est la station anglophone CFCF de Montréal.

La radiophonie s'améliora rapidement. Les postes à galène et leurs casques d'écoute furent bientôt remplacés par des appareils plus perfectionnés munis de haut-parleurs. Dans les années 1930, les familles se rassemblaient autour des postes en noyer sculpté pour écouter des émissions comme «L'auberge des chercheurs d'or», «Rue Principale», «Les légendes du Bas Saint-Laurent», «Le curé du village». Les Canadiens étaient fous de la radio et le poste de radio devint un nouveau symbole de richesse. En 1923, on comptait moins de 10 000 postes de radio au Canada; six ans plus tard, le nombre de récepteurs était passé à 297 000.

De petites stations de radio apparurent pour répondre à la demande. Elles ne possédaient pas toutes le permis qu'une loi de 1913 avait rendu obligatoire. Comme il y avait peu de publicité radiophonique à cette époque, les stations avaient de petits budgets et la mise en ondes se faisait tant bien que mal. Les horaires étaient irréguliers et la production technique, maladroite. Des annonceurs inexpérimentés présentaient des artistes locaux, des championnats d'épellation et même des débats scolaires.

Les stations américaines, elles, s'enrichissaient depuis le début en faisant de la publicité. Elles avaient formé des réseaux et vendaient du temps d'antenne à de grandes sociétés qui voulaient s'annoncer. Des ritournelles accrocheuses vantaient des produits comme les piles Eveready, les Corn Flakes de Kellogg et le café Maxwell House. Les revenus de publicité servaient à payer des artistes de renom. En 1924, il y avait 51 stations de radio au Canada et plus de 200 aux États-Unis. Les stations américaines offraient des heures de programmation régulière chaque jour de la semaine. Chacun y trouvait son compte: de la musique enregistrée ou en direct, des feuilletons, des comédies, des histoires de détectives ou de cow-boys, des contes pour enfants, des émissions religieuses, sans oublier les informations, les bulletins météorologiques et les sports.

Beaucoup de stations américaines étaient situées près de la frontière canadienne et les Canadiens captaient souvent les émissions venues du sud. Pas le samedi soir, cependant, car alors tout le monde écoutait «La soirée du hockey» ou «Hockey Night in Canada». En mars 1923, installé dans une petite cabine insonorisée du Mutual Street Arena de

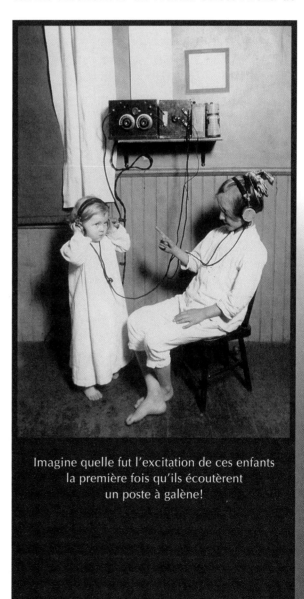

Imagine quelle fut l'excitation de ces enfants la première fois qu'ils écoutèrent un poste à galène!

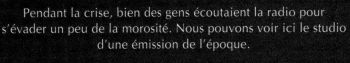

Pendant la crise, bien des gens écoutaient la radio pour s'évader un peu de la morosité. Nous pouvons voir ici le studio d'une émission de l'époque.

publics et privés, de produire des émissions canadiennes de qualité pour concurrencer les stations américaines et de fournir des services radiophoniques aux régions éloignées du Canada. En 1940, près de 90 % des Canadiens pouvaient capter les émissions de la SRC.

Radio-Canada contribua à atténuer l'isolement des régions et à promouvoir l'unité nationale. La radio, c'était l'instantanéité. Les politiciens pouvaient s'adresser au pays tout entier en même temps. Les artistes pouvaient émouvoir des milliers d'auditeurs en un seul numéro. À l'unisson, d'un océan à l'autre, les auditeurs pleurèrent les mineurs morts à Moose River, en Nouvelle-Écosse, en 1936, et ils se réjouirent de la visite que le roi Georges VI et la reine Élisabeth firent au Canada en 1939. Mieux encore que les journaux, les livres et les revues, Radio-Canada rapprochait les Canadiens.

Le cinéma

En créant la SRC, le Canada avait fait un choix clair entre, comme le dit R.B. Bennett, «l'État ou les États». Les stations américaines étaient encore populaires, mais Radio-Canada leur opposait une solide concurrence. Pendant l'entre-deux-guerres, le cinéma connut aussi une immense popularité. Pour encourager l'industrie cinématographique, le gouvernement fédéral subventionna des maisons de production canadiennes, mais la plupart de leurs films, tel *Fishing Just for Fun*, furent de coûteux échecs. L'industrie cinématographique canadienne ne remporta ses premiers grands succès qu'après la fondation de l'Office national du film (ONF), en 1939.

Les Canadiens adoraient les films d'Hollywood et idolâtraient les vedettes américaines comme Charlie

Toronto, l'annonceur **Foster Hewitt** fit la première description en direct d'une partie de hockey. C'était la naissance d'une institution canadienne. Au début des années 1930, Hewitt était devenu la voix du hockey, avec sa fameuse exclamation: «Il lance et compte!».

«L'insidieuse influence de la radio américaine», comme le disait R.B. Bennett, commença à préoccuper certaines personnes. Le gouvernement canadien devait-il prendre des mesures pour limiter les émissions américaines et encourager la programmation canadienne? En 1928, une *commission royale* dirigée par sir John Aird fut chargée d'enquêter sur la radiodiffusion. La commission Aird étudia les systèmes de radiodiffusion d'une demi-douzaine de pays. Elle recommanda au gouvernement fédéral de fonder une société d'État semblable à la British Broadcasting Corporation (BBC). Le gouvernement créa donc la Canadian Radio Broadcasting Corporation (CRBC) en 1932; l'organisme fut réorganisé en 1936 et appelé Société Radio-Canada (SRC). Son mandat était de régir les diffuseurs

Chaplin, Rudolph Valentino et Greta Garbo. Beaucoup de bons acteurs canadiens allèrent chercher la gloire et la fortune à Hollywood. Quelques-uns réussirent. **Mary Pickford**, de son vrai nom Gladys May Smith, fut surnommée «l'enfant chérie de l'Amérique». Elle naquit à Toronto en 1893 et elle y fit ses débuts de comédienne à l'âge de cinq ans. Dès 1907, elle partit pour Hollywood, où elle devint l'actrice la plus populaire des années vingt. Avec son mari Douglas Fairbanks et son camarade Charlie Chaplin, Mary Pickford fonda le studio United Artists en 1919.

La United Artists et d'autres grands studios américains produisirent des centaines de films qui enchantèrent les samedis soirs des Canadiens. Fatigués des misères de la Première Guerre mondiale, les gens ne demandaient pas mieux que de se distraire. Les films d'Hollywood leur offraient un mélange de comédie, d'élégance, de romance, de luxe et d'aventure. Ils étaient au diapason de l'*ère du jazz*, comme on appelait parfois les années vingt, et ils attiraient un public sans cesse croissant.

Aux liens géographiques et politiques étroits qui unissaient déjà le Canada et les États-Unis s'ajoutèrent les liens culturels tissés par la radio et le cinéma. Pour le meilleur ou pour le pire, la culture canadienne s'américanisait. Les Canadiens avaient face au changement une attitude ambiguë. Beaucoup de gens partageaient la fierté nationale représentée par le groupe des Sept et déploraient l'américanisation du Canada. Dans leurs moments de détente, cependant, ils raffolaient de la radio et des films américains. Par conséquent, la société canadienne calqua de plus en plus la société américaine.

L'actrice d'origine canadienne Mary Pickford devint une grande vedette à Hollywood, où elle fut surnommée «l'enfant chérie de l'Amérique».

LA PROHIBITION

Des deux côtés de la frontière, l'ère du jazz se caractérisait par l'élégance, le dynamisme et l'insouciance. Or, l'époque était aussi marquée par le crime et la corruption. Le célèbre gangster de Chicago Al Capone incarnait le mauvais côté de la vie américaine dans les années vingt. Il commandait une puissante association de malfaiteurs et il passait pour avoir ordonné 400 meurtres dans le milieu interlope. Pour régner sur Chicago, Capone et ses acolytes soudoyaient les fonctionnaires, les juges et les policiers. Capone avait un émule au Canada en la personne de **Rocco Perri**, de Hamilton, en Ontario, qui était d'ailleurs surnommé «le Al Capone canadien». Perri déclara un jour à un journaliste qu'il était contre l'usage de la violence, mais il dirigeait une bande de criminels violents qui sévissait dans la péninsule du Niagara. Dix-sept meurtres lui furent attribués. Sa femme Bessie fut abattue en 1930 dans le garage de la luxueuse maison que le couple possédait à Hamilton. Perri disparut sans laisser de traces en 1944, peut-être victime d'un meurtre lui aussi.

Le principal facteur de l'activité criminelle était la prohibition aux États-Unis. La **prohibition** (l'interdiction de fabriquer, de vendre et de boire des boissons alcoolisées) dura de 1919 à 1933. Malgré la loi, beaucoup d'Américains assoiffés étaient prêts à se procurer illégalement de l'alcool. La *contrebande* d'alcool rapportait des profits énormes. Une caisse de 12 bouteilles d'alcool payée 50 $ en Saskatchewan pouvait se vendre jusqu'à 300 $ de l'autre côté de la frontière. Quelques-unes des plus riches familles du Canada firent leurs premiers

MODES DES ANNÉES 1920 ET 1930

Les Maringouins – Madame E. Bolduc

Je suis allé me promener
À la campagne pour l'été
Je vous dis q'j'en ai arraché
Les maringouins m'ont tout mangé
Quand ils m'ont vu arriver
Ils m'ont fait une belle façon
Sont venus au devant d'moé
C'était comm' une procession.

Les maringouins c'est une bébitte
Faut s'gratter quand ça nous pique
Je vous dis c'est bien souffrant
C'est cent fois pire que l'mal au dent
J'ai les jambes plein, d'piqures
C'est comm'un vrai morceau d'forçure
J'ai la peau tout enlevée
C'est parce que je m'suis trop gratté.

Par tout ous ce que j'allais
Les maringouins me suivaient
Je courrais tellement fort
Que j'en avais des points dans l'corps
Quand j'allais voir la vieille canard
Ils m'couraillaient jusqu'au hangar
Ils étaient tell'ment enragés
Qu'ils m'ont presque dévoré.
Le soir après qu'j'étais couché
Autour d'ma tête ils v'naient chanter
Voilà qu'j'allume la lampe
Pis j'commence à les courailler
Y'en a un avec sa lencette
Qui s'en vient sur ma jaquette
Mon mari à mes côtés
Je vous dis qu'il l'a pas manqué.

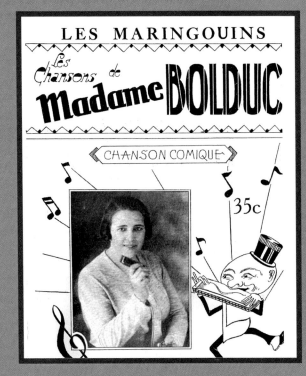

Je vous dis deux mois après
J'étais contente d'prendre le train
Pour m'en débarrasser
Ils m'ont mis dans une boîte et m'ont checqué
Quand mes amies m'ont vu
Ils ne me r'connaissaient plus
J'avais le nez presque mangé
Puis le visage tout boursoufflé.

Danses des années 1920

Shimmy	Tango
Waltz	Strut
Black Bottom	Cheek to Cheek
Bunny Hop	Butterfly
Charleston	Turkey Trot
Fox-Trot	

Émissions radiophoniques des années 1930

L'Auberge des chercheurs
   d'or
Rue Principale
Vies de Femmes
Le théâtre de J.-O. Lambert
L'Heure provinciale
Ceux qu'on aime
Les légendes
   du bas Saint-Laurent
Music-Hall
Le Café-Concert Kraft
Le théâtre de chez nous
Le hockey des Canadiens

millions avec la vente illégale d'alcool pendant la prohibition américaine.

Ici, beaucoup de gens regardaient faire les contrebandiers d'un œil amusé. Plus rusés et plus rapides que les agents américains, les contrebandiers canadiens passaient pour les Robins des Bois des temps modernes. Aux États-Unis, cependant, la contrebande n'avait rien de désinvolte. La perspective de gros bénéfices alléchait des criminels violents qui se livraient au règlement de compte, au meurtre et à la corruption. Les policiers, les juges et les fonctionnaires résistaient mal à la tentation des pots-de-vin. La criminalité traversa la frontière et certains prohibitionnistes canadiens furent ébranlés dans leurs convictions. Au Manitoba, en 1923, l'un d'eux déclara que les contrebandiers, les bandits et les voleurs de banque avaient mis le monde sens dessus dessous. «Le remède, déplora-t-il, est dix fois pire que la maladie.» La prohibition devenait une plaie sociale, tout comme l'alcoolisme qu'elle avait pour but d'éliminer.

La prohibition au Canada

Le Canada, pour sa part, s'était essayé à la prohibition pendant la Première Guerre mondiale. À la fin des hostilités, en 1918, toutes les provinces sauf le Québec avaient adopté des lois prohibitionnistes. De plus, en 1917 et 1918, Ottawa avait sévèrement restreint l'importation, la fabrication et le transport d'alcool. Au début, la prohibition canadienne fut bénéfique; la fermeture des saloons et des bars entraîna une diminution du désordre public et de la violence familiale.

La prohibition, cependant, faisait beaucoup de mécontents. Les gouvernements s'aperçurent que les contrebandiers s'enrichissaient avec un commerce qui aurait pu grossir les coffres de l'État. Des sociétés de tempérance (souvent financées par les brasseries et les distilleries) se formèrent et avancèrent qu'il valait mieux contrôler la vente d'alcool que l'interdire complètement. Les lois prohibitionnistes fédérales tombèrent en 1919. Puis, pendant les années 1920, les gouvernements provinciaux levèrent un à un la prohibition et ouvrirent des comptoirs de vente qui leur permirent de régir la vente d'alcool et de récolter des revenus sans hausser les taxes. En 1930, toutes les provinces sauf l'Île-du-Prince-Édouard (qui resta «sobre» jusqu'en 1940) permettaient à nouveau la vente d'alcool.

Même à l'époque où quelques provinces étaient officiellement prohibitionnistes, il existait des lois qui permettaient la fabrication et le transport de l'alcool. Dans les Prairies, les distilleries avaient le droit de fabriquer de l'alcool à des fins autres que la consommation, c'est-à-dire pour des usages industriels, scientifiques et médicaux. De même, il était légal d'importer de l'alcool afin de l'exporter dans des pays où la consommation était permise. Une bonne partie de l'alcool fabriqué et expédié au Canada se retrouvait aux États-Unis. On estime que de 22 à 45 millions de litres d'alcool canadien entrèrent illégalement aux États-Unis chaque année pendant la prohibition américaine.

De 1920 à 1935 environ, la contrebande était courante le long de la frontière canado-américaine (qui n'était pas surveillée) et des deux côtes. Le trafic le plus intense avait lieu entre Windsor, en Ontario, et Detroit, au Michigan. Par temps chaud, une flottille de plus de 800 vedettes sillonnait les 2 km d'eau qui séparaient

Beaucoup de contrebandiers trouvaient des moyens ingénieux d'introduire de l'alcool aux États-Unis. Selon toi, combien de bouteilles cet homme pouvait-il cacher sous un manteau ample?

L'AFFAIRE DU I'M ALONE

La prohibition qui eut cours aux États-Unis pendant les années 1920 ouvrit aux contrebandiers canadiens un marché de buveurs insatiables. Les quantités d'alcool expédiées clandestinement aux États-Unis chaque mois valaient des millions de dollars. La majeure partie de l'alcool illégal passait soit par la «route du rhum», entre Windsor et Detroit, soit par le golfe du Mexique, où les vedettes américaines cueillaient le chargement des goélettes canadiennes. Ces bateaux revenaient rarement vides au Canada. Ils rapportaient en fraude des tissus ainsi que des produits du tabac et ce commerce nuisait aux manufacturiers canadiens.

Le gouvernement américain ne prenait pas la contrebande à la légère. Des agents spéciaux tentaient de saisir l'alcool qui entrait illégalement aux États-Unis par la route du rhum, tandis que la garde côtière américaine menait une guerre en règle contre les contrebandiers. En 1929, la goélette *I'm Alone* de la Nouvelle-Écosse essaya d'introduire de l'alcool aux États-Unis. Tant que le bateau restait à l'extérieur des eaux territoriales des États-Unis, la garde côtière américaine n'avait pas le droit de l'arraisonner. Or, les Américains étaient déterminés à arrêter les contrebandiers. Ils pourchassèrent le *I'm Alone* pendant deux jours, puis ils le cernèrent. Même si la goélette se trouvait à 390 km des côtes, en eaux internationales, les Américains le capturèrent et le coulèrent. L'incident déclencha une vive controverse, mais les Canadiens continuèrent d'introduire de l'alcool aux États-Unis jusqu'à la fin de la prohibition, en 1933.

Windsor et Detroit. L'hiver, des douzaines de voitures et de camions chargés d'alcool de contrebande allaient et venaient sur la rivière gelée. La prohibition fut une grande déception pour ses partisans. Elle avait pour but d'éliminer l'alcoolisme et de policer le comportement, mais elle eut l'effet inverse. Elle fit de l'alcool un or liquide dont le commerce illégal salissait tous ceux qui s'en mêlaient.

La condition féminine dans l'entre-deux-guerres

Un grand nombre de femmes qui réclamaient la prohibition militaient aussi pour le suffrage féminin. Parmi elles on peut souligner Thérèse Casgrain qui fut présidente de la ligue des droits de la femme et l'animatrice de l'émission «Fémina» à Radio-Canada. Ces femmes étaient convaincues que le droit de vote favoriserait l'égalité des femmes et leur

Les contrebandiers ne parvenaient pas toujours à leurs fins. Lors de la descente effectuée dans cette distillerie clandestine de Elk Lake, en Ontario, la police saisit et détruisit 160 barils d'alcool.

accession à la vie publique. En 1920, les femmes avaient le droit de voter aux élections fédérales et, partout sauf au Québec, aux élections provinciales. Les élections fédérales de 1921 furent les premières où les femmes de plus de 21 ans purent voter et poser leur candidature. Mais sur les cinq femmes qui se présentèrent, seulement une, **Agnes Macphail** de l'Ontario, fut élue. Réélue quatre fois par la suite, Macphail fut la seule femme à siéger à la Chambre des communes jusqu'en 1935. En 1921, Nellie McClung devint la troisième femme à siéger à l'Assemblée législative de l'Alberta. Cependant, les femmes députées provinciales étaient encore très peu nombreuses.

Agnes Macphail fut la première femme à siéger au Parlement canadien. Elle militait pour les droits civils, la réforme sociale et les services de santé.

Les femmes et le sport

Sur d'autres fronts, cependant, les femmes avaient plus de chance qu'en politique. La période comprise entre 1920 et 1935 environ fut l'âge d'or du sport féminin. Beaucoup d'organismes pour les jeunes, et particulièrement la Young Women's Christian Association (YWCA), encourageaient l'activité physique chez les jeunes femmes. C'est ainsi qu'apparurent des clubs de sport féminin amateur. Des équipes scolaires de compétition se formèrent un peu partout au Canada. Le basket-ball et le base-ball étaient deux des sports les plus populaires. Les **Edmonton Grads** furent la meilleure équipe de compétition dans l'histoire du basket-ball. Au cours de ses 20 ans d'existence, l'équipe remporta 502 des 522 parties qu'elle disputa et récolta 4 médailles d'or olympiques.

Les femmes n'excellaient pas seulement au basket-ball. Lors des Jeux olympiques de 1928, tenus à Amsterdam, Ethel Catherwood de Saskatoon mérita une médaille d'or au saut en hauteur et **Fanny («Bobbie») Rosenfeld** remporta une médaille d'or et une médaille d'argent à la course. Rosenfeld était une athlète accomplie. En plus de ses exploits à la course, elle établit des records au lancer du disque et au saut en longueur et elle s'illustra comme joueuse de tennis et de hockey. Elle fut intronisée au Temple canadien de la renommée dans les sports. En 1934, la nageuse Phyllis Dewar, de Moose Jaw, en Saskatchewan, reçut quatre médailles d'or aux Jeux de l'Empire britannique.

Les Edmonton Grads furent la meilleure équipe de basket-ball de l'histoire. Selon toi, pourquoi l'intérêt porté au sport féminin déclina-t-il dans les années 1930?

LA VIE DES FEMMES DANS LES ANNÉES 1920

Dans les années 1920, les Canadiennes étaient plus actives qu'elles ne l'avaient jamais été dans la société. Elles pratiquaient des sports, participaient à la vie politique et entreprenaient de nouvelles carrières. Elles découvraient toutes sortes de divertissements et notamment la danse, la natation et la raquette.

Les triomphes des femmes, cependant, étaient sporadiques. Au milieu des années 1930, les médecins et les éducateurs estimèrent que les femmes étaient trop fragiles pour les sports de compétition comme le base-ball. On édicta des règlements pour limiter les contacts et les efforts physiques dans le sport féminin. Par la suite, le sport féminin connut une éclipse qui dura jusque dans les années 1960.

Les femmes sont-elles des personnes?

Le déclin du sport féminin n'était qu'un des nombreux signes montrant aux femmes que leur lutte pour l'égalité était loin d'être terminée. La société canadienne était encore une société d'hommes et l'**existence juridique des femmes** ne fut reconnue qu'après une bataille acharnée. L'article 24 de l'AANB, en effet, stipulait que les «personnes compétentes» pouvaient devenir sénateurs; d'autres lois entouraient la nomination aux charges publiques de conditions semblables. Les représentants officiels du gouvernement prétendaient que les femmes n'étaient pas des «personnes» aux yeux de la loi et que, de ce fait, elles n'étaient pas admissibles aux charges publiques. Les groupes féministes leur livrèrent un combat juridique qui dura plus de 10 ans.

La juge Emily Murphy était aux premières lignes. Nommée magistrat à Edmonton en 1916, elle fut la première femme juge de l'Empire britannique. Les avocats qui plaidaient dans son tribunal soutenaient qu'elle n'était pas juge parce que, d'après la loi sur la nomination des juges, elle n'était même pas une «personne». Jour après jour, la juge Murphy notait les objections des avocats, les rejetait et continuait de faire son travail. Finalement, en 1920, un avocat essaya d'utiliser l'argument de la «personne» pour faire libérer son client (un contrebandier reconnu coupable au tribunal de la juge Murphy) pour cause de vice de forme. Il porta la cause en appel à la Cour suprême de l'Alberta. La Cour trancha: la juge Murphy était une personne et, par conséquent, elle était admissible à la fonction de juge.

L'une des diplômées de la promotion de 1928 à l'université de Toronto, Elsie Gregory MacGill, fut la première femme à obtenir un diplôme en génie électrique et aéronautique.

La juge Murphy ne se contenta pas de la décision d'un tribunal provincial. Elle voulait créer un précédent national et vérifier si les femmes pouvaient être nommées au Sénat canadien. Murphy porta sa cause jusque devant le Conseil privé de la Grande-Bretagne, la plus haute cour d'appel du Canada à cette époque. Le Conseil privé lui donna raison en déclarant que l'exclusion des femmes de toutes les charges publiques était un reliquat d'une époque barbare. Ce fut un triomphe pour les Canadiennes. Après cette affaire, cependant, en partie à cause de la crise économique, le mouvement féministe perdit sa vigueur et ne la retrouva que dans les années 1960.

LES AUTOCHTONES DU CANADA

Les autochtones du Canada continuèrent de souffrir de la discrimination et de la pauvreté après la Première Guerre mondiale. Au début du XXe siècle, la plupart des peuples autochtones du sud du Canada avaient signé des traités et choisi leurs réserves. Ils étaient officiellement considérés comme des pupilles (des personnes à charge) de la *division des Affaires indiennes*. Le gouvernement avait pour objectif avoué d'assimiler les peuples autochtones (de les intégrer à la culture blanche) par tous les moyens possibles. Comme le dit en 1921 Duncan Campbell Scott, poète et surintendant adjoint aux Affaires indiennes, la politique du gouvernement était de «persister jusqu'à ce que tous les Indiens du Canada aient été absorbés dans le corps politique, jusqu'à ce qu'il n'y ait plus de question indienne et plus de ministère des Affaires indiennes». Le gouvernement exigeait des Amérindiens qu'ils renoncent à leur héritage culturel et qu'ils s'incorporent à la société blanche.

Le gouvernement s'efforça de faire disparaître tous les éléments de la culture amérindienne. Il prohiba au début des années 1920 les cérémonies traditionnelles comme la *danse du soleil* exécutée par certaines tribus des Prairies et le *potlatch* pratiqué sur la côte Nord-Ouest. Il sépara les enfants autochtones de leurs familles et les mit dans des *internats* dirigés par des missionnaires. Les règlements de ces établissements visaient à couper les élèves de toutes leurs racines amérindiennes. Les pratiques religieuses traditionnelles étaient interdites. Les enfants qui parlaient leur langue maternelle étaient sévèrement punis. On habillait les élèves à l'européenne et on les pressait de devenir des chrétiens anglophones. Même leurs jeux et leurs sports devaient être «complètement et distinctement blancs».

Néanmoins, les étudiants amérindiens étaient rarement acceptés dans les villes et les villages. Ils se heurtaient à l'hostilité et aux préjugés de la collectivité blanche. Rares furent les Amérindiens qui s'intégrèrent à la majorité. La plupart des étudiants amérindiens retournaient dans leurs réserves, mais ils s'apercevaient bientôt qu'ils ne s'y sentaient plus chez eux. Un ancien élève d'un internat fit le commentaire suivant:

> *Quand un Indien sort de ces écoles, il est pris entre deux murs. D'un côté, sont toutes les choses qu'il a apprises de son peuple et son mode de vie en voie d'anéantissement; de l'autre côté, sont les habitudes de l'homme blanc, qu'il n'a jamais pleinement comprises parce qu'il n'a jamais eu l'instruction suffisante et parce qu'il ne pouvait pas les faire siennes. Il est là, pris entre deux cultures, ni Indien ni homme blanc.*

Se sentant étrangers aux deux mondes, beaucoup d'autochtones sombraient dans le désespoir. La pauvreté, la maladie et l'alcoolisme étaient le lot des autochtones, à l'intérieur comme à l'extérieur des réserves.

Dans les années 1920, pourtant, quelques chefs autochtones luttèrent pour la survie économique et culturelle de leur peuple. Le chef mohawk F.O. Loft de l'Ontario s'était battu pendant la Première Guerre mondiale. À son retour au Canada, il tenta d'attirer l'attention du public sur le sort de son peuple. Frustré par l'indifférence d'Ottawa et de Londres, Loft forma un organisme national appelé **Ligue des Indiens**. Il exigeait que les autochtones puissent voter sans renoncer à leur statut particulier. Il voulait aussi que les autochtones aient leur mot à dire dans la gestion de leurs biens et de leurs finances.

Ailleurs, d'autres dirigeants autochtones réclamaient des changements sociaux et protestaient contre l'intrusion des Blancs dans les territoires autochtones. En Colombie-Britannique, les mineurs, les bûcherons et les colons blancs empiétaient sur les terres ancestrales des bandes autochtones. Le révérend Peter Kelly, un Haïda, et Andrew Paull, un Squamish, étaient à la tête d'un organisme appelé Allied Tribes of British Columbia. L'organisme fut dissous en 1927, mais le Native Brotherhood of British Columbia le remplaça en 1931 pour défendre les terres et les droits de pêche et de chasse des autochtones. La formation de ces organismes marqua la naissance de l'activisme amérindien, qui connut son apogée dans les années 1960.

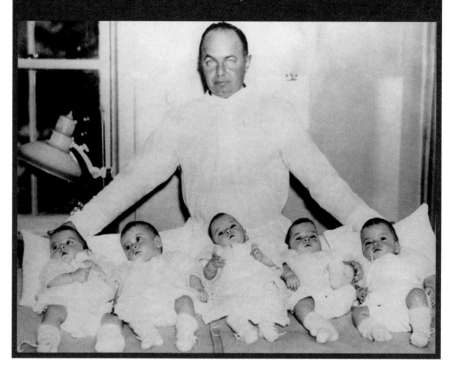

Les taux de nuptialité et de natalité déclinèrent pendant les années 1930 et la question de la planification des naissances donna lieu à une controverse d'envergure nationale. La fascination qu'exerça la naissance des jumelles Dionne, en 1934, n'est pas étonnante dans ce contexte.

SURVIVRE DANS LES ANNÉES 1930

Les années 1930 furent une époque terrible pour les Amérindiens mais aussi pour beaucoup d'autres Canadiens. Certaines personnes cherchèrent en vain les bons côtés de cette période, qui était parfois appelée «les années de désespoir». Un homme à qui l'on a demandé ses souvenirs de la crise répondit comme suit: «Ces sales années trente! Écrivez dans votre livre que vous avez rencontré Harry Jacobsen et qu'il a 78 ans. Je dirais que je n'avais jamais reculé dans ma vie jusqu'à ce que la crise m'étrangle, me prenne ma femme, ma maison et une parcelle de bonne terre en Saskatchewan. J'ai tout perdu. Écrivez ça.» D'autres Canadiens prirent le parti de l'humour noir et inventèrent des blagues comme celle-ci à propos de la sécheresse en Saskatchewan: «Pendant une violente tempête, un fermier va à la banque pour hypothéquer sa terre. Le banquier lui dit: "J'aimerais voir votre terre." Juste à ce moment-là, une bourrasque ébranle le mur de la banque. Le fermier répond: "Ouvrez votre fenêtre, voilà ma terre."»

Certains Canadiens gardent des années 1930 une nostalgie étonnante. Le romancier Hugh Garner, qui passa la majeure partie de la décennie à voyager clandestinement dans les trains, écrivit:

La crise était dure, mais il n'y eut pas seulement de la faim et de la tristesse. Il y avait des pique-niques, des épluchettes de blé d'Inde et des bals à la bonne franquette. [...] Les jeunes tombaient amoureux et se mariaient. Après tout, les couples recevaient des secours, tandis que les célibataires n'avaient droit à rien. [...] Des enfants venaient au monde, que leurs pères soient chômeurs ou pas, et leurs jeunes mères se débrouillaient avec des layettes cousues à la main ou empruntées. Un bébé dort aussi bien dans un vieux panier à lessive en osier que dans un berceau acheté au magasin. Voulez-vous que je vous dise quelque chose? Je pense que pour rien au monde je n'aurais voulu manquer la grande crise.

Beaucoup de Canadiens cherchaient des moyens d'échapper aux soucis de la crise, au moins pour un moment. Les gens s'amusaient comme ils pouvaient. Ils se rassemblaient dans les parcs publics pour jouer au base-ball l'été et au football l'hiver. Le curling devint un sport d'hiver populaire. Chaque ville avait son terrain de curling et tout le monde, les hommes comme les femmes, les adolescents comme les personnes âgées, lançait sa pierre sur la glace. À l'école, les enfants jouaient au curling avec des boîtes de conserve remplies de boue gelée et munies de poignées en fil de fer. Les gens aimaient aussi les bons vieux passe-temps comme les courses de chevaux, les pique-niques, la baignade, la cueillette des petits fruits, les promenades en traîneau, le théâtre amateur et les activités paroissiales. Et puis il y avait aussi les nouvelles modes comme le patin à roulettes, le golf miniature, le bridge et le Monopoly pour divertir les Canadiens.

Par-dessus tout, il y avait les films parlants et les gens qui avaient les moyens de débourser 25 ¢ ou 50 ¢ avaient accès au monde de comédie, de romance et d'aventures que leur offrait le cinéma. Ils allaient voir l'actrice Fay Wray, originaire de l'Alberta, se débattre entre les doigts velus de King Kong ou la jeune Judy Garland gambader sur des pavés jaunes dans *Le Magicien d'Oz*. *Autant en emporte le vent*, dont la première eut lieu à la fin de 1939 et qui mettait en vedette Clark Gable et Vivien Leigh, était le film le plus populaire de l'heure. Le cinéma distrayait les Canadiens de la morne réalité des soupes populaires, des coupons de secours direct et des jeunes sans-abri. Après tout, la grande crise ne pouvait pas durer toujours.

LES GENS, LES LIEUX ET LES ÉVÉNEMENTS

Dans tes notes, explique clairement l'importance historique des éléments suivants.

Groupe des Sept
Aviation royale du Canada (ARC)
Roger Baulu
Rocco Perri
Agnes Macphail
Fanny ("Bobbie") Rosenfeld
Ligue des Indiens
Thérèse Casgrain

Henry Ford
Guglielmo Marconi
Mary Pickford
Prohibition
Edmonton Grads
Existence juridique
    des femmes

RÉSUME TES CONNAISSANCES

1. Pourquoi a-t-on dit des années 1920 qu'elles constituèrent la première décennie des temps modernes?

2. Quels changements l'automobile a-t-elle apportés dans la vie des Canadiens?

3. Pourquoi les années 1920 et 1930 sont-elles considérées comme l'âge d'or du sport féminin?

4. Décris le traitement fait aux autochtones du Canada dans l'entre-deux-guerres. Explique la vie qu'ils menaient à l'intérieur et à l'extérieur des réserves.

5. Quel signe *précurseur* de l'*activisme* amérindien est apparu dans l'entre-deux-guerres?

6. Quels étaient les divertissements des Canadiens pendant les années 1930? Lesquelles de ces activités sont encore appréciés aujourd'hui?

7. Pourquoi le cinéma était-il si populaire dans les années 1930?

APPLIQUE TES CONNAISSANCES

1. Comment le transport aérien a-t-il aboli les barrières de temps et d'espace qui séparaient les régions du Canada avant 1920?

2. Pourquoi la Société Radio-Canada a-t-elle été créée? Aujourd'hui, faut-il encore une radio et une télévision d'État pour fournir aux Canadiens des émissions de qualité?

3. Qu'est-ce qui distinguait les émissions de radio américaines des émissions canadiennes dans les années 1920? Dans quelle mesure la publicité était-elle nécessaire à la qualité de la programmation dans les débuts de la radio?

4. Dans l'entre-deux-guerres, le Canada était inondé d'émissions de radio et de films américains. En même temps, les créations du groupe des Sept, de la SRC et de l'ONF traduisaient et nourrissaient l'unité et la fierté nationales. Selon toi, est-ce que les années 1920 et 1930 ont été propices à l'épanouissement de la culture canadienne ou, au contraire, est-ce qu'elles ont amorcé son américanisation? Justifie ta réponse.

5. Pourquoi le Canada et les États-Unis cherchaient-ils à limiter la consommation d'alcool dans les années 1920? Compare les méthodes employées par le gouvernement américain et par le gouvernement canadien pour empêcher la vente et la consommation d'alcool. Quelle méthode est la plus efficace pour contrer l'abus: régir la vente d'alcool ou l'interdire complètement?

6. Quelle fut l'importance du combat d'Emily Murphy pour l'accession des Canadiennes à l'égalité?

7. Dans l'entre-deux-guerres, pourquoi les autochtones du Canada se sentaient-ils à la fois étrangers à leur culture traditionnelle et à la culture de la majorité? Qu'est-ce que le gouvernement et la population auraient pu faire pour que les autochtones se sentent à l'aise au Canada?

AUGMENTE TES CONNAISSANCES

1. Fais une recherche sur un film populaire ou sur une vedette du cinéma des années 1930. (C'est pendant les années 1930 que Walt Disney commença à produire des dessins animés comme *Fantasia* et *Pinocchio*. Il serait peut-être intéressant que tu étudies le cinéma d'animation.)

2. Écris une nouvelle dans laquelle tu décriras un ou plusieurs des divertissements des jeunes Canadiens dans les années 1920 et 1930. Fais quelques recherches avant de commencer à rédiger.

3. Écris un poème ou une chanson qui exprime, d'une part, le désespoir des autochtones pendant les années 1920 et 1930 et, d'autre part, leur attachement à la culture traditionnelle. Si tu le désires, tu peux illustrer ton texte et l'exposer.

4. Fais une recherche sur la contrebande d'alcool. Prépare une exposition où tu montreras les méthodes astucieuses qu'inventaient les contrebandiers pour introduire frauduleusement de l'alcool aux États-Unis et au Canada.

5. Fabrique un collage sur les nombreuses facettes de la vie des femmes dans l'entre-deux-guerres. Traite du sport, des divertissements, de la mode, des carrières, des loisirs et des tâches quotidiennes.

6. Demande à ton enseignante ou à ton enseignant de visionner le film *La Turlutte des années dures* (Les Productions du Vent d'Est, rue Montcalm à Montréal) et commente les mesures prises par les gouvernements pour venir en aide aux chômeurs.

RÉCAPITULATION

1. À bien des égards, les années 1920 et 1930 ont été déterminantes pour le Canada et les Canadiens. Trouve des preuves à l'appui de cette affirmation dans les chapitres de la quatrième partie. Pense à la situation des femmes dans la société, au rôle du Canada sur la scène internationale et à l'élargissement du spectre politique canadien.

2. Le boom des années 1920 et la crise des années 1930 ont creusé les différences entre les régions du Canada. Au moyen d'un tableau comparatif, présente la situation des régions et des groupes suivants dans l'entre-deux-guerres: les Maritimes, le Québec et l'Ontario, les Prairies et les autochtones.

3. Pendant les années 1920, William Lyon Mackenzie King lutta pour obtenir l'autonomie du Canada. Ses démarches auprès de la Grande-Bretagne furent couronnées de succès mais, en même temps, les États-Unis étendirent leur influence au Canada. Commente cette affirmation en faisant référence aux divertissements, aux investissements et à la politique.

L'AUTO-ÉVALUATION, UNE HABILETÉ IMPORTANTE EN HISTOIRE

Les historiens sont les chroniqueurs et les interprètes des événements passés. Ils tiennent devant les gens et la société un miroir qui réfléchit leur image. Par conséquent, il est important que les historiens s'efforcent d'être exacts, clairs et logiques. Ils doivent sans cesse évaluer et corriger leur travail afin de le rendre aussi précis que possible.

Les historiens cherchent à éliminer la partialité de leurs propos en se posant des questions comme «Est-ce que je suis juste? Est-ce qu'il y a des faits et des interprétations dont je dois tenir compte ou que je dois laisser de côté? Est-ce que je devrais examiner d'autres sources d'information?» Ce questionnement fait partie du processus d'auto-évaluation que les historiens accomplissent pour mesurer leur travail et leur application.

Les professionnels et les entrepreneurs compétents sont tous sévères envers leur travail et ils ne sont satisfaits que s'ils ont donné le meilleur d'eux-mêmes. En effet, ils ont appris à évaluer honnêtement leur ouvrage. Peu importe les études ou le travail que tu feras, l'auto-évaluation sera pour toi une habileté importante. Que tu te lances dans les affaires, que tu exerces un métier ou que tu poursuives tes études, la reconnaissance te viendra si tu cherches à te surpasser. Et tu es la seule personne à pouvoir juger si tu fais de ton mieux.

Évalue la réponse que tu as donnée à l'une des questions de récapitulation en te posant les questions suivantes. Sois aussi honnête que possible: l'excès de sévérité ne te rapportera pas plus que l'excès d'indulgence. Rappelle-toi que la capacité de s'auto-évaluer est un outil précieux. Prends le temps de réfléchir à l'effort que tu as fourni, à la qualité de ton travail et aux possibilités d'amélioration.

1. Est-ce que ma réponse est complète?

1	2	3	4	5
Faible		Moyen		Excellent

2. Est-ce que j'ai exprimé clairement mes idées?

1	2	3	4	5
Faible		Moyen		Excellent

3. Est-ce que j'ai trouvé l'information qu'il me fallait pour répondre à la question?

1	2	3	4	5
Faible		Moyen		Excellent

LES MÉTIERS SPÉCIALISÉS

Le Canada a été construit par des ouvriers qualifiés. Nous entendons souvent parler des politiciens, des banquiers et des éducateurs qui ont participé à l'édification de notre pays. Malheureusement, on passe souvent sous silence le travail des ouvriers habiles qui ont construit nos routes, nos chemins de fer et nos édifices. Regarde autour de toi: tu verras beaucoup d'exemples de l'adresse et de l'ingéniosité des Canadiens.

Dans les métiers spécialisés comme la plomberie, l'électricité, l'outillage et la menuiserie, pour n'en nommer que quelques-uns, les salaires sont bons et les ouvertures sont nombreuses.

La motivation et la capacité de s'auto-évaluer sont deux atouts essentiels dans les métiers spécialisés. Quelle que soit ton occupation, du reste, il est capital que tu connaisses tes forces et tes faiblesses et, surtout, que tu sois capable de juger si tu as fait de ton mieux. Beaucoup d'ouvriers qualifiés travaillent sans surveillance. Par conséquent, ils doivent pratiquer l'autocritique et savoir déceler leurs erreurs.

Le Canada a encore besoin d'ouvriers hautement qualifiés. Le XXIe siècle est à nos portes et des emplois techniques dans le domaine de l'informatique et des télécommunications s'ajouteront aux métiers traditionnels comme ceux que nous avons énumérés plus haut.

Avec l'aide d'une enseignante ou d'un enseignant, choisis un métier spécialisé qui t'intéresse. Fais des recherches sur ce métier: consulte des ouvrages à la bibliothèque et informe-toi auprès d'enseignants et d'ouvriers de ton milieu. Essaie de trouver les renseignements suivants à propos du métier que tu as choisi:

- les qualifications nécessaires;
- les programmes d'apprentissage;
- le salaire approximatif;
- les conditions de travail et les possibilités d'avancement.

Une fois ta recherche terminée, trouve le rôle que ce métier a joué dans l'histoire du Canada. Rédige un rapport pour rendre compte de l'importance passée et future de ce métier. Ensuite, présente ton rapport à tes camarades ou affiche-le sur le babillard de la classe.

CINQUIÈME PARTIE

LE RETOUR DE LA GUERRE:

LE CANADA ET LA DEUXIÈME GUERRE MONDIALE

PENDANT LES ANNÉES 1930, la tension monta en Europe. Le Canada, comme la Grande-Bretagne et les États-Unis, espérait rester à l'écart d'un second conflit majeur. Mais les armées d'Hitler déferlèrent sur l'Europe et, malgré ses réticences, le Canada dut se mêler encore une fois à une guerre livrée outre-Atlantique. Le Canada donna beaucoup pour combattre l'oppression et, ce faisant, il connut des changements radicaux.

Au chapitre 12, nous étudions la montée du fascisme en Italie et en Allemagne ainsi que la politique étrangère du Canada pendant les années 1930. En outre, nous exposons les idées d'Hitler, la figure dominante de la Deuxième Guerre mondiale, et nous décrivons comment il s'est acquis assez de pouvoir pour passer à deux doigts de conquérir l'Europe. Le chapitre 13 porte sur le Canada pendant la guerre. Nous y expliquons le miracle économique qui fit du Canada un important fournisseur de denrées alimentaires et de matériel militaire des Alliés. Nous y traitons aussi du rôle des femmes dans l'effort de

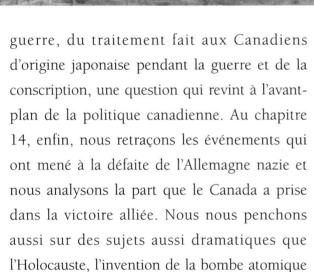

guerre, du traitement fait aux Canadiens d'origine japonaise pendant la guerre et de la conscription, une question qui revint à l'avant-plan de la politique canadienne. Au chapitre 14, enfin, nous retraçons les événements qui ont mené à la défaite de l'Allemagne nazie et nous analysons la part que le Canada a prise dans la victoire alliée. Nous nous penchons aussi sur des sujets aussi dramatiques que l'Holocauste, l'invention de la bombe atomique et la fin de la guerre dans le Pacifique.

12 LA FIN DE LA PAIX

GLOSSAIRE

Réparations   Sommes d'argent versées par un pays vaincu en compensation des dommages causés pendant la guerre.

Putsch   Tentative de renversement violent d'un gouvernement.

Fatras   Ensemble confus, incohérent d'idées, de paroles ou d'écrits.

Reichstag   Chambre basse du Parlement allemand.

Chancelier   Premier ministre en Allemagne.

Fascisme   Régime politique qui repose sur la centralisation des pouvoirs et sur la répression de l'opposition et de la critique.

Isolationnisme   Politique qui consiste à se tenir à l'écart des alliances et des affaires internationales.

Démilitarisé   Privé de force militaire.

DANS CE CHAPITRE, TU ÉTUDIERAS LES SUJETS SUIVANTS:

- comment Adolf Hitler parvint à obtenir l'adhésion du peuple allemand;
- le fascisme et l'antisémitisme au Canada dans les années 1930;
- la politique d'apaisement infructueuse de Neville Chamberlain;
- l'annexion de l'Autriche et de la Tchécoslovaquie par Hitler;
- la guerre éclair et les premières victoires allemandes dans la Deuxième Guerre mondiale.

e 1er septembre 1939, l'armée allemande envahit la Pologne. Deux jours plus tard, la Grande-Bretagne et la France déclarèrent la guerre à l'Allemagne. L'Europe était en guerre à nouveau. Le Canada allait-il prêter main-forte à la Grande-Bretagne? La réponse se fit attendre mais elle était toute dictée. Le 10 septembre 1939, Radio-Canada interrompit sa programmation habituelle au beau milieu d'une chanson populaire pour annoncer que le Canada avait formellement déclaré la guerre à l'Allemagne.

L'enthousiasme délirant qui avait enflammé les Canadiens lors de la déclaration de guerre de 1914 ne se répéta pas. Cette fois, les Canadiens restèrent tranquillement chez eux à penser à l'épreuve atroce qui les attendait. C'était la seconde fois en 20 ans que la guerre frappait à leur porte. Presque toutes les familles avaient perdu un être cher dans les champs de France ou de Belgique. Chaque ville du Canada avait parmi ses citoyens des anciens combattants qui portaient dans leur corps ou dans leur esprit les cicatrices d'une guerre horrible.

L'EUROPE EN GUERRE

La Deuxième Guerre mondiale fut, en un sens, une reprise de la Première, sauf que certains rôles étaient distribués autrement. L'Italie changea de camp et se rallia à l'Allemagne en 1940. Le Japon en fit autant après avoir attaqué par surprise la base américaine de Pearl Harbour à la fin de 1941. Les États-Unis, qui étaient restés à l'écart du conflit jusque-là, prirent les armes. L'Union soviétique renonça à la neutralité après avoir été envahie par l'Allemagne, en 1941. La Deuxième Guerre mondiale découlait des séquelles de la guerre de 1914-1918.

Lorsque le Parlement canadien siégea pour discuter de la déclaration de guerre à l'Allemagne, une poignée de députés seulement (un ou deux du Québec et le chef du Co-operative Commonwealth Federation, le pacifiste J.S. Woodsworth) se levèrent pour protester. La plupart des Canadiens admettaient à regret que le pays devait entrer en guerre. À la fin du premier mois de la guerre, 70 000 personnes s'étaient enrôlées. En tout, 1 million de Canadiens participèrent à la Deuxième Guerre mondiale; 42 042 d'entre eux y laissèrent leur vie.

Les soldats qui avaient survécu au massacre de la Première Guerre mondiale étaient revenus chez eux convaincus qu'ils avaient gagné «la dernière des guerres». Leurs enfants, juraient-ils, ne connaîtraient jamais les atrocités de la bataille. Pourtant, les Canadiens durent se résoudre à envoyer encore une fois leurs enfants sur les champs de bataille d'Europe. À Smith Falls, en Ontario, un ancien combattant monta dans le train avec son fils qui partait pour la guerre afin de l'accompagner jusqu'à Montréal. «C'était des hommes remarquables, dit ce père à propos des soldats canadiens, et j'étais triste de les voir partir là-bas pour finir le travail que nous croyions avoir achevé il y a 20 ans.»

L'ALLEMAGNE DE L'APRÈS-GUERRE: INFLATION, DÉPRESSION ET AGITATION POLITIQUE

Le traité de Versailles avait imposé à l'Allemagne des conditions rigoureuses qui visaient à empêcher sa reconstruction. Au début des années 1920, l'économie allemande était en déroute. Chargée de dettes, terrassée, la nation allemande n'avait pas les moyens de verser les *réparations*

La déclaration de guerre de la Grande-Bretagne à l'Allemagne, le 3 septembre 1939, inquiéta beaucoup les Canadiens. Une semaine plus tard, les journaux du pays annoncèrent l'entrée en guerre du Canada.

Cette affiche, dont le slogan signifie «Hitler, notre dernier espoir», traduit la frustration du peuple allemand et la confiance qu'il accordait à Adolf Hitler.

travailleurs allemands, soit six millions de personnes, étaient sans emploi. Les familles désespérées prenaient le chemin des campagnes pour trouver à manger dans les champs et les forêts, mais les fermiers les repoussaient à la pointe du fusil. Les villes devinrent des jungles où erraient les affamés qui cherchaient du travail ou un exutoire à leur frustration. Qu'est-ce qui aurait pu sortir l'Allemagne de ses ruines?

qu'on exigeait d'elle. Le gouvernement allemand commença à imprimer des billets de banque pour payer sa dette. Mais il déclencha ainsi une inflation galopante qui écrasa la classe moyenne. Le pain qui valait 2 marks en 1918 coûtait environ 6 millions de marks en 1924.

Bientôt, il fallut transporter un plein sac de billets de banque pour acheter un chou ou un billet de tramway. Certains travailleurs transportaient leur paye dans des brouettes. Ils demandèrent à être payés quotidiennement, car la devise allemande se dévaluait de jour en jour. D'autres se mirent à troquer les produits et les services. En 1932, près de la moitié des

ADOLF HITLER ET LA MONTÉE DU NAZISME

La personne qui profita le plus du marasme allemand fut **Adolf Hitler**. D'une éloquence flamboyante, Hitler disait tout haut ce que beaucoup d'Allemands pensaient en secret. Il jura de déchirer le traité de Versailles et de rendre à l'Allemagne sa grandeur perdue. Il parla d'une puissante armée qui renaîtrait des cendres de la Première Guerre mondiale. Il promit de redonner à l'Allemagne les peuples et les territoires situés dans les pays créés par le traité de Versailles: l'Autriche, la Tchécoslovaquie et la Pologne. Les vainqueurs de la Première Guerre mondiale seraient sous le joug d'un nouvel empire germanique.

L'accession d'Hitler au pouvoir

Adolf Hitler naquit en Autriche en 1889. Il quitta l'école de bonne heure et vécut de petits travaux jusqu'au début de la Première Guerre mondiale. Après la défaite, il consacra sa vie à restaurer la gloire

L'inflation était telle dans l'Allemagne des années vingt que l'argent ne valait à peu près rien. La photo montre des ouvriers allemands assis à côté de boîtes remplies de billets de banque qui valaient à peine leur pesant de papier.

militaire de l'Allemagne. À Munich, il prit la tête d'un groupuscule de droite dont il augmenta le nombre d'adhérents et qu'il nomma Parti national-socialiste des ouvriers allemands, mieux connu sous le nom de Parti nazi.

Hitler voulait s'emparer du pouvoir et, pour commencer, il fit en novembre 1923 une tentative de renversement du gouvernement bavarois. Le *putsch* **de la brasserie** échoua et Hitler fut jeté en prison, mais il avait réussi à attirer l'attention du pays sur lui. Pour tirer le meilleur parti de sa célébrité naissante, il écrivit ***Mein Kampf*** («Mon combat») en prison. Cet ouvrage était un *fatras* d'anecdotes personnelles, de menaces contre les «ennemis» du peuple allemand et d'idées politiques empruntées à d'autres. *Mein Kampf* n'eut pas beaucoup de lecteurs dans l'immédiat. Et même quand son auteur devint une figure nationale, beaucoup de lecteurs n'y virent que les divagations d'un lunatique.

Mein Kampf, cependant, exposait les objectifs qui rallièrent la nation allemande. Hitler y affirmait que les «Aryens» (les Allemands) étaient une race supérieure destinée à dominer les «races

Dans les années 1930, Hitler avait gagné l'appui des foules et il organisait d'impressionnants rassemblements. Selon toi, pourquoi utilisait-il des symboles comme la croix gammée et les défilés militaires pour obtenir l'adhésion de la population allemande?

Ce portrait fut diffusé dans toute l'Allemagne après l'accession d'Adolf Hitler au pouvoir, dans les années 1930.

inférieures», tels les Juifs et les Slaves de l'Europe de l'Est et particulièrement les Polonais, les Tchèques et les Russes. Hitler réclamait un élargissement du *Lebensraum* («espace vital») de la population allemande en expansion et il prônait l'**Anschluss**, c'est-à-dire l'unification de l'Autriche et de l'Allemagne. Il projetait d'étendre la domination allemande jusque sur les territoires détenus par les Polonais, les Tchèques et les Russes. Il comptait conquérir l'Europe en créant une armée toute-puissante. Il jura de mener la nation allemande à la gloire.

L'élection de septembre 1930 constitua un signe alarmant du pouvoir grandissant d'Hitler. Son parti remporta un million de votes, sept fois plus qu'en 1928. Avec 107 sièges au *Reichstag* (le Parlement allemand), le Parti nazi se classait au deuxième rang des partis politiques. En 1933, Hitler devint *chancelier* et se donna le titre de *der Führer* («le chef»). C'était la fin de la république démocratique d'Allemagne et le début du Reich nazi. Peu de temps après, Hitler démantela le Reichstag et s'établit en dictateur absolu.

En 1933 commença la persécution des Juifs d'Allemagne. Au début, les nazis congédièrent les citoyens juifs de leurs postes dans le gouvernement, dans l'enseignement et dans les médias. Ils leur interdirent l'accès de nombreux magasins et des terrains de sport publics. Ils les obligèrent à fréquenter des écoles séparées et à respecter un couvre-feu. Ils les empêchèrent d'épouser des personnes d'une autre religion que la leur. Les nazis attaquaient les Juifs dans la rue et vandalisaient leurs maisons et leurs commerces. Plus tard, ils les arrêtèrent systématiquement et les envoyèrent dans des camps de concentration. Les Allemands qui prenaient la défense de leurs amis et de leurs voisins juifs étaient brutalement contraints au silence. Hitler ne reculait devant rien pour détruire ses «ennemis». Hitler était la loi, la seule loi.

L'ITALIE FASCISTE

Hitler avait calqué le nazisme sur le *fascisme*, un nouveau mouvement politique fondé en Italie par Benito Mussolini. L'accession de Mussolini au pouvoir fut rapide et sanglante. En 1922, ses partisans, les «chemises noires», étaient si puissants qu'ils marchèrent sur Rome et renversèrent le fragile gouvernement démocratique de l'Italie. Mussolini prit le titre de *Il Duce* («le chef»). Les fascistes bannirent les partis d'opposition et les syndicats. Ils censurèrent les journaux pour éliminer la liberté d'expression et ils diffusèrent de la propagande à la gloire de leur parti, de l'État italien et du Duce. Ils créèrent une police secrète pour contraindre les gens à obéir à Mussolini et à ses partisans fascistes.

L'axe Rome-Berlin

Le but de Mussolini était d'édifier un nouvel empire italien autour de la mer Méditerranée. Dans les journaux et à la radio, sur les écrans de cinéma et sur les affiches, des slogans fascistes incitaient les Italiens à la guerre: «Une minute sur le champ de bataille vaut une vie de paix!» «Croyez! Obéissez! Combattez!» En 1936, l'armée italienne entra en Afrique et s'empara de l'Éthiopie. L'Italie tissa avec l'Allemagne d'Hitler des liens étroits qu'elle officialisa dans une alliance conclue en 1936 et appelée l'axe Rome-Berlin. À cette époque, Hitler se préparait à envahir l'Autriche et Mussolini promit de ne pas faire obstacle à ses projets. En retour, Hitler s'engagea à limiter le futur empire allemand à l'Europe du Nord et du centre. Le Duce avait les coudées franches pour bâtir un empire italien dans le sud de l'Europe.

LE FASCISME, LE NAZISME ET L'ANTISÉMITISME AU CANADA

Le fascisme ne tarda pas à se répandre au Canada. À l'instigation des consulats d'Italie, des fascistes s'infiltrèrent dans les communautés italiennes de Toronto et de Montréal pour gagner des appuis à l'offensive fasciste dans le bassin méditerranéen. Quelques Canadiens d'origine italienne étaient persuadés que la conquête de l'Éthiopie était un acte héroïque de la part de Mussolini. La Gendarmerie royale du Canada (GRC) affirmait qu'il n'y avait pas d'activités nazies ni de mouvement nazi au Canada, mais le consulat allemand faisait germer des idées nazies dans l'esprit de certains Allemands du Canada. Le mouvement fut surtout actif en Saskatchewan, où vivait une grande population germanophone, et au Manitoba, particulièrement à Winnipeg.

Le Canada avait aussi ses propres groupements fascistes. À Winnipeg, Toronto et Québec, des groupes nazis de plus en plus hardis se manifestèrent publiquement. Le chef nazi au Québec, Adrien Arcand, reçut même le soutien financier du Parti progressiste-conservateur de R.B. Bennett. Les membres du Canadian Nationalist Party, qui avaient leurs quartiers généraux à Winnipeg, portaient des insignes composés d'une croix gammée entourée de feuilles d'érable et surmontée d'un castor. Les nazis canadiens publiaient des journaux remplis de slogans fascistes. Vêtus de chemises identiques, ils déambulaient dans les rues en criant des slogans hostiles aux «étrangers» et aux Juifs. Quelques affrontements entre manifestants fascistes et antifascistes dégénèrent en émeutes à Toronto, Winnipeg et Montréal.

Certains Canadiens étaient tentés par le fascisme, car cette doctrine semblait représenter un moyen de sortir de la crise. Hitler paraissait revigorer l'économie allemande et remettre les gens au travail. Les nazis canadiens souhaitaient une transformation semblable ici. Il n'en reste pas moins que l'antisémitisme (la haine des Juifs) était la pierre angulaire du mouvement fasciste au Canada.

L'antisémitisme n'était pas une attitude exclusive aux fascistes. Ici même, en effet, on restreignait l'embauche des Juifs dans les entreprises, dans la fonction publique et dans les professions. À bien des endroits, les Juifs n'avaient pas le droit d'acheter des biens fonciers ni d'adhérer à certaines organisations. À Winnipeg, Toronto et Montréal, il arriva que la violence éclate entre Juifs et antisémites. L'escalade de la violence antisémite en Europe poussa des milliers de Juifs d'Allemagne, d'Autriche et de Tchécoslovaquie à demander au Canada le statut de réfugié pendant l'été de 1938, mais peu de Canadiens étaient prêts à accueillir ces gens.

Comme beaucoup d'Américains, certains Canadiens penchaient vers l'*isolationnisme* et croyaient que l'Amérique était un des endroits les plus sûrs du monde. Le Canada était séparé des points chauds du globe par l'Atlantique et le Pacifique. Un diplomate canadien isolationniste dit du Canada qu'il était «une maison à l'épreuve du feu située loin de toute matière inflammable». Beaucoup de Canadiens jugeaient que leur pays pouvait se détourner en toute quiétude du reste du monde et s'occuper à remettre de l'ordre dans sa maison. Pour bon nombre de gens, le Canada avait assez à faire avec la crise économique qui ne cessait de s'aggraver.

LE RÉARMEMENT DE L'ALLEMAGNE ET LA MILITARISATION DE LA RHÉNANIE

En mars 1935, Hitler manifesta les premiers signes de son mépris pour les conditions du traité de Versailles qui limitaient la puissance militaire de l'Allemagne. Il révéla l'existence d'une aviation allemande et annonça qu'il comptait instituer la conscription et former une armée de 36 divisions. En public, Hitler assurait que l'Allemagne s'armait pour atteindre l'«égalité» militaire avec les pays d'Europe les plus forts. En secret, cependant, il visait la supériorité militaire. Une fois que l'Allemagne posséderait suffisamment de soldats et d'armes pour faire pencher la balance en sa faveur, Hitler pourrait faire fi du traité de Versailles. Il déclara à son Cabinet qu'au cours des années à venir, ce serait «tout pour les forces armées».

En mars 1936, Hitler était prêt à entreprendre la deuxième étape de son plan. Il envoya ses troupes en Rhénanie *démilitarisée*. Il enjoignit à ses soldats de donner à l'occupation l'apparence la plus paisible possible, car il ne voulait pas faire craindre à l'Europe une invasion immédiate. Les troupes

Pour certains Canadiens, la politique d'Hitler était attirante. Ces jeunes hommes, appelés les «chemises bleues», font le salut nazi lors d'un rassemblement tenu à Montréal dans les années 1930.

L'ODYSSÉE DU ST. LOUIS

Le 15 mai 1939, 907 Juifs s'embarquèrent sur le *St. Louis* et quittèrent Hambourg, en Allemagne, dans l'espoir de trouver refuge à Cuba. À leur arrivée à La Havane, le gouvernement cubain refusa leurs visas et les refoula. Tous les pays d'Amérique latine en firent autant et le Canada et les États-Unis devinrent le dernier recours des réfugiés.

Les États-Unis déclinèrent la demande et le Canada fit clairement comprendre son indifférence face au problème. Frederick Blair, le directeur des services d'immigration canadiens, affirma qu'aucun pays ne pouvait ouvrir assez grand ses portes pour accueillir les centaines de milliers de Juifs qui voulaient quitter l'Europe. «Il faut, dit-il, tirer la ligne quelque part.» Plusieurs autres pays refusèrent les réfugiés juifs et les passagers du *St. Louis* durent retourner en Europe. Un grand nombre d'entre eux moururent dans les camps de la mort des nazis.

Le Canada ne fut pas une terre d'accueil pour les Juifs d'Europe, loin de là. Il consentit finalement à en accepter moins de 4000, alors que la Grande-Bretagne en accueillit 85 000, les États-Unis, 240 000 et la Colombie, un petit pays pauvre, 20 000.

Ce bateau transportant des réfugiés juifs quitte le Canada pour Israël après la guerre.
Peux-tu lire la bannière accrochée à la coque?

allemandes entrèrent en Rhénanie avec les canons antiaériens et les escadrons de la Luftwaffe, mais sans les chars d'assaut et les bombardiers. Pour l'heure, Hitler voulait que ses soldats donnent l'impression de prendre simplement des postes défensifs dans leur propre pays. Le jour où les troupes nazies pénétrèrent en Rhénanie, Hitler déclara au monde: «Nous n'avons aucune revendication territoriale à faire en Europe. L'Allemagne ne brisera jamais la paix.»

LA POLITIQUE DE L'APAISEMENT

Le nouveau premier ministre de la Grande-Bretagne, **Neville Chamberlain**, arriva au pouvoir en 1937, alors que grondait déjà le tonnerre de la guerre. Les souvenirs de la Première Guerre mondiale étaient encore frais à l'esprit des Britanniques et Chamberlain, craignant une autre «grande guerre», ne désirait pas s'opposer à Hitler. Il espérait sauver la paix chancelante par la diplomatie. Il recommanda par conséquent une politique d'**apaisement**. Il croyait qu'Hitler était un dirigeant sensé et que certaines revendications allemandes étaient justes. Le premier ministre britannique voulait qu'Hitler dise exactement au monde ce que l'Allemagne désirait. Puis, au moyen de négociations diplomatiques, les besoins de l'Allemagne pourraient être satisfaits («apaisés») et la Wehrmacht (l'armée allemande) resterait à l'intérieur des frontières allemandes. Chamberlain était convaincu qu'Hitler était un homme de parole et qu'une fois ses exigences comblées, il ne demanderait plus rien.

Aujourd'hui, on critique beaucoup Chamberlain pour sa politique d'apaisement mais, en 1937, rares étaient les Britanniques et les Canadiens qui lui reprochaient de faire confiance au dictateur nazi. Le premier ministre du Canada, Mackenzie King, était aussi en faveur de l'apaisement. En 1937, King se rendit à Londres, à Paris et à Berlin pour négocier un règlement pacifique du conflit européen. À Berlin, il rencontra le Führer et s'entretint avec lui. Hitler fit une impression «très favorable» sur King et lui apparut comme un «homme d'une profonde

La propagande nazie dépeignait souvent Hitler comme une figure paternelle. La légende qui accompagne cette photo dit: «Le Führer est souvent photographié en compagnie d'enfants.» Crois-tu que des photos comme celle-ci constituaient une propagande efficace?

sincérité». King était certain qu'Hitler n'était pas sur le point de recourir à la guerre. Comme Chamberlain, King croyait que le dictateur nazi pouvait être rapidement apaisé.

Mackenzie King avait ses raisons pour préconiser l'apaisement. Il estimait que l'Allemagne avait été traitée trop durement dans le passé et que des adoucissements s'imposaient. Beaucoup de Canadiens partageaient son opinion. Le journal *Winnipeg Tribune* soutint que «redonner à l'Allemagne sa dignité pourrait être le moyen de dissiper les nuages de guerre qui planent si dangereusement sur l'Europe». King n'appréciait peut-être pas la tactique grossière d'Hitler, mais le Führer n'était pas le seul dictateur en Europe. Dans la nouvelle Union Soviétique, le dirigeant communiste Joseph Staline exterminait par milliers les généraux, les intellectuels, les politiciens et les citoyens ordinaires qui s'opposaient à lui. Les nazis et les communistes étaient des ennemis mortels et l'Allemagne nazie était susceptible de freiner la propagation du communisme en Europe. Par-dessus tout, King refusait

MACKENZIE KING RENCONTRE HITLER: PREMIÈRES IMPRESSIONS

Pour s'emparer du pouvoir, Adolf Hitler misa sur son extraordinaire finesse diplomatique et sur son habileté à feindre la sincérité. Entre 1933, année où il devint chancelier d'Allemagne, et 1939, année du déclenchement de la guerre, Hitler parvint à convaincre les dirigeants du monde entier que l'Allemagne avait le droit de se réarmer et d'étendre ses frontières. Le premier ministre du Canada lui-même, William Lyon Mackenzie King, sortit très favorablement impressionné de l'entretien de deux heures qu'il eut à Berlin avec le dictateur allemand, le 29 juin 1937.

Voici une partie de ce que Mackenzie King écrivit dans son journal ce jour-là. Rappelle-toi en lisant ces extraits que les atrocités de la Deuxième Guerre mondiale étaient encore à venir. Réponds aux questions suivantes:

1. Que pensait Mackenzie King d'Hitler?

2. Qu'est-ce qui semble avoir impressionné Mackenzie King dans la personnalité d'Hitler?

3. Est-ce que King a préféré ne pas s'occuper de certains aspects du régime nazi? Explique ta réponse.

Lorsque je fus introduit dans la pièce où Herr Hitler me reçut, il faisait face à la porte; il portait une tenue de soirée; il s'avança et nous échangeâmes une poignée de main; il dit sur un ton calme et affable qu'il était ravi de ma visite en Allemagne. [...]

Je lui dis que j'avais hâte de visiter l'Allemagne [...] parce que je tenais énormément à voir s'établir des relations amicales entre les peuples des différents pays. [...] Je parlai ensuite de ce que j'avais vu du travail constructif de son régime et je dis que

j'espérais que ce travail se poursuive. Qu'on ne permettrait pas que ce travail soit détruit. Qu'il serait sûrement imité dans d'autres pays pour le plus grand bien de l'humanité. Hitler parla en termes très modestes, disant que l'Allemagne ne réclamait pas de droit de propriété sur ce qui avait été accompli. Elle acceptait les idées sans égard à leur source et cherchait à les appliquer si elles étaient justes. [...] Je lui dis que j'espérais que l'on parvienne à se débarrasser de la peur qui entretenait la méfiance entre les nations et qui était à l'origine de l'augmentation des armements. Que cela ne pourrait qu'être nuisible au bout du compte. Que je détestais faire des dépenses militaires; que le gouvernement libéral du Canada partageait mon point de vue à cet égard; que j'avais la plus grande majorité dans l'histoire du Canada. [...] Hitler hochait la tête pour signifier qu'il comprenait. Il dit alors que les Allemands avaient dû faire des choses qu'eux-mêmes n'aimaient pas. [...] Que toutes leurs difficultés découlaient de l'inimitié du traité de Versailles et que le fait d'être lié indéfiniment aux conditions du Traité les avait obligés à faire ce qu'ils avaient fait. Il dit que l'avancée sur la Ruhr faisait partie de la démarche de l'Allemagne pour échapper à l'assujettissement perpétuel.

Il ajouta cependant que maintenant que le traité de Versailles était en grande partie écarté, les gestes de ce genre ne seraient plus nécessaires. Il dit qu'une guerre n'était pas à craindre, que l'Allemagne n'avait aucun désir de faire la guerre et que son peuple ne voulait pas la guerre. [...]

Je lui dis que j'avais assisté à deux conférences en Angleterre avant celle-ci, celle de 1923 et celle de 1926, et que les sentiments n'avaient jamais été aussi favorables et aussi amicaux que maintenant envers l'Allemagne. Qu'il y avait des choses que beaucoup d'Anglais ne comprenaient pas et n'aimaient pas, mais que je ne décelais pas d'hostilité envers l'Allemagne dans les propos que le peuple ou le gouvernement me tenaient. [...]

Au moment où je me levai pour me retirer, Hitler prit entre ses deux mains une boîte rouge de forme carrée dont le couvercle était orné d'un aigle d'or. Il me la tendit et me pria de l'accepter en signe d'appréciation pour ma visite en Allemagne. Il ajouta qu'il avait beaucoup prisé notre conversation et me remercia pour ma visite. J'ouvris la boîte et je vis qu'elle renfermait un beau portrait de lui, encadré d'argent et signé de sa main. Je lui démontrai ma gratitude, lui serrai la main et le remerciai chaleureusement, disant que j'estimais grandement cette marque de son amitié et que je lui serais toujours reconnaissant pour ce présent. [...]

Pour comprendre Hitler, il fallait se rappeler les difficultés qu'il avait rencontrées au début de sa vie, son incarcération, etc. [...] Son visage est beaucoup plus avenant que ses portraits ne le laissent croire. Ce n'est pas le visage d'une nature fougueuse et surmenée, mais celui d'un homme calme, passif, profondément et sérieusement convaincu. Sa peau était lisse; son visage ne portait pas de signes de fatigue ni d'abattement; ses yeux, surtout, m'ont impressionné. Ils avaient une limpidité qui traduisait une perception aiguisée et une sympathie profonde. Il me regardait directement dans les yeux pendant notre conversation, sauf pendant qu'il s'étendait longuement sur un sujet; il avait alors une attitude posée et il s'exprimait sans hésitation, ne cherchant jamais ses mots, parfaitement franc, se tournant tantôt vers l'interprète, tantôt vers moi.

Source: Traduit et adapté du journal de William Lyon Mackenzie King, 29 juin 1937, avec l'autorisation des Archives nationales du Canada.

de prendre une position ferme contre l'Allemagne de peur que le Canada ne soit entraîné dans une autre guerre mondiale. «Aucun sacrifice n'est trop grand, écrivit-il dans son journal, pour éviter la guerre.»

L'invasion de l'Autriche

Le premier sacrifice consenti pour la paix fut l'Autriche. C'était un nouvel État démocratique que le traité de Versailles avait établi dans le vieil Empire austro-hongrois. Sa population parlait allemand, ce qui donna à Hitler le prétexte qu'il lui fallait pour l'Anschluss, c'est-à-dire l'«union» de l'Autriche et de l'Allemagne en une «grande Allemagne». Aucun pays d'Europe n'était prêt à risquer la guerre pour empêcher Hitler d'annexer l'Autriche.

Le chancelier d'Autriche n'avait pas le choix; son pays était trop petit pour combattre seul les nazis. Quand l'armée allemande envahit l'Autriche, le 12 mars 1938, elle ne rencontra aucune résistance. Sans perdre un seul soldat, elle s'empara de Vienne et musela le gouvernement. Le lendemain, rayonnant, Hitler proclama l'Anschluss. Il triomphait: la reddition passive de l'Autriche signifiait que l'invasion nazie s'assimilait à la réunion de peuples malencontreusement séparés par le traité de Versailles.

La Tchécoslovaquie

La deuxième cible d'Hitler fut la Tchécoslovaquie, un autre pays créé par le traité de paix de 1919. La «grande Allemagne» entourait alors la Tchécoslovaquie sur trois côtés. La région des Sudètes, qui fait aujourd'hui partie de la République tchèque, recevait depuis le XIIe siècle des émigrants allemands. La région n'avait jamais appartenu à l'Allemagne, mais Hitler prétexta la libération des Allemands des Sudètes pour s'emparer de la Tchécoslovaquie. Il ordonna aux dirigeants nazis de la région de mousser la protestation contre le traitement de la minorité germanophone en Tchécoslovaquie. «La misère des Allemands des Sudètes est indescriptible, clama Hitler. L'oppression des droits de ce peuple doit cesser!» Ensuite, il exigea une réunion des Allemands des Sudètes «tyrannisés» avec l'Allemagne.

Une fois encore, la Grande-Bretagne et la France ne voulaient pas risquer une guerre contre l'Allemagne pour défendre un petit pays d'Europe centrale. Le 27 septembre 1938, Neville Chamberlain s'adressa sur les ondes à la nation britannique: «Qu'il serait horrible, invraisemblable, incroyable que nous ayons à creuser des tranchées et à porter des masques à gaz ici à cause d'une querelle dans un pays lointain entre des peuples dont nous ne connaissons rien. [...] Si nous devons nous battre, que ce soit pour des raisons plus importantes que celle-là.» La Tchécoslovaquie fut contrainte d'accepter les revendications d'Hitler ou de se battre seule. Une autre petite démocratie venait d'être abandonnée pour apaiser Hitler.

Les accords de Munich

Les dirigeants de l'Italie, de la France et de l'Angleterre rencontrèrent Hitler à Munich en septembre 1938 pour décider du sort de la Tchécoslovaquie. Ni l'Union soviétique ni la Tchécoslovaquie ne furent invitées. Les quatre chefs d'État convinrent d'un marché: Hitler pouvait garder la région des Sudètes (soit un tiers de la Tchécoslovaquie), mais il devait promettre de cesser là ses revendications territoriales. Hitler accepta solennellement ces conditions et Chamberlain, ravi, retourna à Londres annoncer l'accord conclu à Munich. «Je crois que c'est la paix pour notre époque», déclara-t-il à des foules enthousiastes. Chamberlain croyait vraiment que la crise était passée. Au Canada, les **accords de Munich** furent accueillis avec soulagement. Seul le journal *Winnipeg Free Press* fit dissidence en titrant «Pourquoi se réjouit-on?»

Hitler, cependant, ne voulait rien de moins que conquérir la Tchécoslovaquie tout entière. Il l'attaqua six mois plus tard et, le 15 mars 1939, il était au palais présidentiel, à Prague, et proclamait la fin de l'indépendance tchèque. Chamberlain comprit alors qu'Hitler s'était mis en tête de conquérir le monde et que seule la guerre pourrait l'arrêter. La Grande-Bretagne était déterminée à lui interdire l'accès de la Pologne, mais Hitler était tout aussi déterminé à la conquérir. Pendant que l'Allemagne se préparait à cette invasion, la propagande nazie demandait «justice», c'est-à-dire la restitution du «couloir de Dantzig», une bande de terre qui donnait à la Pologne un accès à la mer et qui divisait l'Allemagne en deux. Mais Hitler devait d'abord s'assurer que les Soviétiques ne s'allieraient pas aux Polonais lorsque la Wehrmacht pénétrerait en Pologne.

Le pacte germano-soviétique

Hitler détestait le communisme autant que Staline détestait le nazisme. Il semblait donc improbable que l'Allemagne et l'Union soviétique en viennent à un accord à propos de la Pologne. En 1939, cependant, les deux pays étonnèrent le monde entier: ils signèrent le **pacte germano-soviétique**, une entente dans laquelle ils promettaient de ne pas entrer en guerre l'un contre l'autre et convenaient en secret de se diviser la Pologne.

En 1936, l'Allemagne affichait fièrement son armée aux yeux du monde entier, malgré les sévères restrictions que le traité de Versailles avait imposées à sa force militaire. Est-ce que les autres pays auraient dû faire respecter le traité, même au risque de la guerre?

Staline savait probablement que le pacte tomberait un jour, mais il croyait qu'Hitler s'attaquerait en premier lieu à l'Europe de l'Ouest. Rien ne lui faisait plus plaisir qu'une guerre entre ses ennemis, les pays démocratiques et fascistes d'Europe. Pendant que les deux camps s'épuiseraient à mener une longue et difficile guerre de tranchées, l'Union soviétique aurait tout le temps voulu pour lever son armée et se préparer à un conflit inévitable avec l'Allemagne.

Hitler savait lui aussi que le pacte n'était que temporaire, mais il ne désirait pas se battre sur deux fronts à la fois. Il voulait d'abord conquérir l'Europe de l'Ouest, puis tourner ses canons vers l'Union soviétique. Le pacte germano-soviétique avait pour lui l'avantage de garder l'Union soviétique tranquille pendant qu'il utilisait ses armées ailleurs. Une fois le pacte signé, Hitler était libre de prendre la Pologne. À l'aube du 1er septembre 1939, la Wehrmacht traversa la frontière germano-polonaise. Il n'y eut pas de déclaration de guerre officielle. La paix fragile fut rompue par un tir d'artillerie allemand.

LA GUERRE ÉCLAIR ET L'INVASION DE LA POLOGNE

Avec l'invasion de la Pologne, le monde fit la terrifiante découverte de la **guerre éclair** à l'allemande, une forme de guerre implacable et rapide fondée sur l'attaque surprise. La clé du succès de la guerre éclair était l'étroite coopération entre les divisions de panzers (chars d'assaut) et les bombardiers de la Luftwaffe (armée de l'air). Une vague de panzers s'introduisait sans prévenir dans les failles de la ligne ennemie et avançait aussi vite et aussi loin que possible. Du haut des airs, sirènes hurlantes, les avions lâchaient leurs bombes sur les unités ennemies. L'attaque soudaine et massive répandait la confusion et la panique parmi les troupes ennemies.

Pendant ce temps, des unités de sabotage en parachute ou en planeur se posaient derrière les lignes ennemies pour détruire les postes de transport et de communication stratégiques. Ensuite, le gros de l'infanterie, en véhicules motorisés, contournait les poches de résistance et fondait sur les régions mal défendues à l'arrière des lignes ennemies. Il était précédé par des soldats à motocyclette qui, armés de mitrailleuses, faisaient en éclaireurs le relevé des positions ennemies.

La guerre éclair eut un effet dévastateur. Les Allemands attaquèrent la Pologne par trois côtés en même temps (le nord, l'ouest et le sud), et elle progressa avec une rapidité étonnante vers la capitale, Varsovie. Les défenseurs polonais furent sidérés par la vitesse de l'attaque et par la puissance des moyens employés contre eux. Le haut commandement polonais, abasourdi, perdit contact avec ses armées et ne put organiser la défense. Les Polonais tentèrent bravement de riposter, mais ils n'avaient que des troupes de cavalerie et un matériel lourd et désuet à opposer aux armes modernes et perfectionnées des Allemands. En moins d'un mois, les Allemands défirent une armée de plus de 700 000 Polonais et ne perdirent que 14 000 soldats dans l'offensive.

La drôle de guerre

Pendant que la majeure partie de l'armée allemande se lançait à l'assaut de la Pologne, des troupes beaucoup plus modestes étaient postées le long de la frontière française. De l'autre côté, les troupes britanniques et françaises les regardaient en face, sans bouger. Personne ne tirait. L'aviation britannique lançait des tracts en Allemagne et les premières troupes canadiennes posaient le pied en Grande-Bretagne. Rien ne se produisait encore. Le calme bizarre de la drôle de guerre régna sur l'Europe de l'Ouest pendant sept mois.

LA GUERRE ÉCLAIR EN EUROPE DE L'OUEST

Le calme en Europe de l'Ouest fut rompu en avril 1940, lorsque la guerre éclair frappa le Danemark et la Norvège. Aussitôt, les troupes canadiennes reçurent l'ordre de se rendre en Écosse et de s'embarquer pour la Norvège. Le lendemain, toutefois, un contrordre arriva et les troupes britanniques prirent la place des troupes canadiennes. Les

Canadiens évitèrent ainsi l'épreuve d'une défaite rapide et humiliante. En mai, la Norvège et le Danemark tombèrent aux mains des nazis et, le 20, la Wehrmacht atteignit la ville française d'Amiens. Le lendemain, les panzers étaient au bord de la Manche. Les forces britanniques en retraite étaient prises au piège dans la ville portuaire de Dunkerque, en France. Hitler ordonna à la Wehrmacht de s'arrêter et de donner à la Luftwaffe l'honneur de porter le coup fatal. Ce fut la première grande erreur d'Hitler. En effet, un brouillard épais retint les avions allemands au sol et donna aux Britanniques le temps de planifier leur embarquement. Néanmoins, le nouveau premier ministre de la Grande-Bretagne, Winston Churchill, avertit la Chambre des communes de se préparer au désastre.

Le miracle de Dunkerque

Certains historiens croient que seul le **miracle de Dunkerque** empêcha Hitler de gagner la guerre avant la fin de mai 1940. On lança un appel pour aider les troupes britanniques à fuir Dunkerque. Près de 900 embarcations de toutes sortes, des bacs, des chalutiers et des bateaux de plaisance, traversèrent la Manche à côté des énormes destroyers bri-

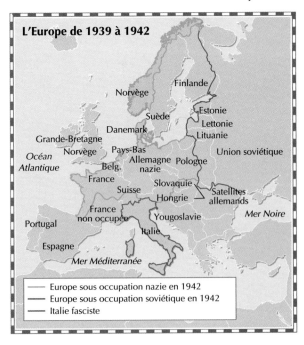

L'Europe de 1939 à 1942

Finlande
Norvège
Suède
Estonie
Lettonie
Danemark
Lituanie
Grande-Bretagne
Norvège
Union soviétique
Océan Atlantique
Pays-Bas
Allemagne nazie
Pologne
Belg.
France
Slovaquie
Suisse
Satellites allemands
Hongrie
France non occupée
Yougoslavie
Mer Noire
Portugal
Italie
Espagne
Mer Méditerranée

Europe sous occupation nazie en 1942
Europe sous occupation soviétique en 1942
Italie fasciste

tanniques pour ramener les soldats en Angleterre. L'opération eut un succès inespéré. On s'attendait à sauver 10 000 hommes, mais ce fut 340 000 soldats qu'on arracha aux mains de la Wehrmacht.

L'évacuation de Dunkerque fut miraculeuse, mais la France était confrontée au désastre. Son armée, autrefois la plus puissante du monde, était en lambeaux. Le 14 juin, les nazis entrèrent sans encombre dans Paris et, trois jours plus tard, la France capitula. Hitler, vindicatif, obligea la France à signer sa reddition à Compiègne, dans le wagon où l'Allemagne avait accepté la défaite en 1918. Hitler était alors maître de l'Europe, de la Pologne à l'Atlantique.

Il ne restait plus que la Grande-Bretagne et ses alliés du Commonwealth pour empêcher les nazis d'annexer toute l'Europe. Il ne faisait aucun doute qu'Hitler attaquerait sauvagement la Grande-Bretagne; quand la France tomba aux mains des nazis, un général français prédit que la Grande-Bretagne céderait dans les trois semaines. Pour contrer l'attaque allemande, la Grande-Bretagne n'avait que sa marine, son aviation petite mais efficace et quelques divisions d'infanterie, y compris la division canadienne bien équipée.

Les Canadiens et la guerre en Europe

Les Canadiens voyaient bien que la guerre se rapprochait d'eux. Une défaite de la Grande-Bretagne aurait été catastrophique pour le Canada, dont l'économie reposait sur les ventes de marchandises aux Britanniques. La menace d'une invasion nazie en Amérique du Nord était plus terrifiante encore. Le Canada comptait sur la Grande-Bretagne pour protéger sa côte est vulnérable. Privé de cette sécurité, le Canada n'avait plus qu'un seul espoir: les États-Unis. Mackenzie King et Franklin Delano Roosevelt, le président des États-Unis, se demandaient tous deux comment protéger l'Amérique du Nord contre Hitler.

Les Canadiens pensaient bien qu'Adolf Hitler serait vaincu un jour et ils le faisaient savoir au moyen d'affiches comme celle-ci. Que révèle cette affiche à propos du rôle que jouait l'aviation dans la Deuxième Guerre mondiale?

Le temps était venu pour le Canada de mobiliser toutes ses ressources en vue de la guerre contre Hitler. Les Canadiens attachaient à leurs revers des épinglettes qui disaient «Courage, il y aura toujours une Angleterre» et ils se disposaient à «faire leur part». Pendant ce temps, le gouvernement canadien augmentait sa contribution à la défense de la Grande-Bretagne et s'apprêtait à tout mettre en œuvre pour l'effort de guerre.

LES GENS, LES LIEUX ET LES ÉVÉNEMENTS

Dans tes notes, explique clairement l'importance historique des éléments suivants:

Adolf Hitler
Mein Kampf
Fascisme
Apaisement
Pacte germano-soviétique
Miracle de Dunkerque

Putsch de la brasserie
Anschluss
Neville Chamberlain
Accords de Munich
Guerre éclair

RÉSUME TES CONNAISSANCES

1. Décris le traitement fait aux Juifs allemands par le régime nazi.

2. Décris la nature et les activités du mouvement fasciste au Canada.

3. Énumère les principaux événements qui, entre mars 1938 et septembre 1939, ont mené au déclenchement de la guerre.

4. Pourquoi Staline et Hitler ont-ils signé un pacte en dépit de leur haine mutuelle?

5. Qu'est-ce que la guerre éclair avait de révolutionnaire et pourquoi était-elle si efficace?

6. Quels facteurs ont favorisé l'évacuation des soldats britanniques à Dunkerque? Pourquoi l'ordre donné à Dunkerque est-il considéré comme la première grande erreur d'Hitler?

7. Pourquoi les Canadiens ont-ils montré beaucoup moins d'enthousiasme au début de la Deuxième Guerre mondiale qu'au début de la Première? Comment le Canada s'est-il préparé à la guerre?

APPLIQUE TES CONNAISSANCES

1. Certains historiens ont assimilé les deux guerres mondiales à une guerre civile européenne de 10 ans interrompue en son milieu par une trêve de 20 ans. Compte tenu des questions et des événements qui ont entouré le début de la Deuxième Guerre mondiale, est-ce que tu crois, comme ces historiens, que ce conflit a découlé des séquelles de la Première Guerre mondiale?

2. Pourquoi Hitler était-il si populaire en Allemagne? Aujourd'hui, est-il possible que quelqu'un comme Hitler prenne le pouvoir dans un pays troublé?

3. Le Canada, comme bien d'autres pays, n'a rien fait pendant qu'Hitler bâtissait ses forces dans les années 1930. Compte tenu du comportement d'Hitler avant l'invasion de la Pologne, crois-tu que le Canada aurait dû prendre plus tôt une position ferme contre l'Allemagne nazie?

4. À cause des risques qu'Hitler a pris et de ses talents de bluffeur, on a dit de lui qu'il fut peut-être le plus grand joueur de l'histoire. Est-ce là un portrait juste? Justifie ta réponse en donnant des exemples concrets.

AUGMENTE TES CONNAISSANCES

1. Fabrique une ligne du temps illustrée montrant l'accession d'Hitler au pouvoir entre la fin de la Première Guerre mondiale et l'invasion de la Pologne. Fais toi-même des caricatures ou cherche des photos qui montrent les gens, les lieux et les événements.

2. Écris une série de lettres ouvertes à un journal canadien pour exprimer ton opinion sur la politique étrangère du Canada dans les années qui ont précédé la Deuxième Guerre mondiale. Évoque les événements suivants:

   a) l'attitude du Canada face aux Juifs à bord du *St. Louis*;

   b) l'Anschluss;

   c) les accords de Munich.

3. Fais un sondage auprès de tes camarades et des membres de ta famille afin de savoir s'ils jugent possible qu'une personne comme Adolf Hitler prenne le pouvoir aujourd'hui. Pose les questions suivantes:

   a) Est-ce qu'un dictateur comme Hitler pourrait prendre le pouvoir aujourd'hui?

   b) Dans quel pays cela pourrait-il se produire?

   c) Quel dirigeant actuel représente la plus grande menace à la sécurité mondiale?

   Présente tes résultats au moyen d'histogrammes que tu exposeras dans la classe.

13 LES ANNÉES DE GUERRE AU CANADA

GLOSSAIRE

Convoi Groupe de navires marchands qui voyagent sous la protection d'une escorte navale ou aérienne.

Traceur Membre de la marine qui surveille les mouvements des navires ennemis dans une région.

Black-out En temps de guerre, extinction des lumières visant à protéger une ville contre une attaque aérienne nocturne.

Trahison Crime qui consiste à travailler pour l'ennemi ou à tenter de renverser le gouvernement.

Loi des mesures de guerre Loi adoptée en 1914 qui donne au gouvernement fédéral des pouvoirs exceptionnels en temps de guerre, d'invasion ou de rébellion. Cette loi limite sévèrement les libertés des Canadiens.

Règlements pour la défense du Canada Règlements proclamés en 1939 en vertu de la Loi des mesures de guerre, donnant au gouvernement des pouvoirs étendus en matière de défense et de répression de la dissidence.

Assurance-chômage Programme fédéral créé en 1940 pour fournir de l'aide financière aux chômeurs.

DANS CE CHAPITRE, TU ÉTUDIERAS LES SUJETS SUIVANTS:

- l'importance du port de Halifax pendant la Deuxième Guerre mondiale;
- la crainte d'une invasion japonaise sur la côte Ouest;
- les raisons pour lesquelles le gouvernement canadien interna les Canadiens d'origine japonaise;
- le «miracle économique» qui se produisit au Canada pendant la Deuxième Guerre mondiale;
- l'intervention du gouvernement dans l'économie canadienne;
- le rôle capital que jouèrent les Canadiennes dans l'effort de guerre, ici comme à l'étranger;
- le débat sur la conscription au Canada.

e 17 mai 1939, le roi George VI et la reine Elizabeth amorcèrent à Québec une tournée éclair des provinces canadiennes. C'était la première fois qu'un monarque britannique posait le pied au Canada. Partout où le couple royal apparaissait, des foules se formaient pour l'acclamer, des policiers de la Gendarmerie royale du Canada portant tuniques rouges et bottes rutilantes se mettaient au garde-à-vous et des jeunes filles présentaient un bouquet à la reine sous le regard du roi. Or, la visite royale avait une signification particulière… et inquiétante. Le roi venait au Canada pour obtenir l'appui de ses loyaux sujets. Hitler se faisait de plus en plus menaçant et la Grande-Bretagne prévoyait avoir bientôt besoin de toute l'aide que le Canada pourrait lui apporter.

En 1939, plus de la moitié de la population canadienne était d'origine britannique (anglaise, écossaise ou irlandaise) et le tiers était d'ascendance française. Les Canadiens anglais commençaient à se dire simplement «canadiens», mais des liens solides unissaient encore le Canada et la Grande-Bretagne. Pourtant, le premier ministre Mackenzie King, comme beaucoup de ses compatriotes, avait de fortes réticences face à la guerre. Les Canadiens, en effet, avaient assez de problèmes chez eux. «L'idée que notre pays doit automatiquement et naturellement prendre part tous les vingt ans à une guerre à l'étranger, grommela le premier ministre, fait figure pour

Le roi George VI et la reine Elizabeth attirèrent des foules à chaque étape de la visite qu'ils firent au Canada en 1939. On voit ici le couple royal à Medicine Hat, en Alberta.

plusieurs de cauchemar et de folie pure.» Mackenzie King ne remit jamais en question la participation du Canada. Seulement, il était déterminé à la restreindre le plus possible.

LA GUERRE AUX PORTES DU CANADA

Peu de temps après le début de la guerre, Mackenzie King commença à déchanter. La terrifiante série de victoires de l'Allemagne et de ses alliés (l'Axe) en Europe et en Afrique inquiétait les Canadiens. Bientôt, l'ombre de la guerre s'étendit jusque sur la côte Est du Canada. Un historien a dit des conditions qui régnaient à Halifax qu'elles étaient «à certains

égards semblables à celles qu'on trouvait dans une ville d'Europe assiégée et peuplée de réfugiés». Des navires venant d'Europe arrivaient bondés de réfugiés, de jeunes Britanniques évacués, de prisonniers de guerre allemands, d'aviateurs qui revenaient, d'aviateurs en permission et de survivants des torpillages. La ville fourmillait de nouveaux arrivants.

Halifax était le centre des opérations de la marine canadienne dans l'Atlantique Nord; de plus, la ville servait de base au transport britannique et allié. Un commandant britannique dit de Halifax que c'était le port allié le plus important du monde. Les soldats et les marins du pays de Galles, du nord de l'Angleterre et de l'Écosse côtoyaient ceux de la Nouvelle-Zélande, de l'Afrique du Sud et de l'Australie, et les rues retentissaient de tous les accents du Commonwealth. Jour après jour, les convois se formaient dans le port de Halifax et partaient pour l'Europe chargés de soldats, de fusils, de chars d'assaut, d'obus et de victuailles.

Les Allemands firent tout en leur pouvoir pour couper les lignes de ravitaillement. Il leur arrivait de miner ou de torpiller les *convois* à quelques kilomètres de Halifax. Leurs redoutables sous-marins se faufilaient entre les navires d'escorte pour couler les navires marchands les uns après les autres. En plus de centaines de navires d'escorte civils et militaires, les sous-marins allemands détruisirent des millions de tonnes de marchandises.

À Halifax et dans les environs, les

C'EST LA-BAS qu'on les arrête !

AIDEZ-MOI !

Cette affiche de propagande laissait présager que les nazis envahiraient le Canada s'ils n'étaient pas arrêtés en Europe. Est-ce que la menace était réelle? Selon toi, est-ce que cette affiche a réussi à mobiliser les Canadiens pour l'effort de guerre?

Le gouvernement fédéral déploya de grands efforts pour mettre les Canadiens en garde contre les dangers de l'indiscrétion. Il rappelait aux gens de toujours se méfier des espions et d'éviter de parler des plans de défense, des usines de munitions et des entrepôts de matériel. Cette affiche montre qu'une indiscrétion a entraîné le sabotage d'un train.

UNE INDISCRÉTION PEUT CAUSER UNE CATASTROPHE

traceurs de la marine surveillaient les mouvements des navires dans l'Atlantique Nord, y compris ceux des dangereux sous-marins. Le traçage était en grande partie effectué par des membres du Service féminin de la Marine royale du Canada. L'une de ces femmes déclara plus tard: «La plupart des Canadiens ne savaient pas que les sous-marins allemands étaient venus si près, jusque dans le Saint-Laurent.»

Le rôle de Terre-Neuve pendant la guerre

Terre-Neuve ne faisait pas encore partie de la Confédération en 1939, mais elle était prête à coopérer avec le Canada. L'île, en effet, était la clé de la défense de l'Amérique du Nord, mais elle ne possédait ni l'argent ni les effectifs pour contrer une attaque allemande. (Le gouvernement de Terre-Neuve avait fait faillite dans les années 1930. Il avait lui-même cédé le pouvoir à une commission formée de fonctionnaires britanniques.)

Avec le consentement de Terre-Neuve, le gouvernement canadien posta des troupes sur l'île et les appareils de l'Aviation royale canadienne (ARC) décollaient des aéroports de Gander et de Goose Bay, au Labrador. Terre-Neuve fournit des troupes à l'armée canadienne, dont deux bataillons d'infanterie, deux régiments antiaériens, trois batteries côtières et plusieurs unités administratives et combattantes. Les Terre-Neuviens connurent bientôt la prospérité rattachée aux dépenses militaires. Certains commencèrent à se dire qu'une union avec le Canada serait peut-être bénéfique pour eux. Mais avant tout, l'Amérique du Nord devait passer au travers de la guerre.

La guerre dans le Pacifique et sur la côte Ouest du Canada

Pendant que la guerre faisait entendre ses échos sur la côte Est du Canada, la tension régnait aussi sur la côte Ouest. Les Japonais avaient envahi de grandes parties de la Chine et, lors d'attaques surprises effectuées en 1941, ils avaient presque paralysé les flottes américaine et britannique dans le Pacifique. Trois mois plus tard, ils déferlaient aux Philippines, en Malaisie, en Birmanie et à Singapour, et ils se dirigeaient vers l'Australie.

Craignant une invasion japonaise, le gouvernement canadien construisit sur la côte Ouest des batteries défensives comme celle-ci, située à Alert Head, en Colombie-Britannique.

L'extension de la guerre dans le Pacifique préoccupait les Canadiens de la côte Ouest. La soudaineté des attaques des Japonais, le nombre de leurs cibles et la facilité de leurs victoires faisaient craindre aux Canadiens de l'Ouest une offensive japonaise en Colombie-Britannique. Pendant les nuits qui suivirent les attaques de Pearl Harbor et de Hong-kong, la ville de Vancouver imposa le *black-out*. Les écoliers s'exerçaient à réagir à une attaque au gaz et les adultes essayaient nerveusement de se préparer à une invasion. Dans les faits, la seule attaque directe des Japonais au Canada fut la destruction d'un phare de l'île de Vancouver par un sous-marin en juin 1942. Il n'en reste pas moins que les Japonais occupèrent les îles Aléoutiennes, au large de l'Alaska, au milieu de l'année 1942 (ils en furent chassés par les Canadiens et les Américains). La peur de l'ennemi dans le Pacifique monta les Blancs de la Colombie-Britannique contre leurs compatriotes d'origine japonaise.

L'INTERNEMENT DES CANADIENS D'ORIGINE JAPONAISE

Au début des années 1940, environ 22 000 personnes d'origine japonaise vivaient en Colombie-Britannique. Les premiers immigrants japonais de la Colombie-Britannique travaillaient dans les chantiers ferroviaires, dans les mines et dans les camps de bûcherons. Ensuite, beaucoup de Japonais s'établirent sur la côte, où ils achetèrent des bateaux de pêche ou des parcelles de terre. La plupart vivaient de la pêche, de la culture maraîchère et du commerce. Ils travaillaient dur et quelques-uns prospéraient. Mais leur succès soulevait l'animosité de nombreux Blancs de la Colombie-Britannique.

Avant même le début de la guerre, les Canadiens d'origine japonaise avaient été la cible d'émeutes anti-asiatiques et de politiques racistes. Ils n'avaient

Des milliers de Canadiens d'origine japonaise furent envoyés dans des camps d'internement situés dans le nord de la Colombie-Britannique et de l'Ontario. Comment pouvons-nous éviter aujourd'hui de telles injustices?

pas le droit de voter, d'enseigner, de devenir fonctionnaire et de pratiquer certaines professions. Les attaques japonaises à Pearl Harbor et à Hong-kong enflammèrent une hostilité raciale qui couvait depuis longtemps. Soudainement, les Canadiens d'origine japonaise furent perçus comme des espions et des ennemis du Canada. Dans un discours radiophonique diffusé le soir de l'attaque de Pearl Harbor, Mackenzie King affirma que les autorités «avaient confiance en la conduite correcte et loyale des résidents japonais au Canada».

À Vancouver, la GRC surveillait de près les Canadiens d'origine japonaise depuis 1938. Ses agents conclurent que la communauté japonaise était loyale au Canada. Elle avait ardemment appuyé le travail de la Croix-Rouge et la vente des obligations de la Victoire et un grand nombre de ses membres ne demandaient pas mieux que de se battre pour le Canada. On ne décela jamais chez eux de tentation de *trahison*.

De sa propre initiative, le gouvernement de Mackenzie King n'aurait jamais pris de mesures sévères contre les Canadiens d'origine japonaise vivant sur la côte Ouest. Mais l'hostilité envers les Japonais grandissait sans cesse en Colombie-Britannique. Des rumeurs d'invasion japonaise se répandirent et s'amplifièrent. Les journaux, les sociétés patriotiques, les clubs de militaires et les conseils municipaux blâmaient les personnes d'ascendance japonaise.

Ottawa finit par céder aux pressions. Au début, seuls les hommes qui n'avaient pas encore la citoyenneté canadienne furent arrêtés et envoyés dans des camps d'internement situés loin de la Côte. Mais bientôt, on apprit que les Japonais avaient conquis Singapour, une possession britannique. La nouvelle alimenta le racisme et les Blancs de la Colombie-Britannique redoublèrent d'insistance. En vertu de la *Loi des mesures de guerre* et des *Règlements pour la défense du Canada*, le gouvernement étendit l'ordre d'internement à tous les Japonais d'origine, qu'ils possèdent ou non la citoyenneté canadienne.

On entassa donc les Canadiens d'origine japonaise dans des trains pour les envoyer dans des camps situés dans les montagnes intérieures de la Colombie-Britannique, dans des plantations de betterave à sucre en Alberta ou même au Manitoba et en Ontario. En outre, le gouvernement incarcéra environ 70 Canadiens d'origine japonaise jugés dangereux dans un camp entouré de fils barbelés, dans le nord de l'Ontario.

Les Canadiens d'origine japonaise internés en Colombie-Britannique vivaient dans des baraques de quatre mètres sur huit. Certains de ces abris rudimentaires n'avaient ni l'eau courante ni l'électricité et aucun n'était construit pour résister au froid glacial de l'hiver. Beaucoup de familles furent séparées: on envoyait le père dans un camp et la mère et les enfants, dans un autre. Les hommes construisaient des routes et abattaient des arbres. Frank Moritsugu, un jeune homme de 19 ans né à Vancouver, fut envoyé au camp de Yard Creek, près de Revelstoke, en Colombie-Britannique. Il travailla à la construction de ce qui allait devenir l'autoroute transcanadienne. «Il n'y avait pas de barbelés, dit-il, mais il y avait des sentinelles dans une casemate qui nous guettaient. En d'autres circonstances, Yard Creek, avec son beau paysage, aurait été un endroit charmant; pour nous, c'était un symbole de honte.»

Les Canadiens d'origine japonaise qui étaient internés devaient laisser la majeure partie de leurs possessions à la «garde» d'un agent du gouvernement appelé curateur des biens de l'ennemi. Or, les autorités vendirent aux enchères tous les biens des Japonais: leurs bateaux, leurs voitures, leurs maisons, leurs magasins et leurs effets personnels.

Cette pratique honteuse ne s'arrêta pas à la fin des hostilités. Après la guerre, en effet, Ottawa adopta une loi pour déporter les Canadiens d'origine japonaise. La loi fut abrogée en 1947, mais 4 000 personnes avaient été envoyées au Japon entre-temps. Beaucoup de ces gens n'étaient jamais allés au Japon de leur vie. Pendant quelques années, les Canadiens d'origine japonaise durent avertir la GRC chaque fois qu'ils s'éloignaient de plus de 80 km de chez eux. En 1949, les Canadiens d'origine japonaise obtinrent le droit de voter aux élections fédérales et provinciales. Le gouvernement canadien ne présenta ses excuses pour les injustices commises qu'en 1988; le gouvernement de Brian Mulroney offrit alors 20 000 $ à chaque survivant ou survivante de l'**internement des Japonais**.

RÉFLEXIONS SUR UNE INJUSTICE

David Suzuki n'était encore qu'un enfant quand le gouvernement du Canada interna sa famille, pendant la Deuxième Guerre mondiale. Les souvenirs de cette injustice ne l'ont jamais quitté. Dans le texte qui suit, Suzuki réfléchit aux leçons que l'histoire enseigne aux Canadiens. Lis ce texte et réponds aux questions suivantes:

1. Quelles dispositions de la Constitution canadienne visent à empêcher que se reproduisent des injustices comme l'internement des Canadiens d'origine japonaise?
2. Comment l'étude de l'histoire peut-elle nous aider à éviter de répéter les erreurs du passé?

Notre fragile démocratie

Les présomptions tacites entourant la race et le comportement font souvent surface à l'occasion d'un «incident» racial. J'ai moi-même fait l'expérience des conséquences de telles présomptions pendant la Deuxième Guerre mondiale, lorsque les Canadiens d'origine japonaise furent incarcérés. Le 8 avril 1968, le lundi suivant l'assassinat de Martin Luther King, les professeurs et les étudiants de l'université de la Colombie-Britannique tinrent une commémoration devant la bibliothèque.

J'étais au nombre des orateurs invités et j'ai parlé de la leçon que King nous avait donnée, à savoir que même en démocratie il est nécessaire de lutter pour la liberté et l'égalité. Je dis que les Canadiens ne devaient pas regarder les Américains de haut, car nous avons aussi de sombres antécédents de racisme et d'oppression. J'ai évoqué la triste situation des autochtones du Canada et j'ai rappelé l'évacuation et l'incarcération des Canadiens d'origine japonaise de la Colombie-Britannique, en 1942. Plus tard, un éditorialiste me reprocha d'avoir ravivé de vieux souvenirs qu'il valait mieux laisser enfouis de peur qu'ils ne réveillent l'animosité de ceux qui avaient souffert aux mains des Japonais.

L'histoire nous fournit les seules vraies leçons sur la fragilité des droits humains et, aujourd'hui, le procès de Keegstra (accusé d'avoir enseigné que l'Holocauste est un mensonge et que les Juifs conspirent pour dominer le monde) et la condamnation de Zundel (accusé d'avoir diffusé de la littérature haineuse antisémite) nous rappellent à quel point il est facile de déformer ou d'oublier ces droits. Les Canadiens d'origine japonaise ont exigé que leur incarcération, leur dépossession et leur dispersion soient reconnues comme des injustices et compensées par des réparations financières. Le 12 avril 1985, un événement nous a donné une autre bonne raison de porter l'expérience des Canadiens d'origine japonaise à la connaissance du public. Ce jour-là, la section de l'Ontario de la Légion royale canadienne a officiellement demandé au gouvernement fédéral de ne conclure aucun arrangement financier avec les Canadiens d'origine japonaise. James Forbes, le secrétaire adjoint de la section de l'Ontario, déclara que si les Canadiens d'origine japonaise «reçoivent de l'argent, alors il faut faire pression auprès du gouvernement japonais pour qu'il dédommage les anciens combattants du Canada qui ont été détenus dans des camps de concentration» (The Globe and Mail). Mais quel peut bien être le rapport entre le traitement que le gouvernement du Canada a fait à des citoyens canadiens et le traitement qu'un gouvernement ennemi a fait à des citoyens canadiens?

Je ne trouve pas de meilleur exemple de la fragilité des idéaux démocratiques. N'est-il pas tragique que les anciens combattants nient aujourd'hui les grands principes pour la défense desquels ils ont risqué leur vie! Face aux Asiatiques, le Canada a eu beaucoup de difficulté à respecter les droits civils qu'il dit garantir. Son histoire est entachée par les émeutes anti-asiatiques, par les quotas raciaux dans les écoles professionnelles, par le refus d'accorder le droit de vote aux Asiatiques, qu'ils soient nés au Canada ou non, jusqu'en 1948 et par les restrictions imposées à la propriété, pour ne citer que quelques-unes des injustices. Mais nous avons appris du passé et nous travaillons actuellement à éliminer nos iniquités. L'existence d'une seule classe de citoyens qui, nés ici ou naturalisés, jouissent pleinement de tous les droits rattachés à la citoyenneté doit être l'objectif de notre jeune pays.

La Légion royale canadienne, sa section de l'Ontario du moins, a succombé à l'idée courante voulant qu'on puisse retirer à certains groupes, en temps de troubles appréhendés, les droits rattachés à la citoyenneté. Pourtant, c'est en temps de troubles que ces droits et garanties importent le plus. En outre, certaines personnes semblent croire que la liberté et l'égalité ne sont garanties qu'à la majorité blanche. Il y a quelques années, l'émission vedette d'information du réseau CTV, «W5», a démontré tout l'attrait qu'exerce cette notion. Un reportage montrait que des étudiants asiatiques profitaient des contribuables canadiens en s'inscrivant dans nos universités. À l'appui de cette thèse, on présentait des images d'étudiants asiatiques sur un campus, sans préciser s'ils étaient canadiens ou non! On semblait présumer que si ces étudiants étaient asiatiques, ils n'étaient pas canadiens. C'est une attitude identique qui a poussé la section de l'Ontario à intervenir auprès du gouvernement.

Si l'on suivait le raisonnement des légionnaires, il faudrait réclamer des dédommagements aux Doukhobors de la Colombie-Britannique pour la destruction de l'avion coréen par l'Union soviétique. Est-ce que nous blâmons la troisième génération de Canadiens d'origine irlandaise pour les atrocités de Belfast? Est-ce que tous les Canadiens d'origine africaine sont responsables des excès d'Idi Amin Dada? J'espère que même les légionnaires n'oseraient pas proférer de telles absurdités.

Alors, que répondre aux légionnaires qui affirment que l'évacuation des Canadiens d'origine japonaise était justifiée par l'horrible traitement fait aux soldats canadiens dans les camps de concentration du Pacifique? Les légionnaires savent-ils que les Japonais étaient aussi les ennemis des Canadiens d'origine japonaise? Qu'il est paradoxal que les Canadiens d'origine japonaise, privés de leur liberté et de leur égalité par leur pays, aient quand même lutté pour avoir le droit de s'enrôler dans l'armée!

Pendant la Deuxième Guerre mondiale, ils combattirent et moururent pour le Canada et non pas pour le pays sectaire incarné par la section de l'Ontario de la Légion royale canadienne. La position de la Légion n'est rien d'autre qu'une position raciste. Elle présuppose que la loyauté et l'engagement sont génétiquement déterminés et non pas socialement appris.

Dans l'intérêt de la démocratie au Canada, il faut profiter de toutes les occasions pour dénoncer ce sectarisme. Chaque fois que je parle publiquement de l'injustice faite aux Canadiens d'origine japonaise et que je reçois des lettres ou des appels téléphoniques de fanatiques qui me reprochent d'avoir osé soulever la question «après ce que les Japs nous ont fait», je juge qu'il est bon pour les Canadiens de voir à quel point notre démocratie est fragile.

C'est pourquoi les Canadiens d'origine japonaise devaient revendiquer vigoureusement des dédommagements, question d'être fidèles aux principes pour lesquels tant d'hommes sont morts au combat. Il faut reconnaître au gouvernement de Brian Mulroney le mérite qui lui revient pour avoir présenté des excuses officielles aux Canadiens d'origine japonaise en octobre 1988 et pour avoir annoncé l'octroi de dédommagements de 20 000 $ à chaque survivant ou survivante.

Un camp d'internement de Canadiens d'origine japonaise.

L'ÉCONOMIE DU CANADA PENDANT LA GUERRE

En 1939, le Canada tout entier se préparait à la guerre. Mackenzie King espérait que le **Programme d'entraînement aérien du Commonwealth**, annoncé le 17 décembre 1939, représenterait la principale contribution du Canada. À la fin de la guerre, le Canada avait consacré 1,6 milliard de dollars au Programme, une somme équivalente aux trois quarts du coût total du plan. Le Programme prévoyait que la formation des pilotes, des navigateurs, des mitrailleurs de l'air, des bombardiers et des radios de tout le Commonwealth se ferait au Canada. Loin de la portée de la Luftwaffe, le Canada fournissait les terrains d'aviation, les avions et les services de base, tandis que la Grande-Bretagne

De nombreuses usines, telle cette usine Inglis de Toronto, furent transformées en fabriques d'armes ou de munitions. Ces travailleuses jouèrent un rôle primordial dans l'approvisionnement en armes des forces alliées.

fournissait les instructeurs. Plus de 130 000 hommes, dont 50 000 pilotes, furent ainsi formés; près de 73 000 des diplômés étaient canadiens.

La «guerre totale» et le miracle économique du Canada

Malgré les espoirs de Mackenzie King, la participation du Canada à la guerre ne faisait que commencer avec le Programme d'entraînement aérien. Avec l'avancée d'Hitler en Europe et celle des Japonais en Extrême-Orient, les Canadiens commencèrent à parler de «guerre totale», c'est-à-dire de tout subordonner à l'effort de guerre. À la fin de 1941, les ouvriers d'usine du pays entier faisaient des heures supplémentaires pour fabriquer du matériel militaire. Le chômage disparut. De fait, la demande de main-d'œuvre devint telle que le gouvernement créa le **Service sélectif national** pour diriger les travailleurs dans les industries qui avaient le plus besoin d'eux. Un travailleur ou une travailleuse qui acceptait un emploi sans l'approbation du Service était passible d'une amende de 500 $ et de un an d'emprisonnement. L'économie du Canada, que la crise des années trente avait minée, était sur la pente ascendante.

Le temps se remit au beau et les Prairies reverdirent enfin. Les fermiers firent des récoltes exceptionnelles qu'ils vendirent à des prix satisfaisants. En 1942, les étudiants du secondaire et de l'université de l'Est et les autochtones du Nord affluèrent en Saskatchewan pour aider à la récolte d'une moisson record. Les Britanniques étaient affamés et, pour satisfaire à la demande, les fermiers canadiens diversifièrent leurs activités et se mirent à produire du porc, du bœuf, des produits laitiers, du lin et des graines oléagineuses. Le bois de la Colombie-Britannique, les minerais du Bouclier canadien et le poisson des Maritimes se vendaient bien.

Ce fut l'industrie manufacturière qui connut les plus grands changements. Les chantiers navals de Vancouver, les aciéries de Hamilton, les usines de munitions de Toronto et les avionneries de Montréal ne fermaient jamais. Les Canadiens commencèrent à fabriquer des articles qu'ils avaient l'habitude d'importer: des moteurs diesel, du caoutchouc synthétique, des roulements à billes, du matériel électronique, de l'essence à haut indice d'octane et bien d'autres produits. Le ministre responsable de la production industrielle, **C.D. Howe**, déclara: «Jamais plus on ne doutera que le Canada puisse fabriquer tout ce qui se fabrique ailleurs.» Il avait raison. Plusieurs des nouvelles industries subsistèrent après la guerre et s'intégrèrent pour de bon à l'économie canadienne.

Les fermes et les usines du Canada devinrent de plus en plus productives pour répondre aux besoins créés par la guerre. Les commandes de guerre s'établissaient à 60 millions de dollars en 1939 et à 2,5 milliards de dollars en 1942. À la fin de la guerre, le Canada était le pays allié où la productivité par habitant ou habitante était la plus élevée. En tout, l'aide du Canada à la Grande-Bretagne se chiffra à 3,5 milliards de dollars. Un journaliste canadien fit le commentaire suivant: «Le Canada a pu aider les autres parce que, par-dessus tout, il avait accompli chez lui un miracle économique; un pays anémique était devenu un arsenal et un grenier gigantesques.»

L'économie de guerre et l'intervention gouvernementale

Le premier ministre Mackenzie King était déterminé à faire de l'effort de guerre une entreprise efficace, ordonnée et honnête. Il chargea un groupe de ministres d'assurer la transition à l'économie de guerre; il donna au ministre des Munitions et Approvisionnements, C.D. Howe, la responsabilité de la production de guerre. La Grande-Bretagne avait désespérément besoin de toutes sortes de marchandises. Howe décrocha contrat après contrat pour la fabrication de fusils, de chars d'assaut, de camions, d'uniformes et de bateaux.

Or, beaucoup des contrats que Howe obtenait visaient la production d'articles que le Canada n'avait jamais fabriqués. Howe demanda l'aide de gens d'affaires reconnus. Il les incita à «prendre congé» du travail et à devenir fonctionnaires jusqu'à la fin de la guerre. Ces gens d'affaires furent surnommés les **«hommes à un dollar par année»**, à cause du salaire symbolique que le gouvernement

leur versait. (Beaucoup de sociétés continuèrent à payer ces hommes pendant qu'ils travaillaient dans le ministère de Howe.) Les usines canadiennes qui avaient fabriqué des réfrigérateurs passèrent à la fabrication de fusils Bren ou de chenilles de chars. Les ateliers de matériel ferroviaire commencèrent à produire des chars d'assaut. Les fabricants d'automobiles se convertirent à la fabrication de camions militaires.

En peu de temps, le Canada organisa la production de guerre. En 1944, les Canadiens fabriquaient 4000 camions et 450 véhicules blindés par semaine. La revue américaine *Fortune* s'émerveilla: «Quand on pense que l'industrie canadienne d'avant-guerre n'avait jamais fabriqué un char d'assaut, un avion de chasse ni un fusil à tir rapide de fort calibre, la vitesse à laquelle elle s'est organisée fait figure de miracle économique.»

Le **ministère des Munitions et Approvisionnements** que dirigeait C.D. Howe exerçait une autorité exceptionnelle sur l'entreprise privée. Il pouvait dire aux entreprises quoi fabriquer, où vendre leurs produits et même à quel moment les livrer. Si une entreprise refusait de coopérer, le Ministère pouvait la prendre en charge et organiser lui-même la production.

Le ministère de Howe créait des sociétés de la Couronne chaque fois que l'entreprise privée était incapable de satisfaire à une demande précise. À la fin de la guerre, il existait 28 sociétés de la Couronne qui fabriquaient une kyrielle de produits, du bois (Veneer Log Supply Limited) au caoutchouc synthétique (Polymer Corporation). L'une de ces sociétés, l'Eldorado Mining and Refining, traita en secret l'uranium destiné aux bombes atomiques que les États-Unis lâchèrent sur le Japon en 1945. Jamais auparavant un gouvernement canadien n'était intervenu autant dans l'entreprise privée.

La déclaration de Hyde Park

Parmi les sociétés de la Couronne, l'une des plus importantes était War Supplies Limited. Elle fut formée à la suite d'une rencontre que le premier ministre Mackenzie King eut avec son ami Franklin Delano Roosevelt, le président des États-Unis, à la demeure familiale de ce dernier, à Hyde Park dans l'État de New York. King expliqua à Roosevelt que le Canada, à force d'aider la Grande-Bretagne, aurait bientôt des difficultés financières s'il ne gagnait pas plus de dollars américains. Cependant, si les États-Unis achetaient à peu près autant au Canada que le Canada achetait aux États-Unis, le problème serait résolu. Roosevelt ne connaissait pas grand-chose au marché des changes, mais la proposition de Mackenzie King lui plut et les deux dirigeants signèrent une entente appelée **déclaration de Hyde Park**. Par la suite, le Canada vendit pour plus de 1 milliard de dollars de produits aux États-Unis. La déclaration de Hyde Park marquait le début d'une nouvelle ère de coopération économique entre les deux pays.

Pour inciter les Canadiens à contribuer à l'effort de guerre, des affiches comme celle-ci montraient la cruauté des nazis.

Le problème de l'inflation

L'essor de l'économie de guerre apporta aux Canadiens une prospérité nouvelle. Les gens travaillaient et ils avaient plus d'argent que jamais. Or, la majeure partie des ressources canadiennes était consacrée à la production de guerre, si bien qu'on trouvait peu de biens de consommation sur les étagères des magasins. Les conseillers financiers de Mackenzie King craignaient que la pénurie de biens ne cause une augmentation rapide des prix et, par le fait même, une inflation dangereuse. Telle avait été la situation pendant la Première Guerre mondiale et Mackenzie King était déterminé à l'empêcher de se reproduire.

Le financement de l'effort de guerre

Le gouvernement donna à **James Ilsley**, un avocat de la Nouvelle-Écosse, la responsabilité des finances du Canada. Ilsley contra la hausse des prix avec des augmentations de taxes, des mesures d'épargne et la vente des obligations de la Victoire. L'impôt sur le revenu des particuliers, qui n'avait procuré que 42 millions de dollars à Ottawa en 1938, rapporta 815 millions en 1943. Ilsley lança neuf campagnes de publicité monstres pour annoncer les emprunts de guerre et les emprunts de la Victoire. Les publicitaires firent appel à des célébrités comme la petite Shirley Temple et les jumelles Dionne pour mousser la vente des obligations de la Victoire. Des slogans comme «Les hommes sont prêts… C'est à VOUS de leur donner des ailes» apparurent sur les murs et dans les revues. Les publicitaires recoururent même à des tactiques alarmistes; une de leurs réclames montrait une mère et un bébé menacés par deux mains en silhouette, l'une portant la croix gammée et l'autre, l'emblème du Japon. «Ne tombez pas entre leurs mains!, lisait-on sur la réclame. Achetez les nouvelles obligations de la Victoire.» La publicité remporta un succès éclatant et permit de récolter 8,8 milliards de dollars pour l'effort de guerre.

Le gel des prix et des salaires et le rationnement

En dépit des efforts d'Ilsley, les prix montèrent en 1941. Le gouvernement de Mackenzie King craignait une inflation galopante. En novembre 1941, **la Commission des prix et du commerce en temps de guerre** prit une mesure inédite: elle gela les prix et les salaires pour prévenir l'inflation. La Commission régissait l'achat des biens de consommation rares comme les cuisinières électriques, les machines à écrire et les pneus de caoutchouc. Les consommateurs devaient obtenir un permis pour acheter ces articles, après avoir démontré à la Commission qu'ils en feraient un usage favorable à l'effort de guerre.

Des affiches comme celle-ci incitaient les gens à conserver les matériaux qui pouvaient servir à fabriquer du matériel militaire. Quels stéréotypes cette affiche véhicule-t-elle? Quels changements lui apporterais-tu pour l'actualiser?

En 1942, le gouvernement rationna les denrées alimentaires et contingenta les biens d'usage courant. Les Canadiens n'avaient droit qu'à 250 g de sucre, 250 g de beurre, 30 g de thé, 115 g de café et 1 kg de viande par personne par semaine. Le gouvernement distribua plus de 11 millions de carnets de rationnement. Les Canadiens durent se faire au rationnement, une réalité plus ennuyeuse qu'éprouvante. Aux yeux des Européens, les Canadiens vivaient encore dans l'abondance. Même les Américains étaient plus sévèrement rationnés que les Canadiens.

L'intervention gouvernementale à la fin de la guerre

L'intervention massive du gouvernement dans l'économie de guerre paraissait bénéfique. Le Canada réussissait à maîtriser l'inflation sans ralentir l'économie. De fait, il surpassait en ce domaine tous les autres pays du monde. Les nombreuses réglementations gouvernementales, qu'elles aient touché la main-d'œuvre, le ravitaillement ou les prix et les salaires, avaient considérablement limité la liberté d'action des Canadiens. Néanmoins, le partage des biens entre les Canadiens avait été relativement

équitable et beaucoup de travailleurs jouissaient d'un haut niveau de vie.

Mais quand la fin de la guerre approcha, les Canadiens craignirent un retour de la crise. Beaucoup jugeaient que le gouvernement fédéral devait continuer à diriger l'économie. Le gouvernement de Mackenzie King avait déjà créé l'*assurance-chômage* en 1940 et les allocations familiales (une prestation mensuelle pour la nourriture et l'habillement des enfants) en 1944.

Après la guerre, Mackenzie King institua un programme de prestations pour les anciens combattants. Il y avait une grave pénurie de logements et le gouvernement fédéral prit des mesures pour promouvoir la construction domiciliaire. Il créa aussi des programmes pour aider les industries à se réadapter à une production normale et à se lancer dans l'exportation. Enfin, le gouvernement fédéral augmenta l'aide aux soins de santé. Les programmes de Mackenzie King étaient populaires et son gouvernement fut réélu en 1945. C'était le début de l'intervention du gouvernement dans les affaires sociales et économiques.

LA CONTRIBUTION DES FEMMES À L'EFFORT DE GUERRE

L'effort de guerre fut pour les femmes une occasion d'améliorer leur condition, au moins pour un temps. Les hommes qui partaient à l'étranger laissaient des postes vacants et il y avait

Des affiches comme celle-ci encourageaient les Canadiens à conserver le gras et les os, des matières qui servaient à fabriquer des explosifs et de la colle.

des emplois pour toutes les femmes qui voulaient travailler. Du reste, le gouvernement fédéral lança une campagne de recrutement auprès des femmes. Il publia des affiches qui incitaient les femmes à s'engager dans l'industrie des munitions. «Relevez vos manches pour la victoire!», disaient les slogans.

Au début, la campagne du gouvernement visait les femmes célibataires, mais, en septembre 1942, la pénurie de main-d'œuvre était telle que toutes les femmes de 20 à 24 ans durent s'inscrire au Service sélectif national. Plus tard, le gouvernement s'adressa aux femmes mariées puis, vers la fin de la guerre, aux mères de famille. Avec l'aide du fédéral, l'Ontario et le Québec ouvrirent quelques garderies pour permettre aux mères de travailler dans les industries de guerre. En 1944, on comptait près d'un million de travailleuses au Canada.

Les femmes dans l'industrie

Quand la production de guerre atteignit son point culminant, les femmes représentaient 30 % de la main-d'œuvre employée dans les usines d'aviation (qui se composait de 25 000 personnes). On comptait plus de 260 000 femmes dans les usines de munitions, 4000 dans les chantiers navals et 4000 dans le domaine de la construction. Les femmes conduisaient des taxis, des autobus et des tramways dans les grandes villes. Elles assemblaient des automobiles, des transistors et des fusils Bren; elles faisaient de la soudure, du rivetage et de la boucherie. L'**ouvrière des années de guerre**, avec son pantalon et le bandeau qui retenait ses cheveux, devint en quelque sorte une héroïne nationale. Elle disputait la vedette au soldat canadien sur les affiches.

Les femmes gagnaient encore des salaires inférieurs à ceux des hommes (bien que la différence fût moindre qu'avant), elles occupaient des emplois traditionnels et rares étaient celles qui avaient accès aux postes de direction. Un certain nombre d'entre elles, cependant, accomplissaient des tâches habituellement dévolues aux hommes. La distinction entre «travail de femme» et «travail d'homme» commençait à disparaître.

Les femmes dans l'agriculture

Beaucoup de jeunes hommes et de jeunes femmes quittèrent la ferme familiale pour servir outre-mer ou pour prendre des emplois plus rémunérateurs que l'agriculture dans l'industrie de guerre. Par conséquent, le fardeau de la production agricole incomba aux quelque 800 000 femmes qui restèrent dans les fermes. Les femmes avaient toujours fait leur part du travail agricole mais, pendant les années de guerre, elles durent souvent s'acquitter en plus des tâches de leur mari et des ouvriers absents. L'une d'entre elles se chargeait du travail lourd, entretenait le matériel, s'occupait des enfants et de la maison et trouvait du temps pour pratiquer la chasse et le curling. Quand son mari revint de la guerre, elle lui tendit le livret de banque. «Il y a plus d'argent là-dedans, lui dit-elle fièrement, que nous n'en avons jamais eu de notre vie.»

Les femmes dans l'armée

Il y avait des infirmières dans l'armée canadienne depuis la guerre des Boers. Environ 2800 Canadiennes avaient participé à la Première Guerre mondiale à titre d'infirmières et un bon nombre d'entre elles reprirent du service pendant la Deuxième Guerre. Les forces armées, cependant, refusaient d'admettre des femmes à d'autres postes, si bien que de nombreuses Canadiennes résolurent de se préparer par elles-mêmes à prendre une part plus active dans la guerre. Au début, elles s'inscrivirent dans des formations paramilitaires comme le Canadian Auxiliary Territorial Service (CATS), qui avait été fondé par un chroniqueur du *Toronto Daily Star*. Là, elles apprirent à s'entraîner, à conduire et à réparer des camions, à lire des cartes, à utiliser le matériel radio et à donner les premiers soins.

Beaucoup de femmes membres d'organisations bénévoles firent pression pour être admises dans les rangs de l'armée proprement dite. Leurs démarches furent vaines jusqu'à ce que l'armée manque d'effectifs, en 1941. Alors, elles furent admises dans l'aviation et, plus tard, dans l'armée de terre et dans la marine. En 1945, plus de 17 400 femmes avaient servi dans le Corps auxiliaire féminin de l'Aviation canadienne, plus de 21 500 s'étaient jointes au Service féminin de l'Armée canadienne et 7100 s'étaient enrôlées dans le Service féminin de la Marine royale du Canada.

Au cours de la guerre, le rôle des femmes dans les forces armées prit une importance grandissante. Ainsi, le nombre d'occupations ouvertes aux femmes dans l'armée de l'air passa de 11 à 50 et les femmes purent devenir artilleuses, mécaniciennes, ajusteuses et soudeuses. Finalement, en mai 1944, quelques groupes du Service féminin de l'Armée canadienne furent envoyés dans les zones de combat en Europe.

Les femmes bénévoles

Les femmes qui n'exerçaient pas un travail de guerre rémunéré firent elles aussi une contribution inestimable à l'effort de guerre. À la maison, elles nourrissaient leur famille malgré les pénuries de nourriture et elles retaillaient les vieux vêtements pour ne rien gaspiller. Elles suivaient à la lettre les consignes de la Commission des prix et du commerce en temps de guerre: elles économisaient, recyclaient et se débrouillaient avec les moyens du bord. Des bénévoles enseignaient comment préparer des plats nourrissants avec le peu de denrées qu'on trouvait alors sur le marché. Elles organisèrent de grandes campagnes pour inciter les femmes à récupérer le papier, le tissu, le fer, l'aluminium, les graisses comestibles, les bouteilles, les os (qui servaient à fabriquer de la colle pour les avions) et le latex du laiteron (qui servait à fabriquer des gilets de sauvetage). Le travail qu'accomplirent les femmes, dans leur foyer ou à l'étranger, fut essentiel au succès des Alliés.

Les femmes après la guerre

À la fin de la guerre, cependant, on demanda aux femmes de reprendre leurs tâches traditionnelles de mères, d'enseignantes, d'infirmières et de secrétaires. Pendant la guerre, on leur avait dit qu'il était de leur devoir patriotique de prendre un emploi mais, une fois la paix revenue, on leur signifia clairement qu'elles n'avaient plus droit au travail rémunéré. Le gouvernement ferma toutes les garderies qu'il subventionnait, malgré les pressions exercées pour les garder ouvertes. Les trois services féminins de l'armée furent démantelés. Le gouvernement et l'entreprise privée licencièrent leurs employées afin de fournir des emplois aux anciens combattants.

Les femmes s'acquittaient de la lourde responsabilité des soins aux blessés, perpétuant ainsi une tradition établie par Florence Nightingale un siècle plus tôt. Ces infirmières militaires s'occupaient des blessés dans un hôpital canadien ouvert en France après le débarquement de Normandie.

LES CANADIENNES À LA GUERRE

Au cours des vingt années qui séparèrent les deux guerres mondiales, le rôle des femmes changea radicalement. Pendant la Première Guerre mondiale, les femmes étaient confinées à des occupations traditionnelles, comme les soins infirmiers et le bénévolat. Avec la pénurie de main-d'œuvre, les femmes entrèrent dans les usines de munitions mais, à la fin du conflit, elles retournèrent à des fonctions civiles.

La Deuxième Guerre mondiale fut une époque décisive pour les Canadiennes. Pour la première fois, elles furent admises dans l'armée: 45 000 femmes s'enrôlèrent. Or, certaines personnes résistaient au changement. Une ancienne membre du Service féminin de la Marine royale du Canada se rappelle la réaction que suscita son enrôlement: «Mes parents vivaient dans une petite ville et ils n'entendaient pas beaucoup parler de la guerre. Quand je revenais chez moi pendant mes permissions, j'avais l'impression que certaines personnes trouvaient déplacé que je porte l'uniforme. Ces gens ne paraissaient pas se rendre compte que c'était la guerre.»

Les femmes et les hommes qui servaient outre-mer étaient tenus d'observer la plus grande discrétion à propos des opérations militaires. Le poème suivant, librement traduit de l'anglais, a été écrit par une membre du Service féminin de la Marine royale du Canada pendant son séjour en Europe.

Sous les drapeaux

Pauvre de moi!
Tu veux que je t'écrive,
Mais quoi?
La censure est sur le qui-vive
Et surveille tous mes envois.

Je ne peux même pas parler
Du temps qu'il fait ici.
Tout ce que je peux révéler,
C'est que je vais bien merci.

Je ne peux pas dire si nous serons détachées,
Je ne peux pas dire où nous irons.
La raison n'est pas compliquée,
D'habitude, nous l'ignorons.

Je ne peux pas vous informer
Du travail que nous faisons.
Et ça ne vaut pas la peine de parler
Du salaire que nous recevons.

Les photos, pas le droit d'en faire
Jusqu'à des milles du rivage.
Le règlement est très sévère,
Nous n'avons plus qu'à être sages.

Quant à un journal personnel,
C'est interdit ça aussi.
Et si jamais je vous appelle,
C'est pour dire bonjour et merci.

Ceux qui divulguent des secrets,
Malheur à eux! Ils se résignent
S'ils se font prendre sur le fait
À deux semaines de consigne.

Écris-moi, je t'en prie.
Et ne te gêne pas pour en mettre,
Car même si la guerre n'est pas finie,
Ils ne censurent pas tes lettres!

Ancienne membre du Service féminin de la Marine royale du Canada

Ces cinq femmes faisaient partie des premiers contingents du Service féminin de l'Armée canadienne envoyés en Normandie, en France, après le débarquement de 1944.

Les femmes accrochèrent donc leurs uniformes, leurs pantalons et leurs bandeaux. La mode changea pour montrer que les femmes retrouvaient leur «féminité». Les robes à jupe ample et à taille cintrée remplacèrent les pantalons confortables. Les chaussures à semelles compensées et à talons hauts se substituèrent aux chaussures basses. Les magazines féminins cessèrent de parler de la femme de carrière et firent miroiter les joies de la vie au foyer. De 1945 à 1946, la proportion de femmes dans la main-d'œuvre passa de 31,4 % à 22,7 %. Le fossé entre les hommes et les femmes dans le monde du travail avait rétréci, mais il n'était pas encore comblé. Pourtant, les Canadiennes pouvaient être fières du rôle capital qu'elles avaient joué pendant la guerre, chez elles ou à l'étranger.

LA QUERELLE DE LA CONSCRIPTION

Pendant la Première Guerre mondiale, la question de la conscription avait opposé les Canadiens français et les Canadiens anglais. Mackenzie King comptait éviter un renouvellement de la querelle. Il fit entrer le Canada en guerre en promettant solennellement qu'aucun Canadien ne serait forcé de se battre en Europe. Les Canadiens français acceptèrent la déclaration de guerre à cette condition.

Mais Hitler remportait victoire sur victoire et la question de la conscription refit surface au Canada anglais. Pour satisfaire les anglophones, King fit voter la **Loi sur la mobilisation des ressources nationales**. Cette loi, comme le disait King, permettait au gouvernement d'appeler tous les hommes du Canada au service militaire pour la défense du Canada. La loi prévoyait que les hommes seraient conscrits uniquement pour la défense du territoire canadien et qu'ils ne seraient pas envoyés outre-mer.

Les Canadiens anglais en vinrent à déconsidérer les hommes conscrits pour servir au pays; ils les accusaient de manquer de patriotisme parce qu'ils refusaient d'aller se battre en Europe. Bientôt, ils donnèrent à ces soldats le sobriquet de «zombis».

Les Canadiens anglais croyaient à tort que la majorité des «zombis» étaient canadiens-français et leur reprochaient de «rester à ne rien faire» au Canada pendant que la bataille faisait rage en Europe. L'armée eut recours aux menaces et aux promesses pour convaincre ces soldats d'entrer dans le service actif. Ses tactiques étaient parfois rudes et beaucoup de «zombis» y cédèrent. Mais un noyau dur de conscrits, parfaitement entraînés au combat, refusaient obstinément d'aller à la guerre.

King était pris entre deux feux. D'une part, il avait promis de ne pas instituer la conscription et, d'autre part, l'opinion publique commençait à se ranger du côté du Parti conservateur. L'architecte de la conscription pendant la Première Guerre mondiale, Arthur Meighen, accepta de prendre la direction du Parti conservateur. Comme lors de la Première Guerre mondiale, il semblait bien que la question de la conscription allait entraîner la défaite du Parti libéral.

Mais King eut une idée. Il tiendrait un plébiscite, un référendum national, sur la conscription. Il demanderait aux Canadiens s'ils consentaient à délier le gouvernement de sa promesse. Le 27 avril 1942, près de quatre millions de Canadiens allèrent aux urnes. Les partisans de la conscription furent majoritaires. Une fois de plus, la question de la conscription divisait le Canada – et le gouvernement de King – en deux camps hostiles. Les Québécois se sentirent trahis.

King, désormais, était libre d'établir la conscription, mais il n'était nullement pressé de le faire. Il craignait en effet un soulèvement massif du Québec. Il avait dit un jour à un caucus libéral que si la conscription était instituée, «il faudrait agrandir nos prisons et tourner nos chars et nos fusils contre nos compatriotes». King résuma son point de vue en une formule devenue célèbre: «Pas nécessairement la conscription, mais la conscription si nécessaire.»

Les enrôlements volontaires suffirent à la demande pendant un certain temps, puis ils diminuèrent. Les campagnes de France et d'Italie décimèrent les troupes canadiennes: elles emportèrent 23 000 hommes, des fantassins pour la plupart. En 1944, il ne restait plus personne pour les remplacer.

LES MARIÉES DE LA GUERRE

Quand la Deuxième Guerre mondiale se termina enfin, à l'été de 1945, les soldats canadiens purent revenir chez eux et reprendre leurs occupations habituelles. Un grand nombre d'entre eux avaient rencontré des jeunes filles, des Britanniques pour la plupart, entre les combats et s'étaient mariés en Europe. Ils amenèrent leurs femmes et leurs enfants au Canada. En tout, 48 000 jeunes mariées arrivèrent au Canada après la Deuxième Guerre mondiale, ignorantes des us et coutumes de leur pays d'adoption.

Beaucoup de femmes qui avaient grandi dans une grande ville comme Londres se retrouvèrent dans une ferme des Prairies ou dans un village de mineurs de la Nouvelle-Écosse. Elles se souviennent aujourd'hui des difficultés et des faits cocasses qui ont marqué leur adaptation.

Eunice Partington trouva beaucoup de bonheur dans sa ferme des Prairies. Elle raconte son expérience de mariée de la guerre:

Quand je fais le bilan des quarante-six dernières années, je remercie le Canada pour ce qu'il m'a donné et je n'ai aucun regret d'avoir choisi cette vie. Évidemment, je garde encore des souvenirs précieux des jours que j'ai passés dans la verdure et le charme de l'Angleterre et j'espère que j'aurai bientôt la chance d'y retourner une autre fois, avant de reposer dans la terre que j'ai appris à aimer.

Plusieurs régiments canadiens étaient postés près de Shoreham by Sea, dans le Sussex. Phyllis Clements rencontra son mari Joe à Buckingham Park, un parc situé près de chez elle, alors que Joe y montait la garde. La mère de Phyllis était allée promener le chien Flash et, à son retour, elle raconta qu'elle avait fait un bout de conversation avec un soldat timide et gentil aux portes du parc.

J'ai immédiatement décidé que Flash avait besoin d'une autre promenade. J'ai rencontré Joe et nous avons commencé à nous fréquenter. J'avais quinze ans et, comme bien des filles, j'adorais l'uniforme et l'accent des Canadiens. Nous nous sommes fiancés en 1944. Joe avait emprunté de l'argent à ma mère pour m'acheter une bague à Brighton. J'ai emprunté deux robes de demoiselles d'honneur à une fille que j'avais rencontrée à l'hôpital quand je m'étais fait enlever les amygdales. Ma pauvre mère avait économisé sur les rations pour préparer une jolie réception qui eut lieu dans notre jardin.

La plupart des mariées de la guerre avaient vécu dans de grandes villes et on imagine facilement le choc qu'elles ont subi quand elles sont arrivées dans les régions rurales du Canada. «Tiny Red Head» Campbell décrit ce qui l'attendait dans sa nouvelle maison d'Arthurette, au Nouveau-Brunswick:

Pas d'eau courante, pas d'électricité, pas de gaz, aucune commodité et une petite pompe manuelle à l'extérieur de la maison. Les cabinets étaient près de la grange, à 300 pieds de la maison. Ma belle-sœur avait un coq affreux appelé Jimmy Duke. J'imagine qu'il se méfiait de l'accent anglais, car il accourait vers moi chaque fois que je passais la porte et il m'escortait jusqu'aux cabinets. Il restait là et m'attendait.

Source: Tiré de Promise You'll Take Care of My Daughter, par Ben Wicks, avec la permission de Stoddart Publishing Company Limited, Don Mills, Ontario.

Avant de partir pour le Canada,
une mère passe une soirée avec sa fille
et ses parents à étudier le pays
qui deviendra bientôt le sien.

Voyant qu'il ne pouvait plus compter sur le volontariat, King approuva la conscription de 16 000 hommes et l'envoi outre-mer d'environ 12 000 soldats conscrits pour le service au pays. À ce moment, cependant, la guerre tirait à sa fin. Mais, 2463 conscrits se rendirent au front et 69 d'entre eux y périrent. La volte-face de King fit des mécontents. Il y eut de brèves émeutes à Montréal et, en Colombie-Britannique, une brigade de conscrits pour le service au pays se barricadèrent dans leur camp d'entraînement. Avant d'annoncer la conscription, King s'était assuré l'appui de son jeune ministre de la Justice, Louis Saint-Laurent, et la présence de ce dernier contribua à calmer l'opinion publique au Québec. Du reste, King reconnut que Saint-Laurent avait sauvé tant son gouvernement que la Confédération.

La crise de la conscription avait divisé le pays une fois de plus et le Québec n'était pas près d'oublier comment le Canada anglais l'avait traité. Aux élections de 1945, pourtant, le Parti libéral fut majoritaire au Québec. Le gouvernement de Mackenzie King fut reporté au pouvoir. Le Québec, bien que mécontent, était tranquille. La transition de la guerre à la paix se fit sans heurts et le Canada, plus prospère que jamais, voyait briller devant lui un avenir de paix et de sécurité.

LES GENS, LES LIEUX ET LES ÉVÉNEMENTS

Dans tes notes, explique clairement l'importance historique des éléments suivants:

Internement des Japonais	Programme d'entraînement aérien
Service sélectif national	du Commonwealth
«Hommes à un dollar par année»	C.D. Howe
Déclaration de Hyde Park	Ministère des Munitions
Commission des prix et	et Approvisionnements
du commerce en temps de guerre	James Ilsley
Loi sur la mobilisation	Ouvrière des années
des ressources nationales	de guerre

RÉSUME TES CONNAISSANCES

1. En quoi les activités navales à Halifax traduisaient-elles l'importance de la contribution du Canada aux opérations alliées?

2. Pourquoi le Programme d'entraînement aérien du Commonwealth était-il d'une importance cruciale pour les Alliés?

3. Qu'est-ce qui différenciait le rôle du gouvernement pendant la Deuxième Guerre mondiale de son rôle pendant la Première Guerre mondiale?

4. Nomme trois domaines où le rôle des femmes s'est modifié pendant la Deuxième Guerre mondiale.

5. Qui étaient les «zombis»? Pourquoi certains d'entre eux refusèrent-ils de se battre à l'étranger?

6. Explique la signification de la phrase suivante: «Pas nécessairement la conscription, mais la conscription si nécessaire.» Quelle était l'intention de Mackenzie King quand il prononça cette phrase: éluder la question de la conscription ou essayer de plaire à tout le monde?

APPLIQUE TES CONNAISSANCES

1. Étudie attentivement une carte du Canada, puis explique pourquoi Terre-Neuve aurait été la clé de la défense du Canada si les Allemands avaient fait une tentative sérieuse d'invasion. En quoi la Deuxième Guerre mondiale a-t-elle hâté l'entrée de Terre-Neuve dans la Confédération?

2. Qu'est-ce qui a donné lieu à l'internement des Canadiens d'origine japonaise: la paranoïa ou le racisme? Que pouvons-nous faire aujourd'hui pour assurer la sécurité du Canada sans enfreindre les droits fondamentaux?

3. Examine attentivement les affiches de propagande qui sont reproduites dans le chapitre. Choisis la plus percutante et explique ce qui la rend persuasive. Quel

usage le gouvernement a-t-il fait de l'émotion pour inciter les Canadiens à appuyer l'effort de guerre?

4. Quelle était l'étendue du pouvoir que le gouvernement exerçait sur l'industrie pendant la Deuxième Guerre mondiale? Dans quelle situation serais-tu en faveur d'une intervention aussi poussée du gouvernement dans l'entreprise privée: a) seulement en temps de guerre? b) n'importe quand? c) jamais? Justifie ta réponse.

5. Pourquoi y avait-il un danger d'inflation pendant la Deuxième Guerre mondiale? Dans un tableau, présente les organismes que le gouvernement a créés, mentionne le rôle que chacun a joué et indique si chacun a atteint ses objectifs.

6. Comme tu l'as constaté en faisant l'exercice précédent, la Deuxième Guerre mondiale a provoqué une augmentation de l'intervention gouvernementale dans les affaires sociales et économiques. Est-ce que cette intervention a été nuisible ou bénéfique pour le Canada? Justifie ta réponse.

7. À l'aide d'un tableau, présente les diverses contributions des femmes à l'effort de guerre et indique l'importance de chaque contribution. Après la guerre, quels événements ont montré que la perception du rôle des femmes avait peu changé dans la société?

AUGMENTE TES CONNAISSANCES

1. Avec quelques camarades, fais une recherche sur les possibilités d'attaque ou d'invasion du Canada pendant la Deuxième Guerre mondiale. Présente tes résultats au moyen d'une carte. Tu devrais indiquer l'avancée du Japon en Asie et dans le Pacifique Sud ainsi que l'activité maritime et militaire qui se déroulait sur la côte est et la côte ouest du Canada. Présente ta carte à la classe et amorce une discussion sur les mesures que le gouvernement a prises ou aurait dû prendre pour assurer la sécurité du Canada.

2. Cherche des statistiques relatives à l'économie des années 1930 et de la période de 1939 à 1945. Consulte des ouvrages de référence pour trouver des statistiques sur le chômage, le produit national brut, la valeur des exportations et le revenu moyen pendant ces deux périodes. Ensuite, trace des histogrammes et des graphiques montrant les changements radicaux que l'économie canadienne a subis. Au besoin, demande l'aide de ton enseignante ou de ton enseignant de mathématiques.

3. Inspire-toi d'un des thèmes suivants pour créer une affiche qui incite un segment précis de la population canadienne à appuyer l'effort de guerre:
   (a) le recrutement;
   (b) la récupération des matériaux;
   (c) l'achat des obligations de la Victoire;
   (d) le secret à propos des opérations militaires.

4. Imagine que tu es une adolescente ou un adolescent d'origine japonaise qui vit au Canada pendant la Deuxième Guerre mondiale. Dans ton journal, exprime les sentiments que tu éprouves face à ton internement, aux épreuves subies et vis-à-vis du Canada après ta libération.

14 LE CANADA AU COMBAT

DANS CE CHAPITRE, TU ÉTUDIERAS LES SUJETS SUIVANTS:

- la guerre aérienne en Grande-Bretagne;
- comment l'échec d'Hitler en Union soviétique provoqua la défaite de l'Allemagne;
- les raisons pour lesquelles les Japonais lancèrent une attaque surprise contre Pearl Harbor;
- le rôle des Canadiens à la bataille de Hong kong;
- la controverse qui a entouré la bataille de Dieppe;
- le rôle des Canadiens dans la reconquête de l'Italie;
- la victoire sur le front de l'Ouest et la campagne de Normandie;
- la persécution des Juifs et les camps de la mort;
- l'invention et l'utilisation de la bombe atomique.

En juin 1940, il n'y avait plus que les 35 km d'eau froide et grise de la Manche qui séparaient la Wehrmacht victorieuse de la côte britannique. Adolf Hitler avait conquis la majeure partie de l'Europe. Il ne lui restait à prendre que les Îles britanniques à l'ouest et l'Union soviétique à l'est. Sans l'obstacle que constituait la Manche, la Grande-Bretagne serait tombée aux mains des nazis aussi rapidement que la France. Hitler avait déjà conçu le plan d'invasion de la Grande-Bretagne et lui avait donné un nom de code: **opération Lion de mer**. Vingt-cinq divisions devaient débarquer sur la côte sud de l'Angleterre et foncer sur Londres. Or, les divisions de panzers, qui formaient l'épine dorsale des forces d'invasion allemandes, ainsi que l'infanterie et le matériel motorisé qui les suivaient ne pouvaient atteindre la Grande-Bretagne qu'en bateau. Et pour contrôler l'accès maritime vers la Grande-Bretagne, l'Allemagne devait d'abord se rendre maîtresse du ciel.

LA BATAILLE D'ANGLETERRE

Les bombardements d'objectifs civils comme Londres furent parmi les pires infamies de la Deuxième Guerre mondiale. Pourquoi ces bombardements étaient-ils appelés «raids de terreur»? Peut-on leur trouver une justification quelconque?

Le 10 juillet 1940, Hitler lança une attaque aérienne brutale contre les navires britanniques qui se trouvaient dans la Manche. La **bataille d'Angleterre** venait de commencer. À la mi-août, près de 2000 avions allemands sillonnaient le ciel d'Angleterre. L'aviation britannique comptait deux fois moins d'appareils que la Luftwaffe. L'avenir des Britanniques, et peut-être aussi celui des Nord-Américains, était entre les mains de quelques pilotes.

Au début, la Luftwaffe dévasta les aérodromes et les usines alliés avec une efficacité impitoyable. La Royal Air Force (RAF) ne pouvait pas faire grand-chose contre l'aviation allemande. Puis deux pilotes de nuit de la Luftwaffe commirent une bévue qui changea le cours des choses. Le 24 août, alors qu'ils bombardaient des usines d'aéronautique et des réservoirs d'essence le long de la Tamise, les deux pilotes dévièrent de leur cap. Ils rencontrèrent un *tir antiaérien* et s'aperçurent qu'ils étaient perdus. Ils lâchèrent leurs bombes pour alléger leurs avions et ils rebroussèrent chemin.

Or, les pilotes ignoraient qu'ils avaient survolé Londres, une ville qu'Hitler avait interdite à ses bombardiers. Par représailles, Churchill ordonna des raids aériens contre Berlin. Hitler était furieux et, lors d'une manifestation gigantesque tenue à Berlin, il promit aux Allemands que les Britanniques paieraient: «Nous raserons leurs villes.»

Hitler modifia alors la tactique qu'il avait employée avec succès jusque-là contre les Britanniques. La Luftwaffe se détourna des aérodromes et des usines et s'attaqua aux villes, à Londres en particulier. Mais, cette fois, la RAF savait où les Allemands frapperaient et elle les attendait de pied ferme. Les attaques allemandes atteignirent leur apogée le 15 septembre, lorsqu'en plein jour plus de 1000 bombardiers et près de 700 chasseurs attaquèrent Londres de façon massive. Les Spitfires et les Hurricanes de la RAF volèrent à leur rencontre et le ciel de Londres fut assombri par les traînées de fumée. Les pertes que la Luftwaffe encourut ce jour-là furent telles que les Allemands admirent l'inefficacité de leur tactique. L'Allemagne n'avait pas réussi à maîtriser l'espace aérien au-dessus de la Manche et elle renonça à l'opération Lion de mer.

LE CANADA ET LA GUERRE AÉRIENNE

Les Canadiens prirent une part active à la guerre aérienne, lors de la bataille d'Angleterre et, plus tard, sur le continent européen, en Afrique et dans le Pacifique. Un quart de million de Canadiens servirent dans la RAF et dans l'Aviation royale canadienne (ARC), comme pilotes, membres d'équipage, techniciens et instructeurs. Au cours de la guerre, 17 101 membres de l'ARC, soit autant que de fantassins, moururent au combat. C'est dire l'importance que revêtait la guerre aérienne.

Les Canadiens pilotaient toutes sortes d'avions et les combats étaient âpres. Certains pilotes couvraient les divisions d'infanterie ou les divisions blindées en Afrique du Nord. Quand les raids diurnes sur l'Angleterre cessèrent, les *escadrons* de chasseurs et de bombardiers de la RAF et de l'ARC se tournèrent vers la France occupée. Les unités canadiennes de bombardiers attaquèrent les bases aériennes, les batteries, les routes, les voies ferrées et les quartiers généraux des Allemands en France.

Les équipages des bombardiers canadiens, bien que travaillant dans l'ombre, accomplissaient des missions dangereuses. Le taux de perte était d'ailleurs terriblement élevé dans leurs rangs. Les unités canadiennes de bombardiers excellaient dans les attaques nocturnes. Leur mission consistait à voler sans visibilité dans l'obscurité et à s'enfoncer en territoire allemand pour y détruire des objectifs.

Au milieu de 1943, les équipages canadiens qui pilotaient les bombardiers Lancaster et Halifax lâchaient d'énormes charges d'explosifs sur les usines et les aciéries de la *Ruhr*. Ils pilonnaient aussi les villes de Hambourg, Francfort et Berlin. Le 24 juillet 1943, 800 bombardiers détruisirent le port de Hambourg. Trois jours plus tard, ils lancèrent des *bombes incendiaires* sur les ruines fumantes de la ville. Le formidable incendie qui s'ensuivit tua près de 50 000 civils, des hommes, des femmes et des enfants. Enfin, une semaine plus tard, les bombardiers frappèrent Hambourg une troisième fois.

Hitler dénonça les attaques contre Hambourg et d'autres villes allemandes en les qualifiant de «raids de terreur». Pourtant, c'était l'Allemagne qui avait commencé à bombarder des objectifs civils comme Varsovie, Rotterdam, Londres et Coventry. Les Alliés n'avaient fait que perfectionner la stratégie. Hitler fut contraint de rappeler la Luftwaffe pour protéger les villes et les régions industrielles allemandes contre les bombardements alliés. Au milieu de 1944, les Alliés étaient maîtres dans le ciel d'Europe. La Luftwaffe battait en retraite.

L'INVASION DE L'UNION SOVIÉTIQUE

Après la rebuffade qu'elle avait essuyée à la bataille d'Angleterre, l'Allemagne s'en prit à son ennemi de l'est. Le 22 juin 1941, Hitler prit son plus grand risque: il lança contre l'Union soviétique une attaque massive, l'**opération Barberousse**. La guerre éclair mit fin au pacte germano-soviétique et l'Union soviétique se retrouva d'un seul coup dans le camp des Alliés. Hitler était certain d'écraser l'Union soviétique en quelques mois. Sous-estimant la capacité de résistance des Soviétiques, il comptait prendre Moscou et défaire le gros de l'armée soviétique avant l'hiver. Or, l'immensité du territoire soviétique et la rigueur de l'hiver allèrent causer la perte d'Hitler.

L'as de l'aviation canadienne George Beurling marque une autre de ses victoires sur le fuselage de son avion.

Pour l'opération Barberousse, les nazis donnèrent à la guerre éclair des dimensions inédites. Au début, les Soviétiques furent incapables d'arrêter les forces allemandes et ils perdirent plus d'un million de soldats, soit deux fois plus que les Allemands. Mais en dépit de l'efficacité de la guerre éclair, la grandeur du pays rendait une victoire rapide quasi impossible. L'armée soviétique pouvait reculer presque indéfiniment.

À la fin de l'automne de 1941, la Wehrmacht atteignit les abords de Moscou. Elle avait prévu s'emparer de la ville bien avant l'hiver et elle n'était pas préparée à affronter des températures de –50 °C. Il faisait si froid que la soupe gelait dans les gamelles aussitôt servie. Les soldats allemands ne possédaient pas de vêtements chauds et ils n'avaient pas non plus de liquide antigel ni d'huiles adaptées au froid à mettre dans leurs chars et dans leurs véhicules de transport. Ils souffrirent terriblement du froid russe. Pendant ce temps, les troupes sibériennes bien emmitouflées approchaient pour défendre Moscou. Ces hommes savaient comment se battre en hiver et ils refoulèrent la Wehrmacht à 50 km à peine de la ville.

Hitler avait perdu son pari. L'armée soviétique, bien que malmenée, lui résistait. Les troupes allemandes durent renoncer à une victoire rapide et décisive. Elles étaient confrontées à une longue et épuisante bataille contre une armée soviétique disposant d'une énorme réserve d'effectifs.

Après la spectaculaire attaque japonaise à Pearl Harbor, les Américains renoncèrent à la neutralité et entrèrent en guerre contre le Japon et l'Allemagne. Selon toi, dans quelle mesure l'entrée en guerre des États-Unis a-t-elle favorisé la victoire des Alliés?

LA GUERRE DANS LE PACIFIQUE

Pendant que l'opération Barberousse s'enlisait dans les neiges de Russie, une partie de la flotte américaine était ancrée dans les eaux de **Pearl Harbor**, à Hawaï. Les relations entre le Japon et les pays occidentaux avaient atteint un point de rupture et les États-Unis avaient posté leur flotte à Hawaï en prévision d'une guerre dans le Pacifique. De même, la Grande-Bretagne avait renforcé ses positions dans la région, bien que la défense de son territoire accaparât presque toutes ses troupes. La Grande-Bretagne demanda au Canada d'envoyer des soldats dans la colonie britannique de Hong kong, sur la côte méridionale de la Chine. Au début de décembre 1941, deux brigades canadiennes se trouvaient dans la garnison britannique de Hong kong.

L'attaque de Pearl Harbor

Pendant ce temps, les États-Unis tentaient de négocier un traité de paix avec le Japon. En Occident, cependant, personne ne savait que les Japonais avaient décidé trois mois plus tôt de faire la guerre aux États-Unis et à la Grande-Bretagne même si aujourd'hui certains prétendent que Churchill le savait mais avait préféré se taire pour s'assurer de l'entrée en guerre des États-Unis. Le Japon ne participait donc aux pourparlers de paix que pour détourner l'attention des Alliés pendant qu'il se préparait à une attaque. Le Japon avait l'intention de conquérir les riches colonies occidentales en Asie de l'Est et dans le Pacifique.

Le seul obstacle majeur que rencontrait le Japon en Orient était la base américaine de Pearl Harbor, qui était hors de portée d'une attaque par voie terrestre. L'amiral japonais Isoroku Yamamoto résolut de l'attaquer par surprise le 7 décembre 1941 avec des chasseurs décollant de porte-avions. Les Japonais décidèrent aussi d'attaquer le même jour la base américaine aux Philippines ainsi que la Malaisie et Hong kong, deux possessions britanniques.

À 8 h 00, la première vague d'avions japonais apparut dans le ciel de Pearl Harbor et commença à lâcher ses bombes. Le Japon n'avait pas déclaré la guerre aux États-Unis et personne à Hawaï ne s'attendait à une attaque. Quand le bombardement se termina, au bout de deux heures, il ne restait presque plus rien de la flotte américaine dans le Pacifique. Dix-huit navires de guerre et 349 avions étaient détruits ou endommagés; 3581 militaires et 103 civils américains étaient morts ou blessés.

L'entrée en guerre des États-Unis

Dès lors que les Américains étaient en guerre, la victoire semblait presque assurée. En 1941, les États-Unis étaient le pays le plus riche du monde. Avec une industrie sidérurgique qui se classait au premier rang mondial et une population 10 fois plus nombreuse que celle du Canada, les États-Unis pouvaient consacrer d'énormes ressources financières, militaires et humaines à l'effort de guerre. Les Américains mirent du temps à se mobiliser mais quand ils furent prêts, les Alliés purent songer à libérer l'Europe. Pendant ce temps, le Canada et les autres pays alliés livraient toujours un combat sanglant en Europe et en Extrême-Orient.

Les Canadiens à Hong kong

Quelques heures à peine après l'attaque de Pearl Harbor, les Japonais commencèrent à envahir Hong kong. Ils tuèrent ou capturèrent tous les soldats canadiens qui se trouvaient dans l'île. Pourquoi avait-on envoyé deux bataillons, les Royal Rifles of Canada et les Winnipeg Grenadiers, à une mort certaine? La question a obsédé bien des Canadiens. Amer, un ancien combattant fit le commentaire suivant: «Ils nous ont envoyés à un endroit où nous serions soit tués soit faits prisonniers. Il n'y avait pas d'issue. Seul Mackenzie King savait pourquoi nous avions été envoyés là… Les années perdues. La souffrance. Les vies sacrifiées.»

Les Canadiens postés à Hong kong ignoraient qu'avant l'attaque de Pearl Harbor, plus de 50 000 soldats japonais s'étaient massés à 50 km de Hong kong en vue d'une invasion. Ces soldats étaient bien équipés et quatre années de combat en Chine les avaient endurcis. Les Japonais avaient élaboré le plan d'invasion de Hong kong plus d'un an auparavant et lui avaient donné le nom de code de Hana-Saku, ce qui signifiait «fleurs écloses, fleurs écloses».

Les soldats canadiens, au contraire, n'étaient pas prêts à la bataille. Ils avaient reçu la cote C, ce qui voulait dire qu'ils étaient insuffisamment entraînés ou qu'ils avaient besoin de recyclage et que leur envoi au combat n'était pas recommandé. Près de 30 % d'entre eux n'avaient jamais été entraînés au tir. Ils se joignirent à une petite troupe défensive du Commonwealth qui comptait moins de 14 000 personnes, y compris des infirmières et des civils volontaires. Bien que les Canadiens fussent en garnison sur le continent chinois, leur mission était de défendre des positions situées sur l'île de Hong kong.

Le 8 décembre 1941 (soit le 7 décembre au Canada), le Japon lança son offensive contre Hong kong. Moins de deux semaines plus tard, les troupes canadiennes entendirent les premiers hurlements des sirènes annonçant une attaque aérienne. L'aviation japonaise détruisit les quais, les casernes, les batteries et les cinq vieux avions de la RAF posés sur le terrain d'aviation britannique. Désormais, les défenseurs n'avaient plus de protection dans les airs. Ils n'en avaient pas plus sur la mer: les Japonais avaient ravagé la flotte américaine à Pearl Harbor et ils avaient coulé les deux grands navires de guerre britanniques, le *Prince of Whales* et le *Repulse*, au large de la Malaisie.

Les forces défensives sur le continent n'avaient ni les effectifs ni les armes nécessaires pour résister à une attaque japonaise. Les troupes reçurent l'ordre de battre en retraite jusqu'à l'île de Hong kong, que de nombreux soldats canadiens croyaient imprenable. Mais le soir du 18 décembre 1941, des milliers de soldats japonais traversèrent le détroit qui sépare Hong kong du continent dans des canots pliants et des *sampans*.

Le 19 décembre, les Winnipeg Grenadiers aperçurent dans Happy Valley des centaines de buissons qui montaient vers eux. C'étaient des soldats japonais camouflés. Les Canadiens se battaient à dix

LES PRISONNIERS DE GUERRE CANADIENS AU JAPON

La Deuxième Guerre mondiale fut à tous égards une guerre brutale et les Canadiens postés à Hong kong furent victimes des traitements les plus barbares. De la chute de Hong kong, en 1941, à la fin de la guerre, les Canadiens furent tyrannisés dans les camps de prisonniers des Japonais.

En décembre 1941, les Japonais amorcèrent l'invasion de la colonie britannique de Hong kong. Dans la bataille décisive pour la défense de Wong Nei Chong Gap, 100 soldats canadiens et britanniques réussirent à tenir à distance pour quelque temps deux régiments japonais. Après leur reddition, ils furent faits prisonniers et connurent l'horreur. Les Japonais achevaient les blessés sur place et brûlaient leurs dépouilles.

Quand les Japonais entrèrent dans Hong kong, ils commirent encore d'autres atrocités. Ainsi, une école privée qu'on avait temporairement convertie en hôpital militaire était bondée de soldats canadiens, britanniques et indiens. Le matin du 25 décembre 1941, les soldats japonais firent irruption dans l'hôpital et tuèrent brutalement les médecins et les infirmières qui tentaient de se rendre.

Beaucoup de prisonniers de guerre croyaient que leurs souffrances allaient prendre fin avec la reddition officielle de Hong kong.

Mais tel ne fut pas le cas. Au cours des trois ans et demi qui suivirent, les prisonniers canadiens furent entassés dans des baraques et traités en esclave. Les Japonais les forcèrent à construire des pistes d'atterrissage, à travailler dans des chantiers navals près de Tokyo ou à extraire du charbon dans les mines du nord du Japon.

Les prisonniers ne recevaient que trois portions de riz par jour. Ceux qui souffraient d'épuisement, de malnutrition, de pneumonie, de diphtérie ou de choléra avaient très peu de chance de survivre. Les Japonais saisissaient les colis de la Croix-Rouge et les vendaient sur le marché noir. Ils confisquaient aussi les médicaments, de sorte que les médecins des camps n'avaient aucun moyen de soulager les malades. Le taux de mortalité était six fois plus élevé dans les camps de prisonniers des Japonais que dans ceux des Allemands.

Pendant l'été de 1945, les Japonais envoyèrent tous les prisonniers canadiens survivants dans les mines de charbon et ils ordonnèrent de les exécuter si jamais le Japon était envahi. Après l'explosion des bombes atomiques à Hiroshima et à Nagasaki, l'ordre fut annulé et l'empereur annonça la capitulation du Japon. Les souffrances des soldats canadiens étaient enfin terminées.

Ces soldats canadiens ont survécu aux terribles conditions des camps de prisonniers des Japonais. On les voit ici qui écoutent attentivement l'empereur Hirohito annoncer la capitulation inconditionnelle du Japon. Leur longue épreuve touchait à sa fin.

contre un et, le jour de Noël 1941, Hong kong capitula officiellement. La bataille n'avait duré que 17 jours, mais les soldats japonais avaient fait 286 victimes chez les Canadiens. Pour ceux qui avaient été faits prisonniers, le pire était encore à venir. En effet, 266 d'entre eux moururent dans les camps de prisonniers des Japonais.

LA GUERRE EN EUROPE DE 1942 À 1945

En Europe, la guerre approchait d'un tournant. Mais avant que les Alliés ne prennent le dessus, le Canada participa à un autre combat tragique: la **bataille de Dieppe**.

La bataille de Dieppe

En août 1942, 5000 soldats canadiens postés en Angleterre reçurent l'ordre d'attaquer le port de Dieppe, en France. Ces soldats s'étaient entraînés en Angleterre pendant près de trois ans. Ils devaient se lancer à l'assaut des solides défenses du port avec un millier de commandos britanniques et de Rangers américains. Les Alliés avaient organisé cette attaque pour déterminer les moyens de réussir une invasion en règle sur le continent européen. De plus, ils cherchaient à éloigner les forces allemandes du front russe.

Le sort des soldats canadiens était scellé avant même que ne commence l'offensive. Des forces défensives allemandes stratégiquement postées au sommet des falaises qui surmontaient les plages firent feu sur les chalands. De nombreux Canadiens furent tués alors qu'ils débarquaient. Les rares soldats qui parvinrent jusqu'aux plages furent abattus pendant qu'ils tentaient de se mettre à couvert. Quelques hommes seulement réussirent à atteindre la ville de Dieppe, où ils livrèrent aux défenseurs allemands un combat serré.

Le massacre que subirent les Canadiens pendant les heures sombres de Dieppe fut à l'image des hécatombes de la Première Guerre mondiale. La revue canadienne *Saturday Night* parla d'un «second Passchendaele». Sur les 4963 Canadiens qui partirent pour Dieppe, 907 moururent, plus de 500 furent blessés et 1946 furent capturés et faits prisonniers de guerre.

En dépit de la tragédie de Dieppe, la situation tourna en faveur des Alliés. De grandes armées américaines combattaient les puissances de l'Axe et l'armée soviétique retenait la Wehrmacht. Après six mois de combats acharnés à Stalingrad, les Soviétiques réussirent à encercler les forces allemandes, à couper leurs lignes de ravitaillement et à les affamer. La guerre était à un tournant. Les Alliés marquèrent des points décisifs. En avril 1945, les troupes soviétiques marchèrent sur Berlin, la capitale de l'Allemagne. Le général britannique Bernard Montgomery remporta une importante victoire à El Alamein, en Afrique du Nord. Ses troupes défirent l'Afrika Korps du célèbre général Erwin Rommel, surnommé le renard du désert. En même temps, les Alliés prirent pied en Algérie et au Maroc et se dirigèrent vers l'est de l'Afrique du Nord.

Ce tableau de l'artiste de guerre canadien Charles Comfort représente l'attaque manquée de Dieppe, en août 1942. On y voit les Canadiens monter à l'assaut de la plage de galets qui s'étend devant le casino de Dieppe.

Les Canadiens en Sicile et la campagne d'Italie

À l'été de 1943, il y avait près de trois ans et demi que les soldats canadiens étaient en Grande-Bretagne, attendant l'occasion de se battre. Le 26 juin, ils reçurent enfin l'ordre de plier bagages.

Les Canadiens prirent le chemin de la Sicile, l'île qui est située au bout de la botte italienne, pour rejoindre la 8ᵉ Armée britannique commandée par le héros d'El Alamein, le général Montgomery. Les Alliés comptaient envahir la Sicile et y prendre les Allemands et les Italiens au piège entre la 8ᵉ Armée britannique et la 7ᵉ Armée américaine avant qu'ils ne s'échappent en Italie. Les Alliés prévoyaient ensuite attaquer l'Italie, la plus faible des puissances de l'Axe.

Le 10 juillet 1943, les premières troupes canadiennes se préparaient à débarquer en Sicile. Le vacarme des fusils et des mitrailleuses des troupes d'assaut résonnait déjà dans leurs oreilles. Un soldat dit: «Nous pensions à Dieppe. Nous nous demandions combien d'entre nous seraient encore vivants à la fin de la journée.» Or, l'invasion prit les Italiens par surprise et le contingent canadien débarqua sans perdre un homme.

La Sicile tomba rapidement et les Alliés capturèrent un grand nombre d'Italiens. Néanmoins, le «piège» des Alliés s'était refermé trop lentement et des dizaines de milliers de soldats allemands s'échappèrent en Italie. Les Alliés, les Canadiens y compris, étaient alors prêts à envahir la péninsule italienne. Ils l'atteignirent le 3 septembre 1943 et commencèrent à la remonter, aidés de nouvelles forces canadiennes venues de Grande-Bretagne.

Les montagnes de la campagne italienne furent un cauchemar pour les troupes alliées. La reddition de l'Italie, en septembre 1943, fut de peu d'utilité pour les Alliés, car les Allemands s'étaient rendus maîtres du pays. Ils avaient fortifié la crête des montagnes qui parcourent l'Italie du nord au sud. En outre, les soldats de la Wehrmacht étaient des combattants expérimentés. Par conséquent, la capture des positions allemandes fut beaucoup plus coûteuse en hommes et en matériel que sa défense. Néanmoins, les Alliés gagnaient lentement du terrain. À la fin de l'automne de 1943, les Canadiens avaient avancé de 650 km dans les montagnes du centre de l'Italie. Les Alliés se dirigeaient vers Rome, se heurtant à chaque pas aux défenses allemandes.

Les Canadiens à Ortona

À l'approche de Noël, la progression des Alliés vers Rome fut arrêtée à **Ortona,** une ville ancienne située sur les falaises qui surplombent la mer Adriatique. Les forces canadiennes reçurent l'ordre d'attaquer Ortona. Les Allemands avaient fait exploser tous les ponts de la région et les pentes abruptes de la région leur donnaient l'avantage. La défense allemande était assurée par la 90ᵉ Panzerdivision légère, célèbre pour son ardeur au combat depuis les batailles d'Afrique du Nord.

Deux jours après Noël, les Canadiens prirent Ortona. La ville tomba aux mains d'un régiment d'Edmonton et les soldats installèrent un panneau qui portait l'inscription suivante: «Une ville de l'Ouest canadien». Les pertes canadiennes, cependant, étaient importantes; depuis sa traversée du fleuve Moro, la 1ʳᵉ division canadienne avait perdu 2339 soldats. Seize mille autres avaient été évacués pour cause de maladie ou d'épuisement.

Au cours du printemps et de

Après avoir débarqué en Sicile, pendant l'été de 1943, ces chars du régiment des Trois-Rivières entrèrent dans la ville dévastée de Regalbuto pour venir en aide à la 1ʳᵉ division canadienne.

l'été de 1944, les forces canadiennes combattirent au centre de la péninsule italienne. Elles contribuèrent grandement à percer les lignes de défense allemandes. En juin 1944, les Alliés s'emparèrent de Rome. Les forces canadiennes continuèrent de se battre en Italie jusqu'en février 1945; à ce moment-là, toutes les troupes canadiennes furent réunies dans le nord-ouest de l'Europe et formèrent la 1re armée canadienne.

Le jour J et l'invasion de la Normandie

Deux jours après la prise de Rome, les Alliés envahirent la France. Forts des leçons apprises à Dieppe, ils avaient mis en place une gigantesque force de frappe aérienne et navale et ils avaient amélioré les communications entre la mer et la côte. Ils avaient perfectionné le *char Sherman* de sorte que le véhicule pouvait avancer dans l'eau, abattre les obstacles, faire exploser les mines et lancer des jets de flamme. Les soldats alliés se préparèrent minutieusement à l'action. Au début de juin, plus de 30 000 Canadiens étaient préparés pour le **jour J**, jour de l'invasion alliée en Europe.

Les Alliés avaient prévu que cinq divisions débarqueraient sur un front long de 80 km. Les Américains devaient attaquer dans la partie ouest de la plage Normandie et les Britanniques et les Canadiens, dans la partie est. La 3e division canadienne devait débarquer avec la première vague d'attaquants, sur une plage appelée Juno. Les bombardiers de la RAF, dont plusieurs étaient pilotés par des équipages canadiens, devaient protéger le ciel de Juno. La force d'invasion comprenait en plus 171 escadrons aériens dont le rôle était de terrasser la Luftwaffe et de détruire les chars ennemis. Plus de 7000 navires alliés de tout genre, des chalands, des contre-torpilleurs, des croiseurs, des corvettes, des frégates, des torpilleurs et des dragueurs de mines, devaient aussi participer à l'invasion.

Le matin du jour J

Il aura fallu beaucoup de précautions et énormément de chance aux Alliés pour réussir à garder secrets les plans d'invasion. À l'aube du 6 juin 1944, les défenseurs allemands aperçurent une flotte immense qui s'approchait de la côte française. «Il y avait des bateaux à perte de vue, dit un marin qui était à bord du dragueur de mines canadien *Canso*. J'ai toujours dit qu'un gars capable de faire des sauts de 100 verges aurait pu retourner en Angleterre sans se

En juin 1944, les Canadiens débarquèrent en Normandie avec les Américains et les Britanniques. Cette photo montre des soldats qui s'efforcent d'établir une tête de pont sur le rivage.

LA DEUXIÈME GUERRE MONDIALE VUE PAR FARLEY MOWAT

Pour Farley Mowat, comme pour beaucoup de jeunes hommes en 1939, la guerre représentait une grande aventure romantique. Quand Mowat s'embarqua pour l'Angleterre en 1942, il avait hâte de se battre. Les horreurs qu'il rencontra sur le champ de bataille eurent tôt fait de dissiper toutes ses illusions. En tant que membre de la force canadienne qui débarqua en Sicile et qui traversa l'Italie vers le Nord, Mowat participa à des combats sanglants.

Mais Farley Mowat a survécu à la guerre et il est devenu écrivain. Des œuvres comme *Lost in the Barrens et Never Cry Wolf* lui ont valu une réputation internationale. Les extraits présentés ci-dessous sont tirés de *And No Birds Sang*, que certains considèrent comme son meilleur livre. Mowat y fait le récit poignant de son expérience personnelle de soldat. Lis ces extraits et réfléchis au message que Mowat transmet à ses lecteurs. Selon toi, est-ce que Mowat serait en faveur d'une autre guerre? Si oui, dans quelles circonstances? Si non, pourquoi?

[Notes que l'auteur écrivit à ses parents avant son départ du Canada]

Dieu merci, nous y voici! Cela valait les deux ans d'attente. Un mois ou deux d'entraînement avec le régiment et puis, Dieu soit loué, nous aurons l'occasion de montrer ce que nous avons dans le ventre. [...] Sauf pour vous deux, je n'ai pas le moindre regret de quitter le Canada, même s'il y a des chances que je n'y revienne jamais. Si nous réussissons à flanquer un bon coup aux Boches, cela en aura valu la peine. [...].

[Souvenirs d'une bataille]

En un mouvement brusque, je m'approchai d'une hutte dont les murs de pierre à demi écroulés paraissaient encore offrir une certaine protection et, entendant le hurlement sinistre des fusées Moaning Minnie, je me précipitai frénétiquement vers les ruines. Je les atteignis juste au moment où les bombes explosèrent, à une vingtaine de verges de distance. Le souffle me projeta dans l'embrasure vide de la porte avec une violence telle que je m'étendis de tout mon long pardessus un corps humain couché qui émit un gargouillement horrible. C'était là une protestation inconsciente, car l'homme et deux de ses trois compagnons, des parachutistes vêtus de gris, étaient morts. Ils gisaient sur le sol, dans la boue et le fumier de chèvre. Le quatrième homme, presque invisible dans la pénombre, était assis bien droit dans un coin de la petite pièce sans toit. Ses yeux rencontrèrent les miens pendant que j'essayais de me relever.

À cet instant, j'étais tellement convaincu que ma dernière heure était venue, que l'homme allait tirer sur moi, que je ne tentai même pas de saisir la carabine que je portais en bandoulière. Je restai pétrifié pendant un temps qui parut interminable puis, par un réflexe instinctif de survie, je fis un mouvement de côté et sautai sur mes pieds. Au moment où, titubant, je passais le seuil, je perçus une voix faible:

«Vasser... affez... fou... vasser?»

Je refrénai mon élan et m'appuyai au mur extérieur, certain alors que l'homme n'avait rien de menaçant et que j'étais hors de danger. Inexplicablement, je crus reconnaître l'homme, comme si j'avais déjà entendu sa voix. Précautionneusement, je repassai le seuil.

La main gauche de l'homme était refermée sur les chairs lacérées de son bras droit, coupé juste en dessous du coude. Un sang sombre s'égouttait encore entre ses doigts et formait une flaque noire entre ses jambes écartées. Mais le plus terrible était la plaie béante dans son flanc, d'où sortait une masse sombre et luisante qui devait être son foie. Au-dessus de cette bouillie, ses yeux étaient grands et lumineux dans son visage juvénile, pâle jusqu'à la transparence.

«Vasser... s'il fou plaît donnez... vasser.»

À regret, je secouai la tête. «Désolé, mon vieux, je n'en ai pas. Nein vasser. Seulement du rhum et ce n'est pas bon pour toi.»

Les yeux, si vivants dans le corps mourant, m'implorèrent. Et puis tant pis, me dis-je, il n'en a pas pour longtemps de toute façon. Ça ne peut pas lui faire plus de mal.

Je portai la bouteille à ses lèvres et il avala le rhum à grandes gorgées spasmodiques jusqu'à ce que je lui retire la bouteille et que j'y boive moi-même. Et alors... et alors nous nous sommes soûlés ensemble. Et peu de temps après, il mourut...

La couverture qui masquait la porte fracassée de la cave se souleva et un groupe de brancardiers fit irruption parmi nous. Al Park était étendu sur une des civières. Il était vivant, mais à peine [...] inconscient, une balle dans la tête.

Je me penchai sur son visage éteint et vide couronné de pansements écarlates et je me mis à pleurer.

Je me demande aujourd'hui [...] si je pleurais sur Alex, Al et tous les autres qui étaient partis et qui allaient partir.

Ou si je pleurais sur moi-même [...] et sur ceux qui restaient.

Source: Reproduit avec l'autorisation de Farley Mowat Limited.

mouiller les pieds. C'est vous dire combien il y avait de bateaux.»

L'invasion n'alla pas sans heurts, car les bombardements navals et aériens des Alliés n'avaient pas détruit toutes les positions allemandes. Beaucoup de soldats durent ramper vers les abris sur des plages découvertes où les obus pleuvaient. À cause des récifs et des vagues, le débarquement de la 3ᵉ division canadienne fut retardé d'une heure et demie. Au moment où les forces canadiennes atteignirent la plage de Juno, l'ennemi était prêt à les affronter. Le pire problème, toutefois, se présenta à la plage d'Omaha, dans le secteur américain. Les forces américaines étaient à la merci des défenseurs allemands, qui tiraient sur elles du haut des falaises. Les pertes furent lourdes et 7500 soldats américains périrent.

Malgré d'importantes difficultés, l'invasion fut considérée comme une réussite. À la fin du jour J, plus de 155 000 soldats, 6000 véhicules et 3600 tonnes de matériel avaient été débarqués en France. Les combats livrés sur les plages avaient anéanti la division défensive allemande et les Alliés s'enfoncèrent dans les terres. Les Canadiens parvinrent jusqu'à 5 km de la ville de Caen, plus loin à l'intérieur des terres que tous les autres détache-

ments alliés. Les pertes canadiennes furent moins lourdes qu'on ne l'avait craint. Il n'en reste pas moins que près de 1000 soldats canadiens furent tués, blessés ou capturés ce jour-là.

L'Allemagne, dès lors, livrait une guerre terrestre sur trois fronts: en Union soviétique, en Italie et en France. Sur le front de l'Est, l'Union soviétique continuait de faire reculer l'Allemagne. En Italie, les Alliés progressaient vers le nord. Il était presque certain que l'invasion de la France allait consacrer la défaite de l'Allemagne.

L'entrée en Allemagne

Pendant que les Alliés se dirigeaient vers le Rhin, Hitler fit une dernière tentative pour reculer l'inévitable défaite. Il modifia les règlements de son armée de manière à recruter tous les hommes âgés de 16 à 50 ans. Il parvint ainsi à rassembler 750 000 soldats et 3000 chars d'assaut en vue de contrer l'avance des forces alliées. Or, Hitler perdit cette dernière gageure et ce qui restait de la Wehrmacht fut forcé de reculer. La dernière offensive de l'Allemagne ne changea rien à son sort, mais elle modifia probablement la carte de l'Europe de l'après-guerre. L'attaque retarda la marche vers l'ouest des Alliés de six à huit semaines, ce qui donna à l'Union soviétique le temps de traverser l'Europe de l'Est vers Berlin et de s'emparer de territoires sur son chemin.

À la fin de mars 1945, les Alliés traversèrent le Rhin d'ouest en est et envahirent l'Allemagne. Le 30 avril, les premières troupes soviétiques se frayaient un chemin à travers les ruines de Berlin. Il y avait déjà des soldats à quelques coins de rue du bunker souterrain de la chancellerie où Hitler se cachait. Celui-ci avait conclu un pacte de suicide avec sa compagne Eva Braun. Leurs corps furent transportés à l'extérieur du bunker, aspergés d'essence et brûlés. Quelques jours auparavant, en Italie, le dictateur fasciste Benito Mussolini avait été capturé et tué pendant qu'il tentait de s'enfuir en Suisse.

Mouvements des forces alliées en 1944-1945

Union soviétique

Grande-Bretagne

Danemark

Pays-Bas

• Berlin — Danemark

Anvers

Belgique — Allemagne — Pologne

Paris — Tchécoslovaquie — Danemark

France — Suisse — Autriche — Hongrie

Yougoslavie — Roumanie — Mer Noire

Italie — Bulgarie

Albanie

Mer Méditerranée — Grèce — Turquie

Vers la fin de la guerre, l'armée allemande était chassée de l'Europe de l'Est par l'Union soviétique et de l'Europe de l'Ouest par une coalition de pays, dont faisaient partie la Grande-Bretagne, le Canada et les États-Unis.

L'ANTISÉMITISME ALLEMAND ET LES CAMPS DE CONCENTRATION

À la fin de la guerre, la cruauté des nazis se révéla dans toute son étendue. Au Canada, bien des gens avaient pris pour de la propagande de guerre les rumeurs qui couraient à propos des camps de concentration. En arrivant sur place, cependant, les Alliés découvrirent des horreurs indescriptibles: des amas de cadavres, des charniers, des survivants squelettiques. Les nazis avaient incarcéré des millions de gens dans les camps de concentration: des prisonniers politiques, des communistes, des membres de groupes religieux comme les témoins de Jéhovah, des homosexuels, des prisonniers de guerre, des résistants, des Tziganes, des Polonais, mais surtout des Juifs. Les nazis, en effet, voulaient exterminer les Juifs et ils en assassinèrent six millions en un génocide appelé **Holocauste**.

La persécution des Juifs

L'antisémitisme (la haine des Juifs) était un des fondements du nazisme. Hitler tenait les Juifs responsables des problèmes de l'Allemagne et les nazis persécutèrent les Juifs allemands sans merci pendant toutes les années 1930. Pourtant, les Juifs faisaient partie intégrante de la société allemande depuis des siècles.

Au début de la Deuxième Guerre mondiale, la persécution des Juifs entra dans une nouvelle phase. Lors de l'invasion de la Pologne, en 1939, près de trois millions de Juifs tombèrent aux mains des nazis. Des centaines de milliers d'autres connurent le même sort quand l'Allemagne conquit le Danemark, la Norvège, les Pays-Bas et la France. Les nazis délogeaient les Juifs et les entassaient dans des quartiers misérables appelés ghettos. Là, il arrivait souvent que plusieurs familles vivent dans une seule pièce. Les nazis obligeaient les Juifs à porter une étoile jaune et à travailler pour le régime. La nourri-

Lorsque les Alliés chassèrent les nazis d'Europe, le monde prit la pleine mesure des atrocités commises dans les camps de concentration. Cet homme, photographié dans la boue d'Auschwitz, porte les marques des privations imposées aux victimes de l'Holocauste. Des millions de gens moururent dans les camps d'extermination, exécutés, gazés, privés de nourriture ou épuisés de travail.

ture était si rationnée et les conditions de vie si brutales dans les ghettos que des milliers de Juifs y moururent de faim et de maladie.

La «solution finale»

Quand la Wehrmacht entra en Union soviétique, en 1941, les nazis élaborèrent une nouvelle solution du «problème juif». Ils constituèrent des formations de police appelées *Schutzstaffel* ou SS. Les SS commencèrent à exécuter massivement les Juifs durant l'hiver 1941-1942, période au cours de laquelle ils abattirent un demi-million de gens. Le massacre russe, qui détermina le sort des Juifs d'Europe, marqua le commencement d'un des épisodes les plus sombres de l'histoire. En janvier 1942, les dirigeants SS se réunirent à Wannsee, dans la banlieue de

Berlin, pour mettre au point l'*Endlösung*, «la solution finale de la question juive». Ils planifièrent alors d'exterminer secrètement 11 millions de Juifs en Europe.

Après la **conférence de Wannsee**, les nazis accélérèrent la construction d'immenses chambres à gaz dans des camps spéciaux. Ils confinaient les Juifs dans les ghettos en attendant que les camps de concentration soient prêts. Puis la police des ghettos arrêtait des groupes de Juifs et les livrait aux SS. Ceux-ci envoyaient les Juifs dans les camps de concentration, à Auschwitz, Treblinka, Bergen-Belsen et ailleurs.

Les camps de la mort étaient dirigés par des unités SS appelées «brigades à la tête de mort». À leur arrivée dans un camp, les Juifs déportés étaient séparés en deux groupes: ceux qui étaient aptes au travail et ceux qui ne l'étaient pas. Les premiers étaient mis aux travaux forcés. Un prisonnier décrivit comme suit ce qu'il aperçut en arrivant dans un camp de travail: «Nous sommes dans une carrière de gravier. Les prisonniers en vêtements rayés pellent des cailloux. Ils sont émaciés. Couverts de marques de coups. Un Capo (surveillant) invective les prisonniers et les bat avec le manche d'une pelle. Ce sont des squelettes ambulants. Est-ce que nous deviendrons comme eux un jour?» Les nazis avaient pour objectif de faire mourir les prisonniers à force de travaux épuisants et de mauvais traitements. C'était ce qu'ils appelaient l'«annihilation productive».

Les prisonniers inaptes au travail, principalement des personnes âgées, des mères et des enfants, étaient tués sur-le-champ dans les chambres à gaz. Pour éviter toute résistance de la part des prisonniers, les nazis leur faisaient croire qu'ils les préparaient à la déportation. Le camp de Treblinka, par exemple, avait une façade en trompe-l'œil qui imitait la devanture d'une grande gare, avec ses panneaux indicateurs et son horloge. Dans certains camps, les chambres à gaz étaient maquillées en douches. Les nazis dirent à certains prisonniers qu'ils étaient envoyés au Canada et leur ordonnèrent de placer tous leurs effets dans la «salle du Canada». Ensuite, ils les entassèrent dans les lugubres «douches». À Auschwitz, les nazis pouvaient gazer environ 2000 personnes à la fois.

Quand la chambre était pleine d'adultes, les nazis plaçaient de petits enfants par-dessus leur tête. Alors, ils libéraient le gaz mortel, le zyklon B, dans la chambre hermétique.

Le secret du massacre commença peu à peu à filtrer hors des camps de la mort. Les Juifs de Varsovie et d'autres ghettos d'Europe luttèrent vaillamment, malgré leur infériorité numérique et leurs armes insuffisantes. Les nazis mirent des mois à venir à bout de la résistance à Varsovie. Ils finirent par incendier systématiquement les maisons du ghetto.

On estime que près des deux tiers des Juifs d'Europe sont morts pendant la guerre. Seulement un million de personnes survécurent aux camps de la mort. À la vue des premières photos des survivants, le monde fut atterré. Comment une chose pareille avait-elle pu se produire? Aujourd'hui, l'horrible souvenir de l'Holocauste n'a rien perdu de sa force. Une question se pose à nous: Comment pouvons-nous empêcher une chose semblable de se reproduire?

LA BOMBE ATOMIQUE ET LA VICTOIRE DANS LE PACIFIQUE

En 1944, les États-Unis reprirent au Japon la Nouvelle-Guinée, les îles Salomon et les Philippines. Au début de 1945, les forces du Commonwealth britannique, avec l'aide de la Chine, reconquirent la Birmanie. La flotte japonaise était presque anéantie et l'étau se refermait lentement autour de l'armée japonaise. Néanmoins, les Japonais résistaient opiniâtrement en construisant des tunnels et en défendant leurs positions. Quand les forces américaines envahirent Okinawa, en mars 1945, les 100 000 soldats japonais qui s'y trouvaient se battirent jusqu'au dernier. Des pilotes japonais appelés kamikazes écrasaient volontairement leurs avions bourrés de dynamite sur les navires américains. Ils périssaient en même temps que les marins dans l'explosion.

Certains dirigeants de l'armée américaine croyaient que les Japonais étaient trop fiers pour se rendre. Selon eux, une invasion du Japon aurait fait un nombre excessif de victimes civiles et militaires. Or, les

L'ART PERDU D'AUSCHWITZ

Auschwitz fut probablement le plus infâme des camps de concentration nazis. Là, de mai 1940 à janvier 1945, près de deux millions de gens, dont 90 % étaient des Juifs, furent assassinés. À Auschwitz, comme dans tous les autres camps de concentration, les prisonniers qui possédaient une habileté particulière avaient une chance d'éviter la mort ou, à tout le moins, de la retarder. En effet, les nazis exploitaient les talents des médecins, des architectes, des ingénieurs, des mécaniciens, des tailleurs, des musiciens, des dentistes, des barbiers, des charpentiers, des cordonniers et des artistes. Ces derniers étaient forcés de produire des œuvres de propagande, comme des affiches pour l'anniversaire d'Hitler, et de peindre des croix gammées et des aigles sur les chars d'assaut capturés aux Alliés.

Beaucoup d'artistes mirent leur vie en péril pour peindre en cachette des scènes de leur vie dans les camps. Depuis la fin de la Deuxième Guerre mondiale, on a découvert quelques-unes des œuvres que ces artistes avaient dissimulées aux nazis. On trouve parmi ces œuvres des slogans, des murales

Ballerine, block 18, sous-sol du camp principal.

La colonie pénitentiaire «Königsgraben», Birkenau, block 1.

représentant des prisonniers au travail et des décorations qui avaient orné des salles de bain.

L'art secret d'Auschwitz avait une double fonction: remonter le moral des prisonniers et consigner les événements de leur vie. Pablo Picasso, le peintre célèbre, a écrit: «La peinture est un instrument de la guerre contre la brutalité et l'obscurité.» Telle était la nature de l'art «perdu» d'Auschwitz.

Le Pacifique en 1941-1942

États-Unis possédaient une nouvelle arme de guerre au pouvoir terrifiant: la bombe atomique. Le nouveau président des États-Unis, Harry Truman, estimait que la bombe lui permettrait d'obtenir la capitulation du Japon en évitant de sacrifier un demi-million de vies dans une invasion.

La fabrication de la bombe atomique

Le gouvernement américain travaillait depuis quelques années à la fabrication de la bombe atomique. Le projet, entouré du plus grand secret, portait le nom de code de **projet Manhattan**. Un groupe de scientifiques dirigé par le brillant physicien Robert Oppenheimer tentait de résoudre, sous la plus étroite surveillance, la kyrielle de problèmes théoriques et techniques posés par la mise au point de la bombe atomique. Les scientifiques avaient le milieu de l'année 1945 comme échéance. Leur travail était une course contre la montre,

car ils croyaient que l'Allemagne nazie s'était attaquée aux mêmes problèmes.

La contribution du Canada au projet Manhattan

En 1942, la Grande-Bretagne demanda au Canada de participer au projet scientifique secret. Les Britanniques voulaient aménager un laboratoire qui soit hors de portée de la Luftwaffe et proche des États-Unis. Le laboratoire fut construit à Montréal en 1943, trop tard pour changer quoi que ce soit au programme atomique. Cependant, les Américains avaient besoin d'uranium pour fabriquer la bombe. Afin de leur en fournir, le gouvernement canadien acheta secrètement une mine d'uranium située près du Grand lac de l'Ours, dans les Territoires du Nord-Ouest. De plus, c'était au Canada, et plus précisément à Port Hope, en Ontario, que se trouvait la seule raffinerie d'uranium à l'extérieur de l'Europe occupée.

L'explosion de la bombe atomique

En juillet 1945, le président Truman apprit que la bombe atomique était prête. Le 26 juillet, il intima au Japon de se rendre ou d'accepter «une destruction rapide et totale». Truman promit aux Japonais de conserver leur économie, leur culture et leurs

L'utilisation de la bombe atomique mit rapidement fin à la guerre, mais elle laissa les villes d'Hiroshima et de Nagasaki en ruines. Est-ce que les armes nucléaires ont fait monter le prix de la guerre à un point tel que nous ne puissions plus nous permettre de laisser éclater un autre conflit majeur?

LA SOUVERAINETÉ DU CANADA: LA MATURITÉ D'UN PAYS

Pendant la Deuxième Guerre mondiale comme pendant la première, le Canada a vécu des expériences qui ont beaucoup affermi sa souveraineté et sa réputation internationale. Lorsque la Grande-Bretagne déclara la guerre à l'Allemagne, le 3 septembre 1939, elle ne pouvait plus compter aveuglément sur l'aide du Canada. En effet, le premier ministre Mackenzie King exigeait que ce soit le Parlement qui décide de la participation du Canada. Le résultat des débats parlementaires n'a jamais fait de doute, mais il était essentiel pour la souveraineté canadienne que les représentants élus de la population décident eux-mêmes du rôle que jouerait leur pays dans la guerre.

En 1945, la guerre et ses conséquences avaient élargi les horizons du Canada. Ralph Allen affirma: «Aucun pays n'était plus confiant que le Canada et n'avait de meilleures raisons de l'être.» Pendant la guerre, le Canada avait gagné dans le monde entier une estime qui lui valut de participer à la création des Nations Unies et de l'Organisation du traité de l'Atlantique Nord. En 1945, par ailleurs, la communauté scientifique canadienne avait elle aussi atteint la maturité. Les scientifiques canadiens avaient contribué à d'importantes découvertes, tels le caoutchouc synthétique, la pénicilline et l'exploitation de l'énergie nucléaire.

Avec sa participation à la Deuxième Guerre mondiale, le Canada s'est acquis une enviable réputation internationale qu'il conserve encore aujourd'hui.

traditions s'ils capitulaient. Le premier ministre du Japon, Kantaro Suzuki, répliqua que son gouvernement ferait *mokusatsu* à l'ultimatum allié, c'est-à-dire qu'il le tuerait par le silence. Truman et ses conseillers militaires rejetèrent l'idée d'une démonstration dissuasive des terribles pouvoirs de la bombe. Truman décida plutôt de lâcher la bombe sur une ville japonaise.

Le 6 août 1945, un bombardier B-29 américain, l'*Enola Gay*, survola **Hiroshima**, la septième ville en importance du Japon. L'*Enola Gay* transportait une bombe atomique appelée «Little Boy». À 8 h 15, «Little Boy» tomba sur Hiroshima. C'était la première bombe atomique jamais utilisée en temps de guerre. Il y eut 70 000 morts et 61 000 blessés; 20 000 des personnes tuées ou portées disparues

étaient des écoliers. Seulement 10 % des gens qui se trouvaient à moins de 500 m du centre de l'explosion survécurent. Dans les rues, les passants furent calcinés; il ne resta que leur ombre imprimée sur les murs. D'autres personnes furent brûlées par les radiations, tuées par des projectiles ou ensevelies sous les débris des édifices. Un grand nombre de ceux qui survécurent à l'explosion proprement dite moururent plus tard des suites de l'exposition aux rayons gamma. Dans les années qui suivirent, l'incidence du cancer et d'autres maladies augmenta chez les survivants. De même, les survivants risquaient de transmettre des mutations génétiques à leurs enfants et à leurs petits-enfants.

Le 9 août 1945, les Américains lâchèrent une seconde bombe atomique, appelée Fat Man, sur la ville japonaise de **Nagasaki**. L'explosion fit encore 40 000 victimes. Ce soir-là, l'empereur Hirohito dit à ses militaires: «Le temps est venu pour nous de supporter l'insupportable.» Le Japon accepta de se rendre inconditionnellement. Il signa sa capitulation à bord du cuirassé américain *Missouri* dans la baie de Tokyo. La Deuxième Guerre mondiale était enfin terminée.

LE PRIX ET LES JOIES DE LA PAIX

La paix revint en 1945, mais à quel prix! Les armes nucléaires avaient changé à tout jamais le cours de l'histoire. Désormais, la race humaine avait le pouvoir de s'autodétruire. La menace d'une guerre nucléaire assombrissait l'avenir. Beaucoup de ceux qui avaient participé à la fabrication de la bombe furent profondément troublés par les conséquences de leur invention. Robert Oppenheimer dit à Truman: «Monsieur le président, j'ai du sang sur les mains.» Plus tard, il dit aussi que l'invention des armes atomiques rendait la paix «plus probable... parce qu'elle intensifie l'urgence de nos espoirs – à franchement parler, parce que nous avons peur».

L'avènement de la paix fut une joie et un soulagement pour les Canadiens. Les anciens combattants revinrent dans un pays plus prospère que celui qu'ils avaient quitté. Ils avaient hâte de s'établir et de reconstruire leur vie. Beaucoup de Canadiens étaient fiers de ce que leur pays avait accompli pendant la Deuxième Guerre mondiale. En effet, la marine du Canada occupait le troisième rang mondial et son aviation, le quatrième. Le Canada était devenu un important partenaire de la Grande-Bretagne et des États-Unis et il avait participé aux principaux projets de guerre. Les Canadiens commencèrent à se dire que leur pays était capable de jouer un rôle important sur la scène mondiale.

Ce défilé tenu à Oshawa, en Ontario, fut au nombre des réjouissances que les Canadiens organisèrent pour fêter la fin de la guerre. Pourquoi de nombreux Canadiens accueillirent-ils la paix avec un mélange de joie et de tristesse?

LES GENS, LES LIEUX ET LES ÉVÉNEMENTS

Dans tes notes, explique clairement l'importance historique des éléments suivants:

Opération Lion de mer	Bataille d'Angleterre
Opération Barberousse	Pearl Harbor
Bataille de Dieppe	Ortona
Jour J	Holocauste
Conférence de Wannsee	Projet Manhattan
Hiroshima	Nagasaki

RÉSUME TES CONNAISSANCES

1. Pourquoi les Japonais lancèrent-ils une attaque surprise contre Pearl Harbor? Leur attaque a-t-elle réussi?

2. Pourquoi l'entrée des États-Unis dans la Deuxième Guerre mondiale fut-elle déterminante pour la victoire des Alliés?

3. Pourquoi de nombreux anciens combattants du Canada reprochent-ils au gouvernement d'avoir envoyé des troupes canadiennes à Hong kong en 1941?

4. Pourquoi les Alliés ont-ils attaqué Dieppe même s'ils avaient peu d'espoir de réussir l'opération?

5. Pourquoi la prise d'Ortona fut-elle importante pour l'offensive alliée en Italie?

6. Comment les forces alliées se sont-elles préparées au débarquement de Normandie?

7. Décris le traitement que les nazis firent aux prisonniers de leurs camps de concentration.

8. Décris l'effet qu'a eu la bombe atomique à Hiroshima et à Nagasaki, dans l'immédiat et dans les années qui suivirent la guerre.

APPLIQUE TES CONNAISSANCES

1. Décris la contribution des Canadiens à la guerre aérienne. Quelle a été l'importance de cette contribution pour la victoire des Alliés? Justifie ta réponse au moyen d'exemples précis.

2. Pendant la Deuxième Guerre mondiale, les Allemands comme les Alliés ont bombardé des objectifs civils comme Londres, Coventry, Dresde et Hambourg. Est-ce que ces bombardements étaient des maux nécessaires en temps de guerre ou des atrocités injustifiables? Explique ta réponse.

3. L'attaque de l'Union soviétique par Hitler fut un facteur déterminant de la défaite allemande. Est-ce que l'opération Barberousse était un pari téméraire? Est-ce qu'elle aurait pu réussir? Justifie ta réponse.

4. Choisis trois événements qui, selon toi, ont été décisifs dans l'issue de la Deuxième Guerre mondiale. Place-les en ordre d'importance et justifie ton classement. Prépare-toi à défendre tes opinions devant tes camarades.

5. Est-ce que la bataille de Dieppe fut un échec ou une réussite chèrement payée? Fais une recherche sur le sujet et discutes-en avec tes camarades. Tu peux lire *Dieppe n'aurait pas dû avoir lieu* de Pierre Vennat (Editions du Méridien, 1992) et présenter ton point de vue à la classe.

6. Dans quelle mesure l'attaque canadienne à Ortona a-t-elle réussi, compte tenu du nombre de victimes et de l'importance de la victoire?

7. Aurait-on pu faire plus pour empêcher les atrocités commises contre les Juifs pendant la guerre? Que pouvons-nous faire à l'avenir pour que de telles persécutions ne se reproduisent jamais plus? Organise un débat en classe pour déterminer lequel des moyens suivants est le plus approprié. Est-ce que tu songes à d'autres moyens?

   a) Informer les gens à propos des préjugés et du racisme.

   b) Donner plus de pouvoir aux Nations Unies.

   c) Garantir à tous les êtres humains, quelle que soit leur nationalité, le droit d'échapper à la persécution.

   d) Imposer des embargos commerciaux aux pays qui persécutent leurs citoyens.

8. Est-ce que l'utilisation d'armes de destruction massive comme la bombe atomique a une quelconque justification morale? Est-ce que l'invention de la bombe atomique a favorisé ou entravé la paix dans le monde? Justifie ta réponse.

AUGMENTE TES CONNAISSANCES

1. Fais une ligne du temps montrant les principaux événements de la Deuxième Guerre mondiale, de septembre 1939 à août 1945. Illustre ta ligne du temps avec des dessins ou des photos montrant les gens, les lieux et les événements importants.

2. Écris une nouvelle ou un poème où tu décriras les expériences d'une victime de l'Holocauste. Pour te documenter sur le sujet, tu peux lire des ouvrages de victimes réelles, comme *Le Journal d'Anne Frank* ou *La Nuit* d'Elie Wiesel.

3. Fais une recherche sur les effets à long terme des bombes atomiques larguées sur Nagasaki et Hiroshima. Essaie de trouver ce qu'on connaissait sur les effets de la bombe atomique en 1945 et ce qu'on en connaît aujourd'hui. Ensuite, présente un résumé de tes résultats à tes camarades.

4. Crée une affiche qui, dans le contexte de la Deuxième Guerre mondiale, fait la promotion d'un des thèmes suivants:

   a) l'enrôlement volontaire;

   b) la participation des gens à l'effort de guerre;

   c) l'antinazisme au Canada;

   d) la paix dans l'après-guerre.

RÉCAPITULATION

1. De 1939 à 1945, le côté sombre de l'humanité s'est révélé sous la forme du racisme et de la brutalité. Prouve la véracité de cette affirmation en traitant chacun des sujets suivants:

   l'Holocauste;
   le traitement fait aux soldats canadiens à Hong kong;
   le traitement fait aux Canadiens d'origine japonaise.

2. Tout au long de sa carrière politique, le premier ministre William Lyon Mackenzie King a fait de l'indépendance du Canada sa priorité. Il a poursuivi le même objectif au cours de la Deuxième Guerre mondiale. Trouve, dans l'unité, des exemples de l'autonomie canadienne pendant la Deuxième Guerre mondiale.

3. Compare les contributions humaines et financières que le Canada fit aux deux guerres mondiales. Représente tes comparaisons au moyen d'histogrammes. Tu devras peut-être consulter des ouvrages de référence.

DÉVELOPPE TON HABILETÉ À COMMUNIQUER ORALEMENT

Présenter l'information de manière intéressante et efficace à un auditoire est une habileté qui se développe avec l'exercice. Pour faire un bon exposé oral, il faut non seulement transmettre des faits et des idées mais aussi susciter la participation active de l'auditoire. Capter l'attention des gens demande de la créativité et beaucoup de préparation. Voici les 10 étapes de cette préparation.

1. *Maîtrise ton sujet:* Fais toutes les recherches nécessaires pour maîtriser parfaitement ton sujet.

2. *Choisis soigneusement l'information que tu présenteras:* Évite de présenter trop d'informations. N'ennuie pas ton auditoire avec des détails superflus.

3. *Fais preuve de créativité:* Essaie de rendre ton exposé original. Cherche des idées et des activités inédites.

4. *Poursuis un objectif précis:* Énonce clairement ton objectif dans ton introduction. Résume tes propos à la fin de ton exposé.

5. *Structure bien ton exposé:* Assure-toi que ton exposé suit un développement logique.

6. *Fournis des notes claires:* Inscris les grandes idées de ton exposé au tableau, sur des transparents ou sur des feuilles que tu photocopieras.

7. *Utilise divers médias:* Complète tes propos par des films, des diapositives, de la musique ou des modèles.

8. *Fais participer ton auditoire:* Prépare une série de questions que tu poseras à ton auditoire pour amorcer des discussions à différentes étapes de ton exposé.

9. *Respecte les contraintes de temps:* Estime la durée de chaque partie de ton exposé afin qu'il ne soit ni trop court ni trop long.

10. *Parle distinctement et avec assurance:* Évite de lire un texte. Manifeste de l'intérêt et de l'enthousiasme. Si tu parais t'ennuyer, ton auditoire s'ennuiera aussi.

· C A R R I È R E ·

LA VENTE

Beaucoup de gens sont tentés par une carrière dans la vente. En effet, les vendeurs jouissent d'une certaine indépendance: ils ont des heures de travail flexibles et des revenus basés sur leur efficacité. Si tu décides de faire carrière dans la vente, tu auras le choix entre toutes sortes de produits et de services, de l'immobilier à la publicité en passant par l'assurance.

La capacité de faire de bons exposés est un atout précieux dans bien des professions. Les vendeurs, en particulier, doivent convaincre la clientèle des mérites du produit dont ils font la promotion. Pour réussir dans le domaine de la vente, il est important de savoir communiquer efficacement avec les clients potentiels, au moyen d'étalages attrayants, d'exposés persuasifs ou de résumés clairs des caractéristiques d'un produit.

Les vendeurs qui remportent le plus de succès sont ceux qui aiment interagir avec le public et qui sont capables de véhiculer efficacement l'information. Ils ont une connaissance approfondie du marché où ils se trouvent, et notamment des produits et des services offerts par leurs compétiteurs.

Les 10 conseils qui apparaissent à la page précédente sont très utiles pour ceux qui se destinent à une carrière dans la vente. Mais peu importe la carrière que tu choisiras, les habiletés que tu développes en étudiant l'histoire te serviront. Le milieu des affaires n'est qu'un des nombreux domaines où la capacité de faire un bon exposé constitue un avantage important.

EXERCE TON HABILETÉ À COMMUNIQUER ORALEMENT

Pour t'exercer à préparer et à présenter un bon exposé oral, fais l'une des activités suivantes.

1. Avec deux ou trois de tes camarades, prépare un exposé oral que tu présenteras devant la classe. Joue le rôle d'une des personnes que le gouvernement a engagées à un dollar par année dans le contexte de l'effort de guerre. Rappelle-toi que ta tâche consiste à convaincre les citoyens (tes camarades de classe) d'appuyer l'effort de guerre. Fais les recherches nécessaires et planifie soigneusement ton exposé. Aborde les sujets suivants:

les obligations de la Victoire,
l'enrôlement,
le gel des prix et des salaires,
la récupération des matériaux.

2. Avec deux ou trois de tes camarades, prépare un exposé oral sur l'importance du rôle des femmes pendant la guerre. Traite en particulier du Service féminin de l'Armée canadienne et du Service féminin de la Marine royale du Canada. Structure ton exposé de manière à convaincre les femmes de participer à l'effort de guerre.

3. Avec deux ou trois de tes camarades, choisis l'un des sujets suivants. L'objectif de ton exposé doit être de clarifier les événements et de trouver des moyens d'éviter la répétition de tragédies semblables:

l'Holocauste;
le traitement fait aux prisonniers de guerre;
l'internement des Canadiens d'origine japonaise;
le bombardement d'Hiroshima et de Nagasaki.

SIXIÈME PARTIE

L'AUBE D'UNE ÈRE NOUVELLE:

DE L'APRÈS-GUERRE À AUJOURD'HUI

EN 1945, LE MONDE N'ÉTAIT PLUS LE MÊME qu'avant la guerre. L'avènement de l'ère atomique a bouleversé la vision que les gens avaient de la guerre. L'accession de l'Union soviétique et des États-Unis au rang de superpuissances dominantes a divisé la majeure partie du monde en deux camps. L'explosion démographique en Amérique du Nord a transformé les structures de la société et, avec une augmentation générale de la prospérité, révolutionné les habitudes de consommation. Puis, les années 1960 ont été marquées par les revendications des jeunes en Europe et en Amérique du Nord. Bien qu'aucun combat n'ait été livré en sol canadien, l'onde de choc de la Deuxième Guerre mondiale s'est répercutée jusque dans la société canadienne. Dans les années 1970, le féminisme émergea au Canada, un groupe indépendantiste violent perpétra des attentats terroristes au Québec, et la culture américaine se répandit chez nous par l'intermédiaire de la télévision et de la radio.

Dans la sixième partie, nous examinons les forces intérieures et extérieures qui, dans le passé récent, ont façonné le Canada que nous connaissons aujourd'hui. Au chapitre 15, nous étudions le rôle que le Canada a joué sur la scène internationale depuis 1945. Nous abordons la création des Nations Unies, de l'OTAN et de NORAD de même que la participation du Canada aux conflits en Corée et au canal de Suez. Au chapitre 16,

nous analysons les relations entre francophones et anglophones au Canada. Le nationalisme qui s'affirme au Québec depuis les années 1950 a fortement influencé la culture québécoise et il a engendré un mouvement indépendantiste dont certains acteurs se sont exprimés par la violence. Le chapitre 17 porte sur les relations entre le Canada et les États-Unis depuis la Deuxième Guerre mondiale. Les États-Unis, en effet, ont pris une place de plus en plus importante dans la vie quotidienne des Canadiens. La télévision, la radio et les modes américaines ont eu une influence déterminante sur la société canadienne contemporaine. Nous traitons au chapitre 17 des efforts qu'a déployés le Canada pour conserver son identité culturelle.

15 LE RÔLE DU CANADA SUR LA SCÈNE INTERNATIONALE

GLOSSAIRE

Mandchourie Ancien nom d'une région du nord-est de la Chine que les Japonais ont occupée pendant la Deuxième Guerre mondiale.

Agresseur Pays qui attaque d'autres États.

Diplomate Personne chargée des relations extérieures d'un pays.

Ministère des Affaires extérieures Ministère fédéral qui s'occupe des relations avec les pays étrangers.

Endiguement Politique élaborée par les États-Unis et appuyée par le Canada et d'autres pays occidentaux après la Deuxième Guerre mondiale, dont l'objectif était de limiter l'expansion de l'influence soviétique.

Espionnage Obtention clandestine de renseignements sur les activités militaires, politiques ou scientifiques d'un pays étranger.

Abri antiatomique Abri souterrain destiné à protéger les gens contre les retombées radioactives d'une explosion atomique.

Commonwealth Alliance libre entre la Grande-Bretagne et ses anciennes colonies devenues indépendantes.

DANS CE CHAPITRE, TU ÉTUDIERAS LES SUJETS SUIVANTS:

- le statut de puissance intermédiaire du Canada après la Deuxième Guerre mondiale;
- l'«âge d'or» de la politique étrangère du Canada;
- l'affaire Gouzenko et le début de la guerre froide;
- la création de l'OTAN et de NORAD;
- le rôle des forces canadiennes de maintien de la paix dans le monde;
- l'évolution de la politique étrangère du Canada depuis 1945.

Fait étonnant, la vie a très peu changé au Canada pendant les années de guerre. En 1945, le Canada avait la même Constitution, les mêmes neuf provinces et le même premier ministre qu'en 1939. Le pays n'avait pas subi les ravages de la guerre; au contraire, il avait prospéré depuis le début du conflit. La florissante industrie de guerre avait sorti le Canada de la crise et l'avait mis sur la voie de la prospérité. Beaucoup d'anciens combattants reprirent leur vie là où ils l'avaient laissée. Partout, les Canadiens prirent des emplois civils, fondèrent des familles et se mirent à économiser pour acheter des voitures, des réfrigérateurs et des postes de radio. Ils ne demandaient pas mieux que de profiter de l'existence dans une Amérique du Nord apaisée.

Pendant que l'Amérique du Nord jouissait de sa prospérité nouvelle, de nombreux pays ployaient encore sous le fardeau de la guerre. L'Europe était une terre désolée où les villes en ruine succédaient aux campagnes dévastées. Les gouvernements d'Europe étaient en déroute et leurs économies chancelaient. Les pénuries de nourriture étaient telles que la famine guettait des millions de gens. L'occupation allemande avait fait beau-

Après la Deuxième Guerre mondiale, la majeure partie de l'Europe était en ruine. Essaie d'imaginer les difficultés que les Européens ont dû surmonter pour reconstruire leurs villes.

coup de tort à la France. Les coûts exorbitants de la guerre avaient sapé la force économique de la Grande-Bretagne. En dépit de l'aide considérable du Canada et des États-Unis, la Grande-Bretagne mit des années à reprendre sa place dans l'économie mondiale

Les grandes puissances alliées, les États-Unis, la France, la Grande-Bretagne et l'Union soviétique, divisèrent l'Allemagne vaincue en quatre zones d'occupation. Elles firent de même avec Berlin, la capitale, qui se trouvait en plein cœur de la zone soviétique. L'Allemagne n'était plus qu'un nom sur les cartes: les puissances alliées prenaient toutes les décisions importantes pour son avenir. La zone soviétique resta sous domination communiste pendant des décennies. Quant au Japon, qui avait accepté la défaite après l'explosion des bombes atomiques, il se soumit à une force d'occupation américaine. La Chine, bien que gigantesque, était fragile. Après avoir enduré l'occupation japonaise, elle était déchirée par une guerre civile qui opposait le gouvernement et les rebelles communistes de Mao Tsê-tung.

LES NOUVELLES SUPERPUISSANCES: L'UNION SOVIÉTIQUE ET LES ÉTATS-UNIS

Même si la Grande-Bretagne et la France avaient beaucoup souffert de la guerre, elles gardaient le statut de grandes puissances qu'elles avaient avant les hostilités. Il en fut de même pour la Chine qui, malgré ses difficultés, avait des dimensions et une population telles qu'elle demeurait au rang de grande puissance. Néanmoins, les deux plus grandes puissances étaient désormais l'Union soviétique et les États-Unis.

L'Union soviétique avait été ravagée par la guerre mais, à cause de sa population considérable, de son territoire immense et de ses richesses naturelles abondantes, elle constituait indéniablement une puissance mondiale. Sa force militaire, en particulier, était impressionnante. Après la guerre, l'Union soviétique possédait encore 6 millions de soldats, 50 000 chars d'assaut et 20 000 avions. Son armée occupait l'Europe du centre et de l'Est ainsi que la *Mandchourie* et la Corée du Nord.

Le seul pays qui pouvait égaler la force militaire de l'Union soviétique était les États-Unis. Comme le Canada, les États-Unis n'avaient subi ni bombardements ni invasions pendant la guerre. Ils avaient été capables de se doter de redoutables forces armées et de créer une arme terrifiante, la bombe atomique. La menace d'une attaque nucléaire suffisait à intimider ses ennemis potentiels. De plus, les États-Unis avaient remplacé la Grande-Bretagne en tant que principale puissance impériale. Ils avaient disséminé des colonies et des bases militaires dans le Pacifique, dans la mer des Caraïbes et en Amérique latine. Par-dessus tout, les États-Unis étaient le pays le plus riche du monde. Avec les sommes colossales qu'ils consacraient à l'aide au développement et aux armements, les États-Unis faisaient sentir leur présence presque partout dans le monde.

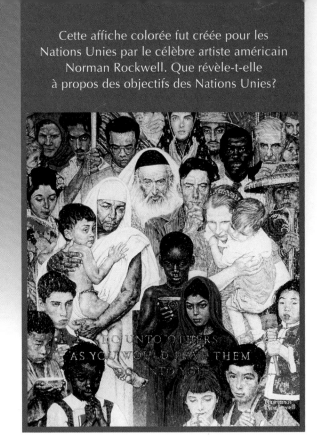

Cette affiche colorée fut créée pour les Nations Unies par le célèbre artiste américain Norman Rockwell. Que révèle-t-elle à propos des objectifs des Nations Unies?

L'ORGANISATION DES NATIONS UNIES

En 1945, les «cinq grands» (l'Union soviétique, les États-Unis, la Grande-Bretagne, la France et la Chine) prirent sur eux d'assurer la paix future. Du reste, ils avaient commencé à préparer la paix avant même la fin de la guerre. À l'automne de 1944, en effet, des représentants des États-Unis, de la Grande-Bretagne, de l'Union soviétique et de la Chine s'étaient réunis à Dumbarton Oaks, un manoir situé dans la ville de Washington. Là, ils avaient jeté les bases d'un organisme international, l'**Organisation des Nations Unies (ONU)**, destiné à trouver des solutions pacifiques aux conflits mondiaux.

Bien que l'essentiel de la charte des Nations Unies eût été rédigé à Dumbarton Oaks, l'organisation ne vit le jour qu'après la guerre. En avril 1945, les délégués de 51 pays se rassemblèrent à San Francisco pour fonder officiellement les Nations Unies. Le préambule de la charte définit l'objectif premier des Nations Unies: «Nous, peuples des Nations Unies, résolus à préserver les générations futures du fléau de la guerre qui deux fois en l'espace d'une vie humaine a infligé à l'humanité d'indicibles souffrances… établissent par les présentes une organisation internationale qui prendra le nom de Nations Unies.» L'article premier de ladite charte énonce ensuite les buts de l'organisation:

- maintenir la paix et la sécurité internationales;
- développer entre les nations des relations amicales;
- réaliser la coopération internationale;
- être un centre où s'harmonisent les efforts des nations vers ces fins communes.

L'ONU aujourd'hui

L'Organisation des Nations Unies a évolué au cours des ans. Après la guerre, des dizaines d'anciennes colonies de puissances impériales comme la Grande-Bretagne et la France obtinrent leur indépendance ou donnèrent naissance à de nouveaux États, et ces pays devinrent à leur tour membres des Nations Unies. Aujourd'hui, plus de 150 pays appartiennent aux Nations Unies et sont représentés à l'Assemblée générale. Même si le nombre de ses membres ne cesse d'augmenter, l'ONU garde les objectifs et la structure originalement énoncés dans sa charte.

L'Assemblée générale est l'organe principal des Nations Unies et chaque État membre y dispose d'un siège et d'un vote. L'Assemblée générale siège une fois par année, à New York, pour débattre des questions internationales importantes. De plus, l'Assemblée générale fait des recommandations à d'autres organes de l'ONU, approuve les budgets de l'organisme et vote sur l'admission de nouveaux membres. Par ailleurs, la charte des Nations Unies a créé une Cour internationale de justice qui tranche les conflits juridiques entre les pays. Son siège se trouve à La Haye, aux Pays-Bas. Enfin, le Secrétariat, dirigé par le secrétaire général des Nations Unies, s'occupe des affaires administratives.

Le Conseil de sécurité est l'un des plus importants organes des Nations Unies. Son rôle est de maintenir la paix et la sécurité, d'enquêter sur les conflits et de

L'Organisation des Nations Unies

ces organismes est d'assurer la paix mondiale et le bien-être des populations en favorisant la prospérité, la santé, le respect des droits de la personne, l'éducation et la protection de l'environnement.

Lors de la fondation de l'ONU, en 1945, beaucoup de gens plaçaient en elle leurs espoirs de paix. Au fil des ans, l'ONU a été un carrefour où les *diplomates* pouvaient se rencontrer, échanger des idées et trouver des intérêts communs. Or, la discussion au Conseil de sécurité et à l'Assemblée générale n'a pas toujours réussi à apaiser les conflits. En certaines occasions, les pourparlers n'ont servi qu'à raviver les désaccords entre les pays membres.

On avait espéré, par ailleurs, que l'ONU eût les moyens de faire respecter ses décisions. Pourtant, il est souvent arrivé que l'ONU soit impuissante face aux conflits qui opposaient ses membres, à cause notamment du droit de veto au Conseil de sécurité. Fréquemment, en effet, le droit de veto des pays membres du Conseil de sécurité, et particulièrement celui de l'Union soviétique et des États-Unis, a empêché l'ONU de s'affirmer en temps de crise internationale. Malgré ses imperfections, l'ONU continue de jouer un rôle international de première importance. C'est encore un lieu privilégié pour mettre fin aux conflits et résoudre des problèmes

faire des recommandations à propos des pays *agresseurs*. Le Conseil de sécurité comprend cinq membres permanents: les États-Unis, la Russie, la République populaire de Chine, la Grande-Bretagne et la France. Chacun de ces pays possède un droit de veto. Autrement dit, toutes les décisions du Conseil de sécurité doivent être prises à l'unanimité. En outre, le Conseil de sécurité compte 10 membres non permanents élus par l'Assemblée générale pour des mandats de 2 ans.

L'Organisation des Nations Unies chapeaute de nombreux conseils et organismes, dont l'UNICEF (le Fonds international de secours à l'enfance), l'OMS (l'Organisation mondiale de la santé), l'UNESCO (l'Organisation des Nations Unies pour l'éducation, la science et la culture), l'OAA (l'Organisation des Nations Unies pour l'alimentation et l'agriculture), le GATT (l'Accord général sur les tarifs douaniers et le commerce) et la Banque mondiale. La fonction de

Les représentants des pays membres des Nations Unies se rassemblent périodiquement au siège des Nations Unies, à New York. Pourquoi est-il important que les pays puissent se réunir régulièrement?

aussi urgents que la pauvreté, la maladie, la sur-population et la dégradation de l'environnement.

LE CANADA, PUISSANCE INTERMÉDIAIRE

Le premier ministre du Canada, Mackenzie King, était au nombre des dirigeants qui assistèrent à la conférence de San Francisco, au printemps de 1945. Le Canada n'était pas parmi les «cinq grands», mais il les suivait de près dans l'échelle internationale et il était devenu une puissance inter-médiaire dont il fallait tenir compte. Avec son économie florissante et ses industries intactes, le Canada était l'un des pays les plus prospères du monde en 1945. Il s'était donné une armée puis-sante et bien équipée; sa marine et son aviation occupaient respectivement les troisième et qua-

Lester Pearson, qui devint plus tard premier ministre du Canada, prit la parole lors d'une conférence internationale tenue à San Francisco en 1945. C'est pendant cette conférence que fut rédigée la charte des Nations Unies.

trième rangs mondiaux. À la fin de la guerre, plus d'un million de Canadiens portaient l'uniforme. Le Canada avait été un allié essentiel des Britanniques et des Américains, et il avait participé avec eux au projet atomique ultra-secret.

Pour la première fois peut-être, le Canada ne pouvait plus être ignoré. Mackenzie King voulait s'assurer que les cinq grands ne forceraient plus jamais les petits pays comme le Canada à entrer en guerre. Il se fit clairement entendre à la conférence. Grâce à l'acharnement du Canada, il fut inscrit dans la charte des Nations Unies que l'Organisation devait consulter à propos de ses opérations de sécu-rité tout pays à qui elle demanderait de fournir des troupes ou de l'argent. King réclamait aussi des pouvoirs spéciaux pour les puissances intermé-diaires comme le Canada, l'Australie, la Nouvelle-Zélande et les Pays-Bas. Or, seuls les membres du Conseil de sécurité en reçurent. Tous les autres pays membres de l'ONU obtinrent de jouir d'un traite-ment égal et de disposer d'un vote à l'Assemblée générale.

L'«ÂGE D'OR» DE LA POLITIQUE ÉTRANGÈRE CANADIENNE

Le Canada joua donc à la conférence de San Francisco le rôle de porte-parole des puissances intermédiaires. Ce que certains historiens ont appelé l'«âge d'or» de la politique étrangère canadienne venait de commencer. La **politique étrangère** est le plan d'action que se fixe un pays pour régir ses rela-tions internationales. Elle traduit les objectifs du pays en matière de souveraineté (d'indépendance), de croissance économique, de paix, de sécurité et d'environnement.

Un pays peut utiliser des «outils» tant mili-taires que non militaires pour concrétiser sa poli-tique étrangère. Les outils militaires comprennent la formation d'alliances telles que l'Axe, les actions militaires limitées comme les bombardements américains en Libye et, enfin, la guerre ouverte. La Deuxième Guerre mondiale fut un terrible exemple de guerre ouverte. Quant aux outils non militaires,

SOLDATS DE LA PAIX

Depuis la fin de la Deuxième Guerre mondiale, les Canadiens sont mondialement reconnus pour leurs talents en matière de résolution des conflits et de maintien de la paix. Nous devons la première force de maintien de la paix des Nations Unies à un diplomate canadien, Lester B. Pearson. Pearson, qui allait devenir premier ministre du Canada en 1963, reçut le prix Nobel de la paix en 1957 pour son intervention dans la crise du canal de Suez. Inspirée par les idées de Pearson, l'ONU commença à envoyer des forces de maintien de la paix (les «Casques bleus») dans différentes parties du monde. En novembre 1992, la revue *Canadian Geographic* rendit hommage aux Casques bleus canadiens. La lettre reproduite ci-dessous est de Ian Darragh, éditeur de la revue. Après l'avoir lue, demande-toi quel rôle les Canadiens devraient jouer dans les conflits à l'étranger. Réfléchis aussi à ce qui fait la spécificité des Canadiens. Crois-tu, comme Darragh, que tous les Canadiens font partie d'une même famille?

C'est une chose de risquer sa vie pour défendre son pays, c'en est une autre d'affronter les balles des francs-tireurs et les mines en tentant de s'interposer entre les factions dans une guerre civile aussi terrible que celle qui déchire l'ancienne Yougoslavie. Pourtant, telle est la tâche que nous demandons à ceux de nos soldats qui font partie des forces de maintien de la paix des Nations Unies. Nous pouvons être fiers de ce qu'accomplissent nos soldats pour résoudre les conflits dans les points chauds du globe et pour venir en aide aux innocentes victimes de la guerre.

Le Canada participe en ce moment à 12 opérations de maintien de la paix dans le monde. [...] C'est un Canadien, Lester B. Pearson, qui a inventé le concept de forces des Nations Unies pour le maintien de la paix. Lorsqu'il reçut le prix Nobel de la paix en 1957 pour son intervention dans la crise de Suez, il déclara ce qui suit dans son discours d'acceptation: «S'il n'y a pas la paix, il doit y avoir le compromis, la tolérance, l'accord.» Depuis lors, les Casques bleus canadiens, forts de leur entraînement et de leur courage, ont fait progresser la cause de la paix, et ils sont mondialement reconnus pour leur professionnalisme et leur habileté à calmer les esprits et à encourager les compromis. [...]

Pour prendre la pleine mesure de ce que le Canada nous offre et des points communs entre les Canadiens des différentes cultures, il m'a fallu me rendre jusqu'au cœur de l'Afrique, et plus précisément jusqu'au petit pays intérieur qu'est le Rwanda. Le but de ma visite était manifestement agréable, puisque j'avais été invité au mariage d'un ami belge qui enseignait là-bas. Or, le pays que j'ai visité en 1971 était dirigé par un dictateur et écrasé par la peur. Partout où je suis allé, les routes étaient entrecoupées de barrages et des soldats nerveux armés de mitrailleuses vérifiaient mes papiers d'identité avant de me laisser poursuivre ma route.

À la réception qui a suivi le mariage, je fis la connaissance d'un Canadien qui enseignait à la même école que mon ami. Il me serra vigoureusement la main et me dit que j'étais le premier Canadien à qui il parlait depuis des mois. J'appris qu'il était né dans un village près de Québec. Mon français était hésitant et son anglais ne valait pas mieux, mais nous avons découvert que nous parlions le même langage. Nous eûmes tôt fait de parler comme de vieux copains d'excursions en canot, de ski de fond et de la curieuse atmosphère de Noël dans un pays sans neige.

Plus tard, un autre enseignant se joignit à nous en nous disant qu'il était belge. Il avait entendu parler du débat constitutionnel au Canada et il nous demanda avec un sourire malicieux si nous étions fédéralistes ou indépendantistes. Il y eut un silence lourd. Alors, mon nouvel ami me prit par les épaules et dit: «C'est une histoire de famille dont nous ne discutons pas devant les étrangers.» À 7000 kilomètres de chez nous, entourés d'étrangers dans un pays bizarre, nous venions de découvrir qu'en tant que Canadiens nous avions beaucoup plus de points communs que de différences. Nous appartenions à la même famille.

Source: Ian Darragh, «Soldiers for Peace», *Canadian Geographic*, novembre-décembre 1992, p. 6.

LA SOUVERAINETÉ CANADIENNE: L'ÉLABORATION D'UNE POLITIQUE ÉTRANGÈRE

La plupart des gouvernements ont en matière de relations internationales un plan d'action appelé «politique étrangère» sur lequel ils s'appuient pour prendre certaines décisions. Pour élaborer sa politique étrangère, un État doit se fixer des objectifs. Voici quelques-uns des objectifs du Canada. Présente-les au moyen d'un diagramme. Ensuite, trouve dans la sixième partie des exemples d'actions du Canada reliés à chacun de ces objectifs.

1. Croissance économique – Le Canada doit promouvoir une croissance économique soutenue et équilibrée.

2. Souveraineté – Le Canada doit pouvoir régir ses affaires intérieures indépendamment des États étrangers.

3. Paix et sécurité – Le Canada s'efforce d'endiguer la violence dans le monde et, par le fait même, d'assurer sa sécurité et celle de tous les autres pays.

4. Justice sociale – Le Canada doit s'efforcer d'améliorer le niveau de vie des populations du monde entier et promouvoir le respect des droits de la personne.

5. Qualité de vie – Les relations internationales du Canada, et notamment les échanges culturels et scientifiques, devraient améliorer la qualité de vie des Canadiens.

6. Protection de l'environnement – L'environnement du Canada doit être protégé et judicieusement exploité. À cette fin, le Canada doit coopérer avec les pays étrangers pour résoudre les problèmes écologiques mondiaux.

---

ce sont les pressions diplomatiques, les sanctions économiques, le droit international et l'aide au développement.

Pendant et après la guerre, **Lester B. Pearson** et plusieurs autres diplomates d'expérience du *ministère des Affaires extérieures* entreprirent de renouveler la politique étrangère canadienne. Ces diplomates tenaient à accroître l'influence du Canada sur la scène mondiale. Ils étaient conscients qu'avec une population de seulement 10 millions d'habitants, le Canada ne serait jamais une grande puissance. Néanmoins, le Canada s'était illustré pendant la guerre. Il avait nourri les Alliés presque à lui seul; il avait formé les pilotes, élaboré les programmes d'aviation et fourni des cerveaux et de l'uranium au projet atomique. Sur ces plans, entre autres, le Canada avait égalé les cinq grands. Les diplomates canadiens voulaient donc qu'Ottawa intervienne davantage dans les domaines où la contribution du Canada comptait.

La volonté de participer aux tâches internationales importantes équivalait aussi à ce qu'un historien a appelé une «déclaration de responsabilité» de la part du Canada. Les Canadiens étaient prêts à se joindre aux étrangers qui pensaient comme eux pour chercher des moyens de garder la paix. Au cours des deux décennies qui suivirent la guerre, les diplomates canadiens se trouvèrent fréquemment aux premières lignes pour apaiser les tensions internationales, résoudre les conflits et promouvoir la paix et la sécurité dans le monde. Sous l'égide de Lester B. Pearson, les diplomates canadiens se firent la plus haute réputation, ici comme à l'étranger, pour leur zèle à défendre la paix mondiale.

LE CANADA ET LE DÉBUT DES HOSTILITÉS EST-OUEST

La tension qui montait entre les deux nouvelles superpuissances a sérieusement menacé l'avènement de la paix mondiale. À la fin de la guerre, l'hostilité grondait entre les États-Unis et l'Union soviétique. Au cours des années qui suivirent, l'inimitié grandit et, une fois de plus, certains pays prirent parti. L'un des premiers signes de l'aggravation des tensions se manifesta en sol canadien. Le 5 septembre 1945, un jeune employé de l'ambassade soviétique à Ottawa, **Igor Gouzenko**, sortit de son bureau en transportant 109 documents ultrasecrets. Il annonça aux autorités que l'Union soviétique avait placé des espions dans la fonction publique et l'état-major du Canada. Gouzenko affirma que les Soviétiques essayaient de se renseigner sur les activités politiques, les mouvements de troupes et les secrets scientifiques. Il dit que les Soviétiques cherchaient particulièrement

à obtenir de l'information sur la bombe atomique, que le Canada avait mise au point avec la Grande-Bretagne et les États-Unis. Enfin, Gouzenko révéla que les Soviétiques avaient établi des réseaux d'espionnage en Grande-Bretagne et aux États-Unis.

Au début, le gouvernement resta indifférent aux propos de Gouzenko. Puis, des employés de l'ambassade soviétique forcèrent la porte de l'appartement où Gouzenko se cachait avec sa famille et le gouvernement ouvrit les yeux. La Gendarmerie royale du Canada interrogea Gouzenko pendant cinq heures et le plaça sous sa garde. Mackenzie King, stupéfié, apprit les révélations de Gouzenko. King en avertit aussitôt le nouveau président des États-Unis, Harry Truman, et le premier ministre de la Grande-Bretagne, Clement Attlee.

L'affrontement Est-Ouest

Les révélations de Gouzenko firent les manchettes dans le monde entier. Beaucoup de Canadiens étaient aussi atterrés que Mackenzie King d'apprendre que l'Union soviétique essayait de dérober des secrets militaires à ses anciens alliés.

Or, de nombreux autres Canadiens avaient gardé une grande méfiance à l'égard du communisme et de ses intentions. Le dirigeant soviétique, **Joseph Staline**, était arrivé au pouvoir peu de temps après la révolution qui, en 1917, avait renversé et remplacé le tsar par un gouvernement communiste. Staline réprimait brutalement toute opposition, avant et après la guerre. Sa police secrète arrêtait les citoyens soviétiques soupçonnés de s'objecter à lui. Elle en exécutait certains et en envoyait d'autres dans d'ignobles camps de travail appelés goulags.

C'est le visage recouvert d'une cagoule qu'Igor Gouzenko circulait après avoir dénoncé l'existence d'un réseau d'espionnage soviétique au Canada. Pourquoi devait-il cacher son identité?

En 1944 et 1945, l'armée soviétique occupait de vastes territoires en Europe de l'Est. À la fin de la guerre, les troupes soviétiques demeurèrent en Roumanie, en Bulgarie, en Hongrie, en Pologne, en Allemagne de l'Est et en Tchécoslovaquie. On entendait dire que les Soviétiques violaient les libertés individuelles dans ces pays et qu'ils y établissaient des gouvernements communistes totalitaires. L'ingérence soviétique en Europe de l'Est culmina en 1948, avec le renversement du gouvernement social-démocrate de la Tchécoslovaquie. Les États d'Europe de l'Est étaient appelés «pays satellites de l'Union soviétique», car leurs gouvernements communistes étaient assujettis à Moscou.

Le communisme gagnait aussi du terrain en Europe de l'Ouest. Pendant la guerre, les mouvements de résistance avaient compté de nombreux communistes. Ils avaient lutté dans l'ombre contre l'occupation nazie et plusieurs d'entre eux étaient devenus des héros nationaux. À la fin des années 1940, on trouvait des partis communistes bien enracinés dans quelques pays d'Europe de l'Ouest. En Italie et en France, en particulier, les partis communistes organisaient des grèves et des manifestations d'envergure qui perturbaient l'économie et la politique. Beaucoup de gens voyaient là une machination communiste pour affaiblir l'économie de l'Europe occidentale et engendrer le chaos social. Ils commencèrent à redouter le «péril rouge». Ils craignaient que Staline ne devienne un second Hitler et n'étende la puissance soviétique en Europe et dans le monde entier.

Le nouveau premier ministre du Canada, **Louis Saint-Laurent**, était au nombre des dirigeants occidentaux qui se méfiaient de l'Union soviétique. En 1948, il s'engagea avec passion dans la lutte contre la propagation du communisme. «L'isolement ni l'indifférence, dit-il, même si nous voulions nous y retirer, ne peuvent nous offrir de refuge. Des événements encore récents ont fait comprendre à chacun de nous la menace croissante que constitue, pour notre existence de nation démocratique, la vague montante du communisme totalitaire.» Le seul pays qui était assez fort pour s'opposer à l'Union soviétique était les États-Unis. Les diplomates canadiens craignaient qu'avec la fin de la guerre les États-Unis ne se retirent de leurs engagements en Europe. Ils voulaient que les Américains prennent une position ferme contre l'expansion soviétique.

Un grand nombre d'Américains partageaient les soupçons et les craintes de Saint-Laurent. De plus, ils étaient disposés à jouer sur la scène internationale un rôle de plus en plus affirmé. Les dirigeants américains travaillaient déjà à une nouvelle politique étrangère destinée à contrer l'Union soviétique. La doctrine Truman reposait sur la notion d'*endiguement*. Elle visait à endiguer, c'est-à-dire à refréner la propagation du communisme en Europe et ailleurs dans le monde.

L'Organisation du traité de l'Atlantique Nord

Même si le Canada encourageait l'opposition américaine à l'Union soviétique, il voulait quand même que les États-Unis le consultent avant de l'attirer dans une guerre éventuelle. Les diplomates canadiens imaginèrent donc de proposer une alliance aux pays démocratiques de la région de l'Atlantique Nord. Ils espéraient ainsi accroître l'influence du Canada sur la politique de défense des États-Unis.

Les espoirs des diplomates canadiens ne se matérialisèrent jamais mais, en 1949, ils persuadèrent les États-Unis de signer un traité d'alliance avec le Canada, la Grande-Bretagne, la France et huit autres pays. Ce traité, l'**Organisation du traité de l'Atlantique Nord (OTAN)**, contenait des clauses relatives aux échanges culturels et commerciaux entre les pays membres, mais c'était d'abord et avant tout un pacte de défense mutuelle. Les États membres acceptaient de mettre leurs forces militaires en commun pour décourager tout coup de force soviétique en Europe de l'Ouest.

Le pacte de Varsovie

Les Soviétiques voyaient d'un mauvais œil la nouvelle alliance occidentale. Ils affirmaient n'avoir aucune intention malveillante envers l'Europe de l'Ouest. Au contraire, disaient-ils, c'était plutôt l'Union soviétique qui avait été deux fois envahie par des puissances occidentales au cours du XXᵉ siècle. Les Soviétiques soutenaient qu'ils cherchaient uniquement à se protéger contre une autre invasion. De plus, ils dénonçaient les visées impérialistes des États-Unis. L'Union soviétique riposta en 1955 à la création de l'OTAN en formant sa propre alliance défensive, le **pacte de Varsovie**, avec ses pays satellites d'Europe de l'Est.

Dès lors, l'Est et l'Ouest se firent face le long d'une ligne qui allait de la mer Baltique au nord à la mer Adriatique au sud. On trouvait du côté est les pays communistes sous la tutelle de l'Union soviétique et, du côté ouest, les pays coalisés avec les États-Unis. Winston Churchill avait déclaré en 1946 qu'un rideau de fer était descendu sur l'Europe. Les deux nouvelles alliances, l'OTAN et le pacte de Varsovie, approfondirent le fossé qui séparait l'Est et l'Ouest. La Deuxième Guerre mondiale avait fait place à la guerre froide.

LE CANADA ET LA GUERRE FROIDE

Le terme **guerre froide**, créé en 1947, désigne la lutte que se faisaient l'Union soviétique et les États-Unis sans employer les armes. Comme les deux camps craignaient une «guerre chaude» qui aurait forcément été nucléaire, ils se battaient à coup de propagande, d'*espionnage*, de pressions économiques et politiques et d'agressions militaires limitées. Ces tactiques leur servaient à gagner l'appui des pays non alignés.

Ainsi, l'Union soviétique établit un gouvernement communiste en Tchécoslovaquie en 1948; elle réprima des révoltes contre la domination communiste en Allemagne de l'Est en 1953 et en Hongrie en 1956. Les États-Unis participèrent au renversement d'un gouvernement procommuniste au Guatemala en 1954 et ils envoyèrent des troupes en République dominicaine en 1956 pour y prévenir une victoire procommuniste. D'abord et avant tout, l'Union soviétique et les États-Unis se faisaient la guerre froide au moyen de la tactique dissuasive de la course aux armements. C'était une guerre des nerfs: chaque camp accumulait des armes de plus en plus puissantes et destructrices pour effrayer ses ennemis et les garder tranquilles.

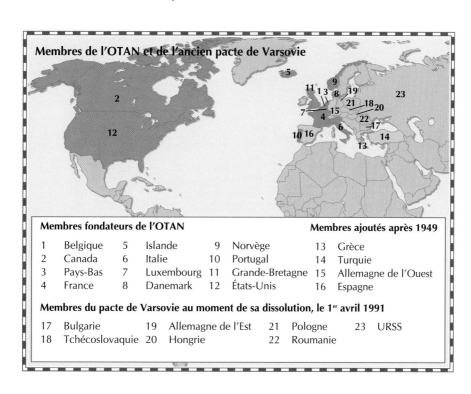

Membres de l'OTAN et de l'ancien pacte de Varsovie

Membres fondateurs de l'OTAN

1	Belgique	5	Islande	9	Norvège	
2	Canada	6	Italie	10	Portugal	
3	Pays-Bas	7	Luxembourg	11	Grande-Bretagne	
4	France	8	Danemark	12	États-Unis	

Membres ajoutés après 1949

13	Grèce
14	Turquie
15	Allemagne de l'Ouest
16	Espagne

Membres du pacte de Varsovie au moment de sa dissolution, le 1er avril 1991

17	Bulgarie	19	Allemagne de l'Est	21	Pologne	23	URSS
18	Tchécoslovaquie	20	Hongrie	22	Roumanie		

Le Canada et le plan Marshall

La reconstruction des pays d'Europe de l'Ouest provoqua l'une des premières escarmouches de la guerre froide. Les États occidentaux voulaient aider leurs alliés à se remettre de la guerre, tandis que l'Union soviétique cherchait à empêcher une reprise économique chez les alliés des États-Unis en Europe de l'Ouest. En 1948, le secrétaire d'État des États-Unis, George Marshall, lança un plan de reconstruction de l'Europe. Le Canada, qui avait déjà prêté d'énormes sommes d'argent à la Grande-Bretagne, se joignit au **plan Marshall** et consacra 706 millions de dollars à l'envoi de nourriture, de matériel et de matières premières en Europe. De 1948 à 1953, l'Europe reçut du Canada et, principalement, des États-Unis une aide économique se chiffrant à 13,5 milliards de dollars. La reconstruction de l'Europe de l'Ouest s'effectua à un rythme qui dépassa tous les espoirs de ceux qui y avaient contribué.

La guerre de Corée

La guerre n'est pas toujours restée froide entre l'URSS et les États-Unis. Il est arrivé, en effet, qu'elle dégénère en conflits armés. Après la Deuxième Guerre mondiale, les États-Unis et l'Union soviétique se partagèrent la Corée sous domination japonaise. Les premiers occupèrent la Corée du Sud et la seconde, la Corée du Nord. Il était prévu que la Corée serait un jour unifiée et indépendante. Mais quand la guerre froide commença, la situation devint permanente. La Corée resta divisée en deux camps hos-

tiles, même après le retrait des forces d'occupation américaines et soviétiques.

En juin 1950, sans avertissement préalable, les Nord-Coréens communistes envoyèrent en Corée du Sud 100 000 hommes équipés d'armes russes. Les États-Unis virent dans cette opération une nouvelle menace communiste en Asie et le Conseil de sécurité des Nations Unies tint une session spéciale. Les Soviétiques, qui boycottaient alors le Conseil de sécurité, n'assistèrent pas à la session. Le Conseil de sécurité résolut d'envoyer en Corée du Sud des forces des Nations Unies sous commandement américain.

Les États-Unis étaient de loin les mieux représentés des 14 pays membres de l'ONU qui fournirent des troupes à l'opération. Le Canada envoya trois contre-torpilleurs et un escadron de transport aérien d'abord, puis des troupes terrestres. Au cours des trois longues années que durèrent les hostilités, 22 000 Canadiens combattirent en Corée. Il y eut plus de 1000 blessés et au-delà de 300 morts dans leurs rangs. Les tirs cessèrent la nuit du 27 juillet 1953, mais la Corée resta divisée.

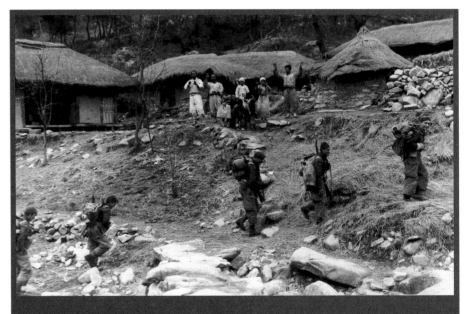

Ces soldats canadiens faisaient partie des forces de maintien de la paix que les Nations Unies envoyèrent en Corée de 1950 à 1953.

Après la guerre froide

Après la guerre de Corée, les troupes canadiennes ont participé à plusieurs autres conflits, et notamment à la guerre du golfe Persique. En août 1990, l'Iraq de Saddam Hussein envahit le Koweït et prit le contrôle de vastes réserves de pétrole. Malgré les sévères sanctions économiques que le Conseil de sécurité des Nations Unies imposa à l'Iraq, Hussein refusa de retirer ses troupes. En janvier 1991, les États-Unis demandèrent au Canada de se joindre à la force internationale qui, sous commandement américain, allait intervenir en Iraq. Le premier ministre Brian Mulroney accepta.

La participation du Canada à la guerre du golfe Persique fit l'objet de débats enflammés au Parlement et dans la presse. Certaines personnes estimaient que l'adhésion du Canada à une action militaire américaine était incompatible avec son rôle de partisan de la paix internationale. Selon un journaliste, l'appui apporté aux États-Unis dans le conflit ne servait aucunement à faire respecter le droit international, mais bien à favoriser la politique intérieure et les intérêts américains. Quoi qu'il en soit, la guerre éclata le 16 janvier 1991 et les forces canadiennes se lancèrent dans le combat. La guerre, courte mais terrible, se termina avec la reddition de l'Iraq, le 27 février. La participation à ce conflit mit en relief l'éternel dilemme auquel le Canada fait face en tant que membre des Nations Unies, d'une part, et allié proche des États-Unis, d'autre part.

LE CANADA ET LE MAINTIEN DE LA PAIX

Depuis les années 1940, le Canada joue un rôle prépondérant dans le maintien de la paix. Ce rôle l'a amené à tenter d'éviter ou de terminer des guerres un peu partout dans le monde. Les soldats et les diplomates canadiens ont souvent été invités à essayer de résoudre des situations potentiellement explosives. Leur objectif a été d'empêcher de petites guerres isolées de dégénérer en grandes guerres entre les superpuissances.

Lester B. Pearson et la crise de Suez

Le Canada n'a jamais mieux rempli son rôle de médiateur que pendant la crise de Suez. En 1956, le président d'Égypte, Gamal Abdel Nasser, nationalisa le canal de Suez. La Grande-Bretagne et la France, craignant la perte d'une voie d'accès vers l'Orient, se joignirent à Israël pour attaquer l'Égypte et tenter de reprendre le canal.

L'invasion enflamma les esprits dans le monde entier. L'Union soviétique menaça de s'allier à l'Égypte et de s'en prendre à la Grande-Bretagne et à la France. Les combats s'intensifièrent dans la zone du canal. Une guerre mondiale était à l'horizon. Lester Pearson, alors ministre des Affaires extérieures, prit les choses en main. Il proposa aux Nations Unies de créer une force d'urgence à Suez pour «pacifier les frontières en attendant un règlement politique».

Quelques jours plus tard, les belligérants se retirèrent de la zone de combat et firent place aux Casques bleus des Nations Unies. La paix revint sur les rives du canal de Suez. En 1957, Pearson reçut le prix Nobel de la paix pour son intervention. Depuis la crise de Suez, le Canada a été de toutes les missions de maintien de la paix des Nations Unies, si bien que nombre d'anciens combattants canadiens se sentirent personnellement honorés lorsque, en 1988, le prix Nobel de la paix fut décerné aux Casques bleus.

LES MINES NE PORTENT PAS DE DRAPEAU

Au cours des 50 dernières années, les Canadiens ont consacré énormément d'efforts au maintien de la paix et leurs talents de médiateurs leur ont valu l'estime du monde entier. Depuis la fin de la Deuxième Guerre mondiale, plus de 87 000 hommes et femmes ont participé à plus de 30 opérations dans le monde entier. De fait, le Canada peut s'enorgueillir d'être le seul pays à avoir collaboré à toutes les initiatives de maintien de la paix des Nations Unies.

Les missions de maintien de la paix comportent beaucoup de difficultés. Confrontés à des cultures et à des milieux inconnus, les Casques bleus canadiens doivent déployer des trésors d'ingéniosité. Dans l'article qui suit, le capitaine Jane Thelwell décrit les obstacles que les Canadiens ont rencontrés en 1989, alors qu'ils tentaient d'enseigner la sécurité en matière de mines aux réfugiés afghans, dans le cadre d'un programme d'aide humanitaire des Nations Unies.

Je faisais partie du premier groupe de Canadiens envoyés à Peshawar [au Pakistan] pour enseigner la sécurité en matière de mines aux réfugiés afghans. Nous avions deux programmes d'enseignement: l'un concernait la prévention et s'adressait aux femmes et aux enfants; l'autre portait sur le déminage et il était destiné aux hommes.

Nous avons tenté par tous les moyens possibles de sensibiliser les gens aux dangers posés par les mines. Souvent, nous nous rendions dans un camp de réfugiés; une fois sur place, nous étions invités dans l'un des foyers les plus libéraux. Les voisins arrivaient les uns après les autres, suivis de vingt ou trente enfants, et alors la situation pouvait devenir assez anarchique.

C'était un milieu d'apprentissage très dynamique. Nous ne pouvions pas donner des exposés théoriques. Il fallait raconter des histoires aux gens et les laisser nous en raconter en retour. Si, par exemple, je montrais une mine en forme de papillon, il se trouvait quelqu'un pour raconter en long et en large que l'oncle Abdul en avait pris une et qu'il avait perdu ses doigts. «À propos de l'oncle Abdul, poursuivait le conteur, saviez-vous que ses chameaux étaient

morts?» C'était parti pour vingt minutes. Au début, je trouvais ce rythme trop lent, étant habituée à un milieu d'apprentissage structuré. Mais nous ne pouvions pas procéder autrement.

Nous présentions de fausses mines ou des mines désamorcées. Nous avions aussi des affiches qui montraient les différents types de mines. Un jour, nous avons exhibé une mine antichar et nous avons demandé aux gens ce que c'était. Une dame leva la main et répondit le plus sérieusement du monde: «C'est pour faire la cuisine. C'est un chaudron.» Dans ce contexte, il n'était pas étonnant que tant de ces gens trouvent la mort à leur retour en Afghanistan. Très peu de femmes savaient reconnaître une mine.

Il nous arrivait même d'aménager de petits champs de mines dans une de leurs cours fermées. Nous les faisions marcher dans la cour pour voir s'ils étaient capables de repérer les mines et les pièces d'artillerie. Nous étions renversés; si nous placions des fils de détente sur les mines, la plupart des femmes marchaient dessus. Il fallait les habituer à être vigilants.

Il fallait aussi les convaincre que l'origine des mines n'avait aucune importance, que les mines laissées par les rebelles afghans étaient aussi meurtrières que les mines des Soviets. Nous leur répétions d'ouvrir l'œil à chaque instant. Les mines ne portent pas de drapeau.

Source: Capitaine Jane Thelwell, «Mines Don't Take Sides», *Shadows of War, Faces of Peace: Canada's Peacekeepers*, Toronto, Key Porter Books Limited, 1992, p. 95.

Ces soldats canadiens enseignent la sécurité en matière de mines.

LA NOUVELLE COURSE AUX ARMEMENTS

La guerre froide provoqua une gigantesque course aux armements entre l'Est et l'Ouest. Un an après le déclenchement de la guerre de Corée, les États-Unis avaient presque doublé la taille de leur aviation et de leur marine et triplé celle de leur armée de terre. Le Canada, de son côté, commença à faire du recrutement pour envoyer des effectifs en Europe. Il promit 12 escadrons de chasseurs à réaction et lança un programme accéléré de construction d'escorteurs. Le budget de la défense du Canada, qui s'élevait à 196 millions de dollars en 1947, se chiffrait en 1952 à 2 milliards de dollars, une somme équivalant aux deux cinquièmes du budget fédéral.

La course aux armes nucléaires

Les pays se mirent à accumuler non plus seulement des armes conventionnelles (non nucléaires) mais aussi des armes nucléaires. En 1949, l'Union soviétique mit à l'essai sa première bombe atomique: les États-Unis n'étaient plus les seuls à posséder l'arme absolue. Tout au long des années 1950, dans une surenchère meurtrière, les Américains et les Soviétiques cherchèrent à se dépasser les uns les autres. En 1957, les deux pays disposaient de la bombe à hydrogène, une arme 1000 fois plus puissante que la bombe lâchée sur Hiroshima.

La même année, les Soviétiques lancèrent le premier satellite artificiel, *Spoutnik*. Avec *Spoutnik*, les Soviétiques exhibaient leurs capacités technologiques et démontraient qu'ils étaient capables d'envoyer des missiles nucléaires au cœur de l'Amérique. Les Américains ne reculèrent devant rien pour égaler les Soviétiques. À la fin des années 1950 et au début des années 1960, les deux pays mirent au point des missiles balistiques intercontinentaux, d'énormes fusées portant des ogives nucléaires à hydrogène. Une demi-heure après son lancement, un missile soviétique pouvait s'abattre sur des objectifs situés au Canada ou aux États-Unis.

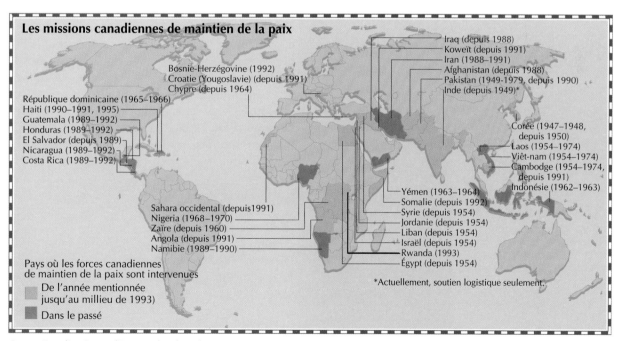

Source: *Canadian Geographic*, novembre-décembre 1992.

Le Canada entre deux feux

Les Canadiens se rendirent compte que la troisième guerre mondiale, si jamais elle se déclenchait, aurait lieu non pas en Europe mais en Amérique du Nord. Les bombardiers porteurs d'ogives nucléaires, qu'ils soient américains ou soviétiques, survoleraient forcément le territoire canadien. De par sa situation géographique, le Canada se trouvait pris en étau entre les superpuissances. Le Nord canadien prit soudain une importance cruciale pour la défense des États-Unis et du Canada.

Le Canada et les États-Unis resserrèrent leurs liens pour défendre l'Amérique du Nord contre une éventuelle attaque nucléaire soviétique. En 1957, l'un des premiers gestes du nouveau chef du gouvernement canadien, **John Diefenbaker**, fut d'adhérer au **Commandement de la défense aérienne de l'Amérique du Nord (NORAD)**. Trois réseaux de détection par radar furent installés au Canada: le réseau Pinetree, la ligne du Centre du Canada et le réseau d'alerte avancé. Les stations radar furent reliées à une base de NORAD située à North Bay, en Ontario, d'où les chasseurs pouvaient se rendre au-dessus de l'Arctique pour intercepter les bombardiers soviétiques. Le gouvernement de

---

Priorités mondiales

«Selon vous, dans quelle mesure le Canada devrait-il participer à la résolution des problèmes mondiaux suivants?»

Pourcentage de personnes ayant répondu «dans une grande mesure»

Problèmes écologiques	73
Analphabétisme	61
Législation en matière de droits de la personne	57
Désarmement	48
Aide aux pays sinistrés	46
Développement du Tiers monde	40
Conflits intérieurs	32
Conflits internationaux	30
Aide aux réfugiés	29
Surpopulation	26
Pays en difficulté économique	24

Source: Reginald W. Bibby et Donald C. Posterski, Teen Global Priorities, Toronto, Stoddart, 1992, p. 163.

Diefenbaker commença à acheter aux Américains des missiles Bomarc et des chasseurs Voodoo, qui tous pouvaient transporter des ogives nucléaires. Le gouvernement conseilla aussi aux citoyens de se construire des *abris antiatomiques*. Le Canada se trouvait dès lors plus lié que jamais aux politiques de défense des États-Unis.

La dissuasion

Le monde avait changé et il n'existait plus de certitudes. Les nouvelles armes nucléaires pouvaient anéantir un pays en quelques heures. Les éventuels survivants erreraient parmi les ruines, mortellement empoisonnés par les radiations. Autrefois, même les pays les plus durement éprouvés par la guerre avaient une chance de se relever. Mais, avec les armes atomiques, tout avait changé.

Une guerre nucléaire ne ferait pas de vainqueur. Par conséquent, la seule fonction des armes nucléaires ne pouvait être que la dissuasion. Autrement dit, les deux camps se dotaient d'une force de frappe telle qu'aucune ne se risquait à l'utiliser par peur de représailles. Les partisans de la dissuasion soutenaient que la course aux armements favorisait le maintien de la paix. Mais beaucoup d'autres gens, y compris un bon nombre de Canadiens, pensaient le contraire. L'accumulation des armements, disaient-ils, faisait sans cesse grossir le risque d'une catastrophe mondiale. La coopération de plus en plus étroite du Canada aux activités de défense américaines déclencha des vagues de protestation au pays. Les pacifistes se donnèrent pour mission d'arrêter la course aux armements et de fermer le Canada aux armes nucléaires.

La crise de Cuba

Au début des années 1960, l'hostilité continuait de croître entre l'Est et l'Ouest. La perspective d'une guerre atomique devenait de plus en plus plausible. La tension atteignit son point culminant en octobre 1962, lors de la **crise de Cuba**. L'Union soviétique, en effet, avait à Cuba (qui était communiste) des missiles nucléaires tournés vers les États-Unis. Le président des États-Unis, John F. Kennedy, menaça de prendre les armes si le dirigeant soviétique, Nikita Khrouchtchev, ne retirait pas tous les missiles de Cuba. Khrouchtchev n'en fit rien. Pendant cinq jours, le monde retint son souffle en se résignant à la catastrophe. Mais Khrouchtchev céda enfin et retira ses missiles de Cuba.

LA DÉTENTE ET LA FIN DE LA GUERRE FROIDE

Après la crise de Cuba, les superpuissances prirent conscience des risques qu'elles couraient. Elles avaient échappé de justesse à la guerre nucléaire et elles ne tenaient pas à recommencer. À la fin des années 1960 et au début des années 1970, la **détente** succéda à la guerre froide. Une ligne téléphonique directe fut installée entre Moscou et Washington de façon que les dirigeants dissipent entre eux tout malentendu propre à déclencher une guerre nucléaire.

De plus, les États-Unis et l'Union soviétique signèrent en 1963 un traité par lequel ils s'engageaient à cesser les essais atomiques. C'était le premier pas vers une politique de coexistence pacifique. Les deux superpuissances entamèrent ensuite une série de pourparlers visant à stopper la course aux armements et à réduire les arsenaux nucléaires. Ces négociations donnèrent lieu en 1979 à la signature de deux traités sur la limitation des armes stratégiques.

Or, les traités n'empêchèrent pas le climat de se dégrader à quelques reprises. En 1979, l'Union soviétique plaça 350 missiles en Europe de l'Est. Les États-Unis ripostèrent en annonçant leur intention d'installer des missiles de croisière en Europe de l'Ouest. La même année, l'URSS envahit l'Afghanistan. En signe de protestation, le Canada, les États-Unis et d'autres pays occidentaux boycottèrent les Jeux olympiques de Moscou en 1980. L'Union soviétique, piquée au vif, boycotta à son tour les Jeux olympiques de Los Angeles en 1984. En 1981, le président des États-Unis, Ronald Reagan, fit de vigoureuses attaques verbales contre l'Union soviétique, qu'il qualifia d'«empire du mal». Reagan évoqua aussi les moyens de «gagner» une

1er

COURSE AUX ARMEMENTS

guerre nucléaire et il ajouta 180 milliards de dollars au budget de la défense. Il annonça ensuite la création d'un programme appelé Initiative de défense stratégique (IDS). Ce programme coûteux, surnommé **Guerre des étoiles**, prévoyait la construction d'engins spatiaux destinés à détruire les missiles soviétiques dirigés vers les États-Unis.

Pendant que les relations américano-soviétiques tournaient encore une fois au vinaigre, à la fin des années 1970 et au début des années 1980, un mouvement pacifiste mondial se mobilisa pour réclamer le désarmement. Plus de 100 villes et villages du Canada se déclarèrent «zones dénucléarisées». Vers le milieu des années 1980, la tension se relâcha de nouveau. Reagan et le dirigeant soviétique Mikhaïl Gorbatchev tinrent deux conférences au sommet, les **Pourparlers pour la réduction des armes stratégiques (START,** pour *Strategic Arms Reduction Talks).* Le premier sommet se termina en 1987 sur un accord relatif à l'élimination de toute une catégorie d'armes nucléaires.

La fin de la guerre froide

Puis, une série d'événements complètement inattendus se produisirent en Europe de l'Est. À la fin des années 1980, rien n'allait plus en Union soviétique.

LA SÉRIE CANADA-URSS DE 1972: LA GUERRE FROIDE SUR LA GLACE?

Les Canadiens sont depuis toujours de fervents amateurs de hockey et nos joueurs ont longtemps été les meilleurs au monde. Ce n'est donc pas sans une certaine appréhension que les Canadiens virent l'Union soviétique prendre la tête des compétitions internationales de hockey, dans les années 1950 et 1960. Or, les meilleurs joueurs du Canada n'avaient jamais participé aux championnats internationaux à cause de leurs engagements envers la Ligue nationale de hockey. Par conséquent, les amateurs pouvaient encore supposer que les joueurs canadiens étaient supérieurs aux joueurs soviétiques, même si leurs idoles ne dominaient plus les événements internationaux comme les Olympiques.

Pour un nombre croissant d'amateurs, dans les pays communistes comme dans les pays non communistes, l'amphithéâtre devenait un prolongement de l'arène politique. Alors, la série Canada-URSS annoncée en 1972 eut tôt fait de devenir plus qu'une rencontre entre les deux meilleures équipes de hockey au monde. C'était la guerre froide sur la glace, l'affrontement entre le capitalisme et le communisme.

La série du siècle, comme on se mit à l'appeler, comprenait huit parties, quatre disputées en Union soviétique et quatre au Canada. Personne n'avait osé rêver d'une série aussi enlevante. Après la septième partie, il y avait trois victoires de chaque côté et une partie nulle. Partout au pays, les Canadiens se rassemblèrent devant leurs téléviseurs pour regarder la huitième partie. Et quelle partie! La vigueur du jeu offensif et le brio des gardiens de but furent tels de part et d'autre que les deux équipes se retrouvèrent à égalité à la fin de la troisième période. Soudain, Paul Henderson lance et déjoue le gardien de but soviétique, Vladislav Tretiak. Ce fut l'un des buts les plus mémorables de l'histoire du hockey.

Essaie de trouver une personne qui se souvient de la série et demande-lui ce qu'elle a éprouvé quand le but victorieux fut marqué. Selon toi, en quoi cette série traduit-elle l'importance que revêt le sport pour l'identité d'un pays?

Paul Henderson saute de joie après avoir marqué le but vainqueur lors de la série Canada-URSS de 1972.

Les rencontres entre le dirigeant soviétique Mikhaïl Gorbatchev et le président des États-Unis Ronald Reagan annoncèrent la fin de la guerre froide.

Gorbatchev prôna la *perestroïka*, c'est-à-dire la restructuration économique, et la *glasnost*, c'est-à-dire l'ouverture dans les affaires publiques. Ces réformes tant attendues visaient à rendre le système économique et politique de l'Union soviétique semblable à celui de l'Ouest.

Gorbatchev relâcha l'autorité que l'Union soviétique exerçait sur les pays du pacte de Varsovie. À l'automne de 1989, les Soviétiques ne firent rien pour empêcher la levée du rideau de fer qui s'étendait des Balkans à la mer Baltique. Le monde entier assista dans le plus grand étonnement à la chute du mur de Berlin. L'Allemagne de l'Est communiste (officiellement appelée la République démocratique allemande) fut réunie avec l'Allemagne de l'Ouest démocratique (la République fédérale d'Allemagne). D'autres pays du pacte de Varsovie se dotèrent de gouvernements démocratiques et tranchèrent les liens qui les unissaient à l'Union soviétique.

En décembre 1991, l'URSS elle-même se décomposa en 15 États indépendants, dont la Russie, l'Ukraine, la Géorgie, la Moldavie et le Tadjikistan. La Russie est, de loin, le plus grand de ces États. Elle couvre 11 fuseaux horaires et plus de 75 % du territoire de l'ancienne Union soviétique. Avec l'effondrement de l'URSS, la guerre froide se terminait.

Les changements économiques, politiques et sociaux associés à la fin de la guerre froide provoquèrent dans le monde entier un étonnement qui ne s'est pas encore dissipé. Le revirement de la situation à l'Est apporta un peu d'espoir à un monde éprouvé par la guerre froide. Pourtant, la paix mondiale semblait encore incertaine. En Roumanie et en Hongrie, par exemple, des haines séculaires se ravivèrent entre des groupes nationaux, religieux et ethniques. Une terrible guerre ethnique déchira la Yougoslavie. Et de nouveaux États d'Europe de l'Est trébuchent encore sur la voie de la stabilité politique et économique.

La guerre froide est finie, mais l'ordre nouveau est encore fragile en Europe de l'Est. Les Canadiens, aujourd'hui, s'interrogent sur le nouvel ordre mondial. À quoi devrait servir l'OTAN maintenant que le pacte de Varsovie est aboli? Comment le Canada peut-il aider l'Europe de l'Est à atteindre la stabilité politique et économique? Quel devrait être le rôle du Canada dans un monde qui n'est plus dominé par deux superpuissances?

LE CANADA

En 1989, les Berlinois ont démoli le mur qui divisait leur ville en deux. Selon toi, pourquoi ont-ils mis à la tâche cette ardeur jubilante?

305

LE CANADA DANS LE MONDE: L'AIDE ET LE COMMERCE

En 1968, le premier ministre Pierre Elliott Trudeau entreprit une révision de la politique étrangère canadienne. Il sabra dans le budget de la défense et bloqua la contribution du Canada à l'OTAN. De plus, il voulait que le Canada prenne ses distances avec les États-Unis et se rapproche d'autres pays. En 1970, il afficha la nouvelle orientation de la politique étrangère canadienne en s'écartant de la politique officielle des États-Unis envers la République populaire de Chine. Les États-Unis, en effet, refusaient de reconnaître le gouvernement communiste que Mao Tsê-tung avait établi en Chine continentale en 1949 et ils continuaient à soutenir l'ancien gouvernement en exil à Taïwan. Mais le Canada reconnut officiellement la République populaire de Chine et appuya son adhésion aux Nations Unies.

Trudeau forgea des relations commerciales avec la Chine, le Japon et d'autres pays de la ceinture du Pacifique. Il fit aussi une visite amicale en Union soviétique pour promouvoir les échanges culturels et commerciaux avec les États du pacte de Varsovie. Ses voyages portèrent fruit. Par exemple, l'URSS participa à des séries de hockey avec le Canada et, en 1973, elle acheta pour 200 millions de dollars de blé canadien.

Trudeau se rendit aussi en Europe pour resserrer les liens commerciaux entre le Canada et les pays de la Communauté économique européenne (CEE), aujourd'hui devenue la Communauté européenne (CE). Le Canada et la CEE signèrent un accord de coopération commerciale et économique en 1976. L'accord permit au Canada d'échanger des technologies et d'intensifier ses activités commerciales et financières en Europe.

Le Canada et le Commonwealth

Fort de son nouveau statut de puissance intermédiaire, le Canada offrit son aide à des pays étrangers. Pendant le mandat de Pierre Elliott Trudeau, le

Le premier ministre Pierre Elliott Trudeau voulait raffermir l'influence du Canada sur la scène internationale. On le voit ici avec l'homme

Canada prêta main-forte aux pays les moins développés, appelés pays du Tiers monde. Le Canada accordait une attention particulière aux anciennes colonies britanniques qui avaient acquis leur indépendance après la guerre. Mackenzie King, et surtout Louis Saint-Laurent, avaient beaucoup favorisé l'adhésion de peuples non blancs au *Commonwealth* britannique, qui avait toujours été exclusivement composé de peuples blancs. En 1987, le Commonwealth était composé de 47 pays répartis sur tous les continents et il représentait un quart de la population mondiale.

Le Canada envoya des représentants officiels dans plusieurs des pays du Commonwealth. Par ailleurs, il se prononça en faveur de l'indépendance d'anciennes colonies européennes comme l'Angola, le Mozambique, la Rhodésie (aujourd'hui devenue le Zimbabwe) et la Namibie. En 1961, l'Afrique du Sud refusait toujours d'abolir l'apartheid et le premier ministre John Diefenbaker fut au nombre de ceux qui exigèrent son retrait du Commonwealth. (La politique de l'apartheid consistait à refuser les pouvoirs économiques et politiques à la majorité noire et à la séparer de la minorité blanche dominante.)

Le Canada a toujours été l'un des plus farouches adversaires de l'apartheid. Il a sans cesse exhorté les autres pays à faire pression sur le gouvernement blanc d'Afrique du Sud, notamment au moyen de sanctions (des mesures qu'un pays utilise pour en forcer un autre à modifier ses politiques). L'Afrique du Sud a fait l'objet de toutes sortes de sanctions internationales, qu'il s'agisse d'embargos commerciaux ou du bannissement de ses athlètes des compétitions internationales. En 1991, le gouvernement d'Afrique du Sud a dû céder à la pression intérieure et internationale et abolir l'apartheid. Le chef de la majorité noire, Nelson Mandela, est devenu président de l'Afrique du Sud en 1994, à la suite des premières élections ouvertes à tous les citoyens du pays, quelle que soit leur race.

L'aide au Tiers monde

La plupart des pays du Tiers monde sont aux prises avec une pauvreté désespérante due à la rareté de leurs ressources, aux lacunes de leur commerce et de leur industrie et à leur accroissement démographique. L'éducation et la formation professionnelle y sont grandement insuffisantes. La population de certains pays du Tiers monde est privée de nourriture, de logement, de vêtements, d'eau potable et de soins médicaux.

Depuis de nombreuses années, le Canada s'efforce d'éliminer la pauvreté et d'aider les pays du Tiers monde à affermir leur économie. Dès les années 1950, des milliers de jeunes bénévoles canadiens participaient aux programmes d'aide au Tiers monde. Des organismes comme le Service universitaire canadien outre-mer (SUCO) et l'Entraide universitaire mondiale du Canada (EUMC) ont apporté une assistance financière et technologique aux pays en voie de développement.

Dans les années 1950, le Canada consacrait des ressources modestes à l'aide au développement. En 1956-1957, par exemple, le budget de l'aide au développement s'établissait à 50 millions de dollars. Sur cette somme, 35 millions étaient destinés au plan Colombo, un programme d'aide aux pays du Commonwealth en Asie. Ainsi, les fonds canadiens ont servi à la mise sur pied d'une usine de ciment

L'Empire britannique fut remplacé en 1931 par le Commonwealth britannique. Depuis lors, il y a eu de nombreuses rencontres entre le monarque régnant et les chefs d'État des anciennes colonies britanniques. Qu'est-ce que la coopération avec les autres pays du Commonwealth peut apporter au Canada?

L'Agence canadienne de développement international administre le programme canadien de coopération avec les pays du Tiers monde.

au Pakistan, à la construction d'une centrale nucléaire en Inde et à des projets d'irrigation dans d'autres pays. L'aide au développement a augmenté et s'est diversifiée dans les années 1960, pendant que Lester B. Pearson était premier ministre. Le Canada a alors commencé à fournir de l'aide alimentaire, à consentir des prêts à faible taux d'intérêt pour les projets de développement économique et à offrir des bourses d'étude et de l'aide technique aux gens du Tiers monde. En 1968, le Canada créa l'Agence canadienne de développement international (ACDI), qu'il chargea de coordonner tous les projets d'aide canadiens, qu'ils émanent d'organisations gouvernementales ou non gouvernementales. Les organisations non gouvernementales (ONG), sont des groupements privés comme la Société canadienne de la Croix Rouge, CARE Canada, Oxfam Canada, le Unitarian Service Committee of Canada et l'Aide à l'enfance-Canada. Les ONG reçoivent un peu d'argent de l'ACDI, mais la majeure partie de leurs revenus provient des dons des particuliers.

Le Canada et la francophonie

Avant les années 1970, l'aide canadienne allait principalement aux pays anglophones du Commonwealth. Puis, pendant le mandat de Pierre Elliott Trudeau, le Canada ajouta les anciennes colonies françaises à la liste des pays qu'il aidait. Trudeau, en effet, tenait à ce que la politique étrangère canadienne reflète aussi l'importance de la langue et de la culture françaises du pays. De 1960 à 1968, les 21 pays francophones d'Afrique ne reçurent du Canada que 300 000 $ en aide technique. En 1973, en revanche, cette somme passa à 80 millions de dollars, soit un cinquième du budget de l'ACDI. Dès lors, le Canada se classait au deuxième rang

La politique canadienne d'aide au développement

L'Agence canadienne de développement international (ACDI) a été créée en 1968 pour aider les pays les plus pauvres du monde à atteindre l'auto-suffisance. Les principaux objectifs de l'ACDI sont de réduire la pauvreté, d'améliorer la gestion économique, d'accroître la participation des femmes aux programmes de développement, d'encourager le respect de l'environnement dans le développement et d'assurer l'approvisionnement soutenu en nourriture et en énergie dans les pays bénéficiaires.

Le Canada a commencé à fournir de l'aide au développement dans les années 1940, en contribuant financièrement aux Nations Unies. Puis, dans les années 1950, le Canada a appuyé le plan Colombo, qui était destiné aux pays d'Asie indépendants depuis peu, tels l'Inde, le Pakistan et le Ceylan (aujourd'hui devenu le Sri Lanka). Au cours des 20 années qui suivirent, le Canada a offert son aide aux Antilles (1958), aux pays africains du Commonwealth (1959), aux pays francophones d'Afrique (1961) et à l'Amérique latine (1964).

Budget du Canada en matière d'aide au développement, 1980-1992

Année	Montant (millions de $)
1980	1291
1981	1307
1982	1489
1983	1670
1984	1812
1985	2097
1986	2174
1987	2522
1988	2624
1989	2947
1990	2850
1991	3021
1992	2956

Source: Agence canadienne de développement international.

SUCO,
À L'ŒUVRE DEPUIS PLUS DE 30 ANS

Le Canada est un pays libre et relativement prospère où beaucoup de gens ont la possibilité d'étudier et de réaliser leurs rêves. Les autres pays n'ont pas tous autant de chance. Depuis 1961, des centaines de bénévoles du Service universitaire canadien outre-mer (SUCO) aident les gens les plus démunis à acquérir d'importantes connaissances.

Le SUCO est une organisation non gouvernementale qui fut fondée par des représentants de 21 universités et de 22 organismes canadiens. C'est une organisation indépendante, bien que l'essentiel de ses revenus provient du gouvernement canadien par l'entremise de l'Agence canadienne de développement international (ACDI). Depuis 1961, le SUCO a envoyé plus de 9000 spécialistes canadiens aux quatre coins du monde, du Bangladesh à la Bolivie. Au début, les bénévoles étaient pour la plupart des diplômés d'universités à qui l'on confiait des postes d'enseignants dans les pays du Tiers monde. Aujourd'hui, cependant, la demande d'enseignants a beaucoup diminué, car de nombreux pays sont en mesure de combler eux-mêmes ce besoin. Les pays en développement demandent plutôt au SUCO de leur envoyer des agronomes, des ingénieurs forestiers, des experts en exploitation minière et des ouvriers spécialisés.

Les «bénévoles» d'autrefois sont devenus des «coopérants», car le SUCO axe ses activités sur la coopération avec les collectivités locales. Par souci d'égalité, les coopérants sont payés au taux local. Le travail à l'étranger n'est pas rémunérateur et il réserve aux coopérants quelques chocs culturels. Néanmoins, la plupart des coopérants reviennent au Canada en disant qu'ils ont vécu une expérience enrichissante.

L'écologiste et journaliste canadien David Suzuki s'adresse aux habitants d'une forêt tropicale de la Papouasie-Nouvelle-Guinée. Le SUCO avait envoyé Suzuki en visite de reconnaissance dans les dernières forêts tropicales intactes du monde.

Un grand nombre de Canadiens travaillent dans les pays en voie de développement pour en améliorer les conditions de vie. On voit ici une infirmière canadienne qui explique à un père somalien qu'il faut boire beaucoup de liquide pour éviter la déshydratation.

mondial (après la France) pour l'aide apportée aux pays francophones d'Afrique. Encore aujourd'hui, le Canada est un membre actif de la communauté francophone mondiale, appelée la *francophonie*.

LE RÔLE FUTUR DU CANADA

À l'issue de la Deuxième Guerre mondiale, le Canada était devenu une importante puissance intermédiaire. Aujourd'hui, il a encore un rôle capital à jouer sur la scène internationale. La guerre froide est finie, mais le monde n'est pas en paix, loin de là. Les pays se constituent de gigantesques réserves d'armes, qu'il s'agisse d'armes conventionnelles perfectionnées ou encore d'armes chimiques, biologiques et nucléaires. Le Canada a encore beaucoup à faire pour préserver la paix et arrêter la prolifération des armes de guerre.

La pauvreté, la faim et la maladie menacent encore une grande partie du monde. Les sécheresses, les inondations, la surpopulation et les changements climatiques se liguent pour causer de graves pénuries de nourriture. On estime que la faim tenaille un milliard de personnes dans le monde et que la malnutrition et ses conséquences font chaque année 20 millions de victimes. Des millions de gens n'ont ni l'argent, ni les outils, ni la formation nécessaires pour améliorer leur sort. Le Canada a toujours offert son amitié et sa générosité aux pays les plus pauvres, et il doit continuer à favoriser l'autosuffisance des pays en développement. Les Canadiens savent qu'ils sont citoyens du village global et qu'ils doivent faire leur part pour son avenir.

LES GENS, LES LIEUX ET LES ÉVÉNEMENTS

Dans tes notes, explique clairement l'importance historique des éléments suivants:

Organisation des Nations Unies (ONU)	Igor Gouzenko
Lester B. Pearson	Louis Saint-Laurent
Joseph Staline	Pacte de Varsovie
Organisation du traité de l'Atlantique Nord (OTAN)	Plan Marshall
Guerre froide	Commandement de la défense aérienne de l'Amérique du Nord (NORAD)
John Diefenbaker	Crise de Cuba
Détente	Strategic Arms Reduction Talks (START)
Guerre des étoiles	
Politique étrangère	

RÉSUME TES CONNAISSANCES

1. Compare la puissance du Canada à celle d'un des «cinq grands» après la Deuxième Guerre mondiale. Explique ce que signifie l'expression «puissance intermédiaire».

2. Pourquoi l'affaire Gouzenko fut-elle l'un des premiers signes de la guerre froide?

3. Quelles actions de l'Union soviétique ont fait craindre aux pays occidentaux l'expansion du communisme? Comment les pays occidentaux ont-ils réagi?

4. Qu'est-ce que la création de l'OTAN a modifié dans la politique étrangère que le Canada et les États-Unis avaient avant la Deuxième Guerre mondiale?

5. Quelles furent les causes de la guerre de Corée? Quel rôle les Canadiens ont-ils joué dans cette guerre?

6. Que font les Casques bleus canadiens dans les zones de conflit?

7. Qu'est-ce que la course aux armements nucléaires, dans les années 1950, a changé à la position du Canada dans une guerre éventuelle? Comment le Canada a-t-il réagi à cette nouvelle menace?

8. Pourquoi a-t-on installé trois réseaux de détection radar dans le Nord canadien? Quels étaient les noms de ces réseaux?

9. Pourquoi les événements qui se sont produits en Europe de l'Est à la fin des années 1980 étaient-ils inattendus? Pourquoi ont-ils bouleversé la politique internationale?

APPLIQUE TES CONNAISSANCES

1. Réfléchis à la fréquence des guerres dans le monde depuis 1945. Les Nations Unies ont-elles réussi à atteindre les principaux objectifs de leur charte?

2. Si tu avais une influence sur la politique étrangère du Canada, est-ce que tu prendrais des moyens militaires ou non militaires pour atteindre tes objectifs? Justifie ta réponse.

3. Pourquoi les deux décennies qui ont suivi la Deuxième Guerre mondiale sont-elles considérées comme l'«âge d'or» de la politique étrangère du Canada?

4. En quoi consistait la guerre froide entre les États-Unis et l'Union soviétique?

5. Quelle a été l'influence des armes atomiques américaines et russes sur les perspectives de paix mondiale?

6. Au moyen d'un diagramme, compare la politique étrangère du Canada à celle des États-Unis. Aborde les aspects suivants: l'OTAN, NORAD et les relations avec la République populaire de Chine et l'Union soviétique.

7. Lequel des problèmes suivants représentera le plus grand danger mondial d'ici 50 ans: la guerre, la pauvreté, la faim, la maladie, la surpopulation, la pollution ou les changements climatiques? Que peut faire le Canada pour aider à résoudre ces problèmes?

AUGMENTE TES CONNAISSANCES

1. Avec deux de tes camarades, fais une recherche sur l'un des organismes des Nations Unies suivants: l'UNICEF, l'OMS, l'UNESCO, la OAA, le GATT ou la Banque mondiale. Écris à l'organisme que tu auras choisi pour demander de la documentation sur ses activités. Présente les résultats de ta recherche au moyen d'une exposition et d'un bref exposé oral.

2. Propose à tes camarades de fabriquer une carte murale du monde. Sur cette carte, place de petits drapeaux du Canada aux endroits où les Casques bleus canadiens sont intervenus depuis 1945. Puis, avec deux ou trois de tes camarades, fais une recherche sur l'un de ces endroits. Essaie de trouver le plus de renseignements possible sur le pays, la nature du conflit et le rôle que les Canadiens ont joué pour maintenir la paix. Ajoute ces renseignements autour de la carte murale.

3. Imagine que toi et quelques-uns de tes camarades avez été chargés par le gouvernement fédéral de rédiger un rapport sur l'aide canadienne au développement. Le gouvernement a annoncé qu'il ajoutera 100 millions de dollars au budget de l'aide au développement et il a besoin de savoir où et comment dépenser cet argent. Votre tâche consiste à:

   (a) faire des recherches pour déterminer la ou les régions du monde qui ont le plus besoin de l'aide du Canada;

   b) décider du montant à envoyer dans chacune des régions choisies;

   c) trouver des façons de vérifier que l'argent est utilisé à bon escient;

   d) lancer une campagne de publicité attrayante pour encourager les Canadiens à donner au Tiers monde.

   Vous trouverez beaucoup d'idées intéressantes dans les journaux.

4. Fais un sondage auprès de tes camarades. Demande-leur quel est le problème qui menace le plus l'avenir du monde. Écris à ce sujet ou sur un autre sujet de ton choix une lettre que tu enverras au premier ministre du Canada, au premier ministre de ta province, aux Nations Unies, à une grande société ou à un journal.

16 LA QUESTION DU QUÉBEC

GLOSSAIRE

Dépôt d'armes Édifice où un gouvernement entrepose des armes et des munitions.

Référendum Consultation des citoyens par voie de scrutin à propos d'une question d'importance générale.

Autorité Individu ou groupe qui impose l'obéissance ou le respect dans une collectivité.

Trimer Travailler avec effort, péniblement.

Urbanisation Concentration de la population dans les villes.

Homologue Synonyme d'équivalent.

Juridiction Droit ou pouvoir d'administrer les lois et la justice dans une région.

Léser Atteindre, blesser (quelqu'un) dans ses intérêts, ses droits, lui causer du tort; nuire.

Adhérer Approuver d'une manière ferme.

DANS CE CHAPITRE, TU ÉTUDIERAS LES SUJETS SUIVANTS:

- les grands changements sociaux qui se sont produits au Québec depuis 1950;
- la Révolution tranquille au Québec;
- la signification du slogan de Jean Lesage, «Maîtres chez nous»;
- la montée des formations indépendantistes, le Parti québécois et le FLQ;
- la sauvegarde de la culture et de la langue au Québec;
- les raisons pour lesquelles le gouvernement fédéral a imposé la Loi des mesures de guerre en octobre 1970;
- les raisons pour lesquelles les Canadiens ont rejeté l'Accord du lac Meech et l'Accord de Charlottetown.

xpo 67 fut la plus grande fête d'anniversaire de l'histoire du Canada. À la fin de la première journée, dans l'air frais du soir, une foule de jeunes attendaient le métro à la station de l'île Sainte-Hélène. Ces jeunes de toutes les origines, anglaise, ukrainienne, française, italienne ou autre, ne se connaissaient pas. Soudain, ils joignirent leurs mains et entonnèrent «Ô Canada». Le lendemain, les journaux ne manquèrent pas de rapporter cet événement qui en disait long sur l'humeur populaire. Les Canadiens étaient fiers d'eux-mêmes et de leur pays centenaire.

Quelques mois plus tard, un incident vint troubler les relations entre francophones et anglophones. Le président de la France, Charles de Gaulle, avait été invité aux festivités qui se déroulaient à Montréal. Le 24 juillet 1967, de Gaulle sortit sur le balcon de l'hôtel de ville de Montréal pour adresser quelques mots à une foule exubérante. À la fin de son discours, de Gaulle leva les bras et prononça des paroles qui firent sursauter tout le pays:

«Vive le Québec libre!» Dans la foule, beaucoup de Canadiens anglais et un certain nombre de Québécois furent insultés. Le premier ministre Lester B. Pearson ne tarda pas à exprimer son mécontentement. «Les Canadiens n'ont pas besoin d'être libérés», déclara-t-il. La visite que de Gaulle devait faire à Ottawa fut annulée.

Les quatre mots prononcés par le président français réveillaient de mauvais souvenirs chez beaucoup de Canadiens. Quatre ans plus tôt, en effet, ces mêmes mots étaient apparus sur un mur d'un édifice du CN, à Montréal, où une bombe incendiaire avait éclaté. C'était le premier forfait du **Front de libération du Québec (FLQ)**, un groupe d'indépendantistes extrémistes. Par la suite, le FLQ se livra à une série d'actes de sabotage dirigés contre les symboles du pouvoir anglais au Québec. Il plaça des bombes dans des boîtes aux lettres de Westmount, un riche quartier anglophone de Montréal, dans des *dépôts d'armes* et dans des édifices publics comme le bureau de poste de la place Ville-Marie. Quinze jeunes terroristes furent emprisonnés au début des années 1960, mais la violence continua d'éclater sporadiquement jusqu'à la fin de la décennie.

Ces actions étaient le fait d'un petit groupe d'extrémistes. La plupart des Québécois désapprouvaient les tactiques violentes, tout en estimant que le Canada anglais avait mal traité le Québec depuis la Confédération. Pendant Expo 67, quelques Québécois apposèrent même sur leur plaque d'immatriculation une vignette où l'on pouvait lire «100 ans d'injustices». Beaucoup récla-maient plus d'autonomie pour le Québec. Les paroles du président français venaient de cautionner, au nom de la France, le mouvement indépendantiste québécois.

LE MOUVEMENT NATIONALISTE AU QUÉBEC DEPUIS LA GUERRE

Une minorité de Québécois francophones étaient indépendantistes en 1967, mais le mouvement prenait de l'ampleur. Moins de 10 ans plus tard, un parti politique appelé **Parti québécois (PQ)** prit le pouvoir au Québec. L'objectif du PQ était de réaliser l'indépendance du Québec par des moyens démocratiques. En 1980, le gouvernement péquiste organisa un *référendum* sur la question de l'indépendance. Les revendications du Québec

À Montréal, en 1967, le président de la France, Charles de Gaulle, lança «Vive le Québec libre!», s'attirant ainsi les acclamations des indépendantistes. Est-ce que le chef d'un État étranger était justifié d'offrir des mots d'encouragement aux indépendantistes?

déroutaient beaucoup de Canadiens anglais. Qu'était-il arrivé au Québec? Pourquoi les Québécois étaient-ils si insatisfaits au sein de la Confédération? Que s'attendaient-ils à obtenir d'une séparation d'avec le Canada?

Durant deux siècles, les Québécois avaient senti qu'ils formaient au Canada une société distincte qu'ils se sont acharnés à sauvegarder. Pour assurer leur **survivance**, ils étaient restés fermement attachés à la langue française, à la religion catholique romaine, aux valeurs rurales traditionnelles et au respect des *autorités*, particulièrement des autorités ecclésiastiques. Beaucoup tenaient à ce que rien ne change. Ils s'efforçaient de rester à l'écart du reste du Canada et des changements qui bouleversaient l'Amérique du Nord de l'après-guerre.

La survivance après la Deuxième Guerre mondiale

Maurice Duplessis fut premier ministre du Québec de 1936 à 1939 et de 1944 à 1959. Il était au nombre de ceux qui voulaient que rien ne change.

L'aménagement du territoire rural du Québec garde les marques du Régime français. Ainsi, le village traditionnel est entouré de fermes et dominé par le clocher de l'église catholique.

Il était particulièrement réfractaire à l'intervention du Canada anglais dans les affaires sociales et culturelles du Québec. Avec la Deuxième Guerre mondiale, cependant, le gouvernement fédéral se mit à agir dans ces domaines. Duplessis jugeait que la province devait résister aux influences extérieures et refuser les nouveaux programmes fédéraux qui influaient sur la vie des Québécois. Ainsi, il déclina de substantielles subventions fédérales pour les soins de santé et l'éducation, estimant qu'elles constituaient une menace pour les traditions québécoises et une ingérence du fédéral dans les affaires provinciales. C'était là le prix qu'il était prêt à payer pour la survivance.

Duplessis, d'un autre côté, ne s'opposait nullement à ce que des gens d'affaires anglophones établissent des industries au Québec. Au contraire, il leur offrait des privilèges spéciaux et des avantages fiscaux. Les investisseurs américains et canadiens-anglais construisirent des usines sur les rives du Saint-Laurent, à quelques pas des églises. Ils érigèrent des centrales hydro-électriques pour alimenter les nouvelles usines en électricité. Les jeunes Québécois quittèrent les fermes familiales pour travailler dans les industries d'après-guerre. En 1961, un demi-million de gens avaient abandonné les campagnes du Québec. La plupart étaient mal payés et devaient *trimer* dur pour joindre les deux bouts.

Les ouvriers eurent tôt fait de se révolter contre leurs conditions de travail. Les années 1940 et 1950 furent marquées par de pénibles conflits de travail. Le gouvernement de Duplessis entretenait des liens étroits avec les milieux financiers et il prenait la part des propriétaires anglophones contre les travailleurs francophones. Lors de la célèbre grève d'Asbestos, en 1949, Duplessis ordonna à la police provinciale de briser les piquets de grève et d'arrêter les dirigeants syndicaux. Alors, quelques ecclésiastiques rompirent avec les normes de l'Église et prirent la défense des grévistes. Ils furent imités par des universitaires et de jeunes intellectuels, parmi lesquels se trouvait un riche avocat et journaliste, Pierre Elliott Trudeau. Celui-ci, qui allait devenir premier ministre du Canada, écrivit plus tard un livre sur le sujet. La grève d'Asbestos devint le symbole du changement au Québec.

Le Québec a énormément changé depuis les années 1950. Montréal, notamment, est devenue une ville cosmopolite aux gratte-ciel évocateurs.

La grève d'Asbestos marqua le début de la fin pour le Québec de Duplessis. Les Québécois en avaient assez des vieilles habitudes et des vieux pouvoirs et la survivance prenait un sens nouveau dans leur esprit. L'Église catholique perdait son autorité dans les affaires publiques. La fréquentation des églises diminua et le Québec devint une société séculière (non religieuse).

La province s'urbanisait et s'industrialisait. En 1961, près de 75 % de la population québécoise vivait dans des agglomérations urbaines et le Québec se classait au deuxième rang des provinces canadiennes pour l'*urbanisation*. Montréal, surtout, connaissait une croissance rapide; de 1941 à 1961, sa population augmenta d'un million de personnes. Les nouveaux quartiers suivaient le modèle nord-américain, avec leurs maisons individuelles, leurs petits terrains et leurs centres commerciaux locaux. Les Québécois étaient généralement plus pauvres que les autres Canadiens, mais ils avaient envie de s'acheter des radios et des téléviseurs et de profiter du mode de vie à l'américaine. Beaucoup de Québécois s'aperçurent que le Québec rural, agricole et religieux était chose du passé. Ils voulaient faire entrer l'économie, le gouvernement et l'éducation dans le XXe siècle.

LA RÉVOLUTION TRANQUILLE

Maurice Duplessis mourut subitement en 1959. Son parti, l'Union nationale, avait été mêlé à des histoires de pots-de-vin et de corruption d'électeurs. «Il faut que ça change!», s'écria le nouveau chef libéral, Jean Lesage, qui remporta une victoire difficile contre l'Union nationale.

Les réformes du gouvernement Lesage

Le nouveau premier ministre libéral entra en fonction en 1960. Le Québec était alors devenu une société urbaine et industrielle, et Lesage se fit le porte-drapeau de la modernité. Ses premières années au pouvoir furent celles de la **Révolution tranquille**. Le gouvernement Lesage entreprit en effet des changements profonds. Dans la fonction publique, il remplaça les partisans de Duplessis par des professionnels. Il insuffla une vie nouvelle au système d'éducation jusque-là dirigé par l'Église catholique. Lesage voulait favoriser l'accessibilité aux études secondaires et améliorer l'enseignement des sciences, du génie et de l'administration. À la fin des années 1960, le système d'éducation était étatisé et la population scolaire avait augmenté de 500 000 élèves. Plus de 40 000 étudiants fréquentaient les cégeps (collèges d'enseignement général et professionnel). Par ailleurs, le gouvernement Lesage mit sur pied un vaste système de sécurité sociale et encouragea le syndicalisme. Emporté par la Révolution tranquille, le Québec se modernisait.

Le nationalisme et la Révolution tranquille

La Révolution tranquille avait une forte coloration nationaliste. En 1962, Lesage fit campagne avec le slogan «**Maîtres chez nous**». Sans être indépendantiste, Lesage voulait obtenir plus d'autonomie pour sa province. Les anglophones, bien que minoritaires, dominaient le milieu des affaires au Québec. Ils possédaient 47 des 50 sociétés les plus importantes et occupaient la plupart des postes de direction dans les grandes entreprises. Les francophones étaient cantonnés dans des emplois non spécialisés et ils gagnaient moins que leurs *homologues* du Canada anglais. La langue du travail était l'anglais. Un grand nombre de francophones n'acceptaient plus d'occuper le bas de l'échelle économique.

Le gouvernement Lesage voulait faire cesser la domination canadienne-anglaise dans la province et confier l'avenir économique du Québec aux Québécois. Il projetait de nationaliser les sociétés d'électricité appartenant à des intérêts étrangers et de les fusionner en un organisme appelé Hydro-Québec. En effet, seule une grande société d'État pouvait construire les centrales qui alimenteraient les industries futures du Québec en électricité. Hydro-Québec serait un nouvel outil d'émancipation économique pour le Québec.

Les Québécois accueillirent les projets de Lesage avec enthousiasme et lui donnèrent une forte majorité aux élections de 1962. Peu de temps après, le gouvernement acheta 11 sociétés d'électricité privées et créa Hydro-Québec. Les centrales d'Hydro-Québec furent dessinées et construites par des administrateurs et des ingénieurs francophones, qui travaillaient en français. Le succès d'Hydro-Québec raviva la confiance des Québécois.

Pourtant, les Québécois n'étaient pas tous satisfaits de la situation de leur province. Le Canada, à leurs yeux, n'était pas formé de 10 provinces mais de deux **peuples fondateurs**, les Français et les Anglais. Et ils jugeaient que le Canada anglais n'avait jamais traité le Québec comme un égal. Lesage estimait que le Québec devait posséder plus de pouvoirs que les autres provinces pour protéger sa langue et sa culture, et il demanda au gouvernement fédéral d'accorder un «statut particulier» au Québec. Lesage affirma que le reste du Canada devait trouver un moyen de satisfaire le Québec, sinon la Confédération se démantèlerait. Il réclama un droit de retrait, c'est-à-dire la possibilité d'utiliser les fonds des programmes fédéraux pour créer des programmes semblables qui conviendraient mieux au Québec.

Lesage voulait que le Québec ait la possibilité de se retirer de la plupart des programmes fédéraux dans les secteurs de la santé, de l'éducation et de la sécurité sociale. Le premier ministre Lester B. Pearson avait promis de donner plus de pouvoirs au Québec. Du reste, son gouvernement avait besoin des votes des Québécois et il ne pouvait pas faire la sourde oreille à leurs revendications. Pearson tenta un compromis et laissa le Québec administrer son régime de pensions. Peu de temps après, le Québec obtint d'utiliser l'argent d'Ottawa pour offrir des prêts étudiants, des allocations familiales et une assurance médicale. Le Québec jouissait, au moins à certains égards, d'un traitement spécial.

Les Québécois exigeaient aussi une meilleure reconnaissance de leur langue et de leur culture.

Jean Lesage, premier ministre du Québec de 1960 à 1966, est célèbre pour son slogan «Maîtres chez nous». Que signifiait cette expression pour les Québécois? A-t-elle la même signification aujourd'hui?

Ils soutenaient que le Canada était, en vertu de l'Acte de l'Amérique du Nord britannique, un pays bilingue et biculturel. Or, l'anglais dominait partout, même à Montréal, et était la langue de travail du gouvernement fédéral à Ottawa. Les francophones hors Québec avaient de la difficulté à faire instruire leurs enfants en français. De fait, beaucoup de Canadiens anglais croyaient que la langue et la culture françaises n'avaient pas de place au Canada, en dépit des garanties constitutionnelles qui prévoyaient le contraire. En 1966, un député libéral de Toronto dit à des étudiants du Québec de renoncer à leur héritage français. «Il est temps que vous acceptiez tous la conquête anglaise de 1763, déclara-t-il, tout comme les Anglais ont accepté la conquête de Guillaume le Conquérant.» Il reçut des milliers de lettres d'appui de Canadiens anglais.

Le gouvernement Pearson, pour sa part, ne prenait pas les espoirs et les inquiétudes du Québec à la légère. Pearson voulait que les francophones se sentent chez eux au Canada. Ainsi, il proposa que le Canada se donne un nouveau drapeau pour remplacer le *Red Ensign*, un symbole britannique que beaucoup de Québécois rejetaient. Pearson espérait que l'adoption d'un drapeau authentiquement canadien favoriserait l'unité du pays. Or, l'abandon du *Red Ensign* passa aux yeux de nombreux Canadiens anglais pour un rejet de l'héritage britannique. Après un débat houleux, le *Red Ensign* fut remplacé par l'unifolié en février 1965.

En 1963, le gouvernement Pearson chargea une commission royale d'enquêter sur les moyens d'assurer l'égalité entre les peuples fondateurs. Comme l'a dit un historien, la commission sur le bilinguisme et le biculturalisme a enseigné autant qu'elle a écouté. Les commissaires expliquèrent aux Canadiens que le français devait avoir le même statut que l'anglais au Canada. Ils affirmèrent que le gouvernement fédéral ne pouvait plus se permettre de parler anglais seulement. Les Québécois, dirent-ils aux Canadiens, devaient avoir l'assurance que le Canada était leur patrie, sinon le pays se diviserait.

LE FÉDÉRALISME OU LE SÉPARATISME?

Pierre Elliott Trudeau devint premier ministre du Canada en 1968. Beaucoup voyaient en lui l'homme qui pouvait unir le pays. Né à Montréal d'un père francophone et d'une mère anglophone, Trudeau s'exprimait aussi bien en français qu'en anglais. Ardent fédéraliste et anti-nationaliste, il croyait en un gouvernement fédéral fort. Il s'opposait au statut particulier du Québec, soutenant que l'octroi de pouvoirs fédéraux à un gouvernement provincial affaiblirait le Canada. Il croyait que le Québec possédait déjà tous les pouvoirs dont il avait besoin pour protéger sa langue et sa culture. Il

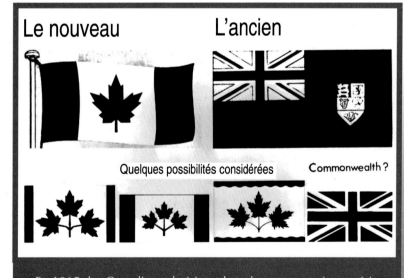

Le nouveau — L'ancien

Quelques possibilités considérées — Commonwealth?

En 1965, les Canadiens choisirent leur drapeau parmi une série de possibilités, dont le *Red Ensign* (en haut, à droite) et l'unifolié (en haut, à gauche). Avons-nous fait le bon choix? Selon toi, lequel des drapeaux montrés ici représente le mieux le Canada?

LE CHANDAIL DE HOCKEY DE ROCH CARRIER

Roch Carrier est l'un des plus célèbres écrivains québécois. Plusieurs de ses romans et nouvelles ont été traduits en anglais et lus dans le Canada entier. Dans *Le chandail de hockey*, Carrier raconte sur un ton humoristique le dilemme auquel fait face un jeune Québécois qui reçoit un chandail des Maple Leafs de Toronto au lieu d'un chandail des Canadiens de Montréal. Après avoir lu ce récit, réfléchis à ce qu'il véhicule à propos de la culture québécoise et des relations entre francophones et anglophones.

Les hivers de mon enfance étaient des saisons longues, longues. Nous vivions en trois lieux: l'école, l'église et la patinoire; mais la vraie vie était sur la patinoire. Les vrais combats se gagnaient sur la patinoire. La vraie force apparaissait sur la patinoire. Les vrais chefs se manifestaient sur la patinoire. L'école était une sorte de punition. Les parents ont toujours envie de punir les enfants et l'école était leur façon la plus naturelle de nous punir. De plus, l'école était un endroit tranquille où l'on pouvait préparer les prochaines parties de hockey, dessiner les prochaines stratégies. Quant à l'église, nous trouvions là le repos de Dieu: on y oubliait l'école et l'on rêvait à la prochaine partie de hockey. À travers nos rêveries, il nous arrivait de réciter une prière: c'était pour demander à Dieu de nous aider à jouer aussi bien que Maurice Richard.

Tous, nous portions le même costume que lui, ce costume bleu, blanc, rouge des Canadiens de Montréal, la meilleure équipe de hockey au monde; tous, nous peignions nos cheveux à la manière de Maurice Richard et, pour les tenir en place, nous utilisions une sorte de colle, beaucoup de colle. Nous lacions nos patins à la manière de Maurice Richard, nous mettions le ruban gommé sur nos bâtons à la manière de Maurice Richard. Nous découpions dans les journaux toutes ses photographies. Vraiment nous savions tout à son sujet.

Sur la glace, au coup de sifflet de l'arbitre, les deux équipes s'élançaient vers le disque de caoutchouc; nous étions cinq Maurice Richard contre cinq autres Maurice Richard à qui nous arrachions le disque; nous étions dix joueurs qui portions, avec le même brûlant enthousiasme, l'uniforme des Canadiens de Montréal. Tous nous arborions au dos le très célèbre numéro 9.

Un jour, mon chandail des Canadiens de Montréal est devenu trop étroit; puis il était déchiré ici et là, troué. Ma mère me dit: «Avec ce vieux chandail, tu vas nous faire passer pour pauvres!» Elle fit ce qu'elle faisait chaque fois que nous avions besoin de vêtements. Elle commença de feuilleter le catalogue que la compagnie Eaton nous envoyait par la poste chaque année. Ma mère était fière. Elle n'a jamais voulu nous habiller au magasin général; seule pouvait nous convenir la dernière mode du catalogue Eaton. Ma mère n'aimait pas les formules de commande incluses dans le catalogue; elles étaient écrites en anglais et elle n'y comprenait rien. Pour commander mon chandail de hockey, elle fit ce qu'elle faisait d'habitude; elle prit son papier à lettres et elle écrivit de sa délicate calligraphie d'institutrice: «Cher Monsieur Eaton, auriez-vous l'amabilité de m'envoyer un chandail de hockey des Canadiens pour mon garçon qui a dix ans et qui est un peu trop grand pour son âge, et que le docteur Robitaille trouve un peu trop maigre? Je vous envoie trois piastres et retournez-moi le reste s'il en reste. J'espère que votre emballage va être mieux fait que la dernière fois.»

Monsieur Eaton répondit rapidement à la lettre de ma mère. Deux semaines plus tard, nous recevions le chandail. Ce jour-là, j'eus l'une des plus grandes déceptions de ma vie! Je puis dire que j'ai, ce jour-là, connu une très grande tristesse. Au lieu du chandail bleu, blanc, rouge des Canadiens de Montréal, M. Eaton nous avait envoyé un chandail bleu et blanc, avec la feuille d'érable sur le devant, le chandail des Maple Leafs de Toronto. J'avais tou-

jours porté le chandail bleu, blanc, rouge des Canadiens de Montréal; tous mes amis portaient le chandail bleu, blanc, rouge; jamais, dans mon village, quelqu'un n'avait porté le chandail de Toronto, jamais on n'y avait vu un chandail des Maple Leafs de Toronto. De plus, l'équipe de Toronto se faisait terrasser régulièrement par les triomphants Canadiens. Les larmes aux yeux, je trouvai assez de force pour dire:

– J'porterai jamais cet uniforme-là.

– Mon garçon, tu vas d'abord l'essayer. Si tu te fais une idée sur les choses avant de les essayer, mon garçon, tu n'iras pas loin dans la vie…

Ma mère m'avait enfoncé sur les épaules le chandail bleu et blanc des Maple Leafs de Toronto et, déjà, j'avais les bras enfilés dans les manches. Elle tira le chandail sur moi et s'appliqua à aplatir tous les plis de cette abominable feuille d'érable sur laquelle, en pleine poitrine, étaient écrits les mots Toronto Maple Leafs. Je pleurais.

– J'pourrai jamais porter ça.

– Pourquoi? Ce chandail-là te va bien… Comme un gant…

– Maurice Richard se mettrait jamais ça sur le dos…

– T'es pas Maurice Richard. Puis, c'est pas ce qu'on se met sur le dos qui compte, c'est ce qu'on se met dans la tête…

– Vous me mettrez pas dans la tête de porter le chandail des Maple Leafs de Toronto.

Ma mère eut un gros soupir désespéré et elle m'expliqua:

– Si tu gardes pas ce chandail qui te fait bien, il va falloir que j'écrive à M. Eaton pour lui expliquer que tu veux pas porter le chandail de Toronto. M. Eaton, c'est un Anglais; il va être insulté parce que lui, il aime les Maple Leafs de Toronto. S'il est insulté, penses-tu qu'il va nous répondre très vite? Le printemps va arriver et tu auras pas joué une seule partie parce que tu auras

pas voulu porter le beau chandail bleu que tu as sur le dos.

Je fus donc obligé de porter le chandail des Maple Leafs. Quand j'arrivai à la patinoire avec ce chandail, tous les Maurice Richard en bleu, blanc, rouge s'approchèrent un à un pour regarder ça. Au coup de sifflet de l'arbitre, je partis prendre mon poste habituel. Le chef d'équipe vint me prévenir que je ferais plutôt partie de la deuxième ligne d'attaque. Quelques minutes plus tard, la deuxième ligne fut appelée: je sautai sur la glace. Le chandail des Maple Leafs pesait sur mes épaules comme une montagne. Le chef d'équipe vint me dire d'attendre; il aurait besoin de moi à la défense, plus tard. À la troisième période, je n'avais pas encore joué; un des joueurs de défense reçut un coup de bâton sur le nez, il saignait; je sautai sur la glace: mon heure était venue! L'arbitre siffla; il m'infligea une punition. Il prétendait que j'avais sauté sur la glace quand il y avait encore cinq joueurs. C'en était trop! C'était trop injuste! C'est de la persécution! C'est à cause de mon chandail bleu! Je frappai mon bâton sur la glace si fort qu'il se brisa. Soulagé, je me penchai pour ramasser les débris. Me relevant, je vis le jeune vicaire, devant moi:

– Mon enfant, ce n'est pas parce que tu as un petit chandail neuf des Maple Leafs de Toronto, au contraire des autres, que tu vas nous faire la loi. Un bon jeune homme ne se met pas en colère. Enlève tes patins et va à l'église demander pardon à Dieu.

Avec mon chandail des Maple Leafs de Toronto, je me rendis à l'église, je priai Dieu; je lui demandai qu'il m'envoie au plus vite des mites qui viendraient dévorer mon chandail des Maple Leafs de Toronto.

Source: Roch Carrier, Les enfants du bonhomme dans la lune, Montréal, Éditions Stanké, 1979.

enjoignit aux Québécois de cesser de se plaindre des Canadiens anglais et d'utiliser leurs droits existants pour aller de l'avant.

Le solution fédéraliste: le bilinguisme

Pour donner au Québec l'égalité qu'il réclamait sans lui accorder pour autant un statut particulier, Pierre Elliott Trudeau décida d'instituer le bilinguisme officiel. Ainsi, que leur langue maternelle soit le français ou l'anglais, les Canadiens se sentiraient chez eux partout au Canada. Trudeau croyait que l'unité du Canada reposait sur le bilinguisme et sur l'égalité des chances. Il voulait que toutes les communautés francophones du Canada aient accès à des services, et particulièrement à l'éducation, en français. Les Canadiens anglais devraient traiter les francophones comme des partenaires à part entière dans la Confédération.

En 1969, le gouvernement de Trudeau adopta la Loi sur les langues officielles. Dès lors, tous les Canadiens avaient le droit d'employer le français ou l'anglais dans leurs rapports avec le gouvernement fédéral. Les provinces commencèrent aussi à offrir des services en français et notamment des cours de français appelés programmes d'immersion. En 1967, l'Ontario fournissait des services d'éducation en français de la maternelle au secondaire. Le Manitoba remit sur pied le système d'écoles françaises qu'il avait aboli en 1916. Au cours des années qui suivirent, des centaines de jeunes anglophones apprirent le français. Les étiquettes des produits devinrent bilingues et toute une génération se mit à manger des céréales/cereals au déjeuner.

Le Canada est officiellement un pays bilingue, et on doit trouver les deux langues sur les emballages des produits vendus ici.

Les partisans du bilinguisme manifestèrent en 1968 sur la Colline parlementaire, à Ottawa. Selon toi, quels sont les avantages du bilinguisme pour le Canada?

La montée du nationalisme au Québec

En dépit des actions entreprises par le gouvernement dans les années 1960, les Québécois continuaient de remettre en question leur appartenance au Canada. L'hostilité et les préjugés du Canada anglais étaient-ils vraiment disparus? Les gens du Québec, qui s'étaient dits «canadiens-français» jusqu'en 1960, commencèrent à se dire «québécois». Le gouvernement provincial du Québec devint leur gouvernement «national».

La montée du mouvement indépendantiste au Québec

Un nombre croissant de Québécois réclamaient plus d'autonomie pour leur «pays». Le chef de l'Union nationale, Daniel Johnson, reprochait à Lesage son manque d'énergie face à Ottawa. Johnson se présenta contre Lesage aux élections provinciales. Son slogan, «Égalité ou indépendance», lui servit de levier auprès du gouvernement fédéral. Après son élection, Johnson donna à la législature québécoise le nom d'Assemblée nationale du Québec. C'était là un signe incontestable de la montée du sentiment nationaliste au Québec.

Quand Johnson arriva au pouvoir, en 1966, il existait déjà au Québec deux petits partis indépendantistes qui jugeaient insuffisants les pouvoirs accrus: le Ralliement National (RN) et le Ralliement pour l'Indépendance Nationale (RIN). Leur objectif était de faire du Québec un pays indépendant. Or, quelques groupes radicaux, dont le FLQ, trouvaient les changements démocratiques trop lents. Pour eux, la violence était le seul moyen de réaliser l'indépendance.

Le premier ministre Johnson mourut subitement; sans lui, l'Union nationale périclita. Un gouvernement libéral fut élu en 1970. Son chef, Robert Bourassa, était un fédéraliste convaincu qui croyait, comme Trudeau, que le Québec pouvait rester dans le Canada. Le mouvement indépendantiste n'en perdit pas sa vigueur pour autant. La nouvelle opposition officielle à l'Assemblée nationale était formée par le Parti québécois (PQ) de René Lévesque. Le PQ avait fait campagne sur le thème de l'indépendance et avait recueilli 23 % des votes, mais seulement 7 des 109 sièges de la législature.

René Lévesque était connu et respecté au Québec. Après avoir été correspondant de guerre, il avait animé à la télévision de Radio-Canada une émission d'information très populaire. Sa notoriété l'avait aidé à se lancer en politique et, en 1960, il avait été ministre dans le cabinet Lesage. Puis, en 1967, Lévesque avait démissionné du Parti libéral et réuni les petits partis indépendantistes en un parti unique et structuré, le Parti québécois.

Le Parti québécois avait pris racine au Québec et le nombre de ses membres augmentait. La question de l'indépendance secouait la province. Qu'est-ce que l'avenir réservait au Québec? Le Québec devait-il demeurer une province canadienne ou faire son indépendance? Ces questions divisaient les Québécois, tandis que les actions du FLQ ajoutaient à l'embarras. Le FLQ avait déjà revendiqué plus de 200 attaques à la bombe. Quelle serait sa prochaine cible?

La crise d'octobre 1970

Le matin du 5 octobre 1970, quatre membres armés du FLQ enlevèrent l'attaché commercial britannique, James R. Cross, de sa résidence de Montréal. Les ravisseurs réclamèrent une rançon de 500 000 $, des sauf-conduits pour Cuba et la libération des felquistes incarcérés à la suite d'attentats. Ils exigèrent aussi que le manifeste du FLQ soit lu à la

René Lévesque, au centre de cette photo prise en 1968, manifeste son appui à des étudiants qui protestent contre le transfert aux anglophones d'une école francophone. La même année, Lévesque fonda un parti indépendantiste, le Parti québécois.

En octobre 1970, des petits Montréalais observent avec fascination un soldat qui monte la garde à côté d'un hélicoptère des Forces armées canadiennes.

télévision. Cinq jours plus tard, un autre groupe du FLQ kidnappa le ministre Pierre Laporte devant chez lui.

Au début de la crise, beaucoup de Québécois avaient une certaine sympathie à l'égard du FLQ. Trois mille étudiants se rassemblèrent à l'aréna Paul-Sauvé, à Montréal, en scandant «FLQ, FLQ, FLQ». Quelques personnalités publiques, dont le chef du PQ, René Lévesque, et le directeur du journal *Le Devoir*, Claude Ryan, exhortèrent le gouvernement Bourassa à négocier avec le FLQ. Après consultations avec le gouvernement fédéral, Bourassa consentit à diffuser le manifeste du FLQ et à laisser les ravisseurs quitter le pays en échange de la libération de Cross. Il refusa toutefois de libérer les felquistes incarcérés.

Mais les ravisseurs restaient introuvables et Bourassa demanda au gouvernement fédéral d'envoyer des soldats à la rescousse de la police. Le premier ministre Trudeau passa à l'action. Il envoya les troupes fédérales et imposa la **Loi des mesures de guerre**. C'était la première fois que cette loi très restrictive était proclamée en temps de paix. En vertu de cette loi, l'appartenance au FLQ devint une infraction criminelle, les rassemblements politiques furent interdits et la police put arrêter sans mandat des suspects, les interroger et les détenir pendant 90 jours. Selon Trudeau, la promulgation de la Loi des mesures de guerre était justifiée, car il y avait un risque d'insurrection. La police passa le Québec au peigne fin, effectua des milliers de perquisitions et fit plus de 400 arrestations. Au bout du compte, cependant, une vingtaine de personnes seulement furent jugées et condamnées.

Les sondages révélèrent que 9 Canadiens sur 10 approuvaient le geste de Trudeau. Des mois après la crise, toutefois, la façon d'agir de Trudeau faisait encore l'objet d'analyses dans la presse. Est-ce que Trudeau avait eu une réaction démesurée? Y avait-il vraiment un risque d'insurrection? Le danger était-il pressant au point de justifier le retrait des libertés civiles? Certains se posent encore ces questions.

Le 17 octobre, la police trouva le corps de Pierre Laporte dans le coffre d'une voiture stationnée près de l'aéroport de Saint-Hubert. Beaucoup de ceux qui avaient sympathisé avec le FLQ furent horrifiés par ce crime violent. Deux mois plus tard, la GRC et la police découvrirent que James R. Cross était retenu prisonnier dans une maison du nord de Montréal. En échange de sa libération, ses ravisseurs et leurs familles obtinrent des sauf-conduits pour Cuba. Un mois plus tard, les derniers ravisseurs encore en liberté furent capturés. En tout, 23 personnes furent citées à procès et condamnées à la prison pour les actes terroristes commis pendant la crise d'octobre.

LE QUÉBEC ET LA CRISE LINGUISTIQUE

La crise d'octobre mit fin à l'indépendantisme extrémiste. Mais les problèmes reliés à la langue et la culture françaises au Canada n'étaient pas résolus pour autant. Le bilinguisme ne satisfaisait pas plus les francophones que les anglophones. Beaucoup de Québécois ne voulaient pas de deux langues au Canada; ils voulaient une langue au Québec, le français. «Nous ne demandons pas de parler français à Vancouver, expliqua un Québécois. Nous ne voulons pas nous sentir chez nous à Winnipeg ni être servis en français dans votre bureau de poste. Écrivez *luggage* sur les portes de vos aéroports. Nous écrirons bagages sur les nôtres et nous vous servirons en français dans notre bureau de poste».

Les libéraux du Québec et la loi 22

La protection du français devenait une priorité pour un nombre croissant de Québécois. Le taux de natalité du Québec, qui avait été le plus élevé au Canada avant la Deuxième Guerre mondiale, avait lentement décliné durant l'après-guerre. Puis dans les années 1960, il s'effondra soudainement, si bien

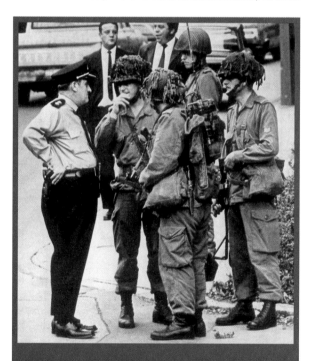

Pendant la crise d'octobre 1970, les Montréalais pouvaient voir déambuler dans les rues des membres des Forces armées canadiennes en tenue de combat. Selon toi, pourquoi s'en étonnaient-ils?

qu'il était le plus faible du pays à la fin de la décennie. En revanche, l'immigration avait monté en flèche et les nouveaux arrivants s'installaient majoritairement à Montréal. La plupart d'entre eux envoyaient leurs enfants à l'école anglaise en se disant que l'anglais était la langue de l'Amérique du Nord.

Devant la diminution du taux de natalité d'une part et l'augmentation de l'immigration d'autre part, les francophones se mirent à craindre pour la survie de leur langue et de leur culture. C'est pourquoi le gouvernement de Robert Bourassa adopta la **Loi sur les langues officielles**, ou loi 22, en 1974.

La loi 22 faisait du français la langue officielle du Québec; elle renforçait l'usage du français au travail et elle limitait le choix de la langue d'enseignement. Seuls les enfants qui réussissaient un examen montrant qu'ils savaient l'anglais pouvaient s'inscrire à l'école anglaise. Par conséquent, les enfants des nouveaux immigrants devaient pour la plupart fréquenter une école française. La loi 22 fit l'objet de débats enflammés, mais le gouvernement du Québec la jugeait nécessaire à la survie du français. Le Québec, disait le gouvernement, était un îlot dans une mer anglophone: il n'y avait que 6 millions de francophones sur les 280 millions de Nord-Américains.

En 1976, le gouvernement Bourassa battait de l'aile. Il courait, à propos des libéraux du Québec, des rumeurs de scandale et de corruption. De plus, l'inflation et le chômage étaient en hausse. Les grèves des employés de l'État, et notamment celles des enseignants, des pompiers et des policiers, avaient semé la confusion dans la province. Les déboires économiques du Québec tracassaient beaucoup la population, mais le gouvernement Bourassa n'avait pas de réponse à lui apporter. Les gens commencèrent à chercher ailleurs une solution. Lévesque et le Parti québécois leur promettaient «un bon gouvernement».

LE QUÉBEC AU CARREFOUR, 1976 À 1980

Le matin du 16 novembre 1976, un choc attendait le Canada anglais. La veille, les électeurs du

Québec avaient porté le Parti québécois au pouvoir. Le PQ avait remporté 41 % des votes et 71 des 110 sièges à l'Assemblée nationale. «Nous devons maintenant construire le pays du Québec», avait dit Lévesque à la foule en délire. Le Parti québécois avait promis de réaliser l'indépendance; son élection paraissait annoncer la fin de la Confédération.

Certains membres du PQ aspiraient à un changement rapide et demandaient une déclaration d'indépendance immédiate. Or, le gouvernement péquiste voulait rassurer le Québec et les autres provinces avant de passer à l'action. En effet, beaucoup de Québécois craignaient encore les conséquences de la souveraineté (indépendance). Qu'est-ce qui arriverait au Québec s'il sortait de la Confédération? Pourrait-il survivre? Lévesque ne voulait pas précipiter les choses. Il opta pour une approche graduelle appelée «étapisme».

Le Parti québécois et la loi 101

Le Parti québécois commença par rouvrir le débat linguistique. Après un affrontement passionné à l'Assemblée nationale, le PQ fit adopter en 1977 une loi encore plus ferme que la loi 22. La **Charte de la langue française**, ou loi 101, imposait de sévères restrictions à l'usage de l'anglais au Québec. Elle faisait du français la langue du gouvernement, des tribunaux et des affaires dans la province. De plus, elle obligeait les commerçants à afficher en français seulement. Ultérieurement, la Cour suprême du Canada invalida cette disposition de la loi 101, la déclarant contraire aux chartes des droits provinciale et fédérale.

En décembre 1988, cependant, le gouvernement libéral de Robert Bourassa utilisa la clause dérogatoire de la Charte canadienne des droits et libertés pour contourner la décision de la Cour suprême. La clause dérogatoire donnait aux législatures provinciales le droit de déroger à une disposition de la Charte, à condition que la dérogation soit confirmée tous les cinq ans par une nouvelle législation. La dérogation que constituait la loi 101 devait donc expirer en 1993. En 1989, le gouvernement Bourassa adopta la loi 178, qui autorisait l'affichage en anglais à l'intérieur des établissements seulement.

La loi 101 limitait sévèrement l'accès aux écoles anglaises. Seuls les enfants qui fréquentaient déjà une école anglaise ou dont un des parents au moins avait fréquenté une école anglaise au Québec (la «clause Québec») avaient le droit d'étudier en

---

**Les lois relatives au français
à l'extérieur du Québec**

1864 NOUVELLE-ÉCOSSE: Interdiction aux Acadiens catholiques et francophones d'avoir des écoles françaises.

1871 NOUVEAU-BRUNSWICK: Fermeture des écoles catholiques et interdiction d'enseigner le français (et en français) dans les écoles publiques.

1877 ÎLE-DU-PRINCE-ÉDOUARD: Proscription des écoles catholiques et françaises.

1890 MANITOBA: Proscription des écoles séparées (catholiques) et interdiction d'enseigner le français (et en français) dans les écoles secondaires.

1892 TERRITOIRES DU NORD-OUEST (y compris l'Alberta et la Saskatchewan actuelles): Proscription des écoles catholiques et de l'enseignement en français dans les écoles publiques.

1905 ALBERTA ET SASKATCHEWAN: Confirmation des règlements de 1892 (Territoires du Nord-Ouest).

1912 ONTARIO: Adoption du Règlement 17 – Interdiction d'enseigner le français plus d'une heure par jour dans les écoles qui existaient; interdiction totale pour les nouvelles écoles.

1916 MANITOBA: Interdiction d'enseigner le français à tous les niveaux.

1930 SASKATCHEWAN: Interdiction d'enseigner le français, même en dehors des heures d'école.

Source: Bernard, What Does Quebec Want?, p. 27, tiré de Abbé Lionel Groulx, L'Enseignement français au Canada, Montréal, Granger et frères, 1935.

anglais. Or, la loi constitutionnelle de 1982 contenait une «clause Canada» qui primait sur la clause Québec de la loi 101. Conformément à la clause Canada, les enfants dont un des parents au moins avait étudié en anglais n'importe où au Canada avaient le droit de fréquenter une école anglaise. Quant aux enfants des immigrants récents, ils n'avaient pas le choix: ils devaient fréquenter une école française. Certaines personnes jugeaient que le Québec enfreignait les droits des nouveaux arrivants pour sauvegarder la langue française. Tout en déplorant cet «aspect malsain» de la loi 101, Lévesque le jugeait nécessaire à la survie de la culture française.

Les anglophones et les immigrants du Québec étaient indignés par la loi 101. Ils formèrent un groupement appelé **Alliance Québec** pour contester la loi devant les tribunaux. De nombreuses sociétés anglophones déménagèrent leur siège social de Montréal à Toronto ou à Calgary, comme d'autres l'avaient fait lors de l'élection du PQ. En revanche, bien des anglophones et des enfants d'immigrants décidèrent de rester au Québec et d'apprendre le français. Avec la loi 101, le Québec avait atteint l'un de ses grands objectifs: garder la langue et la culture françaises vivantes en Amérique du Nord.

Le référendum sur la souveraineté-association

Pendant la campagne électorale de 1976, Lévesque promit à la population de tenir un référendum sur l'indépendance. Quatre ans plus tard, la PQ était prêt à tenir promesse. Les sondages révélaient que la plupart des Québécois voulaient changer le système fédéral mais que seule une minorité était en faveur de l'indépendance. Lévesque proposa donc un vote sur la **souveraineté-association**, un système dans lequel le Québec adminis-

trerait lui-même ses impôts, ses politiques industrielles et sociales ainsi que ses lois en matière de citoyenneté et d'immigration, tout en gardant des liens économiques étroits avec le Canada. L'association économique entre le Québec et le Canada serait à l'image du marché commun européen. Les capitaux, les biens et les personnes circuleraient librement entre le Québec et le Canada.

Le PQ formula la question référendaire de manière à obtenir le plus grand nombre possible de réponses positives. Il demanda aux Québécois s'ils autorisaient le gouvernement du Québec à négocier la souveraineté-association avec le gouvernement du Canada (Accordez-vous au gouvernement du Québec le mandat de négocier l'entente proposée entre le Québec et le Canada?). Si les Québécois répondaient par l'affirmative, le PQ tiendrait un second référendum sur les résultats des négociations. Les deux camps, celui du oui et celui du non, se mirent en campagne et inondèrent les Québécois de publicité. Le résultat s'annonçait serré. Six jours avant le référendum, Pierre Elliott Trudeau déclara que si les Québécois votaient «non», il mettrait en branle le mécanisme du renouveau constitutionnel. Rien, affirma-t-il, ne l'arrêterait, et les Québécois pouvaient compter sur un fédéralisme renouvelé.

Des milliers de Québécois acclamèrent la victoire du Parti québécois en 1976. Selon toi, est-ce que ces gens voulaient réaliser l'indépendance ou simplement changer de gouvernement?

Ces manifestants rassemblés devant l'Assemblée nationale du Québec expriment leur appui à la loi 101, qui faisait du français la langue officielle du Québec. D'un autre côté, beaucoup de Canadiens anglais jugeaient que la loi 101 portait atteinte aux droits des non-francophones.

Le 20 mai 1980, jour du référendum, près de 90 % des électeurs du Québec se rendirent dans les bureaux de scrutin. Ils votèrent «non» à près de 60 %. La défaite référendaire fut un dur échec pour le Parti québécois. René Lévesque avait prédit que le vote ouvrirait la porte de l'avenir ou la fermerait pour longtemps. Le Québec venait de fermer la porte à la souveraineté-association, au moins pour un temps.

LA CRISE CONSTITUTIONNELLE

C'était maintenant au tour de Pierre Elliott Trudeau de tenir sa promesse de renouveau constitutionnel. La Constitution canadienne, l'Acte de l'Amérique du Nord britannique (AANB) existait depuis plus de 100 ans. Or, le Canada avait beaucoup changé depuis ses origines et Trudeau estimait que la Constitution était désuète. Certains Canadiens croyaient qu'une modification de la Constitution inciterait le Québec à demeurer dans le Canada. Pour avoir un tel effet, la nouvelle Constitution devrait reconnaître l'égalité du Canada français et du Canada anglais dans la Confédération. Elle devrait aussi donner au Québec le statut de société distincte.

À la demande du gouvernement canadien, l'AANB était resté sous la *juridiction* du Parlement britannique. Les tentatives antérieures de rapatriement avaient toutes échoué, en partie parce que les provinces n'arrivaient pas à s'entendre sur une formule d'amendement. Trudeau était plus déterminé que jamais à effectuer un changement constitutionnel. Il tenait en particulier à la formule selon laquelle tout amendement devait recevoir l'assentiment du gouvernement fédéral et d'un certain nombre de gouvernements provinciaux. Trudeau voulait aussi ajouter à la Constitution une charte des droits et libertés qui, entre autres dispositions, garantirait à tous les Canadiens le droit à l'éducation dans la langue officielle de leur choix. C'étaient là des dispositions auxquelles le Québec s'était opposé dans le passé.

Trudeau proposa ses changements constitutionnels lors d'une conférence des premiers ministres (fédéral et provinciaux) tenue en septembre 1980. Il n'obtint l'appui que de deux provinces, l'Ontario et le Nouveau-Brunswick. Trudeau annonça alors que le gouvernement fédéral réaliserait ses projets de changement constitutionnel, que les provinces soient d'accord ou non. L'opposition conservatrice réussit à contrecarrer Trudeau et l'obligea à attendre que la Cour suprême statue sur la validité de ses initiatives.

La Cour déclara que l'action du gouvernement fédéral était légale mais inconstitutionnelle. Le jugement était si déroutant que ni le gouvernement fédéral ni les gouvernements provinciaux ne savaient à quoi s'en tenir. Ils comprenaient toutefois que, faute d'un nouvel accord, les difficultés allaient se multiplier. Les 11 premiers ministres tinrent donc une autre conférence à Ottawa, au début de novembre 1981. Après plusieurs jours de négociations harassantes, ils n'étaient pas encore parvenus à une entente. Puis, dans la nuit du 4 au 5 novembre, tous les premiers ministres sauf René Lévesque se rassemblèrent pour étudier un compromis de dernière minute.

À son réveil, Lévesque s'aperçut que Trudeau et les neuf premiers ministres provinciaux s'étaient réunis sans le prévenir. Trudeau annonça à la presse que les premiers ministres avaient accepté une nouvelle entente constitutionnelle (comprenant une formule d'amendement et une charte des droits et libertés). Le Québec se sentit trahi. On lui avait promis de modifier la Constitution conformément à ses besoins et on lui imposait des changements qu'il n'avait pas approuvés. Les groupes de femmes et les chefs amérindiens éprouvaient le même sentiment que le Québec: la nouvelle entente ne tenait pas compte de leurs revendications en matière d'égalité des sexes et de droits autochtones.

Les protestations du Québec n'empêchèrent pas le reste du Canada d'aller de l'avant. La formule de rapatriement fut révisée de manière à contenter les femmes, les autochtones et les autres groupes qu'on avait négligés dans l'entente signée en novembre. Le Parlement du Canada adopta la nouvelle entente le 2 décembre 1981, puis il demanda officiellement à la Grande-Bretagne de l'approuver. La nouvelle Constitution canadienne pouvait enfin être rapatriée.

Le 17 avril 1982, la reine Elizabeth II signa la Constitution sur le parvis du Parlement d'Ottawa. Le premier ministre Trudeau était à ses côtés. D'un trait de plume, le Canada devenait un pays pleinement indépendant. Sa Constitution, assortie d'une formule d'amendement et d'une Charte des droits et libertés, était enfin rapatriée. Une seule province, le Québec, n'assistait pas à la cérémonie. Ce jour-là, au Québec, on mit les drapeaux en berne et René Lévesque marcha à la tête des manifestants dans les rues de Montréal.

L'Accord du lac Meech

Cinq ans plus tard, en 1987, le libéral Robert Bourassa avait succédé à René Lévesque. Au fédéral, le premier ministre conservateur Brian Mulroney avait promis de «ramener le Québec dans la Constitution». En avril, il invita les 10 premiers ministres provinciaux à une maison de campagne située sur les bords du lac Meech, dans les montagnes près d'Ottawa. L'objectif de Mulroney était de rédiger une entente constitutionnelle satisfaisante pour toutes les provinces, le Québec y compris. À l'étonnement de la plupart des observateurs, les provinces parvinrent à une entente, l'**Accord du lac Meech**, dont les principaux points étaient les suivants:

Pierre Elliott Trudeau à ses côtés, la reine Elizabeth signa la nouvelle Constitution canadienne le 17 avril 1982. Les Québécois, dont les besoins avaient été méconnus, se sentirent trahis. La Constitution canadienne devrait-elle accorder un statut particulier au Québec?

- le Québec serait reconnu comme une société distincte;
- trois des neuf juges de la Cour suprême viendraient du Québec;
- les amendements constitutionnels portant sur la structure ou sur les pouvoirs du gouvernement (le Sénat, la Cour suprême ou la création de nouvelles provinces par exemple) devraient être approuvés par les 10 provinces;
- les provinces pourraient se retirer des nouveaux programmes fédéraux et en utiliser les fonds pour créer elles-mêmes des programmes correspondants;
- le Québec administrerait lui-même sa politique d'immigration.

Les 10 premiers ministres signèrent l'Accord du lac Meech en 1987. Mulroney déclara que l'entente marquait le retour du Québec dans la famille canadienne. La Chambre des communes, partis d'opposition y compris, entérina l'Accord du lac Meech. Dès lors, les 10 législatures provinciales avaient trois ans, soit jusqu'au 23 juin 1990, pour ratifier l'accord. Le Québec fut le premier à le faire.

De 1987 à 1990, cependant, la situation changea au Canada. De plusieurs régions du pays, des voix s'élevèrent pour critiquer l'accord. Certains Canadiens anglais étaient outrés par la loi 178 de Bourassa, qui limitait l'affichage en anglais. Les groupes de femmes craignaient que la clause de la société distincte ne nuise aux droits constitutionnels des Québécoises garantis par la Charte des droits et libertés. Les chefs autochtones estimaient que l'Accord du lac Meech ne satisfaisait pas leurs exigences. De plus, ils critiquaient la formule d'amendement. Pour donner au Yukon et aux Territoires du Nord-Ouest, où les autochtones étaient majoritaires, le statut de provinces, les Amérindiens devaient recevoir l'approbation des 10 provinces et ils doutaient de pouvoir l'obtenir. Par ailleurs, le Nouveau-Brunswick, le Manitoba et

Terre-Neuve avaient changé de gouvernement. Leurs premiers ministres n'avaient pas assisté à la réunion du lac Meech et ils ne se sentaient pas liés à l'accord. Le temps filait.

Mulroney et les 10 premiers ministres provinciaux se réunirent à Ottawa en juin 1990 pour tenter de sauver l'accord. Le compromis auquel ils parvinrent au bout d'une semaine ne tint pas longtemps. Le délai était écoulé: l'Accord du lac Meech tombait. Pour la seconde fois, on n'avait pas réussi à faire une place au Québec dans la Constitution canadienne. «C'est un jour sombre pour le Canada», déclara le premier ministre Mulroney. L'échec du lac Meech représentait une dure rebuffade pour le Québec et le gouvernement Mulroney.

L'Accord de Charlottetown

L'Accord du lac Meech fut surnommé la «ronde Québec», car il visait principalement à satisfaire le Québec et à le ramener dans la Constitution canadienne. Or, son échec était en partie attribuable au mécontentement de groupes qui, tels les autochtones, les petites provinces et les défenseurs des droits sociaux et économiques, s'étaient sentis *lésés*. Quelques mois après la mort du lac Meech, la «ronde Canada» commença. Le Québec avait élaboré un nouvel ensemble de propositions et déclaré que, faute d'une acceptation ou de contre-propositions acceptables de la part du Canada, il tiendrait un référendum sur l'indépendance en octobre 1992.

Le gouvernement du Canada releva les manches. Il savait qu'il devait trouver une entente constitutionnelle acceptable ou faire face à un second référendum sur la souveraineté. Beaucoup de gens avaient critiqué la manière dont l'Accord du lac Meech avait été conclu. Ils reprochaient aux politiciens d'avoir négligé l'opinion du public.

La «ronde Canada» comporta donc une série de commissions et de forums publics tenus tant au niveau fédéral qu'au niveau provincial. Parallèlement à ces débats, des groupes de pression organisèrent des douzaines d'autres conférences. Toutes ces rencontres avaient pour but de consulter le public sur la nouvelle entente constitutionnelle. Finalement, les représentants des 10 provinces, des 2 territoires et des 4 grandes nations autochtones se réunirent à Charlottetown et parvinrent le 28 août 1992 à une entente appelée l'**Accord de Charlottetown**.

L'Accord de Charlottetown proposait des changements profonds à la Constitution canadienne: l'autodétermination des nations autochtones, une réforme du Sénat, une nouvelle répartition des pouvoirs entre le fédéral et les provinces ainsi qu'une union sociale et économique qui déterminait les politiques canadiennes en matière de soins de santé, de droits des travailleurs et de protection de l'environnement. L'Accord de Charlottetown contenait aussi la «clause Canada», l'article qui définissait les valeurs et les principes fondamentaux du Canada et qui affirmait le caractère distinct du Québec.

Après avoir projeté un second référendum provincial sur la souveraineté, le Québec résolut plutôt de tenir une consultation populaire sur l'Accord de Charlottetown. Ottawa décida alors que tous les Canadiens devaient voter sur la question et il organisa un référendum national. La question était la suivante: «Acceptez-vous que la Constitution du Canada sur la base de l'entente conclue le 28 août 1992?» soit renouvelée.

Les trois grands partis politiques firent campagne pour le oui. Puis, dans les semaines précédant le référendum, l'opinion publique se rangea contre l'accord. La campagne pour le non était dirigée par un nouveau parti de l'Ouest, le **Reform Party**, ainsi que par des groupes de pression comme le Comité national d'action

sur le statut de la femme. Les chefs de l'Assemblée des Premières Nations refusèrent également de faire campagne pour le oui aux côtés du chef Ovide Mercredi. En effet, ils doutaient des garanties constitutionnelles que Mercredi avait obtenues en matière d'autodétermination autochtone.

D'autres personnes passèrent dans le camp du non parce qu'elles jugeaient que les propositions de Charlottetown donnaient trop au Québec et pas assez à leur propre région. Presque tous les articles de l'accord furent décriés par un groupe ou un autre. Enfin, beaucoup de Canadiens étaient dépassés par l'envergure de l'accord et se demandaient comment ils pourraient faire un choix éclairé. Devaient-ils voter sur l'ensemble de l'accord même s'ils n'en comprenaient pas certaines parties?

Le 26 octobre 1992, les Canadiens rejetèrent l'Accord de Charlottetown. Quatre provinces seulement l'approuvèrent: Terre-Neuve, le Nouveau-Brunswick, l'Île-du-Prince-Édouard et l'Ontario. La longue bataille constitutionnelle avait épuisé les Canadiens. Le premier ministre de la Colombie-Britannique, Michael Harcourt, déclara: «Nous devrions mettre la Constitution de côté pour un

Depuis 1982, les gouvernements fédéral et provinciaux ont cherché à amender la Constitution de manière à satisfaire tous les Canadiens, y compris les Québécois et les autochtones. L'on voit ici des électeurs qui attendent leur tour de voter lors du référendum de 1992 sur l'Accord de Charlottetown.

UNE SOCIÉTÉ DISTINCTE

Beaucoup de Canadiens anglais croient à tort que la langue est la seule différence entre eux et les Québécois. Or, le Québec se distingue du reste du Canada à bien d'autres égards. L'ancien premier ministre du Québec, René Lévesque, écrivit ce qui suit:

Nous sommes des Québécois. Ce que cela veut dire d'abord et avant tout, et au besoin exclusivement, c'est que nous sommes attachés à ce seul coin du monde où nous puissions être pleinement nous-mêmes, ce Québec qui, nous le sentons bien, est le seul endroit où il nous soit possible d'être vraiment chez nous. Être nous-mêmes, c'est essentiellement de maintenir et de développer une personnalité qui dure depuis trois siècles et demi.

La spécificité de la culture québécoise transparaît dans les valeurs et les attitudes des adolescents du Québec. Sur des sujets aussi variés que les sports, la politique et les loisirs, les opinions des Québécois francophones diffèrent sensiblement de celles des anglophones du Québec et du reste du Canada.

Contrairement aux adolescents du reste du Canada, par exemple, les adolescents du Québec ont des Canadiens, et particulièrement des Québécois, pour héros. Les auteurs Reginald Bibby et Donald Posterski font le commentaire suivant: «Les Québécois veulent choisir eux-mêmes leurs gagnants et leurs vedettes et non pas se les faire imposer par le Canada anglais ou les États-Unis. Les Canadiens de Montréal ont énormément de partisans au Québec, non seulement parce que ce sont de bons joueurs de hockey, mais aussi parce que l'équipe a longtemps été majoritairement francophone.»

Le développement des moyens de communication et de transport a eu peu d'influence sur l'isolement culturel du Québec. Un sondage de 1992 a révélé que 21 % des Québécois de 15 à 19 ans n'étaient jamais sortis de leur province. Les proportions correspondantes sont beaucoup moins élevées dans les autres régions du Canada.

Équipes de hockey préférées des adolescents et équipes de base-ball préférées des adultes

Trois équipes préférées en pourcentage

Québec		C.-B.		Prairies		Ontario		Atlantique	
Canadiens	78	Canucks	61	Oilers	28	Canadiens	30	Canadiens	47
Nordiques	12	Flames	9	Flames	24	Leafs	19	Bruins	12
Bruins	5	Canadiens	7	Kings	13	Kings	14	Oilers	11
Autres	5	Autres	23	Autres	35	Autres	37	Autres	30
Expos	93	Jays	69	Jays	74	Jays	89	Jays	71
Tigers	1	Expos	10	Expos	8	Expos	5	Expos	24
Jays	<7	Indians	7	Reds	4	Red Sox	1	Pirates	2
Autres	6	Autres	14	Autres	14	Autres	5	Autres	3

Source des données sur les adultes: *Project Can90*.

La prochaine fois que tu liras ou entendras

moins élevées dans les autres régions du Canada.

La prochaine fois que tu liras ou entendras que le Québec lutte pour conserver ses particularités, réfléchis aux différences culturelles entre cette province et le reste du Canada. Rappelle-toi que ces différences sont bien plus que linguistiques.

Source: Adapté de Reginald W. Bibby et Donald C. Posterski, *Teen Trends: A Nation in Motion*, Toronto, Stoddart, 1992, p. 115-136.

Voyages effectués par les adolescents

En pourcentage

	Québec Francophones	Anglophones	C.-B.	Prairies	Ont.	Atl.	Ensemble du Canada
Dans les autres provinces							
Plusieurs par année	12	30	18	31	21	27	21
Un par année ou moins	46	61	64	64	54	63	57
Aucun	42	9	18	5	25	10	22
Aux États-Unis							
Plusieurs par année	11	35	38	14	35	12	25
Un par année ou moins	47	55	51	66	52	55	54
Aucun	42	10	11	20	13	33	21
À l'extérieur de l'Amérique du Nord							
Plusieurs par année	2	6	5	1	4	1	3
Un par année ou moins	24	37	53	26	44	19	35
Aucun	74	57	42	73	52	80	62
Aucun voyage à l'extérieur de sa province	21	2	2	3	4	8	7

temps, puis l'oublier complètement.» Il semblait parler au nom du pays entier. Après le référendum d'octobre, la plupart des Canadiens ne voulurent même plus entendre le mot «Constitution». Leur priorité était de survivre à la récession qui leur coûtait leurs emplois et qui minait l'économie canadienne.

QUE NOUS RÉSERVE L'AVENIR?

Le Québec demeurera-t-il dans le Canada? La question n'est pas résolue. En 1993, le nouveau premier ministre Jean Chrétien, un Québécois fran-cophone, enjoignit aux Canadiens de mettre de côté les querelles constitutionnelles. Il craignait en effet que la poursuite des pourparlers sur le rôle du Québec dans la Confédération ne déchire le pays pour de bon. Or, lors du récent scrutin, les Québécois avaient élu 54 candidats du Bloc québécois, un parti fédéral mais indépendantiste comme le Parti québécois. Avec ses 54 sièges, le Bloc québécois formait l'opposition officielle au Parlement. Cette fonction, cependant, ne paraissait pas apte à détourner le Bloc québécois de son objectif premier. Bien au contraire, elle lui fournit une tribune pour faire connaître ses revendications à travers le Canada.

Parallèlement, beaucoup de Canadiens anglophones perdaient toute sympathie à l'égard du Québec. Le Reform Party, un autre parti régional qui avait pris une envergure nationale aux élections de 1993, était farouchement contre le fait de négocier avec le Québec les conditions de son indépendance. La force politique du Bloc québécois au Québec et du *Reform Party* à l'extérieur du Québec laisse croire qu'il existe encore une division profonde entre francophones et anglophones. À l'heure actuelle, les deux groupes semblent peu disposés à faire de grands compromis pour l'unité du pays. Est-ce que les Canadiens pourraient ou devraient faire quelque chose pour combler le fossé entre le Canada anglais et le Canada français?

En 1861, John A. Macdonald a dit ce qui suit: «Quoi que vous fassiez, *adhérez* à l'Union. Nous avons un grand pays et ce pays deviendra l'un des plus grands pays de l'univers si nous le conservons; il sombrera dans l'insignifiance et l'adversité si nous tolérons qu'ils se brise.» Qu'est-ce que l'avenir réserve au pays que Macdonald rêvait de voir s'étendre d'un océan à l'autre? Est-ce que le Canada restera uni? Son destin est-il de se diviser? Seul le temps nous le dira.

Le mouvement indépendantiste est encore très vigoureux au Québec. D'ailleurs, l'échec de l'Accord de Charlottetown lui a insufflé une ardeur nouvelle. Selon toi, pourquoi le rejet de l'accord a-t-il eu cet effet?

LES GENS, LES LIEUX ET LES ÉVÉNEMENTS

Dans tes notes, explique clairement l'importance historique des éléments suivants:

Front de libération du Québec (FLQ)	Parti québécois (PQ)
Survivance	Révolution tranquille
Maîtres chez nous	Peuples fondateurs
Loi des mesures de guerre	Loi sur les langues officielles (loi 22)
Charte de la langue française (loi 101)	
Souveraineté-association	Alliance Québec
Accord de Charlottetown	Accord du lac Meech

RÉSUME TES CONNAISSANCES

1. Pourquoi les paroles que Charles de Gaulle prononça lors de sa visite à Montréal ont-elles déclenché une si vive controverse?

2. Pourquoi Maurice Duplessis refusait-il les subventions fédérales?

3. Pourquoi la grève d'Asbestos de 1949 fut-elle un événement important dans l'histoire du Québec?

4. Pourquoi de nombreux Québécois se sentaient-ils exploités dans les années 1960? Justifie ta réponse au moyen d'exemples précis.

5. Pourquoi l'adoption du nouveau drapeau du Canada a-t-elle fait l'objet de débats houleux?

6. Pourquoi les Québécois sentent-ils que leur langue est menacée? Quelles mesures a-t-on prises pour sauvegarder la langue française au Canada?

7. Pourquoi une réforme constitutionnelle s'imposait-elle dans les années 1980?

8. Pourquoi le Québec était-il insatisfait des changements constitutionnels et du processus qui les avait amenés en 1982?

9. Explique comment l'Accord du lac Meech a abouti à un échec.

APPLIQUE TES CONNAISSANCES

1. Quels changements s'étaient produits dans la société québécoise en 1961? Donne des exemples montrant la nature et l'importance de ces changements.

2. Pourquoi a-t-on appelé Révolution tranquille la période que Jean Lesage a passée au pouvoir? Justifie ta réponse au moyen d'exemples concrets.

3. Énumère les mesures que le gouvernement de Jean Lesage a prises pour favoriser l'émancipation économique du Québec. Est-ce que ces mesures ont été couronnées de succès?

4. Décris les agissements du FLQ de 1963 à octobre 1970. Compte tenu de la situation du Québec, ces agissements étaient-ils justifiables? Explique ta réponse.

5. Comment Pierre Elliott Trudeau voyait-il la situation des Canadiens français? Est-ce que la vision de Trudeau a favorisé l'unité du Canada ou, au contraire, est-ce qu'elle a creusé le fossé qui séparait le Québec du reste du Canada?

6. Beaucoup de Canadiens trouvaient draconienne la politique linguistique du gouvernement péquiste de René Lévesque. Compte tenu des menaces qui pesaient sur la langue française, est-ce que cette politique était justifiable? Explique ta réponse en donnant des exemples précis.

7. Les statistiques indiquent que les jeunes de 15 à 19 ans au Québec voyagent moins à l'extérieur de leur province. En groupes de quatre, dressez une liste des facteurs qui pourraient expliquer cette tendance. Présentez votre liste à la classe.

AUGMENTE TES CONNAISSANCES

1. Avec quelques camarades, monte un reportage sur les réactions que la proclamation de la Loi des mesures de guerre a suscitées au Canada. Commence par dresser une liste de questions que tu poseras à des gens qui se souviennent de la crise d'octobre. Ensuite, demande à quelques personnes ce qu'elles ont pensé de la façon de faire de Trudeau. Enfin, prépare ton reportage à partir des résultats de ton enquête. Ton reportage peut être écrit, enregistré ou filmé sur vidéocassette.

2. Fais un sondage auprès des élèves de ton école pour déterminer comment ils voient le rôle du Québec dans le Canada. Présente tes résultats sous forme d'histogrammes.

3. Recrée le débat sur l'Accord de Charlottetown. Divise la classe en deux groupes qui représenteront le camp du oui et le camp du non.

4. Comment envisages-tu l'avenir du Canada? Un Canada uni est-il encore possible? est-il souhaitable? Exprime tes opinions au moyen d'un poème ou d'une affiche.

17 LE CANADA ET SON VOISIN DU SUD

GLOSSAIRE

Intimer Signifier avec autorité.
Vote de censure Vote contre le budget ou une autre importante mesure gouvernementale à la Chambre des communes. Un vote de censure entraîne habituellement la démission du gouvernement.
Livre blanc Rapport officiel dans lequel le gouvernement énonce une politique ou le résultat d'une enquête sur une question importante.
Voodoo Avion supersonique F-101B qui peut transporter des missiles air-air nucléaires et conventionnels.
Missile de croisière Missile qui est lancé d'un avion et qui vole à une altitude variant entre 61 m et 183 m.
Réfractaire Qui résiste à, refuse d'obéir, de se soumettre.

DANS CE CHAPITRE, TU ÉTUDIERAS LES SUJETS SUIVANTS:

- la Canadian Broadcasting Corporation, la Société Radio-Canada et l'Office national du film en tant que facteurs d'avancement de la culture canadienne;
- l'influence américaine sur la culture canadienne;
- les liens militaires étroits entre le Canada et les États-Unis;
- la controverse suscitée par les investissements étrangers au Canada;
- l'influence des accords de libre-échange sur l'économie canadienne.

L'écrivain canadien Robertson Davies a déjà dit que les Canadiens logeaient sous les combles du continent nord-américain: en haut le petit peuple sans importance et en bas la colossale superpuissance. Même si le Canada couvre une énorme proportion de l'Amérique du Nord, Davies n'est pas le seul Canadien à percevoir son pays comme un petit État anonyme perché sur la frontière nord du géant américain. Nombreux sont les Canadiens qui se sentent à l'étroit sur le continent, à côté des États-Unis.

À la fin des années 1940 et au début des années 1950, cependant, les Canadiens se tracassaient moins qu'aujourd'hui avec leurs voisins d'en bas. Ils étaient contents de ce qu'ils avaient accompli pendant la guerre et ils envisageaient l'avenir avec optimisme. Ils étaient convaincus de pouvoir égaler, voire dépasser les Américains dans beaucoup de domaines. Le Canada, en effet, se trouvait à l'avant-plan de la science et de la technologie. C'était des Canadiens qui avaient découvert l'insuline et qui avaient amorcé la recherche sur les utilisations non militaires de l'énergie nucléaire (pour le traitement du cancer par exemple). Les Canadiens excellaient dans les sports, et particulièrement dans les sports d'hiver. La **Canadian Broadcasting Corporation (CBC)** et la **Société Radio-Canada (SRC)** était reconnue mondialement pour ses émissions de radio destinées aux auditeurs de tous les âges et de tous les goûts. Le service des radiothéâtres de la CBC et de la SRC produisait des émissions mémorables avec des artistes hors pair. C'était l'âge d'or de la radio canadienne. Les Canadiens étaient fiers d'eux-mêmes et ils ne se faisaient pas de souci à propos de leur identité nationale.

L'AMÉRICANISATION DE LA CULTURE

Pendant les années 1950, cependant, la vague de la culture américaine se mua en raz-de-marée; la radio, la télévision, le cinéma, les revues et les livres américains inondèrent le marché canadien. De Halifax à Vancouver, les films américains défilaient sur les écrans des ciné-parcs. Les transistors nouvellement inventés vibraient au rythme de la musique américaine. Elvis Presley dominait les palmarès avec son mélange de blues, de rock et de country. Lors de son apparition au Maple Leafs Gardens de Toronto, en 1956, le «roi du rock and roll» fut assailli par une horde d'admirateurs en délire.

Et puis vint la télévision. Chaque semaine, les jeunes suivaient avec passion les aventures d'un autre héros américain, Davy Crockett. Costumés comme leur idole, ils arpentaient les ruelles en s'imaginant qu'ils chassaient l'ours dans la forêt sauvage de l'Ouest. Les Canadiens raffolaient aussi des comédies et des émissions de variétés américaines. La CBC avait besoin de revenus de publicité pour produire des téléthéâtres et des émissions d'information et elle dut se mettre à diffuser les comédies et les jeux-questionnaires américains. En raison de son auditoire francophone, ce problème touchait beaucoup moins la SRC.

LE GOUVERNEMENT ET LA CULTURE CANADIENNE

Les jeunes des années 1950 dansaient au son de la musique américaine, regardaient les émissions et les films américains, lisaient des revues et des livres américains et idolâtraient des étoiles américaines. Dès 1949, le gouvernement avait demandé au diplomate Vincent Massey et au père Georges-Henri Lévesque de coprésider la Commission royale d'enquête sur l'avancement des arts, des lettres et des sciences. En 1951, la **commission Massey-Lévesque** conclut que la culture canadienne était vulnérable. Elle recommanda au gouvernement d'accroître son soutien aux organismes culturels canadiens comme la CBC, la SRC et l'**Office national du film (ONF)**, qui avaient été créés pour réaliser des émissions et des films de qualité et offrir aux Canadiens des divertissements autres qu'américains.

La CBC et la SRC ont été fondées en 1936 pour fournir un service national de radiodiffusion. En 1952, elles commencèrent leurs activités de télédiffusion; elles produisaient des dramatiques, des comédies et des émissions d'information dans les deux langues. Quant à l'ONF, il avait été fondé en 1939 et il avait produit pendant la guerre des centaines de films de propagande. Après la guerre, les

En 1956, des milliers d'admirateurs accueillirent Elvis Presley, «le roi du rock and roll», au Maple Leafs Gardens de Toronto. Est-ce que les vedettes du rock d'aujourd'hui remportent autant de succès qu'Elvis auprès des adolescents?

Après la guerre, l'Office national du film du Canada encouragea les cinéastes canadiens à réaliser des films sur les Canadiens. Est-ce qu'il faut des institutions comme l'ONF pour protéger la culture canadienne?

comme Margaret Laurence, Anne Hébert, Marie-Claire Blais et Robertson Davies se firent de fidèles adeptes ici comme à l'étranger.

Malgré la vigueur du milieu artistique canadien, la culture populaire américaine n'avait rien perdu de son attrait au début des années 1960. Dans la première semaine de mars 1963, par exemple, 7 des 10 émissions les plus populaires à la CBC étaient des productions américaines. Partout au pays, la culture populaire américaine accaparait les ondes, les écrans et les étalages de livres et de journaux. L'auteur et éditeur canadien Robert Fulford déplora la situation: «Une grande partie de ce qui meuble mon esprit et mon imagination, dit-il, a toujours porté l'étiquette *Made in America*.»

cinéastes de l'ONF s'étaient attachés à montrer le Canada aux Canadiens dans leurs documentaires, leurs courts métrages et leurs films d'animation.

Le Conseil des arts du Canada

La commission Massey-Lévesque recommanda aussi au gouvernement de créer le **Conseil des arts du Canada** pour encourager les arts et la culture. Le gouvernement s'exécuta en 1957, grâce à deux multimillionnaires canadiens qui moururent avant d'avoir pu soustraire leur fortune au fisc. Les impôts prélevés sur les successions de sir James Dunn et d'Isaac Walter Killam servirent à subventionner des écrivains, des acteurs, des peintres et une foule d'autres artistes canadiens. Le gouvernement accorda aussi des millions de dollars à des corps de ballet, à des troupes de théâtre et à des universités. Cette pluie de subventions fit fleurir la créativité. Le festival shakespearien de Stratford et le Shaw Festival de Niagara-on-the-Lake acquirent une renommée internationale. Le Royal Winnipeg Ballet devint l'une des meilleures compagnies de danse au monde. Les orchestres symphoniques de Montréal et de Toronto se distinguèrent. Des écrivains

Nombre de comédiens canadiens commencèrent leur carrière sur la scène du théâtre de Stratford, dans des rôles shakespeariens. Lorne Greene, à gauche, et William Shatner, à droite, sont ensuite devenus de grandes vedettes d'Hollywood.

Bryan Adams est l'un des artistes les plus populaires dans l'histoire de la musique canadienne. Il a déclenché une vive controverse en déclarant que les subventions gouvernementales aux musiciens encouragent la médiocrité. Es-tu d'accord avec lui?

Le gouvernement dépensa aussi des millions de dollars pour encourager l'industrie cinématographique canadienne. Dans les années 1970, des films comme *Goin' Down the Road*, *Kamouraska*, *Mon oncle Antoine* et *Why Shoot the Teacher?* avaient le paysage canadien comme toile de fond. Les éditeurs canadiens reçurent des subventions et des prêts spéciaux pour promouvoir la vente de leurs livres. Le gouvernement modifia les lois fiscales relatives à la publicité imprimée pour empêcher des revues américaines comme *Time* de publier des éditions canadiennes. Les écoles publiques ajoutèrent des cours d'histoire et de littérature canadiennes à leur horaire. Les universités offrirent des programmes d'études canadiennes et le ministère de l'Immigration limita sévèrement l'embauche de professeurs étrangers (et particulièrement américains) dans les universités. Le gouvernement espérait que toutes ces mesures favorisent l'épanouissement d'une culture spécifiquement canadienne.

L'intervention gouvernementale en faveur de la culture canadienne

Après les fêtes du centenaire de 1967, les Canadiens demandèrent au gouvernement fédéral d'endiguer la marée de la culture américaine. En 1968, le gouvernement créa le **Conseil de la radio-télévision canadienne (CRTC)** et le chargea de réglementer la radiodiffusion et la télédiffusion. En 1970, le CRTC obligea les stations de radio à diffuser 30 % de contenu canadien, sous peine de perdre leur permis. Les stations de radio se mirent donc à faire jouer les chansons d'Anne Murray, de Diane Dufresne, de Gordon Lightfoot, de Robert Charlebois, de Rush, de Beau-Dommage et de Bachman-Turner Overdrive. Le CRTC décida aussi qu'au moins 60 % des émissions de télévision diffusées aux heures de grande écoute devaient être des productions canadiennes.

Est-ce que tu regardes beaucoup d'émissions canadiennes? Certains prétendent que la Canadian Broadcasting Corporation ainsi que la Société Radio-Canada ne devrait pas importer d'émissions américaines. Es-tu d'accord?

Le milieu des arts connut un essor sans pareil dans les années 1970. Le nombre de compagnies de danse professionnelles passa de 5 à 23, celui des maisons d'édition doubla et celui des troupes de théâtre professionnelles sextupla. La moitié des pièces montées par les 121 troupes de théâtre furent des œuvres de dramaturges canadiens. En 1970, l'auteur Pierre Berton avait déploré que la musique et les livres fissent peu de place au Canada. «Nous devons chanter nos propres chansons et rêver nos propres rêves», dit-il à un comité sénatorial sur les médias. Or, en 1982, le critique littéraire de renommée mondiale Northrop Frye était en mesure de déclarer: «Depuis 1960, la littérature canadienne est devenue une véritable littérature et elle est reconnue comme telle à travers le monde.»

Les subventions gouvernementales aujourd'hui

Au cours du mandat de Brian Mulroney, le gouvernement fédéral retrancha environ 500 millions de dollars aux budgets de la CBC, de la SRC, du Conseil des arts du Canada, de l'ONF et d'autres organismes culturels. En 1992, par exemple, le budget du Conseil des arts du Canada avait diminué de 20 % par rapport à 1986. Les sources de financement provinciales et privées tarissaient elles aussi. Beaucoup de Canadiens s'en inquiétaient, craignant pour l'avenir des arts au Canada. Arthur Gelber, l'ancien président du Centre national des arts d'Ottawa, s'exclama: «Pourquoi nous inquiéter de l'emprise américaine alors que nous avons déjà brûlé notre propre terre?» Les Canadiens devraient-ils se préoccuper du financement de la culture? Avons-nous besoin d'artistes canadiens pour «chanter nos propres chansons et rêver nos propres rêves»?

LA DÉFENSE ET LA POLITIQUE ÉTRANGÈRE

La culture ne fut pas le seul domaine où la domination américaine posa des problèmes. En effet, les relations politiques entre le Canada et les États-Unis ont aussi été troublées. John Diefenbaker, qui devint premier ministre en 1957, était fortement nationaliste et l'attitude des États-Unis envers le Canada l'embarrassait. À cause de la guerre froide, le Canada et les États-Unis étaient plus proches que jamais. Les deux pays s'opposaient ensemble au communisme en Europe et en Asie; ils faisaient partie de l'OTAN (l'Organisation du traité de l'Atlantique Nord) et ils s'étaient battus côte à côte en Corée. Malgré des désaccords occasionnels, les relations canado-américaines étaient essentiellement amicales. Pourtant, beaucoup de Canadiens partageaient la perplexité de Diefenbaker; ils jugeaient que les États-Unis tenaient le Canada pour acquis et qu'ils négligeaient ses préoccupations. Comme Diefenbaker, ces Canadiens en avaient assez que les États-Unis traitent leur pays comme «un quarante-neuvième État composé de policiers à cheval, d'Esquimaux et de touristes en vacances».

Mélangeant humour et musique, le groupe canadien Barenaked Ladies s'est constitué un vaste public. Est-ce que tu connais d'autres groupes dont les chansons évoquent les particularités de la vie canadienne?

LA PRÉSENCE CANADIENNE DANS L'INDUSTRIE AMÉRICAINE DU SPECTACLE

Tout le monde connaît l'étendue de l'influence américaine sur la culture canadienne. Mais as-tu déjà pensé que le Canada pouvait influer sur la culture américaine? Depuis les 30 dernières années, en effet, de nombreux artistes canadiens sont apparus à la télévision américaine, qu'il s'agisse de Lorne Greene dans *Bonanza*, de William Shatner dans *Star Trek* ou, plus récemment, de Jason Priestley dans *Beverley Hills 90210*. D'autres Canadiens, tels Mike Myers dans *Wayne's World*, Michael J. Fox et k.d. lang, remportent un succès considérable chez nos voisins du sud. Les Canadiens sont si nombreux dans le milieu artistique américain qu'un humoriste de *Saturday Night Live* (une création canadienne) a déjà lancé: «Je me rappelle l'époque où les États-Unis n'étaient pas canadiens.» Voici une liste d'artistes canadiens d'hier et d'aujourd'hui qui sont devenus célèbres aux États-Unis et qui passent souvent pour des Américains. Combien en connais-tu? Essaie d'ajouter des noms à la liste.

Acteurs
Geneviève Bujold
Raymond Burr
Len Cariou
Brent Carver
Hume Cronyn
Colleen Dewhurst
Marie Dressler
Glenn Ford
Lorne Greene
Margot Kidder
Raymond Massey
Kate Nelligan
Leslie Nielsen
Mary Pickford
Christopher Plummer
Jason Priestley
Ivan Reitman
William Shatner
Helen Shaver
Jay Silverheels
Donald Sutherland
Kiefer Sutherland

Présentateurs
Peter Jennings
Arthur Kent
Robert MacNeil
Morley Safer

Prestidigitateurs
Doug Henning
The Amazing Kreskin

Comiques
Dan Aykroyd
John Candy
Jim Carrey
Tommy Chong
Phil Hartman
Rich Little
Howie Mandel
Lorne Michaels
Rick Moranis
Mike Myers
Martin Short
David Steinberg
Alan Thicke
The Kids in the Hall

Personnages de bandes dessinées
Superman (créé par Joe Shuster)
Ren and Stimpy (créés par John Kricfalusi)

Musiciens
Bryan Adams
Paul Anka
Bachman-Turner Overdrive
The Band (à l'exception de Levon Helm)
Leonard Cohen
Céline Dion
Jeff Healy
k.d. lang
Gordon Lightfoot
Joni Mitchell
Anne Murray
Oscar Peterson
Rush
Paul Shaffer
Neil Young

Animateurs de jeux-questionnaires
Monty Hall
Alex Trebec

k.d. lang

Source: Adapté du *New York Times*.

La controverse des missiles Bomarc

La défense de l'Amérique du Nord devint une priorité pour les États-Unis après la Deuxième Guerre mondiale et le Canada participa activement à la planification américaine. Au milieu des années 1950, les Canadiens jugeaient qu'il leur suffisait de s'allier à la politique de défense aérienne des États-Unis pour se protéger contre une attaque nucléaire soviétique.

C'est John Diefenbaker qui, à regret, plaça le Canada sous l'aile des États-Unis. Peu de temps après son élection, en 1957, il adhéra au Commandement de la défense aérienne nord-américaine (NORAD) et fit construire un réseau de détection dans le Nord canadien. Diefenbaker laissa les Américains installer des missiles Bomarc-B en sol canadien et il équipa l'armée canadienne en Europe avec une batterie de missiles américains Honest John. Ces armes n'étaient efficaces que si elles portaient des ogives nucléaires. Diefenbaker accepta aussi de fournir aux escadrons canadiens de l'OTAN des avions CF-104 qui, conformément aux objectifs militaires de l'OTAN en Europe, étaient destinés à transporter des armes nucléaires. Enfin, Diefenbaker signa l'Accord sur le partage de la production de défense, une entente qui liait de plus près qu'avant les industries de la défense canadienne et américaine. Avec les décisions de Diefenbaker, le Canada semblait prendre fermement parti pour la défense de l'Amérique du Nord et de l'OTAN ainsi que pour l'utilisation d'armes nucléaires.

Néanmoins, la question de la défense créait des frictions entre le Canada et les États-Unis. En 1961, Diefenbaker rencontra John F. Kennedy pour la première fois. Après quelques minutes d'entretien, il était clair que les deux hommes ne s'entendraient pas. L'ancien combattant de la Saskatchewan avait peu de choses en commun avec le jeune et riche président né en Nouvelle-Angleterre. Lorsque les deux dirigeants abordèrent le sujet des obligations militaires du Canada, le premier ministre fit volte-face et refusa d'équiper les forces canadiennes d'armes nucléaires américaines. La présence d'armes nucléaires au Canada avait en effet soulevé un tollé de protestations. Le Co-operative Commonwealth Federation (CCF), le Parti libéral, les groupes de femmes et les intellectuels, en particulier, s'opposaient vivement aux armes nucléaires. Le premier ministre dit à Kennedy «qu'étant donné l'opinion publique au Canada, il serait politiquement impossible en ce moment d'accepter des armes nucléaires».

Diefenbaker tourna encore le dos au président des États-Unis pendant la crise de Cuba. En 1962, Kennedy *intima* aux Soviétiques de retirer leurs missiles nucléaires de Cuba. Devant le refus du dirigeant soviétique Nikita Khrouchtchev, les États-Unis préparèrent les avions de NORAD à contrer une attaque soviétique au-dessus de l'Arctique canadien. Les États-Unis organisèrent aussi le blocus naval de Cuba, mais ils n'en avertirent le Canada que deux heures avant l'annonce télévisée du président. Pourtant, Kennedy comptait sur l'appui du Canada dans le conflit qui menaçait. Diefenbaker ne

Le nucléaire préoccupe beaucoup de Canadiens. Est-ce que tu participerais à des manifestations antinucléaires comme celle-ci?

L'ARROW, UN BIJOU TROP CHER

Au plus fort de la guerre froide, dans les années 1950, la possibilité d'une attaque soviétique inquiétait beaucoup les Canadiens. Pour se protéger, le Canada avait besoin d'avions supersoniques modernes. Les CF-100 que l'aviation utilisait depuis 1953, bien que fiables, étaient lents et désuets. En 1949, déjà, le gouvernement canadien avait donné son appui à la société A.V. Roe, qui projetait de construire l'un des avions supersoniques les plus rapides au monde: l'Arrow..

L'avion conçu par la société A.V. Roe était un bimoteur capable de voler quelles que soient les conditions météorologiques. On disait que c'était l'intercepteur le plus rapide et le plus perfectionné de l'époque. Les pilotes d'essai vantaient sa vitesse et sa maniabilité. Malgré la réputation de l'Arrow, le gouvernement en fit cesser la construction le 20 février 1959, éliminant ainsi 14 000 emplois. Il se trouvait au nombre des chômeurs des scientifiques et des ingénieurs de premier plan qui quittèrent le Canada pour trouver un emploi dans le programme spatial américain.

Pourquoi le gouvernement a-t-il renoncé à un avion qui avait autant de potentiel? À cause, peut-être, des coûts élevés du projet. À l'origine, on estimait à deux millions de dollars le coût de production d'un appareil. À ce prix, le Canada pouvait s'attendre à exporter l'Arrow et il résolut d'en faire construire environ 600. En cours de production, cependant, les coûts augmentèrent de 600 % et s'établirent à 12,5 millions de dollars par avion. Par conséquent, le gouvernement ne réussit pas à vendre l'Arrow sur les marchés internationaux. Il abandonna l'Arrow et opta pour le chasseur Voodoo F-101 de fabrication américaine.

Le gouvernement, alors dirigé par John Diefenbaker, fut considérablement critiqué. Les Canadiens lui reprochaient d'avoir fait des chômeurs, d'avoir porté un dur coup à l'industrie aéronautique du pays et de s'en remettre encore une fois à la technologie militaire des Américains. Quel conseil aurais-tu donné au premier ministre Diefenbaker? Est-ce que son gouvernement a eu raison d'abandonner le projet?

L'Arrow, avec ses lignes aérodynamiques, était en son temps une merveille technologique. Malheureusement, ses constructeurs se heurtèrent à une série de problèmes et le gouvernement renonça à l'acheter.

donna l'alerte aux avions canadiens de NORAD qu'à la toute fin de la crise.

La tiédeur de Diefenbaker enrageait les Américains, de même que les nombreux Canadiens qui étaient d'accord avec Kennedy. Mais après la crise de Cuba, les adversaires du nucléaire étaient plus convaincus que jamais. À la fin de 1962, un débat s'imposait sur les engagements militaires du Canada. Le Nouveau Parti démocratique (NPD), nouvellement issu du CCF, s'opposait fermement à l'utilisation des armes nucléaires. Le chef libéral Lester B. Pearson, qui lui aussi s'était prononcé contre les armes nucléaires, changea d'opinion. Il déclara que le Canada devait tenir les promesses qu'il avait faites à ses alliés américains et européens. Diefenbaker, quant à lui, restait indécis, tiraillé entre ses ministres. Il fit à la Chambre des communes un discours ambigu qui pouvait être interprété dans un sens comme dans l'autre. Conséquemment, en février 1963, son gouvernement fit l'objet d'un *vote de censure* sur la question des armes nucléaires.

Diefenbaker se présenta à nouveau et il fit une campagne antiaméricaine. «C'est moi contre les Américains, lança-t-il, le petit contre le gros.» C'était la première fois depuis 1911 que les relations canado-américaines constituaient un thème électoral. Dans les derniers jours de la campagne, les libéraux et les progressistes-conservateurs étaient nez à nez. Les troupes de Lester B. Pearson l'emportèrent de justesse, sans toutefois obtenir une majorité au Parlement. Pearson dut se contenter d'un gouvernement minoritaire.

Pearson avait promis d'accepter les armes nucléaires et d'aplanir les différends avec les États-Unis. Il tint promesse. Le nouveau premier ministre dit à Kennedy que le Canada était disposé à armer ses Bomarcs, ses Honest Johns et ses CF-104 avec des ogives nucléaires. En habile diplomate, Pearson s'efforça de protéger les intérêts canadiens sans trop irriter les Américains. Au cours des quelques années qui suivirent, les rapports entre Ottawa et Washington furent plutôt amicaux.

Pearson, cependant, n'eut pas toujours la vie facile. Ainsi, il affronta directement le président Lyndon Johnson à propos de la guerre du Viêt-nam, un conflit aussi sanglant que décrié. Dans un discours prononcé à l'université Temple de Philadelphie, en 1965, Pearson incita aimablement les Américains à «repenser leur position» face aux bombardements au Viêt-nam du Nord. Lors d'un déjeuner officiel, le lendemain, Lyndon B. Johnson agrippa Pearson par les revers de son costume et lui reprocha vertement d'avoir critiqué la politique américaine sur le terrain même du président. Des deux côtés, on s'empressa d'arranger les choses. Néanmoins, l'incident montre bien qu'il n'a pas toujours été aisé pour le Canada de mener une politique étrangère indépendante et d'entretenir en même temps des relations amicales avec les États-Unis.

La politique canadienne de défense sous Trudeau

Lester B. Pearson se retira de la politique active en 1968. Son successeur, Pierre Elliott Trudeau, avait des idées bien à lui sur les relations canado-américaines. Dans le *livre blanc* sur la défense que Pearson avait publié en 1964, il était écrit que le Canada et les États-Unis étaient «partenaires» dans la défense de l'Amérique du Nord. Or, les relations entre les États-Unis et l'Union soviétique s'étaient améliorées par la suite et Trudeau était moins préoccupé que son prédécesseur par la menace soviétique. Il décida donc de réduire les engagements militaires canadiens, en Europe particulièrement. Trudeau voulait raffermir l'autonomie de la politique étrangère canadienne. Il s'écarta de la politique officielle des États-Unis en tissant des liens politiques, culturels et économiques avec le monde communiste, l'Asie et l'Afrique.

Trudeau était résolu à modifier la politique canadienne sur le nucléaire. Au cours de son mandat, le Canada se retira graduellement des programmes nucléaires de l'OTAN et de NORAD. De 1970 à 1972, les forces canadiennes de l'OTAN en Europe se débarrassèrent des missiles nucléaires Honest John. Dans les bases allemandes, l'armée canadienne remplaça les missiles nucléaires des avions CF-104 par des roquettes conventionnelles. À la même époque, l'armée démantela les rampes de lancement des missiles Bomarc de NORAD au

À la fin des années 1970, les essais des missiles de croisière dans l'espace aérien du Canada soulevèrent une vive polémique. Déterminés à interdire le territoire canadien aux missiles, des milliers de Canadiens manifestèrent.

Canada. En 1984, elle substitua des Hornets CF-18 porteurs d'armes conventionnelles aux vieux *Voodoos* achetés par le gouvernement de Diefenbaker. Finalement, en juillet 1984, il ne restait plus d'ogives nucléaires en sol canadien.

De par son adhésion à l'OTAN et à NORAD, cependant, le Canada gardait des liens indirects avec le nucléaire. Le gouvernement ouvrait encore ses ports aux navires américains porteurs d'armes nucléaires et l'industrie de la défense du Canada restait associée à celle des États-Unis. Les sociétés canadiennes continuaient d'accepter des millions de dollars pour concevoir, construire et tester des composantes nucléaires de lance-missiles et de systèmes de guidage.

Ronald Reagan, qui devint président des États-Unis en janvier 1981, promit de «redonner sa force militaire à l'Amérique». Les Américains jugeaient que le Canada s'en remettait trop aux États-Unis pour sa défense et le gouvernement de Reagan pressa le Canada de faire sa part. Reagan demanda à Trudeau la permission de tester les nouveaux *missiles de croisière* nucléaires dans l'Arctique canadien.

La demande de Reagan fut mal accueillie et, partout au Canada, on vit apparaître des pancartes contre les missiles de croisière. Trudeau lui-même était personnellement *réfractaire* aux armes nucléaires, mais il se sentait incapable de refuser la requête des États-Unis. En 1983, il signa un accord d'une durée de cinq ans qui permettait aux États-Unis d'effectuer annuellement six essais de missiles de croisière non armés dans l'espace aérien canadien. Le premier essai eut lieu à la base de Primrose Lake, près de Cold Lake, en Alberta, en mars 1984.

Mulroney et la défense canado-américaine

Pierre Elliott Trudeau avait cédé à contrecœur aux États-Unis et ses relations personnelles avec Reagan étaient froides. Il se retira de la vie politique en 1984 et, quelques mois plus tard, le chef progressiste-conservateur Brian Mulroney devint premier ministre. Le premier soin de Mulroney fut de raviver l'amitié entre le Canada et les États-Unis. Le 24 septembre 1984, il dit à un journaliste

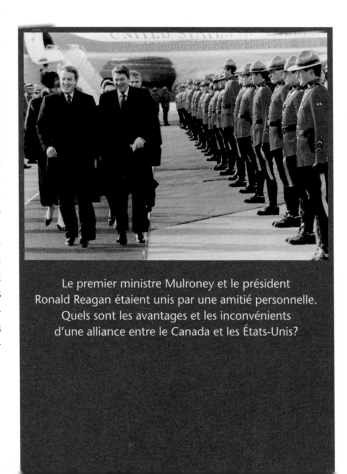

Le premier ministre Mulroney et le président Ronald Reagan étaient unis par une amitié personnelle. Quels sont les avantages et les inconvénients d'une alliance entre le Canada et les États-Unis?

américain: «De bonnes relations, d'excellentes relations avec les États-Unis seront la pierre angulaire de notre politique étrangère.»

Le 17 mars 1985, le président Reagan se rendit à Québec pour s'entretenir avec le premier ministre Mulroney. Les deux hommes étaient d'ascendance irlandaise et, à la fin d'un concert de gala auquel ils assistèrent ce soir-là, ils entonnèrent à l'unisson «When Irish Eyes Are Smiling». Leur rencontre fut vite baptisée **«sommet de la Saint-Patrick»**. Les deux dirigeants annoncèrent des accords de défense et, dans le domaine aérospatial, ils s'entendirent pour poursuivre les programmes de coopération canado-américaine qui avaient abouti à des réalisations comme le bras canadien des navettes spatiales. Quelque temps plus tard, cependant, Mulroney hésita à adhérer à l'Initiative de défense stratégique (IDS), ou «Guerre des étoiles», de Reagan. Beaucoup de nationalistes et de pacifistes canadiens, en effet, s'opposaient à ce que le Canada participe encore à un programme nucléaire américain. Mulroney déclina l'invitation de Reagan, mais il laissa le champ libre aux sociétés canadiennes qui désiraient accepter des contrats reliés à l'IDS.

La souveraineté canadienne dans l'Arctique: l'affaire du *Polar Sea*

À peu près à la même époque, les relations canado-américaines s'assombrirent de nouveau. Le **Polar Sea**, un navire de la garde côtière américaine, fit en août 1985 la traversée du Groenland à l'Alaska. Par mesure de courtoisie, la garde côtière américaine avait mis les autorités canadiennes au courant de son projet, mais elle n'avait pas jugé à propos de demander leur autorisation. Les Américains, en effet, consi-

déraient le passage du Nord-Ouest comme une voie d'eau internationale. Le gouvernement canadien, pour sa part, estimait que le passage du Nord-Ouest appartenait au Canada et que les navires étrangers devaient demander la permission d'y naviguer.

Lorsque la nouvelle s'ébruita, il y eut dans l'opinion publique un mouvement de contestation inattendu. Mulroney avait donné son autorisation au voyage du *Polar Sea,* sans même qu'on ne la lui demande, et le chef de l'Opposition, Jean Chrétien, accusa le premier ministre de faire bon marché des intérêts canadiens. Puis Mulroney fit volte-face et dit aux Américains que le refus de reconnaître la souveraineté canadienne sur l'Arctique constituait un «acte inamical.» «Ce territoire nous appartient, déclara-t-il. Nous y revendiquons notre souveraineté.» Mulroney promit de faire construire un grand brise-glace, d'accroître la présence militaire canadienne dans l'Arctique et de faire patrouiller la région par des sous-marins nucléaires. (Le gouvernement n'acheta ni le brise-glace ni les sous-marins.) Le gouvernement de Mulroney amorça en outre avec les Américains des pourparlers qui aboutirent en 1988 à l'Accord de coopération dans l'Arctique. Les États-Unis acceptèrent de demander une autorisation avant d'envoyer un navire du gouvernement dans l'Arctique.

Les États-Unis s'étaient servis du *Polar Sea* pour éprouver la souveraineté canadienne dans l'Arctique et, après quelques hésitations, le gouvernement de Mulroney avait pris une position ferme. Néanmoins, Mulroney jugeait encore que l'amitié des États-Unis apportait des bénéfices concrets au Canada. Lorsque George Bush fut élu, le premier ministre Mulroney s'empressa d'établir avec lui des rapports qui, aux dires du président américain,

Les innovations comme le bras articulé de la navette spatiale témoignent du talent des scientifiques canadiens. Connais-tu d'autres exemples qui démontrent que le Canada se situe à l'avant-garde de la technologie?

ROBERTA BONDAR, UNE CANADIENNE DANS L'ESPACE

Peu de gens auront jamais la chance de voir le monde comme Roberta Bondar l'a vu. En 1992, Bondar devint la deuxième personne d'origine canadienne (après Marc Garneau) et la première femme canadienne à voyager dans l'espace. Elle faisait partie de l'équipe des six astronautes canadiens choisis par la NASA. Bondar commença à se préparer à son aventure en 1984, à l'âge de 37 ans. Elle dut s'armer de patience. La NASA, en effet, ne se faisait pas une priorité d'envoyer dans l'espace des astronautes venus d'un pays qui jouait un rôle mineur dans le programme spatial américain. De plus, la NASA devait résoudre des problèmes de fuite de combustible et elle retarda plusieurs fois le lancement de la navette. La longue attente de Roberta Bondar se termina enfin en janvier 1992.

À bord de la navette *Discovery*, Bondar travailla de 16 à 18 heures par jour. Sa tâche consistait à effectuer des expériences sur des phénomènes physiologiques comme le mal des transports, les effets de l'apesanteur, l'adaptation du corps humain au vol spatial et la consommation d'énergie dans l'espace.

Bondar emporta avec elle quelques souvenirs du Canada, et notamment des enregistrements que les chanteurs canadiens Tommy Hunter, Anne Murray et Ginette Reno avaient réalisés exprès pour elle. En contemplant le spectacle qui s'offrait à elle, Bondar a beaucoup réfléchi au Canada et à la planète.

«La Terre est si petite vue de l'espace, dit-elle. C'est une planète à explorer. Je me suis dit qu'il était temps de nous rapprocher et de parler d'unité plutôt que de division. Je pense que nous devons nous serrer les coudes. Les gens ont besoin de comprendre la vraie nature de ce pays. Nous ne devrions pas nous laisser arrêter par les rivalités entre les provinces. Je suis fière d'être canadienne.»

Le voyage de Roberta Bondar à bord de *Discovery* apporta beaucoup de fierté aux Canadiens et de bienfaits à la recherche scientifique. Bondar croit que les voyages de la navette sont autant d'occasions de redécouvrir notre planète. Elle pense que les images de la Terre prises de l'espace nous donneront le courage de sauver la planète.

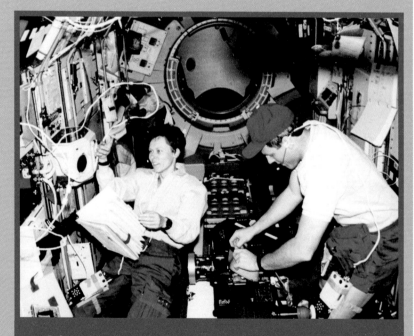

Roberta Bondar, la deuxième astronaute canadienne à être allée dans l'espace, effectue des expériences à bord de la navette spatiale *Discovery*.

étaient d'une chaleur sans précédent dans l'histoire des relations canado-américaines.

Les pluies acides

L'opinion publique canadienne n'a pas toujours vu d'un bon œil les liens étroits que Mulroney entretenait avec les États-Unis. En mars 1991, pourtant, le président George Bush admit que les pressions de Mulroney avaient beaucoup favorisé l'adoption d'une loi limitant les émissions polluantes aux États-Unis.

Les cheminées d'usines et les échappements d'automobile, en effet, projetaient de grandes quantités d'oxydes de soufre et d'azote. Emportés par les vents, ces polluants parcouraient des centaines de kilomètres dans l'atmosphère avant de retomber au sol sous forme de **pluies acides**. C'est ainsi que plus de la moitié des pluies acides qui empoisonnaient les forêts et les lacs canadiens provenaient des États-Unis, et principalement des aciéries de la Pennsylvanie et de l'Ohio.

Les sources polluantes ne se trouvaient pas toutes aux États-Unis, cependant. De fait, quatre des cinq principales sources d'anhydride sulfureux en Amérique du Nord étaient situées au Canada et la fonderie Inco de Sudbury venait en tête de liste. Le gouvernement de Mulroney lança donc un programme de 150 millions de dollars pour aider les industries canadiennes à diminuer leurs émissions polluantes et Inco fut la première à s'inscrire. De même, le Canada suivit les traces des États-Unis et, à partir de 1988, obligea les fabricants à équiper les automobiles de dispositifs antipollution.

Sans l'aide des États-Unis, cependant, le Canada ne pouvait pas résoudre le problème des pluies acides. Lors de la première rencontre entre Mulroney et Reagan, en 1984, le premier ministre avait dit au président que l'élimination des pluies acides était sa «priorité numéro un». Or, le gouvernement Reagan était fort peu enclin à lutter contre les pluies acides. Les groupes d'écologistes et le gouvernement canadien, malgré leur zèle, durent attendre l'élec-

tion de George Bush pour avoir satisfaction. En 1990, le Congrès des États-Unis adopta enfin une loi visant à réduire les pluies acides.

LES RELATIONS ÉCONOMIQUES

Jusqu'à la Deuxième Guerre mondiale, la Grande-Bretagne fut un important partenaire commercial du Canada. Après le conflit, cependant, l'économie britannique vacillait et les relations commerciales entre le Canada et la Grande-Bretagne se relâchèrent. Pendant ce temps, l'économie américaine était en plein essor. Le Canada se trouvait juste à côté des États-Unis et beaucoup d'industries canadiennes écoulaient facilement leurs produits sur le marché américain. Comme les consommateurs, les industries canadiennes ne demandaient pas mieux que d'acheter des produits américains. Les États-Unis devinrent le principal partenaire commercial du Canada et vice versa.

Les Canadiens et les Américains doivent travailler ensemble à éliminer les pluies acides qui détruisent les lacs et les forêts du Canada. Pourquoi avons-nous besoin de la coopération des États-Unis pour résoudre le problème?

La voie maritime du Saint-Laurent

La construction de la **voie maritime du Saint-Laurent** symbolisa l'expansion des relations économiques entre le Canada et les États-Unis. Cette colossale voie navigable allait permettre aux grands cargos océaniques de franchir les dangereux rapides du fleuve Saint-Laurent et d'atteindre les Grands Lacs. Le Canada et les États-Unis caressaient le projet d'une voie maritime depuis des décennies, mais ne le concrétisaient jamais. En 1949, le gouvernement canadien décida de passer à l'action, avec ou sans l'aide américaine. Les États-Unis adhérèrent au projet en 1954. Chaque pays accepta de financer le segment de la voie maritime qui se trouvait à l'intérieur de son territoire.

La voie maritime du Saint-Laurent fut planifiée, dessinée et en grande partie construite par les Canadiens. L'envergure du projet était stupéfiante. Les ingénieurs dynamitèrent d'énormes rapides. Ils inondèrent des villes et des villages et relogèrent 6500 personnes. Ils redessinèrent des voies ferrées et des autoroutes. Ils érigèrent sept nouvelles écluses, dont cinq en territoire canadien. En juin 1959, la reine Elizabeth II et le président Dwight Eisenhower inaugurèrent officiellement la voie maritime. Un observateur canadien compara l'ouvrage à «une immense fermeture éclair économique reliant les deux pays».

Le Pacte de l'automobile

Le **Pacte de l'automobile**, signé en 1965, rapprocha encore les deux économies. Les historiens se demandent encore pourquoi les États-Unis acceptèrent un accord qui semblait si favorable pour le Canada. Peut-être était-ce un geste de gratitude envers le premier ministre Pearson, qui avait envoyé des troupes canadiennes à Chypre avant même que la force de maintien de la paix de l'ONU ne soit prête à partir. La célérité de Pearson avait contribué à éviter une guerre entre la Grèce et la Turquie. Le président Lyndon B. Johnson était si reconnaissant qu'il téléphona personnellement à Pearson: «Vous ne saurez jamais ce que cela a représenté pour nous, dit le président à Pearson. Et maintenant, que puis-je faire pour vous?»

Au milieu des années 1960, le déficit de la balance commerciale avec les États-Unis devenait inquiétant. Le Canada, en effet, achetait plus de produits, et particulièrement d'automobiles et de pièces, qu'il n'en vendait aux États-Unis. En 1962, par exemple, les exportations canadiennes de pièces se chiffraient à 62 millions de dollars, tandis que les importations s'établissaient à 642 millions de dollars. Le gouvernement canadien estimait qu'un nouvel accord s'imposait avec les États-Unis. Les Canadiens achetaient plus de 7 % des voitures fabriquées par Ford, Chrysler et General Motors, mais les usines de ces «trois grands» situées à Oshawa, Oakville et Windsor, en Ontario, produisaient seulement 4 % des voitures. Le gouvernement canadien tenait à faire correspondre le nombre de voitures achetées au Canada au nombre de voitures produites ici. Les négociations débutèrent en juillet 1964 et, en janvier 1965, Pearson se rendit au ranch du président Johnson, au Texas, pour signer le Pacte de l'automobile.

Le Pacte de l'automobile était si compliqué que Pearson et Johnson eux-mêmes admirent qu'ils ne le comprenaient pas entièrement. Fondamentalement, le Pacte établissait le libre-échange des automobiles entre le Canada et les États-Unis. Les fabricants pouvaient bâtir leurs usines là où ils le voulaient et vendre leurs voitures en franchise dans les deux pays. Les trois grands n'avaient qu'une condition importante à respecter: fabriquer autant de voitures au Canada qu'ils y en vendaient. Le Pacte de l'automobile apporta d'authentiques bénéfices au Canada, mais il rattachait son économie d'encore plus près qu'avant à celle des États-Unis.

L'investissement américain au Canada

Après la Deuxième Guerre mondiale, le Canada s'aperçut qu'il possédait des ressources naturelles dont les États-Unis avaient besoin pour maintenir leur développement économique. Les Américains voulaient du pétrole et le gisement qu'on venait de découvrir à Leduc, en Alberta, en contenait justement beaucoup. Les Américains achetèrent aussi de l'aluminium produit à Kitimat, en Colombie-Britannique, et de l'uranium extrait des mines du

L'industrie de l'automobile est une composante essentielle de l'économie du Canada, et plus particulièrement de celle de l'Ontario et du Québec. Les usines comme celle-ci emploient des milliers de travailleurs.

nord de la Saskatchewan et d'Elliott Lake, en Ontario. Ils achetèrent en plus du nickel, du gaz naturel et une panoplie de nouveaux produits chimiques.

L'exploitation des ressources naturelles a toujours été une activité risquée. Ainsi, l'Imperial Oil dut dépenser 23 millions de dollars et creuser 133 puits avant de trouver de l'or noir à Leduc, en 1947. La plupart du temps, c'était des investisseurs américains et non canadiens qui étaient prêts à prendre les risques. Par le fait même, c'était eux qui récoltaient la plus grande part des profits. Néanmoins, le succès des investisseurs américains a favorisé la prospérité du Canada. Grâce aux emplois créés, en effet, beaucoup de Canadiens ont amélioré leur niveau de vie.

Dans les années 1950, de nombreux Canadiens accueillaient favorablement l'afflux d'investissements américains. En 1967, cependant, on constata que la valeur des investissements étrangers au Canada s'établissait à 34,7 milliards de dollars et que 81 % de cette somme provenait de sources américaines. L'opinion publique changea: un sondage réalisé en 1967 révéla que les deux tiers des Canadiens voulaient que le gouvernement limite l'investissement américain au Canada. Divers rapports gouvernementaux, et notamment le rapport Watkins de 1968 et le rapport Gray de 1971, soulignèrent l'étendue inquiétante de l'investissement étranger.

L'Agence d'examen de l'investissement étranger et Investissement Canada

En 1971, le gouvernement de Trudeau créa l'**Agence d'examen de l'investissement étranger (AEIE)** pour étudier les demandes étrangères d'investissement et d'acquisition de sociétés canadiennes et pour s'assurer qu'elles comportent des bénéfices appréciables pour le Canada. Est-ce que l'investissement ou l'acquisition créait des emplois? Est-ce qu'il augmentait les exportations ou stimulait la recherche et le développement? L'AEIE avait le pouvoir d'interdire tout investissement étranger qui ne servait pas les intérêts du Canada, particulièrement dans le domaine culturel. Or, l'AEIE n'endigua pas le flot d'investissements étrangers et certains de ses détracteurs la qualifièrent de tigre de papier. Au moment de la fondation de l'AEIE, les Américains possédaient plus de 25 % des actions des sociétés canadiennes (à l'exclusion des institutions financières). Dix ans plus tard, la proportion était restée la même. En 1982, l'AEIE approuvait les

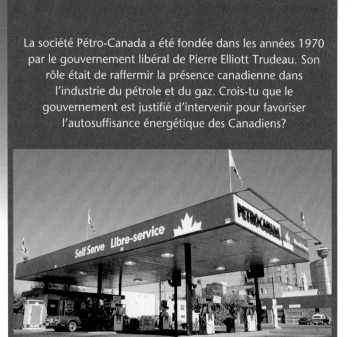

La société Pétro-Canada a été fondée dans les années 1970 par le gouvernement libéral de Pierre Elliott Trudeau. Son rôle était de raffermir la présence canadienne dans l'industrie du pétrole et du gaz. Crois-tu que le gouvernement est justifié d'intervenir pour favoriser l'autosuffisance énergétique des Canadiens?

neuf dixièmes des demandes étrangères d'acquisition de sociétés canadiennes.

Le gouvernement de Mulroney démantela l'AEIE en 1984 et la remplaça par **Investissement Canada**. Le rôle de cet organisme était plus modeste que celui de l'AEIE; il consistait à examiner les offres étrangères qui dépassaient cinq millions de dollars (soit environ les deux tiers des demandes que l'AEIE aurait étudiées). Investissement Canada gardait un droit de regard sur toutes les acquisitions d'entreprises culturelles, mais son objectif premier était de rouvrir la porte aux investissements américains. À l'occasion du premier grand discours qu'il prononça aux États-Unis, Mulroney dit à l'Economic Club de New York que le Canada était «de nouveau ouvert aux affaires».

Pétro-Canada et le Programme énergétique national

Dans les années 1970, l'industrie canadienne du pétrole et du gaz était en grande partie entre des mains étrangères. Les Canadiens craignaient pour leur approvisionnement futur en essence, en gaz naturel et en mazout. Par conséquent, le gouvernement de Trudeau créa en 1975 une société d'État appelée Pétro-Canada. Grâce à l'argent des contribuables, Pétro-Canada connut une croissance rapide et fit con-

currence aux pétrolières étrangères comme Imperial Oil, Shell et Gulf.

Le gouvernement lança le **Programme énergétique national (PEN)** en 1980 pour assurer l'approvisionnement futur du Canada en pétrole, régir les prix du pétrole et porter à 50 % en 10 ans la part canadienne dans l'industrie pétrolière. Par l'intermédiaire de ce programme, le gouvernement accorda des subventions et des avantages aux sociétés pétrolières et gazières qui voulaient faire de la prospection dans le Nord. En outre, le gouvernement accrut les revenus qu'il tirait du pétrole et du gaz. Les pétrolières américaines se rebiffèrent. Les provinces productrices de pétrole de l'ouest du Canada en firent autant et combattirent âprement ledit programme. Mais la «canadianisation» de l'industrie pétrolière avait beaucoup de partisans au Canada. Un sondage de 1981 démontra que 84 % des Canadiens étaient d'accord avec les objectifs du Programme.

Contrairement à ce que le gouvernement avait prévu au moment où il avait lancé le PEN, les prix du pétrole diminuèrent, à la suite d'une augmentation de la production mondiale et d'une récession économique. Dans un contexte de bas prix, le PEN fonctionnait mal; ses responsables devaient modifier continuellement le prix du pétrole et les taux de taxation. Avec la récession économique qui s'amorça en 1982, les Canadiens se désintéressèrent d'un nationalisme économique qui leur paraissait menacer leur survie financière. Un sondage révéla que le nombre de Canadiens favorables à l'investissement étranger était passé de 21 % à 36 % de 1981 à 1982. Après son accession au pouvoir, en 1984, le gouvernement de Mulroney abolit le PEN. Comme l'industrie pétrolière avait changé de mains dans les années 1980, la part canadienne de l'industrie atteignait les 46 % en août 1986 et la controverse suscitée par le PEN se dissipa.

DE LA «TROISIÈME OPTION» AU LIBRE-ÉCHANGE

Dans le domaine économique, les Américains faisaient bien plus qu'investir au Canada: ils

UN MÊME CONTINENT, UNE MÊME CULTURE?

Quand les Canadiens voyagent à l'étranger, rien ne les agace autant que de passer pour des Américains. Pourtant, la méprise est compréhensible. Notre apparence est semblable à celle des Américains et, pour la plupart, nous savons nous exprimer en anglais. Nous écoutons la même musique que les Américains et nous regardons les mêmes émissions de télévision. Nous mangeons aussi les mêmes choses. Mais, à y regarder de plus près, il existe des différences substantielles entre les opinions et les attitudes des Canadiens et celles des Américains.

En mai 1990, le magazine *Maclean's* effectua un grand sondage pour déterminer les opinions qu'avaient les Canadiens et les Américains sur différents sujets. Nous reproduisons ci-après six des questions du sondage et les réponses qu'elles ont suscitées. Pose toi-même ces six questions et quatre questions de ton cru à au moins 20 personnes. Ensuite, représente graphiquement tes résultats et ceux de *Maclean's* et compare-les.

1. Selon vous, quel est actuellement parmi les principaux problèmes auxquels doivent faire face le Canada/les États-Unis, celui qui vous inquiète le plus?

	Américains	Canadiens
Pollution/environnement	17	20
Unité nationale/bilinguisme	—	19
Économie/emploi/inflation	8	19
Déficit/dette du gouvernement	9	10
Consommation de drogue et d'alcool	21	1
Autres questions sociales ou morales	24	6
Taxes (TPS au Canada)	3	15
Problèmes mondiaux/guerre	5	1
Commerce et investissement extérieurs	2	2
Aucun problème/sans opinion	10	6

2. Selon vous, qui défend le mieux vos intérêts économiques personnels, l'entreprise privée, le gouvernement ou les syndicats?

	Américains	Canadiens
Entreprise privée	48	56
Gouvernement	22	20
Syndicats	19	20
Sans opinion	12	5

3. Seriez-vous pour ou contre la fermeture d'une grande société qui emploie beaucoup de gens dans votre collectivité si cette société polluait l'environnement?

	Américains	Canadiens
Contre	34	36
Pour	58	60
Sans opinion	9	4

4. Seriez-vous fortement opposé, opposé, très favorable ou favorable à la fusion du Canada et des États-Unis en un seul pays?

	Américains	Canadiens
Total des gens opposés	43	81
Total des gens favorables	47	18

5. Pensez-vous qu'il faudrait augmenter l'immigration, la maintenir au niveau actuel ou la diminuer?

	Américains	Canadiens
Augmenter	6	18
Maintenir	33	42
Réduire	58	39

6. Beaucoup de gens nous ont dit qu'ils ont eu des contacts professionnels ou sociaux avec des Américains/des Canadiens. Compte tenu de votre expérience personnelle, est-ce que vous préférez interagir avec des Canadiens ou avec des Américains? Si vous n'avez pas eu suffisamment de contacts pour vous faire une opinion, veuillez l'indiquer.

	Américains	Canadiens
Canadiens	8	39
Américains	18	11
Contacts insuffisants	69	44

Source: Adapté de «The Two Nations Poll: Where North Americans Stand on 32 Questions», *Maclean's*, Maclean Hunter Ltd., 25 juin 1990, p. 50-53.

achetaient 70 % des exportations canadiennes. De même, le Canada était le principal acheteur des produits américains. Toute variation de la politique économique américaine se répercutait sur l'économie canadienne comme une onde de choc. Au moyen d'une comparaison devenue célèbre, Pierre Elliott Trudeau décrivit l'inconfortable dépendance du Canada à l'égard de l'économie américaine: «Vivre à vos côtés, c'est un peu comme dormir avec un éléphant. Même si la bête est amicale et placide, on ressent chacun de ses soubresauts et de ses grognements.»

Quelques mois à peine après ce commentaire, l'éléphant tressauta et les gens d'affaires canadiens frémirent. En 1971, le président Richard Nixon imposa un droit de douane de 10 % sur les marchandises importées aux États-Unis. Par conséquent, les marchandises canadiennes coûtaient plus cher aux Américains et les gens d'affaires canadiens se voyaient déjà perdre 300 millions de dollars en exportations. Les États-Unis avaient toujours exempté le Canada de tels droits. Les pressions internationales forcèrent les États-Unis à abolir le droit de 10 % quelques mois plus tard, mais les Canadiens avaient eu le temps de constater leur dépendance économique envers les États-Unis et leur vulnérabilité face aux revirements de la politique économique américaine.

La «troisième option»

Après le «choc Nixon», un des conseillers de Trudeau résuma comme suit la situation. Le Canada avait le choix entre trois possibilités: ne rien changer à sa relation avec les États-Unis, resserrer cette relation ou tendre vers l'autonomie économique. Le gouvernement de Trudeau choisit la dernière possibilité et lança la **politique de la troisième option**. Le Canada commença à se chercher d'autres partenaires commerciaux que les États-Unis.

Pendant les années 1970, le Canada tenta de former des liens commerciaux avec l'Europe, l'Asie et l'Afrique. Les succès furent peu nombreux. Le Japon accrut ses achats de matières premières, de bois de construction et de charbon en particulier, mais il écartait les produits manufacturés. La

Grande-Bretagne et le reste de l'Europe achetèrent de l'uranium et du bois de construction, mais pas de produits manufacturés. La Chine voulait du blé, mais pas de produits manufacturés non plus. Au milieu des années 1980, il semblait que les États-Unis étaient le seul grand marché à s'intéresser aux produits manufacturés canadiens. Or, les États-Unis songeaient justement à adopter des mesures protectionnistes.

Ottawa se mit à craindre que le Canada ne trouve plus de place sur les marchés internationaux, y compris sur le marché américain. Trudeau songea sérieusement à resserrer les liens avec les États-Unis, suivi en cela par l'opinion publique. En juin 1984, des sondages montrèrent que 78 % des Canadiens étaient en faveur du libre-échange avec les États-Unis. Puis, en septembre 1985, la Commission royale d'enquête sur l'union économique et les perspectives de développement du Canada publia son rapport. Elle recommandait que le Canada «prenne le risque» du libre-échange avec les États-Unis.

Mulroney et l'Accord de libre-échange

En septembre 1985, Trudeau s'était retiré de la politique active et les progressistes-conservateurs avaient pris le pouvoir. Mulroney avait critiqué le libre-échange avant de devenir premier ministre. «Le libre-échange, avait-il dit, c'est formidable jusqu'à ce que l'éléphant sursaute; et si jamais l'éléphant se tourne, nous sommes morts.» Une fois au pouvoir, cependant, Mulroney changea d'idée et proposa un accord de libre-échange en bonne et due forme entre le Canada et les États-Unis. Étant donné les négociations qui avaient eu lieu au sein du GATT (Accord général sur les tarifs douaniers et le commerce) depuis la Deuxième Guerre mondiale, 80 % environ des barrières tarifaires qui existaient entre le Canada et les États-Unis en 1935 avaient été abolies. L'Accord de libre-échange devait lever la plupart de celles qui subsistaient encore.

Les négociateurs canadiens et américains tinrent une série de pourparlers qui aboutirent en janvier 1988 à la signature de l'Accord de libre-échange. Les deux pays s'engageaient à éliminer en 10 ans les

Étudie attentivement le dessin. Qu'est-ce qu'il suggère à propos des conséquences de l'Accord de libre-échange de 1988? Jusqu'à maintenant, est-ce que ces prévisions se sont concrétisées?

Politique de la porte à deux battants

L'Accord de libre-échange nord-américain

Avec l'Accord de libre-échange, le Canada et les États-Unis pouvaient réciproquement se vendre en franchise la plupart de leurs produits. Mais le Mexique ne voulut pas être en reste et manifesta son désir de participer à l'Accord. En 1992, après une autre ronde de pourparlers, les dirigeants du Canada, du Mexique et des États-Unis signèrent l'Accord de libre-échange nord-américain (ALENA). L'ALENA crée la plus grande zone de libre-échange au monde: il rassemble en une même région commerciale 370 millions de personnes, des consommateurs qui possèdent à eux seuls 31 % de la richesse mondiale.

droits de douane applicables au commerce transfrontalier. Ils s'entendaient aussi sur d'autres facettes du commerce et notamment sur l'énergie, sur la circulation des gens d'affaires, sur l'investissement et sur les services financiers.

Le libre-échange fut le thème principal de la campagne électorale de 1988, tout comme il l'avait été en 1911. Cette fois, cependant, c'était les conservateurs qui préconisaient le libre-échange et les libéraux (ainsi que les néo-démocrates) qui le combattaient. Dans les semaines qui précédèrent l'élection, les arguments pour et contre le libre-échange fusèrent de toutes parts. Le débat obligea les Canadiens à réfléchir consciencieusement à leur avenir économique. Leurs emplois étaient-ils véritablement menacés? Voulaient-ils, oui ou non, resserrer leurs liens économiques avec les États-Unis? L'Accord de libre-échange aurait-il des répercussions importantes sur l'avenir politique et économique du Canada? Finalement, le jour des élections, les partis opposés au libre-échange récoltèrent une majorité de votes, mais la majorité des sièges au Parlement alla aux progressistes-conservateurs. Par conséquent, l'Accord de libre-échange fut proclamé le 1er janvier 1989.

Brian Mulroney se détourne d'une foule hostile à l'Accord de libre-échange pendant la campagne électorale de 1988.

L'économie mondiale dans les années 1990

Dans les années 1980 et 1990, le commerce s'est mondialisé: les pays cherchent maintenant à écouler leurs produits dans le monde entier. La valeur du commerce mondial s'établissait en 1993 à huit trillions de dollars, un chiffre astronomique 20 fois supérieur à celui de 1950. Or, les pays ont de plus en plus de difficulté à trouver de nouveaux marchés. Beaucoup d'États se sont rassemblés en zones de libre-échange pour s'assurer un accès aux pays voisins. Les 12 pays de la Communauté européenne (CE), par exemple, forment un marché unique: 350 millions d'Européens peuvent désormais commercer entre eux sans même s'arrêter aux postes frontière. L'Espace économique européen est en voie de devenir une réalité; il ajoutera sept pays au réseau commercial de la CE. À l'heure actuelle, quelques États d'Amérique du Sud tentent de constituer une zone de libre-échange appelée Marché économique sud-américain. La mondialisation de l'économie lance de nouveaux défis au Canada. Le succès futur du pays repose sur sa capacité de se tailler une place dans la nouvelle économie mondiale.

LES GENS, LES LIEUX ET LES ÉVÉNEMENTS

Dans tes notes, explique clairement l'importance historique des éléments suivants:

Société Radio-Canada (SRC)
Office national du film (ONF)
Conseil de la radio-télévision
  canadienne (CRTC)
Polar Sea
Voie maritime du Saint-Laurent
Agence d'examen de l'investissement
  étranger (AEIE)
Programme énergétique national (PEN)

Commission Massey-Lévesque
Conseil des arts du Canada
Sommet de la Saint-Patrick
Pluies acides
Pacte de l'automobile
Investissement Canada
Politique de la troisième option

RÉSUME TES CONNAISSANCES

1. Dans les années 1950, quels moyens de communication ont fait entrer la culture américaine au Canada? L'américanisation de la culture constituait-elle une menace réelle pour le Canada?

2. Quelles mesures le gouvernement fédéral a-t-il prises dans les années 1970 pour promouvoir la culture canadienne? Ces mesures ont-elles été efficaces? Illustre ta réponse par des exemples concrets.

3. Combien d'émissions de télévision, de musiciens et d'acteurs canadiens contemporains peux-tu nommer? Lesquels véhiculent un message spéci-fiquement canadien?

4. Pourquoi la guerre froide a-t-elle resserré les liens militaires entre le Canada et les États-Unis?

5. Quel était le thème principal de la campagne électorale de 1963? Compare le programme du Parti libéral à celui du Parti progressiste-conservateur. Lequel de ces deux partis aurais-tu favorisé?

6. Qu'est-ce qui différenciait la politique extérieure de Pierre Elliott Trudeau de celle de Lester B. Pearson?

7. En quoi le sommet de la Saint-Patrick était-il représentatif de l'état des relations canado-américaines dans les années 1980?

8. Pourquoi la présence d'un navire de la garde côtière américaine dans le pas-sage du Nord-Ouest a-t-elle soulevé une tempête de protestations au Canada?

9. Pourquoi faut-il absolument une entente canado-américaine pour limiter les émissions polluantes et les pluies acides?

10. Quels ont été les bienfaits du Pacte de l'automobile pour l'industrie de l'automobile au Canada?

APPLIQUE TES CONNAISSANCES

1. Le gouvernement devrait-il intervenir pour favoriser l'avancement de la culture canadienne? Justifie ta réponse.

2. Est-ce que les règles du CRTC en matière de contenu canadien favorisent la création musicale de qualité ou, au contraire, est-ce qu'elles procurent à des musiciens médiocres un succès immérité? Justifie ta réponse.

3. Par quels aspects la culture canadienne se distingue-t-elle de la culture américaine? Les Canadiens semblent beaucoup plus préoccupés que les autres peuples par la protection de leur culture. Leur souci est-il fondé?

4. Quelle est l'importance des subventions gouvernementales pour la protection de la culture canadienne?

5. Est-ce que les Canadiens ont réussi à réduire les émissions de polluants? Donne des exemples précis pour justifier ta réponse.

6. Est-ce que les investissements étrangers ont été bénéfiques ou nuisibles pour le Canada? Est-ce qu'ils ont favorisé la croissance et la stabilité économiques? Peux-tu donner un exemple d'investissement étranger dans ta collectivité?

7. Est-ce que le gouvernement est justifié d'intervenir dans l'économie pour régir des ressources essentielles comme le pétrole?

8. À l'aide d'un tableau, décris les relations canado-américaines sous chacun des premiers ministres suivants. Donne de brefs exemples pour justifier tes affirmations.

John Diefenbaker	Lester B. Pearson
Pierre Elliott Trudeau	Brian Mulroney

AUGMENTE TES CONNAISSANCES

1. Avec quelques camarades, fabrique deux collages qui traduisent l'essentiel de la culture canadienne et de la culture américaine. Donne la même forme générale à tes deux collages afin de pouvoir en tirer des comparaisons. Rédige une légende qui résume ce que tu as exprimé dans tes collages.

2. Fais une recherche sur l'industrie de l'automobile au Canada, puis présente les données suivantes sous forme d'histogrammes et de diagrammes circulaires:

   a) le nombre d'automobiles vendues au Canada au cours de l'année dernière;
   b) le pourcentage du marché occupé par chaque fabricant d'automobiles;
   c) le nombre d'automobiles importées par rapport au nombre d'automobiles exportées;
   d) le nombre total d'automobiles fabriquées au Canada au cours de l'année dernière.

Compte tenu des résultats représentés dans tes diagrammes, crois-tu que le Canada continue de bénéficier du Pacte de l'automobile?

3. Imagine que tu vis en 1962, que tu es journaliste et que tu dois rendre compte du différend qui oppose John F. Kennedy à John Diefenbaker à propos de la crise de Cuba. Fais des recherches afin de bien comprendre les événements ainsi que les positions des deux dirigeants. Ensuite, rédige ton article. Rappelle-toi que la crise n'est pas finie et que tu dois en prévoir l'issue à partir des renseignements que tu possèdes.

RÉCAPITULATION

1. Depuis 1945, le Canada est mondialement reconnu comme une société juste et équitable. Trouve, dans la sixième partie, des exemples propres à renforcer ou à ternir cette réputation. Il peut s'agir d'événements qui se sont produits au Canada ou à l'étranger.

2. La seconde moitié du XXe siècle a été marquée par des progrès rapides de la science et de la technologie. Qu'est-ce que ces progrès ont changé dans la vie des Canadiens et dans leurs relations avec les autres pays?

3. Pendant la majeure partie de leur histoire, les Canadiens ont été confrontés à la question de leur identité nationale. Qu'est-ce qu'être canadien? Qu'est-ce qui distingue les Canadiens des Britanniques, des Français et des Américains? Avant de répondre à ces questions, réfléchis aux événements rapportés dans la sixième partie.

FORMULER ET DÉFENDRE UNE THÈSE

La capacité d'adopter et de défendre une position sur un sujet est une importante habileté. Dans tes cours d'histoire, on te demandera fréquemment d'écrire une dissertation. Tu devras consulter diverses sources d'information pour te documenter sur un sujet puis, à partir des renseignements que tu auras trouvés, exprimer ton opinion de manière réfléchie. Toute dissertation doit comporter une thèse claire, c'est-à-dire une affirmation qu'on se propose de défendre avec des arguments. Énoncer une thèse, c'est plus que définir un sujet ou lancer des évidences: c'est résumer un point de vue en une ou deux phrases. Tu dois non seulement énoncer clairement ta thèse dans l'introduction de ta dissertation mais aussi en faire l'axe de ton texte. Les arguments que tu avanceras serviront à défendre ta thèse. Formule toujours ta thèse après avoir fait ta recherche, en l'appuyant sur la documentation consultée, et non pas sur tes partis pris personnels.

Voici cinq thèses. Juge si elles sont valables et justifie ta réponse.

1. Les années folles ont été suivies par une crise économique qui a duré 10 ans.

2. L'appartenance à une alliance militaire est contraire aux objectifs de la politique étrangère canadienne. Par conséquent, le Canada devrait se retirer de l'OTAN.

3. Tout au long du XXe siècle, beaucoup de gens ont revendiqué l'égalité politique, sociale et économique pour les Canadiennes.

4. Les années 1960 ont été une époque de changements sociaux radicaux provoqués par les jeunes contestataires.

5. Au cours des dernières années, le mouvement indépendantiste a pris de l'ampleur au Québec parce que le Canada anglais est indifférent aux besoins du Québec et parce que les Québécois tiennent à protéger leur culture.

Choisis dans un des chapitres de la sixième partie un sujet sur lequel tu aimerais en apprendre davantage. Après avoir fait des recherches, réfléchis au sujet en question et formule une thèse claire. Prépare aussi une liste de cinq arguments que tu pourrais invoquer pour défendre ta thèse.

· CARRIÈRE ·
LE VOYAGE ET LE TOURISME

L'industrie du voyage et du tourisme a connu un essor considérable au cours des 10 dernières années. Beaucoup de Canadiens parcourent de longues distances pour explorer leur pays et le reste du monde. Le Canada attire aussi un grand nombre de touristes étrangers. Par conséquent, il existe beaucoup de possibilités d'emploi dans l'industrie du voyage et du tourisme. Que dirais-tu de devenir agent de voyage, guide touristique ou fonctionnaire dans un ministère qui fait la promotion du tourisme? Les carrières dans le domaine du tourisme peuvent comporter beaucoup d'agréments, surtout si tu aimes découvrir des lieux, des coutumes et des cultures et travailler avec le public.

L'étude de l'histoire est un atout certain pour ceux qui se destinent à une carrière dans le domaine du tourisme. L'histoire est liée de près à la culture et aux attraits touristiques d'une région. Si tu connais l'histoire, tu pourras planifier des voyages attrayants pour ta clientèle. De plus, les habiletés que tu acquiers en étudiant l'histoire te seront utiles. Ta pensée créatrice t'aidera à planifier des vacances originales que tu pourras vendre à ta clientèle grâce à ton habileté à communiquer oralement. Par ailleurs, tes habiletés à la recherche te serviront à dénicher toutes sortes de destinations. Les connaissances et les habiletés que fournit l'étude de l'histoire sont d'importants outils pour tous ceux qui choisissent de faire carrière dans le domaine des voyages et du tourisme.

Prépare une brochure touristique sur une région du Canada que tu aimerais mieux connaître. Ta brochure doit contenir des renseignements sur les facettes suivantes de la région:

- la géographie;
- la culture;
- les coutumes et les festivals;
- un bref aperçu de l'histoire de la région;
- la gastronomie;
- les principales sources de revenu.

Communique avec des agents de voyage pendant ta recherche. Ils t'aideront à trouver l'information et ils pourront même te fournir des photos que tu pourras inclure dans ta brochure.

Quand ta recherche sera terminée, fabrique ta brochure. Assure-toi qu'elle est attrayante et informative. Présente-la à tes camarades pour leur faire partager tes connaissances sur une région du Canada.

SEPTIÈME PARTIE

LE CANADA CONTEMPORAIN

LA SOCIÉTÉ CANADIENNE S'EST CONSIDÉRABLEMENT TRANSFORMÉE dans la seconde moitié du XXe siècle. En 1950, il n'existait ni assurance-maladie ni programmes d'aide pour les étudiants qui désiraient poursuivre des études post-secondaires; la main-d'œuvre était majoritairement masculine et même les plus grandes villes étaient dépourvues de voies express. Au cours des 40 dernières années, le Canada s'est taillé une place parmi les meneurs. Ses villes bourdonnent d'activité et s'enrichissent d'influences cosmopolites. Le Canada compte parmi ses citoyens des experts dans des domaines aussi variés que la science, la médecine, les sports, le spectacle et les affaires. L'accroissement de la richesse et la multiplication des produits de consommation ont bouleversé le mode de vie des Canadiens moyens. Le four à micro-ondes, la câblodistribution, l'ordinateur personnel et la chaîne stéréo sont des luxes dont personne ne jouissait il y a 30 ans.

Les trois chapitres de la septième partie fournissent un aperçu des principaux changements qui se sont produits au Canada depuis la fin de la Deuxième Guerre mondiale. Nous y situons dans leur contexte historique les grandes questions de l'actualité canadienne: l'autonomie autochtone, le féminisme, le régionalisme et le multiculturalisme. Au

chapitre 18, nous étudions la période de 1945 à 1965 environ. Nous abordons les années Diefenbaker et Pearson sous l'angle du développement régional, des relations entre francophones et anglophones et de la situation des autochtones dans la société canadienne. Le chapitre 19 porte sur les années 1965 à 1990 environ, soit sur les mandats de Trudeau et de Mulroney. Nous y analysons l'avancement des femmes dans la société, les mouvements de contestation des années 1960 et les activités terroristes du FLQ. Nous parvenons avec le chapitre 20 jusqu'au milieu des années 1990. Nous y traitons de questions d'actualité, tels le renouvellement constitutionnel et la diversité ethnique et régionale.

18 LA VIE AU CANADA APRÈS LA DEUXIÈME GUERRE MONDIALE

GLOSSAIRE

Commercialisation de masse Ensemble de techniques visant à vendre des produits à un grand nombre de consommateurs.

Guimbarde Vieille voiture délabrée.

Consommatisme Théorie selon laquelle l'accroissement soutenu de la consommation est bénéfique pour l'économie.

Réseau d'alerte avancé Réseau de stations radar construit près du cercle arctique pour la détection des avions ennemis.

En porte-à-faux Dans une situation instable.

Cosmopolitisme Caractère de ce qui est composé de langues et de nationalités diverses.

DANS CE CHAPITRE, TU ÉTUDIERAS LES SUJETS SUIVANTS:

- l'influence de la prospérité sur le mode de vie des Canadiens;
- l'influence de la télévision et de l'automobile sur le mode de vie des Canadiens;
- l'expansion des banlieues;
- le développement du Nord et son effet sur le mode de vie des autochtones;
- la politique de John Diefenbaker en matière de disparités régionales;
- l'immigration et l'émergence du multiculturalisme au Canada.

«Comme tu grandis vite!» Cette exclamation, que tu entends toi-même souvent, aurait pu s'appliquer au Canada dans les années 1950. L'économie et la population, en effet, croissaient de manière fulgurante. Les revenus des Canadiens moyens augmentaient et, par le fait même, leur pouvoir d'achat aussi. La classe moyenne grossissait. Les Canadiens achetaient plus de biens de consommation que leurs parents n'avaient jamais rêvé en posséder. Les dépenses à la consommation alimentèrent l'essor des industries canadiennes. Comme l'a dit un auteur, les années 1950 furent la décennie au cours de laquelle les Canadiens «apprirent à vivre dans la richesse».

LA RÉVOLUTION
DE LA CONSOMMATION

Les industries nord-américaines avaient fait sans heurt la transition de la guerre à la paix. Grâce aux techniques de la production en série, les biens de consommation étaient soudainement offerts à des prix abordables. Les réfrigérateurs, les radios et même les voitures étaient désormais à la portée de la classe moyenne. Les augmentations de salaire s'ajoutant aux économies accumulées pendant la guerre, les gens avaient de l'argent à dépenser. Un historien américain a décrit comme suit l'aisance de ses concitoyens pendant les années 1950: «Peu de gens peuvent citer des chiffres, mais tout le monde sait qu'il existe, par habitant, plus de voitures, plus de téléphones, plus de radios, plus d'aspirateurs, plus d'appareils d'éclairage électriques, plus de baignoires [...] aux États-Unis que dans tout autre pays.»

Les Américains venaient peut-être en tête de la course aux biens de consommation, mais les Canadiens les suivaient de près. Leur salaire moyen augmenta rapidement après la guerre. Le Canada occupait le deuxième rang mondial pour le niveau de vie. Toronto, par exemple, se classait au quatrième rang mondial pour les achats de Cadillac par habitant. Les Canadiens accouraient pour se procurer les produits qui sortaient des chaînes de montage et, de simples acheteurs, ils devinrent des consommateurs.

Les nouveaux produits et la commercialisation de masse

Les techniques inventées pendant la guerre donnèrent naissance à toute une panoplie de produits, tels le microsillon, l'ordinateur numérique, le nylon, le cellophane, l'avion à réaction, les antihistaminiques, les aérosols et la machine à écrire électrique. Toutes sortes de produits spécialisés, de gadgets et de jeux firent leur apparition sur les tablettes des magasins. Les consommateurs canadiens, presque étourdis, découvraient le stylo à bille, les plats congelés, les permanentes maison, le hula-hoop, l'ouvre-boîtes électrique et le Scrabble. Mais, par-dessus tout, il y avait la télévision. Des millions de téléviseurs firent leur entrée dans les salons du Canada et la vie familiale changea pour toujours. Les conversations, les habitudes alimentaires, l'humour, les attitudes politiques, la mode et les valeurs sociales ne furent plus jamais les mêmes après l'avènement de la télévision.

Les années 1950 furent aussi marquées par l'apparition de la *commercialisation de masse*. Les manufacturiers se mirent à dépenser d'énormes sommes d'argent pour convaincre les consommateurs canadiens de choisir leur produit et non celui du concurrent (souvent appelé «marque X» dans les messages publicitaires télévisés). Les Canadiens furent inondés de réclames pour des produits de toutes sortes, des papiers mouchoirs Kleenex aux

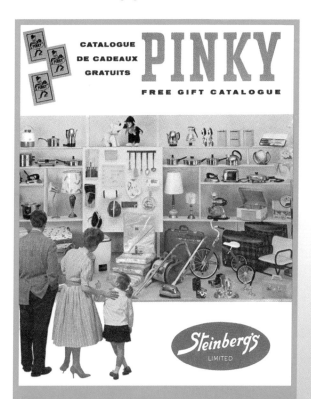

Avec l'augmentation du pouvoir d'achat et la multiplication des produits offerts sur le marché, de nouvelles méthodes de commercialisation apparurent. Ainsi, les marchands se mirent à donner des timbres-primes que les consommateurs pouvaient échanger contre des «cadeaux» comme ceux qui apparaissent sur la couverture du catalogue Pinky. Est-ce que tu connais des méthodes de commercialisation semblables qui sont encore en usage aujourd'hui?

LA TÉLÉVISION ET LA SOCIÉTÉ CANADIENNE

Peu d'innovations technologiques ont autant influencé la société que la télévision. Beaucoup de gens ont dit que l'entrée de la télévision dans les foyers canadiens a affaibli les liens communautaires, réduit les familles au silence et détourné les enfants de la lecture et du travail scolaire. Or, quoi qu'en aient dit certains prophètes de malheur, la télévision n'a pas ruiné la société canadienne. Au contraire, l'avènement de la télévision a contribué à l'essor culturel en Amérique du Nord et mis l'information à la portée de tous.

La télévision a été inventée en 1926, en Grande-Bretagne, mais la crise et la Deuxième Guerre mondiale ont retardé son perfectionnement. Puis, au début des années 1950, la télévision est apparue en Amérique du Nord. En 1952, la Canadian Broadcasting Corporation (CBC), qui avait été fondée en 1936 pour fournir un service de radiodiffusion de qualité, commença à diffuser des émissions de télévision. Le mandat de la CBC était de promouvoir l'unité nationale. En 1951, la commission Massey-Lévesque avait recommandé au gouvernement de prendre la télédiffusion en charge plutôt que de la laisser entre les mains de l'entreprise privée.

En dépit des efforts de la CBC et de la commission, les Canadiens s'entichèrent de la télévision américaine. Comme leurs voisins du sud, les Canadiens adoraient *I Love Lucy*, *Howdy Doody* et *Your Hit Parade*. La télévision fit connaître aux Canadiens une foule de vedettes et de héros américains, tels Davy Crockett, Ed Sullivan et Elvis Presley. Même si les diffuseurs canadiens n'avaient pas les moyens de concurrencer les diffuseurs américains, ils obtinrent un succès retentissant avec quelques émissions, dont *Front Page Challenge*, *Tugboat Annie* et *Hockey Night in Canada*.

Beaucoup de Canadiens étaient pessimistes face aux conséquences de la télévision pour la société canadienne. Ils craignaient que la télévision américaine ne mine l'identité canadienne et que les jeunes ne deviennent des récepteurs passifs plus attirés par le petit écran que par la réussite scolaire. Aujourd'hui, le nombre de canaux accessibles aux Canadiens est pratiquement illimité.

Les craintes des premiers détracteurs de la télévision se sont-elles concrétisées? Quelle part fais-tu à la télévision dans ton emploi du temps? Y a-t-il quelque chose à faire pour assurer la qualité de la programmation canadienne. Si oui, quoi?

céréales Corn Flakes. Vance Packard, l'auteur du succès de librairie de 1957, *La persuasion clandestine*, affirma que les publicitaires manipulaient les consommateurs de manière malhonnête. Packard soutint que les publicitaires utilisaient les nouvelles techniques de la psychologie pour miser sur les peurs et les désirs inconscients des consommateurs et les persuader d'acheter les produits annoncés. Néanmoins, la publicité de masse continua de se répandre et les ventes à la consommation continuèrent d'augmenter.

Les voitures, les maisons et l'explosion démographique

Les sondages démontrèrent que les voitures et les maisons étaient les biens les plus convoités au Canada. Pendant les années 1950, les Canadiens achetèrent 3,5 millions de voitures neuves et le garage à deux places devint le nouveau symbole de la réussite. Un grand nombre de Canadiens avaient attendu la fin de la guerre pour se marier et avoir des enfants. De 1945 à 1965, par conséquent, le nombre de naissances augmenta tellement qu'on parla d'**explosion démographique** (un phénomène qu'on désigne souvent par le terme anglais *baby-boom*). L'explosion démographique culmina en 1959; cette année-là, 20 % des femmes dans la vingtaine étaient mères. Dans les années 1950, on construisit plus de 1,1 million de logements pour satisfaire à la demande des jeunes familles. La construction d'habitations et la fabrication d'automobiles devinrent deux des industries les plus importantes du Canada.

La croissance des banlieues

Les banlieues, qui étaient apparues avant la Deuxième Guerre mondiale avec la construction de réseaux de tramways, s'étendirent considérablement dans les années 1950. Les lotissements poussaient comme des champignons en périphérie des villes. Les fermes et les pâturages cédaient la place à des douzaines de nouveaux quartiers composés de maisons individuelles à prix abordable destinées aux jeunes familles. Les rues des banlieues étaient bordées par un chapelet de maisons identiques équipées de fenêtres panoramiques, flanquées d'un abri-garage, entourées d'une pelouse fraîchement ensemencée et décorées d'un ou deux érables malingres. L'ouverture d'un nouveau centre commercial, pôle d'attraction de la banlieue, était tout un événement et les marchands attiraient les acheteurs avec des fanfares, des ballons, des clowns et des cadeaux.

La première banlieue de l'après-guerre en Amérique du Nord fut Levittown, dans l'État de New York, construite en 1947. Puis, comme Houston et Los Angeles, les villes canadiennes s'entourèrent bientôt de banlieues étendues. Chaque année, 50 000 personnes au moins contractaient une hypothèque pour acheter une première maison, souvent avec l'aide que le gouvernement offrait par

L'augmentation de la population scolaire fut l'un des premiers effets de l'explosion démographique et de l'immigration au début des années 1950. Quels furent les bienfaits de la diversité culturelle pour l'école? Quels en furent les fardeaux?

l'intermédiaire de la **Loi nationale sur l'habitation (LNH)** de 1944. Dans la banlieue torontoise d'Agincourt, par exemple, une maison de trois chambres à coucher coûtait environ 11 500 $ avec une hypothèque de 5,5 % assurée en vertu de la LNH. Au milieu de la décennie, environ un quart de million de Canadiens étaient les fiers propriétaires d'une maison de banlieue.

La vie en banlieue

La banlieue représentait un nouveau mode de vie. Beaucoup de gens aimaient vivre en banlieue parce qu'ils y trouvaient des maisons plus grandes que celles des villes, des pelouses verdoyantes et des commodités modernes. Ils laissaient leurs enfants jouer dans les rues sûres et les envoyaient dans les nouvelles écoles de quartier. L'été, les banlieusards cuisinaient sur le gril dans leur jardin et lavaient leurs voitures dans leur allée. Aimables, ils allaient à la rencontre de leurs nouveaux voisins avec des sandwiches et du café pour les parents et du Kool-Aid pour les enfants. Alors que certains observateurs dénonçaient l'uniformité, le conformisme et le matérialisme des banlieues, beaucoup de Canadiens des années 1950 y voyaient un rêve devenu réalité.

L'apparition de lotissements fut un signe indiscutable de la prospérité des années 1950. Don Mills, en Ontario, fut l'une des premières banlieues du Canada.

L'automobile

Les banlieues n'auraient jamais existé sans l'automobile. En 1949, on ne comptait au Canada que 16 000 km de routes pavées. Les automobilistes réclamaient plus de routes comme la Queen Elizabeth Way, l'impressionnante autoroute qui reliait Toronto et Hamilton et qui devint un modèle dans le reste du Canada. Bientôt, les autoroutes étendirent leurs tentacules entre les centres-villes et les banlieues. Le gouvernement fédéral entreprit en 1949 la construction de l'autoroute transcanadienne, exemple probant de l'importance que prenait l'automobile.

L'automobile était plus qu'un moyen de transport entre la maison, l'école, le travail et le centre commercial, c'était la nouvelle passion des Canadiens. Les gens raffolaient des merveilles chromées qui sortaient des usines Chrysler, Ford et General Motors de Windsor, d'Oakville et d'Oshawa. Les voitures n'étaient jamais trop grosses, trop rapides ni trop luxueuses. La direction assistée, les moteurs V8, les carrosseries bicolores, les ailes

L'histoire d'amour entre les Canadiens et l'automobile atteignit un nouveau sommet dans les années 1950. Chaque année, les fabricants proposaient de nouveaux modèles de voitures qu'ils ornaient de pneus à flanc blanc et d'imposantes moulures chromées.

profilées, les pneus à flanc blanc et les longues moulures chromées suscitaient l'envie et l'admiration. Les jeunes débattaient interminablement des mérites respectifs des Chevrolet et des Ford. Les adolescents brûlaient de prendre le volant et comptaient les jours qui les séparaient de leur vingt et unième anniversaire. Ils passaient des mois à bricoler de vieilles *guimbardes* et à les transformer en voitures de rêve. Les puissantes voitures chromées étaient le symbole de réussite par excellence dans les années 1950. Personne ne se souciait alors des problèmes que le *consommatisme*, l'expansion urbaine et l'automobile étaient en train de créer. Les gens ne commenceraient à se préoccuper de l'environnement que vingt ans plus tard.

LES RESSOURCES NATURELLES

Un après-midi d'hiver de 1947, un jet de pétrole, de gaz et de boue s'éleva à 15 m de hauteur dans le ciel de Leduc, en Alberta. L'Imperial Oil venait de trouver de l'or noir et, par le fait même, de donner le coup d'envoi à l'industrie gazière et pétrolière de l'Alberta. Trois ans plus tard, les prospecteurs découvrirent un autre gisement à Fort St. John, en Colombie-Britannique, et la ville devint un centre pétrolier important. L'exploitation de ces gisements nécessitait des plates-formes de forage, des raffineries et des oléoducs et plusieurs secteurs d'activité profitèrent de l'expansion de l'industrie pétrolière. L'exploitation des ressources naturelles fut un facteur capital de la croissance économique canadienne.

On découvrit de la potasse en Saskatchewan, du nickel au Manitoba, du fer dans la péninsule de l'Ungava, dans le nord du Québec, du zinc, du nickel et du cuivre en Ontario et de l'aluminium en Colombie-Britannique. Au nord de Vancouver, dans la forêt sauvage de la côte, la société Alcan construisit des maisons, des écoles, un centre commercial et un centre sportif pour les travailleurs de sa centrale hydro-électrique et de son aluminerie. Ce fut l'origine de la ville de Kitimat.

Un jour, un géologue qui prospectait dans le nord de la Saskatchewan envoya à son patron un message codé qui se lisait comme suit: «Venez vite. Je viens de tuer un éléphant.» Le géologue venait de découvrir un immense gisement d'uranium qui allait pouvoir satisfaire à la demande créée par la production d'énergie atomique. La ruée vers l'uranium du Nord commençait.

Les prospecteurs découvrirent un gisement encore plus riche à Elliott Lake, en Ontario, en 1954, et 11 mines ouvrirent. La mine Consolidated Denison située près d'Elliott Lake devint la plus grande mine d'uranium du monde. En 1960, l'Ontario assurait près de 60 % de la production

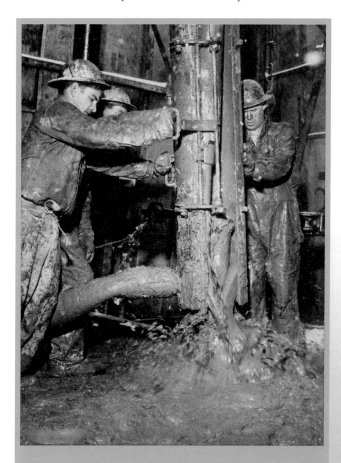

Le pétrole découvert en Alberta en 1947 rapporta des milliards de dollars à l'économie canadienne. Les puits comme celui de Leduc, photographié ici, firent de l'Alberta l'une des plus riches provinces canadiennes.

minière canadienne et le Canada était en voie de devenir l'un des principaux pays exportateurs de matières premières. Le Nord canadien était le nouvel eldorado.

LES ANNÉES DIEFENBAKER

Le Parti libéral resta au pouvoir sans interruption de 1935 à 1957 et **Louis Saint-Laurent** dirigea le pays pendant sa période de croissance économique. Saint-Laurent était entré en politique par sens du devoir pendant la Deuxième Guerre mondiale. Sa dignité, son honnêteté et son courage le rendirent populaire auprès des Canadiens. La presse le surnomma «oncle Louis» parce qu'il était l'image même d'un oncle bienveillant. Mackenzie King, à la fin de sa vie, démissionna en sa faveur et, en 1949, les libéraux remportèrent la plus forte majorité parlementaire depuis la Confédération. La plupart des gens s'attendaient que Saint-Laurent demeure longtemps à son poste.

Or, une controverse soulevée par la construction d'un oléoduc entre l'Alberta et l'est du pays mit fin au long règne des libéraux. Le gouvernement de Saint-Laurent accorda le contrat de construction (assorti d'un prêt de 80 millions de dollars) à une société américaine à 83 %, les nationalistes canadiens s'indignèrent. Pourquoi, demandèrent-ils, le gouvernement favorisait-il une société américaine plutôt qu'une société canadienne? Est-ce que le Canada cédait l'exploitation de ses ressources à des étrangers? Au Parlement, les libéraux réussirent à faire adopter la loi relative à l'oléoduc en imposant la clôture du débat. Beaucoup de Canadiens virent là une tactique arrogante et retirèrent leur confiance au gouvernement libéral.

Pendant la campagne électorale de 1957, le nouveau chef du Parti progressiste-conservateur, **John Diefenbaker**, prononça des discours enflammés contre les «pirates américains du pétrole». Il promit de soustraire le Canada à l'hégémonie américaine. Cet avocat né dans une petite ville de la Saskatchewan était un orateur aussi doué que passionné. Il parut insuffler un regain d'énergie à une politique canadienne devenue terne. Saint-Laurent, pour sa part, était âgé et fatigué, usé par des années de vie publique. La campagne électorale de 1957 fut la première à faire l'objet de reportages télévisés et les différences frappantes entre les deux candidats n'échappèrent pas aux Canadiens. En dépit des impressionnantes performances de Diefenbaker à la télévision, la plupart des gens s'attendaient à une réélection de Saint-Laurent. Un éditorial du magazine *Maclean's* prédit même une victoire libérale.

Pourtant, les électeurs donnèrent 112 sièges aux conservateurs et 105 aux libéraux. Saint-Laurent accepta la défaite et Diefenbaker forma un gouvernement minoritaire. Un an plus tard, Lester B. Pearson devint chef du Parti libéral et les Canadiens retournèrent aux urnes. Une fois de plus, Diefenbaker mena une campagne électrisante, soulevant les foules avec ses promesses d'une «nouvelle vision». Le jour des élections, les conservateurs de Diefenbaker balayèrent les libéraux de Pearson.

Diefenbaker et les questions régionales

Quand Diefenbaker devint premier ministre, il existait au Canada des disparités marquées. L'Ontario, la Colombie-Britannique, l'Alberta et le Québec étaient en pleine expansion économique, mais les provinces de l'Atlantique, les provinces des Prairies et la plupart des régions rurales étaient en difficulté. Beaucoup de personnes âgées pouvaient à peine survivre avec leurs pensions. Certains travailleurs saisonniers, tels les ouvriers de la construction et les pêcheurs, ne joignaient pas les deux bouts pendant l'hiver.

Le nouveau premier ministre conservateur promit d'aplanir les inégalités au Canada. Diefenbaker était populiste: sensible aux problèmes des gens ordinaires, il se faisait fort de défendre la veuve et l'orphelin. Il était né dans une modeste famille de fermiers, à 125 km au nord de Saskatoon, et il avait travaillé dur pour devenir un avocat réputé. Il voulait que tous les Canadiens goûtent à la prospérité et au succès. «Tous les Canadiens devraient profiter de l'avancement économique du pays, dit-il aux électeurs. Il ne devrait pas y avoir une classe de riches et une classe de pauvres au Canada.»

Le gouvernement de Diefenbaker augmenta les pensions de vieillesse et lança un programme de travaux d'hiver pour créer des emplois et maintenir la construction pendant la saison morte. Il institua des subventions et des prêts agricoles et, en 1960, il vendit à la Chine 19,9 millions de tonnes de blé. De plus, le gouvernement de Diefenbaker subventionna des projets provinciaux de création d'emplois dans la région de l'Atlantique et notamment la mise sur pied de petites usines de poisson, de textile et de panneaux durs en Nouvelle-Écosse.

Cependant, les politiques de Diefenbaker ne produisirent pas de miracles économiques. Conformément à la **Loi sur l'aménagement rural et le développement agricole**, les gouvernements fédéral et provinciaux offrirent des programmes conjoints visant à accroître les revenus en milieu rural, mais leur aide n'élimina pas la pauvreté. Dans l'après-guerre, seules les grandes fermes mécanisées étaient rentables. Par conséquent, les agriculteurs continuaient d'abandonner les petites exploitations familiales pour chercher du travail dans les centres urbains.

La pauvreté sévissait encore dans les provinces de l'Atlantique. Lors de l'adhésion de Terre-Neuve à la Confédération, en 1949, l'agriculture, la pêche et l'exploitation forestière ne suffisaient pas à faire vivre tous les Terre-Neuviens. La province n'avait que le poisson, la pâte à papier et quelques minéraux pour toutes ressources naturelles. Des industries s'établirent avec l'aide du gouvernement, et quelques-unes d'entre elles, comme l'usine de ciment de Corner Brook, prospérèrent. Mais la plupart, dont la grande raffinerie de pétrole de Come by Chance, périclitèrent et le chômage demeura très élevé.

De 1950 à 1980 environ, le gouvernement lança plusieurs programmes pour inciter les Terre-Neuviens à quitter leurs petits villages portuaires et à s'établir dans des agglomérations où les perspectives sociales et économiques semblaient meilleures. Beaucoup de familles partirent aussi pour le centre ou l'ouest du Canada ou encore pour les États-Unis.

Dans d'autres provinces de l'Atlantique, le déclin de la pêche, de l'agriculture et de l'exploitation houillère provoquait des problèmes semblables. En 1958, 74 travailleurs périrent dans la mine de Spring Hill, en Nouvelle-Écosse. La tragédie semblait symboliser les dures conditions de vie des ouvriers de l'Atlantique.

Diefenbaker avait promis d'éliminer les disparités et les querelles entre régions riches et régions pauvres. Pourtant, les inégalités régionales étaient plus profondes que jamais. Lors des élections de 1962, les progressistes-conservateurs conservèrent le pouvoir de justesse.

«Un Canada du nord»

Pendant la campagne électorale de 1958, Diefenbaker promit de stimuler le développement économique du Nord. Il parla d'exploiter les richesses naturelles du Bouclier canadien et de l'Arctique. «Je vois un nouveau Canada, déclara-t-il, *un Canada du nord!*» La vision de Diefenbaker, c'était la prospection minière et pétrolière, la construction de liaisons routières, l'établissement de villages et l'expansion des services gouvernementaux au Yukon et dans les Territoires du Nord-Ouest.

Sous Diefenbaker, le Nord canadien connut un développement sans précédent dans l'histoire du Canada. Le gouvernement fédéral construisit des ponts, des barrages, des voies ferrées et 6500 km de routes, souvent avec l'aide des provinces. L'argent du gouvernement facilita la prospection pétrolière et minière. Néanmoins, les résultats ne furent pas à la mesure des promesses électorales de Diefenbaker. On n'ouvrit qu'une mine d'or et une mine de tungstène et on ferma deux mines d'uranium. Les acheteurs de ressources étaient moins nombreux qu'on ne l'avait cru et les coûts d'exploitation, plus élevés. Le développement du Nord n'eut aucune influence déterminante sur l'économie canadienne et il n'entraîna pas non plus le pays vers sa grande «destinée» économique.

Les Inuit

S'il n'a rien changé à l'économie canadienne, le développement du Nord, et particulièrement la construction du *réseau d'alerte avancé*, a eu des répercussions considérables sur la vie des Inuit. Le gouvernement ne regardait pas à la dépense et il dota le Nord de systèmes d'alimentation en eau, de ports, d'aéroports et de liaisons aériennes régulières. Les Inuit commencèrent alors à recevoir des aliments frais et du courrier. Les médecins, les commerçants, les fonctionnaires et les enseignants purent rejoindre une population clairsemée sur un immense territoire et lui fournir des services essentiels. Le gouvernement fédéral prit en charge l'éducation, la santé et le bien-être des Inuit. Les soins de santé dispensés aux Inuit s'améliorèrent lentement, mais le personnel médical et les cliniques demeuraient insuffisants. L'espérance de vie moyenne des Inuit du Canada n'était que de 29 ans, comparativement à 67,6 ans pour les autres Canadiens. On estimait que la moitié des bébés inuit mouraient avant l'âge de un an.

L'éducation s'améliora dans le Grand Nord. Le gouvernement Diefenbaker consacra 20 millions de dollars à la construction de nouvelles écoles et le taux de scolarisation monta en flèche chez les enfants inuit, passant de 18 % en 1957 à 66 % en 1963. Néanmoins, les enfants inuit étudiaient en

Quoiqu'ils disposent de véhicules motorisés, de l'électricité et d'autres commodités modernes, beaucoup de Dénés continuent de vivre selon leurs coutumes et leurs traditions anciennes. Quelles marques de la culture dénée traditionnelle peux-tu trouver dans cette photo?

anglais, avec des manuels écrits pour les écoliers des villes du Sud; les enseignants, dans les meilleurs des cas, n'avaient que des rudiments de la langue et de la culture des élèves. L'éducation était censée ouvrir des débouchés aux élèves, mais les bons emplois étaient rares dans le Nord canadien. Tandis que les inscriptions augmentaient à l'école primaire, très peu d'élèves inuit fréquentaient l'école secondaire. Par conséquent, toute une génération d'Inuit à moitié instruits se retrouva *en porte-à-faux* entre sa culture traditionnelle et la culture blanche.

Le développement du Nord bouleversa profondément le mode de vie ancestral des Inuit. Les Inuit avaient toujours été nomades, se déplaçant d'un endroit à l'autre pour chasser, pêcher et prendre des animaux au piège. Or, le gouvernement fédéral encourageait les Inuit à se sédentariser dans des agglomérations où il était plus commode de leur fournir les services. Beaucoup d'Inuit délaissèrent leurs activités traditionnelles pour adopter un mode de vie qui leur était complètement étranger. Certains prirent des emplois non spécialisés moins bien rémunérés que les emplois spécialisés occupés par des travailleurs blancs. D'autres ne trouvèrent pas de travail et commencèrent à vivre de l'aide sociale. Les Inuit vivaient dans des logements beaucoup plus modestes que ceux de leurs voisins venus du Sud et ils étaient souvent traités comme des inférieurs par la communauté blanche. Dans beaucoup de villages de

Le trappage demeure une importante activité économique dans le Nord. Quels signes de la technologie moderne et de la culture traditionnelle se mêlent dans cette photo d'un trappeur inuit?

l'Arctique, les relations entre Blancs et Inuit étaient tendues.

Le Grand Nord se métamorphosait, mais les Inuit n'étaient pas invités à se prononcer sur les activités qui se déroulaient chez eux. Comme l'a écrit le journaliste inuit Alootook Ipellie, les nouvelles agglomérations semblaient dirigées de l'extérieur:

Le gouvernement paraissait tout diriger dans les communautés [inuit]. Il possédait les écoles, distribuait l'aide sociale et employait les Inuit. Quand un édifice ou une maison se construisait, c'était grâce au gouvernement. Quand une voiture ou un camion arrivait avec la cargaison annuelle, il était pour le gouvernement.[...] C'était tout le temps le gouvernement par-ci, le gouvernement par-là.

Le gouvernement fédéral déplaça des groupes inuit pour les installer dans des régions éloignées de l'Arctique, malgré les protestations des intéressés. Ainsi, les Inuit de Port Harrison, dans le nord du Québec, furent relogés à Grise Fiord, sur l'île d'Ellesmere, où, leur dit-on, le gibier était beaucoup plus abondant. Or, des documents gouvernementaux révélèrent plus tard que l'Arctique avait pris une importance stratégique cruciale dans les années 1950. Le gouvernement avait donc établi des Inuit sur l'île d'Ellesmere pour affirmer sa souveraineté dans l'Arctique. Comme beaucoup d'Inuit ne comprenaient ni la langue anglaise ni les rouages du gouvernement, ils avaient peu d'influence sur les décisions qui les touchaient.

Le Grand Nord après 1960

Les Inuit étaient déchirés entre les coutumes de leurs ancêtres et la modernité. Ils sentaient qu'ils n'appartenaient ni à un monde ni à l'autre. Beaucoup trouvèrent le choc des cultures trop difficile à supporter et sombrèrent dans la pauvreté et le désespoir. L'alcoolisme, le suicide, le crime et la violence firent une tragique apparition dans les familles. Beaucoup d'Inuit craignaient que leur peuple et leur mode de vie ne résistent pas à des changements culturels aussi abrupts. «Est-ce que les Inuit disparaîtront de la face de la terre? demanda le

porte-parole inuit John Amagoalik. Est-ce que notre culture, notre langue et notre lien avec la nature ne subsisteront que dans les livres d'histoire? [...] Est-ce que notre culture est comme un ours polaire blessé qui va mourir seul en mer? Que pouvons-nous faire?»

À force de se poser ce genre de questions, les Inuit s'orientèrent vers l'activisme politique. Au début des années 1970, ils fondèrent un organisme appelé **Inuit Tapirisat of Canada** afin de protéger leur culture et leur langue et de faire avancer leurs revendications territoriales. Depuis lors, les Inuit

ANTHONY JENKINS/*The Globe and* MAIL

Ce dessin exprime le point de vue des Inuit, qui ont accusé le gouvernement fédéral de s'être servi d'eux comme de drapeaux humains pour affirmer sa souveraineté sur l'Arctique.

373

MOI, CANADIEN?

Avec ses vastes étendues, ses trois littoraux et sa mosaïque ethnique, le Canada est un pays unique au monde. Dans le texte qui suit, l'auteur inuit Alootook Ipellie explique pourquoi il est fier de se dire canadien. Après avoir lu ce texte, demande-toi si notre héritage multiculturel nuit à notre identité nationale ou s'il nous enrichit. Réfléchis à ce que t'inspire ta nationalité canadienne.

Là où j'ai grandi, le Canada n'existait pas. Je ne connaissais pas le Canada. Je n'en avais jamais entendu parler. Mes aînés ne parlaient jamais du Canada parce qu'ils ne connaissaient pas non plus l'existence du Canada. Plus tard dans la vie, j'ai appris que j'étais né au Canada, que j'avais été élevé au Canada et que je vivais au Canada. Pourquoi ignorais-je l'existence du Canada? Est-ce que l'existence du Canada avait été censurée chez nous? J'ai trouvé bien assez tôt les réponses à ces questions.

Je suis né dans un petit campement de chasseurs sur l'île de Baffin et mes aînés vivaient de la nature. Ils n'avaient jamais rien su du monde extérieur. Survivre était leur seule préoccupation quand la nourriture était rare et ils allaient d'un campement à l'autre à la recherche de gibier. L'Arctique était une terre hostile, mais elle faisait partie de leur vie et c'était le seul endroit où ils savaient comment vivre. La terre et les animaux étaient sacrés pour eux. Même si quelqu'un leur avait dit qu'ils pourraient avoir la vie plus facile dans les villes et les villages au sud de leur terre, ils n'auraient pas pu y survivre, en tout cas pas longtemps. On leur avait enseigné à suivre les traditions de leurs ancêtres et c'était la seule vie qu'ils connaissaient. Leurs ancêtres avaient marché chaque jour sur le sol canadien, mais le Canada n'avait jamais eu d'existence pour eux..

On m'a enseigné les traditions de nos ancêtres. J'ai souffert aux côtés de mes aînés quand les chasseurs de notre campement ne rapportaient pas d'animaux après des jours d'absence. Et quand le gibier était abondant, je me suis réjoui avec mes aînés. Nous avons souffert quand la nourriture manquait et nous nous sommes réjouis quand elle était abondante. La vie se passait ainsi dans notre

Cette série de timbres, émise par la Société canadienne des postes, rend hommage aux traditions et à la vie communautaire des Inuit. Essaie de nommer les activités représentées.

enseigner et nous parler d'un monde nouveau que nous ne connaissions pas. Elle nous enseigna la langue qu'elle parlait et, peu de temps après ma première année d'école, je l'entendis prononcer le mot «Canada» pour la première fois. Elle nous expliqua ensuite l'histoire et les origines du Canada.

Au début, je ne la comprenais pas quand elle disait que j'étais un habitant du Canada et que j'étais canadien. Moi, canadien? Pour autant que je sache, j'étais un Inuk d'abord et avant tout, mais j'avais devant moi une enseignante qui disait le contraire. Alors elle m'a expliqué que j'étais et un Inuk et un Canadien et je me suis détendu.

En grandissant, je me suis renseigné sur le Canada et sur ce qu'il représentait et je suis devenu fier d'être appelé canadien. J'ai découvert que le Canada respectait ma liberté d'expression et mes libertés civiles. C'était important pour moi alors et ça l'est encore aujourd'hui.

Le Canada est l'un des rares pays au monde qui puisse se vanter de comprendre un groupe de gens qui, grâce à leur détermination et à leur volonté de vivre, ont survécu pendant des milliers d'années sur une terre où ils étaient confrontés chaque hiver à la famine et presque chaque jour à la mort et à l'extinction. Leur survie témoigne de leur courage d'acier.

L'histoire des Inuit est si longue qu'elle défie la mémoire humaine, bien que nous ayons quelques hypothèses sur notre origine. En tant que peuple indigène du Canada, les Inuit sont en un sens les hôtes de tous ceux qui, venus de divers pays, s'établirent au Canada et devinrent citoyens canadiens. Depuis que le Canada respecte leur héritage culturel et leur liberté de vivre à leur façon, les Inuit ont accepté qu'on les appelle des Canadiens. Les Inuit et les Blancs gagnent à s'accepter les uns les autres et à vivre côte à côte. Membres d'une même famille, ils sont plus forts aujourd'hui.

Sans ce sentiment d'appartenance, nous ne pouvons espérer en un Canada fort.

Source: Alootook Ipellie vit à l'île de Baffin et à Ottawa. Il est auteur, artiste et éditeur de *Inuit Today*.

partie du monde, de jour en jour, de semaine en semaine, de mois en mois et d'année en année. La nourriture, c'était la survie. La terre nous donnait la nourriture et cette terre se trouvait à être le Canada.

À l'âge de huit ans environ, je suis entré à l'école. Je ne connaissais pas un mot d'anglais. Notre enseignante était une Qallunaaq (une Blanche) qui ne parlait pas l'inuktitut, ma langue maternelle. Elle était plus étrangère à moi que je ne l'étais à elle. Elle avait été envoyée chez nous pour nous

ont remporté quelques victoires. Aujourd'hui, on enseigne l'inuktitut dans les écoles et il existe des journaux et des émissions de radio et de télévision en inuktitut. À la suite d'une campagne pour l'autodétermination gouvernementale, les Inuit de l'Est ont récemment obtenu que le gouvernement fédéral crée un nouveau territoire, le Nunavut, en 1999. Le **Nunavut** («notre terre» en inuktitut) s'étendra sur plus de cinq millions de kilomètres carrés dans la partie orientale des Territoires du Nord-Ouest. Le Nunavut aura sa propre législature, dont les membres seront élus parmi une population majoritairement inuit. La création du Nunavut constituera la plus marquante des modifications apportées à la carte du Canada depuis l'adhésion de Terre-Neuve à la Confédération, en 1949.

L'immigration et le nouveau visage du Canada

Les mutations culturelles ne touchèrent pas seulement le Nord. L'immigration, en effet, augmenta considérablement après la Deuxième Guerre mondiale et près de 1,5 million de gens vinrent s'établir au Canada de 1945 à 1957. Ils avaient été précédés pendant la guerre par les «étrangers ennemis» que la Grande-Bretagne envoyait dans les camps d'internement du Canada. Un grand nombre de ces arrivants étaient des Juifs allemands qui avaient fui l'Allemagne nazie. Lors de leur libération, en 1945, beaucoup demeurèrent ici et devinrent des scientifiques, des artistes, des professeurs et des écrivains éminents. L'un d'eux, Gerhard Herzberg, reçut en 1971 le premier prix Nobel de chimie décerné à un Canadien.

Un cinquième environ des immigrants venaient de la Grande-Bretagne. Parmi eux se trouvaient des mariées de la guerre qui suivaient leur mari au Canada. La plupart des autres immigrants venaient des Pays-Bas, d'Allemagne, de Pologne, de Hongrie, du sud de l'Italie et d'Ukraine. Le Canada ouvrit aussi ses portes à des «personnes déplacées», des réfugiés européens qui ne pouvaient retourner dans leur patrie parce qu'ils avaient perdu leur maison ou parce que leur vie y était menacée. Quatre mille soldats polonais anti-

Après la Deuxième Guerre mondiale, des milliers d'immigrants d'Europe comme les membres de cette famille juive arrivèrent au Canada. Quelles ont été les répercussions de l'immigration au Canada?

communistes s'installèrent au Canada après l'invasion soviétique en Pologne. Et 35 000 Hongrois firent de même à la suite d'une révolution anticommuniste manquée, en 1956. Les nouveaux venus n'étaient pas toujours chaleureusement accueillis. Ainsi, un ministre de l'Ontario se plaignit des déboursés que le soutien aux immigrants entraînait: «Ces gens n'ont absolument rien quand ils arrivent ici, pas même des sous-vêtements de rechange. Qui va payer pour leurs sous-vêtements?» Le ministre fédéral de la Citoyenneté et de l'Immigration répliqua du tac au tac: «Nous.» En plus de l'aide gouvernementale, beaucoup de réfugiés européens reçurent l'hospitalité de familles canadiennes qui les logeaient, les habillaient, leur enseignaient l'anglais ou le français et les aidaient à trouver du travail.

La plupart des immigrants s'installaient dans les villes, principalement à Toronto, Montréal et Vancouver. À la fin des années 1950, la communauté italienne de Toronto comptait 140 000 personnes et les Torontois découvraient les délices de la gastronomie méditerranéenne. À Vancouver, les immigrants allemands ouvrirent des boutiques sur la rue Robson, offrant pâtisseries viennoises, saucisses bavaroises et journaux en langue allemande aux passants curieux. Dans toutes les villes du pays, les gens s'habituèrent à prononcer des noms européens aux consonances étranges. Même s'il subsistait une

IMMIGRANTS
DE LA DEUXIÈME GÉNÉRATION

Le Canada est un pays d'immigrants. Depuis des décennies, des gens venus de toutes les parties du monde s'installent chez nous et, depuis des décennies, les immigrants et leurs enfants relèvent le défi que représentent l'apprentissage d'une langue et l'adaptation à une nouvelle culture. Le poème qui apparaît ci-dessous a été écrit par Kevin Irie et librement traduit de l'anglais. Il exprime les difficultés qui attendent les immigrants venus de pays où l'on ne parle ni le français ni l'anglais.

Le week-end,
les rues sont toujours encombrées
si larges
que tous les gens du monde y tiendraient
Asiatiques, Indiens
et Européens.

Un garçon qui grandit
tient la main de sa mère
de moins en moins fort.
Ensemble ils cherchent
un pantalon bon marché.

La mère maudit
le prix du denim
laissant au garçon
le soin de traduire sa colère
en un anglais courtois
pour le vendeur souriant
qui leur dit poliment
que non il n'a rien d'autre.

La monnaie courante ici
c'est l'anglais
le garçon le sait
il s'accroche à son petit pécule
 de mots
comme un avare à ses pièces
seul bien inaliénable.

Ici, sa parole est d'or
Il a perdu sa langue maternelle
comme une dent de lait
Seule sa mère
étrangère à ses côtés
ne parle encore que la langue du vieux pays.

Quelques mots d'anglais
brillent dans la bouche de sa mère
comme du plomb
qu'une main inconnue lui aurait coulé
 dans les dents
comme un corps étranger
amer et nécessaire
dur et inamovible.

Source: Kevin Irie, «Immigrants: The Second Generation», tiré de Kenneth Sherman, *Relations: Family Portraits*, Mosaïc Press, © 1986.

L'immigration a toujours été un facteur prépondérant de l'avancement du Canada. Cette série de timbres évoque l'arrivée des Ukrainiens dans les Prairies.

certaine hostilité à l'égard des immigrants, beaucoup de Canadiens étaient fiers du *cosmopolitisme* de leur pays.

Diefenbaker était lui-même à l'image de ce nouveau Canada. Contrairement à tous ses prédécesseurs, qui étaient d'ascendance française ou britannique, Diefenbaker était de souche allemande. Enfant, il avait souffert des railleries que son nom lui avait attirées et, une fois devenu adulte, il s'était attaché à éliminer la discrimination envers les minorités. Diefenbaker prônait une nouvelle unité nationale fondée sur l'égalité des Canadiens, sans égard à la race ou à la religion. Il donnait à sa politique le nom de «canadianisme sans trait d'union».

Une fois au pouvoir, Diefenbaker nomma un autochtone au Sénat et un député d'origine ukrainienne au poste de ministre du Travail. Il fut le premier à confier un ministère à une femme: il nomma Ellen Fairclough secrétaire d'État. Mais l'adoption de la **Déclaration canadienne des droits**, en 1960, fut l'accomplissement qui procura le plus de fierté à Diefenbaker.

La Déclaration canadienne des droits

Le titre complet de la Déclaration canadienne des droits était «Loi pour la reconnaissance et la protection des droits humains et des libertés fondamentales». La Déclaration contenait des dispositions relatives à la liberté d'expression, à la liberté de religion, à la liberté de la presse, à la liberté de réunion et d'association et à l'égalité juridique. Cependant, il s'agissait d'une loi fédérale et non d'une garantie constitutionnelle et le Parlement pouvait la modifier ou l'abolir à son gré. De plus, la Déclaration ne s'appliquait pas dans les domaines de juridiction provinciale et rien n'obligeait les provinces à s'y conformer. Malgré ses limites, la Déclaration eut un

Le premier ministre Diefenbaker était particulièrement fier de la Déclaration canadienne des droits, qu'il avait fait adopter en 1960. Pourquoi une déclaration des droits est-elle une législation importante?

important retentissement: elle fut suivie par des lois semblables dans quelques provinces et elle établit clairement certains des principes fondamentaux du Canada en matière de droits de la personne. Enfin, elle servit de canevas à la Charte canadienne des droits et libertés qui fut incorporée à la Constitution en 1982.

La fin du règne Diefenbaker

En 1962, la popularité des progressistes-conservateurs déclinait et les libéraux s'apprêtaient à reprendre les rennes du pouvoir. Beaucoup de Canadiens critiquaient l'indécision que manifestait le gouvernement de Diefenbaker face à des questions comme les armes nucléaires et les relations avec les États-Unis. En 1963, le gouvernement de Diefenbaker dut démissionner à la suite d'un vote de censure. Les libéraux de Lester B. Pearson remportèrent les élections subséquentes et formèrent un gouvernement minoritaire. Devenu chef de l'Opposition, Diefenbaker eut souvent des différends avec Pearson. Les deux politiciens abandonnèrent la direction de leurs partis respectifs en 1967, 100 ans exactement après la Confédération.

Le Canada rajeunissait, s'urbanisait et s'américanisait à toute allure. À cause de l'explosion démographique et de l'immigration, près de la moitié des Canadiens étaient âgés de moins de 25 ans. La jeune génération prenait aux États-Unis ses danses, sa musique, ses modes et même sa manière de voir la politique. Un grand nombre de jeunes vouaient une grande admiration au jeune et séduisant président des États-Unis. John Kennedy devint une célébrité, l'incarnation même du chef d'État moderne. Les jeunes Canadiens recherchaient un chef aussi fougueux, aussi vif et aussi éclatant que lui. En 1967, beaucoup crurent trouver ce politicien idéal en la personne du nouveau chef libéral, Pierre Elliott Trudeau.

NAISSANCE D'UN PHÉNOMÈNE: L'ADOLESCENCE

Après la Deuxième Guerre mondiale, le Canada connut une prospérité inédite. Les familles avaient de l'argent pour se procurer du luxe comme des téléviseurs, des vacances et des microsillons. L'une des conséquences de cette aisance fut l'émergence d'une nouvelle classe de consommateurs: les adolescents. Le pouvoir économique des adolescents força le milieu des affaires à tenir compte de leurs goûts et de leurs désirs. Ainsi apparut la culture adolescente en Amérique du Nord.

C'est dans la musique que la culture des jeunes se manifesta le plus clairement. À la fin des années 1950, la musique populaire se divisait en deux catégories bien distinctes: celle des chanteurs comme Patti Page et Frank Sinatra pour les parents, et celle d'Elvis Presley, de Chuck Berry et de Jerry Lee Lewis pour les jeunes. Les adolescents envahissaient les magasins de disques pour acheter les derniers succès de leurs idoles, parmi lesquelles figuraient des Canadiens comme Paul Anka, les Crewcuts et les Diamonds.

Elvis Presley se démarquait radicalement des artistes blancs qui l'avaient précédé. Il chantait un mélange de country, de bluegrass et de rock en dégageant une énergie électrisante et en faisant des mouvements de hanches qui soulevèrent toute une controverse. Avec Elvis Presley, le rock and roll forma la subculture des jeunes Nord-Américains.

Depuis, la culture des jeunes a pris une ampleur croissante en Amérique du Nord. Chaque année, des centaines de nouveaux produits destinés aux adolescents apparaissent sur le marché et les manufacturiers dépensent des millions de dollars en publicité pour courtiser les jeunes consommateurs. Les industries du cinéma, de la musique, de la mode et de l'alimentation adaptent spécifiquement leurs produits à la clientèle des moins de 20 ans.

LES GENS, LES LIEUX ET LES ÉVÉNEMENTS

Dans tes notes, explique clairement l'importance historique des éléments suivants:

Explosion démographique
Louis Saint-Laurent
Loi sur l'aménagement rural
    et le développement agricole
Nunavut

Loi nationale sur l'habitation
John Diefenbaker
Inuit Tapirisat of Canada
Déclaration canadienne
    des droits

RÉSUME TES CONNAISSANCES

1. Décris les changements économiques qui se sont produits au Canada dans les années 1950.

2. Pourquoi les banlieues attiraient-elles les Canadiens dans les années 1950? Selon toi, est-ce que les banlieues ont autant d'attraits pour les gens aujourd'hui?

3. Décris l'importance que prit l'automobile dans la vie des Canadiens dans les années 1950.

4. Pourquoi a-t-on appelé le Nord canadien «le nouvel eldorado»?

5. Quelles marques l'enfance de Diefenbaker a-t-elle laissées sur le style et les gestes du politicien adulte?

6. Pourquoi les citadins ont-ils retiré leur appui au gouvernement de Diefenbaker?

7. Décris les événements qui ont envenimé les relations entre le gouvernement canadien et les Inuit.

8. Quelles mesures ont été prises depuis 1970 pour protéger la culture inuit?

9. D'où venaient les immigrants avant et après 1945?

10. Pourquoi la Déclaration canadienne des droits constituait-elle un document important en dépit de ses limites?

APPLIQUE TES CONNAISSANCES

1. Définis le consommatisme et décris les changements qui se sont produits au Canada à la suite de l'enrichissement général de l'après-guerre.

2. À l'aide d'un tableau, compare le style politique de Louis Saint-Laurent et celui de John Diefenbaker.

3. Qu'est-ce qui a accentué les disparités régionales dans les années 1950? Est-ce que les régions riches du Canada sont obligées d'aider les régions moins fortunées?

4. À l'aide d'un tableau, compare les réactions que les politiques de Diefenbaker ont suscitées dans les provinces de l'Atlantique et des Prairies d'une part, et dans les régions urbaines du centre d'autre part.

5. Les mesures que le gouvernement a prises pour favoriser le développement du Nord ont-elles réussi? Quels grands obstacles le gouvernement a-t-il rencontrés?

6. Quels ont été les effets du développement du Nord sur la vie des Inuit? Mentionne tant les changements favorables que les changements déplorables.

7. Avec quelques camarades, fais une recherche sur la vie des Inuit dans les années 1950. Quels aspects de leur mode de vie traduisaient la rencontre brutale des coutumes traditionnelles et des influences modernes?

AUGMENTE TES CONNAISSANCES

1. Essaie d'imaginer ce qu'était les vie des adolescents avant l'avènement de la télévision. Pour ce faire, passe une soirée entière, chez toi, sans regarder la télévision. Avant d'aller au lit, résume tes activités de la soirée. Demande à une personne qui a grandi dans les années 1950 quels étaient ses loisirs et ses divertissements. Compare ton emploi du temps à celui de cette personne. Ensuite, écris un texte d'une page que tu intituleras «Une soirée dans la vie d'un adolescent des années 1950».

2. Prépare une exposition sur les divertissements des années 1950: le cinéma, la télévision, la musique, les sports et les loisirs. Apporte un soin particulier à la présentation de ton exposition afin qu'elle soit aussi informative qu'attrayante.

3. Dessine une carte des ressources naturelles du Canada. Trouve dans un atlas les deux ou trois principales ressources de chaque province. Sur ta carte, inscris les noms des 10 provinces et indique au moyen de symboles les ressources naturelles qu'elles possèdent. N'oublie pas de joindre une légende à ta carte.

19 LE CANADA DE 1960 À 1990

GLOSSAIRE

Contre-culture Culture qui, émanant principalement des jeunes, rejette les normes et les valeurs établies.

Conflit des générations Écart entre les attitudes et les valeurs sociales des jeunes et celles de leurs parents.

Enseignement progressif Méthode d'enseignement prônée par le pédagogue américain John Dewey, axée sur la découverte plutôt que sur la transmission magistrale des connaissances.

Détracteur Personne qui cherche à rabaisser le mérite de quelqu'un, la valeur d'une chose.

Normes d'émission Limite maximale que le gouvernement impose à l'émission d'un polluant.

CFC Abréviation de chlorofluorocarbone. Groupe de produits chimiques qui furent utilisés pendant des décennies comme réfrigérants dans les réfrigérateurs et les climatiseurs et comme pulseurs dans les aérosols. Ces substances montent dans l'atmosphère et détruisent la couche d'ozone qui protège la Terre contre les rayons ultraviolets nuisibles.

Village global Terme inventé par le sociologue canadien Marshall McLuhan pour désigner le monde moderne, où les médias électroniques ont aboli les distances entre les peuples.

Déficit Différence entre les gains réalisés et les gains prévus ou nécessaires.

DANS CE CHAPITRE, TU ÉTUDIERAS LES SUJETS SUIVANTS:

- l'attrait exercé par la personnalité de Pierre Elliott Trudeau;
- les jeunes des années 1960;
- la réforme de l'enseignement dans les années 1960;
- l'émergence de l'écologisme au Canada;
- le débat suscité par les programmes sociaux et le déficit au Canada;
- la création du régime d'assurance-maladie du Canada.

« **L'**année 1967 nous a tous changés profondément et nous ne reviendrons jamais en arrière», déclara Judy Lamarsh, qui était secrétaire d'État pendant la préparation des fêtes du centenaire du Canada. Le succès retentissant d'**Expo 67** fut pour les Canadiens une nouvelle source de fierté. Selon de nombreux observateurs, l'exposition internationale de Montréal fut la plus réussie de toutes. Cinquante millions de visiteurs envahirent les îles artificielles aménagées au milieu du fleuve Saint-Laurent et ne tarirent pas d'éloges sur le savoir-faire canadien. «Qu'est-ce qui arrive à nos bons et ternes voisins?», pouvait-on lire dans une revue américaine pendant qu'Expo 67 battait son plein. Le Canada n'était plus ni morne, ni placide, ni timide; il était joyeux, dynamique et tout à fait sûr de lui.

Cette assurance nouvelle se manifesta dans tous les événements, des plus solennels aux plus loufoques, qui marquèrent à travers le pays les 100 ans de la Confédération. Les courses organisées dans le cadre des fêtes du centenaire ne se comptaient plus, qu'il s'agisse de courses de vitesse, d'automobiles, de canots, de motoneiges ou de montgolfières. Les Canadiens se mirent à brandir leur nouveau drapeau à feuille d'érable. Le train du centenaire sillonnait le pays, annonçant son entrée en gare par des coups de sifflet accordés aux premières notes du «Ô Canada». L'année du centenaire fut marquée au sceau de l'optimisme et de la fierté. Un avenir prometteur s'ouvrait devant les Canadiens.

L'année 1967 marqua aussi la fin d'une époque, celle de Diefenbaker et de Pearson. Le premier dirigeait encore le Parti progressiste-conservateur, mais il avait perdu l'appui de ses troupes. Lors du congrès du parti tenu en septembre 1967, il dut céder sa place à Robert Stanfield. Trois mois plus tard, Lester B. Pearson démissionna de son poste de premier ministre et Pierre Elliott Trudeau devint chef du Parti libéral. C'était le début d'une ère nouvelle en politique canadienne.

LA TRUDEAUMANIE

Pierre Elliott Trudeau était un politicien pas comme les autres. Un commentateur politique, d'ailleurs, l'appela «notre Expo permanente». Trudeau semblait posséder le mélange de vivacité, d'élégance et d'excentricité qui avait fait le succès d'Expo 67. Malgré la quarantaine avancée, il n'avait ni l'apparence ni le comportement d'un politicien d'âge mûr. Célibataire et millionnaire, il portait des vêtements à la mode, conduisait des voitures sport et multipliait les conquêtes amoureuses. Il faisait le pitre devant les journalistes et lançait des commentaires chocs qui se retrouvaient instantanément en première page des journaux. Il scandalisa John Diefenbaker en se présentant à la Chambre des communes en sandales, une écharpe jaune clair nouée autour du cou.

Trudeau avait été élu député en 1965 puis, en 1967, il avait été nommé ministre de la Justice par Pearson. Il s'était fait dans ce poste une réputation de réformateur. Affirmant que l'État n'avait pas sa place dans les chambres à coucher du pays, il avait libéralisé les lois fédérales sur le divorce, l'homosexualité et l'avortement. Ses réformes plaisaient aux jeunes qui protestaient contre les vieilles conventions sociales. Sa vigoureuse opposition à l'indépendance du Québec, sa province natale, lui valut aussi l'estime de nombreux Canadiens anglais. Plusieurs se rappelèrent le flegme qu'il conserva devant les manifestants qui lancèrent des bouteilles en direction de l'estrade d'honneur lors du défilé de la Saint-Jean-Baptiste de 1968.

Pendant la campagne électorale de 1968, Trudeau devint une célébrité dans tout le Canada.

Une foule d'admirateurs l'attendait partout où il allait. Son immense popularité n'était pas sans rappeler la «Beatlemanie» et on forgea bientôt pour la désigner le terme «**trudeaumanie**». Trudeau semblait incarner l'esprit de renouveau qui caractérisait le centenaire. Il secouait les Canadiens et les mettait au défi d'accepter l'innovation et le changement. Le *Globe and Mail* de Toronto écrivit que «les Canadiens voient en M. Trudeau une nouvelle facette d'eux-mêmes, une envie de parier sur l'inconnu, d'aborder des domaines inexplorés».

De 1968 jusqu'à sa retraite en 1984, Pierre Elliott Trudeau a dominé la scène politique canadienne. Son originalité et sa désinvolture conquirent de nombreux Canadiens.

Trudeau était l'image de la modernité et il remporta sans difficulté les élections de 1968.

LA VIE DANS LES ANNÉES 1960 ET 1970

Les «années soixante» se prolongèrent en réalité jusque dans les années 1970. C'était l'époque de la «**jeune génération**», celle des deux millions d'enfants nés pendant l'explosion démographique des années 1940 et 1950. Pour la première fois dans l'histoire du Canada, les jeunes étaient à l'avant-scène. Beaucoup d'entre eux vivaient, à peu de chose près, comme leurs parents. Mais certains, qu'on appela «hippies» ou «révolutionnaires», rejetaient l'ordre établi et ses institutions, comme la police, le gouvernement et le milieu des affaires. Ils prônaient la «libération», c'est-à-dire la liberté personnelle et le changement social. Les années 1960 furent un temps d'espoir, d'agitation et de rébellion. Le chanteur américain Bob Dylan a bien résumé l'esprit de cette révolution sociale dans sa chanson «The Times They Are a'Changing» («Les temps changent»).

Le mot *contre-culture* apparut pour désigner la culture de ceux qui rejetaient les valeurs de la génération précédente. Les hippies des années soixante méprisaient les goûts de la classe moyenne et s'habillaient pour le manifester de tee-shirts psychédéliques, de blousons de l'Armée du Salut, de jeans usés et de sandales. Garçons et filles portaient les cheveux longs et des bandeaux de cuir sur le front. Ils parcouraient le pays dans de vieilles four-

gonnettes Volkswagen ou visitaient les continents étrangers en auto-stop. Ils affluaient par milliers aux festivals de musique comme ceux de Woodstock ou de Mariposa.

Un grand nombre de jeunes se rassemblaient dans les quartiers comme Haight-Ashbury à San Francisco, la 4e Avenue à Vancouver et Yorkville à Toronto. Ils publiaient des journaux «underground» pour diffuser de l'information sur les saisies de drogue, les manifestations, les activités révolutionnaires en Amérique latine, la guerre du Viêt-nam, le cinéma et les concerts rock. Ils dansaient sur la musique endiablée de Jimi Hendrix, de Janice Joplin, des Doors, des Rolling Stones et des Beatles. Ils écoutaient aussi des musiciens canadiens comme The Band, Neil Young, Guess Who, Ian et Sylvia, Buffy Sainte-Marie, Bruce Cockburn et Joni Mitchell.

Certains chanteurs faisaient l'éloge de la drogue («Turn on, tune in, drop out») et de la nouvelle moralité («Faites l'amour pas la guerre»). Les drogues comme la marijuana, le LSD, les amphétamines et les barbituriques faisaient partie du mode de vie hippie et on ouvrit des cliniques mobiles dans les grandes villes canadiennes pour aider les jeunes qui faisaient des «bad trips». La pilule anticonceptionnelle révolutionna les mœurs sexuelles. Les gens refusaient la censure et parlaient ouvertement de la sexualité.

La «libération» avait son côté sombre. Les drogues et l'alcool ruinaient beaucoup de jeunes vies. La permissivité sexuelle déstabilisait les relations personnelles et favorisait la propagation des maladies transmissibles sexuellement. La «liberté de parole» revendiquée par

L'industrie canadienne de la musique fleurissait dans les années 1960. Les disques d'artistes comme Guess Who, Gordon Lightfoot, Buffy Sainte-Marie et Neil Young remportaient un énorme succès ici comme à l'étranger. Est-ce que tu connais d'autres musiciens canadiens qui ont commencé leur carrière dans les années 1960 ou 1970?

John Meredith, *Ulysses*, 1968. Toile, 182,9 cm x 243,8 cm. Vancouver Art Gallery.

L'ART DES ANNÉES 1960 ET 1970

Les années 1960 virent déferler une vague d'activités culturelles sur le Canada. Tous les secteurs de la culture canadienne connurent un regain favorisé par la prospérité du moment et l'approche des célébrations du centenaire de la Confédération. Bob Dylan clamait que les temps changeaient et c'était vrai pour l'art comme pour tous les autres aspects de la société. Au beau milieu du branle-bas culturel des années 1960, les artistes et les critiques décrétèrent la mort de la peinture, le mode d'expression qui dominait l'art depuis des siècles.

Cette mort annoncée était liée de près aux progrès technologiques. Certains artistes trouvaient la peinture trop contraignante et trop limitée et ils se tournaient vers d'autres formes d'art, tels la sculpture, la photographie, le cinéma, la vidéo et la performance. D'autres artistes, en revanche, n'étaient pas prêts à abandonner la peinture. Beaucoup de peintres canadiens importants poursuivirent leurs recherches et conservèrent à la peinture sa pertinence et son attrait. À la fin des années 1970, la peinture renaissait dans les centres artistiques du Canada et du reste du monde occidental. Grâce à la persévérance des peintres de cette époque, la peinture est encore l'une des formes d'art les plus importantes et les plus dynamiques.

Fais une recherche sur un peintre canadien des années 1960, 1970, 1980 ou 1990. Présente ta peinture préférée à tes camarades et explique en quelques mots l'attrait qu'elle exerce sur toi. Si tu as besoin d'aide, consulte les professeurs d'arts plastiques de ton école.

la presse underground faisait taire la censure désuète mais laissait le champ libre à une pornographie offensante. Le non-conformisme et les excès de la contre-culture troublaient tellement de Canadiens d'âge mûr que le terme *conflit des générations* apparut dans le vocabulaire.

Les hippies et les révolutionnaires en herbe étaient minoritaires parmi les adolescents et les jeunes adultes du Canada, mais très peu de jeunes restèrent complètement à l'abri du vent du changement. Le Canada ne pouvait plus revenir en arrière. Les années soixante laissèrent des marques profondes et indélébiles dans le système de valeurs des Canadiens.

LA RÉVOLUTION À L'ÉCOLE

Dans les années 1960, beaucoup d'écoliers canadiens devaient encore se conformer à un code vestimentaire sévère, déambuler en silence dans les corridors et écouter bien sagement les professeurs. Mais les attitudes changeaient: beaucoup d'élèves et de professeurs réclamaient une réforme de l'enseignement. L'école, selon eux, devait être un lieu ouvert où les élèves apprennent à leur rythme et à leur manière, sans compétition ni peur de l'échec. Les professeurs devaient devenir des «personnes-ressources» et aider les élèves à découvrir les connaissances. Certaines écoles abolirent les méthodes d'enseignement traditionnelles, les uniformes, les règles de discipline, les cours obligatoires, les horaires stricts et, dans certains cas, les notes et les examens.

La réforme de l'enseignement s'inspirait de la pédagogie «progressive» ou «centrée sur l'enfant» qui, avant même les années 1960, avait soulevé tout un débat. Hilda Neatby, une professeure d'histoire à l'université de la Saskatchewan, avait publié en 1953 un ouvrage intitulé *So Little for the Mind* («Si peu pour l'esprit»). Elle y maintenait que l'*enseignement progressif* sacrifiait le contenu traditionnel et la discipline intellectuelle pour l'«auto-développement». D'autres *détracteurs* de l'enseignement progressif

attribuaient les difficultés des élèves au manque d'ordre, d'autorité et de rigueur. Aujourd'hui, les gouvernements, les éducateurs, les parents et les élèves critiquent encore le système d'éducation. Tous conviennent qu'il est encore imparfait, mais ils ne s'entendent absolument pas quant aux changements à effectuer. La notion d'enseignement centré sur l'enfant continue d'alimenter un débat national.

LA DÉFENSE DE L'ENVIRONNEMENT

L'état de l'environnement commença à préoccuper les gens au milieu des années 1960. Les Canadiens prenaient conscience de la pollution de l'air et de l'eau, de la dégradation des forêts et des terres arables, de l'extinction des espèces et de la présence de toxines industrielles dans l'environnement. Les voitures et les usines crachaient des gaz dangereux qui formaient des pluies acides dans l'atmosphère. Les Grands Lacs se transformaient en un bouillon toxique pour les poissons et les plantes aquatiques. Beaucoup de villes déversaient encore leurs eaux usées dans les rivières, les lacs et les océans. Les citoyens produisaient des millions de tonnes de déchets chaque année. Même dans l'Arctique, les baleines, les phoques et les ours polaires étaient contaminés par le mercure, à tel point que les Inuit ne pouvaient plus s'en nourrir sans danger. Le Canada était au bord de la catastrophe écologique.

À la fin des années 1960 et dans les années 1970, les activistes embrassèrent la cause de l'environnement. Des dizaines de groupes écologistes comme Greenpeace, la Society for Pollution and Environmental Control et Pollution Probe se formèrent au Canada et captèrent l'attention du public. Un sondage de 1969 révéla que plus des deux tiers des Canadiens trouvaient le problème de la pollution si grave qu'ils étaient prêts à payer plus d'impôts pour le résoudre.

Dans les années 1970, les gouvernements commencèrent à prendre des mesures pour éliminer la pollution. Ils subventionnèrent des groupes

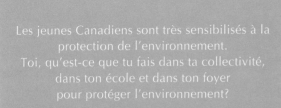

Les jeunes Canadiens sont très sensibilisés à la protection de l'environnement.
Toi, qu'est-ce que tu fais dans ta collectivité, dans ton école et dans ton foyer pour protéger l'environnement?

écologistes et adoptèrent des lois pour réduire les dommages environnementaux. Ainsi, ils imposèrent des limites aux émissions de polluants provenant des voitures et des industries. Ils réglementèrent l'utilisation et l'élimination des substances toxiques et ils encouragèrent la dépollution des cours d'eau, des lacs et des dépotoirs. Ils imposèrent des *normes d'émission* et les tribunaux commencèrent à donner des amendes aux pollueurs. Enfin, les gouvernements prirent des mesures pour protéger les forêts et les terres arables et commencèrent à étudier l'impact environnemental dans la construction des bâtiments publics.

Dans les années 1980, ce fut au tour des simples citoyens de prendre le «**virage vert**». Beaucoup de gens se mirent à composter leurs déchets et à recycler les boîtes de conserve, le verre et le papier. Ils commencèrent à choisir des produits faits de matériaux recyclés. Ils arrêtèrent d'acheter des aérosols contenant des CFC (chlorofluorocarbones) et boycottèrent les produits des pollueurs reconnus. Ils utilisèrent de l'essence sans plomb et achetèrent des fruits et des légumes cultivés sans pesticides. Ils exigèrent que tous les paliers de gouvernement prennent une position ferme face aux grands problèmes environnementaux. Leurs demandes furent entendues. Les gouvernements interdirent l'utilisation des CFC et de l'essence avec plomb et ils lancèrent des programmes de recyclage.

Bientôt, la conscience environnementale se mua en inquiétude extrême. Presque chaque jour, les journaux rapportaient une nouvelle catastrophe écologique: les trous dans la couche d'ozone, les pluies acides, l'effet de serre, la destruction des forêts tropicales, l'émission de gaz mortels à l'usine de Bhopāl, en Inde, l'accident nucléaire à Tchernobyl, en Ukraine, et le naufrage du pétrolier *Exxon Valdez* sur les côtes de l'Alaska. C'étaient là des problèmes d'envergure internationale. À l'occasion du Jour de la Terre, en 1990, près d'un demi-milliard de personnes à travers le monde exprimèrent leur intention de sauver la planète. Aujourd'hui encore, dans le monde entier, des individus, des groupes et des gouvernements font tout en leur pouvoir pour réaliser les changements qui s'imposent et éviter un désastre planétaire.

LES CHANGEMENTS SOCIAUX ET POLITIQUES

Les années 1960 furent une période de contestation sociale et politique. Des centaines de jeunes Canadiens arboraient des macarons portant des slogans comme «Peace and love» et «Le pouvoir au peuple». La **guerre du Viêt-nam** était au centre de leurs préoccupations. Les troupes du Viêt-nam du

DES PAROLES AUX ACTES

Le problème des déchets dangereux

Nous, du monde industrialisé, n'avons jamais payé le véritable prix de l'exploitation des ressources. Ainsi, nous ne nous sommes jamais soucié de réparer les dégâts environnementaux que causent nos industries. Aujourd'hui encore, beaucoup d'industries se contentent de tirer le rideau sur le problème des déchets dangereux: elles envoient des millions de tonnes de matières toxiques non traitées dans les pays du Tiers monde.

En tout, 81 pays interdisent l'importation de déchets; au Nigeria, on punit l'infraction par la peine de mort. Il reste tout de même quelque 90 pays qui ne sont pas trop regardants sur ce qu'on apporte chez eux dans des barils non étiquetés.

Selon les estimations, les entreprises occidentales ont envoyé 24 millions de tonnes de déchets dangereux en Afrique occidentale en 1988. On croit que l'Allemagne de l'Est a récolté de 10 % à 20 % de sa devise forte en important des déchets toxiques. C'était avant la chute du régime communiste et il est raisonnable de supposer que la majeure partie de ces déchets n'a jamais été traitée. Il paraît que la Pologne et la Hongrie ont aussi une florissante industrie d'importation de déchets. En Roumanie, quelques personnages haut placés du gouvernement ont été condamnés à 18 ans de prison à la suite d'un scandale relié à l'importation de déchets.

La Guinée-Bissau, en Afrique occidentale, s'est vu offrir 600 millions de dollars en cinq ans pour entreposer 15 millions de tonnes de déchets provenant de l'industrie pharmaceutique et de l'industrie du cuir. Six cents millions de dollars, c'est quatre fois le produit intérieur brut du pays. À la suite de vigoureuses protestations de la population locale, la Guinée-Bissau a décliné la proposition.

Et ce ne sont pas seulement des déchets que les pays occidentaux exportent. Les États-Unis exportent chaque année 270 millions de kilogrammes de pesticides; le quart de ces substances sont interdites ou sévèrement réglementées aux États-Unis. Autre statistique non sans lien avec la précédente: la grande majorité des quelque un million d'intoxications aux pesticides recensées annuellement dans le monde surviennent dans le Tiers monde. De 5000 à 20 000 de ces intoxications sont mortelles.

Des paroles aux actes

Un sondage Angus Reid réalisé au printemps de 1990 laisse croire que les Canadiens ont une attitude ambiguë face à la protection de l'environnement. Nous voulons un monde propre, bien sûr, mais nous ne voulons renoncer à aucun de nos petits conforts pour l'obtenir. Le sondage a révélé ce qui suit:

- environ 60 % des Canadiens ne veulent pas qu'on interdise les voitures personnelles dans les villes à certaines heures de la journée ni qu'on impose de taxes sur le stationnement;
- près de 75 % des Canadiens sont contre l'ajout d'une taxe spéciale sur les carburants dans les villes;
- plus de 50 % des Canadiens ne veulent pas que l'enlèvement des déchets soit facturé en fonction de la quantité;
- plus de 50 % des Canadiens s'opposent à une taxe sur l'emballage qui viserait à diminuer le volume des matériaux utilisés;
- plus de 50 % des Canadiens s'opposent à une augmentation de la densité résidentielle dans les centres-villes en tant que méthode de limitation de l'expansion urbaine.

Source: Reproduit avec l'autorisation de la revue *Canada and the World*, Oakville, Ontario.

Harvey Jahen, d'Edmonton, a trouvé une manière ingénieuse de réduire les déchets. Son entreprise, Superwood Western Ltd., transforme les récipients de plastique en bois plastique, une matière qui, comme le vrai bois, peut être clouée, sciée et percée. Est-ce que tu connais d'autres moyens de réduire les déchets?

Nord communiste s'introduisaient au Viêt-nam du Sud pour y renverser le gouvernement soutenu par les États-Unis. Les combats s'intensifièrent au milieu des années 1960 si bien qu'on comptait près de 500 000 soldats américains au Viêt-nam en 1967. C'était une guerre inhumaine et brutale qui, par le truchement de la télévision, déversait ses horreurs dans les foyers du monde entier.

Certains Canadiens approuvaient l'intervention américaine au Viêt-nam et il y eut même des jeunes Canadiens qui s'enrôlèrent dans l'armée américaine. De plus, quelques industries canadiennes fabriquèrent des armes destinées à l'armée américaine au Viêt-nam. Beaucoup de Canadiens, en revanche, manifestaient ouvertement leur opposition à la guerre du Viêt-nam et à la vente d'armes canadiennes aux États-Unis. Le Canada devint une terre d'asile pour les jeunes Américains qui refusaient d'aller se battre au Viêt-nam.

Grâce à la télévision, les Canadiens étaient instantanément informés de l'actualité mondiale. Marshall McLuhan, le célèbre sociologue canadien, déclara que le monde était devenu *un village global*. Les Canadiens découvraient le combat des peuples pour les droits civils et la justice sociale. De même, ils s'apercevaient des injustices commises dans leur pro-

pre pays, notamment à l'égard des autochtones, des femmes, des minorités sociales et ethniques et des pauvres. En 1964, le gouvernement de Pearson forma la **Compagnie des Jeunes Canadiens** pour encourager les jeunes activistes à participer à des programmes locaux de réforme sociale. Des programmes analogues, tels Perspectives Jeunesse, le Programme d'initiatives locales et Katimavik, virent le jour dans les années 1970.

Les programmes sociaux dans l'après-guerre

La prospérité des années 1950 et 1960 n'était pas universelle et beaucoup de Canadiens restaient pauvres

Pendant les années 1960, l'intervention américaine au Viêt-nam soulevait de vives protestations. Est-ce que les manifestations comme celle-ci sont des moyens d'action efficaces? Pour quelles causes accepterais-tu de manifester?

au milieu des riches. Les programmes sociaux s'étaient étendus depuis la Deuxième Guerre mondiale et plusieurs d'entre eux visaient à aider les chômeurs et les personnes à faible revenu. À compter de 1963, grâce à la croissance économique, le gouvernement fédéral put grossir les programmes existants et en créer de nouveaux.

En vertu de l'AANB de 1867, la sécurité sociale relevait des municipalités et des provinces. Or, les régions pauvres ne pouvaient pas fournir aux gens l'aide dont ils avaient besoin. Graduellement, le gouvernement fédéral et les gouvernements provinciaux se partagèrent la responsabilité des programmes sociaux comme les pensions de vieillesse et l'assurance-hospitalisation. Dans les années 1950, le gouvernement fédéral commença à verser de l'argent aux provinces les plus pauvres pour qu'elles fournissent à leurs citoyens des services comparables à ceux qu'offraient les provinces riches. De même, Ottawa aidait les régions pauvres à établir de nouvelles industries et à reloger les chômeurs ailleurs au Canada.

Le gouvernement Pearson élargit l'éventail des programmes sociaux. Pearson créa le **Régime d'assistance publique du Canada** en 1965 et le Régime de pensions du Canada en 1966. Le gouvernement fédéral accepta alors de partager avec les provinces les coûts de tout un éventail de programmes, y compris les allocations familiales, les soins de santé aux plus démunis, les projets d'emploi et l'aide aux personnes en difficulté comme les veuves et les personnes handicapées.

L'assurance-maladie

L'**assurance-maladie** fut peut-être le plus important des programmes sociaux fédéraux créés par le gouvernement de Pearson. Le régime était inspiré d'un audacieux système que le gouvernement néo-démocrate de la Saskatchewan avait mis sur pied en 1962. Le gouvernement Pearson offrit de partager avec les provinces les coûts des services de santé. Après quelques différends avec l'Ontario et la Colombie-Britannique, le gouvernement fédéral institua l'assurance-maladie en 1968. Dès lors, les Canadiens n'eurent plus à payer les services médicaux. Ils purent se faire soigner sans crainte de se ruiner.

Les programmes sociaux dans les années 1970 et 1980

Les généreux programmes sociaux du Canada sécurisaient les Canadiens. Cependant, pendant la campagne électorale de 1968, Pierre Elliott Trudeau avertit les Canadiens qu'«Ottawa n'était pas le Père Noël» et que son gouvernement n'allait plus faire de cadeaux. Sa popularité déclina considérablement au cours des quatre années qui suivirent. Les Canadiens découvrirent un visage de Trudeau qu'ils ne connaissaient pas: celui d'un politicien arrogant et froid. Hors du centre du Canada, et particulièrement dans l'Ouest, les gens jugeaient que le gouvernement de Trudeau était indifférent à leurs problèmes. Les libéraux remportèrent de justesse les élections de 1972 et Trudeau dut accepter de diriger un gouvernement minoritaire.

Pour regagner l'appui du Parlement et celui de la population, Trudeau se mit à dépenser sans compter et à voter des législations populaires. Les programmes sociaux ne changèrent pas beaucoup mais les dépenses gouvernementales s'élevèrent. Les prestations d'assurance-chômage, les pensions de vieillesse et les allocations familiales augmentèrent. Il y eut une pluie de subventions au développement rural et régional. À la fin des années 1970, le gouvernement consacrait un demi-milliard de dollars par année à son programme d'expansion économique régionale.

Mais l'inflation était aussi en hausse et les coûts des programmes sociaux et économiques devenaient exorbitants. En 1978, la dette du gouvernement fédéral augmentait si rapidement que le vérificateur général dit aux Canadiens que le gouvernement «avait perdu ou était sur le point de perdre tout contrôle sur les dépenses publiques». Trudeau répliqua en disant que la seule manière de réduire l'énorme *déficit* fédéral était de sabrer dans les dépenses gouvernementales.

Les Canadiens étaient mécontents que le gouvernement diminue ses prestations aux familles, aux personnes âgées et aux chômeurs, d'autant plus que le chômage était élevé. Le Parti progressiste-conservateur de Joe Clark défit le gouvernement de Trudeau en 1979. À l'occasion de son premier budget, le gouvernement conservateur imposa une taxe sur l'essence. Les partis d'opposition firent front contre le budget et forcèrent le gouvernement de Clark à démissionner en 1980. À la grande surprise de certains, Trudeau fut reporté au pouvoir. «Bienvenue dans les années 1980», lança un Trudeau rayonnant à ses partisans le soir des élections. Pourtant, entre 1980 et 1984, le déficit fédéral continua de grimper.

Le gouvernement de Brian Mulroney prit le pouvoir en 1984. Mulroney avait promis de sauvegarder les programmes sociaux, mais il héritait d'une dette nationale colossale. Les conservateurs affirmèrent que le Canada n'avait pas les moyens d'offrir des allocations familiales et des pensions de vieillesse à tous les Canadiens. En 1989, le gouvernement de Mulroney taxa certaines prestations sociales versées aux citoyens les mieux nantis. En 1992, il abolit les allocations familiales et les remplaça par un supplé-

ment de revenu pour les parents qui travaillaient. Certains observateurs affirmaient que les programmes sociaux du Canada s'effritaient petit à petit.

Les changements apportés aux programmes sociaux fédéraux soulevèrent bien des questions: Est-ce que les programmes sociaux doivent être universels? Est-ce que certains programmes, telles les allocations familiales et les pensions de vieillesse, devraient être réservés aux Canadiens les plus pauvres? Est-ce que l'assurance-chômage et l'assurance-maladie devraient être modifiées? Le gouvernement devra trouver une réponse à ces questions dans les années 1990.

Le gouvernement progressiste-conservateur de Brian Mulroney (1984-1993) a accompli beaucoup de changements; il a notamment signé l'Accord de libre-échange avec les États-Unis et institué une taxe controversée sur les produits et services (TPS). Les deux tentatives que fit Mulroney pour amender la Constitution de manière satisfaisante pour le Québec ont échoué.

LES GENS, LES LIEUX ET LES ÉVÉNEMENTS

Dans tes notes, explique clairement l'importance historique des éléments suivants:

Expo 67	Trudeaumanie
Jeune génération	Contre-culture
Conflit des générations	Virage vert
Guerre du Viêt-nam	Compagnie des Jeunes Canadiens
Régime d'assistance publique du Canada	Assurance-maladie

RÉSUME TES CONNAISSANCES

1. Comment était la vie des Canadiens en 1967?

2. Par quels traits de caractère Pierre Elliott Trudeau se démarquait-il de ses prédécesseurs en politique canadienne?

3. Qu'est-ce qui distinguait les jeunes des années 1960 des générations précédentes?

4. Quels problèmes ont résulté du libéralisme des années 1960?

5. Depuis 20 ans, quelles mesures a-t-on prises pour protéger l'environnement?

6. Pourquoi la guerre du Viêt-nam est-elle devenue un problème crucial en Amérique du Nord dans les années 1960 et 1970?

7. Quelles mesures le gouvernement a-t-il prises au cours des 10 dernières années pour réduire le déficit?

APPLIQUE TES CONNAISSANCES

1. Avec deux ou trois camarades, prépare une exposition sur la jeunesse des années 1960. Présente ton exposition à tes camarades et discute avec eux des ressemblances et des différences entre les jeunes d'alors et ceux d'aujourd'hui.

2. Dans les années 1960, quelle fut l'influence des nouvelles attitudes sur l'enseignement? Écris un texte d'opinion dans lequel tu exposeras la tendance que l'enseignement devrait prendre aujourd'hui.

3. Fais une liste des problèmes environnementaux dont les Canadiens ont pris conscience dans les années 1960. Quelles mesures a-t-on prises depuis lors pour résoudre ces problèmes? Quelles autres actions faudrait-il de la part: a) des individus? b) des entreprises? c) des gouvernements?

4. Est-ce qu'il faut conserver les programmes sociaux du Canada ou les réduire pour faire diminuer le déficit? Si tu étais responsable de la réduction du déficit, quels programmes sociaux éliminerais-tu? Discute de tes choix avec deux ou trois de tes camarades.

5. Est-ce que les Canadiens riches devraient avoir droit aux programmes sociaux comme les allocations familiales et les pensions de vieillesse? Justifie ta réponse.

AUGMENTE TES CONNAISSANCES

1. Prépare un pot-pourri de trois à cinq chansons des années 1960. Explique en quelques paragraphes le message que ces chansons véhiculaient. Assure-toi d'inclure au moins une chanson d'une auteure ou d'un auteur canadien dans ton pot-pourri.

2. Crée une affiche qui incite les individus, les entreprises ou le gouvernement à protéger activement l'environnement.

3. Écris à une politicienne ou à un politicien municipal, provincial ou fédéral pour lui faire part de tes inquiétudes face aux injustices que tu constates au Canada. Explique les motifs de ton inquiétude et fais des suggestions constructives pour redresser la situation.

20 LE CANADA MULTICULTUREL

GLOSSAIRE

Melting-pot Terme d'origine américaine désignant une société où les immigrants sont incités à renoncer à leurs particularités culturelles en faveur de la culture de leur pays d'adoption.

Mosaïque Société où les immigrants sont encouragés à conserver leur culture.

Persécution Mauvais traitements infligés à une personne ou à un groupe en raison principalement de ses convictions religieuses ou politiques.

Déportation Transport hors d'un pays de personnes (d'origine étrangère) jugées indésirables.

Affres Tourment, torture.

Éluder Éviter avec adresse.

Terres ancestrales Territoire qui a été occupé par les ancêtres d'un groupe pendant de nombreuses générations.

Activisme Défense énergique d'une cause sociale ou politique.

DANS CE CHAPITRE, TU ÉTUDIERAS LES SUJETS SUIVANTS:

- le projet de «société juste» de Trudeau;
- les tendances de l'immigration au Canada;
- le racisme au Canada;
- le féminisme et l'évolution du rôle des hommes et des femmes dans la société;
- la lutte des autochtones pour la conservation de leur héritage culturel.

e visage du Canada a changé rapidement au cours des dernières décennies du XXe siècle. Au début du siècle, un peu plus de 95 % des Canadiens étaient d'ascendance française ou britannique. Au milieu des années 1980, la proportion était passée à moins de 70 %. Le Canada a accueilli des gens venus des quatre coins du monde et il est véritablement devenu un pays multiculturel.

LE MULTI-CULTURALISME AU CANADA

En 1967, l'année du centenaire de la Confédération, la **Commission royale d'enquête sur le bilinguisme et le biculturalisme** brossa le portrait de la nouvelle société canadienne. Dans leur rapport, les commissaires recommandèrent au gouvernement fédéral de reconnaître deux langues officielles: le français et l'anglais. Ils ajoutèrent que le Canada devait officiellement devenir un pays multiculturel qui respecte et valorise l'héritage de tous ses groupes ethniques. Un agent de liaison définit plus tard le multiculturalisme comme le fait d'accepter «toutes les bonnes choses et toutes les valeurs que les gens ont apportées ici».

Trudeau et la «société juste»

En 1971, Pierre Elliott Trudeau donna suite aux recommandations de la commission d'enquête. Il proclama une politique de «multiculturalisme dans un cadre de bilinguisme». Trudeau remplissait ainsi un engagement électoral qu'il avait pris en 1968: faire du Canada une «société juste», un endroit où tous les gens seraient égaux. Cette politique réjouit de nombreux groupes ethniques qui s'étaient sentis exclus dans le Canada «biculturel». Avec le concept de multiculturalisme, le gouvernement établissait officiellement que le Canada n'était pas un *melting-pot* à l'américaine, mais bien une *mosaïque*. Autrement dit, le Canada ne demandait pas à ses immigrants de renoncer à leur identité ethnique en faveur de la culture dominante; au contraire, il encourageait la coexistence d'héritages multiples.

Au cours des 10 années qui suivirent, le gouvernement adopta d'importantes lois pour favoriser le multiculturalisme. Par exemple, la Loi sur la citoyenneté de 1977 élimina le traitement spécial accordé aux sujets britanniques qui demandaient la citoyenneté canadienne. La **Loi canadienne sur les droits de la personne**, votée en 1977, interdit la discrimination envers les membres de groupes raciaux ou ethniques. Par-dessus tout, deux articles de la Charte canadienne des droits et libertés (enchâssée dans la Loi constitutionnelle de 1982) portèrent sur les droits individuels et collectifs. L'un de ces articles protégeait les individus contre la discrimination. L'autre stipulait que la Charte devait être interprétée de manière à maintenir et valoriser «le patrimoine multiculturel des Canadiens».

Les nouvelles tendances de l'immigration

Avec l'essor économique des années 1960, le Canada avait besoin de travailleurs spécialisés. L'Europe ne pouvait plus lui en fournir autant qu'avant la guerre, car son économie s'était redressée et l'émigration avait diminué. Le Canada ouvrit donc ses portes aux immigrants du Tiers monde, d'Asie surtout mais aussi des Antilles, de l'Amérique latine et de l'Afrique. Il en assujettit la plupart à un système de

Cette affiche a été réalisée par deux étudiantes de la Nouvelle-Écosse.
Que révèle-t-elle sur le caractère profond du Canada?

LA SOUVERAINETÉ CANADIENNE:
UNE QUESTION D'IDENTITÉ

Au cours des dernières décennies du XXe siècle, le monde est peu à peu devenu un village global. Les progrès des télécommunications ont apporté les émissions de radio et de télévision américaines au Canada. Grâce à des antennes puissantes et abordables, les Canadiens captent les émissions américaines et écoutent la musique américaine. En outre, l'émergence du multiculturalisme en a amené certains à s'interroger sur l'identité canadienne. Bien que le mot souveraineté s'emploie habituellement dans le domaine politique, on l'utilise depuis quelque temps pour désigner aussi l'autonomie d'un pays en matière de développement économique et culturel.

L'industrie canadienne de la musique: Le marché américain est si vaste que les producteurs peuvent se permettre d'investir des millions de dollars dans l'industrie de la musique. Le marché canadien, quant à lui, est beaucoup plus restreint et les musiciens canadiens ont énormément de difficulté à se faire connaître. Depuis 1971, le CRTC oblige les stations de radio à diffuser un minimum de 30 % de musique canadienne. Certaines personnes estiment que les musiciens canadiens ne devraient pouvoir compter que sur leur talent et non pas sur des règlements qui forcent les auditeurs à écouter de la musique canadienne. Selon toi, quelle est l'importance des règlements relatifs au contenu canadien pour l'industrie canadienne de la musique? Est-ce que l'appui apporté aux musiciens canadiens contribue à protéger la souveraineté canadienne?

La Société Radio-Canada et la *Canadian Broadcasting Corporation:* Le gouvernement a fondé la Société Radio-Canada (SRC) et la Canadian Broadcasting Corporation (CBC) en 1936 et les a chargées de promouvoir la culture canadienne à la radio et, plus tard, à la télévision. La SRC et la CBC font plus que produire des émissions: elles importent aussi un grand nombre d'émissions américaines populaires. Certains jugent que chacune devrait recevoir moins d'argent du gouvernement et augmenter ses revenus en diffusant les émissions que le public désire voir, qu'elles soient canadiennes ou américaines. En effet, il est beaucoup moins coûteux d'acheter des émissions américaines existantes que de produire des émissions de toutes pièces. D'autres personnes, par ailleurs, pensent que le gouvernement devrait augmenter leur budget afin que chacune présente seulement des émissions canadiennes. Quel devrait être le mandat de la SRC et de la CBC: réaliser des bénéfices ou produire des émissions et promouvoir la culture canadienne? Est-ce que leur financement favorise la souveraineté canadienne?

points accordés en fonction du niveau d'instruction, des compétences et des ressources financières. Le Canada sélectionna ainsi les professionnels, les techniciens et les gestionnaires dont il avait besoin.

La Loi sur l'immigration de 1978

Les besoins du Canada et les tendances de l'immigration ayant changé, une révision des lois sur l'immigration s'imposait. Après une série de consultations et de débats parfois enflammés, le Parlement adopta en 1978 une nouvelle **Loi sur l'immigration**. La Loi divisait les immigrants en trois classes: les indépendants, les familles et les réfugiés. Le classe des indépendants était formée des immigrants potentiels qui: 1) accumulaient suffisamment de points; 2) projetaient de devenir travailleurs autonomes ou de fonder des entreprises au Canada; 3) avaient au Canada des parents disposés à les parrainer et à faciliter leur établissement. La classe des familles comprenait les parents proches (mari, femme, père, mère, grand-père, grand-mère et enfants célibataires de moins de 21 ans) de citoyens ou de résidents permanents du Canada. La classe des réfugiés, enfin, était constituée de personnes qui étaient menacées ou qui avaient déjà souffert de *persécution* dans leur pays, à cause de leur religion, leur race, leur nationalité, leur situation sociale ou leurs idées politiques.

Depuis la fin des années 1970, 60 % des personnes qui immigrent au Canada viennent d'ailleurs que des États-Unis et d'Europe. Beaucoup de ces immigrants récents ne sont pas de race blanche et forment ce qu'il est maintenant convenu d'appeler les «minorités visibles». Un grand nombre d'entre eux sont bien instruits et hautement spécialisés. Chez les immigrants non blancs, 20,8 % des hommes et 12,7 % des femmes sont titulaires d'un diplôme universitaire, tandis que la proportion de diplômés est de 9,9 % chez les Canadiens et de 6,2 % chez les Canadiennes. Le Canada a beaucoup gagné en accueillant des immigrants instruits et compétents. Par la même occasion, malheureusement, plusieurs pays du Tiers monde ont perdu des travailleurs dont les compétences étaient essentielles.

Le racisme au Canada

Aujourd'hui, la majorité des Canadiens est encore en faveur du multiculturalisme. Un sondage récent a révélé que 74 % des gens estimaient que l'hospitalité était une des qualités premières du Canada. Pourtant, les premiers représentants des minorités visibles au Canada ont souffert du racisme que la peur et la haine inspiraient à certains de leurs nouveaux compatriotes.

Dans le Canada de l'après-guerre, le racisme se révélait surtout dans les villes, car c'est là que s'installaient la plupart

Des immigrants venus de toutes les parties du monde se sont installés au Canada au cours des 50 dernières années. On trouve des quartiers ethniques dans beaucoup de villes canadiennes. On voit ici une Asiatique qui déambule dans le quartier chinois de Vancouver.

Comment cette famille canadienne exprime-t-elle la fierté que lui inspire son héritage ethnique?

des immigrants. Dans les années 1970, les Asiatiques du Sud-Est établis à Toronto et à Calgary ainsi que les familles sikhes de Vancouver firent l'objet d'agressions consternantes. Les tensions subsistèrent jusque dans les années 1980 et 1990 et les Canadiens durent admettre que le problème du racisme ne les avait pas épargnés. Dans des villes comme Toronto et Montréal, beaucoup de Canadiens d'origine africaine ou asiatique sont aux prises avec le racisme et la discrimination en milieu de travail. En 1984, par exemple, une compagnie de taxi de Montréal congédia 24 Haïtiens sous prétexte que beaucoup de clients ne voulaient pas se faire conduire par des chauffeurs noirs.

Le racisme se manifestait partout au pays et notamment dans les commentaires des auditeurs qui participaient aux tribunes téléphoniques. L'animateur Peter Warren, de Winnipeg, fit observer: «Je crains qu'il n'y ait parmi nous beaucoup de disciples d'Archie Bunker et d'adeptes du Ku Klux Klan. J'entends des gens dire que le Canada doit rester blanc.» Une étude réalisée pour Emploi et Immigration Canada révéla que le racisme prenait une envergure inquiétante au Canada et qu'il découlait principalement de la crainte de voir disparaître la culture britannique et européenne dominante. En 1986, pourtant, les minorités visibles formaient moins de 7 % de la population canadienne. Et même si 70 % des immigrants qui s'installeront

ici entre 1990 et 2001 n'étaient pas blancs, la proportion de la population non blanche du Canada ne dépasserait pas 10 % à la fin de la période.

Le gouvernement a lancé une vaste opération antiraciste au Canada. Les écoles offrent désormais des cours visant à modifier les attitudes racistes. Les tribunaux donnent des recours juridiques aux victimes de discrimination. Enfin, une foule de citoyens s'unissent pour combattre le racisme et favoriser l'harmonie sociale au Canada. Comme l'a dit un Canadien de race noire: «Si nous parvenons à surmonter les problèmes qui empêchent les gens de toutes origines de vivre ensemble en harmonie, nous aurons un message à envoyer au monde. Les problèmes de notre petite planète sont des problèmes auxquels nous nous attaquons au Canada.»

La question des réfugiés

Un nouveau problème lié à l'immigration survint en août 1986, lorsque des Tamouls débarquèrent à Terre-Neuve sans visa et demandèrent le statut de réfugiés. Les autorités durent déterminer si ces gens étaient de véritables réfugiés (des gens qui fuyaient le danger, la persécution ou la mort) ou simplement

Luttons contre le **racisme**

«Ne soyez pas un obstacle… soyez plutôt comme une fenêtre ouverte.»

Que pourrais-tu changer dans ton école pour favoriser l'entente entre tous les peuples?

des resquilleurs, des immigrants qui se faisaient passer pour des réfugiés afin de devancer les milliers d'autres qui faisaient une demande en bonne et due forme de l'extérieur du Canada.

L'arrivée des Tamouls donna lieu à une vaste remise en question de la politique canadienne à l'égard des réfugiés. Dans la Loi sur l'immigration de 1978, le Canada s'était fixé deux grands objectifs: favoriser ses intérêts intérieurs et internationaux et honorer l'engagement humanitaire qu'il avait pris aux Nations Unies face aux personnes déplacées et persécutées. Le Canada a admis beaucoup de réfugiés au cours des dernières décennies: 7000 Ougandais en 1972, 17 000 Chiliens depuis 1973, 72 000 Vietnamiens depuis 1975 et plus de 10 000 Libanais de 1976 à 1978. De 1980 à 1986, le Canada a accepté plus de 130 000 réfugiés, soit plus par habitant que tout autre pays.

Or, les autorités de l'immigration furent prises complètement au dépourvu par le flot de réfugiés qui frappait aux portes du Canada. Lesquels étaient de véritables réfugiés? Le système s'engorgea: en 1986, le nombre de demandes de statut de réfugié en attente de traitement s'élevait à 23 000 et le gouvernement dut modifier les règlements de l'immigration à la fin des années 1980 et au début des années 1990. Ainsi, il accéléra l'étude des demandes, il durcit les sanctions pour ceux qui transportaient les prétendus réfugiés et il facilita la *déportation* des demandeurs refusés. La crise des réfugiés a eu pour conséquence malheureuse de radicaliser les attitudes à l'égard de tous les réfugiés, même de ceux qui fuient véritablement la répression.

L'immigration et l'avenir du Canada

Au beau milieu de la crise des réfugiés, l'ancienne ministre de l'Immigration Flora MacDonald rappela aux Canadiens que «notre pays est composé de gens très compatissants qui ont toujours considéré l'immigration comme un facteur déterminant du développement». Dans un pays aussi faiblement peuplé que le Canada, en effet, les immigrants ont toujours contribué à la prospérité générale par leurs talents, leurs compétences et leur ardeur au travail. Et il se pourrait fort bien que leur apport soit essentiel à l'expansion économique future du pays. Quand les enfants de l'explosion démographique quitteront le marché du travail, il y aura moins de travailleurs que de retraités au Canada. Le pays pourra-t-il se passer des travailleurs venus de l'étranger? Beaucoup des partisans de l'immigration font pression auprès du gouvernement canadien afin qu'il adoucisse ses politiques d'immigration. D'un autre côté, nombreux sont les Canadiens qui souhaitent un durcissement des normes et une réduction de l'immigration.

Le Canada devra prendre d'importantes décisions quant à sa politique d'immigration. Le gouvernement de Mulroney a restreint l'entrée des immigrants de la classe des familles et favorisé, dans la classe des indépendants, ceux qui possédaient les compétences professionnelles nécessaires au Canada. Le Canada est-il justifié de rechercher des immigrants jeunes, instruits et spécialisés pour remplacer ses retraités? Quels sont les avantages et les inconvénients de l'immigration? Que faut-il faire pour faciliter l'établissement et la réussite des immigrants? Comment peut-on calmer les tensions raciales et promouvoir la tolérance? Ce ne sont là que quelques-unes des questions auxquelles le Canada devra répondre dans les prochaines années.

LA DEUXIÈME VAGUE DU FÉMINISME

À l'instar des étudiants, les femmes des années 1960 militaient énergiquement pour le changement social. La plupart des Canadiennes avaient obtenu le droit de vote après la Première Guerre mondiale mais, comme l'avait prédit une suffragette en 1897, l'obtention du droit de vote ne représentait que le commencement de la lutte des femmes pour l'égalité. Dans les années 1930, le mouvement féministe s'essouffla, sans doute à cause de la crise. Il refit surface à la fin des années 1960. Une fois de plus, les femmes reprirent le combat pour l'égalité politique, sociale et économique.

Dans les années 1960, la politique était encore une affaire d'hommes. Il n'y avait qu'une poignée de femmes au Parlement et dans les gouvernements

UN NOIR EN NOUVELLE-ÉCOSSE

Pendant la révolution américaine, des centaines d'anciens esclaves noirs se battirent dans les rangs de l'armée britannique. À la fin de la guerre, ils s'enfuirent vers le nord et s'établirent en Nouvelle-Écosse. Ils furent parmi les premiers Canadiens noirs. Malgré le temps qui a passé depuis, les Canadiens de race noire continuent de subir les *affres* du racisme. L'un d'eux, le peintre et écrivain néo-écossais David Woods, dit la fierté et la souffrance rattachées à l'identité afro-canadienne et «rêve d'une liberté nouvelle tout en méditant les épreuves passées». Nous t'invitons à lire un de ses poèmes, intitulé en français «Complainte des Noirs de Nouvelle-Écosse», puis à réfléchir aux torts que le racisme a causés dans le passé et aux moyens de l'éliminer pour toujours.

Marika acrylic 23" x 28" 1988.

Complainte des Noirs de Nouvelle-Écosse

À North Preston aujourd'hui,
Ingram Byard a épousé Marion Downey.
Ingram est surnommé Butch et Marion, Mainey.
(Chez nous, la tradition veut que chacun
ait un surnom.)
La réception a eu lieu à Dartmouth.
Les femmes resplendissaient dans leurs
robes blanches et vertes.

Mais des hommes blancs qui passaient
D'un mot ont sali la beauté de la scène.
«Regardez-moi ces nègres!», ont-ils crié.
Et mon âme s'est déchirée.

JE PLEURE…
Car profonde est la douleur des Noirs.

En 1832,
Une église baptiste africaine a ouvert à Halifax.
Une Église pour les Noirs.
Car les Noirs n'avaient plus de place
à l'église des Blancs.
«Les nègres puent et ils chantent trop fort»,
disaient les Blancs.
Et ils envoyèrent une pétition à l'évêque et au roi.

JE PLEURE…
Car profonde est la douleur des Noirs.

En 1947,
Viola Desmond a été arrêtée
Au cinéma Roseland de New Glasgow.
Viola, ce soir-là, était allée voir son film préféré.
À New Glasgow, une loi interdisait aux Noirs
de s'asseoir au parterre.
Le parterre était réservé aux Blancs.
Viola devait s'asseoir en haut, au balcon,
Le paradis des nègres, comme ils disaient.

JE PLEURE…
Car profonde est la douleur des Noirs.

En 1962,
La ville de Halifax autorisa la
démolition d'Africville,
Un quartier noir au bord de Bedford Basin,
Établi au siècle précédent et ignoré depuis
par la ville.
Là, pas d'égout,
pas d'éclairage,
pas de trottoirs,
pas d'eau.
À Africville,
Les gens faisaient leur possible.
Avec leurs rêves, avec leurs mains,
Ils construisirent une église, des maisons
pour leurs familles.
Puis vinrent les années soixante
Et leurs maisons furent appelées des taudis,
Leur quartier, un bidonville.
En 1969, il ne restait plus rien,
Ni église, ni maisons, ni familles.

JE PLEURE…
Car profonde est la douleur des Noirs.

Mary Desmond
Regarda à l'extérieur de sa chambre misérable
À la campagne
De sa chambre froide, sombre et vide,
Elle entendit les pleurs de son enfant,
Elle sentit les mouvements vifs à l'intérieur
de son ventre gonflé.
Pour trouver enfin un havre de paix,
Elle tendit les bras,
Elle frappa sur son ventre
Et tua l'enfant qui s'y formait.
Je l'ai entendue crier de douleur.

Et JE PLEURE…
Car profonde est la douleur des Noirs.

Où est mon destin en Nouvelle-Écosse?
Qui trouvera les mots pour me consoler?
Rendez-moi ma dignité.
Me faudra-t-il toujours
Supporter les insultes?
Me faudra-t-il toujours
Voir détruire ce qui m'est cher?
Mon cœur palpite dans une peau noire,
Mes pensées naissent dans un cerveau noir.
J'étais là au mariage de Butch et Mainey,
J'étais là quand l'église blanche a fermé
ses portes,
J'étais là quand Viola Desmond a été arrêtée,
J'étais là quand Africville est tombée,
J'étais là quand Mary Desmond a tué
son enfant.
J'étais là alors,
Et je suis ici aujourd'hui.
Je sens leur poids qui m'oppresse
Je sens leur vie couler dans mes veines.

J'essaie de les chasser,
J'essaie de les faire taire,
Mais chaque voix cruelle,
Chaque visage haineux
Réveille mes souvenirs
Encore et encore.

Et je ne peux que pleurer…
Car profonde est la douleur des Noirs.

Source: David Woods, *Native Song: Poetry and Paintings*,
Lawrencetown Beach, Nouvelle-Écosse, Pottersfield Press, 1990, p. 37-39.

locaux et provinciaux. La **Commission royale d'enquête sur le statut de la femme** écrivit d'ailleurs en 1970: «La voix du gouvernement est encore une voix masculine.» La place des femmes était à la maison. Les comédies télévisées et les manuels scolaires dépeignaient les femmes comme des épouses, des mères et des ménagères pimpantes qui s'épanouissaient dans un foyer où papa avait raison. Dans un ouvrage célèbre intitulé *La femme mystifiée*, l'Américaine Betty Friedan exposa le mécontentement des femmes face aux inégalités dont elles faisaient l'objet dans la société et dans le mariage.

Néanmoins, un nombre croissant de femmes travaillaient à l'extérieur du foyer dans les années 1960 et la tendance s'est maintenue depuis. En 1971, plus d'un tiers des femmes mariées avaient un travail rémunéré. La proportion était passée à un peu moins de 50 % en 1981 et à 69 % en 1991.

L'entrée des femmes sur le marché du travail tenait à plusieurs raisons. Premièrement, beaucoup de familles avaient besoin d'un second revenu pour boucler leur budget. La femme d'un agriculteur de la Saskatchewan fit observer: «Les ventes de céréales étaient si faibles que nous ne réussissions pas à joindre les deux bouts. Il fallait que je travaille.» Il était fini le temps où, dès le jour de leur mariage, les femmes devaient quitter leur emploi pour s'occuper de leur famille. La situation est la même aujourd'hui, comme l'expliqua en 1993 un expert canadien du travail: «Le fait incontournable est que beaucoup de familles auraient toutes les peines du monde à conserver leur niveau de vie sans un deuxième revenu.»

Deuxièmement, beaucoup de femmes voulaient combiner travail et famille ou encore se consacrer exclusivement à une carrière. L'apparition des moyens de contraception, dans les années 1960, permit aux femmes de choisir le nombre et le moment de leurs grossesses. Dès lors, la structure de la vie familiale changea. Les femmes se marièrent à un âge plus avancé ou choisirent le célibat. Elles

Les femmes occupent une place grandissante dans la société canadienne et cela se traduit dans le nombre d'étudiantes qui fréquentent les universités. On voit ici des jeunes filles qui participent à la cérémonie de remise des diplômes à l'Université de Toronto.

eurent moins d'enfants et plus tard dans la vie. Aujourd'hui, bien des femmes retournent au travail peu de temps après la naissance d'un enfant et concilient responsabilités professionnelles et responsabilités familiales.

Mais les femmes qui entraient sur le marché du travail dans les années 1960 n'y jouissaient pas d'un traitement égal à celui des hommes. Leurs emplois étaient moins prestigieux et moins rémunérateurs que ceux des hommes. Au début des années 1960, plus de 96 % des secrétaires étaient des femmes, tandis que moins de 7 % des femmes étaient médecins et moins de 3 %, avocates. Les femmes semblaient confinées à des emplois subalternes. Dans un ouvrage publié en 1965 et intitulé *The Vertical Mosaïc*, l'auteur John Porter analysait en profondeur la structure du pouvoir dans la société et dans le milieu des affaires. Il n'y était pas question des femmes.

La libération de la femme

Le mouvement de libération de la femme secoua les années 1960 et 1970. Les féministes prônaient un remaniement global de la société, de la Chambre des communes à la chambre à coucher et recouraient pour faire valoir leurs revendications aux idées, aux slogans et aux tactiques de la contre-culture et des pacifistes radicaux. Gloria Steinem, fondatrice de la revue *Ms.* et porte-parole du féminisme en Amérique du Nord, dit à un auditoire de Winnipeg: «Est politique non seulement le fonctionnement de notre système électoral, mais aussi toute relation de pouvoir dans notre vie quotidienne.»

En 1969, il existait des mouvements féministes partout au Canada. Les médias faisaient grand état des manifestations percutantes des féministes et des «nouveaux» phénomènes de société comme le sexisme et la domination masculine. Les féministes montaient des actions chocs pour se faire entendre. En 1969, par exemple, elles perturbèrent le déroulement du concours «Miss Bikini d'hiver» de Toronto. Pour dénoncer l'exploitation du corps féminin, les manifestantes brandirent un mannequin sur lequel elles avaient dessiné un schéma de coupe de viande semblable à ceux qu'on voit dans les boucheries.

Les féministes réclamaient l'égalité avec les hommes et refusaient de n'être définies que par leur sexe et leur situation de famille. Plusieurs d'entre elles rejetaient les symboles traditionnels de la féminité, comme les robes, les bas de nylon, les talons hauts et le maquillage et choisissaient de s'habiller d'un jean et d'un tee-shirt. Nombre de femmes tenaient à garder leur propre nom de famille après le mariage. Au début, les notions de «sexisme», de «chauvinisme masculin» et de «libération de la femme» en faisaient sourire certains. Mais le mouvement féministe obligea les gens à réfléchir sérieusement au rôle des femmes dans la société et à modifier leurs attitudes. Beaucoup d'idées jugées extrémistes dans les années 1960, telle la féminisation des titres de fonction, sont passées dans les mœurs aujourd'hui.

La Commission royale d'enquête sur le statut de la femme au Canada

Au milieu des années 1960, 30 groupes de femmes dirigés par Laura Sabia formèrent le Committee on Equality for Women et demandèrent au gouvernement d'instituer une commission d'enquête sur la situation de la femme. Le premier ministre Lester B. Pearson tenta d'abord d'*éluder* leur demande, mais il dut s'incliner devant leur détermination.

En 1967, la Commission royale d'enquête sur le statut de la femme, présidée par la journaliste Florence Bird, commença sa tournée nationale. La tâche de la Commission consistait à étudier la situation de la femme et à recommander «des mesures que le gouvernement fédéral pourrait prendre pour assurer aux femmes l'égalité avec les hommes dans tous les secteurs de la société canadienne».

La Commission publia son rapport en 1970. Ses 167 recommandations portaient notamment sur l'éducation, le droit de la famille, les conditions de travail, les congés de maternité, les services de garde et la Loi sur les Indiens. Les réformes suggérées étaient si profondes et si nombreuses qu'un chroniqueur du

À la fin des années 1980, les femmes commencèrent à manifester dans les grandes villes canadiennes pour protester contre la violence dont elles étaient victimes. Crois-tu que c'est un moyen efficace de sensibiliser les Canadiens au problème?

Toronto Star compara le rapport à «une bombe amorcée, un appel à la révolution». Les problèmes des Canadiennes étaient exposés sur la place publique et la société ne pouvait plus fermer les yeux sur les préoccupations des femmes. Plusieurs recommandations de la Commission furent appliquées rapidement. Certains changements furent longs à venir et d'autres encore restent à faire.

En 1971, Pierre Elliott Trudeau fit de la condition féminine une responsabilité ministérielle. Deux ans plus tard, il forma le Conseil consultatif canadien de la situation de la femme et le chargea d'informer le public et de conseiller le gouvernement sur les questions reliées à la situation des femmes. À la même époque, un organisme du gouvernement fédéral commença à fournir des subventions, du matériel et des conseils aux groupes de femmes du Canada. Pour donner l'exemple, le gouvernement de Trudeau confia des postes importants à des femmes. Jeanne Sauvé devint ainsi présidente de la Chambre des communes en 1978 et Gouverneur général du Canada en 1984. D'autres femmes furent nommées au Cabinet et à la Cour supérieure.

Attitudes à l'égard du bilinguisme, du multiculturalisme, des femmes et des minorités
En pourcentages

| | Adolescents | | Adultes |
	1984	1992	1990
Sont favorables au:			
Bilinguisme	71	66	53
Multiculturalisme	74	59	54
Déplorent l'insuffisance du pouvoir des:			
Autochtones	53	52	50
Femmes	48	53	55
Noirs	42	54	43
Trouvent très graves:			
Discrimination raciale	22	59	16
Inégalité entre hommes et femmes	15	41	21

Source: R. W. Bibby et D.C. Posterski, *Teen Trends*, Stoddart Publishing Co. Limited, 1992, p. 104.

Selon toi, pourquoi les adolescents sont-ils plus nombreux que les adultes à se préoccuper de la discrimination raciale et de la situation des femmes? Que révèle ce tableau sur les attitudes des adolescents?

Avec la création de la **Commission canadienne des droits de la personne**, en 1977, les femmes firent un autre pas en avant. En effet, la Commission interdisait la discrimination fondée sur le sexe. De plus, elle faisait respecter le principe «à travail égal, salaire égal». Autrement dit, les employeurs devaient verser un salaire égal aux hommes et aux femmes qui avaient des compétences, des tâches, des responsabilités et des conditions de travail semblables. Autre étape importante, la notion d'égalité des sexes fut incorporée dans la Constitution en 1982. En 1985, enfin, le gouvernement obligea les sociétés d'État à se doter de plans visant à éliminer la discrimination envers les femmes, les minorités visibles et les personnes handicapées.

En 1985 également, le gouvernement modifia la **Loi sur les Indiens** pour mettre fin à la discrimination envers les femmes autochtones. Jusque-là, les femmes autochtones qui épousaient des non autochtones (ainsi que les enfants nés de ces unions) perdaient leur statut d'Indiennes inscrites et leur qualité de membres d'une bande. Elles ne pouvaient plus se prévaloir de leur droit d'utiliser les terres d'une réserve et les programmes fédéraux destinés spécialement aux autochtones. Les hommes autochtones qui épousaient des non autochtones, eux, gardaient leur statut. La loi fut modifiée de telle manière que le mariage n'entraîne ni le gain ni la perte du statut d'Indien.

La lutte continue

Aujourd'hui, bien des femmes considèrent les changements accomplis depuis les années 1960 avec un mélange de satisfaction et de frustration. La situation des femmes s'est améliorée. Les dirigeants politiques accordent plus d'attention aux problèmes des femmes. Les femmes ne sont pas encore représentées également en politique, mais elles y sont de plus en plus nombreuses. La néo-démocrate Audrey McLaughlin fut la première femme à prendre la direction d'un grand parti national. Kim Campbell a été élue chef du Parti progressiste-conservateur et elle a succédé à Brian Mulroney au poste de premier ministre. On trouve aussi de plus en plus de députées, de mairesses et de conseillères municipales.

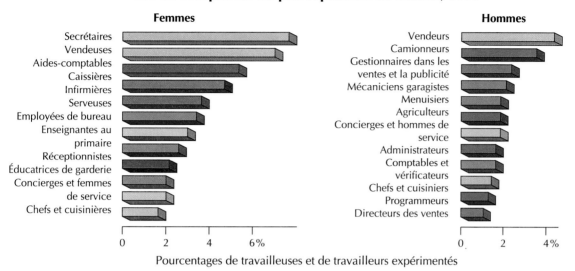

Les 12 occupations les plus répandues au Canada, 1991

Femmes

Secrétaires
Vendeuses
Aides-comptables
Caissières
Infirmières
Serveuses
Employées de bureau
Enseignantes au primaire
Réceptionnistes
Éducatrices de garderie
Concierges et femmes de service
Chefs et cuisinières

0   2   4   6%

Hommes

Vendeurs
Camionneurs
Gestionnaires dans les ventes et la publicité
Mécaniciens garagistes
Menuisiers
Agriculteurs
Concierges et hommes de service
Administrateurs
Comptables et vérificateurs
Chefs et cuisiniers
Programmeurs
Directeurs des ventes

0   2   4%

Pourcentages de travailleuses et de travailleurs expérimentés

Source: Recensement de 1991.

Les attitudes face au rôle des femmes et des hommes sont en mutation. De moins en moins de gens croient que les hommes et les femmes devraient avoir des emplois, des responsabilités familiales et même des loisirs différents. De 1986 à 1991, le nombre d'avocates a augmenté de 71 % et le nombre de femmes économistes, de 65 %. Le nombre de femmes architectes, ingénieures et urbanistes a doublé. On ne s'étonne plus de voir des hommes acheter les provisions, assister à des réunions de parents et prendre un congé de paternité. Le sport n'est plus un fief masculin. Le sport féminin recommence à faire les manchettes et on entend des commentatrices sportives sur les ondes. Malgré la résistance que les femmes rencontrent encore dans la vie publique et privée, un sondage récent a révélé que trois personnes sur quatre trouvent bénéfique l'effet qu'a eu le féminisme sur la société canadienne.

Mais il reste beaucoup à faire. Dans près de 70 % des ménages canadiens, les deux parents travaillent à l'extérieur du foyer et ils ont de la difficulté à trouver des services de garde adéquats et abordables. Le nombre de familles monoparentales dirigées par une femme augmente rapidement et 60 % de ces familles

vivent sous le seuil de la pauvreté. Les femmes âgées sont plus pauvres que les hommes âgés. Les femmes formaient 45 % de la main-d'œuvre en 1991, mais près du tiers d'entre elles occupaient encore des emplois subalternes et mal rémunérés. Les deux tiers des travailleurs payés au salaire minimum étaient des femmes. La discrimination est encore une réalité pour les travailleuses canadiennes; beaucoup de femmes ont de la difficulté à accéder aux emplois autrefois considérés comme masculins. Même à la maison, ce sont les travailleuses qui s'acquittent de la plus grande part des tâches ménagères. L'égalité véritable est encore à venir.

LA «SOCIÉTÉ JUSTE» ET LES AUTOCHTONES

Bien des gens se demandaient si le projet de «société juste» de Trudeau adoucirait le sort des autochtones et mettrait fin à la discrimination dont ils faisaient l'objet depuis des dizaines d'années. Dans les années 1960, beaucoup d'autochtones vivaient soit dans de petites réserves isolées, soit dans de grandes villes comme Vancouver,

Après avoir été élue chef du Parti progressiste-conservateur, Kim Campbell succéda à Brian Mulroney au poste de premier ministre. Ce fut la première femme à occuper cette fonction dans l'histoire du Canada. Crois-tu que le sexe des candidates et des candidats est un facteur dont l'électorat devrait tenir compte?

Edmonton, Winnipeg et Toronto, où les emplois non spécialisés étaient faciles à trouver. D'alarmantes statistiques sur l'espérance de vie, le revenu, le chômage, les problèmes familiaux, la criminalité et le suicide traduisaient la pénible situation des autochtones. Dans un discours prononcé lors d'une des fêtes du centenaire tenues à Vancouver en 1967, le chef Dan George exprima sa tristesse:

> Ô Canada, comment puis-je célébrer avec toi ce centenaire, ce siècle? Dois-je te remercier pour ce que tu m'as laissé de mes belles forêts? Pour le poisson en conserve de mes rivières? Pour la perte de ma fierté et de mon autorité au sein de mon propre peuple? Pour mon peu de détermination à me battre?

Pourtant, Dan George avait encore espoir en l'avenir. Il souhaita que les autochtones deviennent «le plus fier segment» de la société canadienne au cours du deuxième siècle de la Confédération.

Les propositions de Trudeau

Dans les années 1960, la vie des autochtones était encore régie par le ministère des Affaires indiennes, conformément à la Loi sur les Indiens. Beaucoup d'autochtones se plaignaient du traitement qu'ils recevaient du ministère. Un juge des Territoires du Nord-Ouest leur donna raison. Il déclara que le ministère était si «imbu de son autorité qu'il tentait de passer outre aux droits et libertés de ses sujets». Le gouvernement de Trudeau estima que le temps était venu de mieux traiter les autochtones du Canada. En 1969, Trudeau proposa d'abolir la Loi sur les Indiens. Son intention était d'éliminer graduellement le statut juridique particulier que la Loi accordait aux autochtones, jusqu'à ce que ceux-ci aient exactement les mêmes droits que tous les autres Canadiens. Trudeau suggéra que les autochtones prennent «un chemin qui les mène progressivement d'un statut différent à une pleine participation à la vie sociale, économique et politique du Canada».

La proposition de Trudeau souleva une tempête de protestations. Beaucoup d'autochtones crurent qu'Ottawa voulait les assimiler, les forcer à se fondre dans la culture dominante et les contraindre à abandonner leur culture. Dans un livre intitulé *The Unjust Society, the Tragedy of Canada's Indians* (1969), le chef autochtone Harold Cardinal accusa Trudeau d'essayer de détruire les cultures autochtones. Ottawa, affirma Cardinal, semblait penser que «le seul bon Indien est un non-Indien».

Par ailleurs, le gouvernement de Trudeau refusait de donner suite aux revendications des autochtones en matière d'occupation des *terres ancestrales*. Il refusait aussi de reconnaître les droits que les anciens traités avaient accordés aux autochtones. «Nous ne pouvons pas reconnaître les droits des autochtones, déclara Trudeau, parce qu'aucune société ne peut se bâtir sur des virtualités historiques.»

Les groupes autochtones étaient révoltés. La Fraternité nationale des Indiens affirma: «Si nous acceptons cette politique et, ce faisant, perdons nos droits et nos terres, nous deviendrons de plein gré les complices de notre propre génocide culturel. Cela nous est impossible.» Les autochtones s'opposèrent si farouchement à l'abolition de la Loi sur les Indiens et des droits découlant des traités que le gouvernement renonça finalement à son projet.

Les groupes autochtones avaient franchi un tournant. Ils avaient constaté que l'action politique

Jack Shadbolt, *Elegy for an Island*,
Fonds d'acquisition de la
Vancouver Art Gallery.

Dans le tableau *Elegy for an Island*, Jack Shadbolt prend fermement position contre l'abattage des forêts des îles Lyell et Moresby. L'artiste a superposé un oiseau mythologique des Kwakiutls à un paysage dévasté de souches et de débris.

énergique et concertée portait fruit. Les chefs autochtones créèrent des organisations pour défendre et valoriser le statut spécial des Amérindiens. C'était le début d'un nouvel *activisme*. Au cours des décennies qui suivirent, les collectivités autochtones prirent en main l'administration de leurs écoles, de leurs cliniques et de leurs organismes d'aide à l'enfance. Certaines collectivités rétablirent même des formes traditionnelles de gouvernement autonome.

À bien des endroits, les groupes autochtones s'attaquèrent aussi à des problèmes sociaux comme l'alcoolisme et la violence familiale. Par exemple, les chefs de bande d'Alkali Lake, en Colombie-Britannique, lancèrent une campagne contre l'alcoolisme qui remporta un succès remarquable. Presque tous les habitants de la réserve cessèrent de boire. En outre, la bande remit l'étude de sa langue et de sa culture au programme des écoles. Les accomplissements des Shupswaps attirèrent l'attention du pays entier au milieu des années 1980 et inspirèrent des initiatives semblables dans d'autres réserves.

Les revendications territoriales

L'activisme amérindien des années 1970 était centré autour des revendications territoriales. En effet, ni le gouvernement britannique ni, par la suite, le gouvernement canadien n'avaient signé de traités officiels avec les Amérindiens à propos de l'occupation du nord du Québec, des Territoires du Nord-Ouest et de la majeure partie de la Colombie-Britannique. Les Amérindiens soutenaient que le fait d'avoir occupé le Canada avant la colonisation leur conférait certains droits territoriaux et ils affirmaient n'y

avoir jamais renoncé. Les Nisga'a du nord de la Colombie-britannique, par exemple, réclamaient des titres de propriété depuis les années 1890. Or, les gouvernements successifs avaient éludé les revendications des autochtones. En 1927, un comité parlementaire alla même jusqu'à amender la Loi sur les Indiens de manière à interdire les collectes de fonds destinées au financement des négociations territoriales. Cet amendement ne fut abrogé qu'en 1951.

Dans les années 1970, le gouvernement fédéral s'aperçut qu'il devait consulter les groupes autochtones. Il commença alors à accorder des fonds aux organisations autochtones pour qu'elles puissent faire avancer leurs revendications territoriales. En 1973, la Cour suprême du Canada confirma l'existence des **droits des autochtones** et le gouvernement entreprit un long processus de négociation. Les enjeux étaient de taille: des millions de dollars de fonds publics en échange de territoires. En outre, les bandes autochtones cherchaient à obtenir des droits sur des ressources comme le bois et les minéraux de même que des droits de chasse, de piégeage et de pêche.

ÊTRE AUTOCHTONE AU CANADA

Les deux poèmes suivants expriment des points de vue bien différents. Si tu avais l'occasion de rencontrer ces deux poètes, qu'est-ce que tu leur dirais?

Enfant de la terre
par Rita Mestukushu

Arraché au sein de ta mère
Ton nid est détruit par le feu de la haine
Enfant mal aimé, enfant de la terre
Ignore le mal qui t'enchaîne.

Issu d'une famille entière
Là où le tonnerre se fait entendre
Tu ne comptes plus tes sœurs ni tes frères
Car la planète est à vendre.

Enfant mal aimé, enfant de la terre
Quitte tes habits malheureux
Ouvre tes horizons sans frontières
Fais que ton cœur soit plus soyeux

Tu es le fruit d'un amour impossible
Tu grandis sans savoir ce que tu veux
Devant la passion, tu restes impassible
Car ton cœur est devenu ténébreux.

Enfant mal aimé, enfant de la terre
Souviens-toi de ceux qui ont marché
Des jours et des nuits entières
Pour t'aider à trouver la vérité.

Ta confiance s'est envolée comme l'aigle
Qui était notre messager d'espoir
Tu as laissé ton amour comme la grêle
Sur le lac gelé qui me sert de miroir.

Tu es une vague sur l'océan
Aucun secret ne torture ton esprit
Tu es une larme sur une joue
Devant l'amour qui t'envahit.

Enfant mal aimé, enfant de la terre
N'oublie jamais tes grands-pères
N'oublie jamais tes grands-mères
Qui ont mis de côté leur misère.

N'oublie pas qu'à travers eux
Tu verras le courage de continuer
Malgré l'avenir qui s'annonce orageux
Il te faudra être debout et fier.

Tu devras faire force de ton esprit
Si tu veux combattre l'univers
Car sans cela, tu seras toujours
Un enfant mal aimé, enfant de la terre.

JOLLIET ET LE PÈRE MARQUETTE / FATHER MARQUETTE WITH JOLLIET

À un adolescent autochtone

TU es malheureux parce que
tu vis loin de la ville
qui promet tout et
tu te crois pauvre
parce que tu vis parmi ton peuple.
MAIS lorsque tu vivras comme
une personne élevée en ville
tu n'entendras pas les plantes dire:
mange mes fruits (ou mes légumes!)
tu ne pourras pas non plus
apaiser ta faim en mangeant les animaux.
LE sol sera si dur
que tu voudras courir
d'un endroit à l'autre, et
lorsque tu seras allé trop loin
il n'y aura pas de mousse pour te reposer
et ton dos ne pourra trouver
appui contre un arbre.
TA gorge assoiffée
mourra d'envie de savourer l'eau
du creux de la main;
mais le liquide qui vit dans une bouteille
te brûlera la langue,
te ramollira l'esprit
et fera que ton cœur
languira après la douceur de l'eau de source.
DES larmes t'embueront les yeux
parce que mille petits soleils
qui ne vont ni ne viennent
scintillent un peu partout.
LE vent ne transportera pas
de messages d'une terre à l'autre
et l'odeur d'innombrables machines
t'oppressera

comme l'odeur de mille moufettes en colère.
TU prieras le ciel de t'envoyer
une douce pluie;
mais tu découvriras
qu'au-dessus des arbres
vit une autre ville
qui s'interpose
et t'empêche de te guider aux étoiles,
et tu te demanderas où les citadins
gardent leurs morts.
UNE GRANDE nostalgie naîtra dans ton cœur
pour les jours de ta jeunesse, et
tes doigts s'accrocheront à la dent sacrée
que tu as cachée dans la poche de ton manteau.
Car le train qui t'a amené
à la ville n'a pas amené l'esprit
qui guide les chasseurs perdus à travers les bois.
ENCORE et encore, tes yeux chercheront à voir
le soleil qui éclabousse le soir
comme du miel sauvage et tes narines
frémiront espérant sentir l'eau
qui dégringolait les canyons
de ton enfance.
TU te tiendras au coin
au milieu du bruit
la tête penchée de désespoir
parce que tu es écrasé
par le désir de toucher
le canot de ton père
qu'il a creusé quand tu es né.
OÙ QUE TU regardes
tes yeux ne reconnaîtront rien,
et lorsque la faiblesse gagne tes jambes
tu reconnaîtras ton frère
à l'ombre que jette son corps courbé
au coin d'une rue
dans une ville où les gens marchent
sans voir les larmes de leurs yeux.

– Tiré de «My Spirit Soars» du chef Dan George

LES MISSIONS EN RÉGION SAUVAGE / MISSIONS IN THE WILDERNESS

Que représentent les timbres
qui illustrent ces deux pages?
Selon toi, que penseraient les
auteures de ces images?

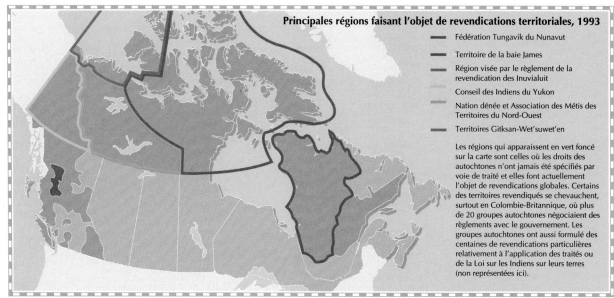

Principales régions faisant l'objet de revendications territoriales, 1993

— Fédération Tungavik du Nunavut

— Territoire de la baie James

— Région visée par le règlement de la revendication des Inuvialuit

Conseil des Indiens du Yukon

Nation dénée et Association des Métis des Territoires du Nord-Ouest

— Territoires Gitksan-Wet'suwet'en

Les régions qui apparaissent en vert foncé sur la carte sont celles où les droits des autochtones n'ont jamais été spécifiés par voie de traité et elles font actuellement l'objet de revendications globales. Certains des territoires revendiqués se chevauchent, surtout en Colombie-Britannique, où plus de 20 groupes autochtones négociaient des règlements avec le gouvernement. Les groupes autochtones ont aussi formulé des centaines de revendications particulières relativement à l'application des traités ou de la Loi sur les Indiens sur leurs terres (non représentées ici).

Le gouvernement du Québec, qui projetait la construction d'énormes centrales hydro-électriques à la baie James, fut le premier à conclure un règlement global avec les autochtones. Il accorda aux Cris et aux Inuit du nord du Québec l'usage exclusif de près de 14 000 kilomètres carrés de territoire ainsi que des droits exclusifs de chasse, de piégeage et de pêche sur plus de 155 000 kilomètres carrés; en contrepartie, les Cris et les Inuit renoncèrent à leurs revendications sur plus de 60 % du territoire du Nord québécois. Malgré les critiques de nombreuses autres bandes autochtones, ce règlement constitua un important précédent. Il signifiait que les groupes autochtones pouvaient formuler des revendications (dites globales) à l'égard des régions où leurs droits n'avaient pas été spécifiés dans des traités.

À la suite de leurs revendications globales à l'égard de l'ouest de l'Arctique, les Inuit obtinrent environ 90 000 kilomètres carrés de terres, 45 millions de dollars et d'autres dédommagements. L'Inuit Tapirisat formula une revendication beaucoup plus étendue relativement à l'est de l'Arctique. Le Conseil des Indiens du Yukon réclama 70 % du Yukon et plus de 20 groupes autochtones revendiquèrent la majeure partie de la Colombie-Britannique.

Le processus de règlement des revendications territoriales avance peu à peu. En 1992, par exemple, les Inuit de l'est de l'Arctique acceptèrent par voie de scrutin un règlement de 580 millions de dollars concernant la région appelée Nunavut. La même année, le premier ministre du Canada, Brian Mulroney, le premier ministre de la Colombie-Britannique, Michael Harcourt, et les chefs autochtones de la Colombie-

Un autochtone de l'Alberta a revêtu le costume de la danse du poulet. Que révèle cette photo à propos de l'attitude des autochtones face à la conservation de leur culture?

Britannique signèrent un traité par lequel ils s'engageaient à régler les revendications territoriales concernant la province avant l'an 2000. Drapé dans une couverture d'apparat multicolore, Mulroney brandit le traité historique devant une assemblée enthousiaste de chefs autochtones.

Les revendications particulières

Avant le XXe siècle, environ la moitié des bandes autochtones du Canada avaient signé des traités par lesquels ils renonçaient à leurs droits sur certains territoires ou à des activités traditionnelles comme la chasse et la pêche. En échange, on leur avait promis des réserves, de l'argent et d'autres dédommagements. Depuis les années 1970, les groupes autochtones ont formulé des centaines de revendications dites particulières relativement à l'application des traités et notamment à la non-exécution de certaines clauses ou au retrait de terres des réserves.

Plusieurs centaines de revendications particulières font encore l'objet de négociations et la liste est susceptible de s'allonger. Le gouvernement, en effet, est lent à conclure des règlements.

L'organisation politique et sociale de certaines premières nations du Canada fournit déjà le modèle d'un gouvernement autochtone autonome. On voit ici une réunion de l'Assemblée de la nation dénée. Selon toi, quels problèmes risquent de survenir si les autochtones obtiennent l'autonomie gouvernementale?

Dans les années 1980 et 1990, les groupes autochtones se sont radicalisés. Ils ont organisé des manifestations et des barrages de routes et de voies ferrées dans les réserves pour attirer l'attention sur leurs revendications. La confrontation la plus dramatique eut lieu à Oka, au Québec, en 1990. Pendant 11 semaines, Mohawks lourdement armés et soldats canadiens se firent face de part et d'autre d'une barricade érigée en travers d'une route.

L'autonomie gouvernementale des autochtones

Depuis les années 1970, les autochtones militent pour l'**autonomie gouvernementale**. Insatisfaits de l'administration officielle, en effet, de nombreux groupes autochtones prétendent qu'ils n'ont jamais renoncé à leur autonomie gouvernementale au profit des colons européens et ils réclament le droit d'administrer leurs propres affaires. Or, la notion d'autonomie gouvernementale et les moyens de l'obtenir ne font pas l'unanimité parmi les individus et les groupes autochtones. Dans les années 1970, beaucoup de chefs autochtones voulaient récrire la Loi sur les Indiens, laquelle n'avait subi aucune révision majeure depuis 1951. Mais les autochtones eurent beaucoup de difficulté à trouver un consensus. Les quelques changements que le gouvernement apporta à la Loi en 1985 provoquèrent des dissensions au sein de la communauté autochtone.

Au début des années 1980, le gouvernement s'apprêtait à modifier la Constitution canadienne. Quelques chefs exigèrent que la nouvelle Constitution accorde l'autonomie gouvernementale aux autochtones et reconnaisse expressément leurs droits. Les premiers ministres des provinces des Prairies s'y opposaient fermement. La Charte canadienne des droits et libertés, qui fut ébauchée une nuit de

LA CRISE D'OKA

Ces deux «warriors» mohawks décrochent leur drapeau de la barricade afin d'éviter que l'armée canadienne ne le saisisse.

rités de la petite ville d'Oka et les Mohawks de la réserve voisine de Kanesatake dégénéra en un affrontement armé qui dura 78 jours. Le litige portait sur l'aménagement d'un terrain de golf qui aurait empiété sur un secteur que les Mohawks considéraient comme sacré.

L'affrontement débuta quand une centaine de policiers provinciaux tentèrent de traverser une barricade que les «warriors» mohawks avaient érigée sur la route. Il y eut des coups de feu et une balle perdue atteignit mortellement un policier. Dans les semaines qui suivirent, malgré d'intenses négociations, les «warriors» lourdement armés refusèrent de démanteler la barricade. Puis, le 26 septembre 1990, les «warriors» mohawks se rendirent à la police en disant qu'ils avaient choisi un «désengagement honorable». Les autochtones estimèrent que l'opération avait réussi, car elle avait attiré l'attention du Canada entier sur leurs doléances.

Depuis des siècles, les autochtones du Canada sont chassés de leurs terres ancestrales. Ces dernières années, cependant, ils ont pris pour affirmer leurs droits des moyens de plus en plus radicaux. Pendant l'été de 1990, au Québec, un conflit territorial entre les auto-

novembre 1981 par neuf premiers ministres provinciaux et le premier ministre Trudeau, ne faisait pas état des droits des autochtones. Comme les groupes de femmes, dont les droits n'apparaissaient pas non plus dans la charte, les peuples autochtones contestèrent énergiquement le document. Le gouvernement finit par inscrire les droits des autochtones dans la nouvelle Constitution. La Loi constitutionnelle révisée confirmait «les droits existants, ancestraux ou issus de traités, des peuples autochtones du Canada».

En juin 1990, Elijah Harper, un député autochtone de la législature du Manitoba, a occupé l'avant-scène de l'actualité en bloquant l'adoption de l'Accord du lac Meech. Convaincu que l'accord passait outre aux droits des autochtones, Harper devint le symbole du pouvoir et de l'activisme des autochtones.

L'Accord de Charlottetown

Mais que signifiait au juste l'expression «droits existants, ancestraux ou issus de traités, des peuples autochtones»? Personne ne pouvait le préciser. Pendant les années 1980, le gouvernement et les chefs autochtones furent en pourparlers réguliers pour tirer la question au clair. Au moment de la rédaction de l'Accord de Charlottetown, ils avaient fait quelques progrès. L'Accord de Charlottetown proposait une série d'amendements constitutionnels qui reconnaissaient le droit inhérent des autochtones à l'autonomie gouvernementale. L'accord reconnaissait même le gouvernement autochtone comme l'un des trois paliers de gouvernement au Canada (les deux autres étant le gouvernement fédéral et le gouvernement provincial).

L'Accord de Charlottetown fut défait à la suite d'un référendum national, mais les autochtones n'en continuèrent pas moins leurs pressions pour l'autonomie gouvernementale. Le chef George Erasmus déclara:

> Nous constituons la force dominante dans le nord de la plupart des provinces. Nous allons créer des institutions politiques qui traduiront nos croyances et notre pensée. [...] Les peuples autochtones auront beaucoup à apporter au cours du siècle qui vient. C'est notre tour.

Les revendications territoriales et l'autonomie gouvernementale des autochtones continueront sans doute de faire les manchettes jusqu'à la fin des années 1990. En 1992, le gouvernement forma la **Commission royale sur les peuples autochtones** afin de trouver des solutions à la question autochtone. Or, la tâche n'incombe pas seulement à la Commission mais à tous les citoyens du Canada. Un commissaire a d'ailleurs fait observer que tous les Canadiens doivent s'efforcer de voir le Canada avec les yeux des autochtones «parce que tous les Canadiens devront nous aider à élaborer des solutions».

413

LES GENS, LES LIEUX ET LES ÉVÉNEMENTS

Dans tes notes, explique clairement l'importance historique des éléments suivants:

Commission royale d'enquête sur le bilinguisme et le biculturalisme
Loi sur l'immigration
Mouvement de libération de la femme
Loi sur les Indiens
Autonomie gouvernementale des autochtones

Loi canadienne sur les droits de la personne
Commission royale d'enquête sur le statut de la femme
Commission canadienne des droits de la personne
Droits des autochtones
Commission royale d'enquête sur les peuples autochtones

RÉSUME TES CONNAISSANCES

1. Explique l'évolution de la composition ethnique du Canada depuis le début du siècle.

2. Pourquoi l'arrivée de Tamouls à Terre-Neuve a-t-elle posé un problème au Canada?

3. Pourquoi le développement économique du Canada repose-t-il en partie sur l'immigration?

4. Quelle a été la progression de la main-d'œuvre féminine depuis les années 1960? Quelles sont les causes de cette évolution?

5. Quelles mesures le gouvernement Trudeau a-t-il prises pour favoriser l'égalité entre les sexes?

6. Quelles ont été les répercussions des moyens de contraception sur la structure de la vie familiale au Canada?

7. Quelles mesures a-t-on prises pour favoriser l'égalité des femmes et des hommes depuis la publication du rapport de la Commission royale d'enquête sur le statut de la femme, en 1970?

8. Comment la controverse à propos de la Loi sur les Indiens a-t-elle contribué à unifier les groupes autochtones du Canada?

APPLIQUE TES CONNAISSANCES

1. Qu'est-ce que Trudeau entendait par l'expression «société juste»? Quelles mesures son gouvernement a-t-il prises pour faire du Canada une «société juste»? Ces mesures ont-elles atteint leur but?

2. Avec deux ou trois camarades, discute du racisme dans le Canada d'aujourd'hui. Appuie tes opinions sur des exemples précis tirés des médias ou de ton expérience personnelle.

3. Qu'est-ce qui distinguait la deuxième vague du féminisme de la première? Le mouvement féministe a-t-il atteint ses objectifs?

4. L'égalité des hommes et des femmes est-elle chose faite dans la société canadienne? Que reste-t-il encore à accomplir dans ce sens?

5. Réponds aux questions suivantes avec deux ou trois de tes camarades. Qu'est-ce que la Cour suprême du Canada a provoqué en confirmant l'existence des droits des autochtones? Pourquoi la question de l'autonomie gouvernementale des autochtones est-elle beaucoup plus complexe qu'il n'y paraît de prime abord?

6. Pourquoi le chef Dan George a-t-il parlé de la tristesse des peuples autochtones pendant les fêtes du centenaire? Crois-tu que, depuis lors, le Canada a aidé les autochtones à former «le plus fier segment» de la société?

AUGMENTE TES CONNAISSANCES

1. Avec deux ou trois de tes camarades, fabrique un collage qui traduit la richesse de la mosaïque canadienne. Trouve un slogan («Paix et harmonie» par exemple) et essaie de l'inscrire dans le plus grand nombre de langues possible sur ton collage.

2. À la page 219 se trouve un collage sur la vie des femmes dans les années 1920. Fabrique un collage semblable pour montrer toutes les facettes de la vie des femmes dans les années 1990. Explique ton collage à tes camarades.

3. Fais une recherche sur l'une des grandes revendications territoriales des autochtones. Présente tes résultats à tes camarades en t'aidant de cartes et d'autres documents audio-visuels. À la fin de ton exposé, anime une discussion sur la façon de régler cette revendication.

RÉCAPITULATION

1. Si tu pouvais reculer dans le temps, dans quelle décennie choisirais-tu de vivre ton adolescence: dans les années 1950, 1960, 1970 ou 1980? Justifie ta réponse.

2. Que signifie l'expression «qualité de vie»? Est-ce que la société de consommation que nous connaissons depuis 1945 et l'enrichissement des familles canadiennes moyennes ont amélioré la qualité de vie des Canadiens? Défends ton point de vue.

3. Quel homme ou femme politique a le plus contribué à façonner le Canada moderne depuis les années 1950? Explique ton choix. Choisis une personne qui, hors du domaine de la politique, a contribué de façon importante à l'histoire du Canada au cours des 40 dernières années. Explique les accomplissements de cette personne.

4. Quel sera le problème le plus urgent des Canadiens au cours des 20 prochaines années? Explique ta réponse.

LA RÉSOLUTION DE PROBLÈMES

L'habileté à résoudre des problèmes est utile non seulement dans la vie professionnelle mais aussi dans la vie privée. En effet, nous sommes fréquemment confrontés à des situations qui nous demandent de résoudre des problèmes et de prendre des décisions opportunes. Toi-même, que tu te demandes quoi faire un samedi soir ou à quel collège t'inscrire, tu dois prendre presque chaque jour des décisions grandes et petites. Pour prendre une bonne décision, il est important de réfléchir lucidement et de ne pas se laisser dominer par ses émotions. Il est alors utile d'utiliser un modèle de prise de décisions. Nous t'en suggérons un ici.

1. *Définis le problème*: Essaie de comprendre clairement la situation où tu te trouves.

2. *Fais la liste des solutions possibles*: Fais la liste de toutes les solutions possibles. N'en rejette aucune à cette étape.

3. *Précise tes objectifs*: Demande-toi ce que tu cherches à atteindre. Au besoin, classe tes objectifs par ordre d'importance.

4. *Analyse les solutions possibles*: Étudie les solutions possibles afin de dégager celles qui te permettront d'atteindre tes objectifs.

5. *Choisis la meilleure solution*: Demande-toi quelle solution te permettra d'atteindre le plus grand nombre d'objectifs. Quand tu l'auras trouvée, tu tiendras ta décision.

Applique ce modèle de prise de décisions à l'une des situations historiques suivantes:

1. Le FLQ a kidnappé un diplomate britannique et un ministre du Québec. Comment le gouvernement fédéral doit-il réagir à la situation?

2. La société A.V. Roe, appuyée par le gouvernement fédéral, a conçu un appareil appelé Arrow qui est considéré comme l'un des meilleurs avions de chasse au monde. Les coûts de production ont sextuplé par rapport aux estimations initiales, de sorte que l'avion est plus cher que les avions américains et rebute les acheteurs. Que doit faire le gouvernement face à la production de l'Arrow?

3. Tu diriges le Comité national d'action sur le statut de la femme. Tu lis dans un rapport qu'à travail égal, les femmes gagnent 65 % du salaire des hommes. Tu veux soulever la question pendant la campagne électorale. Comment t'y prends-tu?

· C A R R I È R E ·
L'ÉCONOMIE

Les statistiques servent à deux choses: révéler des tendances et faciliter les prévisions. Bien que l'on ait commencé à faire des recensements en Amérique du Nord au cours du XIXᵉ siècle, ce n'est que depuis la Deuxième Guerre mondiale environ que l'on recueille des données statistiques sur toutes sortes de sujets. Le gouvernement s'est mis à utiliser des statistiques quand il a commencé à intervenir dans l'économie, car il avait besoin de prévoir les événements futurs pour bien planifier ses activités. Puis à compter des années 1960, les grandes entreprises ont commencé à recourir aux statistiques pour élaborer leurs stratégies de production, orienter leurs campagnes de publicité et prévoir les tendances du marché.

Est-ce que tu aimerais travailler dans un domaine où l'on utilise beaucoup les statistiques? Si oui, tu devrais peut-être songer à une carrière en économie. L'économie est l'étude des moyens que prennent les gens pour tirer le meilleur parti possible d'une quantité limitée de ressources. Comme le comportement humain est parfois imprévisible, l'économie n'est pas considérée comme une science pure. Pour formuler des conseils et prévoir les tendances futures, les économistes doivent posséder des connaissances en mathématiques, en histoire, en sociologie et en psychologie.

Souvent, les gouvernements et leurs organismes consultent des économistes avant de prendre des décisions importantes, avant d'instituer une nouvelle taxe par exemple. Les économistes examinent les divers aspects de la situation, étudient d'abondantes données statistiques puis font des recommandations. Dans le cas d'une nouvelle taxe, ils essaient d'en prévoir l'effet sur les dépenses à la consommation et, en bout de ligne, sur l'économie en général. À l'instar des gouvernements, les institutions financières embauchent des économistes pour prévoir les tendances futures et prendre les décisions appropriées. L'étude de l'histoire constitue un atout certain pour les futurs économistes. En effet, les économistes qui comprennent le passé sont aptes à prévoir les réactions que provoqueront des événements comme une crise économique ou une diminution des taux d'intérêt. En outre, l'étude de l'histoire développe des habiletés aussi importantes que les habiletés cognitives, l'habileté à s'exprimer oralement et l'habileté à prendre des décisions.

Trouve des statistiques sur l'un des sujets suivants et représente-les au moyen d'un histogramme ou d'un graphique. Affiche ton diagramme sur le babillard afin que tes camarades puissent en prendre connaissance. De plus, explique en quelques paragraphes ce que les statistiques que tu as trouvées révèlent à propos des tendances canadiennes. Si tu as de la difficulté à trouver des statistiques ou à tracer ton diagramme, consulte des professeurs de mathématiques ou d'économie.

Sujets: Inflation, immigration, accroissement démographique, crimes violents, chômage, taux de natalité, taux d'intérêt.

À L'AUBE DU XXIᴱ SIÈCLE

À la fin de la présente décennie, nous entrerons dans le XXIᵉ siècle. Le Canada devra faire des choix difficiles au cours de ces 100 ans. Les connaissances que tu viens d'acquérir sur le passé en lisant ce livre t'aideront à t'adapter au présent et à te préparer à l'avenir. Rappelle-toi les paroles de Wilfrid Laurier que nous avons citées dans le prologue: «Le XXᵉ siècle appartiendra au Canada.» Maintenant que tu as terminé l'étude du Canada moderne, tu sais que le Canada est l'un des chefs de file de la communauté internationale. Mais que nous réserve le prochain siècle? Pour t'aider à prévoir la direction que prendra le Canada au cours des décennies à venir, nous te proposons de réfléchir à des questions actuelles concernant la culture, les affaires sociales et la politique proprement dite.

L'AVENIR DU CANADA

Même si la plupart des Canadiens admettent sans doute que leur pays devra résoudre de nombreux problèmes au cours des 100 prochaines années, ils auront probablement beaucoup de mal à s'entendre quant aux plus pressants. En effet, les perceptions de chacun sont liées à des facteurs comme l'âge, le lieu de résidence et, peut-être, l'origine ethnique.

Comme tous les autres pays, le Canada ne dispose que d'une quantité limitée de ressources pour atteindre des objectifs énormes. Toute dépense supplémentaire, la dépollution de l'environnement par exemple, entraîne ou une hausse des impôts, ou une augmentation du déficit, ou une réduction des budgets de la santé et de l'éducation. Par conséquent, le premier problème que nous devrons résoudre sera celui de l'administration de nos ressources.

La dette nationale

Les politiciens et les économistes sont nombreux à dire que l'accroissement de la dette nationale constitue notre principal problème et que nous devrions nous y attaquer en priorité. Certains affirment que la dette nuit à la compétitivité du Canada sur les marchés internationaux et qu'elle deviendra un fardeau pour les générations futures. En revanche, d'autres estiment que notre dette, malgré son envergure, ne devrait pas nous empêcher de dépenser dans des domaines aussi importants que la santé, l'éducation et l'environnement. Ces personnes croient que l'argent investi dans notre infrastructure (transport, éducation, recherche et développement) renforce l'économie et facilite la réduction du déficit.

Les programmes sociaux: un luxe ou un droit?

À la fin des années 1980 et au début des années 1990, la récession économique et l'augmentation de la dette ont forcé le Canada à remettre en question l'existence de ses programmes sociaux. Certains ont avancé que ces programmes coûtaient trop cher et qu'il faudrait peut-être les réduire. Cette opinion ne fait pas l'unanimité. Beaucoup de gens, en effet, jugent que l'éducation, les soins de santé et l'aide sociale sont les piliers du système de valeurs canadien. Mais pouvons-nous nous permettre le luxe de tels programmes? Sommes-nous prêts à payer plus d'impôts ou à augmenter le déficit pour les conserver? La liste de nos désirs est infinie, mais nos ressources sont limitées et il faudra tôt ou tard trancher la question.

La diversité régionale

Dans le prologue, nous avons fait au-dessus du Canada un vol imaginaire qui t'a révélé l'immensité et la diversité du pays. Chaque région du Canada a une géographie et des ressources naturelles uniques. Par le fait même, les habitants de chaque région ont des préoccupations et des intérêts particuliers. Les priorités d'un agriculteur des Prairies sont bien différentes de celles d'un ouvrier d'usine du centre du pays.

Cette diversité soulève des questions cruciales. Quel genre de gouvernement convient le mieux au Canada? Faudrait-il accorder plus de pouvoirs aux gouvernements provinciaux, qui représentent les régions, ou au gouvernement fédéral, qui s'occupe des intérêts de l'ensemble du pays? Devrions-nous

établir des tarifs protectionnistes afin d'encourager le commerce est-ouest ou encore libéraliser les échanges commerciaux avec les États-Unis? Comment devrions-nous résoudre la question de la disparité régionale? Les provinces les plus riches devraient-elles aider les plus pauvres à subvenir aux besoins de leurs habitants? Ce ne sont là que quelques-unes des nombreuses questions que les Canadiens se sont posées au cours du siècle dernier et qu'ils continueront de se poser au cours du prochain siècle.

Un Canada divisé?

Les différences que l'on observe aujourd'hui au Canada ont pour la plupart des origines historiques. Depuis plus de trois siècles, une culture unique s'épanouit au Québec. Se sentant de plus en plus menacés par la majorité anglophone, les Québécois de la fin du XXᵉ siècle défendent énergiquement leur langue et leur culture. Le rejet de l'Accord du lac Meech puis de l'Accord de Charlottetown a laissé croire à beaucoup de Québécois que le Canada anglais est indifférent, hostile même, à leur désir de survie culturelle. Certains Canadiens anglais, toutefois, estiment que le Québec en demande trop et que la satisfaction de ses exigences compromettrait l'unité du pays. Si nous voulons que le Québec demeure dans le Canada, il nous faudra trouver des moyens de le traiter équitablement sans pour autant créer des lois différentes pour le Canada anglais et le Canada français.

Les droits des peuples autochtones

L'un des principaux obstacles que le gouvernement du Canada a rencontrés dans ses récentes tentatives de renouvellement constitutionnel fut la reconnaissance explicite des droits inhérents des peuples autochtones. Cette reconnaissance implique que le gouvernement fédéral règle les nombreuses revendications territoriales que les autochtones ont formulées, un processus qui coûtera des milliards de dollars aux contribuables canadiens. Les autochtones, en outre, réclament le droit de se gouverner eux-mêmes. Bien que le gouvernement et la majorité des Canadiens soient d'accord pour leur accorder ce droit, les modalités de la transition restent encore à préciser. Il faudra résoudre des questions comme le système judiciaire autochtone et les droits des femmes autochtones avant que l'autonomie gouvernementale des autochtones ne devienne une réalité au Canada.

La mosaïque canadienne

En plus des trois peuples fondateurs, les autochtones, les Français et les Britanniques, le Canada est composé de groupes aux langues, aux religions et aux coutumes très diverses. Les grandes villes du Canada, comme Vancouver, Edmonton, Toronto et Montréal, sont de plus en plus cosmopolites. Qu'ils soient venus d'Europe, d'Asie, d'Afrique ou des Antilles, les immigrants ont enrichi les villes et les villages du pays entier de leur vitalité. Depuis la fin de la Deuxième Guerre mondiale, l'immigration a véritablement transformé le Canada.

Malheureusement, les Canadiens n'ont pas tous ouvert les bras à leurs nouveaux compatriotes. Souvent, les immigrants apportent avec eux des coutumes, des aliments, des modes et, bien entendu, des langues, qui nous sont étrangers. Certaines personnes, ignorantes des cultures autres que la leur, deviennent xénophobes, c'est-à-dire qu'elles craignent tout ce qui est étranger. Pour débarrasser le Canada du racisme et de l'injustice, nous devons continuer à adopter et à observer des lois qui protègent les droits des minorités ainsi qu'à diffuser de l'information sur les autres cultures. Cette éducation peut se faire par l'intermédiaire du système scolaire, des médias ou d'événements culturels comme le festival Caribana de Toronto.

L'égalité pour tous

Au début du XXe siècle, les Canadiennes possédaient peu de droits économiques et politiques. Puis le mouvement féministe a réussi à obtenir l'égalité politique et juridique pour les femmes. Mais la lutte pour l'égalité sociale et économique continue. Les femmes gagnent encore moins que les hommes,

même pour un travail égal nécessitant des compétences semblables. Or, l'élimination des inégalités en milieu de travail est un processus qui risque de nuire à la compétitivité des entreprises ou de coûter des millions de dollars au gouvernement. En période de difficultés économiques, c'est un véritable dilemme qui se pose tant au secteur privé qu'au secteur public. Au problème de l'équité salariale s'ajoutent ceux de la violence, de l'image des femmes dans les médias, de l'accessibilité des services de garde et du harcèlement sexuel. Est-ce que les hommes et les femmes du Canada seront vraiment égaux dans cent ans d'ici? Tout dépendra de l'évolution des attitudes à l'égard du rôle des femmes dans la société.

L'identité canadienne

À cause peut-être de la diversité de leurs origines culturelles, les Canadiens ont parfois de la difficulté à se définir. Lorsqu'on nous demande ce que cela signifie pour nous d'être Canadiens, nous commençons souvent par expliquer ce que nous ne sommes pas! «Nous ne sommes pas violents comme les Américains», répondons-nous. Maintenant que tu as terminé l'étude du Canada du XXe siècle, comment définirais-tu une Canadienne ou un Canadien? Qu'est-ce qui distingue le Canada des autres pays?

Il n'est pas facile d'entretenir un sentiment d'unité nationale dans un pays où une petite population est répartie sur un territoire immense. Comment les gens d'Estevan, en Saskatchewan, peuvent-ils s'identifier à ceux de Truro, en Nouvelle-Écosse? Pour promouvoir l'unité nationale, le gouvernement a misé sur la radiodiffusion, la télédiffusion, l'édition et l'industrie du spectacle. Certaines personnes prétendent que nous n'avons plus les moyens de subventionner la culture, tandis que d'autres estiment que la survie de nos institutions culturelles est essentielle à notre souveraineté.

Nos voisins les Américains

Les États-Unis sont notre principal partenaire commercial, notre plus proche allié militaire et notre plus grande influence culturelle. Quelle est la meilleure relation à entretenir avec eux? Les bénéfices économiques que nous apportent l'ALENA et l'Accord de libre-échange avec les États-Unis ont leur prix. Sans barrières tarifaires, le Canada sera-t-il capable de conserver ses industries de l'acier, du textile et de l'automobile? Le Canada peut-il soutenir la concurrence avec les États-Unis tout en maintenant les programmes sociaux si chers à sa population? Nous sera-t-il possible de sauvegarder notre culture tout en nous rapprochant d'un pays 10 fois plus peuplé que le nôtre?

Le Canada dans le monde

Depuis une centaine d'années, les Canadiens se sont fait dans le monde une réputation de générosité et de bonne volonté. Nous avons participé à toutes les missions de maintien de la paix des Nations Unies et nous avons aidé de nombreux pays à moderniser et à assainir leur économie. Serons-nous capables de continuer à jouer un rôle aussi constructif? Quelles obligations avons-nous envers les autres pays?

Autrefois, plusieurs pays étaient capables de se replier sur eux-mêmes dans une attitude isolationniste. Cela deviendra pratiquement impossible au cours du prochain siècle. La pollution et la destruc-

tion des forêts, par exemple, menacent la planète entière et la possibilité d'une guerre nucléaire n'est pas complètement éliminée.

D'un autre côté, les médias et les échanges commerciaux ont mis le monde à notre portée. À l'aube du XXIᵉ siècle, nous devons regarder au-delà de nos frontières et nous tailler une place sur le marché mondial.

La concurrence sera forte. Si nous voulons conserver le haut niveau de vie auquel nous sommes habitués, nous devrons fournir un enseignement de qualité aux jeunes, recycler les travailleurs dont la formation est devenue désuète et appuyer les programmes de recherche et de développement.

Qu'est-ce que l'avenir réserve aux Canadiens? Le Québec restera-t-il dans le Canada? Pouvons-nous accorder l'autonomie gouvernementale aux autochtones dans la justice et l'équité? Est-ce que nos institutions culturelles survivront et nous aideront à définir clairement notre identité? Qu'est-ce que le fait d'être canadienne ou canadien signifie pour toi? Les questions que nous avons soulevées dans ce livre suffisent à démontrer que tous n'accordent pas la même signification au fait d'être canadienne ou canadien. Nous espérons que l'étude de l'histoire et du patrimoine canadiens éclairera ton cheminement vers l'avenir.

À TOI LA PAROLE

1. Réfléchis une fois de plus aux paroles de Wilfrid Laurier: «Le XXe siècle appartiendra au Canada.» Est-ce que le temps a donné tort ou raison à Laurier? Expose ton opinion en une page en l'appuyant sur des exemples factuels tirés de ton manuel. Ensuite, compare ta réponse à celle que tu as rédigée quand tu as commencé à lire ton manuel.

2. Les régions canadiennes diffèrent grandement les unes des autres. Quels problèmes cette diversité engendre-t-elle pour un gouvernement qui se veut équitable? Est-ce que les Canadiens peuvent être unis malgré les différences régionales?

3. Essaie de définir la culture canadienne. Quelles sont ses caractéristiques distinctives? Est-ce que la proximité des États-Unis constitue une menace réelle pour la culture canadienne? Que devrait-on faire pour protéger et promouvoir la culture canadienne?

4. Nomme les quatre problèmes auxquels, selon toi, le Canada devrait s'attaquer en priorité au cours des décennies à venir. Définis brièvement chaque problème et explique ce que le gouvernement ou la population du Canada devrait faire pour le résoudre une fois pour toutes.

Dans les poèmes suivants, les auteurs chantent la diversité du Canada et sa population et, par le fait même en soulignent les particularités. Selon toi quelle est l'identité canadienne?

Canada

Toutes et tous ensemble.
S'efforçant de comprendre
le point de vue des uns et des autres.
Canada

Un vaste pays,
Le pays de nos aïeux,
Avec ses différences.
Canada

Chacun essayant
de protéger l'autre.
Et exprimant son amour.
Canada

Aidant d'autres pays
quand ils sont dans le besoin.
Lors de la Guerre du golfe, nous avons lutté.
Canada

Le drapeau, rouge, blanc
et rouge avec une
feuille d'érable rouge.
Canada

L'unité est notre but.
L'amour est notre thème.
Nous comprendre, c'est l'essentiel.
Canada

Toutes et tous ensemble.
S'efforçant de comprendre
le point de vue des uns et des autres.
Canada

– Davie Dhandari

De quoi être fière

Je m'assois et réfléchis
Je pense à ce que le Canada signifie pour moi.

Au loin, j'entends un faible son de tambours.
Ils m'appellent,
M'attirent progressivement.

Je cours partout.
Je regarde, cherche, peine

Soudain l'écho des tambours m'enveloppe.

La musique se rapproche
S'amplifie.

Elle me fait danser
Me fait chanter.

Mes ancêtres sont près de moi.
Nous portons nos parures de cérémonie

Nous dansons et chantons.
Nous célébrons.

Rendant hommage à la terre où nous vivons.
Rendant hommage à notre patrimoine autochtone.

C'est alors que je comprends ce que le Canada
signifie pour moi.
Je découvre pourquoi je peux être fière.

Pas seulement d'être Canadienne
Mais d'être Indienne et Canadienne.

– Susan Pitawanakwat

Tiré de *Réseau Canada*, projet développé par les Conseils scolaires publics de la communauté urbaine de Toronto pour l'Association canadienne de l'éducation

Sources des photos et des illustrations

ANC Archives nationales du Canada; **MDN** ministère de la Défense nationale

page 11 photo Le Droit Ottawa; **page 13** F.M. Denison Papers, Thomas Fisher Rare Book Library, University of Toronto; **page 14** Victor Pilon pour le secrétariat d'État du Canada; **page 16** UPI/Bettmann Newsphotos; **page 17** ANC/C7125; **page 20** Canapress/Blaise Edwards; **page 24** Canapress; **page 27** Canapress/Blaise Edwards; **page 33** (gauche) Archives de l'Ontario/ACC2218, S1244; **page 33** (droite) Skydome, Toronto, Canada; **page 35** Canapress; **page 36** Reproduit avec l'autorisation d'Adrian Raeside; **page 37** Sgt. Michel Roy, Rideau Hall; **page 38** (haut) Canapress; **page 40** (bas) Canapress/Ron Poling; **page 40** (haut) Canapress; **page 41** Courtoisie de la Société canadienne des postes; **page 44** Canapress; **page 45** Gouvernement des Territoires du Nord-Ouest; **page 47** Canapress; **page 48** Canapress; **page 54** (haut et bas) Metropolitan Toronto Police Video Production Unit; **page 55** (bas) Metropolitan Toronto Police; **page 57** Avec l'autorisation du *Globe and Mail*; **page 59** (haut) Sacha Warunkiw; **page 59** (bas) Michael I. Bedford Photography; **page 61** Courtoisie des Services correctionnels de l'Ontario; **page 62** *Toronto Star*/Ron Bull; **page 63** Metropolitan Toronto Police Video Production Unit; **page 65** Avec l'autorisation de la British Library, Harley 4375; **page 67** Photo de Paul J. Lawrence; **page 69** Courtoisie des Services correctionnels du Canada; **page 79** ANC/C-733, G.P. Roberts; **page 80** W.J. Topley/ANC/C-3207; **page 83** British Columbia Archives and Records Service, 67609; **page 84** ANC/C-1875; **page 86** ANC/C-16748; **page 87** O.B. Buell/Archives nationales/C-1875; **page 89** ANC; **page 90** Peinture de Ken Marshall tirée de *The Discovery of the Titanic,* de Robert Ballard, publié par Penguin/Madison Press Books; **page 91** ANC/PA-61772; **page 93** Glenbow Archives, Calgary, NC-6-1746; **page 95** Courtoisie de Multi Media Techniques, Hamilton; **page 96** *The Stone Road*, de Homer Watson, Musée des beaux-arts du Canada, Ottawa; **page 101** Courtoisie d'Astral Film Enterprises Inc.; **page 102** *La ferme de l'habitant*, de Cornelius Krieghoff, Musée des beaux-arts du Canada, Ottawa, don de Gordon C. Edwards, Ottawa, 1923, à la mémoire du sénateur et de Mme W.C. Edwards; **page 103** ANC/C-30936; **page 105** Courtoisie de Garfield Newman; **page 107** M927.1.8.2, couverture pour chien, art des Athapascans, région subarctique, fibre, perles, métal et cuir, 45,0 cm x 42,0 cm, collection du Musée McCord d'histoire canadienne,

Montréal; **page 108** (haut) G.M. Dawson/Archives nationales/C-81787; **page 108** (bas) ANC/C-16408; **page 110** ANC/C-3844; **page 111** ANC/C-27360; **page 112** ANC/PA-016388; **page 116** ANC/C-8449; **page 117** (haut) Prints and Photographs Division, Bibliothèque du Congrès; **page 117** (bas) Armed Forces History Division, Smithsonian Institute; **page 119** Courtoisie de la Ontario Black History Society; **page 120** ANC/C-4988; **page 121** ANC/C-6536; **page 122** ANC/PA-34099; **page 123** Courtoisie de la Société canadienne des postes; **page 125** ANC/PA-93160; **page 134** Imperial War Museum; **page 135** ANC/PA-4909; **page 137** MDN/ANC/PA-2195; **page 139** (haut) ANC/C-36116; **page 139** (bas) Courtoisie des Archives de la ville de Toronto, SC244-824; **page 140** ANC/PA-568; **page 142** ANC/C-118612; **page 144** MDN/ANC/PA-832; **page 145** ANC/C-80027; **page 150** ANC/C-097752; **page 152** Imperial War Museum; **page 153** (haut) ANC/C-095730; **page 153** (gauche) ANC/C-095269; **page 153** (droite) ANC/C-097748; **page 154** Courtoisie des Archives de la ville de Toronto, SC244-981; **page 155** Imperial War Museum; **page 156** ANC/PA-2279; **page 160** ANC/PA-002318; **page 161** ANC/C-019945; **page 165** (haut) ANC/C-28029; **page 165** (bas) ANC/PA-122515; **page 166** (haut) Archives nationales du Canada/PA-118281; **page 166** (bas) Courtoisie de la Bibliothèque du Congrès; **page 167** Imperial War Museum; **page 168** ANC/PA-1215; **page 169** Collection François Baby House, Windsor's Community Museum, P6110; **page 170** ANC/PA-622; **page 171** MDN, William Rider-Rider/ANC/PA-2156; **page 172** (bas) *Returning to the Reconquered Land,* de sir George Clausen, Musée canadien de la guerre, 8135, photos pour le MCG par William Kent; **page 172** (haut) *The First German Gas Attack at Ypres*, de William Roberts, 1921, Musée des beaux-arts du Canada, Ottawa; **page 173** ANC/PA-5686; **page 175** *A War Record*, de Stanley F. Turner, Musée canadien de la guerre, 8907; **page 185** (haut) Metro Toronto Reference Library; **page 185** (bas) ANC/C-009064; **page 187** (haut) F.M. Gee/ANC/C-26782; **page 187** (bas) Manitoba Archives, Foote Collection (N2736); **page 188** Manitoba Archives, Foote Collection, 288 (N1888); **page 189** (haut) *Big Raven*, d'Emily Carr, 1931, huile sur toile, 87,3 cm x 114,4 cm, Vancouver Art Gallery, Emily Carr Trust; **page 189** (bas) *Petroushka*, de Paraskeva Clark (1898-1986), 1939, Musée des beaux-arts du Canada, reproduit avec la permission de la succession de Paraskeva Clark; **page 191** Glenbow Archives, Calgary, ND-3-6742; **page 192** ANC/C30811; **page 194** Archives nationales du Canada/C-13236; **page 195** ANC/C-3869;

SOURCES DES PHOTOS ET DES ILLUSTRATIONS

page 196 Glenbow Archives, Calgary, NA-2496-1; **page 197** ANC/C-20591; **page 200** MDN ANC/PA-35132; **page 201** ANC/C-24840; **page 202** Glenbow Archives, Calgary, NA-2434-1; **page 203** J.A. Castonguay/ANC/C-34443; **page 209** (haut) *Afternoon, Algonquin Park*, de Tom Thomson (1877-1917), 1914, huile sur toile, 63,2 cm x 81,1 cm, McMichael Canadian Art Collection, à la mémoire de Norman et Evelyn McMichael, 966.16.76; **page 209** (bas) Courtoisie de la Craven Foundation; **page 211** Archives de la ville de Toronto, James Collection, #8054; **page 212** ANC/PA-137220 – The Gazette; **page 213** Archives de l'Ontario/14154-6; **page 214** (gauche) Fonds Madame Edouard Bolduc P11, Centre d'archives de la Gaspésie/Musée de la Gaspésie; **page 215** (haut) Bombardier inc.; (centre) The Hockey Hall of Fame; (bas) Courtoisie de la Craven Foundation; **page 216** Photo courtoisie de *The Windsor Star*; **page 217** Archives de l'Ontario/S15000; **page 218** (haut) Société canadienne des postes; **page 218** (bas) Provincial Archives of Alberta/A11413; **page 219** (haut) Archives nationales-74583; (centre) Courtoisie des Archives de la ville de Toronto, SC 244-1028; (bas) Courtoisie des Archives de la ville de Toronto, SC 244-1902; **page 220** Archives de la ville de Toronto, James Collection/SC244-2534; **page 222** ANC/C-19533; **page 231** Société canadienne du microfilm; **page 232** (haut) Imperial War Museum, Londres; **page 234** (bas) Archiv für Kunst und Geschichte, Berlin; **page 233** (bas) ANC/C-11452; **page 233** (haut) ANC/C-016791; **page 235** Archives nationales du Congrès juif canadien; **page 236** Archives nationales du Congrès juif canadien; **page 237** Heinrich Hoffman, ANC/PA-164759; **page 239** ANC/PA 119013; **page 241** ANC/C-16812; **page 243** ANC/C-87518; **page 247** (haut) Glenbow Archives, Calgary, NA-4777-23; **page 247** (bas) ANC/C-87132; **page 248** (haut) ANC/C-87432; **page 248** (bas) ANC/PA-137847; **page 249** Tak Toyota/ANC/C-046356; **page 252** Jack Long/ANC/C-049271; **page 253** ANC/C-000467; **page 255** Courtoisie de la Bibliothèque du Congrès; **page 256** (bas) ANC/C-87545; **page 256** (haut) ANC/C-87544; **page 258** H.G. Aikman/MDN/ANC/PA-108174; **page 259** Ken Bell/MDN/ANC/PA-132838; **page 261** Arthur L. Cole/MDN/ANC/PA-175788; **page 266** The Trustees of the Imperial War Museum; **page 267** Courtoisie des Forces armées canadiennes; **page 268** NAU.S./War and Conflict, #1135; **page 270** MDN/ANC/PA151738; **page 273** *Dieppe Raid,* de Charles Comfort, C.N. #12276, Copyright Musée canadien de la guerre, Musée national des Civilisations, photo MCG de William Kent; **page 272** Jack H. Smith/MDN/ANC/PA170290; **page 273** G. Milne, ANC/PA122765; **page 276** The Trustees of the Imperial War Museum, Londres; **page 278** Reproduit avec l'autorisation d'Atheneum Publishers, une marque de Macmillan Publishing Company, tiré de *Last Traces: The Lost Art of Auschwitz,* de Joseph P. Czarnecki, introduction de Chaim Potok, copyright © 1989 par Joseph P. Czarnecki, introduction copyright © 1989 par Chaim Potok; **page 279** ANC/C373264; **page 281** Courtoisie des Archives de la ville de Toronto, SC266-100525; **page 290** photo Nations Unies, 169325/M. Grant; **page 291** photo Nations Unies, 38998; **page 292** photo Nations Unies, 2131; **page 295** *Montreal Star*, ANC/PA-129625; **page 298** Bill Olsen, ANC/PA-115564; **page 299** Canapress; **page 300** photo Nations Unies, 159289/J. Isaac; **page 303** Reproduit avec l'autorisation de *The Toronto Star* Syndicate; **page 304** *The Toronto Star*/F. Lennon; **page 305** (haut) Canapress; **page 305** (bas) Wide World Photos Inc.; **page 306** Canapress; **page 307** ANC/C-00012/Collection Lester B. Pearson; **page 308** photo ACDI de Robert Semeniuk; **page 309** Photo Nick Fog, SUCO; **page 310** Canapress Photo/Andrew Vaughan; **page 315** ANC/C-5306; **page 316** ANC/C-022859; **page 318** ministère du Tourisme du Québec; **page 317** Photo Ville de Montréal; **page 319** Canapress; **page 321** Craig Abel Photography; **page 322** (bas) ANC/PA-11237-1; **page 322** (haut) Reproduit avec l'autorisation de Kellogg Canada Inc., © 1993; **page 323** Canapress; **page 324** Canapress; **page 325** Canapress; **page 327** Canapress/Tim Clark; **page 328** Hrair Hawk Khatcherian-Ponopresse/Québec; **page 329** Canapress; **page 331** Canapress Photo/R. Remiorz; **page 334** Canapress/Paul Chiasson; **page 338** ANC/C-035680; **page 339** (haut) Tirée d'une production de l'Office national du film; **page 339** (bas) Stratford Shakespearean Festival, Ontario, Canada, scène de *Jules César*, 1955; **page 340** (haut) Canapress/F. Thornhill; **page 340** (bas) Merle Tingley/London Free Press; **page 341** Courtoisie de Barenaked Ladies; **page 342** Albert Sanchez, © Visages 1993; **page 343** Canapress/Pierre Côté; **page 344** Canapress; **page 345** ANC/C-039893; **page 347** (haut) Canapress/R. Taylor; **page 347** (bas) Canapress; **page 348** NASA; **page 349** NASA-National Aeronautics and Space Administration; **page 350** Cuyler Black; **page 351** General Motors du Canada ltée; **page 352** Bibliothèque Pétro-Canada; **page 353** Reproduit avec l'autorisation de *The Toronto Star* Syndicate; **page 355** (haut) Dennis Pritchard/Star-Phoenix; (bas) Canapress/Ron Poling; **page 365** Steinberg ltée; **page 366** United Artists; **page 367** F. Tyrell, ANC/PA111378; **page 368** (haut) York University Archives, collection du *Toronto Telegram*, B117/F844/#1123; **page 368** (bas) Courtoisie de General Motors du Canada ltée; **page 369** Courtoisie de Pétro-Canada; **page 372** Courtoisie du gouvernement des Territoires du Nord-Ouest; **page 373** *Globe and Mail*/Anthony Jenkins; **page 374** Courtoisie de la Société canadienne des postes;

page 376 Archives nationales du Congrès juif canadien;
page 377 Courtoisie de la Société canadienne des postes;
page 378 Duncan Cameron/ANC/PA112659; page 383
ANC/PA115163; page 384 © 1968 Reprise Records;
page 385 Avec l'autorisation de John Meredith, diapositive
courtoisie de la Isaacs/Innuit Gallery, Toronto; page 387
Canada Wide; page 388 Canapress; page 389 (haut) Natural
Science of Canada; page 389 (bas) ANC/PA93759; page 391
ANC; page 395 Magazine TG; page 397 Canapress/Andy
Clark; page 398 (haut) *Edmonton Journal*; page 398 (bas)
Reproduit avec l'autorisation du gouvernement du Canada;
page 400 *Marika*, courtoisie de David Woods; page 402
Avec l'autorisation de Jewel Randolph; page 403 photo Le
Droit Ottawa; page 406 Canapress; page 407 *Elegy for an
Island*, de Jack Shadbolt, courtoisie de la Vancouver Art
Gallery; page 408 Courtoisie de la Société canadienne des
postes; page 409 Courtoisie de la Société canadienne des
postes; page 410 ANC; page 411 Courtoisie du
gouvernement des Territoires du Nord-Ouest; page 412
Canapress/Tom Hanson; page 413 Canapress/Hans Deryk.

Sources des textes cités

page 7 © Assiniwi, Bernard. *À l'indienne*, Leméac et Radio-Canada, 1972; **page 22** Avec l'autorisation de IPI Publishing; **page 25** Avec l'autorisation de IPI Publishing; **page 27** Tiré de *Teen Trends: A Nation in Motion*, de R.W. Bibby et D.C. Posterski, 1992. Reproduit avec l'autorisation de Stoddart Publishing Co. Limited, Don Mills, Ontario; **page 41** Courtoisie de The Canadian Press; **pages 42 et 43** *Maclean's Magazine*, Maclean Hunter Ltd., 13 septembre 1993, p. 20-21; **page 46** Adapté avec l'autorisation de Prentice-Hall Canada, *Canadian Scrapbook: Government and Law*, de Donald M.Santor, 1992; **page 62** Tiré de *Teen Trends: A Nation in Motion*, de R.W. Bibby et D.C. Posterski, 1992. Reproduit avec l'autorisation de Stoddart Publishing Co. Limited, Don Mills, Ontario; **page 64** R. c. JMG (1986) Dominion Law Reports (4th) 277. Tiré de *Applying the Law*, de M. Leipner et B. Griffith, 1990. Avec l'autorisation de McGraw-Hill Ryerson; **page 68** Toronto Marlboros c. Tonelli, 23 Ontario Reports (2d) 193. Tiré de *Canadian Law*, de Zuber, Zuber, Zuber et Jennings, 1991. Les deux textes sont reproduits avec l'autorisation de McGraw-Hill Ryerson; **page 138** Tiré de *Letters Home*, de John Macfie, © 1990. Reproduit avec l'autorisation de l'auteur; **page 198** Extraits de «A home where buffalo ought to roam» et «The dance» dans *Why Shoot the Teacher?*, de Max Braithwaite. Reproduit avec l'autorisation de Canadian Publishers, McClelland and Stewart, Toronto. Reproduit avec l'autorisation de Curtis Brown Ltd. Copyright © 1965 par Max Braithwaite; **page 214** Fonds Madame Edouard Bolduc P11, Centre d'archives de la Gaspésie/Musée de la Gaspésie; **page 238** Avec l'autorisation des Archives nationales du Canada; **page 252** Tiré de *Inventing the Future: Reflections on Science, Technology and Nature*, de David Suzuki. Copyright © 1989 par David Suzuki. Les articles sont parus pour la première fois dans *The Toronto Star* et *The Globe and Mail*. Reproduit avec l'autorisation de Stoddart Publishing Co. Limited, Don Mills, Ontario; **page 259** Tiré de *Greatcoats and Glamour Boots: Canadian Women at War (1939-1945)*, de Carolyn Gossage, Dundurn Press, Toronto, 1991, p. 171; **page 261** Extraits de *Promise You'll Take Care of My Daughter*, de Ben Wicks. Reproduits avec l'autorisation de Stoddart Publishing Company Limited, Don Mills, Ontario; **page 274** Extraits de *And No Birds Sang*. Reproduits avec l'autorisation de Farley Mowat Limited; **page 293** Reproduit avec l'autorisation de Ian Darragh, *Canadian Geographic;* **page 300** Tiré de *Shadows of War: Faces of Peace*, de J.L. Granatstein et Douglas Lavender, publié par Key Porter Books Ltd., Toronto, Ontario, © 1992 John Muller; **page 301** Reproduit avec l'autorisation de la revue *Canadian Geographic*; **page 302** *Teen Trends: A Nation in Motion*, de R.W. Bibby et D.C. Posterski, Stoddart Publishing Co. Limited; **page 320** Avec l'autorisation de Roch Carrier, The House of Anansi Press. Reproduit avec l'autorisation de Stoddart Publishing Co. Limited, Don Mills, Ontario. **page 332** Tiré de *Teen Trends: A Nation in Motion*, de R.W. Bibby et D.C. Posterski, © 1992. Avec l'autorisation de Stoddart Publishing Co. Limited, Don Mills, Ontario; **page 333** Tiré de *Teen Trends: A Nation in Motion* de R.W. Bibby et D.C. Posterski, © 1992. Reproduit avec l'autorisation de Stoddart Publishing Co. Limited, Don Mills, Ontario; **page 353** Tiré de *Maclean's, Magazine*, Maclean Hunter Ltd., 25 juin 1990, p. 50-53; **page 374** Tiré de *My Canada* de Glenn Keith Cowan, © 1984. Reproduit avec l'autorisation de Stoddart Publishing Co. Limited, Don Mills, Ontario; **page 377** Tiré de *Relations: Family Portraits*, édité par Kenneth Sherman, © 1986. Reproduit avec l'autorisation de Mosaic Press; **page 388** Reproduit avec l'autorisation de la revue *Canada and the World*, Oakville, Ontario; **page 400** Tiré de *Native Song*, publié par Pottersfield Press, © 1990. Reproduit avec l'autorisation de l'auteur; **page 404** Tiré de *Teen Trends: A Nation in Motion* de R.W. Bibby et D.C. Posterski, © 1992. Reproduit avec l'autorisation de Stoddart Publishing Co. Limited, Don Mills, Ontario; **page 408** Revue *Rencontre*, printemps 1995; **page 409** *Réseau Canada*, Conseils scolaires publics de la communauté urbaine de Toronto; **page 423** *Réseau Canada*, Conseils scolaires publics de la communauté urbaine de Toronto.

L'éditeur a fait tout ce qui était en son pouvoir pour retrouver les copyrights des textes et des illustrations contenus dans le présent ouvrage. On peut lui signaler tout renseignement menant à la correction d'erreurs ou d'omissions dans les éditions futures de l'ouvrage.

INDEX